KB269353

진인진

VOL. II

남북한 협력과 발전을 위한 기초연구

- 남북통합과 전망 -

진인진

::필자(가나다 순)

경영정보연구소

강희재, 김수욱, 남익현, 박상욱, 방도형, 손지윤,
신재호, 양홍석, 오정석, 임재현, 한승희

고용복지법센터

이다혜, 이철수

국제학연구소

김정민, 김태균, 박태균, 송지연, 신성호, 한정훈

동북아센터

김성해

보건환경연구소

김선영, 조윤민, 하솔잎

북한 · 해외농업연구소

이승훈, 이혜민, 임정빈, 하용현

사회발전연구소

예동근

아시아개발연구소

김병수, 김준기

언론정보연구소

정영주, 홍종윤

응급의료연구실

신상도

통일평화연구원

김학재, 백지운

통일한반도국토인프라센터

고현무, 김도빈, 김영오, 신승우, 이복남, 이슬기, 이현수

한국행정연구소

김덕수, 김상헌, 이승종, 정광호, 정연백

헌법 · 통일법센터

이효원

환경계획연구소

김지나, 조경진

남북한 협력과 발전을 위한 기초연구 – 남북통합과 전망 – VOL. II

초판 1쇄 발행 | 2018년 2월 28일

책임편집 | 정근식·최규빈
지은이 | 서울대학교 통일연구 네트워크
디자인 | 배원일
발행인 | 김영진
발행처 | 진인진
등   록 | 제25100-2005-000003호
주   소 | 경기도 과천시 별양상가 1로 18 614호(별양동 과천오피스텔)
전   화 | 02-507-3077-8
팩   스 | 02-507-3079
홈페이지 | http://www.zininzin.co.kr
이 메일 | pub@zininzin.co.kr

ⓒ 진인진 2018

ISBN 978-89-6347-375-8 93300

목차__

에필로그

::책머리에

서울대학교 통일연구기반의 확장을 위하여

한반도의 통일과 항구적인 평화는 아무리 강조해도 지나침이 없을 정도로 대한민국 사회에서 긴박하고 중요한 문제입니다. 70년 넘게 지속된 분단의 역사가 통일 시대로 전환되지 않은 채 이 짐을 우리의 젊은 세대에게 넘겨주는 것은 지식인으로 또 어른 된 시민으로 가장 중요한 책무를 소홀히 한 것이나 다름없습니다. 안타깝게도 젊은 세대들에게 통일은 더 이상 민족적, 당위적 과제라 인식되지 않습니다. 북한의 위협은 날로 증가하고 있으며 북한의 핵 프로그램 포기 등 한반도 안보문제 해결은 점차 난망해지고 있습니다. 주지하다시피 북한 문제는 이제 동아시아를 넘어 전 지구적 난제가 되고 있습니다. 북한 정권의 호전성, 불안정성은 이웃국가들의 안보에 직접적인 위협이 되고 있으며 북한 내의 인권 문제 및 해외 탈북 노동자와 북한 주민들의 이주와 정착은 경계를 초월하여 영향을 미치고 있는 상황입니다. 더욱이 한반도 주변국들은 각자의 국익의 관점에서 한반도 문제에 접근하고 있기에 통일을 위한 우호적 협력 관계 구축은 한층 더 복잡해지고 있습니다. 이제 대한민국은 그 어느 때보다 정교하고 창의적인 대응과 방안이 필요한 상황입니다.

'세계를 선도하는 창의적 지식 공동체'를 지향하는 서울대학교는 한반도의 평화정착과 통일시대를 앞당기기 위한 교육과 연구에 앞장서 왔습니다. 제가 총장으로 부임한 이후, 우리 대학들이 배출할 차세대 인재들은 민족의 화합과 공존 그리고 평화 통일의 시대의 주역이 되어야 한다는 일념으로 학문 후속 세대에 관심을 갖고 연구자 양성에 힘써 왔습니다. 또한 통일을 실질적으로 준비하고 필요한 학술적 대응 역량 강화를 위해 2014년 통일연구를 담당하는 학내 연구기관 간의 협력을 위한 「서울대학교 통일연구 네트워크」를 출범시켰고, 2015년부터는 통일평화연구원을 주축으로 각 단과대학과 주요 연구기관이 참여하는 「통일기반구축사업」을 추진하여 왔습니다. 2016년에는 통일부의 「통일교육 선도대학 사업」에 선정되어 학내 통일교육의 새로운 모델 정립을 위해 노력하고 있습니다.

특별히 「통일기반구축사업」은 통일과 통합을 대비한 연구가 다양한 전공과 전문영역에서 통합적으로 이루어 질 수 있는 학문적인 토대 및 플랫폼을 만든다는 점에서 중요한 의미가 있습니다. 또한 통일 시대를 대비 학문 후속 세대의 통일에 대한 관심 증진에 기여할 수 있는 창의적 사업을 발굴하고 다양한 영역에서의 통일인재 양성 프로그램 개발 및 전문 인력 역량 강화를 지원하고 있습니다. 2015년부터 실시된 「통일기반구축사업」을 통해 언어, 역사, 정치, 경제, 경제, 공학, 의학, 법학, 농업, 교육, 수의, 생활과학 등 다양한 분과학문별 연구단위가 참여하는 통일연구 네트워크가 확대 구축되고 있으며, 2015년 16개 기관, 2016년 20개 기관, 2017년 28개 기관에서 사업을 진행하여 지난 3년 간 82개 연구사업을 실시해 왔습니다. 학내외 많은 연구자들이 함께 지혜를 모은 사업의 성과들은 매년 열리는 통일기반구축 연합 학술대회를 통해 공유되어 향후 발전방안을 모색하고 있습니다. 이는 서울대학이 통일연구의 파급과 확산에 적극 기여하고 있으며 통일 관련 전문성 및 과학성 제고, 통일 인재 양성에 주도적인 역할을 하고 있음을 보여주는 것입니다.

이번에 발간하는 『남북한 협력과 발전을 위한 기초연구』는 「서울대학교 통일연구 네트워크」에서 지난 사업의 연구 성과들을 종합하여 내어 놓은 첫 번째 결과물입니다. 북한 및 통일에 대한 연구는 한국사회에서 활발하게 진행되고 있지만, 통일 및 평화 실현 과정에서 해결해야 할 다양한 문제들을 종합적으로 조망할 수 있는 성과물들은 계속적으로 축적될 필요가 있습니다. 연구 대상과 방법으로써의 북한연구는 보다 다양한 영역에서의 기초자료를 요구하며, 남북 간, 북한과 타국 간의 비교 및 남북한 협력을 위한 사례 연구는 더욱 확대될 필요가 있습니다. 또한 이러한 학술 연구들은 국가의 전략과 정책으로 반영되는데 기여 할 수 있어야 합니다. 이러한 맥락에서 이번 서울대학교 통일연구 네트워크에서 출간한 『남북한 협력과 발전을 위한 기초연구』는 종합적인 통일평화연구의 지향점을 보여주는 의미 있는 성과라고 생각합니다. 이를 계기로 남북한의 협력, 통일과정 및 통일 후 통합에서의 주요 쟁점에 대한 연구가 보다 활발히 진행되고 다양한 분과학문별 통일연구가 연계되는 계기를 마련할 수 있기를 희망합니다. 이러한 참여 연구기관들의 노력과 성과들이 한반도의 평화 정착, 갈등 해소와 통합증진 방안을 찾고 나아가 동아시아의 협력과 번영에 기여할 수 있는 지혜와 방법을 찾는 일에 기여할 수 있기를 바라마지 않습니다.

2018년 2월 9일
서울대학교 총장 성낙인

::서울대학교 통일연구 네트워크

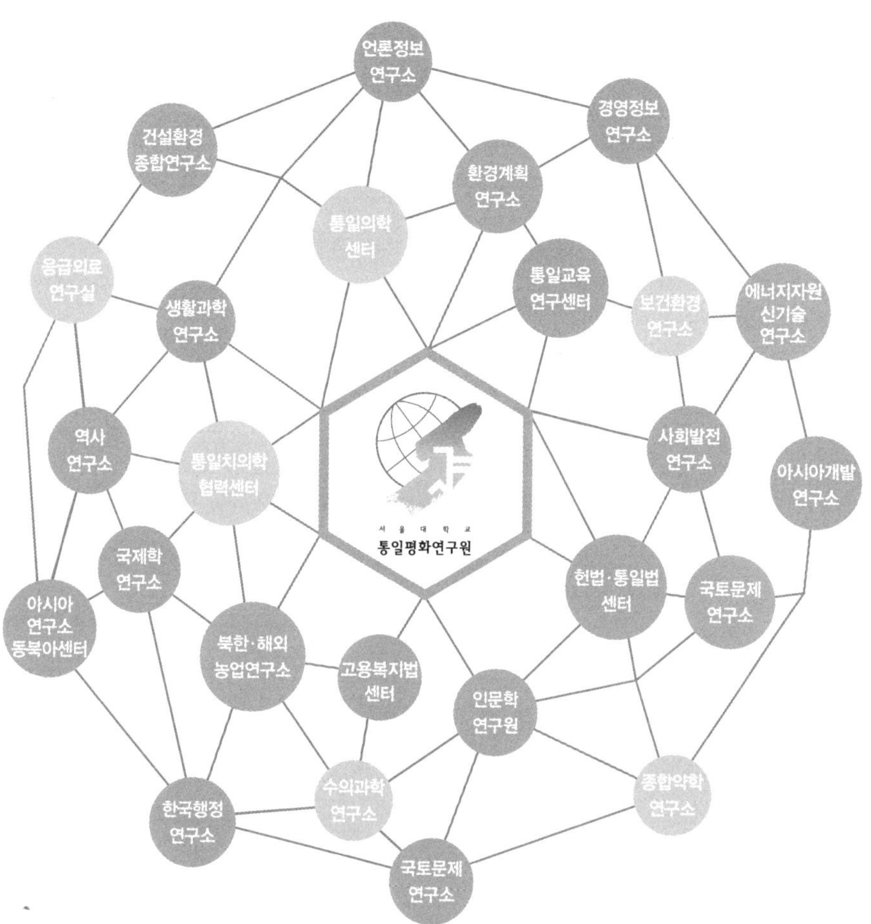

담론을 통한 안보위기의 재생산:
국내 지배담론에 나타난 재구성된 북한의 위협___

김성해

목차

김성해   대구대학교 미디어커뮤니케이션학과 교수

* 분석 작업을 도와 준 북한대학원대학교 최종환 박사과정께도 지면을 빌려 감사의 인사를 전합니다.

I. 문제제기

분단 70여 년이 지났지만 한반도에는 전쟁의 공포가 지속되고 있다. 위기를 조장하는 책임을 북한에만 묻는 풍경도 낯설지 않다. 당장 대화를 통해 평화적으로 문제를 해결하자는 주장에는 무용론이 제기된다. 1994년 타결된 제네바 합의를 비롯해 2005년 한반도 평화협정과 단계적 비핵화, 북미 간의 신뢰구축 등을 약속한 9·19공동성명 등이 근본적으로 잘못되었다는 반성이다. 애초 화해와 공존이 불가능한 악마에 대한 대응이 너무 허술했다는 지적도 나온다. 심지어 전쟁을 각오하더라도 더 늦기 전에 북한의 버릇을 고쳐야 한다는 여론이 높다. 안보 강화를 위해 사드(THAAD, Terminal High Altitude Area Defense)를 비롯해 전술핵과 핵잠수함 등을 배치해야한다는 입장도 우세하다.

북한의 핵·미사일 도발은 실재하는 위협이다. 적의 실체를 분명히 파악하고, 위기의식을 가지는 것은 분명 필요하다. 9·11테러 이후 도입된 미국의 애국법은 새로운 적을 마주한 공동체의 집단 대응으로 볼 수 있다. 몇 번에 걸친 위헌소송에도 국가보안법의 필요성을 인정한 헌법재판소의 판단은 분단이라는 특수성을 감안할 때 사상과 표현의 자유를 일정부분 제약하는 것은 필요하다는 이유였다.[1] 국가 안보에 '여야가 없다'는 주장 역시 북한의 위협에 국민적 단합을 호소하는 대표적인 사례다.

---

1 김성해, "실재하는 적과 만들어진 악마 – 국내 언론의 재현 정치와 한반도 위기 재생산,"『언론과학연구』, 제17권 2호(2017), pp. 7~8.

그러나 한반도 안보위기를 둘러싼 전후좌우 맥락은 상당히 복잡하다. 북한만 무조건 비난하고 경제봉쇄와 무력 위협 등으로 문제를 풀려고 하는 것은 한계가 많다. 북한발 위기는 미국이라는 패권국과 국제원자력기구(IAEA) 및 핵확산방지조약(NPT) 등과 복잡하게 얽혀있다.[2] 2017년 한국사회에서는 북한만 크게 보이지만 국제사회로 눈을 돌리면 인도, 파키스탄, 이라크, 리비아, 이란 등 꽤나 많은 국가와 유사한 양상을 보인다. 게다가 북한 문제는 정전협정의 당사자이면서 중국 견제를 위해 북한 문제를 전략적으로 활용해 왔던 미국의 대외정책과 결코 무관하지 않다(Park, Damron & Polk, 2012). 북한을 비판하는 주장들 중 일부는 사실관계에 있어서도 오류가 있고 확인되지 않았다. 예를 들어, 제네바 합의가 지켜지지 못한 것은 북미 모두가 책임이 있고, 1999년 금창리 핵시설은 의혹에 불과했으며, 2005년의 위조지폐 의혹도 확인된 바 없다(김성해외, 2017; Becker, 2013).

북한의 핵실험과 미사일 도발은 공동체의 운명을 결정짓는 일인 만큼 문제를 정확하게 진단하고 원인과 대책을 마련하는 것은 매우 중요하다. 그럼에도 한국사회에서 안보위협에 대한 합리적 토론과 비판적 성찰은 설자리를 잃고 있다. 특히 한국 언론은 이 과정에서 특정 이데올로기에 편향된 보도를 해왔으며 국민 여론 또한 언론사의 정치적 입장에 따라 극단적으로 분열되어 있다.[3] 국내 언론이 북한의 행

---

2   이향진, "북한-유럽 연합 외교 정상화와 불량국가 미디어 담론,"『한국정치외교사논총』, 제26권 2호(2005), p. 84.

3   김동윤, "정권시기별 '북핵 실험 및 미사일 발사' 관련 보도양상과 프레임,"『언론과학연구』, 제15권 1호(2015), p. 57.

위를 무조건 '도발'로 규정함으로써 국민에게 맹목적 분노를 일으키는 것은 물론, 전후좌우 맥락을 제공하지 않음으로써 특정한 '선입관'을 강화한다는 지적도 있다.[4]

태풍이나 지진과 같은 자연재해를 맞아 인간이 할 수 있는 일은 별로 없다. 좀 더 일찍 경고하고 피해를 줄이는 게 전부다. 그러나 전쟁과 경제위기 등은 인간의 개입에 의해 완화될 수도 있고 미리 방지될 수도 있다. 북한 핵을 둘러싼 지금의 위기는 필연적인 것도 아니고 상호 대화와 협상을 통해 다른 대책을 찾을 수도 있다(김진환, 2010). 북한에 대한 맹목적인 분노를 부추기는 담론이 아니라 보다 성숙하고 맥락이 있으면서 공정한 담론이 있었다면 '성찰'을 통한 '해결'은 가능했다는 의미다. 그러나 미국이 압도적인 영향력을 행사하는 국제사회의 여론은 물론 반공(反共)을 통한 기득권을 누리는 국내에서 북한과 관련한 담론은 많이 오염되어 있다. 분단을 통해 이익을 누리는 집단의 힘은 강력하고, 반공교육과 해묵은 갈등으로 고착화된 '통념'과 '집단기억'도 강렬하다.[5] 북한의 핵과 미사일 발사를 둘러싼 도발 담론 역시 이 상황을 더욱 악화시키고 있다.

대안 담론에 주목한 허먼과 촘스키는 언론이 공정하고 진실만 보도한다는 신화를 부정했다(Herman & Chomsky, 1988). 그들은 미국이 왜 도덕적이지 않고 명분도 약한 베트남 전쟁을 일으켰는지, 국

4　이병욱·김성해, "담론복합체, 정치적 자본, 그리고 위기의 민주주의- 종북(從北)담론의 텍스트 구조와 권력 재창출 메커니즘의 탐색적 연구,"『미디어, 젠더 & 문화』, 제28호(2013), p. 85.

5　이하나, "1950~60년대 반공주의 담론과 감성 정치,"『사회와 역사』, 제95집(2012), p. 205.

민은 어떤 이유로 동의했는지 질문한다. 국민은 정부와 군부에 비해 활용할 수 있는 정보 자체가 제한돼 비판적인 입장을 유지하기도 어렵다. 미국의 대부분 주류 언론은 이라크 간 분쟁 시기 자국 정부에 매우 우호적이었고, 위기를 조성하며 전쟁을 확대시키는 데 핵심적인 역할을 했다는 연구도 있다.[6] 연구진은 이런 배경에서 북한을 비롯한 '불량국가'를 확대재생산 함으로써 기존 질서를 유지하려는 시도가 있으며, 한국 사회에서 유통되는 북한과 관련한 담론은 한편으로는 미국의 영향을 받으면서, 다른 한편으로는 국내 기득권의 입김에서 자유롭지 않을 가능성에 주목했다. 일종의 '북한 때리기' 혹은 '북한 악마화' 담론으로 불릴 수 있는 이 담론이 어떤 정치적 맥락에서, 국내 주요 담론생산자는 어떻게 개입하고 있으며, 또한 그 핵심 내용이 무엇인가를 분석한 것은 이런 배경에서다.

연구를 위해 북한 핵·미사일과 관련한 정부담론, 미디어담론 및 학술담론에 해당하는 자료를 수집했다. 분석 시기는 1998년 대포동 1호 미사일 발사한 시점부터 2016년 제5차 핵실험까지다. 분석 자료는 연구의 엄밀성과 신뢰도를 높이기 위해 '대통령기록관', '한국언론진흥재단', '청와대 홈페이지', 'DBpia' 등 공인된 기관에서 생산된 연설문, 신문 사설, 학술논문 등이다. 연구방법으로는 담론분석을 활용했으며, 주요 진술문에 대한 의미와 정치적 맥락을 파악하는데 집중했다. 본 연구를 통해 한반도에서 보다 평화적이며 대안 담론이 활성화되길 기대한다.

6　이오현, "'위기' 부추기기 : 북한 핵문제에 대한 〈New York Times〉"『언론과학연구』, 제2권 3호(2012), pp. 205~206.

II. 이론적 논의

1. 구성주의로 바라 본 북한 문제

북한의 안보위협은 어제 오늘의 일이 아니다. 지금의 급박한 위기는 분단이라는 오래된 씨앗과 북미 간의 갈등이 온전히 해소되지 않았다는 의미다. 한국전쟁 이후 체재위협을 느낀 북한은 안보강화를 위해 소련으로부터 원자력 기술을 전수받았고, 비밀리에 핵개발을 추진해 왔다. 1993년 불거진 제1차 북핵 위기는 한반도를 넘어 국제사회의 안전을 위협한다는 경각심을 불러일으켰다. 미국 정부는 북한의 핵개발을 '안보위협'으로 규정하는 한편, 국제제제와 IAEA 사찰 등을 통해 이를 억제하고자 했지만 지금까지 성과는 상당히 미흡했다. 2017년 북한은 대륙간탄도미사일(ICBM)은 물론 수소폭탄 실험도 성공적으로 이끌었다. 국제사회가 느끼는 위협의 강도가 높아지는 가운데 군사적으로 북한을 억제해야 한다는 목소리가 높다. 게다가 북한의 핵무장에 위협을 느낀 한국과 일본이 추가적으로 군비경쟁에 나섬으로써 동아시아 전체에 안보위협이 증가한다는 문제도 있다. 과연 북핵 문제를 보다 이성적이고 평화적인 접근으로 해결할 수는 없을까?

『손자병법』은 '싸우지 않고 이기는 것을 최고의 전략'이라고 했다. 세상에 전쟁만큼 참혹한 풍경은 없다. 군 장병들이 피 흘리지 않고 적을 우리 편으로 끌어들이는 것이야 말로 모두가 살아남을 수 있는 유일한 해법이다. 그러나 한반도에서 이성적 성찰과 평화적인 해법은 찾을 수 없다. 오랫동안 내재해 있는 냉전·반공이데올로기는 사상의 자유를 넘어 적과 아군을 구분하는 기준이 되고 말았다. 과거 권위주의 정권은 북한에 우호적 발언을 하거나 비판적이지 않았다는 이유로 지식인과 학생들을 사상범으로 몰아낸 일이 적지 않았다. 표현의 자유와 국민 알권리가 최고의 가치로 여기는 오늘날 민주사회에서도 이 문제는 풀리지 않은 숙제다. 더욱이 북한의 연이은 핵과 미사일 도발로 자유와 평화, 인권을 향한 외침은 위축되고 있다. 군부와 언론, 전문가 집단의 목소리까지 더해져 북한에 대한 강경한 입장은 갈수록 강화되고 있다.

물론 북한의 도발이 실질적인 안보위협이 된 마당에 평화만을 강조하는 것은 자칫 1930년대 독일의 히틀러 정권에 대한 영국 정부의 '유화정책'(Policy of Appeasement)의 실패를 반복할 우려가 있다. 실제 북한은 1994년의 제네바협상과 김대중 정부의 햇볕정책 등에도 불구하고 지속적으로 군사력 고도화의 전략을 취했다.[7] 남북한의 비대칭전력도 무시할 수 없다. 북한은 800~1,000발 정도의 장사정포를 포함해 다양한 미사일을 보유하고 있지만 한국은 수 십 기의 단거리 미사일이 전부다. 또 생·화학무기, 핵, 미사일에 대한 유효한 방어수단도 없어 유사시 막대한 피해를 입을 수밖에 없다.[8] 최근에는 50kt의 북한 핵무기가 서울 용산 상공에 폭발할 경우 반경 $3km$ 내의 모든 생명체와 건물은 잿더미가 될 거란 분석도 나왔다. 북한의 핵·미사일 위협이 나올 때마다 한국도 전술핵을 재배치해야 한다는 주장이 제기되는 까닭이다. 국제사회를 이해하는 양대 축에 해당하는 현실주

7　김강녕, "북한의 대량살상무기와 한국의 안보,"『통일전략』, 제2권 2호 (2002), pp. 146~147.

8　박휘락, "북한의 비대칭위협에 대한 한국의 군사적 대응전략,"『전략연구』, (2013), p. 279.

의와 구성주의는 이런 문제를 해결하는데 자주 활용되는 이론적 자원이다.

현실주의(Realism)은 국제사회는 국가 간 무한경쟁이 진행되는 곳으로 개별 국가의 궁극적인 목표는 '국가이익의 극대화'라는 입장이다. 국제사회에 일종의 질서가 유지되는 것은 따라서 강대국의 위협에 대해 약소국이 굴복한 결과로 설명한다(Waltz, 2008). 현재의 한반도 상황을 설명하는데도 유용하다. 세계정부가 없는 무정부성은 국제정치의 분쟁과 갈등, 전쟁의 원인이 됐고, 남북한은 생존을 위해 군사력 증강을 멈추지 않는다.[9] 한국은 미국과 동맹을 맺고 중국과는 전략적 파트너십을 구축해 북한의 무력충돌을 예방한다. 북한의 핵 위협이 제기될 때마다 국민에게 애국심을 호소하거나 한미동맹을 강화해야한다는 한국 정부의 주장은 이런 맥락에서다.

그러나 정글 속 하이애나처럼 자국의 이익을 놓고 협상을 벌이는 냉혹한 국제사회에서도 주변 국가의 안전을 규범적 차원으로 접근하는 주장은 얼마든지 있을 수 있다. 대표적인 이론으로 구성주의(Con-structivism)가 있다. 이 이론은 국가이익이 당연하게 주어지는 것이 아니라 사회적으로 만들어진다는 점과 국제사회를 유지시키는 데 있어 규범(Norm)이 갖는 중요성에 주목한다.[10] 당연히 현실주의에서는 주목받지 못하는 국제여론, 국제기구, 국제적 규범 등을 중요하게 다룬다. 국제질서의 변화 역시 이 입장이 등장한 것과 관련이 있다.

---

9 손용우, "신현실주의 관점에서 본 북한의 핵정책 고찰(1945~2009)," 『국제정치논총』, 제52권 3호(2012), p. 271.

10 최종건, "안보학과 구성주의- 인식론적 공헌도를 중심으로," 『국제정치논총』, 제49권 5호(2009), p. 85.

1990년대 초 소련과 냉전체제가 붕괴되면서 개별 국가들은 이익 증대를 위해 상호 협력이 필요해졌다. 미국 주도의 제국질서(Imperium)가 여전히 남았지만 경제와 금융, 사회, 문화 등 다른 영역에서는 권력 분산이 두드러졌고, 국가 간 교류가 활발해졌다. 1996년 출간된 사무엘 헌팅턴의 『문명의 충돌』은 국제질서의 변화를 예견한 책으로, 냉전 종식 후 세계는 아프리카와 아랍, 중국, 이슬람교 등으로 부상할 것이라고 설명했다. 지식사회가 도래하고 정보 교류가 활발해지는 디지털 혁명도 이 무렵 본격화 됐다.

구성주의자들은 국제사회에서 범국가적인 규범(Transnational Norms)이 행위자들의 행동을 제어할 수 있다고 주장한다. 연일 고조되고 있는 북한의 핵·미사일 도발, 북미 간의 예측불허의 충돌은 국가 간 합의를 통해 해결할 수 있다는 지적이다(Alexandra Homolar, 2010). 한 예로, 북한의 핵 무장은 국제사회의 핵전쟁 위협을 늘리긴 했지만 1945년 이래 핵이 무력분쟁에서 사용된 적은 없다. 구성주의자들은 이를 핵무기 사용에 대한 금기(Taboo)가 시간의 흐름과 함께 국제사회 내의 행위자간에 형성되었기 때문으로 설명한다.[11] 또 북한의 핵무장이 고도화된 현실에서 한국이 최신형 구축함을 걸프지역에 파견하고, 해외파병전용 부대를 편성하는 일은 현실주의적 설명보다

11 　박정원, "구성주의 국제관계이론과 국제법: 자결권을 중심으로," 『국제법학회논총』, 제 126권 3호(2012), p. 51; Nina Tannenwald, "The Nuclear Taboo: The United States and the Normative Basis of Nuclear Non-Use", *International Organization*, Vol. 53, 1999, pp. 433~468; Nina Tannenwald, Nina, "Stigmatizing the Bomb: Origins of the Nuclear Taboo", *International Security*, Vol. 29(2005), pp. 5~49.

'한국의 정체성' 변화라는 설명이 더욱 설득력이 있다.[12]

문제의 해법과 처방 역시 기존보다 다르게 나타난다. 현실주의 입장에서 본 북핵 문제는 군사적 불균형에서 비롯됐다. 세계 군사비의 50%를 지출하는 미국은 북한에게 최대 적이다. 북한의 안보위협에 당사자인 남한은 안보환경의 불확실성을 줄이기 위해 막대한 예산을 쏟아 붓는다. 2016년 기준 한국의 국방비는 41조 6천억 원으로 세계 10위에 속한다. 그러나 구성주의 입장에서 '위협'은 객관적인 영역이 아닌 주관적인 영역에 속한다. 특히 '안보문제화'(Securitization)이라는 개념에서 보듯, 강대국은 일방적으로 특정한 국가나 단체를 '위협'으로 규정할 수 있고, 이라크와 리비아와 시리아의 경험에서 보듯 일단 '불량국가'(Rogue State)로 낙인이 찍히면 경제제제와 무력진압 등의 대응이 따른다.

물론 구성주의는 이론과 실증이라는 측면에서 현실주의와 자유주의에 비해 역사적 맥락이 짧은 건 사실이다. 특히 신현실주의는 국가의 군사력과 경제력 등과 같은 물질적 권력의 실용적 역할에 대해 주목하고 동시에 국가가 이를 남용할 경우 발생하는 안보적 악순환을 경고한다. 반면 구성주의는 국제관계학에서 초기단계로 볼 수 있지만 관념적 가치(Ideational value)의 공유가 국제정치 질서 형성에 근간이 된다는 대안적 설명을 제시하는 데 유용하다.[13]

12　최종건, "안보학과 구성주의- 인식론적 공헌도를 중심으로," 『국제정치논총』, 제49권 5호(2009), p. 95.

13　위의 논문, p. 91.

2. 비판적 담론 분석과 프레임

분단체제가 지속되면서 한반도에는 적과 아군을 규정하는 담론이 지배적이다.[14] 국제질서가 다변화되고 민주화 이후 몇 차례 정권이 교체됐지만 한국은 여전히 냉전 이데올로기에 취약하다. 북한의 핵·미사일 도발 징후가 보이면 상대를 향한 적대적 주장들이 난무한다. 남북관계의 지렛대 역할을 했던 개성공단은 냉전적 시각에 따른 대북정책의 결과로 지난 2016년 폐쇄되고 말았다. 글로벌 사회가 도래하면서 세계를 보는 시민들의 안목은 커졌다고 하지만 유독 북한에 대한 적대적 담론은 상당히 견고하다.

인간이 공기와 물이 없는 곳에서 살 수 없는 것처럼 우리 사회에서 담론은 사람의 태도를 형성하는데 빼놓을 수 없는 요소다.[15] 이기형(2006)은 담론에 대해 "사물에 대해 갖고 있는 인식과 해독하는 방식"이라며 "세상과 사물에 대한 강력한 해석의 틀을 제공한다"고 주장했다. 담론의 궁극적 목표는 "논리적으로 설득하고, 정서적으로 공감을 유도하며, 특정한 태도와 행동을 이끌어내는 데 있다[16]"고 주장하면서 김성해와 정연주(2016)는 담론을 이성(Logos), 감성(Pathos)와

14　이병욱 · 김성해, "담론복합체, 정치적 자본, 그리고 위기의 민주주의- 종북(從北)담론의 텍스트 구조와 권력 재창출 메커니즘의 탐색적 연구,"『미디어, 젠더 & 문화』, 제28호(2013), p. 73.

15　강국진, "조세를 둘러싼 담론정치:'증세없는 복지'와 '선별증세'를 중심으로,"『한국행정학보』, 제51권 3호(2017), p. 3.

16　이기형, "담론분석과 담론의 정치학- 푸코의 작업과 비판적 담론분석을 중심으로,"『언론과 사회』, 제14권 3호(2006), pp. 109~110.

도덕성(Ethos)로 구분하기도 한다.[17] 인간이 사고하고 행동하는데 있어 논리만이 아니라 이미지나 규범 등도 중요한 역할을 한다는 입장이다. 분단 이후 한국의 주류 담론으로 성장한 냉전·반공이데올로기는 이런 관점에서 볼 때 군부세력이 집권을 위한 가장 유용한 도구였다.[18] 전쟁의 공포를 확대시키면서 사람들의 생각과 태도를 변화시켰고, 특정한 방향으로 여론몰이를 할 수 있었다.

때문에 역사적으로 형성된 지식체계와 상식, 신념은 담론이 활성화되거나 외면되는 데 중요한 역할을 한다. 가령, 2000년 남북정상회담이 개최된 당시 한반도 정세와 치열한 심리전을 치르고 있는 2017년의 모습은 북한에 대한 담론의 성격을 결정짓는 중요한 배경이다. 조선왕조가 들어서면서 유교담론이 확산되고, 해방 이후 반공담론이 강화되고, 오늘날 경제민주화가 강조되는 것 역시 같은 맥락이다. 담론은 특정한 시대 상황과 무관하지 않으며 현실적인 이해관계를 반영한다는 주장은 매우 설득력이 있다.[19] 담론이 현실을 규정하고 개인은 구성된 현실에 따라 행동한다고 볼 수 있다.

그러나 담론이 시대마다 다양한 것처럼 비판적 담론분석 역시 정형화 되어있지 않다. 연구자마다 정의가 다르고 논의 틀이 고정적이지 않다. 다양한 시각에 따라 창의적인 연구가 진행될 수 있다는 점이 이 연구의 특징이다. 그럼에도 연구자가 채택하는 방법론적 개념

---

17 김성해·정연주, "누구를 위해 종은 울리나?- '중국 때리기' 담론을 통해서 본 한국의 미국 사대주의,"『커뮤니케이션 이론』, 제12권 3호(2016), p. 52.

18 강정구, "이라크 전쟁과 파병 – 미국의 야만성과 한국의 자발적 노예주의,"『경제와 사회』, 제63호(2004), pp. 282~283.

19 서덕희, "담론분석방법,"『교육비평』, 제28호(2011), p. 219.

과 전제를 분명히 밝히지 않으면 여러 가지 오해와 혼란을 부를 수 있기 때문에[20] 연구자는 특정한 맥락과 누가, 어떤 방식으로 담론을 만들어가는 지 집중할 필요가 있다.

대표적으로 페어클로우(Fariclough, 2004) 등이 체계화한 비판적 담론분석(Critical Discourse Analysis)은 지배담론의 갈등구조를 파악하는 데 유용하다. 이 방법은 크게 '텍스트분석'과 '담론 간 상호작용', '사회적 실천'으로 구분된다.[21] 텍스트는 사회에서 벌어지고 있는 사건의 기록, 정체성, 메시지의 틀과 관련이 있다. 담론적 실천은 언설, 주장 등을 생산하고 해석하는데 사용된 구체적인 행위, 생각 등을 가리킨다. 사회문화적 실천은 담론과 관계있는 맥락과 사회적 환경을 말하는 것으로 담론을 이해하는 논리적 줄거리로 보면 된다. 비판적 담론분석은 권력관계에 초점을 맞추며, 정치권력과 지배관계, 불평등 문제에 관심을 기울여 대안담론을 활성화하는 데 기여한다. 특히 북한의 도발로 결정적인 국가이익이 훼손되는 상황에서 정책을 결정짓는 담론을 보다 명확하게 확인하는 데 의미가 있다.

이 때 정부 브리핑과 언론 기사 등이 주요 분석 자료로 쓰인다. 지배 담론을 형성하는 데 주요 공급처가 되고, 시대별로 자료의 내용도

---

20   이봉현·김성욱, "미디어 담론분석을 통해 본 리비아전쟁- 언론에 의한 카다피 악마화 과정을 중심으로,"『커뮤니케이션 이론』, 제7권 2호(2011), p. 109; 강명구·박상훈, "정치적 상징과 담론의 정치- '신한국'에서 '세계화'까지,"『한국사회학』, 제31호(1997), pp. 129~130.

21   신지욱, "비판적 담론 분석과 비판적·해방적 학문,"『경제와 사회』, 제7권 2호(2011), p. 109; 강명구·박상훈, "정치적 상징과 담론의 정치- '신한국'에서 '세계화'까지,"『한국사회학』, 제89호(2011), p. 20; Fairclough, Norman: *Language and Power*(London: Longman, 1989), pp. 17~18.

달라지기 때문이다. 정부가 정치적으로 어떤 입장이냐에 따라 담론 구성도 많은 영향을 받는다. 진보 정권이 들어선 시기에는 비교적 인권과 평화, 민주주의 담론이 형성되는 것과 무관하지 않다.

그 중에서도 논리적인 틀이라 할 수 있는 프레임(Frame)은 담론을 구성하는 핵심 요소다. 특정 프레임이 강화 될수록 지배담론으로 성장할 개연성이 높기 때문이다. 그런 측면에서 프레임도 개인의 특정한 감정과 윤리적 판단을 유도하는 데 탁월한 능력이 있다.[22]

지배 담론을 형성하기 위해 정부와 언론 등은 의도적으로 특정 프레임을 만들거나 축소 및 과장, 비판과 지지 등을 나타내기도 한다. 가령, 정책 실패로 비판적인 여론이 높아질 경우 정부는 특정 이슈를 퍼뜨려 위기를 극복하려 한다(Hazel Smith, 2000). 그러나 지배 집단이 내세우는 프레임을 비판적으로 해석하기란 쉽지 않다. 개인은 사회의 모든 사건을 직접 경험할 수 없어 정부 발표자료, 책, 언론보도로 정보를 얻기 때문이다. 특히 진영 간의 쟁점이 큰 북한 문제에서 프레임의 위력은 대단하다.[23] 특정 프레임에 지속적으로 노출되면 개인의 행동과 인식은 변화될 수 있다는 연구결과는 많이 알려져 있다. 비판적 담론분석을 통해 구성된 현실을 보다 구체적으로 살피는 작업이 필요한 이유다.

그간 언론학에서는 비판적 담론분석은 활발하게 연구되었다. 김성해(2013)는 1998년 이후 형성된 동아시아 공동체에 대한 관심과 합

22　김성해, "동아시아 공동체와 담론 전쟁- 한국 언론의 동북공정과 독도분쟁 재구성,"『언론과 사회』, 제21권 3호(2013), pp. 83~84.

23　김동윤, "정권시기별 '북핵 실험 및 미사일 발사' 관련 보도양상과 프레임- 보수지와 진보지, 그리고 지역지간 비교를 중심으로"『언론과학연구』, 제15권 1호(2015), pp. 50~51.

의가 붕괴되는 과정에서 담론을 통한 권력변화를 파악했다. 그 결과 담론은 객관적으로 존재하는 이해관계에 구속되며, 정치적 목적에 의해 '유사한 현실'로 재구성된다는 것을 밝혔다.[24] 또 전시작전권을 둘러싼 진영논리를 분석한 최종환(2015) 등은 이슈가 발생할 때 마다 언론은 지속적인 담론 투쟁을 벌였다고 지적했다. 정부의 정치적 노선을 함께 하는 언론은 담론을 확대·재생산함으로써 정부의 정책결정에 주요한 역할을 했다고 주장했다.[25] 정연주(2016) 등은 미국에 대한 사대주의를 보여주는 대표적인 사례로 '중국 때리기'담론을 분석했다. 한국 언론은 중국에 대해 '인권유린'과 '패권추구', '가치훼손', '책임회피'라는 4개의 주제로 재현하고 있으며, 담론을 통한 흠집내기를 가속화 한다고 밝혔다.[26]

본 연구는 1998년부터 2016년까지 북한의 핵·미사일 도발 이후 형성된 한국의 지배담론을 파악하고, 정치적 맥락과 변화 과정을 분석했다. 성찰을 통한 문제해결을 찾고, 대안담론을 활성화하는 게 본 연구의 핵심이다. 주요 연구방법은 정부 브리핑, 언론보도, 학술 논문 등의 내용분석이다. 연구진은 해당 자료에 나타난 프레임을 분석하고 시기별 담론의 변화양상을 확인했다.

24　김성해, "동아시아 공동체와 담론 전쟁- 한국 언론의 동북공정과 독도분쟁 재구성,"『언론과 사회』, 제21권 3호(2013), pp. 99~100.

25　최종환 외 공저, "언론의 정파성과 국가이익 : 전시작전권 프레임 분석을 통해서 본 진영논리의 실체,"『미디어와 공연예술연구』, 제10권 1호(2015), pp. 97~100.

26　김성해·정연주, "누구를 위해 좋은 울리나?- '중국 때리기' 담론을 통해서 본 한국의 미국 사대주의,"『커뮤니케이션 이론』, 제12권 3호(2016), pp. 88~89.

III. 분석사례: 북한의 핵실험 및 미사일 발사

북한 핵개발의 기원은 1950년대로 거슬러 올라간다. 1956년 3월 구소련과 '연합핵연구소' 설립에 관한 협정을 맺은 북한은 소련 핵연구소에 30여 명의 연구원을 파견했다. 이후 북한은 1962년 영변에 원자력연구소를 설치했고 1965년에는 연구용 원자로 IRT-2000을 완공했다.[27] 초보적 수준의 핵 발전 기술을 보유한 북한은 이후 미국의 안보위협에 맞서 본격적인 핵개발을 추진하기로 하고 1987년 영변에 핵발전소를 가동했다.

1985년 핵확산금지조약(Nuclear Non-Proliferation Treaty, NPT)에 가입한 북한은 1992년 국제원자력기구(IAEA)와 핵안전협정을 체결했고 같은 해 5월에는 16개 핵시설에 대한 운영보고서를 국제원자력기구에 제출했다. 당시 북한은 90g의 플루토늄을 생산했다고 밝혔지만 IAEA는 북한이 신고한 양보다 더 많은 플루토늄이 추출했다는 의혹을 제기했다. 미국의 지원을 받은 IAEA는 북한에 대한 특별사찰을 요구했으며 북한은 이를 주권침해라고 주장했다. 북한은 남한도 같은 수준의 사찰을 받으면 이를 수용하겠다고 밝히는 한편, 1993년 NPT 탈퇴를 선언했다.

이후 한국과 미국은 팀스피리트 훈련을 비롯한 다양한 방식으로 북한을 압박했다. 급기야 미국의 클린턴 행정부는 북한의 영변에 대한 정밀 폭격을 위한 구체적인 실행 계획을 마련했다고 주장했다. 하

---

27 구본학, "북한 핵문제 전개과정과 해결방안," 『통일정책연구』, 제24권 2호(2015), p. 3.

지만 전쟁이라는 파국을 막기 위한 노력이 진행됐고 평양을 방문한 지미 카터 특사 일행에게 북한은 핵사찰을 수용하겠다는 의사를 표명했다. 북핵 문제를 해결하기 위한 협상은 이를 계기로 시작됐다. 1994년 10월, 북미 양국은 핵을 포기하는 대가로 경수로를 비롯해 중유와 미국과의 관계 개선을 핵심으로 하는 제네바 협의를 체결했다. 그러나 북한에 대한 경수로 지원은 차일피일 미뤄졌고 북한은 1998년 8월 대포동 1호 미사일을 발사함으로써 불만을 표시했다. '합의-파기-협상'라는 과정이 지속되고 있는 가운데 제네바 합의는 부시 행정부의 등장으로 또 다른 위기를 맞았다.[28]

2001년 미국은 9·11테러라는 전대미문의 위기에 직면했다. 대량살상무기(WMD) 확산의 억제라는 목표를 위해 미국은 이라크, 시리아와 북한을 '악의 축'으로 규정했다.[29] 1998년 이후 추진력을 얻고 있던 동아시아공동체에도 대응해야 했다. 북한은 미국의 군사적 유용성을 극대화하고 다른 한편으로 미국의 대외정책에 유리한 지형을 만드는데 아주 유용한 카드였다.[30] 2002년 10월, 일본의 고이즈미 총리가 북한을 방문한 직후 제임스 켈리 미국 국무부 동아태 차관보는 고농축우라늄(HEU) 프로그램 의혹을 제기했다(임동원, 2008). 북한은

28　Bleiker, R, "A rogue is a rogue is a rogue: US foreign policy and the Korean nuclear crisis," *International Affairs*, vol. 79 no. 4(2003).

29　Miles, A, *The rise of rogue states doctrine: The Clinton and Bush approach to national security in the post-Cold war era*, Dissertation of the University of Salford, 2009.

30　정영철, "20년의 위기 북미: 대결과 한반도 평화체제," 『통일정책연구』, 통권 제 99호(2013), pp. 63~91.

무기화를 위한 프로그램의 존재 자체를 부인했지만 미국은 이를 핑계로 중유제공은 물론 한반도에너지개발기구(KEDO) 지원을 중단했다. 제네바 합의 파행에 대한 경고로 북한은 이듬해 2005년 2월 '핵무기 보유'를 공식적으로 선언함으로써 제2차 북핵 위기가 시작됐다.

2005년 베이징에서 체결된 9·19 합의를 통해 문제는 다시 수습됐다. 북한 발 핵위기는 협상과 제제를 반복하면서 좀처럼 해결되지 못했다. 합의가 지지부진한 가운데 북한은 2006년 10월 풍계리 핵 실험장에서 제1차 핵실험을 강행했다. 폭발력 TNT 5~15kt에 달하는 이 핵실험으로 북한은 9번째 핵보유국이 됐다. 이후 북한은 2017년까지 6차례의 핵실험을 강행하면서 핵의 소형화를 추진하고 있다.

북핵문제의 원인에 대해 많은 학자들은 이견을 나타내고 있다. 제1차 북핵 위기가 대두된 1990년대부터 2016년 제5차 핵실험을 강행하기 까지 북한의 핵무장은 남한과 미국을 압박하기 위한 군사적 목적과 북미관계개선을 위한 협상용, 주민단합을 위한 체제결속 등의 주장이 팽팽하게 맞서고 있다.[31] 북한 핵실험 및 미사일 발사 주요 사건일지는 다음 〈표 1〉과 같다.

표 1　북핵 실험 및 미사일 발사 관련 일지

시기	사건
1998.08.31	· 광명성(대포동) 1호 미사일 발사
1999.06.05	· 서해교전(제1차 연평해전)발생
2002.06.19	· 서해교전(제2차 연평해전)발생
2006.07.05	· 광명성(대포동) 2호 미사일 발사
2006.10.09	· 제1차 북한 핵실험
2009.04.05	· 광명성(대포동) 2호 미사일 발사

31　위의 논문. p. 3.

시기	사건
2009.05.25	· 제2차 북한 핵실험
2010.03.26	· 북, 남한 해군 천안함 피격
2010.11.23	· 북, 남한 연평도 포격
2012.04.13	· 광명성(대포동) 3호 미사일 발사
2012.12.12	· 은하 3호 미사일 발사
2013.02.12	· 제3차 북한 핵실험
2016.01.06	· 제4차 북한 핵실험
2016.02.07	· 광명성(대포동) 4호 미사일 발사
2016.09.09	· 제5차 북한 핵실험
2017.09.03	· 제6차 북한 핵실험

IV. 연구문제, 자료수집 및 분석방법

1. 연구문제

본 연구는 안보상황의 '도발'로 규정되는 '북핵 및 미사일' 문제에 대한 담론 지형을 파악한 것이다. 본문에서는 문맥에 따라 도발이라는 용어를 사용했지만 분석 범위는 북한 핵과 미사일 문제를 한정했다. 담론 생산자는 크게 세 그룹으로 구분했다. 첫 번째는 정부담론을 알아보는 것으로 북한 핵실험 및 미사일 발사에 정부 시기별 프레임 변화를 분석했다. 두 번째는 미디어 담론이다. 보수와 진보, 중도적 성격을 갖는 주요 종이 신문의 프레임 양상을 살펴봤다. 분석매체는 정치적 입장을 고려해 〈조선일보〉, 〈한겨레〉, 〈한국일보〉 세 곳이다. 보수와 진보 학자군에 따라 프레임 변화를 파악 한 것이다. 제기된 연구

문제는 다음과 같다.

1) 북한 '핵 및 미사일' 관련 담론은 정부 시기에 따라 어떻게 변화했나?
2) 북한 '핵 및 미사일' 관련 담론은 언론사의 정치적 입장에 따라 어떤 차이가 있나?
3) 북한 '핵 및 미사일' 관련 담론은 학자군에 따라 어떤 차이가 있나?

2. 연구방법

1) 자료수집

연구를 진행하기 위해 우선 정부, 미디어, 학술 관련 자료를 수집했다. 정부담론 자료는 대통령 기록관이 운영하고 있는 온라인 커뮤니티 '대통령기록연구실〈연설기록란〉'에서 수집했다. 박근혜 대통령은 2016년 9월 기준 재임 중이므로 해당 자료는 청와대 홈페이지 '대통령 연설' 코너에서 수집했다. 검색어는 '북한 핵', '북한 미사일'로 설정했다.

미디어담론는 신문 사설로 한정했다. 〈조선일보〉 사설은 자사 홈페이지에서 수집했으며 〈한국일보〉, 〈한겨레〉는 한국언론진행재단이 운영하는 신문기사 모음 사이트 '카인즈'에서 확보했다. 검색어는 '북한 핵 미사일'로 동일하게 적용했다. 1차 샘플 자료는 1,000건이 넘었으나 본 연구주제와 무관한 사설은 분석대상에서 제외했다.

끝으로 학술담론 자료는 북한 관련 교수가 쓴 연구 논문이다. 연구진은 자료의 객관성을 확보하기 위해 언론에서 자주 인용되는 정보원을 확보한 다음 논문 검색 사이트 'DBpia'에서 해당 교수가 쓴 '북한 핵 및 미사일' 관련 논문을 수집했다. 이후 핵심 주장에 따라 보수 및 진보 학자군으로 분류했다. 이 때 보수 매체에 등장하는 정보원(학자)은 대체로 보수적일 것이라고 가정했다. 실제로 언론에 나타난 주장과 논문의 핵심 내용이 상당 부분 일치한 것으로 나타났다. 개인의 정치적 성향을 기계적으로 구분 할 수는 없으나 본 연구에서는 매체 속성, 인터뷰 및 논문 내용 등을 종합해 진보와 보수로 나누었다. 학자군의 분석 자료는 학자가 단독으로 쓴 논문으로 개인당 2편씩 총 20편이다. 최종 분석 자료는 427개로 세부 목록은 아래 〈표 2〉와 같다.

표 2   담론 생산자별 분석자료 수

자료		정부 시기별 구분				합계
		김대중	노무현	이명박	박근혜	
정부	연설문	16	48	22	12	98
미디어	조선일보	34	20	36	39	129
	한국일보	17	27	24	25	93
	한겨레	20	22	20	25	87
학술	보수	1	4	2	3	10
	진보	1	4	3	2	10
합계		89	125	107	106	427

2) 프레임 설정

본 연구에서 분석 도구로 활용된 프레임은 귀납적 방법으로 도출했다. 먼저 전체자료 중 10% 정도를 임의로 추출한 다음 북한 핵·미사일에 대한 규정과 원인, 대책 등의 진술문을 분석했다. 진술문을 조합해 원인과 대책 각 5개씩 최종 프레임을 설정했다. 구체적인 담론층위 및 프레임 명칭은 다음 〈표 3〉과 같다.

표 3   담론층위 및 세부내용

담론층위	세부분류				
북한에 대한 입장	적대적		중립	동정적	
원인 프레임	침략본능	체제결속	상호주의	협상카드	자위수단
대책 프레임	정권교체	봉쇄강화	신뢰구축	대화지속	포용정책
정부	박근혜	이명박	노무현	김대중	
언론사	조선	한국	한겨레		
학계	보수		진보		

　　원인 프레임은 크게 '침략본능'과 '체제결속', '협상카드', '상호주의', '자위수단'으로 구분된다. '침략본능'은 북한에 대해 주변국을 위협하고 핵무장을 추구하는 '불량국가'로 규정하는 프레임이다. 이어서 '체제결속'은 북한의 핵무장은 김정일·김정은 정권을 유지하고, 주민단합을 위해 활용됐다는 점을 강조하고 있다. '협상카드' 프레임은 특정한 목적이 있으며 '협상'을 유리하게 끌고 가기 위한 포석이라는 입장이다. '상호주의'는 일명 'Tit for Tat'이라 하며, 북한의 대응은 미국의 약속위반이나 미국의 위협에 대한 주고받기라는 시각이다. 끝으로 '자위수단'은 이라크와 리비아와 같이 붕괴되지 않기 위한 북한의 불가피한 조치라는 주장을 담고 있다.

　　다음으로 대책 프레임은 '정권교체'와 '봉쇄강화', '신뢰구축', '대화지속', '포용정책'으로 나눌 수 있다. '정권교체' 프레임은 북한은 원래 악마라는 인식에서 비롯됐다. 이를 해결하기 위해 '강제적'으로 정권을 교체하는 것으로 보는 입장이다. '북한 붕괴론(Regime Change)'를 적극 추진해야 한다는 주장도 포함된다. '봉쇄강화'는 보다 강력한 경제 및 외교적 제제로 북한을 '고립'시켜야 한다는 입장이다. '신뢰구축'은 현 사태는 기본적으로 북미, 남북 간 신뢰가 부족한 데서 비롯됐다고 본다. 반면 '대화지속'은 북한을 협상테이블로 유도하고 대화를 통한 문제해결 방식이다. 조금씩 양보하면서 신뢰를 쌓는 조치가 필요하다는 주장을 담고 있다. 끝으로 '포용정책'은 김대중·노무현 정부의 대북정책을 계승한 것으로 지속적인 교류와 협력을 통해 한반도 안보위기를 해소해야 한다는 주장이다.

V. 분석결과 및 해석

1. 북한 '핵 및 미사일' 관련 담론은 정부 시기에 따라 어떻게 변화했는가?

대통령 연설문은 정부담론을 규정하는 대표적인 자료로 국정운영의 전반적인 내용을 담고 있다. 정부 부처간 조율과 전문적 관료에 의한 조언 및 대통령의 최종 의지가 종합적으로 반영된 '정제된' 문서라는 점에서 북핵 및 미사일 관련 대외정책의 본질과 목표 및 추진 전략 등을 파악하는데 유용하다.

1) 정부 시기별 원인 프레임

1990년대 소련이 붕괴되고 독일이 통일되는 등 국제사회는 탈냉전기로 접어들었다. 한국 노태우 정부는 국제사회의 변화에 맞춰 동방정책이라는 이름으로 구소련과 중국 등 사회주의 국가들과 수교를 맺고 관계 개선을 추구했다. 1998년 출범한 김대중 정부는 미국, 일본과 중국 및 러시아 등과 적극적으로 대화하는 한편, 한반도 평화를 목

표 4　정부 시기별 '북한 핵·미사일' 원인 프레임

정부	원인 프레임
김대중 정부	협상카드 및 상호주의
노무현 정부	협상카드 및 자위수단
이명박 정부	침략본능 및 협상카드
박근혜 정부	침략본능

표로 하는 대표적인 포용정책(Engagement Policy)로 알려진 '햇볕 정책'을 적극 추진했다. 나그네의 두터운 외투를 벗기는 데 있어 차가운 바람보다는 뜨거운 태양이 더 효과적이라는 우화에서 착안된 개념이었다. 당시 남북관계를 반영하듯 정부 프레임은 '협상카드' 및 '상호주의'가 많았다. 북핵 문제의 원인에 대해 김대중 대통령은 "미국과의 관계개선을 요구하며 '핵카드라는 벼랑 끝 전술'을 구사하는 북한과 '선 핵투명성 보장, 후 정치적 타결'을 주장하는 미국사이의 의견 차이(1998/04/04)"로 인식했다. 북미 간의 갈등이 풀리지 않은 상황에서 불가피한 조치로 북한이 핵무장에 들어섰다는 지적이다. 또 '상호주의'의 대표 주장인 '주고받기'라는 인식도 있다. 김 대통령은 핵을 둘러싼 북미 간의 갈등에 대해 "미국이 안전을 보장하면 핵을 포기하겠다", "핵을 포기하면 그 문제를 보장하겠다(2003/01/02)"고 하면서 두 나라의 상반된 입장을 중립적으로 바라봤다. 이는 북핵 문제가 북미 간의 의견 불일치에서 비롯됐으며, 협상을 통한 문제해결이 가능하다는 점을 시사한다.

노무현 정부는 개성공단 사업 등 남북경제협력을 본격적으로 진행했다. 그러나 2006년 북한의 제1차 핵실험으로 한반도 안보상황이 급속히 악화되면서 정부는 정치적으로 큰 타격을 입었다. 전반적인 프레임은 북한을 이해하는 차원의 '자위수단'과 미국과의 협상 및 거래용이라는 의미가 담긴 '협상카드'가 많았다. 노무현 대통령의

"북한은 체제의 안전과 관계정상화가 보장되면 핵무기를 포기할 것 (2007/11/13)"이라는 주장은 대표적인 '자위수단' 프레임에 속한다. 북한의 핵개발은 미국과 협상을 하기 위한 것이라는 인식도 있다. "상대방이 나를 위협할 때 대응하기 위해서, 또는 아예 위협을 하지 못하도록 협상을 하기 위해서, 또 이런 여러 가지 목적으로 핵무기는 따로 개발할 수 있는 것(2007/02/27)"이라는 주장에서 알 수 있듯 노무현 정부는 북한의 핵무장이 미국의 압력에 대응하기 위한 수단이라는 인식을 보였다.

2008년 보수정부로 권력이 교체되면서 북한핵 담론은 급격한 변화를 맞았다. 2009년 제2차 북한의 핵실험을 비롯해 2010년 천안함 피격과 안평도 포격 등 안보위기가 고조된 가운데 이명박 정부의 대북정책은 대북제재 및 압박으로 선회했다. 프레임 또한 '침략본능' 및 '협상카드'가 많았다. 이명박 대통령의 "북한의 핵 보유는 한반도는 물론 동북아시아의 평화를 위협하는 일"이며 "위험한 핵무기 경쟁을 유발하고, 화해와 협력을 통한 평화통일을 어렵게 만들 것 (2009/06/01)"이라는 주장은 대표적인 '침략본능' 프레임이다. 핵을 통한 압도적인 힘으로 한국과 미국을 제압하겠다는 엄포가 담겨있다. 이어 이명박 정부는 북한 지도부에 대해 "핵 무장을 하고 강성대국만 달성하면 살 수 있다는 허황된 생각(2010/06/04)"을 한다고 비판 수위를 높였다. '협상카드' 프레임은 북한이 "항상 도발과 대화 의지를 내비치는 행동을 반복하고 있다(2011/05/11)"는 주장에서 확인할 수 있다. '허황된 생각', '침략' 등 자극적인 표현으로 볼 때 이명박 정부의 전반적인 북핵 담론은 상당히 비판적인 것으로 확인됐다.

박근혜 정부의 대표 프레임 역시 '침략본능'이다. 보수정권이 재집권 한 가운데 북핵 담론은 대북제재와 압박으로 요약된다. 실제로 남북교류의 상징이었던 개성공단은 폐쇄됐고, 남북관계는 파국을 맞았다. 한국 정부는 북한의 핵무장이 한반도를 넘어 세계 안보 위기를 가중 시키는 것으로 인식했다. 박근혜 대통령은 북한이 "소위 병진 노선을 앞세워 핵무기 개발을 고수하고 있고, 연이어 미사일을 발사하면서 긴장을 조성하고 있다(2014/10/01)"고 지적했다. 이어 박 대통령은 "브레이크 없이 폭주하고 있는 김정은 정권은 핵미사일을 실전 배치하게 될 것"이라며 "우리는 두려움과 공포에 시달리게 될 것이다(2016/02/16)"는 다소 어두운 전망을 내놨다. 한국 정부는 '긴장'과 '폭주' 등 극단적인 어휘를 통해 문제의 심각성을 알리면서 적대적 북핵 담론을 형성했다.

2) 정권 시기별 대책 프레임

김대중 정부의 대책 프레임은 '대화지속' 및 '신뢰구축'으로 요약된다. 김대중 대통령은 "양측이 대화를 통해 핵문제와 북한이 국제사회의 책임있는 일원이 되는 문제를 해결하도록 해야한다"며 "우리도 당사자로서 여기에 적극 참여해야 한다(2003/01/02)"고 강조했다. 국제 공조를 통한 해결방안도 제시했다. 김 대통령은 "한, 미, 일의 공조 아래 외교적 노력을 통해 해결하기로 합의했다(2002/12/11)"며 한반도 주변국의 협력을 당부했다. '참여'와 '공조', '외교적 노력'이라는 주장을 통해 북핵 문제는 대화와 협상을 통해 해결할 수 있음을 강조한 것이다.

북한의 핵 위협은 노무현 정부에서 실질적 위협이 됐다. 그러나 정부는 지속적인 대화와 포용정책을 통해 북한 협상에 힘을 쏟았다. "상대를 포용하고 신뢰를 쌓아나간다는 원칙을 일관되게 지켜나가야 한

표 5   정권 시기별 '북한 핵 · 미사일' 대책 프레임

정부	대책 프레임
김대중 정부	대화지속 및 신뢰구축
노무현 정부	대화지속 및 포용정책
이명박 정부	봉쇄강화 및 신뢰구축
박근혜 정부	정권교체 및 봉쇄강화

다(2007/07/19)"는 노무현 대통령의 주장에서 확인할 수 있다. 보다 유화적인 주장를 통해 문제해결의 가능성을 드러냈다고 볼 수 있다. '포용정책' 프레임은 노 대통령의 "북한을 응징하거나 굴복시키려고 하지 않는다면, 대화에 의한 해결은 가능하다(2007/11/13)"는 주장에서 확인할 수 있다. 이 시기는 상대를 자극하거나 공격하기 보다 '대화'와 '타협', '신뢰', '포용' 담론이 형성됐다.

이명박 정부는 '봉쇄강화' 및 '신뢰구축' 프레임으로 요약된다. 북한의 잇따른 도발과 안보 위기 고조로 대북정책이 압박위주로 선회한 탓으로 분석된다. 이명박 대통령은 "6자회담 합의를 통해 북한의 안보 우려를 해소해야한다(2010/01/02)"며 국제공조를 당부했다. 또 "철저하게 현실적인 인식의 기초 하에 원칙에 입각한 대북 접근을 일관되게 유지해 나가는 길만이 북한 핵 문제를 궁극적으로 해결하는 열쇠가 될 것이다(2011/10/14)"고 말하는 등 대북제재의 필요성을 강조했다. 이 시기 한국 정부는 대화와 협상보다 '안보 우려', '원리원칙' 등 북핵 문제의 시급성을 강조하거나 정책의 단호함을 드러냈다.

박근혜 정부는 북한의 두 차례 핵실험과 목함 지뢰 도발 등으로 남북관계가 지속적으로 악화됐다. 안보 위기가 고조된 상황에서 대책 프레임은 '정권교체' 및 '봉쇄강화'라는 극단으로 치닫는 분위기 였다. 박근혜 대통령은 북한의 핵 실험에 대한 1차 대응으로 "대북 확성기 방송을 재개"를 비롯해 "북한으로의 외화유입을 차단해

야 한다(2016/01/13)"고 말했다. 또 "우리와 긴밀히 소통해 온 만큼 중국 정부가 한반도의 긴장상황을 더욱 악화되도록 하지는 않을 것 (2016/05/09)"이라며 효과적인 대북 봉쇄전략을 위해 중국의 역할을 당부했다. 한반도 정세와 안보 상황이 악화되면서 박근혜 정부는 다소 격양됐고 비판하는 주장이 많았다.

2. 북한 '핵 및 미사일' 관련 담론은 언론사의 정치적 입장에 따라 어떤 차이가 있는가?

신문은 한국사회에서 많은 영향력을 갖는다. 이슈를 선점하고 여론을 집중시키는 등 '의견지도자(Opinion Leader)' 역할을 한다. 매일 신문에서 보도되는 뉴스는 정부 정책에 대한 평가로 나타나며, 정부 정책은 담론에 따라 수정되기도 한다.

또 신문은 여러 정파와 정치적 이해관계가 얽혀 있어 사안에 대한 다양한 관점을 제공한다. 특히 사설을 분석하는 작업은 해당 언론사의 입장을 확인하고 기사 전반을 살펴보는 효과를 갖는다. 본 장에서는 북핵 문제와 관련한 한국의 주요 종이신문의 사설을 살폈다.

1) 언론사별 원인 프레임

북핵 문제의 원인에 대해 〈조선일보〉는 '침략본능' 및 '협상카드' 프레임을 보였다. 북한은 대화와 협상을 할 수 있는 관계보다 '적대국가'라는 이미지가 형성된 탓이다. 냉전·반공이데올로기를 기반해 지속적으로 비판적 담론을 만들었다. 대표적인 '침략본능'프레임은 "남북한 주민 7,000만 명의 목숨을 담보로 한 인질극이다(2006/07/11)"

표 6 언론사별 '북한 핵 · 미사일' 원인프레임

언론사	원인 프레임
조선일보	침략본능 및 협상카드
한국일보	협상카드 및 체제결속
한겨레	협상카드 및 자위수단

는 주장에서 확인할 수 있다. 북핵 문제가 단순히 북한 내부의 문제로 보기보다 한반도의 생존과 직결된 것으로 풀이한 것이다. 북한이 2009년 미국 독립기념일에 발사한 장거리 미사일에 대해서는 "자신들의 군사적 능력을 과시하기 위한 것이다(2009/07/06)"라며 '침략본능' 프레임을 나타냈다. '협상카드'는 2002년 북핵 위기가 고조되고 있는 상황에서 북한이 "체제 생존용 협상카드로 사용할 의사를 공공연히 밝히고 있다(2002/11/16)"는 주장에서 확인할 수 있다. 미국 정권 교체기에서도 같은 프레임이 발견됐다. "오바마 신 행정부와의 본격적 협상을 앞두고 자신들에 대한 관심 환기와 몸값 올리기를 꾀하려는 제스처일 가능성이 크다(2009/02/04)"는 주장이다. 2013년 북한의 제3차 핵실험에 대해선 "오로지 미국을 상대로 핵과 미사일 게임을 벌이고 있다는 점을 분명히 하고 있다(2013/02/13)"고 분석했다. 〈조선일보〉는 '인질극', '핵 게임' 등 다소 자극적이고 부정적인 내용을 통해 북핵 문제의 심각성을 드러냈다.

〈한국일보〉의 사설은 대부분 '체제결속' 및 '협상카드' 프레임으로 구분된다. 북한 정권은 내부 결속을 위해 군사적 행동을 멈추지 않는다는 주장이 〈한국일보〉의 전반적인 시각이다. "한반도 위기상황과 관련해 군사대비태세를 강화하고 체제결속을 다지려는 내부용일 개연성이 높다(2005/05/03)"는 주장에서 이를 확인할 수 있다. 또 개성공단 폐쇄 국면에서 무력시위를 하는 북한에 대해 "객관적 관찰자들이 후계문제 등으로 흔들리는 체제 안정을 노린 '미사일 쇼' 또는 '우주발사 쇼'다(2009/03/16)"고 규정했다. 이 같은 주장은 북핵문제를 구성주의적 시각으로 접근한 것으로 볼 수 있다. 2011년 김정은 체제가 들어서면서 북한은 내부적으로 권위의식을 내세울 필요성도 제기됐다. 2012년에는 김일성 탄생 100돌을 기념해 실용위성을 쏘아 올리는 등 국제 사회에 안보위기를 고조시켰다. 〈한국일보〉는 "강성대국 진입 선포에 맞춘 이벤트이자 갓 출범한 김정은 세습 체제를 다지려는 의미까지 부여된 로켓발사다(2012/03/29)"라고 지적했다. 이 밖에 북한의 핵·미사일은 일종의 남북협상용이라는 '협상카드'로 보는 시각도 있다. "지나친 위기감 조성은 피하면서도 적절한 긴장을 유도해 남한에 대한 지렛대로 삼겠다는 의도다(2012/04/12)"라는 주장이 대표적이다. 〈한국일보〉는 북핵 문제의 심각성을 인지하면서도 '내부용', '지렛대' 등의 주장으로 북핵 문제를 구조적 환경과 주변 정세에 돌리는 태도를 보였다.

〈한겨레〉는 '협상카드' 및 '자위수단' 프레임으로 요약된다. 전반적으로 북한의 핵실험은 '이유'가 있다는 주장을 보였다. 북한이 재래식 무기의 취약성을 극복하고 미국과 한국의 핵 협상에서 밀리지 않기 위해 핵무장했다는 주장도 포함된다. 구체적으로 "미사일은 북한이 보유한 마지막 군사적 지렛대 구실을 한다"며 "'강성대국' 과시를 위해서라도 미사일 개발에 더욱 집착할 가능성이 많다(1999/07/20)"고 지적했다. 또 〈한겨레〉는 북한이 주변 국가의 정권교체기에 무력시위를 할 수 있다는 점을 들어 "미국, 중국, 일본 등 주변국의 지도자가 모두 교체되는 시점을 택해 대외 협상에서 주도권을 잡겠다는 생각도 한 것 같다(2012/12/02)"고 분석했다. 북한의 핵 위협은 일정한 패턴을 보일 때가 많다. 북한이 한국, 미국 등의 정권 교체기와 정권 수립 일에 일시적인 긴장국면을 조성하는 식이다. 미국의 오바마 정부 출범 시기에 맞춰 장거리 미사일 발사를 준비하고 있는 북한에 대해 〈한겨레〉는 "자신의 몸값을 높이고 협상을 압박해 6자 회담과 북-미 관계에서 입지를 강화하는 효과가 있다"(2009/02/24)고 지적했다. 이 밖에 북핵 문제의 불가피성도 제기했다. 제네바 협의 등 북미협상 과정에서 쌓인 불신이 북한의 미사일 발사로 이어졌다는 주장이다. 관련 내용은 "조지 부시 미국 행정부가 한편으로는 평화·외교적 핵문제 해결을 강조하면서도 다른 쪽에서는 대북 적대감을 공공연하게 표출하는 데 큰 원인이 있다(2005/03/04)"는 설명에서 확인할 수 있다. 〈한겨레〉는 '정권교체기', '협상', '몸값' 등의 주장을 들어 북핵 문제는 실질적 위협으로 간주하기 보다 구조적 모순에 주목했다.

2) 언론사별 대책 프레임

북한의 핵·미사일 위협이 고조되면서 〈조선일보〉의 비난 수위는 한층 높아졌다. 남북화해·협력 사업은 북한의 핵실험에 도움을 줬다는 시각에 따라 '봉쇄강화' 및 '정권교체' 프레임이 많았다. 여기에는 한미공조와 대북제재 필요성이 담겨 있다. 1998년 북한의 대포동 미사일 발사를 앞두고 〈조선일보〉는 "한미 간 공조를 더욱 다지며 의연하게 대처하는 것만이 최선의 대응책이다(1998/07/20)"고 설명했다. "한반도 위기 지수를 높여가는 상황을 어떻게 관리하고 헤쳐 나갈 것

표 7 언론사별 '북한 핵 · 미사일' 대책 프레임

언론사	대책 프레임
조선일보	봉쇄강화 및 정권교체
한국일보	대화지속 및 신뢰구축
한겨레	대화지속 및 포용정책

3. 북한 '핵 및 미사일' 관련 담론은 학자군에 따라 어떤 차이가 있는가?

학술논문은 책, 연구자료, 보고서 등의 참고자료로 활용된다. 자료들은 진실로 받아들여지기 쉽고 사회전반에 권위 있는 담론으로 발전한다. 특히 학술논문을 분석하는 작업은 특정 사안에 대한 입장의 '뿌리'를 알아보는데 유용하다. 본 장에서는 학자군의 입장과 주장에 따라 북한 핵·미사일 문제를 어떻게 이해하고 있는지 확인했다.

1) 학자별 원인 프레임

보수적 학자군의 입장은 크게 '침략본능' 및 '체제결속' 프레임으로 나타났다. 이들은 북한이 핵무장을 통해 지속적으로 무력투쟁을 벌여왔으며, 남남갈등을 유도한다는 시각을 보였다. 특히 북한이 개발한 잠수함탄도미사일(SLBM) 등은 본질적으로 남한에 대한 공격수단으로 보고 있다. 박휘락은 북한의 핵무장에 대해 "미국이 한국을 지원하지 못하도록 협박하려는 의도"라며 "자체적인 핵억제 및 방어력이 없는 한국을 고립시키고자 한다(2016/07)"고 풀이했다. 또 북한의 핵·미사일은 한반도에서 군사적 주도권을 확보하기 위한 것으로 보는 주장도 있다. 김강녕은 "미국의 한반도에 대한 군사적 개입억제, 한반도에서의 군사적 주도권 확보 및 대남 전략적 우위를 확보하기 위한 것"이라며 북한 핵은 "정치외교적·군사적 압박수단으로 사용할 수 있는 전

표 8 학자별 '북한 핵·미사일' 프레임

학자(군)별 입장	원인 프레임
보수	침략본능 및 체제결속
진보	자위수단 및 협상카드

략무기가 되며, 군사작전의 최종단계에서는 공세적 수단으로 사용할 수도 있다(2005/08)"고 지적했다. 또 '체제결속' 프레임은 체제경쟁에서 패한 북한이 핵무장을 통해 자위권 확보와 내부단합을 꾀한다는 주장을 담고 있다. 보수적 학자군은 '안보위협'을 강조해 내부 결속을 유도하는 것은 전체주의 국가의 일반적인 모습이라고 평가했다. 정천구는 "북한이 몰락해 가는 체제를 유지하는 마지막 수단으로 핵과 대량무기살상무기의 개발을 시도한다(2003/07)"고 분석했고, 구본학은 "남북 군사적 긴장을 조성함으로써 김정일 건강 이상 이후 제기된 후계체제 구축 문제를 조기에 마무리하려는 것(2009/09)"이라고 지적했다. 김동엽 역시 "북한이 핵무기를 보유하려는 의도는 선택이 아니라 필사적인 생존을 위한 핵심 수단이다(2016/08)"이라는 주장을 폈다.

진보적 학자군은 크게 '자위수단' 및 '협상카드'으로 요약된다. 일관성 없는 한국 정부의 대북정책과 미국 부시 행정부의 봉쇄, 고립 전략이 북한의 핵무장을 강화해왔다는 입장이다. 박인휘는 "북한이 선택한 핵은 생존전략의 '국제성'을 강조하고 있다"며 결과적으로 "핵심 외부 행위자인 한국과 미국의 책임으로 일정 부분 옮겨 오고 있다(2013/09)"고 주장했다. 북한이 미국의 대결과 압박, 봉쇄 전략에 대응해 핵무장을 강화했다는 분석이다. 이 같은 입장은 김근식의 주장에서도 확인됐다. 그는 "북한이 핵을 카드화함으로써 미국으로부터 주권보장과 함께 자신의 생존을 보장받으려한다"며 이는 "미국 사이의 오랜 대결관계의 산물이다(2010/10)"고 지적했다. 북한의 핵무장은 일종의 '생존전략'으로 보는 시각도 있다. 함택영은 "미국이 한반도 평화체제 구축과 미래 동북아 구상 속에 북한의 존재와 체제를 인정해 달라는 것(2014/08)"이라고 설명했다. 양무진은 "북한이 핵 개발을 하게 된 근본적인 이유가 체제생존에 있다"고 평가하면서 "국제

사회와의 신뢰 회복을 통해 체제 안전에 대한 자신감을 갖게 될 경우 북한의 핵 개발에 대한 집착은 줄어들게 될 것이다(2013/02)”고 주장했다. 또 북한의 핵무장은 미국과의 ‘협상용’이라는 주장도 있다. 김근식은 북핵 문제의 본질은 “북미적대관계와 갈등에서 비롯되고 해결되어야 할 사안”이라며 “한국 정부의 의지와 능력만으로 문제가 말끔히 해결될 수 있는 현실이 아니다(2007/03)”고 풀이했다. 함택영 역시 북한은 “남한만이 아니라 미국을 적으로 상대해왔고, 핵개발 위협을 통해 미국으로부터 안전보장과 경제원조를 받아내려고 한다(2005/01)”고 분석했다. 이 밖에 김용현은 사회주의 국가의 몰락에 따른 일종의 방어전략에서 기인했다고 봤다. “병진노선의 등장 배경은 한반도 차원의 긴장심화와 사회주의권의 분열이라는 1960년대 이중의 위기 상황이 가져다 준 결과(2003/02)”라는 주장이 대표적이다.

2) 학자별 대책 프레임

보수적 학자군의 대책 프레임은 크게 ‘정권교체’ 및 ‘신뢰구축’으로 구분된다. 이들은 강력한 한미동맹과 국방력으로 북한을 고립시켜야 한다는 주장이 강하다. 북한의 핵무장은 지금까지 제기된 안보위기와 근본적으로 다르다는 이유에서다. 특히 북한은 대량살상무기(Weapons Of Mass Destruction)를 통해 한반도의 안보위협을 가중시키고 있다고 보고 있다.[32] 이들은 또 ‘한반도의 전술 핵 배치’, ‘한미동맹’, ‘국제사회와 공조’라는 주장을 통해 북한 문제에 대한 선제적 대응을 촉구했다. 김강녕은 “일본의 경우처럼 핵 잠재력의 확보 및 북핵 무력

---

32 박휘락, “북한의 비대칭위협에 대한 한국의 군사적 대응전략.”

학자(군)별 입장	대책 프레임
보수	정권교체 및 신뢰구축
진보	대화지속 및 포용정책

화를 위한 대응전력이 필요하다"며 "북한과의 핵군축협상 대비 및 유사시 피해감소방안이 요구된다(2005/08)"고 주장했다. 한국도 무력을 증강시켜 북한의 위협에 맞서야 한다는 입장도 있다. 박휘락은 남한이 "북핵 위협대응 중심으로 전력증강의 기준을 전환하고, 무기 및 장비를 비롯한 모든 전력증강 노력의 우선순위를 전면적으로 재조정해야한다(2016/07)"고 지적했다. 대화와 협상을 통한 정부의 기존 정책을 수정해 보다 단호하게 접근해야한다는 의미다. '신뢰구축' 프레임은 한미동맹을 강화해야한다는 내용으로 나타났다. 구본학은 "한미 간에 북한에 대한 인식을 공유하면서 북한의 행동에 대한 평가 및 대응자세 등 상호 공통의 이해와 긴밀한 의견교환으로 공동의 대응책을 확고하고 일관성 있게 추진해 나가는 것이 중요하다(2009/09)"고 강조했다. 정천구 역시 "미국과의 공조에 의해서 해법을 찾아나가고, 북핵 이후의 국가이익을 고려하는 신중하고 주도면밀한 자세가 요구되는 시점이다(2003/07)"이라며 한미동맹을 통한 문제해결을 제시했다. 보수적 학자군은 '북핵 무력화', '전력증강' 등의 주장으로 북핵 문제를 '강대 강'으로 해결하려는 태도를 보였다.

진보적 학자군은 크게 '대화지속' 및 '포용정책'프레임으로 나타났다. 이들은 한국 정부의 일관성 없는 대북정책과 미국의 지속적인 압박·봉쇄 전략이 문제를 악화시켰다고 보고 있다. 이들은 북핵 문제의 심각성을 인식하면서도 대화를 통해 해결을 강조했다. 특히 개성공단 등 남북교류협력 사업이 안보위기를 해결할 대안으로 꼽았다. 함택영은 "북한과의 대화를 통해 군사적 긴장을 완화하면서 평화공존을 제도화하고 중장기적으로 한반도 비핵화와 평화통일을 지향하는 전략을 모색해야한다(2014/08)"고 지적했다. 2006년 북한의 제1차 핵실험 이후 진보적 학자들은 대북 포용정책을 강화해야한다는 주장을 폈다. 대표적으로 김근식은 "북한의 핵실험을 계기로 포용정책을 포기하고 전면적인 강풍 정책 혹은 대결정책으로 회귀하자고 주장하는 것은 미래의 한반도 평화와 남북관계를 고려할 때 현명하지 못하다(2007/03)"고 지적했다. 한편, 대북강경 및 압박수단에 대한 회의론도 제기됐다. 양무진은 "강경전략은 변화의 수용에 한계를 지닌다"며 "맞대응전략도 상대방의 행동에 지나치게 의존하므로 스스로의 행동에 제약된다(2007/04)"고 주장했다. 이어 그는 "남북 교류와 협력은 한반도 긴장을 완화하고 북한의 자세 변화를 유도"한다며 "비핵화를 위한 국제 공조에 긍정적인효과도 가져올 수 있을 것(2013/02)"이라고 전망했다. 진보 학자들은 '평화공존', '교류 협력' 등을 통해 위기를 극복하고자 했다.

VI. 결론 및 함의

2018년 현재 한반도 정세는 한치 앞을 내다보기 어렵다. 2000년대 본격적으로 시작된 남북대화와 교류·협력 사업은 단절됐고 심각한 안보위기가 고조되고 있다. 북한은 지난 2017년 9월 3일 역대 가장 높은 파괴력을 지닌 제6차 핵실험을 강행한데 이어, 11월 29일에는 미국 본토를 목표로 하는 대륙간탄도미사일(ICBM) 발사에 성공했다. 미국 정부는 강력 대응 방침을 밝혔고 대규모 핵무기 자산을 한반도로 파견했다. 한국 정부는 고고도미사일방어체계(THAAD), 핵잠수함 배치 등 군사적 힘으로 북한에 맞대응 하고 있는 분위기다. 누구의 잘못을 탓하기 전에 한반도의 안보상황이 위급하다는 지적에 대해선 정부 당국자, 언론, 학자들은 반론의 여지가 없어 보인다. 그러나 본 연구는 기존의 연구들과 달리 다음의 가능성에 주목했다.

우선, 한반도 위기가 반복되고 있으면서 '누군가는 이익을 보고 누군가는 손해를 본다'는 점이다. 성주 사드배치 논란에서 보듯 대한민국의 선량한 주민은 안보를 위해 일방적인 희생을 강요당했다. 천문학적인 국방비로 정작 필요한 복지비용이나 남북경제협력과 같은 미래 지향적인 예산은 대폭 줄어들 수밖에 없었다. 게다가 이 과정에서 미국은 '아시아 회귀'라는 전략적 목표를 성공적으로 달성했고, 특히 미국 군수업체 등은 천문학적인 이익을 얻었다. 자연스러워 보이지만 뭔가 석연치 않은 지점도 있다.

2001년 조지 부시 2세가 대통령에 당선된 이후 미국은 노골적으로 북한을 적대시했다. 제네바협정을 의도적으로 무시했으며 결과적으로 북한의 강력한 반발을 불러왔다. 그 이후 미국은 적극적으로 대화를 시도하지 않았으며 오히려 매년 한미군사훈련의 강도를 높였다. 이라크와 리비아의 불행을 목격했던 북한 입장에서 자체 핵무장을 확신하게 된 계기였다. 북한을 일종의 '꽃놀이패'로 활용하는 미국의 대외정책은 미국이 오랫동안 원했던 많은 목표를 성취하는데도 유리하게 작용했다. 1997년 아시아 외환위기 이후 무르익었던 아시아공동체 논의는 2017년 현재 수면 아래로 가라앉았고, 한때 북일협상까지 거론되었던 일본과 북한의 관계는 최악을 맞고 있다. 북한위기의 여

파로 한국, 중국과 일본 등 동북아시아 3국의 관계는 지속적으로 악화되고 있으며 결과적으로 미국은 이 지역의 가장 중요한 '자산'으로 복귀했다. 본 연구는 이런 상황의 전개에 주목하면서 현실을 있는 그대로가 아닌 특정한 정치적 목적으로 위해 '가공'하고, 이렇게 '재구성된' 현실이 다시 위기를 악화시키는 구조를 고민했다. 북한도발 담론은 그 출발점으로 국내언론이 재생산하고 있지만 미국의 영향은 물론 반공수구라는 이해관계와 무관하지 않다는 입장과 연결되어 있다.

본 연구는 그 중에서도 북한 악마화 과정과 지금의 위기는 어떻게 만들어진 것일까라는 물음에서 시작됐다. 연구진은 이를 위해 북한의 핵실험과 미사일 발사를 둘러싼 한국사회의 담론을 추적하고 분석함으로써 보다 평화적인 대안이 만들어 지길 기대했다. 연구를 진행하기 위해 1998년 북한이 대포동 미사일을 발사한 시점부터 2016년 10월까지 관련 주제를 다룬 대통령 연설문, 언론보도(신문사설), 논문을 분석했다. 북한의 제5차 핵실험 시기를 고려한 것은 과거의 담론 구현 방식을 명확하게 파악하기 위한 것이다.

북한의 핵·미사일 도발 사태에 대해 한국에서는 '여야', '보수와 진보' 등으로 구분돼 첨예한 이념 논쟁이 벌여졌다. 북한의 핵위기가 고도화 될수록 언론과 정부, 학자들은 각각의 입장을 고수하며 전선을 구축한 모습을 보였다. 북한의 도발에 대해선 모두 비판적 입장을 보였지만 정부의 대응과 문제의 원인, 대책에 있어서는 다양한 주장들이 나왔다. 가령, 보수적인 언론 및 정부, 학자들은 북핵 문제에 대한 단호한 입장을 보였다. 진보측은 '반공 이데올로기', '북미 간 갈등' 등 구조적 모순에 집중해 비교적 저항담론을 형성했다. 분석결과에 대한 구체적인 함의는 아래와 같다.

먼저 북한 도발의 원인 담론은 대단히 정파적인 것으로 밝혀졌다.

김대중·노무현 정부시기의 담론은 탈냉전기라는 시대적 흐름과 대북 포용정책의 결과로 대화와 협상이 강조됐다. 하지만 보수적 입장의 이명박·박근혜 정부 시기로 접어들면서 북한에 대한 우호적 담론은 사라졌고 적대적이며 대결프레임이 활성화 됐다. 언론 또한 보수, 진보라는 정치적 입장을 유지한 채 상반된 담론을 펼쳤다. 보수언론은 북한의 도발 가능성과 '붕괴론'을 강조한 프레임을 나타냈다. 반면 진보언론은 북한을 협상 가능한 국가로 인식했고 대화를 통한 문제해결을 제시했다. 정부와 언론이 각자의 주장을 강화하고 있는 가운데 학자들은 이론적 뒷받침을 하는 역할을 한 것으로 볼 수 있다. 보수와 진보로 입장이 양분화 된 학자들은 북한 핵·미사일 발사의 기원과 역사적 배경을 설명하고 주장의 설득력을 높이기 위해 적대적, 유화적 담론을 쏟아냈다.

문제해결을 위한 담론 역시 큰 차이를 보였다. 노무현 정부 시기에는 북핵 문제에 대한 평화적, 타협적 접근이 많았다. 이후 보수 성향의 이명박 정부로 정권이 교체되면서 남북관계는 급속하게 악화되기 시작했다. 북핵 협상의 연이은 파기와 실패로 북핵 위기는 실마리를 찾지 못했다. 2008년 금강산 관광객 피살을 시작으로 천안함 피격, 연평도 포격 등 북한의 계속된 도발로 한반도에는 군사적 위기 담론이 지배했다. 2017년 현재 남북관계의 지렛대 역할을 했던 개성공단은 폐쇄됐고, 정례적으로 열기로 합의했던 이산가족상봉은 진행되지 않고 있다. 정부는 물론 언론과 학계 역시 북한에 대한 적대적 담론을 형성했다. 상대적으로 소수의견이라 할 수 있는 진보언론의 목소리는 위축됐고 진보적 학자군의 담론 역시 추진력을 잃었다. 평화와 화해를 대표하는 '대화지속', '포용정책' 프레임은 설득력이 없어지면서 상대를 적으로 간주하는 '정권교체' 및 '봉쇄강화' 프레임이 여론을 주도하게 됐다.

이와 같이 북한의 핵·미사일 관련 도발을 보는 관점은 뚜렷하게 구분됐다. 북한이 '벼랑 끝 전술'을 통해 한반도 평화를 위협하고 있다는 입장과 협상을 원만히 진행된다면 문제해결은 어렵지 않을 것이라는 상반된 담론이 그것이다. 하지만 본 연구는 실제로 '북한 때리기', '불량국가', '악마화'로 보는 시각이 우위를 점하고 있다는 것을 확인했으며 이러한 담론과 현실이 상호작용함으로써 현재와 같은 급박한 위기가 조성되었다고 풀이했다. 따라서 지금과 같은 적대적 담론이 지속될 경우 문제 해결에 대한 근본적 처방과 대안제시가 어려워질 가능성이 높다. 정부 정책 또한 일관성을 유지하지 못한 채 한반도 위기를 초래했다는 지적에서 자유롭지 못할 것이다.

보수언론과 정부, 학자들의 북한 도발 담론은 한미동맹과 군부, 대북 제재와 압박 등으로 대표되며, 북한에 대한 지속적인 반대 입장을 표명했다. '전술 핵무기', '선제적 타격', '긴장 조성' 등의 어휘들은 자산들의 주장을 강화하는 데 활용됐다. 진보측은 '신뢰', '포용', '협상' 등 해결 가능한 국면을 조성하며 상대적으로 저항담론을 형성했다. 결국 북한 도발 담론은 보수와 진보라는 정권 시기를 거치면서 북한이라는 '적대국가'와 '안보강화' 및 '대화와 타협'이라는 외피를 둘러싼 헤게모니 투쟁의 장이었다고 볼 수 있다

물론 담론 생산자들의 이해관계와 주장을 모두 비판하거나 객관성이 결여되었다고 할 수는 없다. 자신만의 주장을 펼치고 현상을 재구성하는 것은 일반적인 현상이기 때문이다. 다만, 전쟁에서 최고의 전략은 싸우지 않고 이기는 것이라고 볼 때 보다 평화적이고 대안담론을 형성해야 한다는 것은 중요한 일이다.

세계 경제력 순위 10위권에 진입한 한국은 갈등을 이성과 합리적

으로 해결할 역량이 충분하다. 지도자의 관심과 의지에 따라 정부는 얼마든지 갈등조정자로서 역할을 할 수 있다. 한국과 나란히 중견국으로 인정받고 있는 캐나다 또한 국제무대에서 평화와 안전, 질서 있는 조율을 하는 나라로 알려져 있다. 국제사회가 힘의 논리에 움직인다고 하지만 중견국들이 세계 평화를 관리하는 사례는 이 밖에도 많다. 한반도 정세가 위기국면에 치닫고 있는 현실에서 중재자 역할은 설득력 있어 보인다.

본 연구는 비판적 담론 분석을 통해 현실을 진단하고 대안을 마련하고자 했다. 이를 위해 정부와 언론, 학자들의 입장과 주장 등을 알아봄으로써 북한 핵·미사일에 대한 거대담론을 파악했다. 그 결과 담론은 특정 시기에 일시적으로 형성된 것이 아니라 지속적이며 특정한 정치적 맥락에 따라 형성되었음을 밝혔다.

그럼에도 본 연구는 몇 가지 한계점이 제기된다. 우선, 분석 범위가 너무 광범위 하다는 지적이 가능하다. 가령, 20년이라는 시간차를 두고 정부, 학자, 언론의 담론 지형을 포괄적으로 분석한 탓에 시기별 학술 및 미디어담론 간의 세부적인 차이를 파악하지 못했다는 점을 들 수 있다. 또 학술담론의 경우, 학자군을 연구자의 자의적 판단에 따라 보수와 진보로 구분했다는 지적도 가능하다. 이 밖에 프레임을 계량화하지 않아 내용분석의 객관성을 결여했다는 비판도 제기될 수 있다.

하지만 비판적 내용 분석은 정형화된 틀이 없다는 점과 선행 연구에서 주로 활용되는 원인과 대책 프레임으로 분석이 이뤄졌다는 점에서 앞서 제기된 한계점을 일정부분 보완했다고 판단된다. 아울러 분석자료로 쓰인 20편의 학술논문은 전체 담론지형을 분석하는데 한계가 있었고 나아가 '일반화의 오류'에 빠질 위험도 있다. 그럼에도 국내 언론에서 주요 정보원으로 활용되고 있는 논문 저자들은 담론형성에 큰 영향을 미치고 있다는 점도 간과할 수 없었다. 후속 연구에서는 보다 치밀한 방법론을 통해 북핵 문제의 실체를 명확하게 분석하길 기대한다. 나아가 한반도 평화와 화해를 위한 대안담론이 적극적으로 모색되었으면 한다.

:: 참고문헌

강국진. "조세를 둘러싼 담론정치:'증세없는 복지'와 '선별증세'를 중심으로."『한국행정학보』, 제51권 3호(2017).

강명구·박상훈. "정치적 상징과 담론의 정치- '신한국'에서 '세계화'까지."『한국사회학』, 제89호(2011).

강정구. "이라크 전쟁과 파병 - 미국의 야만성과 한국의 자발적 노예주의."『경제와 사회』, 제63호(2004).

구본학. "북한 핵문제 전개과정과 해결방안."『통일정책연구』, 제24권 2호(2015).

김강녕. "북한의 대량살상무기와 한국의 안보."『통일전략』, 제2권 2호(2002).

김동윤. "정권시기별 '북핵 실험 및 미사일 발사' 관련 보도양상과 프레임."『언론과학연구』, 제15권 1호(2015).

김성해. "동아시아 공동체와 담론 전쟁- 한국 언론의 동북공정과 독도분쟁 재구성."『언론과 사회』, 제21권 3호(2013).

김성해. "실재하는 적과 만들어진 악마 - 국내 언론의 재현 정치와 한반도위기 재생산."『언론과학연구』, 제17권 2호(2017).

김성해·정연주. "누구를 위해 종은 울리나?- '중국 때리기' 담론을 통해서 본 한국의 미국 사대주의."『커뮤니케이션 이론』, 제12권 3호(2016).

김진환.『북한 위기론: 신화와 냉소를 넘어서』. 서울: 선인, 2010.

박정원. "구성주의 국제관계이론과 국제법: 자결권을 중심으로."『국제법학회논총』, 제 126권 3호(2012).

박휘락. "북한의 비대칭위협에 대한 한국의 군사적 대응전략."『전략

연구』(2013).

서덕희. "담론분석방법."『교육비평』, 제28호(2011).

손용우. "신현실주의 관점에서 본 북한의 핵정책 고찰(1945~2009)." 『국제정치논총』, 제52권 3호(2012).

신지욱. "비판적 담론 분석과 비판적·해방적 학문."『경제와 사회』, 제7권 2호(2011).

이기형. "담론분석과 담론의 정치학- 푸코의 작업과 비판적 담론분석 을 중심으로."『언론과 사회』, 제14권 3호(2006).

이봉현·김성욱. "미디어 담론분석을 통해 본 리비아전쟁- 언론에 의 한 카다피 악마화 과정을 중심으로."『커뮤니케이션 이론』, 제7권 2호(2011).

이병욱·김성해. "담론복합체. 정치적 자본. 그리고 위기의 민주주의- 종북(從北담론의 텍스트 구조와 권력 재창출 메커니즘의 탐색적 연구)."『미디어. 젠더 & 문화』, 제28호(2013).

이하나. "1950~60년대 반공주의 담론과 감성 정치."『사회와 역사』, 제95집(2012).

이오현. "'위기' 부추기기 : 북한 핵문제에 대한 〈New York Times〉" 『언론과학연구』, 제2권 3호(2012).

이향진. "북한-유럽 연합 외교 정상화와 불량국가 미디어 담론."『한 국정치외교사논총』, 제26권 2호(2005).

임동원. 『피스메이커: 남북관계와 북핵문제 25년』. 서울: 창비, 2008.

정영철. "20년의 위기 북미: 대결과 한반도 평화체제."『통일정책연 구』, 통권 제 99호(2013).

최종건. "안보학과 구성주의- 인식론적 공헌도를 중심으로."『국제정 치논총』, 제49권 5호(2009).

최종환 외 공저. “언론의 정파성과 국가이익 : 전시작전권 프레임 분석을 통해서 본 진영논리의 실체.”『미디어와 공연예술연구』, 제10권 1호(2015).

Becker, B. “US should stop war games simullating invasion of North Korea and lift sactions.” *Rusia Today*(2013).

Bleiker, R. “A rogue is a rogue is a rogue: US foreign policy and the Korean nuclear crisis.” *International Affairs*. vol. 79 no. 4(2003).

Fairclough, Norman. *Language and Power*. London: Longman, 1989.

Herman, E. and N. Chomsky. *Manufacturing Consent: The political economy of the mass media*. New York: Pantheon Books, 1988.

Homola, Alexandra. “Rebels without a conscience: The evolution of the rogue states narrative in US security policy.” *European Journal of International Relations*. vol. 17 no. 4(2010).

Miles, A. *The rise of rogue states doctrine: The Clinton and Bush approach to national security in the post-Cold war era*. Dissertation of the University of Salford, 2009.

Park, H, R. Damron, J. Polk. *North Korea Demystified, Amherst*. New York: Cambria Press, 2012.

Smith, Hazel. “Bad, mad, sad or rational actor? Why the ‘securitization’ paradigm makes for poor policy analysis of North Korea." *International Affairs.* vol. 76 no. 1(2000).

Tannenwald, Nina. "Stigmatizing the Bomb: Origins of the Nuclear Taboo." *International Security.* vol. 29(2005).

Tannenwald, Nina. "The Nuclear Taboo: The United States and the Normative Basis of Nuclear Non-Use." *International Organization.* vol. 53(1999).

Waltz, K. *Realism and International Politics.* Routledge, 2008.

미디어 통일지향성 지수 개발 연구__

홍종윤 · 정영주

목차

홍종윤 서울대학교 언론정보연구소 선임연구원   **정영주** 서울대학교 언론정보연구소 선임염구원

I. 서론

한국 사회에서 통일 관련 인식의 지형은 빠른 속도로 변화하고 있다. 통일에 대한 국민들의 열망이나 관심이 약화되면서 통일을 절대적 과제로 여기던 인식이 사라지고 있으며, 특히 청소년층 등 특정 집단에서의 통일에 대한 관심과 의지가 약한 것으로 나타나고 있다(조정아, 2013). 통일 이후 미래에 대한 불확실성, 독일 사례에서 목도한 통일의 경제적 부담, 남북 간의 심각한 경제 격차, 그리고 실업과 양극화 등 한국 사회 내의 모순 구조 등도 국민들의 통일 인식에 부정적 영향을 미치는 요인이 되는 것으로 파악된다.[1]

특히 최근 들어 주목을 요하는 것은 통일을 둘러싼 우리 사회 내부의 갈등이다. 정치문화 및 시민사회의 성숙이 병행되지 못한 채 급속히 진행된 한국 사회의 양적 성장은 진보와 보수 진영 간의 극심한 '남남갈등' 구조를 초래했다. 이는 일체의 국가정책, 특히 대북정책 등을 둘러싼 이념적 포용성의 형성을 억제하고 사회갈등을 확대 재생산하는 변수로 작용한다.[2] 이러한 갈등은 우리 사회 내부의 통일에 대한 인식 제고, 건설적인 통일담론의 형성, 통일에 대한 국민공감대 형성 및 발전적인 통일 정책 추진에 걸림돌이 될 수 있다.

따라서 향후 원활한 통일 정책 수립 및 집행을 위해서는 우리 사회 내부의 남남갈등을 해소하고 평화통일에 대한 국민적 합의를 이뤄

---

1   조한범, "국민적 합의기반 도출: 내적 신뢰프로세스 구축," 최진욱 외 『박근혜정부의 대북정책 추진 방향』(서울: 통일연구원, 2013), pp. 193~201.

2   위의 논문.

내는 일이 선결과제로 떠오른다. 남남갈등 해소와 평화통일 국민 공
감대 형성에 있어서 주요한 수단 중 하나가 우리 사회의 주요 미디어
다. 미디어는 뉴스나 정보의 생산을 통해 현실 세계에 특정한 의미와
해석, 가치를 부여함으로써 사회적 현실을 구성하는 기능을 수행한
다. 즉 사회구성원의 현실 세계에 대한 이해와 인식, 가치관은 이러한
미디어의 사회적 현실 구성 과정에서 생성되는 것이다. 미디어가 서
로 상이한 현실들을 구성해 낼 경우 사회 내에는 여러 현실이 존재할
수 있게 된다. 또한 미디어의 현실 재구성 방식이 변화하게 되면, 우
리를 둘러싼 현실 자체가 달라지는데, 논란이 되는 사안에 대해 미디
어들이 특정 관점만을 부각시키거나 배제하게 될 경우 사회적 갈등을
심화시키거나 특정 관점을 주변화 하여 건강한 사회 여론 형성 과정
을 제약할 위험이 있다.

통일 문제에 대한 대국민 인식과 관련하여 미디어의 이러한 현실
구성기능은 매우 중요한 함의를 지닌다. 공론장 기능을 수행하는 미
디어에서 생산되고 유통되는 통일 관련 담론들이 어떤 사실, 정보, 의
제에 주목하고, 그에 대해 어떠한 의미와 가치를 부여하는가가 다시
국민들의 통일 인식의 질을 결정하며, 결국 미디어가 국민들의 통일
인식과 태도에 강력한 영향을 미치기 때문이다.

그렇다면 우리 사회의 주요 미디어는 통일 문제와 관련해서 그 영
향력에 걸맞은 역할을 수행하고 있는가. 이에 답하기 위해서는 현재
주요 미디어가 생산, 유통하는 통일 콘텐츠들을 과학적으로 분석하는
작업이 필요하다. 유감스럽게도 그동안 우리 사회의 신문, 방송, 인터
넷 등 주요 미디어들이 생산하는 통일 담론은 양적으로나 질적으로
한계를 지니고 있으며, 이념적으로 분열되어 있다는 평가를 받아왔
다. 이 연구는 향후 미디어의 통일 관련 역할을 제고하기 위한 일환으

로서 미디어가 생산하고 유통하는 통일 관련 콘텐츠들의 통일 지향성을 측정하여 지수화 하는 작업을 시도한 것이다. 구체적으로는 뉴스 보도에 초점을 맞춰 미디어의 통일 지향성을 조사·측정하는 방안을 모색할 것이다. 일반적으로 지수화 작업은 "추상적인 개념을 명료한 수치로 환원하여 보여줄 수 있는 지수를 활용함으로써 논의를 명료하게"[3] 하는 장점을 지니고 있다. 과학적이고 엄격한 방법론에 의거한 지수 산출 작업을 통해 통일 연구 관련 학문적 성과를 축적하고, 통일 과정에서 미디어 역할을 제고하는 근거자료로 활용함으로써 실질적인 통일 정책 수립에 기여할 수 있을 것이다.

II. 미디어 통일 지향성의 개념

1. 통일 지향성

통일은 기본적으로 "분단되어 있는 남과 북을 하나의 체제로 합친다는 것, 또는 그렇게 되는 과정을 바람직하게 여기는 개념"[4]이다. 이같은 통합은 정치·경제·사회·문화 영역에서 이루어지는 남북의 제도적 통일과 통일의 과정 및 이후의 내적 통합을 포함하는 일련의 전반

3　박명규, "통일연구와 통합지수: 지수화의 방법론과 이론적 과제," 『통일과 평화』, 2집 2호(2010), pp. 3~34.

4　위의 논문.

적 과정을 지칭한다.[5] 남북한이 정치군사적으로 하나의 통일체를 이루는 정치적 통합과정과 남북한이 하나의 경제권으로 통합된 상태 또는 그 단계로 진행하는 경제적 통합 과정, 남북한이 문화적 소속감 및 사회적 공동체성을 회복하고 하나의 생활단위로 자리잡는 사회문화적 통합 과정이 포괄되어야 하며,[6] 이 중 어느 차원이 더 중요하다거나 우선적이라고 할 수 없다.

이해완은 통일의 의의에 대해 '분단이 야기하고 있는 비평화적 상태를 해소하고, 민족 공동체의 온전한 일체성을 회복하여 세계평화에 기여하며, 한반도 전역에서 민주주의와 인권 등 보편적 가치와 민주적 복지를 구현하고, 분단으로 인한 사회·문화적 갈등 극복과 동족간 전쟁 위험의 완전한 해소 및 영구적인 한반도 평화 정착' 등으로 정리한 바 있다.[7]

한편 우리 헌법 전문에서는 "조국의 민주 개혁과 평화적 통일의 사명에 입각하여"라고 명기되어 있고, 제4조에서 "대한민국은 통일을 지향하며 자유민주주의적 기본질서에 입각한 평화적 통일 정책을 수립하고 이를 추진한다"라고 규정함으로써 평화통일의 원칙을 천명하고 있다. 평화통일은 남북한 주민 및 정부 사이의 합의에 기초하여 이루어짐을 원칙으로 한다. 또한 남한의 사회·문화·가치관의 우월성을 전제로 하는 일방적 흡수통일을 의미하는 것이 아니며 북한의 급변 사태나 북한의 붕괴를 기회로 하는 돌발적 통일을 전제하지 않는다.

---

5 조한범, 『남북한 사회문화공동체 형성 방안 연구』.

6 박명규, "통일연구와 통합지수: 지수화의 방법론과 이론적 과제."

7 이해완, "통일의 목적·방법·준비에 대한 기독교적 성찰," 전우택(편), 『통일에 대한 기독교적 성찰』, (서울: 새물결플러스, 2014).

한반도에서 전쟁의 위험을 최소화하고 평화를 정착시키며 나아가 남북 주민의 합의 하에 평화적으로 통일을 이루는 유일한 방법은 남북한이 지속적인 교류 협력을 통해 신뢰를 회복하고 평화체제를 구축한 후 여건이 충분히 무르익었을 때 남북한 주민의 지지를 바탕으로 남북한 정부의 합의에 의해 통일을 이루는 점진적·단계적 통일이라 할 것이다.[8]

이러한 점에서 이 연구에서 상정하는 통일 지향성이란 '군사적 대결과 충돌을 지양하고, 남한과 북한의 상호 합의를 바탕으로 한 평화적 방식의 통일을 추구하며, 체제 붕괴나 일방적 흡수합병이 아닌 상호 존중에 기반한 정치·사회·문화적 융합을 추구하는 것'을 의미한다.

2. 미디어의 통일 지향성

통일의 여정에서 미디어가 갖는 중요성에도 불구하고 그간 우리 사회의 미디어, 특히 언론이 보여준 통일 관련 보도 태도에는 부정적인 평가가 적지 않았다. 분단 이후 최근까지 북한 및 통일 문제에 대한 언론의 보도는 남북 분단이라는 특수한 상황에서 스스로 역할과 기능을 제한시킴으로써, 분단 해소나 평화 통일을 준비하는 미래지향적인 미디어로서 기능해오지 못했다는 비판에 직면해있다. 통일에 대한 진지한 논의 보다는 현재의 분단 체제를 그대로 인정하고 수용하는 분단 저널리즘과 남북한 갈등 및 대결 이슈들에 대한 냉전적 프레임, 북한의 핵실험 등 한반도 긴장 이슈에 대한 상업주의적 저널리즘 관행 등

---

8 위의 논문.

이 대표적이다.[9] 이는 언론사의 정치적·이념적 정파성과 맞물려 대북 문제에 있어 남남갈등을 심화시키는 양상으로까지 이어지고 있다. 게다가 "사실 확인이 어려운 북한 및 통일 관련 보도의 특성에서 기인하는 오보의 가능성과 추측성 보도, 북한 지배 계층 및 북한 주민에 대한 선정적 기사"[10] 등 사실 확인과 객관성, 공정성이라는 기본적인 저널리즘의 원칙도 지켜지지 않고 있는 경우가 적지 않다. 따라서 남북한 사회체제 통합은 두 개체가 다양성을 가지고 융화되는 과정이라는 전제에서 우리 사회의 미디어는 남북문제를 바라보는 편협한 시각을 버리고 남북 간 상호이해를 바탕으로 분단 극복과 통일을 위해 민족 화해와 이질감 해소, 동질화라는 미래지향적인 방향으로 선회할 필요성이 있다.[11]

이러한 점을 감안하여 이 연구에서는 미디어의 통일 지향성 개념을 '미디어가 남과 북간의 군사적 긴장상태를 완화하고 평화 공존을 보장하며, 더 나아가 남북 간의 이질적인 정치, 경제, 문화 등 사회 구조를 통합하고 재편하는 작업에 기여함으로써[12] 남북의 사회구성원들에게 평화 통일의 필요성과 통일 의식을 고취시키기 위해 노력하는 방향성과 그 정도'로 파악하고자 한다. 따라서 미디어의 통일 지향성은 남북한의 대립과 갈등보다 화해와 평화 공존을 지향하고 남북한 국민이 설어온 역사와 문화를 존중하며 남북한 주민들의 생활상을 선

---

9   한국방송학회, 『남북 통합을 위한 방송의 역할 연구』, (서울: 통일부, 2014).

10   임을출, "북한보도 무엇이 문제인가," 『관훈저널』, 130호(2014), pp. 94-100.

11   한국방송학회, 『남북 통합을 위한 방송의 역할 연구』.

12   이우승, 『통일방송론』, (서울: 한울아카데미, 2005).

정적으로 그리거나 희화화하지 않고 객관적으로 전달하는 노력으로
발현될 수 있다. 또한 정보 접근이 어렵고 갈등적인 이슈가 많은 북한
및 통일 관련 보도일수록 공정하고 정확한 정보를 추구하고 심층적인
보도를 제공하는 것이 남북 상호간의 이해를 증진하고 남한 내 통일
에 대한 인식의 질을 제고할 수 있다는 점에서 통일 지향적이라 볼 수
있을 것이다.

3. 미디어 통일 지향성 측정 차원

1) 저널리즘 품질 차원

저널리즘을 평가하는 것은 쉽지 않은 작업이다. 이는 뉴스를 평가하
는 기준이 매우 복합적일 수 있다는 점 때문이기도 하지만, 뉴스 평가
가 위험한 일이기도 하기 때문이다.[13] 저널리즘의 기본적인 원칙들,
즉 뉴스의 사실성, 정확성, 객관성, 균형성, 공정성 등이 뉴스 평가기
준에 포함될 수 있지만 이런 덕목들 자체가 완전무결한 개념도 아닐
뿐더러 이를 측정하는 것은 또 다른 어려움을 유발한다. 또한 뉴스를
평가한다는 것은 만들어진 잣대에 따른 평가 결과를 전제하는 것인
데, 이 같은 평가 결과를 모든 사람이 수용하기가 쉽지 않고 불필요한
오해를 불러일으킬 가능성도 적지 않다. 그럼에도 불구하고 저널리즘
을 평가하기 위한 노력은 꾸준히 이루어져 왔다. 저널리즘 품질은 "한

---

13   박재영 · 이완수, 『뉴스 평가 지수의 개발과 적용』, (서울: 한국언론진흥
재단, 2010).

사회의 갈등 조정 방식, 공동체의 의사 결정 방식, 개인의 주체적 삶의 방식 등 사회와 삶의 핵심적인 문제와 연결"[14]되어 있기 때문이다.

저널리즘 품질에 대한 개념 정의의 어려움과 기준에 대한 다양한 논의에도 불구하고 결국 이 문제는 '어떤 내용을 어떻게 보도할 것인가'라는 실천적 양태로 드러나며, 이와 관련하여 축적된 연구 성과들은 좋은 저널리즘이 무엇인가에 대해 적지 않은 공통점을 제시하고 있다. 김영욱 등은 저널리즘의 차원에 따라 그에 상응하는 품질 기준을 제시한 바 있다.[15] 이들의 모델은 저널리스트, 저널리즘 생산물, 저널리즘 조직, 저널리즘 시스템 등 네 개의 차원으로 구성된다. 네 차원 모두에는 진실성이 포함된다. 진실성은 커뮤니케이션을 가능하게 하는 전제 조건이기 때문이다. 이 연구가 대상으로 하고 있는 저널리즘 생산물, 즉 뉴스 내용에 대한 품질 기준은 객관성, 중요성, 심층성, 투명성, 시의성, 탐사성, 독창성, 윤리성, 독이성, 즐거움 등으로 구성되며, 각각의 기준이 갖는 의미는 〈표 1〉과 같다. '저널리스트' 차원의 품질 기준은 도구적 역량, 담당 분야 전문지식, 사회구조와 작동방식에 대한 지식, 윤리 능력이다. '저널리즘 조직' 차원의 품질 기준은 저널리즘 생산물의 품질 기준에 맞는 좋은 품질의 생산물, 신뢰성, 포괄성, 공동체와의 연대이다. '저널리즘 시스템' 차원의 기준은 독자성, 정보성, 주목의 생산, 사회적 논의의 장 제공, 다양성, 균형성, 연결과 통합이다.

14　김영욱 외 공저, 『저널리즘의 품질 : 평가기준과 모델』, (서울: 한국언론진흥재단, 2014).

15　위의 책.

표 1 저널리즘 생산물 품질 평가 기준

차원	평가 단위	품질 기준	내용
저널리즘 생산물	① 개별 기사 ② 저널리즘 조직의 기사 전체 (신문사 A, B 등) ③ 주제 영역의 기사 (정치, 경제, 문화 등) ④ 미디어 영역 (신문/방송/인터넷 등) 별 기사	객관성 (사실 검증, 정확성)	- 사실을 검증하고 확인하려는 태도 - 기사에 제시된 사실(예를 들면 나이, 이름, 장소, 특정 행위)과 사실 관계(원인과 결과, 동기, 부차적 결과, 현실 가능성 등에 대한 주장)가 실제와 부합하는가
		중요성	- 보도하는 주제가 공동체의 이익과 이용자의 삶의 영향을 미치는 정도 - 영향력의 크기, 관련되는 사람의 수, 비가역성, 지속성 등을 통해 평가
		심층성	- 보도하는 사건의 배경, 연관된 사건이나 현상, 사건의 결과, 이해 관계자, 행위의 동기 등 보도하는 사건을 이해하는 데 필요한 정보가 얼마나 충분히 그리고 잘 조직되어 제시되는가
		투명성	- 전달하는 정보가 누구로부터 어떤 과정을 통해 획득했는가 - 취재원이 전달되는 내용과 관련하여 어떤 이해 관계가 있을 경우에는 그에 대한 정보를 포함
		시의성	- 전달되는 정보가 가진 시간적 속성
		탐사성	- 보도에 담긴 정보의 공개성과 관련된 속성 - 감추어진 사실을 들추어 내어서, 사회적으로 중요한 정보이지만 그 보도가 아니면 알려지지 않았거나 늦게 알려질 수 있는 사안에 대한 보도
		독창성	- 보도자가 직접 현장에서 확인을 하거나 출처가 되는 사람에게 직접 정보를 얻거나 출처가 되는 문건을 직접 확인해서 작성한 기사나 보도
		윤리성	- 사회의 기본적인 윤리 규범을 지키는 보도 - 불필요한 사생활 침해, 명예 훼손, 인종적, 성적, 종교적 차별 등
		독이성	- 보도 내용을 이용자가 잘 이해할 수 있는 방식으로 구성했는가 - 용어와 표현, 문장이 명확하며, 사진, 그래픽, 동영상 등을 적절하게 사용해서 이용자가 보도하는 사안을 정확하게 이해할 수 있도록 구성했는가
		즐거움	- 이용자가 개별 뉴스나 전체 지면 혹은 뉴스 프로그램을 수용하면서 겪는 경험 - 긴장감, 생동감, 심미적 경험 등

출처: 김영욱 외 공저, 『저널리즘의 품질 : 평가기준과 모델』, (서울: 한국언론진흥재단, 2014), pp. 113~116.

이 연구에서 흥미로운 부분은 저널리즘의 품질과 관련해 무엇이 좋은 저널리즘인가가 아니라 무엇이 나쁜 저널리즘인가라는 질문으로 접근해 볼 수 있다는 관점이다. 저널리즘의 품질을 정의하기 어려운 상황에서 어떤 것이 좋은 것인지에 대한 동의보다는 어떤 것이 나쁜 것인가에 대한 동의가 더 쉽다면, 나쁜 것을 지양하는 방향으로 좋은 저널리즘을 개선해 나갈 수 있기 때문이다. 이들은 커뮤니케이션의 기본 원칙인 진실성을 위반하거나 공적 커뮤니케이션의 조건을 충족하지 못하는 경우를 나쁜 저널리즘이라고 규정하면서, 그 조건으로 '진실성이 있는 정보', '신뢰할 수 있는 정보', '중요한 정보', '충분한 정보', '이해가 가능한 정보' 등의 조건들을 제시하고 있다. 따라서 '사실과 사실관계가 틀린 보도', '중요하지 않은 내용에 대한 보도', '투명하지 않은 보도', '보도하는 내용을 이해할 수 없거나 무엇을 말하는지가 명확하지 않은 보도', '부당하거나 불필요하게 다른 사람의 권리를 침해하는 보도'는 나쁜 저널리즘에 해당한다. 이러한 기준들은 그간 지적되어 온 북한 및 통일 관련 보도의 문제점과 일맥상통하는 측면이 있다.

한편, 보도의 심층성 차원에서 저널리즘 품질을 측정하고자 하는 시도도 있어왔다. 미국의 민간 언론연구기관인 PEJ(Project for Excellence in Journalism)는 보도의 심층성(depth of reporting)을 측정하기 위한 보도지수(The Reporting Index)를 제시한 바 있다. 보도 지수를 구성하는 요소는 '투명취재원', '복합적 관점의 제시', '이해 당사자의 수' 등이며, '최고 수준의 보도(the highest level of reporting)'는 투명 취재원이 4개 이상 포함된 기사, 복합적 관점이 제시된 기사, 이해 당사자가 4개 이상 포함된 기사로 정의되었다.

PEJ의 분석기법을 국내 신문에 적용한 연구들이 수행되어 왔다.

구분	내용
투명 취재원 (transparent source)	'기사와의 관련성이 명백히 드러난 취재원'으로서 '그가 누구인지 독자가 알 수 있는 취재원'
복합적 관점의 제시 (presence of multiple viewpoints)	어떤 형태로든 관점이 제시되어 있었던 기사 중 '하나의 견해가 기사의 3분의 2이상을 구성하지 못하는 경우'로, '대체로 단일 관점'은 '다른 견해가 일시적으로 언급되기만(a passing reference) 한 경우'로, '완전한 단일 관점'은 '그런 일시적인 언급조차 없는 경우'로 정의
이해 당사자의 수 (number of stakeholders)	'이해관계가 서로 다른 집단(different interested groups)'

출처: 김영욱 외 공저, 『저널리즘의 품질 : 평가기준과 모델』(서울: 한국언론진흥재단, 2014), pp. 129~130.

예를 들어 이건호는 조선일보, 중앙일보, 동아일보, 한겨레신문, 경향신문, 서울신문 등 6개 한국 신문과 뉴욕타임스 , 워싱턴포스트 등 2개 미국 신문의 1면 기사를 대상으로 심층성과 신뢰성, 독창성을 평가했다. 심층성은 PEJ의 지수를 활용하여 취재원, 관점, 이해당사자 등으로 측정하였고, 신뢰성은 확인 정보인지 미확인 정보인지를 구분하여 확인하였으며, 독창성은 공개 정보-재가공 정보- 단독 입수- 단독 개발로 구분해 살펴보았다.[16]

박재영·이완수[17]는 뉴스 품질 평가에 대한 기존 논의들을 정리하여 뉴스 평가 지수와 정파성 지수를 개발하고 중앙지(6개), 지방지

---

16   이건호, "한·미 신문 기사의 심층성과 신뢰도 및 독창성 분석: 6개 한국 신문과 2개 미국 신문 1면 기사를 중심으로," 『한국언론학보』, 제52권 5호 (2008).

17   박재영·이완수, 『뉴스 평가 지수의 개발과 적용』.

구분		내용
심층성	취재원	- 투명취재원 : 실명, 공적 자료, 사적 자료 - 비투명 취재원 : 소속 익명(노동부의 최모 사무관), 단체(국가 정보원 측), 단순 익명(공무원 박모씨), 불특정 다수(일부 주민)
	관점	- 단일 관점, 대체로 단일 관점, 복합 관점
	이해 당사자	- 기사에 거론된 이해관계가 서로 다른 집단이나 주체의 수
신뢰성		- 주제 문자의 술어 - 확인 정보 : 확인됐다, 밝혔다, 드러났다, 나타났다 등 - 미확인 정보 : 추정된다, 의혹이 일고 있다, 알려졌다 등
독창성		- 공개정보 : 사건·사고·정부 정책 등 관련 사안을 다루는 기관이나 단체로부터 보도자료 등을 통해 모든 언론에게 공개된 내용에 전적으로 의존하는 기사 - 재가공 정보 : 공개정보를 중심으로 했지만 기관이나 단체로부터 주어진 정보만 다룬 것이 아니라 관련 내용 등을 추가 취재해서 정보 내용을 보강한 기사 - 단독 입수 : 특정 취재원이 한 언론사에게만 정보를 줘서 해당 언론사가 그 내용을 단독, 특종으로 보도한 기사 - 단독 개발 : 기사의 독자적 기획이나 탐사에 의해 발굴된 기사

출처: 이건호, "한·미 신문 기사의 심층성과 신뢰도 및 독창성 분석: 6개 한국 신문과 2개 미국 신문 1면 기사를 중심으로," 『한국언론학보』, 제52권 5호 (2008), pp. 115~119.

(7개), 방송사(3개) 등 총 13개 매체를 대상으로 이를 적용해 보았다. 이들은 뉴스 품질 평가를 위한 기준으로 '투명 취재원 수', '익명 취재원 수', '이해 당사자의 수', '토대 정보의 신뢰성', '관점 제시 양태', '인용구의 주관적 술어 수', '무주체 주관적 술어 수'등을 구성했으며, 정파성 지수는 '취재원이 언급되어 있는 문장의 수', '사안에 대한 지지 입장의 취재원이 언급되어 있는 문장의 수', '사안에 대한 반대 입장의 취재원이 언급되어 있는 문장의 수', '사안에 대한 입장이 드러나는 취재원이 언급되어 있는 문장의 수' 등으로 구성했다. 이 연구에서는 토대 정보의 신뢰성이 확인된 기사로서 이해 당사자가 2개 이상,

투명 취재원이 2개 이상, 인용구의 주관적 술어가 1개 이하, 무주체 주관적 술어가 1개 이하인 기사를 고급기사로 간주했으며, 갈등 사안의 기사에는 이외에도 기사에 복합적 관점이 제시돼야 한다는 조건을 추가했다.

표 4 뉴스 평가 지수 분석 유목

구분	내용
투명 취재원 수	- 개인 투명 취재원: 사람의 성과 이름이 명확히 제시된 경우(예, 홍길동은~) - 단체 투명 취재원: 기관이나 단체의 이름이 명확히 제시된 경우, 집합명사 취재원 포함(예, 경찰청은~, 경찰은~, 청와대는~, 한나라당은~). - 자료 투명 취재원: 자료나 문건의 이름이 명확히 제시된 경우(예, 000의조사에 따르면~, A씨는 법원에 낸 소장에서~김씨의 고발장에는~000자료를 보면~).
익명 취재원 수	- 익명 개인 취재원 (예, 김 모 씨는~, 박 아무개는~, A씨는~, 서울시의 한 고위간부는~, 경제부처 모 서기관은~, 이름을 밝히기를 거부한 한 당직자는~) - 불특정 다수 취재원: 성명이 밝혀져 있지 않은 복수의 인물 취재원(예, 주민들은~, 일부 교사들은~)
이해 당사자의 수	- 이해관계가 상이한 주체(different interested groups) - 예컨대, 현대자동차 노조파업 사안에서 현대자동차, 현대차 노조, 정부, 소비자, 하청업체 A의 입장이 상이했다면 이해당사자는 5개
토대 정보의 신뢰성	① 미확인 정보: 리드 또는 첫 단락에 '~로 전해졌다,~로 알려졌다,~라는 주장이 제기됐다,~라는 의혹이 제기됐다,~인 것으로 알려져 파문이 예상된다'와 같은 표현이 등장하면서 그런 정보를 토대로 기사가 구성된 경우. ② 확인된 정보: 1번 외의 경우 또는 '~로 확인됐다'는 문구가 있는 경우
관점제시 양태	① 복합적 관점: 하나의 견해가 기사의 3분의 2 이상을 구성하지 못하는 경우 ② 대체로 단일 관점: 다른 견해가 일시적으로 언급되기만 한 경우 ③ 완전히 단일 관점: 다른 견해에 대한 위와 같은 일시적인 언급조차 없는 경우

구분	내용
인용구의 주관적 술어 수	- 발언의 방향성에 대해 기자의 주관적인 해석이 들어간 표현 - "했다", 말했다", "밝혔다" "덧붙였다" 등과 같이 인용한 내용을 단순 전달하는 것이 아니라, "강조했다", "아쉬워했다", "촉구했다" "당부했다" "주장했다", "우려했다", "단언했다", "경고했다", "선언했다", "지적했다", "비판했다", "설명했다", "해명했다", "반문했다", "의혹을 제기했다", "의아해했다", "시사했다", "기대했다", "전망했다", "평가했다", "토로했다", "귀띔했다", "의지를 분명히 했다" 등
무(無)주체 (또는 無주어) 주관적 술어 수	- 기자의 문장에서 주체가 없어 기자의 주관을 전달하는 것으로 보여질 수 있는 표현. : [~라는 분석이다(또는~로 분석되고 있다, 이하 마찬가지), 지적이다(지적을 받고 있다), 비판이다(비판이 나오고 있다), 생각이다, 계획이다, 주장이다(주장이 나오고 있다), 자평이다, 확신이다, 의문이다, 소식이다, 평가다(평가도 나온다), 설명이다, 입장이다, 방침이다, 분위기이다, 우려가 나오고 있다, 가능성도 거론되고 있다, 목소리가 높아지고 있다, 의혹을 사고 있다, 의문이 제기된다, 격찬이 쏟아졌다], [~로 보인다, 관측되고 있다, 전망되고 있다, 예상된다, 추정된다, 알려졌다, 전해졌다], [~를 짐작하게 한다,~한 셈이다,~해야 할 판이다] 등

출처: 박재영 · 이완수,『뉴스 평가 지수의 개발과 적용』(서울: 한국언론진흥재단, 2010), pp. 30~37.

저널리즘 품질 평가와 관련한 기존 연구들은 북한 및 통일 관련 국내 언론 보도에 대해 그동안 지적되어 온 문제를 지양하기 위한 저널리즘 본연의 가치와 원칙들의 중요성 및 측정 방식에 대한 함의를 제공한다. 저널리즘의 기본적 원칙은 사실 확인에 기반한 정확성과 신뢰성이며, 갈등적 사안일수록 다양한 관점과 의견을 제시하는 심층성과 독창성이 요구된다는 점은 북한 및 통일 관련 보도에도 적용되어야 하는 원칙들이다. 또한 오랜 기간 지속되어 온 남북 대치 상황을 감안하면, 북한 및 통일 관련 보도는 우리 사회의 가장 중요한 과제 중 하나인 통일 관련 의제를 설정하고 공론장으로서의 기능을 수행해야 한다. 이를 위해 저널리즘의 역할 측면에서 심층적이고 독창적인 접근이 요구된다 할 것이다.

2) 북한 · 통일 보도 특수성 반영 차원

북한 및 통일 관련 뉴스 보도들은 근원적으로 남과 북의 대립과 갈등에 기반하는 사안이라는 특수성을 지닌다. 이런 점에서 갈등보도와 관련된 국내외 가이드라인이나 언론 현장에서 적용되어온 보도 원칙들을 살펴볼 필요성이 제기된다.

먼저, 국제기자협회(International Federation of Journalists; IFJ)는 갈등보도와 관련하여 정확성, 균형성, 상황 맥락에서 기자들이 가져야 체크리스트를 제시하고 있다(표 5 참조). 국제기자협회는 저널리스트의 역할에 대해 사람들이 갈등 당사자 간의 차이를 이해할 수 있도록 이슈의 실상을 정확하게 전달하는 것이라 상정한다. 정확한 이슈의 전달을 위해서는 갈등의 복합성을 이해할 수 있도록 보도하고 현상을 넘어선 배경까지 전달하는 것이 중요하며 화해의 기반을 구축할 수 있도록 새로운 소스와 아이디어를 찾는 것이 중요하다는 것이다.[18]

한편 1995년 한국방송프로듀서연합회, 한국기자협회, 전국언론노동조합연맹은 공동으로 '평화통일과 남북화해 · 협력을 위한 보도 · 준칙'을 제정 · 발표한 바 있다. 이들은 전문에서 분단된 조국의 통일은

---

18 International Federation of Journalist, "Bridging the divides: improving relations between india and pakistan," *a handbook on good journalism practice*(New Delli: Impulsive Creations, 2000); 황치성, 『갈등 이슈 보도의 새로운 접근』(서울: 한국언론진흥재단, 2008)에서 재인용.

표 5   국제기자협회의 갈등보도 체크리스트

구분	내용
정확성 체크리스트	- 1차 소스와 2차 소스(first-and second sources)를 구분하라. - 항상 평판이 좋은 소스를 사용하라. 그리고 가능한 그 정보를 직접 입수한 소스(first-hand information)를 이용해라. - 사건이나 이슈에 대해 전문적인 직접적인 정보(first-hand informationon issues)를 제공받을 수 있도록 광범위한 취재원 네트워크를 구축하라. 이 네트워크에는 주류 언어 사용자 외에 비주류 언어 사용자와 비주류 민족 취재원들을 포함시켜라. - 사람들과 장소에 대해 정확한 철자를 사용하도록 노력해라. - 오류가 있거나 있었다면 그 오류를 즉각 정정해라. - 입증이 어려울 경우 사상자 수를 제공하는 것을 삼가라.
균형성 체크리스트	- 어느 한 쪽 편의 손을 들어주는 것을 삼가라. - 각기 다른 관점을 설정하고 그것들이 균형되고 정확하게 제시하는지 확인하라. - 갈등 상황에서는 대립되는 두 가지 관점만 있는 것이 아니라 그 밖의 다양한 관점들이 존재한다는 것을 유의하라. - 극단주의 다수자들에 의해 고수되는 관점들만 강조하고 있는 것은 아닌지를 점검하라. - 다른 사람의 관점들을 인용하거나 제시할 때 의역해서 풀이하기보다는 직접적으로 인용하라. - 자신의 글이 기사화됐을 때 갈등 상황에 어떤 영향을 미칠지를 항상 자문하라. - 거짓된 균형 혹은 기계적인 균형을 창출하지 않도록 유의하라. - 특정의 계층이나 인종(당사자들)이 아닌, 공동체 혹은 국민 전체를 위해 보도하고 있다는 것을 명심하라.
상황 체크리스트	- 갈등의 역사를 깊이 파헤쳐라. - 개별적인 폭력 행위나 그 결과에 초점을 두지 말고 보다 광범위한 측면을 조명하도록 노력해라. - 각각의 당사자가 잃는 것과 얻는 것이 무엇인지 분석하라. - 그 갈등으로 인해 영향을 받는 보통 사람들의 입장을 제공해라.

출처: 황치성, 『갈등이슈 보도의 새로운 접근』(서울: 한국언론진흥재단, 2008), pp. 38~40.

겨레의 염원이나 지금까지 우리 언론은 남북관계 및 통일문제 보도·제작에서 화해와 신뢰 분위기 조성에 기여하기 보다는 불신과 대결의식을 조장함으로써 반통일적 언론이라는 오명을 씻어내지 못했다고 지적하고 이 같은 반성 위에서 언론 3단체가 해방과 분단 50주년을 맞아 통일 언론으로 거듭나기 위한 다짐으로 공동의 보도·제작 규범을 제시한다고 밝히고 있다. '7·4 남북 공동성명'과 '남북사이의 화해와 불가침 및 교류·협력에 관한 합의서' 정신에 따라 먼저 남과 북의 평화공존과 민족동질성 회복에 힘쓰며 민족 공동의 이익을 증진하고 궁극적으로 남과 북이 단결하여 자주적 평화적으로 통일을 이루도록 노력한다는 다짐과 함께 발표된 총강과 '보도실천요강' 및 '제작실천요강'은 다음과 같다.

표 6　평화통일과 남북화해·협력을 위한 보도·준칙

〈총강〉

①　우리는 대한민국(약칭:한국)과 조선민주주의인민공화국(약칭:조선)으로 나누어진 남과 북의 현실을 인정하며, 상호존중과 평화통일을 준비하는 차원에서 상대방의 국명과 호칭을 있는 그대로 사용함을 원칙으로 한다.

②　우리는 냉전시대에 형성된 선입견과 편견에서 벗어나 객관적으로 보도·제작함으로써 남북 사이의 공감대를 넓혀 나간다.

③　우리는 남북관계 보도·제작에서 언론의 자유를 근본적으로 가로막는 법적·제도적 장애를 타파한다.

④　우리는 남과 북의 우수한 민족문화 유산을 공유하고 민족의 공동번영을 추구할 수 있는 기사 및 프로그램 개발에 힘쓴다.

⑤　우리는 통일문제에 관한 사회 각계의 다양한 의견을 공정하게 반영하여 민주적인 여론형성에 기여한다.

〈실천요강〉

①　남북 긴장해소 노력 : 남북간의 평화를 저해할 수 있는 군비증강 등 제반 문제에 관심을 기울이며, 남북간 긴장 및 불의의 사고 발생시 신속하고 평화적인 해결을 이끌어 내는데 초점을 맞춰 보도한다.

②　관급자료 보도 유의 : 조선민주주의인민공화국에 대한 관급 보도자료의 무절제한 인용·전재를 피하고 최대한 확인 절차를 거쳐서 보도한다.

③　각종 추측보도 지양 : 국내외 관계자들이 무책임하게 유포하는 각종 설은 보도하

지 않는다. 다만 취재원을 확인할 수 있는 경우는 예외로 한다.

④ 희화적인 소재 지양 : 남북간 언어, 문화, 생활의 차이와 상호 이질감을 우리의 잣대로 평가하거나 보도에 희화적 소재로 삼지 않는다.

⑤ 인물 호칭 · 직책 존중 : 조선민주주의인민공화국의 인물에 대한 호칭은 대한민국의 그것과 마찬가지로 성명 다음에 직책을 붙여 호칭한다.

⑥ 내외통신 인용 책임 : 내외통신 자료는 관급 보도자료 가운데 하나이므로 내외통신 자료를 전적으로 인용한 보도라 할지라도 그 책임은 이를 보도한 기자에게 있다는 점을 유의한다.

⑦ 외신보도 신중 인용 : 외신을 활용한 특정 세력의 목적성 여론 조성을 경계하며, 제3국 이 자국의 이익을 관철하기 위해 의도적으로 유포하는 외신보도는 인용하지 않는다.

⑧ 1차자료 적극 활용 : 조선민주주의인민공화국의 신문 · 방송 · 통신 보도와 잡지 등 1차 자료에서 보도가치가 있다고 판단되는 것은 적극 활용한다.

⑨ 사진 · 화면 사용 절제: 해당기사와 무관한 자극적인 화면이나 사진을 인용하지 않으며, 냉전과 대결의 시각보다 남북간 화해와 협력을 이끌어내는데 노력한다.

⑩ 망명자 증언 취사 : 망명자의 증언은 그로부터 신뢰성을 확보할 수 있는 부분에 대해서만 기사화하도록 한다. 전언이나 추정 등을 기사화해야 할 경우는 '전언', '추정' 등을 명기한다.

〈제작실천요강〉

① 정보제공 적극 편성 : 조선민주주의인민공화국 관련 프로그램 편성시 형식적 · 소극적 편성에서 벗어나 다큐멘터리 · 드라마 · 오락물 등 각 장르별로 적극 편성하며, 남북 관련 긴급 혹은 특집프로그램 편성시 정치적 의도가 없는지 특히 유의한다.

② 통일지향 가치추구 : 기획, 출연자 선정, 편집 등의 제작과정에서 민족 동질성 회복, 화해 · 공존공영의 증진, 통일의 촉진이 구현되도록 적극성을 갖고 제작에 임한다. 프로그램 제작시 여러 가치가 충돌될 경우 인간존엄성 존중, 민족이익 수호, 민족화해 증진 등의 가치를 판단의 우선가치로 삼는다.

③ 냉전시대 관행탈피 : 냉전시대에 형성된 내면적 자기 검열, 습관화된 분단의식, 누적된 선입견과 편견으로부터 자유로운 상태에서 프로그램을 제작한다. 또 냉전인식을 바탕으로 만들어진 가요 · 가곡 · 드라마 · 영화 등의 방송을 피하며, 갈등을 조장하는 불필요한 화면을 사용하지 않는다.

④ 상업 · 선정주의 경계 : 상업주의와 선정주의를 경계하며, 안일하고 편의적인 제작태도를 극복하기 위해 끊임없이 노력한다. 나아가 현재의 모든 방송행위가 미래의 통일민족 문화와 직결된다는 것을 염두에 두고 프로그램 제작에 임한다.

⑤ 다원주의 가치 반영 : 사회적 가치나 의견 등의 메시지를 시청취자에게 전달할 때
  는 제작진이 단정적 결론을 내리기보다 시청취자가 듣고보며 스스로 판단할 수
  있도록 한다. 이를 위해서 통일과 관련된 다양한 의견을 가능한한 가감없이 프로
  그램에 반영하도록 노력한다.

⑥ 보도 활용 제작 신중 : 국내외 매체의 조선민주주의인민공화국 관련 보도를 근거
  로 가십·꽁트 프로그램을 제작할 경우 보도의 정확성, 취재원의 신뢰도, 보도 이
  면에 계재되어 있을 수 있는 정치적 의도 등을 충분히 검증한 뒤 방송하며, 무분별
  하게 인용하여 민족화합을 저해할 수 있는 내용으로 프로그램화하지 않는다.

⑦ 생활문화 적극 소개 : 정치적 통합을 넘어서는 남북 주민간의 사회·문화적 통합
  이 진정한 최종적 통일임을 인식해 조선민주주의인민공화국 주민들의 생활과 문
  화를 프로그램 소재로 적극 채택한다.

⑧ 능동적인 자료 접근 : 조선민주주의인민공화국에 대한 프로그램 제작시 정보의
  편중성·부족 상황을 극복하기 위하여 제작진 스스로 노력한다. 1차 자료를 적극
  활용하고 각 분야 연구자 등 폭넓은 인적자원 확보에 각자가 능동적으로 힘쓴다.

⑨ 남북차이 이해 노력 : 언어·문화·생활·관습·가치관 등에서의 남북의 차이를
  인정하고 이를 객관적으로 인식하기 위해 노력하며, 가능한 한 이 차이들을 희화
  적 소재로 삼지 않도록 한다.

⑩ 남북 동질성의 부각 : 남북의 차이점 보다는 같은 점을, 과거보다는 미래를 부각시
  킴으로써 미래지향적, 통일지향적 방향으로 프로그램 제작에 힘쓴다.

특히 KBS는 준칙과 별도로 1998년 '북한관련 보도 기본원칙'을
제정했다. 주요 내용은 "첫째, 북한의 실상을 있는 그대로 보여주고,
정보의 왜곡이 없도록 한다, 둘째, 한반도문제는 민족내부의 문제이
면서 국제문제의 성격을 가지므로 민족의 이익도모를 지향한다, 셋
째, 북한주민에게 상처를 주는 보도는 지양하며, 북한 지배계층에 대
한 보도는 프라이버시를 고려한다, 넷째, 북한보도에 대해 사회의 다
양한 시각과 의견을 편향됨이 없이 보도한다, 다섯째, 남북문제는 복
잡하므로 객관적인 시각과 균형적인 판단이 요구된다, 여섯째, 북한
관련 정보는 사전에 다양한 채널을 통한 정보수집체계를 구축해야 한
다, 일곱째, 용어선택에 있어 객관적이고 가치중립적인 용어를 선택

해야 한다, 여덟째, 언론사간 과당경쟁을 피해야 한다" 등이다.

KBS 보도국은 2000년 남북 정상회담에 대한 보도준칙을 마련하고 정상회담의 보도 기본방향으로 '남북동질성 제고에 기여하는 보도, 남북 교류-협력을 촉진할 수 있는 보도, 상호 존중과 화해에 기여할 수 있는 보도, 통일지향의 포용적 태도, 사실에 근거한 냉철한 보도, 민족이익을 감안한 보도'를 제시한 바 있다. 이에 따른 보도 세칙으로는 '북한 직책-용어 존중, 감정적 단어사용 회피, 북한 자극 지양, 남북 비교 지양, 북한 생활문화 적극 소개, 북한 주민의 반응 충실히 보도, 전문성 제고' 등을 규정했다.

2007년에는 남북정상회담 취재기자단이 남북정상회담 공동 취재 · 보도준칙을 제정하고 '남북 화해 협력 교류증진 기여를 위한 공정 보도, 취재 보도는 풀조를 편성해 공동작업, 불필요한 취재경쟁 방지, 철저한 사실중심 보도' 원칙 등에 합의한 바 있다.

이와 같은 언론 현장의 자율 규제 기준과 내용들은 남과 북이 대치하고 있는 갈등 상황에서 언론이 고려해야 할 지향점을 제시하고 있다는 점에서 의미를 지닌다. 북한 및 통일 관련 보도에 있어 기본적 방향성은 남과 북의 존재를 현실적으로 인정하고 상호 존중하며, 적대적 긴장관계를 조장하기 보다는 남북 화해와 공존공영의 가치를 지향해야 한다는 것을 보여주고 있기 때문이다.

4. 미디어 통일 지향성의 세부 측정 항목

이 연구는 언론의 통일 지향성 제고 관점에서 앞서 살펴본 저널리즘 평가 기준과 북한 및 통일 보도 자율 규제 준칙을 재구성하여 네 가지 차원에서 통일 지향성 지수의 측정 항목을 재구성하였다.

통일 지향 지향성 평가의 첫 번째 차원은 〈한반도 평화 추구〉이다. 이는 남북이 대치하고 있는 상황에서 남북갈등 및 남남갈등을 조장하거나 갈등 사안에 대한 대립지향적인 보도로 일관하기 보다는 평화통일 보도 준칙에서 제시하는 남북 긴장 해소와 통일지향적 가치 추구 차원의 노력이 우선되어야 한다는 것을 의미한다. 평화 통일 기조 하에 사안에 대해 합리적으로 대응하고 남북 화해와 공존·공영에 기여하는 보도를 위해 노력해야 하며, 남북 갈등을 둘러싼 다양한 의견을 전달하여 평화적인 해결을 이끌어내는데 초점을 맞춰 보도하는 것이 필요하다는 것이다.

두 번째 차원은 〈남북 상호 존중〉이다. 북한에 대한 적대적·편향적 인식 확산이나 흥미 위주의 자극적·선동적 보도를 지양하기 위해서는 남과 북이 상대방에 대해 존중하고 인정하는 태도가 요구된다. 이를 위해서는 인물의 호칭과 직책을 명기하고, 북한 주민과 북한 지배계층을 상업적·선정적으로 묘사하지 않으며, 남북간 언어·문화·생활의 차이를 과장하고 희화적 소재로 삼지 않는 등의 노력이 필요하다는 것이다.

세 번째 차원과 네 번째 차원은 북한 및 통일보도의 저널리즘 품질 측면과 직접적으로 관련된 것이다. 먼저 사실에 근거하지 않는 '카더라' 식 보도를 지양하기 위한 〈보도의 정확성과 신뢰성 추?구〉 차원은 관급 보도자료와 외신보도 인용에 신중을 기하고, 1차 자료를 적극 활용하며, 탈북자 증언 취사를 포함하여 각종 추측 보도를 지양해야 한다는 것으로 구성했다. 또한 취재원의 투명성을 확보하고, 기자 개인의 주관적 표현을 자제하는 노력도 이에 해당한다.

네 번째 차원은 현안 중심의 일회성 보도나 정보 접근의 한계에서 비롯되는 북한 보도의 특수성 등을 극복하고 〈보도의 독창성과 심층성을 추구〉함으로써 언론의 공론장 기능과 선도적인 통일 의제의 전파 확산을 도모하는 차원이다. 이를 위해서는 공개된 정보 뿐 아니라 관련 내용을 추가 취재하여 내용을 보강하고, 단독 입수나 독자적인 기획, 탐사를 진행하려는 시도와 노력이 요구되며, 사건의 배경과 결과 등을 분석하고 나아가 대안까지 제시할 수 있는 심층적 보도가 필요하다는 것이다.

표 7 미디어 통일 지향성 제고 차원과 측정 항목

구분	북한·통일 관련 보도의 문제점	통일 지향성 제고 차원	측정 항목
북한 및 통일 보도의 특수성 (지향 가치의 측면)	- 남북/남남 갈등 조장 - 양극화 시각 확산	한반도 평화 추구	- 평화 가치 지향 - 남북 긴장해소 노력
	- 북한에 대한 적대적·편향적 인식 확산 - 흥미 위주의 자극적·선동적 보도	남북 상호 존중	- 인물 호칭·직책 존중 - 북한 주민 고려 - 북한 지배계층 고려 - 자극적 사진·화면 사용 절제 - 희화적인 소재 지양
일반적인 저널리즘 원칙 측면	- 사실 근거하지 않은 '카더라'식 보도 만연 - 정보 접근의 한계와 정부의 비협조적 태도	보도 정확성·신뢰성 추구	- 관급자료 보도 유의 - 외신보도 신중 인용 - 1차자료 적극 활용 - 추측보도 지양 - 망명자 증언 취사 - 취재원 투명성 확보 - 주관적 표현 자제
	- 독자적 통일 의제 설정 및 국민 공감대 형성 기여 불충분 - 심층적인 분석 아닌 현안 중심의 일회성 보도	보도 독창성·심층성 추구	- 독자적인 기사 생산 - 독창적 통일의제 설정 - 심층적 보도

III. 미디어 통일 지향성 측정 항목의 의미와 측정 방식

1. 한반도 평화 추구 차원

1) 평화 가치 지향

'평화 가치 지향'은 언론보도가 민족 동질성 회복과 화해·공존·공영의 증진, 통일에 대한 의식을 촉진하는가에 대한 것이다. 이는 무엇보다 평화통일 기조 하에 사안에 대한 합리적·객관적·종합적 판단을 포함한 보도인가 여부와 관련이 있으며, 북한 사회와 통일 문제를 바라보는 시각이 어떠한가에 기반한다.

이러한 점에서 '평화 가치 지향' 항목은 보도된 사건의 성격 또는 사건을 보도하는 언론사의 관점이 화해공존을 지향하는가, 대립 갈등을 지향하는가로 측정하고자 했다. 통일이나 북한 관련 뉴스는 사건 그 자체가 화해 또는 갈등적 요소를 갖는 것들이 많다. 예를 들어, 남북한 간 교류나 협력 관련 뉴스들이 화해적 성격을 지니는 사건이라면, 북한 미사일 발사나 핵 개발, 국지 도발과 같은 군사 대결 관련 뉴스들은 갈등적 성격을 지니는 사건이라 할 것이다. 한편, 언론사들은 정권의 변화나 신문의 이념적 성향에 따라 각 사마다 북한 및 통일 관련 기사 아이템을 판단하는 가치관이 존재한다. 이러한 가치관에 따라 보도 관점 역시 남북 화해와 평화, 공존공영에 기반하거나 또는 대립과 갈등을 지향하는 관점으로 나뉠 수 있다. 따라서 보도된 사건의 유형이나 보도 관점에 따라 다양한 뉴스 콘텐츠들이 생산될 수 있으며, 이를 통계적으로 파악하는 것은 통일과 관련하여 생산되는 뉴스 콘텐츠들의 전반적인 지형을 가늠해 볼 수 있다는 점에서 의미를 지닌다.

표 8 평화 가치 지향 조사

평가 항목	조사 내용	조사 방식
평화 가치 지향	[사건] 사건의 성격 자체가 남북의 동질성 회복, 화해, 공존, 평화통일 지향적인가 여부	① 화해적 사건 ② 갈등적 사건 ③ 관련없음
	[보도 관점] 언론사의 보도프레임이 평화통일 기조 하에 사안에 대한 화해지향적이고 합리적인 대응 보도인가 여부(사안에 대한 이성적·객관적·종합적 판단을 고려)	① 화해지향적 관점 ② 대립지향적 관점 ③ 관련없음

2) 남북긴장 해소 노력

북한 및 통일 관련 보도는 남과 북의 대결 상황을 고려하지 않을 수 없고, 실제로 남북 긴장이 고조되거나 불의의 사고가 발생하는 경우가 적지 않다. 갈등 사안이 발생한 경우에는 평화 통일 기조 하에 사안에 대한 합리적 판단만을 제시하기가 현실적으로 어려운 측면이 있다. 따라서 남과 북의 주장이나 이해관계가 대립되는 사건에 대한 기사, 또한 한국 사회 내부의 남남갈등이 발생한 사건 기사의 경우에는 갈등사안으로 별도 분류하고, 언론이 갈등 사안에 대해 남북 긴장 해소를 위해 노력하는가를 살펴보고자 하였다.

갈등 사안의 경우, 남북 긴장 해소를 위한 노력 항목을 복합적 관점의 제시 여부로 측정하고자 하였다. 복합적 관점의 제시는 원래 미국의 민간 언론연구기관인 PEJ(Project for Excellence in Journalism)가 2005년 발표한 '보도의 깊이(depth of reporting)'를 체계적으로 측정하기 위한 '보도 지수(The Reporting Index)' 구성 요소 중 하나이다. 관점의 제시 양태는 '복합적 관점의 제시(presence of multiple viewpoints)'와 '대체로 단일 관점', '완전한 단일 관점'으로 구분된다. '복합적 관점의 제시'는 어떤 형태로든 관점이 제시되어 있었던 기사 중 '하나의 견해가 기사의 3분의 2 이상을 구성하지 못하는 경우'이며,' '대체로 단일 관점'은 '다른 견해가 일시적으로 언급되기만 한 경우'로, '완전한 단일 관점'은 '그런 일시적인 언급조차 없는 경우'로 정의됐다. 대개의 경우 복합적 관점이 제시된 기사가 보다 높은 수준의 저널리즘 품질로 평가된다. 복합적 관점 제시 여부는 기존 연구에서도 갈등 사안에 대한 기사의 질을 평가하기 위한 지수로 활용

표 9 남북긴장 해소 노력 조사

평가 항목	조사 내용	조사 방식
남북 긴장 해소 노력	갈등 사안 여부	① 갈등 사안 ② 비갈등 사안
	남북 갈등 사건의 경우, 남과 북의 서로 다른 의견이나 관점을 복합적으로 전달하는가 여부	① 복합적 관점: 남북의 다른 견해가 상세하게 언급되는 경우 ② 대체로 단일 관점: 남한 의견은 상세하게, 북한 의견은 일시적으로 언급되는 경우 ③ 완전히 단일 관점: 북한의 견해에 대한 위와 같은 일시적인 언급조차 없이 남한의 의견만 제시되는 경우
	남남 갈등 있을 경우, 사안에 대한 다양한 의견의 전달 여부 / 이해·의견이 다른 당사자들의 복합적 관점 반영 여부	① 복합적 관점: 남한 내의 서로 다른 견해(예를 들어, 여-야/ 보수-진보)가 상세하게 언급되는 경우 ② 대체로 단일 관점: 대체로 한쪽 의견은 상세하게, 다른 의견은 일시적으로 언급되는 경우 ③ 완전히 단일 관점: 남한 내의 다른 견해에 대한 위와 같은 일시적인 언급조차 없이 한 쪽 의견만 제시되는 경우

되어 왔으며,[19] 이 연구에서도 남북 갈등 사안에 대한 언론의 균형성을 통해 통일 지향적 가치를 추구하는 언론의 노력을 측정하는 유목으로 선정하였다.

2. 남북 상호 존중 차원

1) 인물 호칭 직책 존중

평화통일 보도 준칙은 남북 상호 존중 차원에서 북한의 인물에 대한 호칭시 대한민국의 그것과 마찬가지로 성명 다음에 직책을 붙여 호칭한다고 제시하고 있다. 인물 호칭·직책 존중 항목은 보도에서 이 같은 내용들이 지켜지고 있는지, 즉 인물의 이름 뒤에 직책명을 명기하는지 여부를 측정하는 것이다.

　남북 상호 존중의 측정과 관련해서는 한 가지 실천적인 문제가 존재한다. 명칭 자체가 남북 상호 존중인 이상 남과 북이 서로 존중해야 의미가 있는 것인데, 북한의 미디어들이 이를 지키지 않는 경우가 많기 때문이다. 그러나 북한 언론들이 지키지 않는다고 남한 언론 역시 지키지 않아도 되는 당위성을 확보하는 것도 아니다. 오히려 그렇기 때문에 호칭·직책 존중 여부는 남과 북 언론 모두에게서 통일 지향성을 측정하는 항목으로서의 의미를 지닐 수 있다. 향후 북한 언론을 대상으로 동일한 통일 지향성 항목을 적용해 측정하고, 남한 언론과 비

19　박재영·이완수,『한국 신문의 1면 기사 : 뉴스평가지수를 적용한 신문별, 연도별 비고(1990-2007)』, (서울: 한국언론진흥재단, 2007).

교 검토할 필요성이 제기되는 대목이다.

표 10   인물 호칭 직책 존중 조사

평가 항목	조사 내용	조사 방식
인물 호칭 · 직책 존중	최고지도자(김정은) 인물 이름 뒤에 직책명을 명기하는 방식	① 직책 명기 (김정은 국방위원장은) ② 직책 미명기 (김정은은)
	그 외 관료들 인물 이름 뒤에 직책명을 명기하는 방식	① 직책 명기 (아무개 직책은) ② 직책 미명기 (아무개는)

2) 북한 주민 고려

남북 상호 존중 차원에서 북한 주민을 고려하는 것은 북한주민에게 상처를 주는 보도를 지양하고, 북한 주민의 이미지를 상업주의적·선정주의적으로 보도하지 않는 것을 의미한다. 남과 북의 동질성을 회복하고 사회문화적 통합을 이루기 위해서 북한 주민의 일상에 대한 보도는 필요하지만, 보도 내용이나 방식이 상업주의적 선정주의적으로 흐르거나 자극적이지 않아야 할 것이다.

표 11   북한 주민 고려 조사

평가 항목	조사 내용	조사 방식
북한 주민 고려	북한주민의 이미지에 대한 상업주의적 선정주의적 보도 여부	① 선정적 보도 ② 선정적이지 않은 보도

3) 북한 지배계층 고려[20]

남북 상호 존중 차원에서 북한 지배계층에 대한 고려는 일반적인 저
널리즘 원칙에서 적용되는 명예훼손적 표현이나 프라이버시 침해적
인 기사 보도를 자제하는 것을 의미한다. 북한 지배계층에 대한 가십
성 신변잡기 기사는 주요 뉴스로 보도되고 있고, 일반적인 제3국의
지배계층 보도와 비교할 때 선정성이 두드러진다고 볼 수 있다. 이러
한 선정성은 남북 상호존중 차원에서 바람직하지 않은 상황이며, 따
라서 최소한 지켜야할 원칙으로서 북한 지배계층에 대한 선정적 보도
지양을 평가 항목으로 삼았다.

표 12   북한 지배계층 고려 조사

평가 항목	조사 내용	조사 방식
북한 지배계층 고려	북한 지배계층의 신변잡기에 대한 상업주의적 선정주의적 보도 여부	① 선정적 보도 ② 선정적이지 않은 보도

4) 사진 · 화면 사용 절제

남북 상호 존중을 위한 사진·화면 사용 절제 항목은 해당기사와 무관
한 자극적인 화면이나 사진을 인용하지 않는 것을 의미하며, 이는 기

---

20   북한 지배계층과 북한 주민을 별도의 측정 항목으로 설정한 것은 이들
이 각각 공인-일반시민 간의 관계와 같이 명예훼손 적용이 다른 대상일 수 있
다는 점, 또한 북한의 지배계층에 대한 뉴스와 북한 주민에 대한 뉴스가 주제나
내용 측면에서 다른 경우가 많다는 점을 고려한 것이다. 그러나 측정 가능한 모
든 항목들을 설정하는 것과 핵심 측정 목적에 따라 유사한 항목들을 통합하는
것 중 어떤 방법이 타당한지는 추후 별도의 검토를 요하는 사안으로 판단된다.

사에서 사용된 사진/화면/그래픽의 선정성 여부로 측정된다.

표 13　사진 화면 사용 절제 조사

평가 항목	조사 내용	조사 방식
사진·화면 사용 절제	사진/화면/그래픽의 선정성 여부	① 선정적 (사건에 대해 의도가 명백한 수정 또는 선택이 반영) ② 선정적이지 않음 (사건에 대한 단순 설명)

5) 희화적인 소재 지양[21]

남북 상호존중 차원의 희화적인 소재 지양 항목은 남북간 언어·문화·생활의 차이와 상호 이질감을 우리의 잣대로 평가하거나 희화적 소재로 삼지 않는다는 것을 의미한다. 특히 탈북자 증언을 토대로 한 기사나 탈북자가 등장하는 프로그램 등에서 찾아볼 수 있는 희화화 경향은 체제 간의 비교를 통해 남한의 우위를 확인하며, 남북한 간의 이질감을 조장하고 북한 사회에 대한 인식의 왜곡을 가져올 수 있다.

표 14　희화적인 소재 지양 조사

평가 항목	조사 내용	조사 방식
희화적인 소재 지양	남북간 문화적 차이와 이질감을 상업적 선정주의적으로 희화하여 보도하는가 여부	① 선정적 보도 ② 선정적이지 않은 보도

21　사진·화면 사용 절제, 희화적인 소재 지양 조사와 관련하여 선정성 판단의 기준을 설정하는 것은 매우 어려운 작업이다. 사람마다 선정성 여부를 느끼는 기준이 다르기 때문에 완벽하게 객관적인 기준을 정하는 것은 거의 불가능에 가깝다. 따라서 가능한 모호성을 탈피하고 명료화 할 수 있는 분류 기준 제시가 필요한데, 이는 차후에 누적된 데이터 분석을 통해 귀납적 방식으로 수행될 수 있을 것이다.

3. 보도 정확성 · 신뢰성 추구 차원

1) 관급자료 보도 유의

평화통일 보도준칙은 보도의 정확성·신뢰성 추구를 위해 조선민주주의인민공화국에 대한 관급 보도자료의 무절제한 인용·전재를 피하고 최대한 확인 절차를 거쳐서 보도한다고 제시하고 있다. 이를 원용하여 이 연구에서는 기사 내용에서 정부가 발표한 보도자료에 대해 다수의 전문가나 탈북자, 북한 언론 등 제3자를 통한 확인 절차를 거친 인용인가의 여부를 측정 방식으로 하였다.

표 15 관급자료 보도 유의 조사

평가 항목	조사 내용	조사 방식
관급자료 보도 유의	관급자료에 대한 단순 인용인가, 확인 절차를 거친 인용인가의 여부	① 단순 인용 ② 확인 인용

2) 외신보도 신중 인용

보도의 정확성·신뢰성 추구를 위해 평화통일 보도준칙이 명시하고 있는 내용 중 하나는 외신보도의 신중한 인용이다. 외신을 활용한 특정 세력의 목적성 여론 조성을 경계하며, 제3국이 자국의 이익을 관철하기 위해 의도적으로 유포하는 외신보도는 인용하지 않는다는 것이 그 내용이다. 그러나 외신을 인용한 기사에서 해당 외신이 자국의 이익을 위해 의도적으로 유포한 보도인지 여부를 판단하는 것은 현실적으로 쉽지 않다. 이 연구에서는 북한 및 통일 관련 보도에서 인용하는 외신의 적명성만을 판단 기준으로 삼았다.

표 16　외신보도 신중 인용 조사

평가 항목	조사 내용	조사 방식
외신보도 신중 인용	신뢰성 있는 외신을 인용하는가 여부	① 신뢰성 외신 ② 신뢰성 불명 외신

3) 1차 자료 적극 활용

평화통일 보도 준칙은 조선민주주의인민공화국의 신문·방송·통신 보도와 잡지 등 1차 자료에서 보도가치가 있다고 판단되는 것은 적극 활용한다는 원칙을 제시하고 있다. 이는 북한 및 통일과 관련된 정보를 획득할 수 있는 경로가 지극히 한정되어 있고 직접 접촉이 불가능한 상황에서 보다 일차적인 취재원이 될 수 있고, 간접 취재된 정보를 확인하거나 정보의 왜곡을 최소화할 수 있는 방안으로 유용할 수 있기 때문이다.

표 17　1차 자료 적극 활용 조사

평가 항목	조사 내용	조사 방식
1차 자료 적극 활용	1차 자료를 활용하는가 여부	① 1차 자료 활용 ② 1차 자료 미활용
	1차 자료명	구체적 명칭 기재(로동신문, 조선중앙방송 등)

4) 추측보도 지양

미확인 정보(unverified facts)가 기사에 포함되면 안 된다는 것은 저널리즘의 기본준칙이다(Kovach & Rosenstiel, 2014). 즉, 사실 여부를 확인하는 것은 변하지 않는 저널리즘의 원칙이며, 미확인 정보에 기초한 기사는 추측보도의 전형이라 할 수 있다. 언론 보도에서 검증(verification)은 사실에 입각한 저널리즘 구현의 기본적인 도구로 여

평가 항목	조사 내용	조사 방식
추측보도 지양	미확인 정보 토대로 기사가 구성된 경우 / 확인된 정보로 기사가 구성된 경우	① 미확인 정보: 리드 또는 첫 단락에 '~로 전해졌다,~로 알려졌다,~라는 주장이 제기됐다,~라는 의혹이 제기됐다,~인 것으로 알려져 파문이 예상된다'와 같은 표현이 등장하면서 그런 정보를 토대로 기사가 구성된 경우. ② 확인된 정보: 1번 외의 경우 또는 '~로 확인됐다'는 문구가 있는 경우

겨지며, 기사 안의 개별정보들이 '검증됐음'을 의미하는 술어로 연결되면, 이 정보들은 확인 정보로 전달된다.[22] 기존 연구들은 사실 중심의 술어가 확인 정보의 실체를 나타내는 요소로 사용되며 결국 기사 문장의 술어는 기사 신뢰성과 연결된다고 봤다.[23] 이 연구에서는 선행 연구들[24]을 원용하여 정보의 신뢰성을 주제 문장의 술어를 중심으로 측정했다. 기사의 토대가 되는 핵심 정보가 드러난 기사의 첫문장 또

---

22   박재영, "뉴스 평가 지수 개발을 위한 신문 1면 머리 기사 분석,"『한국의 뉴스 미디어』(서울: 한국언론재단, 2006).

23   박성희,『신문 사회면 비교 분석』(서울: 미디어연구소, 2004); 박재영, "뉴스 평가 지수 개발을 위한 신문 1면 머리 기사 분석"; 이건호 · 정완규, "한국과 미국 신문의 1면 기사 비교: 취재 영역 및 보도 형태별 취재원 출현에 따른 심층성 분석,"『한국언론학보』, 제52권 4호(2008), pp. 25~49.

24   박재영, "뉴스 평가 지수 개발을 위한 신문 1면 머리 기사 분석"; 박재영 · 이완수,『뉴스 평가 지수의 개발과 적용』; 이건호, "한 · 미 신문 기사의 심층성과 신뢰도 및 독창성 분석: 6개 한국 신문과 2개 미국 신문 1면 기사를 중심으로,"

는 첫 단락 주제문의 술어가 '확인됐다', '밝혔다', '드러났다', '나타났다'는 식으로 나타나면 '확인정보'로, '추정된다', '의혹이 일고 있다', '알려졌다', '~로 전해졌다, ~로 알려졌다, ~주장이 제기됐다, ~라는 의혹이 제기됐다, ~인 것으로 알려져 파문이 예상된다'와 같은 표현이 등장하면 미확인 정보로 분류했다.

5) 망명자 증언 취사

평화통일 보도준칙은 보도의 정확성·신뢰성 추구를 위해 망명자의 증언은 그로부터 신뢰성을 확보할 수 있는 부분에 대해서만 기사화하고, 전언이나 추정 등을 기사화해야 할 경우는 '전언', '추정' 등을 명기하도록 하고 있다. 사실 확인이 어려운 망명자의 증언을 중심으로 북한 주민의 생활상이나 현실이 왜곡되거나 잘못된 이미지가 전파되는 것은 남북한 사회문화 통합을 저해할 수 있다. 이런 점에서 망명자 증언을 어떻게 다루는가는 미디어의 통일 지향성의 구성 요소가 될 수 있을 것이다.

망명자 증언의 신뢰성은 오랜 기간 북한 및 통일 분야에서 전문성을 축적한 기자들이 종합적으로 판단할 수 있는 영역이며, 기사의 내용만으로는 망명자 증언의 신뢰성을 검증할 수 없다. 따라서 이 연구에서는 망명자 증언의 신뢰성을 검증하기 위해 복수의 취재원을 활용했는지 여부로 측정했다. 또한 사실 확인이 불가능한 망명자 증언에

표 19 망명자 증언 취사 조사

평가 항목	조사 내용	조사 방식
망명자 증언 취사	망명자 증언의 신뢰성 검증 여부 (복수의 취재원 확인 등)	① 1명(단수 취재원) ② 2명 이상(복수 취재원)
	망명자 증언의 추정 명기 여부(확인 불가능한 경우)	① 추정 명기 ② 추정 명기하지 않음

대해 '전언이다', '추정했다' 등의 술어를 사용하는지 혹은 확인된 사실인 것으로 제시하는지 여부를 살펴보았다.

6) 취재원 투명성 확보

국내 신문들은 투명한 취재원의 사용 비율이 낮은 편이다.[25] 취재원이 누구인지 밝히고 그의 말을 있는 그대로 정확히 인용하는 것은 저널리즘의 출발점이며 기사의 정확성, 신뢰성, 공정성을 높이는 기초가 된다.[26] 기사의 수준을 평가하는 데 있어서 투명 취재원의 활용은 고급 취재 보도를 결정하는 요인이기도 하다.[27]

미국의 민간 언론연구기관인 PEJ(Project for Excellence in Journalism)는 투명 취재원(transparent source)에 대해 '기사와의 관련성이 명백히 드러난 취재원'으로서 '그가 누구인지 독자가 알 수 있는 취재원'이라고 정의한 바 있다. 선행 연구들은 투명 취재원과 익명 취재원을 다양하게 분류하고 있다.[28] 이 연구에서는 기존 연구들을 따라서 북한 및 통일 관련 보도의 취재원을 투명 취재원과 익명 취재원으로 구분하고, 각각에 대해 개인·단체·자료 취재원의 3가지 유형으로 구분했다.

25 　이건호, "한·미 신문 기사의 심층성과 신뢰도 및 독창성 분석: 6개 한국 신문과 2개 미국 신문 1면 기사를 중심으로."

26 　박재영, "뉴스 평가 지수 개발을 위한 신문 1면 머리 기사 분석."

27 　박재영·이완수, 『한국 신문의 1면 기사 : 뉴스평가지수를 적용한 신문별, 연도별 비고(1990-2007)』.

28 　박재영, "뉴스 평가 지수 개발을 위한 신문 1면 머리 기사 분석."; 이건호, "한·미 신문 기사의 심층성과 신뢰도 및 독창성 분석: 6개 한국 신문과 2개 미국 신문 1면 기사를 중심으로."

표 20 취재원 투명성 확보 조사

평가 항목	조사 내용	조사 방식
취재원 투명성 확보	취재원 투명성 여부	① 취재원 구체적 명기 ② 취재원 불투명
	투명 취재원 유형	① 개인 투명 취재원: 사람의 성과 이름이 명확히 제시된 경우 ② 단체 투명 취재원: 기관이나 단체의 이름이 명확히 제시된 경우(집합명사 취재원 포함) ③ 자료 투명 취재원: 자료나 문건의 이름이 명확히 제시된 경우
	익명 취재원 유형	① 개인 익명 취재원 ② 단체내 익명 취재원: 기관이나 단체의 이름은 명확히 제시되나, 개인이 특정되지 않은 경우 ③ 완전 불투명 취재원 : 기관/단체나 개인 모두 불투명할 경우

7) 주관적 표현 자제

기사의 표현이 주관적이면 안 된다는 것은 절대불변의 저널리즘 준칙이다.[29] 미국 신문은 기사의 모든 단어가 중립적이야 하며 기자의 의견을 철저히 배제한 기사 쓰기를 준칙으로 삼고 있다.[30]

선행연구들은 가치가 개입된 주관적 표현의 사례를 ①인용구의 주관적 술어 현황과 ②주체를 밝히지 않은 주관적 술어로 구분하고 그 사

---

29 박재영, "뉴스 평가 지수 개발을 위한 신문 1면 머리 기사 분석."

30 Brooks, B. S., and Pinson, J. L., eds., *Working with words*: *A concise handbook for media writers*(New York: St. Martin's, 1997).

례들을 제시하고 있다.[31] 이를 활용하여 이 연구에서는 '했다, 말했다, 밝혔다, 덧붙였다' 등과 같이 인용한 내용을 단순 전달하는 것이 아니라 발언의 방향성에 대해 기자의 주관적인 해석이 들어간 '강조했다, 아쉬워했다, 촉구했다, 당부했다, 주장했다, 단언했다, 경고했다, 선언했다, 지적했다, 비판했다, 설명했다, 해명했다, 반문했다, 의혹을 제기했다, 토로했다, 귀띔했다, 의지를 분명히 했다' 등의 문장은 주관적 술어로 분류하고 이 같은 술어의 수가 몇 개인가 측정했다.

서술 내용의 주어(또는 주체)가 없는 경우도 주관적 어감에 포함된다. 주관적 어감은 가치가 개입된 것으로 느껴지는 표현 또는 평가적 표현을 뜻한다. 대부분의 경우에 기자는 사안이나 현장의 목격자가 아니며, 간접 정보(second-hand information)에 의존할 수밖에 없다. 결국, 기자들에게 기사는 '일어났던 것'이 아니라 '일어났다고 누군가가 이야기 한 것'이므로,[32] 행위의 주체를 밝히지 않으면 주관적이라는 비판을 면하기 어렵다.[33]

기자의 문장에서 주체가 없어 기자의 주관을 전달하는 것으로 보여질수 있는 표현(無주체·無주어 주관적 술어 수)들에는 '~라는 분석이다(또는~로 분석되고 있다), 지적이다(지적을 받고 있다), 비판

---

31   박재영, "뉴스 평가 지수 개발을 위한 신문 1면 머리 기사 분석"; 박재영 · 이완수, 『한국 신문의 1면 기사 : 뉴스평가지수를 적용한 신문별, 연도별 비고(1990-2007)』.

32   Sigal, L. V. "Reporters and officials: The organization and politics of newsmaking," *DC Heath*, 1973.

33   박재영, "뉴스 평가 지수 개발을 위한 신문 1면 머리 기사 분석,"; 박재영 · 이완수, 『뉴스 평가 지수의 개발과 적용』.

이다(비판이 나오고 있다), 생각이다, 계획이다, 주장이다(주장이 나오고 있다), 자평이다, 확신이다, 의문이다, 소식이다, 평가다(평가도 나온다), 설명이다, 입장이다, 방침이다, 분위기다, 우려가 나오고 있다, 가능성도 거론되고 있다, 목소리가 높아지고 있다, 의혹을 사고 있다, 의문이 제기된다, 격찬이 쏟아졌다,~로 보인다, 관측되고 있다, 전망되고 있다, 예상된다, 추정된다, 알려졌다, 전해졌다,~를 짐작하게 한다,~한 셈이다,~해야 할 판이다' 등이 있으며, 이 같은 술어가 사용되었는지의 여부를 측정했다.

표 21 주관적 표현 자제 조사

평가 항목	조사 내용	조사 방식
주관적 표현 자제	타인의 발언의 방향성에 대해 기자의 주관적인 해석이 들어간 표현을 자제 (인용구의 주관적 술어 수)	① 인용 내용 단순 전달 ② 주관적 해석 표현 사용
	기자의 문장에서 주체가 없어 기자의 주관을 전달하는 것으로 보여질 수 있는 표현을 자제 (無주체/無주어 주관적 술어 수)	① 무주체/무주어 주관적 술어 미사용 ② 무주체/무주어 주관적 술어 사용

4. 보도 독창성 · 심층성 추구 차원

1) 독자적 기사 생산

이 연구에서는 선행 연구[34]를 참조하여 기사에 나타난 내용과 표현을

---

34 박재영, 위의 논문; 이건호, "한 · 미 신문 기사의 심층성과 신뢰도 및 독창성 분석: 6개 한국 신문과 2개 미국 신문 1 면 기사를 중심으로," pp. 25~49.

중심으로 정보의 독창성을 공개정보, 재가공 정보, 단독 입수, 단독 개발 등 4개로 구분해 측정했다. 예를 들어 공개 정보를 이용한 경우는 국방부나 통일부의 보도자료에 근거해 정부 발표내용만을 제공하는 기사가 해당한다. 재가공 정보는 외신이나 보도자료 등 알려진 공개 정보에 더해 전문가 등의 의견이나 해석을 추가 취재하여 보도하는 것이다. 단독 입수의 경우는 정부 관계자의 발언이나 탈북자 증언, 관련 문건 등이 한 언론사에게만 전달된 경우이며, 단독 개발은 개별 언론사 차원에서 통일 관련 기획 시리즈물을 진행하거나 탈북자들의 탈북 경로 탐사 보도 등을 싣는 경우가 해당한다.

표 22   독자적 기사 생산 조사

평가 항목	조사 내용	조사 방식
독자적 기사 생산	보도자가 직접 현장에서 확인을 하거나 출처가 되는 사람에게 직접 정보를 얻거나 출처가 되는 문건을 직접 확인해서 기사를 작성했는가 여부	① 공개정보 : 사건·사고·정부 정책 등 관련 사안을 다루는 기관이나 단체로부터 보도자료 등을 통해 모든 언론에게 공개된 내용에 전적으로 의존하는 기사 ② 재가공 정보 : 공개정보를 중심으로 했지만 기관이나 단체로부터 주어진 정보만 다룬 것이 아니라 관련 내용 등을 추가 취재해서 정보 내용을 보강한 기사 ③ 단독 입수 : 특정 취재원이 한 언론사에게만 정보를 줘서 해당 언론사가 그 내용을 단독, 특종으로 보도한 기사 ④ 단독 개발 : 기사의 독자적 기획이나 탐사에 의해 발굴된 기사

2) 독창적 통일 의제 설정

독창적 통일 의제 설정은 언론이 평화통일 국민공감대 형성을 위해 중요한 의제를 독자적으로 발굴하고 확산시키는가에 대한 것이다. 이는 언론이 통일에 대해 사회적 공론장을 형성하고 독창적인 의제를 설정하는 기능을 얼마나 수행하고 있는가와 관련이 있다. 독창적 통일 의제 설정으로 생산된 기사들이 모두 통일 지향적이라고 할 수는 없을 것이다. 기획의 방향이나 의도에서 언론사의 가치관이 반영될 수밖에 없다는 점을 고려하면 단독 개발 또는 기획 기사의 양에 못지 않게 기사의 내용이나 주제가 통일 지향적인지의 여부를 살펴보는 것도 중요하다. 그러나 독창적 의제 설정은 언론의 통일지향성 추구 노력의 일부분임에 분명하고, 이 같은 기능을 수행하지 않는 것보다는 북한 및 통일 보도의 다양성을 확보한다는 차원에서 의미가 있을 수 있다. 이 연구에서는 독창적 통일 의제 설정 여부와 함께 설정된 의제가 통일지향적인가 하는 유목을 함께 측정함으로써 언론이 제기하고 있는 통일 의제의 방향성을 함께 살펴보고자 하였다.

표 23   독창적 통일 의제 설정 조사

평가 항목	조사 내용	조사 방식
독창적 통일 의제 설정	남북관계 · 통일관련 독창적 의제 설정 여부	① 독창적 의제 설정 ② 독창적 의제 아님

3) 심층적인 보도

심층성은 보도하는 사건의 배경, 연관된 사건이나 현상, 사건의 결과, 이해 관계자, 행위의 동기 등 보도하는 사건을 이해하는 데 필요한 정보가 얼마나 충분히 그리고 잘 조직되어 제시되는가의 여부를 의미한다. 심층성과 관련하여 홍성기 등[35]은 북한 보도와 관련하여 사건에

---

35   홍성기 외 공저, 『북한관련 뉴스보도 현황 연구: 김대중 정부 이후 북한 인권 및 안보관련 뉴스보도를 중심으로』, (서울: 한국언론진흥재단, 2011).

대한 원인만 기술할 경우, 원인에 과정이 기술될 경우, 원인과 과정에 결과까지 기술될 경우, 원인과 과정에 결과, 그리고 반응까지 기술될 경우, 원인/과정/결과/반응에 대한 대응이나 대안까지 기술될 경우를 구분해 분석한 바 있다. 이화행 등[36]의 연구에서는 이슈를 단순 전달하는 경우와 사건의 배경과 경과 및 결과를 제시하는 경우, 분석과 해설 및 대안을 제시하는 경우 등 3가지로 구분해 측정했다. 이 연구에서는 이화행 등의 유목을 활용하여 심층성을 살펴보았다.

표 24　심층적 보도 조사

평가 항목	조사 내용	조사 방식
심층적 보도	보도하는 사건의 배경, 연관된 사건이나 현상, 사건의 결과, 이해 관계자, 행위의 동기 등 보도하는 사건을 이해하는 데 필요한 정보가 얼마나 충분히 그리고 잘 조직되어 제시되는가	① 이슈단순전달 ② 배경/경과/결과 제시 ③ 분석/해설/대안 제시

IV. 미디어 통일 지향성 조사

1. 조사 개요

앞서 제시한 미디어 통일 지향성 평가 항목들의 유효성을 검증하기

36　이화행 외 공저, 『통일과 언론: 통일과정에서 언론의 역할 연구』(서울: 한국언론진흥재단, 2014).

위해 북한 및 통일 관련 뉴스 기사들을 대상으로 조사를 실시했다. 조사의 목적은 국내 모든 언론사 전반의 통일 지향성 현황을 측정하는 것이 아니라, 각 측정 항목들의 의미를 검증하고 향후 구체적으로 지수화 하는 방식을 탐구하기 위한 것이었다. 따라서 분석 대상 뉴스 기사들의 선정에 있어서 전체적인 대표성을 확보하기 보다는 가급적 보수와 진보 관점의 차이가 드러나는 언론사들을 망라하는 방식을 취했다. 구체적인 분석대상으로 선정한 언론사로는 신문의 경우 조선일보, 중앙일보, 동아일보, 경향신문, 한겨레신문 등 5개 종합 일간지와 오마이뉴스, 데일리안 등 4개 인터넷 신문이었다. 방송사는 KBS, MBC, SBS 지상파 3사와 TV조선, 채널A, MBN, JTBC의 종합편성채널 4사를 선정하였다.

구체적인 분석 대상 뉴스기사는 2016년 1월부터 12월까지 홀수 주차 수요일 뉴스 중 북한 또는 통일 관련 보도 총 1,552개를 대상으

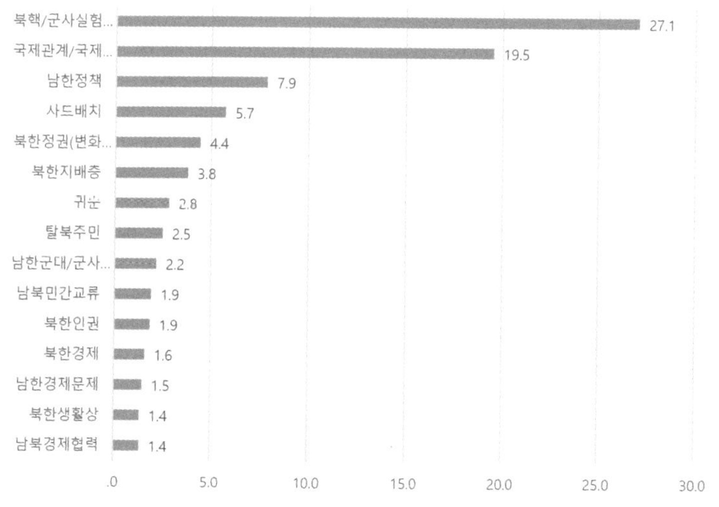

그림 1　보도주제별 기사량(%)

로 했다. 신문 뉴스의 경우 해당 인터넷 사이트에서 '북한' 또는 '통일'을 키워드로 하여 검색한 모든 기사들 중 중복 기사를 제외한 총 980개 뉴스 기사를 추출하였다. 방송 뉴스의 경우 대표적인 저녁 종합뉴스에서 북한 및 통일 관련 뉴스들을 추출하였다. 구체적으로는 KBS 〈뉴스 9〉, MBC 〈뉴스데스크〉, SBS 〈8뉴스〉, TV조선 〈뉴스쇼 판〉, 채널A 〈종합뉴스〉, MBN 〈뉴스8〉, JTBC 〈뉴스룸〉이었으며 총 572개 뉴스 아이템이 추출되었다. 뉴스 아이템 중 가장 많이 다뤄진 주제는 북한 핵실험/군사실험에 관한 뉴스였다.

2. 조사 결과 및 지수화 방향 논의

미디어의 통일 지향성 평가 항목들을 현실적으로 활용하기 위한 지수화 작업에는 복잡한 후속 논의들을 필요로 한다. 지수화 작업의 명확한 목표 설정, 지수화 방식 및 수치의 의미, 구체적인 조사 방법 등이 포함된다. 평가의 주체가 누가 되어야 하는지도 중요한 문제이다. 그러나 가장 중요한 문제는 각각의 평가 항목들을 측정하고 종합하여 구체적인 수치로 나타내는 지수화 산출 작업의 방식이다. 이 연구에서는 시안적으로 한 가지 지수화의 방향성을 제시하고자 한다.

조사 결과들의 지수화 방식과 관련하여, 우선 〈표 25〉처럼 측정 결과들에 긍정적(+), 중립적(0), 부정적(-) 속성을 부여하고, 각 결과치들의 대비를 통한 지수화를 시도하였다. 여기서 긍정적 속성은 각 평가 항목들의 응답에서 궁극적으로 지향하는 바를 나타내며, 반대로 부정적 속성은 지양하는 바를 의미한다. 중립적 속성은 긍정적 또는

조사 항목	조사 내용	속성 부여 방식		
		긍정적(+)	중립적(0)	부정적(−)
평화 가치 지향	사건의 성격	화해적 사건	중립적 사건	갈등적 사건
	보도 관점	화해지향적 관점	관점 없음	대립적 관점
남북 긴장 해소 노력	갈등사안 여부	비갈등 사안	·	갈등 사안
	남북 갈등	복합적 관점	대체로 단일 관점	완전 단일 관점
	남남 갈등	복합적 관점 제시	대체로 단일 관점 제시	완전 단일 관점
인물 호칭·직책 존중	직책명기(최고지도자) 여부	직책 명기	·	직책 미명기
	직책명기(기타 관료) 여부	직책 명기	·	직책 미명기
북한 주민 고려	북한주민	비선정적	·	선정적
북한 지배계층 고려	북한 지배계층	비선정적	·	선정적
사진·화면 사용 절제	사진/화면/그래픽의 선정성 여부	비선정적	·	선정적
희화적인 소재 지양	문화적 차이 희화화 여부	비선정적	·	선정적
관급자료 보도 유의	관급자료 확인 여부	확인 인용	·	미확인 인용
외신보도 신중 인용	신뢰성 있는 외신 인용 여부	신뢰성 외신	·	신뢰성 불확실 외신
1차 자료 적극 활용	1차 자료 활용 여부	1차자료 활용		1차자료 비활용
추측보도 지양	정보 확인 여부	확인 정보		미확인 정보
망명자 증언 취사	망명자 증언 검증 여부	복수 취재원	·	단수 취재원
	망명자 증언의 추정 명기 여부	추정 명기	·	추정 미명기
취재원 투명성 확보	취재원 투명성 여부	취재원 명기	·	취재원 미명기
주관적 표현 자제	타인의 발언의 대한 주관적인 해석 자제 여부	인용 내용 단순 전달	·	주관적 해석 사용
	기자의 주관 전달 표현 자제	무주체/무주어 주관적 술어 미사용	·	무주체/무주어 주관적 술어 사용

조사 항목	조사 내용	속성 부여 방식		
		긍정적(+)	중립적(0)	부정적(−)
독자적인 기사 생산	독자적 취재에 바탕한 기사 여부	단독 입수/ 개발	재가공정보	공개정보
독창적 통일 의제 설정	남북관계/통일 의제 설정 여부	독창적 의제	·	비독창적 의제
심층적 보도	기사 보도 내용의 심층성 여부	분석/해설/ 대안 제시	배경/경과/ 결과 제시	이슈단순 전달

부정적 성격을 지니지 않는 응답 항목을 말한다.[37] 각 속성의 값은 조사 결과를 통해 나타난 응답 비율을 통해 수치화했다.[38] 최종적으로 특정 문항의 통일 지향성 지수는 각 항목의 속성과 수치를 합산하여 도출하였다. 이때 긍정적 속성은 양(+)의 값을, 중립적 속성은 영(0)의 값을, 부정적 속성은 음(−)의 값을 부여하는 방식을 사용하였다. 예를 들어 긍정적 속성 50%, 중립적 속성 20%, 부정적 속성 30%의 조사 결과가 나왔다면, 이 항목들은 각각 50점, 0점, −30점의 값을 부여받게 되는 것이다. 그리고 이들을 합산한 50+(20×0)−30=20점이

---

37   긍정적, 중립적, 부정적 속성 부여 방식은 좀 더 복합적인 후속 연구를 필요로 하는 사안이다. 예를 들어, 여기서는 1차 자료 활용에 긍정적 속성을 부여하였는데, 1차 자료를 활용한 기사가 갈등적 사건에 대한 대립적 보도관점을 취할 경우 긍정적 의미가 퇴색될 수도 있기 때문이다. 여기서 편의상 일괄적인 속성 부여 방식을 채택하였다.

38   모든 항목들이 동일한 중요성을 가지는 것은 아니며, 항목에 따라서 해당 기사의 건 수도 다르기 때문에, 모든 응답비율이 동일한 가치와 의미를 나타내는 것은 아니다. 이는 궁극적으로 가중치 부여를 통해 해결해야 할 사안이다. 여기서는 일단 모든 항목들이 동일한 중요도와 의미를 지니는 것으로 가정했다.

통일 지향성 지수가 되는 것이다. 따라서 지수가 양(+)의 값을 지닐 경우 부정적 속성 보다 긍정적 속성이 우세한 상황임을 나타내며, 음 (-)의 값을 지닐 경우는 부정적 속성이 우세한 상황임을 나타낸다. 이론적으로 어느 한 속성이 0%에서 100%까지의 값을 지닐 수 있기 때문에, 통일 지향성 지수는 -100에서 100까지의 수치를 지닐 수 있다. 이와 같은 수치들을 각 문항별, 차원별, 전체 평균을 구하는 방식으로 지수값을 도출하였다.

표 26 미디어 통일 지향성 지수화 종합

차원		통일 지향성 지수		
한반도 평화 추구	평화 가치 지향	-46.7	-39.3	
	남북 긴장 해소 노력	-25.9		
남북상호 존중	인물 호칭 · 직책 존중	6.1	22.0	
	북한 주민 고려	4.7		
	북한 지배계층 고려	27.4		
	사진 · 화면 사용 절제	43.3		
	희화적인 소재 지양	44.5		
보도정확성 · 신뢰성	관급자료 보도 유의	-56.9	-18.3	-15.3
	외신보도 신중 인용	-70.3		
	1차 자료 적극 활용	45.7		
	추측보도 지양	-42.8		
	망명자 증언 취사	-50.7		
	취재원 투명성 확보	45.1		
	주관적 표현 자제	-12.0		
보도독창성 · 심층성	독자적인 기사 생산	-48.2	-53.9	
	독창적 통일 의제 설정	-82.2		
	심층적 보도	-31.2		

3. 미디어 통일 지향성 지수화 종합

〈표 26〉은 미디어의 통일 지향성 평가 지수들을 종합적으로 표시한 것이다. 앞서 밝혔듯이 이번 시안적 조사는 전체 언론사들의 북한·통일 관련 뉴스 보도를 대상으로 한 것도 아니기 때문에 산출된 통일 지향성 지수 역시 일반화 할 수는 없다. 또한 방법론 차원에서도 한계를 지니고 있다. 예를 들어 속성 부여 방식의 경우 평화 가치 지향과 관련해 보도된 사건이 갈등적 사건일 경우 부정적 속성을 부여한다고 되어 있으나 남북관계의 특성상 갈등 국면에서 더 많은 보도가 있을 수밖에 없으므로 미디어 평화통일지향성 척도 자체가 남북관계의 정치사회적 상황에 종속될 수밖에 없다. 즉, 남북관계 국면에서 따라 지수의 가변성이 높아질 수 있는 것이다. 한편, 명목척도로만 측정된 항목들에 대해 일괄적으로 긍정 및 부정의 속성을 부여하는 방식도 보다 정교화 할 필요가 있다. 이 같은 점들은 이번 시안적 조사의 한계들로 볼 수 있다.

V. 결론

현실적으로 남북간의 정치·사회·문화적 통합을 실천에 옮기는 것은 매우 어려운 과업이다. 분단 이후 70여 년을 상이한 체제에서 살아온 남과 북은 그 세월만큼 두터운 이질적 사회상과 문화를 형성해 왔고, 남과 북의 소통이 원천적으로 차단되어 있는 가운데, 군사적으로 날

카롭게 대치하며 국지전 양상의 마찰을 수시로 겪고 있는 상황은 이를 한층 어렵게 만들고 있는 것이다. 이러한 상황에서 보다 중요한 것은 남북간 충돌과 같은 돌발사태가 발생했을 때 그 파장 내지 충격을 어느 선까지 흡수할 수 있는가 하는 점일 것이다. 사회문화적 동질성의 기반이 강화될수록 남북관계의 큰 줄기는 이러한 충격의 흔들림으로부터 공고해지게 될 것이다. 남북관계가 정치군사적으로 급진전 양상을 보이는 경우를 가정해도 마찬가지이며, 이와 같은 상황 급변에 따른 혼란과 갈등을 최소화하고 평화로운 통일 국가로의 이전 프로세스가 순조롭게 진행되기 위해선 남북 양측의 사회문화적 동질성이 뒷받침 되어야만 할 것이다.

남과 북의 사회문화적 동질성 강화와 관련하여 우리 사회 미디어들이 끼치는 영향력은 절대적이다. 그렇기 때문에 신문, TV, 라디오, 인터넷, 이용자 생산 콘텐츠(소셜미디어, 블로그 등) 등 우리 사회의 주요 미디어를 통해 생산·유통되는 총체적인 통일관련 콘텐츠를 분석하여 개개 미디어 및 전체 미디어 차원의 통일 지향성이 어떠한 상태이며 어떤 문제를 안고 있는지 파악하는 작업이 필요하다. 이 연구는 그러한 작업의 첫 걸음이자 예시로서 언론 보도를 대상으로 통일 지향성 평가 지수 개발 및 조사를 수행하였다.

구체적으로 기존 저널리즘 품질 평가 기준 및 북한 관련 보도 준칙들을 기반으로 한반도 평화 추구, 남북 상호 존중, 보도 정확성·신뢰성 추구, 보도 독창성·심층성 추구 차원의 평가 항목들을 도출하였다. 이를 주요 언론사들의 북한 및 통일 관련 뉴스들에 적용하여 측정함으로써 각 항목들의 의미를 검증하고 구체적인 지수화 방안을 모색하였다. 이러한 지수화 방식을 통해 특정 시기 북한 및 통일 관련 미디어 보도들의 통일 지향성 정도를 파악할 수 있다는 점에서 의미가 있다. 예를 들어 시안적 조사 결과에서 남북 상호존중 차원보다 평화 통일 가치 추구 차원, 보도 정확성·신뢰성 차원, 보도 독창성·심층성 차원에서의 문제점이 두드러지게 나타났다. 이는 일반적인 저널리즘 실천 차원의 기본 준칙들만 준수하더라도 미디어의 평화통일 관련 역할을 제고할 수 있다는 점을 보여준다. 이와 같은 방식의 정기적인 미디어 통일 지향성 지수 조사를 통해 우리 사회 내 유통되는 통일 콘텐츠들의 현황을 파악하고 향후 개선의 지점을 확인할 수 있을 것이다.

한편, 정책적 관점에서는 향후 이같은 조사가 모든 미디어들을 대상으로 연례적으로 수행되고 그 결과들이 축적됨으로써 우리 사회 미디어별 통일 담론의 종류나 특성, 강도 등을 수량화하는 작업으로 연계될 필요성이 대두된다. 예를 들면 '미디어 통일 지향성 조사위원회'와 같은 기구를 구성하여 이 같은 조사를 연례적으로 수행할 수 있을 것이다. 위원회는 각 미디어 별 통일 담론의 종류나 특성, 강도 등을 수량화하는 작업을 통해 공신력 있는 미디어의 통일 지향성 지수[39]를 산출하는 기구의 역할을 담당하게 된다. 즉, 신문, TV, 라디오, 인터넷 등 현시대의 주요 미디어들이 생산, 유통하는 통일 담론의 현황과 영향력, 그리고 이 모두를 합산한 총체적인 미디어의 통일 지향성을 파악하고 이를 동일한 종류의 미디어 및 이종 미디어간의 비교 및 합산이 가능한 이른바 '통일 지향성 지수'를 통해 제시하는 것을 목표로

---

[39]　미디어의 통일지향성 지수에 참조가 될 만한 것으로 여론집중도조사위원회의 매체 영향력 점유율 모형을 들 수 있다. 여론영향력의 크기는 개별 매체부문에서의 점유율에 해당 매체부문의 영향력 가중치를 곱한 결과로 나타난다(여론집중도조사위원회, 2013:42). 미디어 통일 지향성 지수 역시 이와 유사하게, 개개 매체 단위의 통일 지향성 그리고 전체 미디어 생태계 차원의 통일 지향성을 객관적인 수치로 산출하는 방안이 모색 가능하다.

해야 할 것이다. 이러한 미디어 통일 지향성 조사는 정부가 직접 추진할 경우 미디어 통제 등 불필요한 오해를 불러일으킬 수 있으므로 현업 전문가와 학계 전문가 등으로 구성된 독립 위원회를 설립해 수행하는 것이 바람직할 것이다.

최근의 미디어 환경은 다양한 플랫폼, 그리고 이를 통해 제공되는 다양한 콘텐츠들로 확장되고 있다. 기존의 TV, 라디오, 신문 등과 같은 플랫폼에 인터넷, 모바일 미디어, 소셜 미디어 등의 새로운 미디어들이 함께 공존하며 상호경쟁, 보완하는 복잡한 생태계가 만들어진 것이다. 이처럼 복잡다단한 미디어 생태계를 통해 형성, 유통되고 있는 미디어의 통일 콘텐츠들의 총체상, 그리고 개개 미디어의 통일 지향성을 엄밀하게 파악하는 일은, 우리 사회 미디어 생태계의 통일 지향성을 강화하고, 더 나아가 국민들의 통일인식을 제고하기 위한 단초를 제공할 것이다.

::참고문헌

김병로. "통일환경과 통일담론의 지형 변화: 정부통일방안을 중심으로."『통일문제연구』, 제26권 1호(2014), pp. 1-33.

김영욱 외 공저.『저널리즘의 품질 : 평가기준과 모델』. 서울: 한국언론진흥재단, 2014.

박명규. 통일연구와 통합지수: 지수화의 방법론과 이론적 과제.『통일과 평화』, 2집 2호(2010), pp. 3~34.

박명규 외 공저.『2012 통일의식조사』. 서울: 서울대학교 통일평화연구원, 2012.

박성희.『신문 사회면 비교 분석』. 서울: 미디어연구소, 2004.

박재영. "뉴스 평가 지수 개발을 위한 신문 1면 머리 기사 분석."『한국의 뉴스 미디어』. 서울: 한국언론재단, 2006.

박재영·이완수.『한국 신문의 1면 기사 : 뉴스평가지수를 적용한 신문별, 연도별 비고(1990-2007)』. 서울: 한국언론진흥재단, 2007.

박재영·이완수.『뉴스 평가 지수의 개발과 적용』. 서울: 한국언론진흥재단, 2010.

설진아. "'장성택 처형' 이후 지상파 방송3사의 북한관련 보도 프레임 분석."『한국방송학회 봄철정기학술대회 논문집』. 2014, pp. 170~171.

여론집중도조사위원회.『여론집중도조사 보고서』. 서울: 여론집중도조사위원회, 2013.

이건호·정완규. "한국과 미국 신문의 1면 기사 비교: 취재 영역 및 보도 형태별 취재원 출현에 따른 심층성 분석."『한국언론학보』, 제52권 4호(2008), pp. 25~49.

이건호. 한·미 신문 기사의 심층성과 신뢰도 및 독창성 분석: 6개 한국 신문과 2개 미국 신문 1 면 기사를 중심으로.『한국언론학보』, 제52권 5호(2008), pp. 107~129.

이우승.『통일방송론』. 서울: 한울아카데미, 2005.

이해완. "통일의 목적·방법·준비에 대한 기독교적 성찰." 전우택(편),『통일에 대한 기독교적 성찰』. 서울: 새물결플러스, 2014.

이화행 외 공저.『통일과 언론: 통일과정에서 언론의 역할 연구』. 서울: 한국언론진흥재단, 2014.

임을출. "북한보도 무엇이 문제인가."『관훈저널』, 130호(2014), pp. 94~100.

정재철. "남한 방송의 북한 보도 생산자 연구."『한국언론정보학보』, 48호(2009), pp. 135~152.

조정아. "국민통합이 기여하는 통일교육." 최진욱 외(편).『박근혜정부의 대북정책 추진 방향』. 서울: 통일연구원(2013), pp. 155~169.

조한범.『남북한 사회문화공동체 형성 방안 연구』. 서울: 통일연구원, 2002.

조한범. "국민적 합의기반 도출: 내적 신뢰프로세스 구축."『박근혜정부의 대북정책 추진 방향』, 서울: 통일연구원. 2013, pp. 193~201.

한국방송학회.『남북 통합을 위한 방송의 역할 연구』. 서울: 통일부, 2014.

홍성기 외 공저.『북한관련 뉴스보도 현황 연구: 김대중 정부 이후 북한인권 및 안보관련 뉴스보도를 중심으로』. 서울: 한국언론진흥재단, 2011.

황치성. 『갈등이슈 보도의 새로운 접근』. 서울: 한국언론진흥재단, 2008.

Brooks, B. S. and Pinson, J. L., eds., *Working with words*: *A concise handbook for media writers*. New York: St. Martin's, 1997.

International Federation of Journalist. "Bridging the divides: improving relations between india and pakistan." *a handbook on good journalism practice*. Impulsive Creations New Delli, India, 2000.

Sigal, L. V. "Reporters and officials: The organization and politics of newsmaking." *DC Heath*(1973).

Kovach, B. and Rosenstiel, T. *The elements of journalism*: *What newspeople should know and the public should expect*. (3rd ed.), 2014. 이재경(역). 『저널리즘의 기본 원칙』. 서울: 한국언론진흥재단, 2014.

몽골의 체제전환과
동북아 평화지정학의 모색__

백지운

목차

백지운　서울대학교 통일평화연구원

I. 서론: 부상하는 몽골의 지정 · 지경학적 위상

1992년 몽골은 70여 년간의 사회주의 체제를 마감하고 민주주의 시장경제체제로 전환했다. 체제 전환 과정에서 피를 흘리지 않았을뿐더러, 짧은 기간 안에 민주주의를 정착시켰다는 점에서 몽골은 체제전환의 모범적인 사례로 평가받고 있다. 그러나 사실 체제 전환 이후 몽골은 오랫동안 변방의 소국으로 고투했다. 전세계 19위에 해당하는 국토면적(1,564,100㎢)에 세계 10대 자원부국이지만, 불안한 경제 상황과 낙후한 인프라 구조, 그리고 고립된 지리적 환경에 갇혀 좀처럼 국제사회로 진입하지 못했다. 그런데 2000년대 후반에 접어들면서 몽골의 상황은 눈에 띄게 달라졌다. 인접한 이웃인 중국과 러시아는 물론 미국을 비롯한 서방 세계의 몽골에 대한 관심이 증가하면서 몽골의 지정학 · 지경학적 가치가 높아지고 있다.

그 가장 중요한 배경은 유라시아의 부상이다. 2008년 글로벌 위기와 중국으로 부상으로 G2체제가 가시화되는 가운데, 미국은 '아시아 재균형(Rebalance to Asia)' 정책으로 전략적 초점을 유라시아로 이동하면서 중국과 러시아를 견제해 왔다. 2011년 7월 제2차 미국–인도 전략대화에서 힐러리 당시 국무장관이 '신실크로드(the New Silk Road Initiative)' 전략구상을 통해 중 · 러를 배제하고 아프가니스탄을 중심으로 중앙아시아와 남아시아를 관통하는 국제운송회랑을 구축하려고 시도한 것이 그 한 예이다.[1] 또한 EU 역시 트라세카

---

1 Joshua Kucera, "The New Sik Road?" *The Diplomat*(온라인)(November 11, 2011); 〈https://thediplomat.com/2011/11/the-new-silk-road/〉.

(TRACECA: Transport Corridor Europe-Caucasus-Asia)를 통해 러시아를 견제하는 유럽과 중앙아시아의 연계를 구축해 왔다.[2] 중국의 입장에서 보면, 동북아시아가 전통적으로 미국의 영향권이라면, 중앙아시아는 티벳, 위구르, 신장 등 중국 영토의 가장 불안한 변경과 맞닿은 지역이다. 2000년대 반테러 훈련을 명목으로 상하이협력기구(Shanghai Cooperation Organisation)를 가동하고 중·러 동반자 관계를 강화한 것은 이미 이 시기부터 유라시아 지역이 미국과 중국의 전략적 충돌지역이 되고 있었음을 말해준다. 2013년 중국이 '일대일로(One Belt One Road)'를 출범시켜 유라시아를 향한 서진정책을 공격적으로 추진한 것 역시 유사한 안보적 맥락에서 보아야 할 것이다. 한편, 유라시아 전역에 영토를 지니고 있는 러시아는 2012년 푸틴 3기 집권 이후 적극적인 유라시아 정책을 펼치고 있다. 2012년 5월 러시아는 사상 최초로 특정 지역개발을 전담하는 연방부처로 '극동개발구(Ministry for Development of Far East)'를 신설하고 2013년 3월에는 '극동·바이칼 지역 사회경제발전 국가 프로그램(Socio-Economic Development of the Far East and the Baikal Region)'을 채택했다. 2015년 EU에 대응하는 유라시아경제공동체(Eurasian Economic Union))을 출범시킴으로서, 적극적인 유라시아 정책을 가동하고 있다.[3] 2013년 한국이 '유라시아 이니셔티브'를 제기한 것도 이러한 국제적 환경과 무관치 않을 텐데, 이처럼 유라시

---

2 원동욱 외 공저,『국제운송회랑의 새로운 지정학: 유라시아 실크로드 구축을 위한 협력방안 연구』, (서울: 대외경제정책연구원, 2015), pp. 14~17.

3 제성훈 외 공저,『중·몽·러 경제회랑의 발전 잠재력과 한국의 연계방안』, (서울: 대외경제정책연구원, 2016), pp.42~45.

아가 강대국들의 전략적 지역으로 부상하자 아시아와 유럽을 연결하는 몽골의 지정학적 가치가 급부상하게 된 것이다.

다음으로 주목할 것은 최근 몽골에서 새로운 대규모 광물산지들이 발견되고 외국인직접투자의 환경이 상당 부분 개선되면서 몽골 자원개발에 세계 각국이 대거 진출하게 된 상황이다. 몽골은 6,000개 이상의 광물자원 매장지에 석탄, 구리, 금, 우라늄 등 80종의 광물자원을 보유하고 있는 세계 10대 자원부국이다. 석탄광산인 타완톨고이(TT)와 금/구리의 오유톨고이(OT)를 포함한 15개의 전략광산은 2012년 기준으로 연간 생산규모가 몽골 전체 GDP의 5%에 달하며, 2015년 몽골의 광업은 전체 GDP의 17.6%에 달한다. 비록 체제전환 직후 불안한 정부 정책과 잦은 경기침체로 외국인직접투자는 극히 미약했지만, 몽골의 대외직접투자 환경은 최근 크게 개선되고 있다. 1997년 WTO에 가입하여 투자와 교역, 관세 등에 대한 법제를 보편화한 것을 시작으로, 2013년 아시아태평양무역협정(Asia-Pacific Trade Agreement)에 가입, 2016년 일본과 경제동반자협정(Economic Partnership Agreement)에 조인하는 등 다자간 및 양자간 교역을 적극 추진하면서 대외투자처로서의 국제적 이미지가 크게 개선되었다.[4] 광산 부문에서도 몽골은 1997년 광산의 민간 소유를 허용하는 광물법을 개정하고 2002년 외국인투자촉진법을 통해 몽골 광산의 외국인직접투자를 증대시켰다. 반면, 몽골은 광물의 운송을 위한 물류 인프라와 서비스 행정에서 세계 최하위 수준에 머물고 있는데,[5] 관

---

4   Invest in Mongolia 공식홈페이지; 〈http://en.investmongolia.gov.mn/19.html〉.

5   「세계 경제력 보고서」에 따르면, 몽골은 인프라 구축평가에서 몽골은 144

점을 달리하여 보면 이런 열악한 물류인프라 환경은 오히려 몽골의 높은 투자 잠재력을 보여주는 것이기도 하다.

셋째, 몽골의 창의적이고 일관된 외교적 노력을 들 수 있다. 냉전 시대 러시아와 중국 두 강대국 사이에서 러시아에 편중된 노선을 택함으로써 취약한 안보 상태에 노출되었던 경험을 교훈 삼아, 몽골은 '소국(small state)' 외교의 중요성을 절감해 왔다. 체제전환 직후 시행한 '제3이웃 정책(Third Neighbor Policy)'은 강대국에 둘러싸인 약소국의 지정학적 고립 상황을 창의적으로 타개하려는 몽골의 고심어린 노력이 낳은 정책이라 할 수 있다. 1970년대 독일의 '동방정책(Ostpolitik)', 1980년대 말 한국의 '북방정책'은 몽골에 소국이 자국의 안보와 이익을 위해 독자적인 외교 정책을 추진할 때 국제사회의 지지를 받았다는 역사적 교훈을 제공함으로써 '제3이웃정책'을 추진하게 되는 중요한 계기가 되었다. 여기에는 또한 국제사회가 특정 강대국의 힘에 의해 좌우되는 시대는 이미 지났으며, 새롭게 출현하는 다극적인 국제질서 속에서 소국들이 기여할 수 있는 공간이 늘어나고 있다는 외교적 철학이 바탕이 되어 있기도 하다.[6] 1993년 러시아 및 중국과 우호관계를 맺음으로써 직접적으로 이웃하는 두 강대국을 우선시하는 정책을 유지하면서, 1997년부터 지금까지는 일본, 한국, 미국, 캐나다, 오스트레일리아, 독일을 포함한 EU, 인도 등과 '우

개국 중 133위(2013-2014년), 119위(2014-2015)를 차지했다. 빠뜨자갈 · 길종구, "몽골 물류산업의 현황과 선진화 방안에 관한 연구," 『물류학회지』, 제27권 제1호(2017), pp. 51~55.

6   D. Ulambayar, "The Paradigm in Mongolia's 'Third Neighbor' Diplomacy," 미간행 원고.

호협력', '포괄적 동반자', '전략적 동반자' 관계 등을 맺음으로써 외교적 다변화를 꾀해 왔다. 또한, 1998년 아세안지역안보포럼(ARF), 2006년 아시아유럽정상회의(ASEM), 2012년에는 유럽안보협력기구(OSCE)에 회원국에 가입함으로서 국제사회에서 위상을 높여왔는가 하면, 2000년대 들어서는 내륙 국가를 위한 국제싱크탱크(International Think Thank for LLDCs) 출범을 주도하여 2009년 유엔총회의 결의를 얻어내고[7] 2004년 상하이협력기구(SCO)의 옵저버 자격을 획득함으로써 중앙아시아 지역 내 위상을 확대해나가고 있다. 이처럼 전세계 다양한 지역에 걸친 균형적이면서 적극적인 몽골의 외교 정책은 국제사회에서 몽골의 이미지를 개선하는 데 중요한 역할을 했다고 볼 수 있다.

마지막으로, 국제시민사회운동의 허브이자 플랫폼으로서 몽골이 국제사회의 주목을 받게 된 상황도 주목할 지점이다. 체제전환 이후 몽골의 시민사회는 숫적으로 엄청나게 증가했고 활동 분야도 다양해졌다. 2005년 기준으로 몽골의 법무와 내부무(the Ministry of Justice and Home Affair)에 등록된 비정부기구들은 4,800개에 이르렀다. 물론, 양적 증대에 비해 하부구조의 취약성, 울란바타르에 대한 과도 집중, 경험과 재정 구조의 취약성 등 많은 문제를 노정하고 있는 것이 사실이나, 몽골 사회의 민주주의 발전에서 점증하는 시민사회의 역할과 공헌은 작지 않다.[8] 특히 최근 활성화된 광산 붐에 수반된 비리와

7　International Think Tank for LLDC 공식홈페이지; 〈http://land-locked.org/history〉.

8　Jargalsaikhan Enkhsaikhan, "Promotion of Democracy and Civil Society in Northeast Asia," pp. 69~71; 〈https://www.apu.ac.jp/rcaps/up-

부패를 견제하는 필요성 속에서 사회윤리적 감시자로서의 시민사회의 역할이 증대되는 중이다.[9] 체제전환의 가장 큰 부작용으로 인식되어 온 몽골의 높은 사회 부패 지수가 눈에 띄게 개선되고 있는 것 또한 시민사회의 역할에 빚지고 있을 것이다.[10] 현재 몽골은 UNDP를 비롯한 여러 국제기구들의 후원 아래, 세계의 다양한 시민사회 포럼들을 자국에 유치함으로써 세계 시민사회를 연계하는 플랫폼으로서의 국제적 위상을 높여나가고 있다. 2003년, 63개국 200개의 시민사회 대표들이 참석하는 국제시민사회포럼(International Civil Society Forum), 2006년에는 민주주의를 위한 아시아시민사회포럼(Asian Civil Society Forum for Democracy), 2015년 외교와 인권을 위한 아시아시민사회대화(Asian Civil Society Dialogue on Diplomacy and Human Right) 등 주요 회의들을 울란바타르에서 개최했다. 특히 2015년의 회의에서는 몽골이 UN 인권위원회 후보자로 참가하는 안이 논의되기도 했다.[11] 이처럼 몽골은 체제전환 이후 유럽, 북미, 동아시아의 발전된 민주주의 사회의 일원으로 자신의 정체성을 재정위하기 위한 몽골의 능동적인 노력을 기울여왔다. 2013년 1.5트랙으로

---

loads/fckeditor/publications/journal/RJAPS_V26_Jargalsaikhan.pdf〉.

9   T. Undarya, "State of Civil Society Development in Mongolia," *The Mongolian Journal of International Affairs*, No. 18(2013), p.52

10   부패인식지수(CPI)에 따르면, 2016년 몽골의 부패지수는 176개국 중 87위였다. 참고로 한국은 52위, 중국은 79위, 일본은 20위, 러시아는 131위이다. Transparency International 홈페이지 참고; 〈https://www.transparency.org〉.

11   Forum Asia 홈페이지 참고; 〈https://www.forum-asia.org/?p=19370〉.

울란바타르 대화(Ulaanbataar Dialogue), 2014년 2.0트랙으로 울란
바타르 프로세스(Ulaanbataar Process)를 출범시켜 동북아시아의 평
화정착을 위한 적극적인 중재자로 나설 수 있었던 것도, 이 같은 두터
운 시민사회 운동의 기반 축적 속에서 가능한 것이었다.

II. 한몽 협력과 동북아 평화

1. 한몽 관계의 신지평의 필요성

세계지역질서의 재편과 유라시아의 부상이라는 2000년대 지정학적
변동 속에서, 자원부국이자 젊고 역동적인 민주주의 국가로서 국제사
회에서 자신의 공간을 확장해온 몽골에 대해, 한국의 인식은 뒤쳐져
있는 편이다. 대체로 보면 한국과 몽골 관계는 아직 원조관계에 머물
러 있으며, 교역관계는 물론 정치·외교 관계의 수준도 높지 않은 편
이다. 아시아와 유럽이 하나로 연결되는 유라시아 판의 거대한 변화
속에서 한반도 문제를 재정위하는 것이 필요한 지금, 새로운 인식 지
도 속에서 몽골의 지정학적 위치를 재인식하고 한몽관계를 재정립하
는 것이 필요할 것이다.

　역사적·문화적으로 한국과 몽골은 긴밀한 관계에 있었지만 근대
이후의 국교관계는 1990년에 와서야 비로소 이루어졌다. 한몽수교는
노태우 정부의 북방정책의 일환이었다. 수교 이래 현재까지 양국은
세 차례에 걸친 관계 격상의 과정을 거쳤다. 1999년 김대중 대통령

이 몽골을 방문하여 '21세기 상호 보완적 협력관계'를 체결했고, 2006년 노무현 대통령이 방몽하여 '선린우호적 동반자 관계'를 선언했으며 2011년 이명박 대통령이 방몽함으로써 양국간 '포괄적 동반자 관계'가 성립되었다.[12] 그러나 중국과 몽골이 '전면적 전략적 관계'로서 그 관계 수준이 한·중간의 '전략적 합작 관계'보다 두 단계나 높은 것이나,[13] 일본과 몽골이 1996년 맺었던 '포괄적 동반자 관계'를 2010년 '전략적 동반자 관계'로 격상시킨 것에 비교한다면,[14] 몽골을 둘러싼 지정학·지경학적 정세에 대한 한국의 인식은 아직 안이한 수준에 머물러 있는 것으로 보인다. 전문가들 사이에서 한몽관계를 '전략적 동반자 관계'로 격상하고 한몽 FTA를 조속히 추진할 것을 요구하는 목소리가 나오는 것은 이 때문이다.[15]

한국의 대 몽골 원조 수준이 비교적 높은 편인 데 비해,[16] 양국간

12 　외교부, 『2016 몽골 개황』, pp.118~120. 주몽골대한민국대사관 홈페이지 참조; 〈http://overseas.mofa.go.kr/mn-ko/brd/m_377/list.do〉.

13 　제성훈 외 공저, 『중·몽·러 경제회랑의 발전 잠재력과 한국의 연계방안』, p. 32.

14 　일본 외무성 홈페이지 참조; 〈http://www.mofa.go.jp/region/asia-paci/mongolia/data.html〉.

15 　구해우, "한몽 FTA의 정치경제적 의미에 관한 연구," 『몽골학』, 제30호(2011), pp. 245~268; 서동주, "몽골 외교의 특성과 한몽간 전략적 협력방안," 『중소연구』, 제37권 제4호(2013/2014), pp. 162~168.

16 　2010년에서 2014년 사이 몽골에 지원된 총 원조액은 유·무상을 합쳐 총 21억 2,882만 달러로서, 상위 공여국 및 기관 중 일본(28.6), 미국(14.8), ADB(11.0), 독일(8.5), 한국(8.0), 세계은행(7.2) 순이다. KOICA 및 관계부처, "몽골 국가협력 전략."(2016) p.13; 〈www.koica.go.kr〉.

의 경제 교역이나 투자의 수준은 낮은 편이다. 몽골과 한국의 교역은 1982년부터 시작되었으나 1990년 수교 이후 본격적인 교역이 발전하기 시작했다. 2015년 기준으로 몽골은 한국의 90위 수출국이자 106위 수입국이다. 반면, 몽골에게 한국은 5위 수출국이자 4위 수입국으로, 양국 사이에는 상당한 정도의 불균등 교역이 진행되고 있음을 알 수 있다.

표 1　한국의 대몽골 교역 현황 (단위, 백만달러, 증가율%)

구 분	2012		2013		2014		2015	
	금액	증가율	금액	증가율	금액	증가율	금액	증가율
수 출	433.5	23.9	399.5	-7.8	346.8	-13.2	245.7	-29.2
수 입	53.6	-11.6	26.9	-49.7	23.6	-12.5	46.2	95.8
무역수지	379.9	31.5	372.5	-1.8	323.2	-13.2	199.5	-38.3

출처: 한국무역협회·외교부, 『2016 몽골 개황』, p.125 재인용.

순위	수출				수입			
	국가	2014(B)	2015(A)	A/B×100(%)	국가	2014(B)	2015(A)	A/B×100(%)
1	중국	2,278,674.3	2,046,179.3	89.8	중국	583,919.9	667,314.8	114.0
2	영국	95,681.6	119,092.6	124.5	러시아	761,708.6	480,133.5	64.1
3	스위스	1,169.2	50,830.7	4,347.7	일본	206,008.0	151,764.8	73.7
4	러시아	23,397.0	45,115.5	192.8	한국	171,665.1	143,975.0	83.9
5	한국	1,945.3	41,798.7	95.4	독일	78,026.2	63,113.8	80.9
6	이탈리아	16,979.4	16,197.7	149.3	미국	156,583.3	58,020.1	37.1
7	싱가포르	6,742.3	10,062.8	74.9	우크라이나	21,967.2	18,383.1	83.7
8	독일	9,382.3	7,025.4	62.0	폴란드	21,116.5	17,256.0	74.6
9	미국	6,467.2	3,874.0	15.0	이탈리아	21,368.6	12,986.6	60.7
10	프랑스	2,935.5	2,094.7	71.4	프랑스	32,276.2	9,798.5	30.4
계	54개국	2,480,846.2	2,370,177.6	95.5	129개국	2,600,760.7	1,838,735.5	70.7

자료: 자료: 몽골 상공회의소, "몽골의 대외무역 조사 요약", 울란바타르, 2015, pp.5~9: 연도별 상반기 6개월 통계 처임

그림 1　몽골의 국가별 수출 및 수입 현황(2014-2015, 단위 천달러)

출처: 빠트자갈·길종구, 『몽골 물류산업의 현황과 선진화 방안에 관한 연구』, p.53.

외국인직접투자 면에서도 한국의 위치는 미미하다. 1993년 변동환율제를 도입하고 1999년 다자간투자보장기구(MIGA)에 가입했으며 또 2002년부터 외국인투자촉진법이 시행되면서, 몽골의 외국인

순위	국가	2009	2010	2011	2012	2013	2014	2015	2016.9.30
1	네덜란드	4,299	385,129	1,344,296	7,636,881	8,308,329	8,648,583	8,385,379	4,168,940
2	중국	37,815	65,973	801,479	657,464	702,115	1,026,858	1,047,699	1,507,673
3	홍콩	29,608	46,016	3,979,294	543,581	552,092	1,317,789	1,392,473	1,417,564
4	싱가포르	2,206	360,384	171,672	1,424,326	1,272,470	1,393,003	1,386,494	1,323,433
5	영국	50,340	616,502	773,257	905,730	1,202,087	1,264,325	1,197,910	1,010,543
6	미국	74,818	66,703	603,671	258,857	362,465	521,369	545,676	559,164
7	호주	0	786	143,402	125,122	2,033,263	458,979	442,033	513,960
8	일본	57,599	90,203	595,693	115,304	167,672	109,407	403,218	464,782
9	캐나다	288,163	20,714	525,812	94,321	135,425	344,723	402,751	433,206
10	룩셈부르크	3,476	132,625	18,100	122,268	263,878	372,608	351,124	360,924
11	한국	15,705	39,787	170,850	79,771	0	187,949	145,462	127,314
12	러시아	53,661	51,283	190,268	169,601	123,522	177,545	143,378	42,415
	합계	667,792	4,407,246	9,818,139	13,458,243	15,729,151	16,692,816	16,752,804	12,738,420

자료: 몽골은행 연감, 2016년9월30일.

그림 2   몽골의 외국인 직접투자 국가별 금액 (단위, 천달러)
출처: 빠트자갈 · 길종구, "몽골 물류산업의 현황과 선진화 방안에 관한 연구,"
p.54.

직접투자는 수직 상승 중이다. 2015년을 기준으로 볼 때, 네덜란드
가 약 83억 8천만 달러로 대몽골 외국인직접투자가 가장 많으며 중국
과 홍콩, 싱가포르, 영국이 다음 순위를 차지하고 있다. 한국은 대몽
골 직접투자가 시작된 1994년 이후 2015년까지 총 투자금액은 4억
2,884만 달러로 전세계 대몽골 직접투자에서 차지하는 비중은 매우
미약한 수준이다. 그러나 2016년 9월 시점에 이르면 대몽골 투자액이
1억 27,341 달러로 세계 11위에 속한다.[17]

그러나 경제 교역이나 직접투자 면에서의 더딘 성과에 비해 양국
간의 인적·문화적 거리는 비교적 가까운 편이다. 양국간 인적교류는
2015년 기준 연간 12만 명 수준으로 꾸준히 증가하고 있다. 2015년
한국을 방문한 몽골인의 수는 81,201명에 이르렀으며, 한국에 체류
하는 몽골인은 2015년 12월 말 기준으로 약 3만 명으로 추산된다. 몽
골 전체 인구가 300만 정도임을 감안한다면 이는 결코 적은 수가 아

---

17   빠뜨자갈 · 길종구, "몽골 물류산업의 현황과 선진화 방안에 관한 연구,"
pp. 53~55.

니다. 특히 1990년대 이후 한류와 K-POP 등의 영향으로 한국에 대한 문화적 친근감과 호감도가 상당히 높아지는 가운데, 몽골 내 한국어 교육 기관 및 몽골인 한국 유학생의 수도 증가하고 있다. 현재 몽골국립대학, 몽골인문대학 등을 비롯한 주요 대학 중 한국(어)학과가 개설된 곳은 11개 대학에 이르며, 초중등학교에서도 한국어반 개설이 지속적인 증가 추세에 있다. 2016년 기준으로 13개 초중등 학교에서 2,500명의 학생이 한국어를 학습하고 있다. 몽골 초중등학교에서 한국어 학습 선호도는 중국어 다음으로 높다고 한다.[18]

한편 한국의 몽골 유학생은 2015년 기준 3,318명으로서 중국(54,214명), 베트남(4,451명), 일본(3,492명)에 이어 4위(약 3.4%)에 이른다. 한국 정부 초청 장학생 중 몽골학생의 비중도 높은 편이다. 2015년 말 현재, 한국 정부가 초청한 외국 유학생의 수는 2,710명인데, 그 중 몽골 학생은 73명으로 3위 수준이다. 몽골 전체로 보면, 외국 정부 초청으로 해외에 유학 중인 몽골 유학생의 수는 2012-2015년간 총 3,224명인데, 그 중 한국에서 유학하는 학생의 수는 79명으

(단위 : 명)

구 분	2008년	2009년	2010년	2011년	2012년	2013년	2014년	2015년
한국인 방몽	43,396	38,272	42,231	43,994	44,360	45,178	45,476	47,213
몽골인 방한	43,113	38,192	41,889	49,849	63,279	66,489	64,096	81,201

자료 : 몽골 통계청(방몽), 한국 출입국외국인정책본부(방한)

그림 3　한몽 양국 국민 상호 방문 현황
출처: 외교부, 『2016 몽골 개황』, p. 134

18　외교부, 『2016 몽골 개황』, pp. 138~140.

로 중국(1,403명), 러시아(1,004명), 인도(170명), 일본(151명), 헝가리(103명), 폴란드(89명), 터키(88명)에 이어 8위에 해당한다.[19]

이처럼 상대적으로 높은 인적·문화적 교류 수준은 한몽 양국 미래의 중요한 자산이 될 것이다. 특히 한국 문화에 대해 몽골인들이 지니는 친근감과 높은 언어 소통 능력은 향후 양국 관계에서 유리한 기반을 제공할 것이다. 다만, 경제교류와 마찬가지로 인적·문화적 교류에서 양국간의 불균등성의 문제가 있는 것은 사실이다. 2015년 12월 기준 몽골에 체류하는 한국인은 3천 명 수준인데, 대체로 자영업자, 선교사, 봉사기관, 대사관 및 파견기관 요원 등이 대부분이며,[20] 몽골 전문가의 육성 면에서도 몽골의 한국 전문가 육성 상황과 커다란 비대칭을 이루고 있다. 또한, 한국에 체류하는 몽골인 중 27.1%에 달하는 수가 불법체류자 신분이어서, 몽골인의 한국 입국 사증 문제의 완화, 나아가 양국의 비자면제프로그램에 대한 요구도 높아지고 있다.

그러나 이러한 경제적 인적 교류보다 더 중요한 것이 지정학적 차원에서의 긴밀성이다. 한국과 몽골을 일대일로 비교한다면 공통점을 찾기 어렵겠지만, 지정학적 차원에서 보면 사실 두 나라는 유사한 부분이 많다. 우선, 양국은 강대국 사이에서 분단을 겪고 오랫동안 주권과 안보를 위협받았다는 역사적 경험을 지니고 있으며, 그렇기 때문에 남다른 외교적 돌파력이 요구되는 공통된 상황에 직면해 있다. 국경의 3분의 1을 러시아에, 3분의 2를 중국과 맞대고 있는 몽골은 러시아와 중국에 정치적·경제적으로 예속되는 것을 경계하기 위해 '제3이웃' 정책을 비롯한 전방위적인 외교 정책을 펼치고 있다. 한국 역

---

19   위의 책, pp. 142~143.

20   위의 책, pp. 134~135.

시 냉전 초기 미국과 소련 사이에서 분단의 비극을 겪었고, 근래에는 미국과 중국의 갈등 한가운데서 안보의 위협에 심각하게 노출되어 있다. 이처럼 몽골과 한국은 강대국 사이에서 외교적 돌파를 통한 세력균형자가 되어야 하는 운명적인 공통점을 지니고 있다. 그렇게 본다면, 몽골의 '제3이웃' 정책이 한국의 '북방정책'으로부터 계발을 받았다는 것은 결코 우연이 아닌, 양국의 지정학적 공통점을 단적으로 보여주는 예일 것이다. 이제는 한국이 '제3이웃 정책'을 위시한 몽골의 외교정책에 대한 적극적이고 창조적인 이해를 통해, 중미 대결로 인한 교착상태를 넘어설 출구를 모색해야 할지 모른다.

몽골과 한국의 두번째 공통점은, 양국이 비록 시간과 정도의 차이는 적지 않지만, 후발 민주주의 국가로서 민주화운동과 시민운동의 역동성을 지니고 있다는 점이다. 비록 몽골이 평화로운 체제전환을 통해 비교적 빠르게 민주주의의 제도적 기반을 마련한 것으로 알려져 있지만, 정치제도나 사법제도, 시민사회 각 분야에서 민주주의가 성숙되는 데는 더 많은 시간을 요한다. 이에, 몽골의 시민사회는 한국 사회의 역동적인 민주화 경험에 지대한 관심을 지닐뿐더러 한국 시민단체들과 긴밀한 연계 속에서 교류하고 있다.

이처럼 지정학적 운명과 시민운동의 역동성이라는 공통점이 상호 교차하는 곳에서, 양국의 중요한 세번째 공통지점이 발생한다. 비로, 몽골이 북핵문제의 해결을 자국의 안보 및 이익과 중요하게 연결시킴으로서 동북아 평화를 위한 적극적인 중재자로서의 역할을 자임하고 있다는 점이다. 과거 미소냉전과 중소갈등이라는 이중의 냉전 구조 속에서, 몽골은 핵무기와 화학무기를 포함한 소련의 군사 장비를 자국 영토에 주둔시킴으로써 중소갈등이 정점에 이른 1960년대 말 1970년대 초 핵전쟁의 소용돌이에 휘말릴 뻔한 뼈아픈 역사적 경험

을 지니고 있다. 이런 전철을 밟지 않기 위해, 체제 전환 직후인 1992
년 몽골의 오치르바트(Ochirbat) 대통령은 유엔총회에서 몽골의 비
핵지대화(Nuclear-weapon-free-zone)를 선언하고 1998년 유엔결
의(53/77D)를 통해 국제사회에서 비핵국가로서의 지위를 인정받는
다.[21] 몽골의 비핵지대화는, 이웃하는 핵강국인 러시아와 중국 모두로
부터 상대에 대한 핵위협과 선제공격을 하지 않겠다는 약속을 받아냈
다는 점에서, 단일국가의 안전을 확보하는 의미 이상을 넘어 동북아
지역의 핵안보 조건을 완화했다는 중요한 의미를 지닌다.[22] 이러한 성
공적인 경험을 바탕으로, 몽골은 북핵문제에 줄곧 비상한 관심을 보
여왔으며 북핵문제 해결을 위한 중재자로서 적극적인 역할을 하기를
희망해 왔다. 몽골은 남북한과 동시에 수교를 맺고 있는 국가이자 양
쪽 모두와 우호적인 관계를 유지하고 있는 유일한 국가이다. 비핵화
의 경험과 체제 전환의 경험, 그리고 체제전환 이후 활발한 국제사회
활동 경험에 더해 북한과 오랫동안 우호관계를 유지하고 있다는 점에
서, 현재 몽골은 북한을 설득하고 국제사회로 유인할 수 있는 최적의
조건을 지닌 국가라 할 수 있다. 한국이 북핵문제와 남북관계 문제의
해법을 찾는 데, 주변 강대국 못지않은 중요한 협력 파트너로서 몽골
에 대한 인식을 새롭게 정립하는 것이 긴요하다.

21　　UN General Assembly Resolution. "Mongolia's International Securi-
ty and Nuclear-Weapon-Free Status," 53/77D(4 December, 1998).

22　　Jargalsaikhan Enkhsaikhan, "Mongolia's Nuclear-Weapon-Free Sta-
tus: Concept and Practice," *Asian Survey*, Vol.40. No. 2(Mar/Apr., 2000),
pp.343~354.

2. 지역협력의 새로운 패러다임과 신북방정책

지정학·지경학적 가치와 전략이 교차하는 만큼, 한국과 몽골은 양자 관계보다는 동북아 혹은 유라시아라는 지역 차원에서 볼 때, 협력과 연계의 필요성이 더 잘 보이게 될 것이다. 2010년 이후, 중국의 '일대일로', 러시아의 '유라시아 대통로', 몽골의 '초원의 길', 한국의 '유라시아 인니셔티브'가 지난 몇 년 사이 동시다발적으로 제기되면서, 유럽과 아시아를 연결하는 몽골의 지정/지경학적 가치가 크게 높아졌다. 이런 환경의 변화에 따라, 1990년대 후반 추진되다 답보상태에 갇혀 있던 '두만강유역개발사업(The Greater Tumen Initiative, GTI)'도 새롭게 활력을 받아 재가동되는 중이다. 일대일로, 유라시아 대통로, 초원의 길, GTI, 창지투(長春-吉林-圖們), 러시아의 극동개발 등의 다양한 지역 개발 구상 속에서, 한국+몽골+동북3성+연해주 및 극동 시베리아+나선 특구의 참여를 묶는 국제경협 등을 적극적으로 추진할 유리한 국제적 환경이 마련되고 있다.

1) 육상실크로드와 중-몽-러 회랑

2013년 공식 출범한 '일대일로'는 '육상 실크로드'(一帶)와 '해상 실크로드'(一路)의 결합으로, 중국을 포함하여 3세계 60여 개국을 아우르는 거대한 경제권이다. 2015년 3월, 국가발전개혁위원회가 '실크로드 경제벨트와 21세기 해상실크로드 추진의 비전 및 행동'을 발표하면서, 이 전략 구상이 더욱 구체화되었다. 이 문건에서는 다음 다섯 개의 노선과 협력분야가 제시되었다. 1) 중국-중앙아시아-러시아-유럽(발트해) 2) 중국-중앙아시아-서아시아-페르시아만-유럽(지중해) 3) 중국-동남아-남아시아-인도양 등 3개의 육상노선, 4) 중국-남중국해-인도양-유럽, 5) 중국-남중국해-남태평양 등 2개의 해상노선이 그것이다. 아울러 협력분야로는 정부간 정책조율, 인프라연계, 무역투자협력, 금융융통, 민간교류 다섯 분야가 제시되었다.[23]

이 중에서 육상 실크로드 분야는 다시 6대 경제회랑을 중심으로 추진된다. 6대 회랑은 2015년 5월 27일 중국 충칭(重慶)에서 개최된 '연결을 위한 대한 아셈 산업 대화(ASEM Industry Dialogue on Connectivity)' 회의에서 처음 발표된 것으로, 1) 중국-몽골-러시아 경제회랑 2) 신유라시아 대륙교 3) 중국-중앙아시아-서아시아 경제회랑 4) 중국-인도차이나 반도 경제회랑 5) 중국-파키스탄 경제회랑 6) 방글라데시-중국-인도-미얀마 경제회랑으로 구성된다. 이 중 중·몽·러 경제회랑은 중국의 실크로드 경제벨트, 러시아의 '유라시아 대통로', 몽골의 '초원의 길' 프로젝트간 연계를 통한 통관 및 운송 편리화를 목표로 추진되는 것으로, 최근 3국간에 '중·몽·러 경제회랑 건설 규획강요'를 체결한 바 있다. 중·몽·러 경제회랑에서 특이한 점은 2013년 당초 실크로드 경제벨트 건설계획이 발표될 때는 중국의 동북지역이 포함되지 않았다는 것이다. 2014년 동북3성과 네이멍구 자치구가 공동으로 중앙정부에 의견을 제시하고, 몽골과 러시아 역시 전략의 중점을 동쪽으로 전환할 의향이 전해지면서, '일대일로'의 북쪽 노선이라 할 중·몽·러 경제회랑이 뒤늦게 편입되었다.[24]

중·몽·러 경제회랑은 6대 회랑 중에서도 안보와 교통 및 물류 개발에 편중되어 있다. 무엇보다 중국의 발전에 필요한 안정된 국제환

---

[23] 이현주 외 공저, 『일대일로에 대응한 초국경 개발협력 추진전략 연구: 중·몽·러 경제회랑을 중심으로』(서울: 대외경제연구원, 2016), pp. 24~25.

[24] 위의 글, pp. 29~33.

경을 제공한다는 측면이 강조된다. 몽골이 서방 국가들과 외교다원화를 시도하고 있음을 감안할 때, 중·몽·러의 전략적 협력관계의 발전은 중국과 러시아가 주도하는 동북아의 안보구조에 유리하게 작동할 것이다. 또한 철도와 항만의 초국경 통로 건설을 통해, 중·몽·러 삼국이 직면한 경제적 요구를 충족시킬 것으로 기대된다. 몽골은 이 초국적 통로를 통해 풍부한 광산품을 러시아와 유럽으로 수출하고 또 중국을 경유하여 아태시장으로의 진출도 가능해진다. 중국 입장에서는 몽골, 러시아와의 협력을 통해 국내 경제구조 조정, 부가가치 생산 제고 및 경제 구조 고도화를 달성할 수 있으며, 러시아 역시 시베리아 철도 운송 능력을 통해 몽골을 러시아 에너지 수송의 경유지로 발전시킬 수 있다.[25]

메가급 프로젝트로서 중·몽·러 경제회랑 건설이 비교적 빠른 진전을 보이는 이유는 참가국이 예상하는 기대효과가 크기 때문이다. '일대일로'의 전략 차원에서도 중·몽·러 경제회랑은 다른 다섯 개의 경제회랑보다 실현 가능성이 크다. 협상 대상이 두 나라밖에 되지 않을뿐더러, 러시아와 몽골이 모두 중국과 '전략적 동반자' 관계이며, 서로 상호 보완적 산업구조를 지니고 있는 것도 중요한 요인이다.[26]

2) 두만강개발개획과 동북아 경제협력

2005년 몽골과 북한, 한국, 러시아를 성원으로 하여 출범한 GTI는 원래는 1995년 두만강유역개발계획(the Tumen River Area Develop-

---

25   위의 글, pp. 51~52.

26   제성훈 외 공저, 『중·몽·러 경제회랑의 발전 잠재력과 한국의 연계방안』, pp. 68~71.

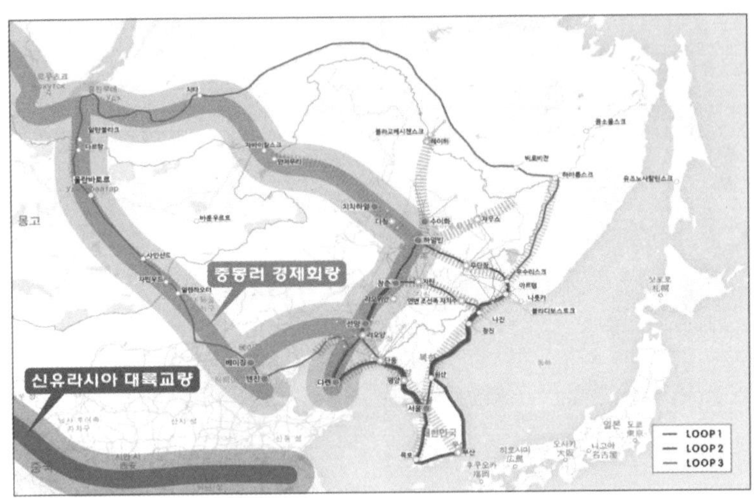

자료: 이상준 외(2015). p. 132.

그림 4 중 · 몽 · 러 경제회랑 주요노선 개념도

출처: 이현주 외, 『일대일로에 대응한 초국경 개발협력 추진전략 연구: 중 · 몽 · 러 경제회랑을 중심으로』, p. 19

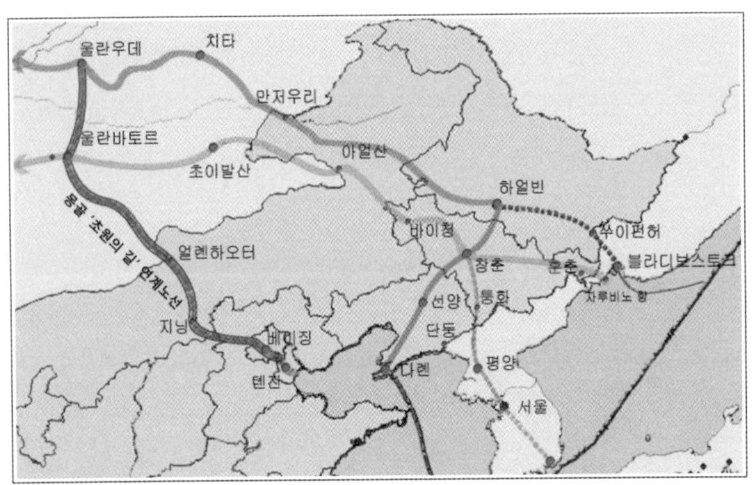

자료: 杨靑山(2016), p. 76.

그림 5 '초원의 길'과 중 · 몽 · 러 회랑의 연계노선

출처, 이현주, "일대일로에 대응한 초국경 개발협력 추진전략 연구: 중몽러 경제회랑을 중심으로." p. 44.

ment Programme, TRADP)을 전신으로 하여출발한 것이다. 처음 이 아이디어가 제출된 것은 1990년, 중국 창춘(長春)에서 개최한 '동북아 경제기술 발전 협력 포럼(Conference on Northeast Asian Economic and Technical Cooperation)'이었다. 이에 UNDP가 재정적 지원을 자임하고 나서 참여국을 끌어들이고 관련 국가들의 동의를 얻어냄으로써 TRADP가 출범하게 되었다. TRADP는 러시아, 중국, 북한을 중심으로 출범했다.

1990년대 초라는 시점에서 TRADP가 동북아 지역에서 구상될 수 있었던 이유는 무엇일까. 1990년대는 전세계적으로 지역주의가 부상함으로써, 유럽연합(EU, 1991), 남미공동시장(Mercado Común del Sur: MERCOSUR, 1991), 북미자유무역협정(NAFTA, 1992) 등 경제블록을 중심으로 한 지역협력이 활성화되던 시기였다. 반면, 동북아 지역은 1990년 이전까지 상호교류가 부재했을 뿐 아니라, 뿌리 깊은 냉전의 영향과 군사안보적 위협으로 인해 초국적 협력은커녕 양자관계조차 형성되기 어려운 환경이었다. 그런데 1990년대 들어 소비에트연방이 해체되고 바르샤바조약기구가 무너지면서 동북아의 환경에 큰 변화가 찾아왔고 1992년 남북기본합의서 채택 등 남북한 사이에도 화해무드가 조성되면서 초국적 협력을 위한 분위기가 조성되었다. 이런 해빙의 기운을 타고, 오랜 냉전 속에 경제적으로 낙후되었던 두만강 유역지구에 TRADP의 틀이 만들어질 수 있었던 것이다.

TRADP의 설립 초기, 서로 국경을 접하고 있던 북한, 중국, 러시아는 이 계획에 상당히 적극적이었다. 중국은 1992년에 '훈춘 국경경제협력지대'를 선언하여 훈춘지역의 개방과 해외투자유치를 추진했고 러시아는 1990년 '나홋트카 자유무역지대(Nakhodka Free Economic Zone, NFEZ)'를 통해 블라디보스톡 자유경제지역 건설 계획과 연계시켰으며, 북한은 1990-1993년 '나진 선봉 자유무역경제지대 (RSFETZ)'를 추진하고 있었다. 각 계획은 모두 미비한 인프라시설의 구축에 초점을 맞추는 것이었으므로 TRADP라는 틀이 매력적일 수 있었다. 그러나 정작 시행 단계가 되자 북한과 러시아 쪽에서 자국의 토지를 다자기구에 임대하여 공동 개발하는 방안과 해당 지역 개발을 통해 지방정부에 지나친 권한을 배분하는 것을 우려한 탓에, TRADP 사업은 점차 방향을 잃게 정체에 빠지게 된다.

이런 정체상황을 타개하기 위해, 2005년 TRADP는 한국과 몽골을 추가로 가입시켜 GTI로 새롭게 출범한다. 1990년대 말부터 2008년에 이르기까지 근 10년간 침체되었던 GTI는 2009년에 들어 다시 활기를 얻기 시작하는데, 그 결정적 계기가 된 것이 중국의 '창지투(長吉圖) 사업'이다. 2009년 중국 정부가 공식 발표한 '창지투 개발계획'은 중국이 동북지역개발을 위해 세운 '동북진흥전략'의 일환으로 제시된 것으로, 낙후된 동북3성(랴오닝(遼寧), 지린(吉林), 헤이룽쟝(黑龍江))을 첨단산업기지로 발전시키겠다는 내용을 담고 있다. 중국 정부가 두만강 사업과 연계한 창지투 사업을 적극적으로 추진하면서 그동안 침체되었던 GTI는 급격히 활력을 찾게 된다. 대규모 자금이 중국 정부로부터 투여되면서, 접경지역 국가들의 두만강 유역에 대한 관심이 다시 크게 증가하기 시작한 것이다. 러시아는 2009년 '극동·바이칼 사회경제발전전략 2025'를 추진했고 북한 역시 '나선경제무역지대법 개정안'을 내놓았다.[27]

---

27 김예지, "제도적 행위이론을 통한 동북아지역 다자협력의 제도화 과정 분석: 두만강 개발계획의 사례 연구"(서울대학교 외교학과 석사학위논문, 2016), pp. 103~107.

간과해서는 안 될 것이 GTI가 중국의 '일대일로'의 중·몽·러 경제회랑 계획과 연결됨으로써 더욱 타력을 받게 되었다는 점이다. 앞서도 말했듯이 애초에는 '일대일로' 계획에 중국의 동북지역은 제외되어 있었다. 두만강개발사업이나 창지투 사업도 처음부터 중국 중앙정부가 추진한 것이 아니었다. 여기에는 지린성 지방정부의 강력하고 지속적인 노력이 있었다. 북한과 러시아의 국경에 의해 동해로 가는 출로가 가로막혀 있는 지린성은 지정학적 한계를 극복해야 하는 강한 경제적 동기를 지니고 있었다. 그런 연유로 두만강개발사업 초기 단계부터 아이디어와 계획을 구축하는 데 적극적인 역할을 했으며, TRADP가 실패로 돌아가자 창지투 사업을 지방정부 차원에서 입안하여 중앙정부에 제출함으로써 2004년 중앙정부 사업으로 승격시킨 것이다. 이로부터 중국 국무원은 지속적으로 동북진흥전략을 발전

그림 6　몽골 광물자원의 동북아 운송 루트
출처, "중·러에 갇힌 자원부국, 내륙교통망으로 뛰어넘는다" 『한겨레신문』, (2014.5.15.)

시켜나갔으며 2009년 '창지투개방개발선도구(长吉图开发开放先导区)' 계획이 중앙정부의 승인을 받아 국가차원의 개발사업으로 채택되었다.[28] GTI가 활성화될 수 있었던 것도 이런 맥락에서이며, 이것이 2013년 '일대일로'의 출범에 의해 시너지를 얻으면서 2014년 '중·몽·러 경제회랑'을 탄생시키게 된 것이다.

내륙국가로서 중국과 러시아에 의해 해로가 가로막혀 있는 몽골의 입장에서 GTI는 매력적인 계획이 아닐 수 없다. 2008년 몽골은 '트랜짓 몽골리아(Transit Mongolia)' 계획을 의회에서 의결하여, 몽골을 내륙에 갇힌(land-locked) 국가에서 내륙을 연계하는(land-linked) 국가로 전환할 것을 천명했다.[29] 현재 몽골은 몽골 국경에서 가장 가까운 중국 텐진(天津)의 신강(新港) 항구를 물류의 전초기지로 사용한다. 철도나 도로보다 대형 선박으로 운송하는 것이 운송비를 절감할 수 있지만, 내륙국가인 몽골은 해외운송에 중국과 러시아에 과도하게 의존할 수밖에 없는 상황이다. GTI 프로젝트는 몽골의 열악한 물류환경을 개선할 수 있다는 점에서 기대효과가 크며, 특히 북한과의 협력을 위해 나진항을 통한 동해 진출 가능성은 몽골에 커다란 매력으로 다가올 것이다.[30]

문재인 정부는 과거 이명박 정부의 '신아시아구상' 박근혜 정부의 '유라시아 이니셔티브'에 이어 '신북방정책'을 제기하고 있다. 신북방

---

28 위의 글, pp. 89~98.

29 "GOVERNMENT OF MONGOLIA RESOLUTION," (N 183), 〈http://www.carecprogram.org/uploads/docs/MON-Transit-Mongolia-National-Program-en.pdf〉.

30 "중·러에 갇힌 자원부국, 내륙교통망으로 뛰어넘는다," 『한겨레신문』, (2014년 5월 15일).

정책의 요체는 '동북아평화협력 구상과 유라시아 협력 확대'로서, 남북러 삼각 협력(나진 핫산 물류산업 철도 전력망), 유라시아에 대한 교역 투자, 동북아 다자협력 제도화, 한반도와 유라시아 연계성 증진을 구체적 내용으로 삼고 있다.[31] 언뜻 보더라도 신북방정책은 중·몽·러 경제회랑과 GTI 등 진행 중인 대형 지역개발 프로젝트와 맞닿는 지점이 많아 보인다. 관건은 어떻게 구체적·실천적 연계성을 확보하고 이들 지역 경협에 북한을 적극적으로 끌어들이느냐에 있다. 특히 이들 지역 경협이 중국과 러시아 두 강대국의 힘의 논리에 좌우되지 않게 하기 위해서는, 지정학적 요구가 서로 맞물려 있는 몽골과 남북한과의 협력이 긴요하다. 30년 전의 북방정책이 냉전에서 탈냉전으로 전환하는 시대적 흐름을 간취함으로써 중대한 외교적 성과를 이룩했던 것처럼, 신북방정책은 동북아-유라시아 지역에 또 한 차례 불어오는 거대한 지정학적 변화의 흐름을 지혜롭게 선취함으로써, 한반도의 미래를 적극적으로 창조해야 할 것이다.

III. 결론: 동북아평화지정학의 구상을 위하여

몽골과 한국은 민주주의의 후발국이면서도 역동적인 시민운동의 에너지를 보유하고 있다는 공통점을 지니고 있다. 몽골에서 시민사회가 발달하게 된 데는 개방적인 사회 분위기가 큰 몫을 한다고 알려져 있

31　〈동북아평화협력플랫폼〉 외교부 발간 리플렛.

다. 체제전환을 겪은 다른 개발국들과 달리, 몽골은 국제시민사회조직에 배타적이거나 부정적이지 않고 개방적 태도를 지니고 있어 수많은 국제 시민사회 기구가 몽골에 들어올 수 있었다. 이들 외국 NGO들은 몽골의 시민운동의 환경에 영양을 공급할 뿐 아니라, 인적·재정적 자원을 함께 가지고 들어왔다.[32] 체제 전환 이후 몽골의 적극적이고 전면적인 외교정책 또한 몽골 시민운동에 시너지 작용을 했다. 이러한 토양의 축적 속에서, 2013년 1.5트랙으로서 울란바타르 대화(UBD)가 출범했고, 2017년에는 2.0트랙으로서 울란바타르 프로세스(UBP)가 출범할 수 있었던 것이다.

UBD는 관료와 정치가, 학자들이 함께 모여 동북아 평화와 발전에 관한 논의를 하는 플랫폼이다. 이제까지의 주요 활동을 보면, 'Role of Women Parliamentarians in Promoting Peace and Development through Education'(2013.11.25.), 'Ulaanbaatar Dialogue on Northeast Asian Security'(2014.6.17-19), 'Sustainable and Inclusive Cities, Nort h east Asian Mayors Forum'(2014.8.18-19), 'The Conference on Northeast Asian Energy Connectivity'(2015.3.17-18), 'Northeast Asian Youth Symposium for Regional Cooperation in Conjunction with Mongolian Youth Federation'(2015.5.20)과 같은 회의들을 주도해 왔다.

이들 회의의 특징은 동북아 지역의 평화와 발전을 논의하는 자리에 여성과 청년 등 참여자의 인적 차원이 다층화되어 있다는 점이다. 이를 테면, 2013년의 회의는 몽골, 러시아, 중국, 북한, 한국의 여성

32　Daniel Schmücking and Adiyasuren J, "Five Reasons Why Democracy in Mongolia is Working," *Mongolia Focus*(2017.11.1.).

의원 및 정치가들로 구성된 바, 여성 의원을 중심으로 한 최초의 지역 포럼이라 할 수 있다. 또한, 2014년의 시장 포럼에서는 동북아 각 도시의 120명의 대표가 참석했다. 이 모임에서는 기존의 국가별 협력을 도시간 협력으로 확대하면서 산업, 문화, 경제, 농업 발전 등 분야별 교류를 강화했다는 데 의미가 있다. 더 중요한 것은 이 회의들이 북한의 참여를 적극적으로 유도하고 있으며 실제로 북한측의 참여가 이루어지고 있다는 점이다. 가능한 하드한 정치적 의제를 피하면서 도시, 젠더, 청년 등 다양한 층위의 국제교류에 북한을 참여시키는 것은 사실상 울란바타르라는 장소가 아니면 실현되기 어려울 것이다. 이는 울란바타르가 향후 북한의 국제사회 참여와 동북아 긴장 완화에 적지 않은 역할을 하게 될 것임을 보여준다.

한편, 2.0트랙으로 운영되는 UBP는 '무장갈등 예방을 위한 글로벌 파트너쉽(Global Partnership for the Prevention of Armed Conflict, GPPAC)' 중 동북아시아 민간대화로 출발했다. 2015년 6월 23-24일 울란바타르에서 개최된 회의 '울란바타르 프로세스 – 동북아 평화와 안정을 위한 시민사회 대화'의 결과로 UBP의 발족이 정식으로 결정되었다. UBP의 출범에는 동북아 냉전체제의 해체와 동북아 비핵지대화 건설, 남북한 신뢰구축과 경제협력 및 시민사회의 대화를 통해 평화체제를 구축하는 것, 한반도의 군사동맹의 해제, 동북아 지역기구 창설, 북한에 대한 인도적 지원 등에 대한 GPPAC의 오랜 문제의식이 기반이 되었다. 이런 오랜 노력의 일환으로, 2011년 3월 베이징에서 개최된 GPPAC 회의에 북한의 '조선평화옹호전국민족위원회'(조평위)의 구성원이 참여하면서, 동북아 평화 프로세스에 대한 논의가 구체화될 수 있었던 것이다. 2015년 6월, 북한의 조평위가 참여

를 약속하면서 UBP가 출범하게 된다.[33]

　아직 시작 단계이지만 UBP는 냉전시대 유럽의 헬싱키 프로세스와 같은 역할을 동북아에서 할 수 있기를 기대하게 한다. 유럽의 변방이자 냉전체제의 경계에 위치했던 핀란드의 헬싱키가 유럽의 탈냉전과 평화화 과정의 상징이 되었던 것처럼, 동북아의 변방이면서 특정한 강대국에 치우치지 않는 울란바타르가 한반도 및 동북아의 평화과정을 중재할 수 있도록 함께 지혜를 모으는 것이 필요하다.[34] 2018년 1월 몽골의 오흐나 후렐수흐(Ukhnaagiin Khurelsukh) 총리가 방한했을 때, 한국의 문재인 정부가 추진하는 ‘동북아 플러스 책임공동체’ 및 그 일환인 ‘신북방정책’이 UBP 및 UBD와 공통되는 점이 많은 만큼 향후 양국간 협력의 중요성이 재차 강조되었다. 냉전시기 강대국의 대결에 좌우되었던 역사 경험 그리고 동북아의 평화가 생존과 번영에 절대적인 조건이 되는 공통된 현재적 요구 속에서, 양자간 창조적인 협력 공간의 창출이 어느 때보다 긴요하게 요구되고 있다.

33　정경란, “울란바토르 프로세스의 추진 과정과 구성,” ‘한반도 동북아 평화를 위한 6+1 민간대화, 울란바토르 프스로세스’ 간담회 자료집(2015년 7월 23일) pp. 17~27; 구갑우, “울란바타르 프로세스를 상상하기,” 같은 책, pp. 3~7 참조.

34　구갑우, “울란바타르 프로세스를 상상하기,” p. 5.

〈보론: 몽골의 체제전환과 동북아 평화지정학 단행본 기획〉

21세기는 기존의 미국을 중심으로 하는 일극체제에서 중국, 인도, 러시아 등 새로운 강대국이 함께 힘을 겨루는 다극체제로 이동하는 시대이다. 세계 지정학의 전략적 중심으로 유라시아가 등장하는 것은 이 같은 변화를 알려주는 중요한 신호이다. 새로운 지정학적 판으로서 유라시아의 등장은 한국 일본, 대만이 미국과의 양자적 동맹체제에 의거하여 지역안보체제를 구축했던 동북아 지정학에 대한 발본적인 발상의 전환을 요구한다. 냉전시대 러시아와 중국이라는 강대국 사이에서 한쪽(러시아)을 택함으로써 주권과 안보를 심각하게 위협받았던 몽골의 경험은, 과거에는 미국과 소련의 대결 속에서, 그리고 이제는 미국과 중국의 긴장 속에서 또다시 선택을 강요받고 있는 오늘날의 한국의 상황에 적잖은 계발을 제공해 준다. 더 이상 강대국에 의해 좌우되지 않고 소국이 지역 평화를 만드는 데 큰 역할을 할 수 있다는 몽골의 신념은 물론 엄혹한 현실을 비춰보건대 아직은 유토피아적 상상으로 보이는 면이 없지 않다. 그럼에도 불구하고 우리보다 경제적으로도 한참 낙후하고 정치적 민주주의의 성숙도 면에서도 뒤떨어진 몽골에게서 지역 및 세계를 보는 더 원대한 눈과 포부를 발견하게 되는 것은 경이로운 경험임에 분명하다. 또한, 이처럼 지정학적 시야를 선취함으로써 자신의 존재방식을 구축해나가는 몽골의 길은, 다른 체제전환국가들과 구별되는 몽골 체제전환의 가장 독특한 특징이기도 하다.

그런 점에서, 몽골의 체제전환을 다루는 본 연구는 일국의 정치,

경제, 역사, 문화에 대한 연구 너머를 지향하게 될 것이다. 그렇다고 해서, 한국과 가까우면서도 좀처럼 생소한 몽골의 체제전환에 대한 상세한 정리와 분석에 소홀하려는 것은 아니다. 차후 출판될 책의 제 1장에서는 체제전환 전과 후의 몽골의 정치체제, 경제체제, 외교 패러다임에 대한 역사적 사회적 분석이 진행될 예정이며, 제2장에서는 체제전환 이후 몽골의 국가정체성 문제, 러시아와 중국 사이에서 사회주의적 유산 및 기억의 문제와 새롭게 부상하는 내셔널리즘의 문제 등, 체제전환 이후에 남겨진 사회문화적 문제들을 심층적으로 분석할 예정이다. 아울러, 몽골은 과거 사회주의 국가 중에서도 유일하게 북한과 친선 관계를 유지하는 국가이며 냉전시대 북한과 각별히 돈독한 우애관계를 지니고 있었다는 점, 그리고 향후 북한을 국제사회로 불러내는 데 몽골이 적지 않은 역할을 할 수 있다는 기대감 속에서, 몽골과 북한의 과거와 현재를 조망하는 글을 배치했다. 아울러, 분단국가라는 몽골의 특징을 빼놓을 수 없다. 체제전환 이전과 이후 내몽골과 몽골의 관계를 비교 분석하는 글은, 지구상에 존재하는 또다른 분단국가 모델에 대한 한 가지 참조점을 제공해 줄 것이다. 3장에서는 체제전환 직후 몽골이 거둔 외교적 쾌거라 할 '비핵지대화 선언'을 중심으로, 동북아의 비핵화에서 몽골의 교훈과 역할을 집중적으로 분석하는 세 개의 글을 배치했다. 4장에서는, 군사적 위협 못지 않게 우리의 생명을 위협하는 환경과 생태라는 렌즈를 통해 몽골을 들여다 볼 것이다.[35]

　　이러한 연구들은 궁극적으로 몽골에 대한 새로운 발견에만 그치지 않을 것이다. 몽골의 발견은 나아가 동북아지역에 대한 인식적 재

35　이와 관련해서 [첨부] 참조.

편에 대한 요구로 이어질 것이다. 경제적 상호 의존도가 갈수록 긴밀해지고 그 규모 또한 빠르게 증대하면서도 정치·군사적 갈등과 충돌이 증대하는 이른바 '아시아 패러독스'는 20세기의 냉전 구조가 남긴 지역적 산물이다. 최근 부상하는 지정학적 판으로서 유라시아의 등장은 21세기적 지정학적 인식틀을 요구한다. 유라시아와 동북아를 포괄하는 이 새로운 지정학에 대해서는 본 연구서의 결론에서 개념적 정리와 분석이 진행되겠지만, 그 핵심은 냉전적 지정학에서 평화적 지정학으로의 변화가 될 것이다. 체제전환 이후 지역 평화의 플랫폼으로서 자기 자리를 정위해온 몽골의 원대한 소국의 포부가 동북아의 새로운 평화지정학을 수립하는 데 중요한 이론적 인식적 주춧돌이 되리라 믿는다.

::참고문헌

제성훈 외 공저.『중·몽·러 경제회랑의 발전 잠재력과 한국의 연계
　　　방안』. 서울: 대외경제정책연구원, 2016.

원동욱 외 공저.『국제운송회랑의 새로운 지정학: 유라시아 실크로
　　　드 구축을 위한 협력방안 연구』. 서울: 대외경제정책연구원,
　　　2015.

이현주 외 공저.『일대일로에 대응한 초국경 개발협력 추진전략 연구:
　　　중·몽·러 경제회랑을 중심으로』. 서울: 대외경제연구원,
　　　2016.

구해우. "한몽 FTA의 정치경제적 의미에 관한 연구."『몽골학』, 제30
　　　호(2011), pp. 244~268.

김예지. "제도적 행위이론을 통한 동북아지역 다자협력의 제도화 과
　　　정 분석: 두만강 개발계획의 사례 연구." 서울대학교 외교학
　　　과 석사학위논문, 2016.

빠뜨자갈·길종구. "몽골 물류산업의 현황과 선진화 방안에 관한 연
　　　구."『물류학회지』, 제27권 제1호(2017), pp. 49~73.

서동주. "몽골 외교의 특성과 한몽간 전략적 협력방안."『중소연구』.
　　　제37권 제4호(2013/2014), pp. 139~173.

"동북아평화협력플랫폼." 외교부 발간 리플렛.

"중·러에 갇힌 자원부국, 내륙교통망으로 뛰어넘는다."『한겨레신문』,
　　　(2014년 5월 15일).

참여연대. "한반도 동북아 평화를 위한 6+1 민간대화, 울란바토르 프
　　　스로세스" 간담회 자료집(2015년 7월 23일).

Ulambayar, D. "The Paradigm in Mongolia's 'Third Neighbor' Diplomacy." 미간행 원고.

Enkhsaikhan, Jargalsaikhan. "Promotion of Democracy and Civil Society in Northeast Asia."(온라인); 〈https://www.apu. ac.jp/rcaps/uploads/fckeditor/publications/journal/ RJAPS_V26_Jargalsaikhan.pdf〉.

Schmücking, D and J, Adiyasuren. "Five Reasons Why Democracy in Mongolia is Working." *Mongolia Focus*(온라인) (2017.11.1.).

Enkhsaikhan, J. "Mongolia's Nuclear-Weapon-Free Status: Concept and Practice." *Asian Survey*, Vol. 40 No. 2(Mar/ Apr., 2000), pp. 342~359.

Undarya, T. "State of Civil Society Development in Mongolia." *The Mongolian Journal of International Affairs*, No. 18 (2013), pp. 52~68.

Kucera, Joshua. "The New Sik Road?" *The Diplomat*(온라인)(November 11, 2011); 〈https://thediplomat.com/2011/11/ the-new-silk-road/〉.

"GOVERNMENT OF MONGOLIA RESOLUTION."(N 183); 〈http:// www.carecprogram.org/uploads/docs/MON-Transit-Mongolia-National-Program-en.pdf〉.

KOICA 및 관계부처. "몽골 국가협력 전략"(2016); 〈www.koica. go.kr〉.

외교부. 『2016 몽골 개황』. 주몽골대한민국대사관 홈페이지; 〈http:// overseas.mofa.go.kr/mn-ko/brd/m_377/list.do〉.

International Think Tank for LLDC 홈페이지; 〈http://land-locked.org/history〉.

Transparency International 홈페이지; 〈https://www.transparency.org〉.

Forum Asia 홈페이지; 〈https://www.forum-asia.org/?p=19370〉.

일본 외무성 홈페이지; 〈http://www.mofa.go.jp/region/asia-paci/mongolia/data.html〉.

Invest in Mongolia 홈페이지; 〈http://en.investmongolia.gov.mn/19.html〉.

중동부 유럽의 탈사회주의 체제전환 비교연구와 북한에의 시사점__

김학재

목차

김학재　서울대학교 통일평화연구원

I. 서론

북한 체제와 사회는 매우 특이한(unique) 성격을 지닌 것으로 간주되
곤 한다. 북한은 희귀한 정치 체제를 갖고 있으며, 특수한 신념체계를
구축했고, 유례없는 고립주의 정책을 채택하고 있어 명확한 정보와 지
식을 얻기 어렵고, 따라서 이해하기 어렵다는 것이다.

하지만 오늘날 북한의 정치, 외교, 경제와 사회분야는 유럽과 아시
아의 사회주의 국가들과 많은 영향을 주고 받으며 역사적으로 형성되
며 변화한 산물이다. 따라서 북한에 대한 연구는, 단순히 북한 자체를
구체적으로 이해하는 것을 넘어서, 다양한 국제 비교를 통해서 분석할
때, 더 깊이 있고, 풍부한 해석과 이해가 가능할 것이다.

국제적 비교의 문제는 단지 과거와 현재의 북한에 대한 정교한 이
해를 위해서만 중요한 것이 아니다. 북한의 미래 역시 다양한 비교를
통해 체계적으로 전망해 볼 수 있다. 북한의 향후 변화 가능성을 탐색
하기 위해서는 지난 30년간의 탈사회주의 체제 변동을 글로벌한 시야
에서 비교 검토할 필요가 있다.

1989-90년부터 동유럽에서는 구 소련체제 혹은 사회주의권에 속
해있던 십여 개의 유럽국가들이 탈사회주의 (정치석 독립과 민주화, 지
본주의 시장경제의 도입과 개방, 사회문화적 개방과 변화) 체제 이행
을 경험한 바 있다. 동유럽의 폴란드, 동독, 러시아 등지에서 시작된 역
사적 전환이 발생한지 벌써 약 30년의 세월이 경과했다. 그동안 이러한
역사적 전환은 전 세계적으로 약 30여 개국에서 발생하여 약 4억 명의
사람들이 경험한 세계사적 사건이자 과정이 되었다.

따라서 이에 대해서는 그동안 비교정치학자들을 비롯해 수많은 사

회과학적 연구들이 이루어졌고, 그 결과 바람직한 체제전환의 방향이 무엇인지, 각 사회별로 정치, 경제, 외교, 사회, 문화 영역에서 어떤 변화가 발생했는지에 대해 많은 분석과 토론이 이루어졌다. 체제전환에 대한 연구는 그동안 사회과학 분야에서 진행되어온 국가형성, 경제 발전, 정치적 민주화, 전지구화와 같은 거시적 사회변동을 수많은 국가들을 비교하며 분석가능하게 해주었기 때문에, 그동안 발전된 이론들이 다시 검증되고, 정교해지고, 추가로 일반이론들이 더 발전할 수 있게 해준 연구 분야(Research Field)가 되었다.

기존 연구들은 다양한 국가들의 체제전환이 보인 다양한 궤적들은 개별 국가 수준에서 관찰하기도 했고,[1] 개별 사례들을 모두 모아서 더 전체적인 수준에서 종합적으로 검토하기도 했다.[2] 1990년대 이루어진

---

1   Chavance, B., Magnin, É., "National Trajectories of Post-socialist Transformation: Is There a Convergence Towards Western Capitalisms?" in M. Dobry, ed. *Democratic and Capitalist Transitions in Eastern Europe*(London: Kluwer, 2000), pp. 221~234; Lane, D., Myant, M., eds. *Varieties of Capitalism in Post-Communist Countries*(New York: Palgrave Macmillan, 2007); Crawford, Beverly and Lijphart, Arend(eds). *Liberalization and Leninist legacies: comparative perspectives on democratic transitions*(University of California Press, 1997).

2   Leslie Holmes, *Post-Communism: An Introduction*(Cambridge: Polity Press, 1998); David Stark and László Bruszt, *Post-socialist pathways : transforming politics and property in East Central Europe*(Cambridge: Cambridge Univ. Press, 1998); Frank Bonker et al. (eds), *Postcommunist Transformation and the Social Science: Cross-Disciplinary Approaches* (Lanham, MD: Rowman & Littlefield, 2002); Bonker, Frank, Miler, Klaus and Andreas, Pickel, "Cross-Disciplinary Approaches to Postcommunist

첫 세대 연구들의 결과, 우선 중동부 유럽, 발칸 지역, 발틱 국가, 아시아 사회주의국가들의 변화 궤적이 뚜렷하게 차이가 있음이 분명하게 드러났다. 즉, 동유럽 탈사회주의 체제전환은 모두 같은 형태와 방향으로 진행되어 같은 결과를 낳은 것이 아니었다. 유럽의 발트 3국, 발칸반도, 중동부유럽형 모델의 특성이 모두 달랐다. 뿐만 아니라 체제전환 초기와 30년이 지난 이후의 결과도 대체로 이들 지역별 유형의 차이가 지속되고 있다.

각 국가들을 비교하는 작업이 이루어진 이후, 기존 연구가 발견한 공통점들을 일반화하기 위한 이론적 발전이 뒤따랐다. 이 과정에서 공통점을 찾기 위한 작업은 매우 다양한 추상수준에서 이루어졌다. 가장 낮은 단계에서는 30개 국가의 국가 수준에서 직접적인 비교가 이루어졌다. 가장 높은 추상 수준에서는 "체제전환(*system change*)"이라고 부른 거시적 사회변동 일반에 대한 이론화 작업도 이루어졌다.[3]

중간단계의 비교 및 이론화 작업들은 특히 유사한 경로를 보인 국가들 사이의 강한 공통점들을 점검하는 작업들을 주로 해왔다. 이 과정에서 처음에는 단일한 분석틀을 개별 국가들에 적용하는 경향이 나타났다. 그러다가 나중에는 다양한 경험의 차이들이 인정되었지만, 여전히 주류 연구에서는 각 국가들의 차이를 일반화하는 이론화가 별로 발

Transformation: Cintext and Agenda." Frank Bonker et al. (eds). *Post-communist transformation and the social sciences: cross-disciplinary approaches*(Lanham, MD: Rowman & Littlefield, 2002).

3   Janos Kornai, *The Socialist System: The Political Economy of Communism*(New Jersey: Princeton University Press, 1992).

전하지 않았다. 경제학자 롤랜드(Roland)[4]에 따르면, 초기 연구들이 밝힌 국가별 차이점들은 다음 같이 주로 경제적 결과에 대한 것이었다. 1) 개혁의 경로와 전략의 차이 2) 경제 자유화 이후 거시 경제 성과의 차이, 그리고 3) 소유권, 기업 지배구조의 변화에 대한 기업 성과의 차이 등이 그것이다.[5]

개별 사례들의 공통점과 차이점에 대한 구체적 분석, 그리고 그것의 유형화와 일반화를 통해 발전한 체제전환 연구들은, 경험적 차이를 보이는 새로운 사례들을 포함해야하는 문제에 직면했다. 기존의 탈사회주의 체제전환 비교연구에서는 아시아 국가들의 사례가 잘 다루어지지 않았기 때문이다.

하지만 지금까지의 체제전환 사례에서 어떤 일반적인 교훈을 이끌어 내기 위해서는, 서로 다른 차이점들을 충분히 고려해야할 뿐 아니라, 이 차이점들의 원인과 성격을 충분히 드러내는 작업들이 더 필요하다. 왜냐하면 제한된 사례들만으로 일반화하는 오류를 피해야하고, 역사적 특수성들을 간과했다는 반론이 언제든지 가능해지기 때문이다. 이런 의미에서 탈사회주의 체제전환 비교연구의 연구 사례에 아시아 국가들의 경험을 포함시키는 것이 절실하며, 이러한 글로벌한 비교 작업을 통해 기존 연구들이 가진 부족함을 채울 수 있을 것이다. 이런 과정을 통해 잠정적으로는 아시아에서도 중국형, 베트남형 기타 유형의 특성을 면밀히 이해하려는 노력이 있었고, 향후에도 이런 작업이 지속되어, 아시아 사회

---

4 Roland, G., *Transition and Economics : Politics, Markets and Firms* (Cambridge, Mass.: MIT Press, 2000).

5 World Bank, *Transition-The First Ten Years: Analysis and Lessons for Eastern Europe and the Former Soviet Union*(Washington D.C.: The World Bank, 2002).

주의 국가들의 변화의 배경과 동력, 중요한 요인들을 선별하여 각 유형별로 어떤 요인이 가장 중요한 역할을 했는지를 이해하는 것을 통해, 아시아 사회주의 국가들만의 변화 패턴을 입체적으로 이해할 필요가 있다.

아마도 이런 글로벌한 관점에서의 비교에서 북한의 사례를 포함한 비교사회주의, 비교 체제전환 연구는 아마도 일반화 가능성과 특수한 예외사례의 설명 불가능성의 극한을 실험하는 도전이 될 것이다. 한국 학계에서는 이러한 문제의식에서 그동안 해외 학계의 탈사회주의 연구를 소개하려는 노력들이 이어졌고 2000년대 이후 다양한 연구들이 출간되었다. 예컨데 윤대규[6]의 연구는 사회주의 체제전환에 대한 포괄적인 비교연구를 소개하는 작업을 했고, 이상환과 김웅진의 연구[7]는 특히 동유럽의 민주화 과정과 그 정치적 결과에 주목했다. 정홍모[8]는 특히 1989년 전후의 체제전환 과정을 분석했고, 진승권[9]은 이러한 체제 개혁의 정치경제학적 측면을 연구했다. 이러한 체제전환 연구들은 자연스럽게 향후 북한 체제의 변화가능성에 대한 관심으로 이어졌는데, 정용태[10]는 리비아와 쿠바의 경우를 비교해 북한에 대한 함의를 도출하고자 했고, 양운철[11]은 특히 탈사회주의 국가들의 경제적 개혁을 검토

---

6 윤대규,『탈사회주의 체제전환 비교 연구』, (파주: 한울, 2008).

7 이상환, 김웅진,『동유럽의 민주화』, (서울: 한국외국어대학 출판부, 2004).

8 정홍모,『체제전환기의 동유럽 국가들: 1989 혁명과 체제전환』, (서울: 오름, 2001).

9 진승권,『동유럽의 탈사회주의 개혁의 정치경제학』, (서울: 서울대학교출판부, 2003).

10 정용태,『비교사회주의 관점에서 본 북한 변화의 전망: 리비아와 쿠바』, (서울: 통일연구원, 2007).

11 양운철,『북한경제체제의 전환에 대한 비교연구』, (파주: 한울, 2006).

한 후 북한 경제의 전망에 대해 함의를 도출하려 했다. 김근식[12]은 비교사회주의의 관점에서 특히 정치적 체제전환의 측면을 정교하게 분석했으며 북한의 변화 가능성을 제안했다. 다수의 연구자들의 주된 관심은 북한이 중국이나 베트남 등의 시장 개혁 사례로부터 학습을 할 가능성이 있는가에 대한 문제였다.[13]

이 연구는 기존 연구들과 마찬가지로, 그동안 지역별로, 개별 국가별로 진행되어온 탈사회주의 체제전환 연구를 유럽과 아시아 비교, 아시아 사회주의 국가들간의 비교를 통해 보다 다각적인 국제 비교를 하려는 노력의 일환이다. 그리고 그 비교의 출발점으로서, 유럽에서는 비교적 성공적인 체제전환을 이룬 것으로 평가되는 사례들과 아시아 사회주의 국가들의 차이를 비교해보고, 궁극적으로는 그것이 북한에 갖고 있는 함의를 도출해 보고자 한다.

이 글은 크게 네 부분으로 나뉘어져 있다. 첫 번째는 동유럽의 체제전환 사례중 가장 성공적인 것으로 여겨지는 중동부 유럽의 사례의 특성과 현재의 상황을 개괄적으로 살펴볼 것이다. 두 번째는 그동안 연구를 통해 밝혀진 정치적 체제전환을 촉발하는 요소들이 무엇이며, 그것

---

12 김근식, "사회주의 체제전환과 북한 변화: 비교사회주의 관점에서," 『통일과 평화』, 2권 2호(2010), pp. 111~136.

13 Guo, Sujian, "Economic Transition in China and Vietnam: A Comparative Perspective." *Asian Profile* vol. 32 no. 5(2004), pp. 393~411; Abuza, Zachary "Debating the Future: Vietnamese Politics and the U. S. Trade Deal." *Problems of Post-Communism* vol. 48 no. 1(2001), pp. 3~15; Gainsborough, M., "Beneath the Veneer of Reform: the Politics of Economic Liberalization in Vietnam," *Communist and Post-Communist Studies* vol. 35 no. 3(2002), pp. 353~368.

이 북한에도 적용 가능한지를 검토할 것이다. 세 번째 부분에서는 중동부 유럽의 사례와 아시아 사회주의 국가들의 비교를 객관적으로 비교하기 위해 체제전환 인덱스 자료를 통해 분야별 전환의 정도를 비교 검토할 것이다. 마지막 부분에서는 이상의 검토가 향후 북한의 체제전환 과정에 갖고 있는 함의와 결론을 도출할 것이다.

II. 중동부 유럽의 체제전환 30년

많은 사회주의 국가들이 체제전환 과정을 경험했지만 특히 중동부 유럽의 탈사회주의 체제전환은 매우 성공적인 사례로 여겨졌다. 흔히 비세그라드(Visegrád Group 혹은 V4) 국가들로 불리는 체코, 헝가리, 폴란드, 슬로바키아는 비교적 성공적인 체제전환을 이루고 현재도 정치경제적으로 비교적 안정적인 발전을 이루고 있는 것으로 평가된다. 중동부 유럽은 어떻게 성공적인 체제전환을 이루었으며, 현재는 어떤 상황인가? 여기에서는 먼저 체제전환 이후 30여 년이 지난 지금, 중동부 유럽의 정치, 경제, 사회 문화적 차원에 대한 종합적 분석과 평가를 통해 체제 이행시 직면한 문제들과 개혁의제들을 파악하려 한다.

중동부 유럽 사회주의 국가들은 복합적인 체제전환 과정을 거쳤는데, 기존 연구들은 이들의 체제전환 유형, 경로, 그리고 비교적 성공적인 결과 여부를 가르는 몇가지 중요한 요소들이 있다는 것이 알려졌다.[14]

---

14 Grzegorz Ekiert, "Patterns of Postcommunist Transformation in Cen-

체제전환의 유형과 경로를 차별짓는 요소로는 먼저 과거의 유산과 초기 조건이 있다. 사회주의 체제가 수립되기 이전에 어떤 역사적 경험을 하였는지, 특히 독립 국가를 수립한 시기의 정치적 맥락과, 민주주의, 자본주의의 경험 여부가 중요한 것으로 알려졌다. 두번째로는 체제전환 시기에 이루어진 중요한 제도적 선택의 문제였다. 어떤 정치 체제를 선택했는지, 선거제도와 정당 정치는 어떤 특성을 갖고 있는지가 대표적인 요소이다. 세번째로는 개혁의 속도가 중요했다. 소위 충격 요법(*Shock Theraphy*)이라고 불리는 급진적이고 빠르게 일괄적으로 이루어진 개혁의 방식이 있었고, 보다 시간을 두고, 각 사회와 국가의 특성에 맞추어 점진적으로 진행되는 개혁이 있었다. 마지막으로 네번째는 이런 전환과 개혁의 과정에서 이루어진 외부 지원이 얼마나 있었는가 하는 문제였다. 해외 직접투자(FDI), 지역 연합(EU) 가입 과정과 조건 준수 등이 고려할 요소였다.

동유럽의 국가들만 비교 검토할 경우, 결과적으로는 중동부유럽 국가들과 발틱 국가들이 가장 성공적인 체제전환의 성과를 보이는 것이 잘 알려져 있다. 아래 〈표 1〉에서 볼수 있듯이 체코, 헝가리, 폴란드, 슬로베니아 등 독일과 인접해 있고 서유럽에서 가장 가까운 중동부 유럽 국가들은 전환 지수의 평가에서 높은 평가를 받고 있고, 경제적 자유지수, 언론 자유, 정치적 자유 등의 평가에서 높은 평가를 받고 있다. 이 국가들은 국가의 위험지수에 있어서는 높은 점수를 받아 위험 수준이 낮은 것으로 평가받고 있다. 하지만 대체로 이 국가들의 상대적으로 높

---

tral and Eastern Europe," in Grzegorz Ekiert and Stephen E. Hanson (eds), *Capitalism and Democracy in Central and Eastern Europe: Assessing the Legacy of Communist Rule*(Cambridge University Press, 2003).

은 수준의 부패의 문제는 공통적인 문제로 개선되어야 할 필요가 있는 것으로 알려져 있다.

표 1 탈사회주의 국가들의 체제전환을 측정하기 위한 비교 지표들

	체제전환 지수	경제적 자유 지수	국가 위험 지수	언론 자유 지수	정치적 자유 지수	부패 인식 지수
Czech Republic	36.0	2.20	60.19	20	3	4.3
Hungary	38.0	2.55	61.83	30	3	5.2
Poland	36.5	2.75	61.67	19	3	4.1
Slovenia	34.0	2.90	71.28	27	3	5.5
Albania	25.0	3.50	28.18	56	9	2.3
Bulgaria	30.5	3.30	39.75	30	5	3.5
Croatia	29.5	3.45	47.8	63	8	3.7
Romania	33.5	3.65	33.80	44	4	2.9
Slovakia	33.5	2.85	48.44	30	3	3.5
Belarus	16.0	4.25	29.11	80	12	4.1
Ukraine	26.0	3.85	29.96	29	7	2.6

출처: Ekiert, "Patterns of Postcommunist Transformation," p. 95.

아래의 〈표 2〉에서 보이는 것처럼, 대다수의 중동부유럽 국가들은 의회주의 정치 시스템을 선택했다. 체코와 헝가리, 슬로베니아는 완전히 의회주의적인 체제를 선택했고, 폴란드만 준-대통령제를 선택했다. 대체로 의회에 더 많은 권력을 주고 대통령은 상징적인 기능, 혹은 제한된 역할을 하는 식의 권력 분배가 이루어졌다. 따라서 총리의 권한이 더 크고, 행정부의 권한은 상대적으로 약한 편이었다. 대부분의 국가들은 선거 제도에 있어서 완전한 비례대표제(Proportional representation)를 선택하거나 지역구 제도가 다소 혼합된 경우가 많았다. 강력한 대통령제와 단순 다수결제도로 정치적 대표를 선출하는 경우는 벨라루스와 우크라이나 정도뿐이었다.

표 2 동유럽 탈사회주의 체제전환과 정치 제도 선택, 1989~2000

	헌법 유형	선거제도	정부권력과 총리권력	총선/대선 횟수	정치정당수
Czech Republic	Parliamentary	PR (4%)	3/5	5/0	3.6/5.2
Hungary	Parliamentary	Hybrid (5%)	6/7	3/0	2.9/3.7
Poland	Semipresidential	PR (5%)	7/11	4/3	2.9/10.8
Slovenia	Parliamentary	PR (4%)	4/6	4/2	2.5/6.6
Albania	Semipresidential	Hybrid (3%)	7/5	4/0	1.3/2.2
Bulgaria	Parliamentary	PR (4%)	1/6	4/2	2.4/2.5
Croatia	Presidential	Hybrid (3%)	9	4/2	2.4/2.6
Romania	Semipresidential	PR (3%)	6/9	4/4	2.2/4.8
Slovakia	Parliamentary	PR (5%)	4/6	4/1	3.3/4.4
Belarus	Presidential	Majoritarian	18	3/1	
Ukraine	Presidential	Majoritarian	8	2/3	

출처: Ekiert, "Patterns of Postcommunist Transformation," p. 108.

중동부 유럽 국가들의 경제는 체제전환 직후 매우 큰 어려움을 겪었다. 러시아로부터 경제적 지원이 중단되었고, 계획 경제에서 시장경제로 경제질서가 변화했으며, 무역 파트너를 바꾸어야 했고, 새로운 일자리를 찾아야 했다. 체제전환이 이루어진 1989-90년부터 대다수의 체제전환 국들은 마이너스 경제성장을 경험했고, 빠르게는 중동부 유럽 국가들부터 약 4년 후인 1993년부터 이를 회복하여 플러스 성장을 보였고, 남유럽 국가들, 발트 3국 등이 1995년 전후로 플러스 성장으로 전환되었다. 대부분의 체제전환 국가들은 1998년 이후 2008년 금융위기까지 약 10년간 안정적으로 플러스 경제성장을 하는 모습을 보였다. 하지만 2008년에 시작된 글로벌 금융위기 당시 다시 어려움을 겪으며 일시적으로 경제적 어려움을 겪었지만, 대다수 국가들은 1년 후부터 다시 플러스 경제성장을 하는 패턴을 보이고 있다.

유럽재건개발은행(European Bank for Reconstruction and De-

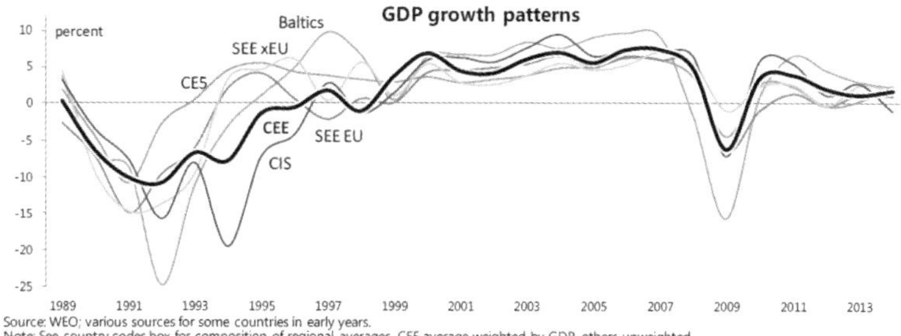

그림 1   동유럽 체제전환 국가들의 경제 성장율 추이

출처: James Roaf, et al, "25 Years of Transition: Post-Communist Europe and the IMF," *Regional Economic Issues Special Report*(Washington, D.C: International Monetary Fund, 2014), p. 4.

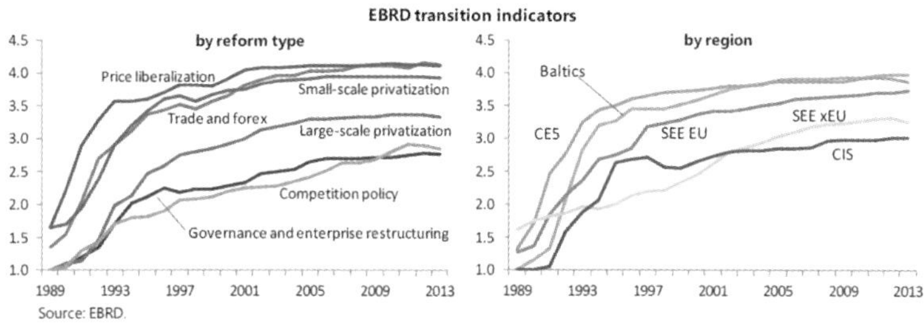

그림 2   동유럽 체제전환 국가들의 개혁 유형과 전환 지수 추이

출처: James Roaf, et al, "25 Years of Transition," p. 5.

velopment)은 1990년대부터 최근까지 매년 체제전환 보고서(Transition Report)를 발간하고 있는데, 최근의 보고에 따르면, 단순히 급진적 개혁, 점진적 개혁 이분법적 유형이 아니라 가격 자유화, 소규모 사유화, 대규모 사유화, 경쟁 정책, 정부와 기업 재구조화, 무역 개혁 등 분야별로 다른 수준의 개혁이 이루어진 것을 알 수 있으며, 모든 측면에서 중동부유럽 5개국(CE5)과 발트 3국 국가들이 가장 성공적 개혁을 이루고 그것이 안정적인 수준을 유지하고 있음을 알 수 있다. 이에 비하면 남유럽 국가들이나 구소련 연방 소속CIS 국가들은 상대적으로 개

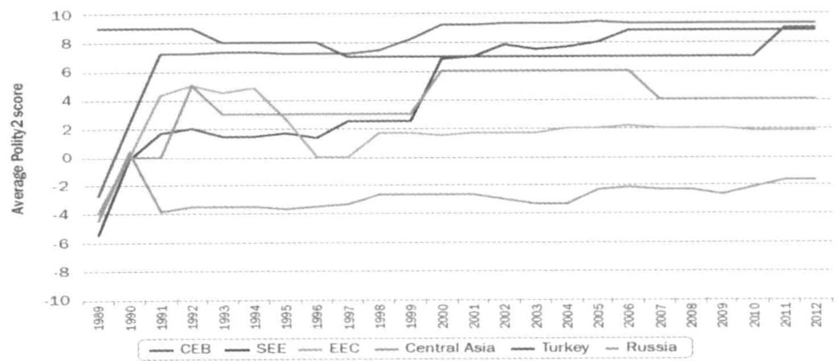

그림 3   체제전환 국들의 민주주의 발전 수준 추이

출처: EBRD, *Transition Report* 2013(London: EBRD, 2014), p. 26.

혁과 전환의 수준이 낮고, 그 상태가 지속되고 있는 것으로 분석된다.[15]

이러한 전반적인 개혁의 수준은 각 국가들의 민주주의 발전 수준과도 거의 유사한 양상을 보이고 있는데, 중동부 유럽 국가들은 'Polity 2' 지수로 측정한 평가에서 1991년 이후 바로 7점을 획득하고 2000년 이후에는 9점을 받고 지금까지 지속적으로 높은 수준의 민주주의 수준을 유지하고 있다. 이는 터키나 러시아, 동유럽 내륙 국가들과도 큰 차이가 나는 부분이다.

〈그림 4〉와 〈그림 5〉에서 보이는 것처럼 동유럽의 탈사회주의 국가들은 지속적인 경제성장을 통해 계속해서 임금 수준이 상승하고 있는 것을 알 수 있으며, 특히 발트 3국과 폴란드, 헝가리, 슬로베니아, 슬로바키아의 경우는 임금 수준이 상당히 높은 상류층과, 폭넓은 중산층이 형성된 것을 알 수 있다. 이들 국가의 경우는 거의 서유럽 국가들과 임금수준이 거의 수렴하고 있는 것으로 보인다.

이러한 여러 지표들을 통해 중동부 유럽 체제전환 30년을 평가하자

---

15   European Bank for Reconstruction and Development, *Transition Report*(London, EBRD).

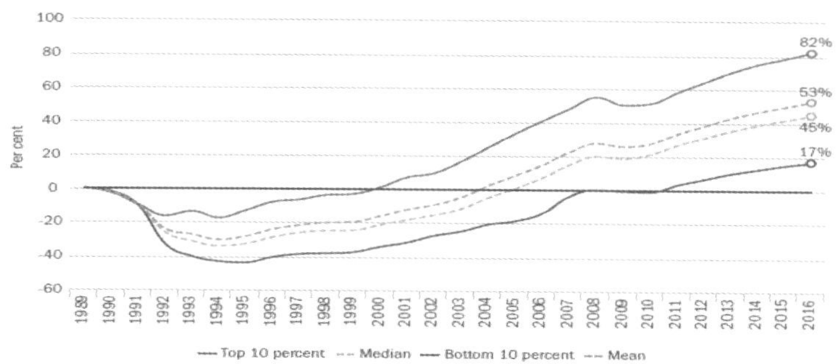

Source: National authorities, World Bank Povcal database, IMF, UN and authors' calculations.
Note: Data represent unweighted averages across the 26 post-communist countries listed in the note below Chart 1.4. The median is calculated as the mean of the fifth and sixth deciles.

그림 4   체제전환 국들의 임금 성장 추세

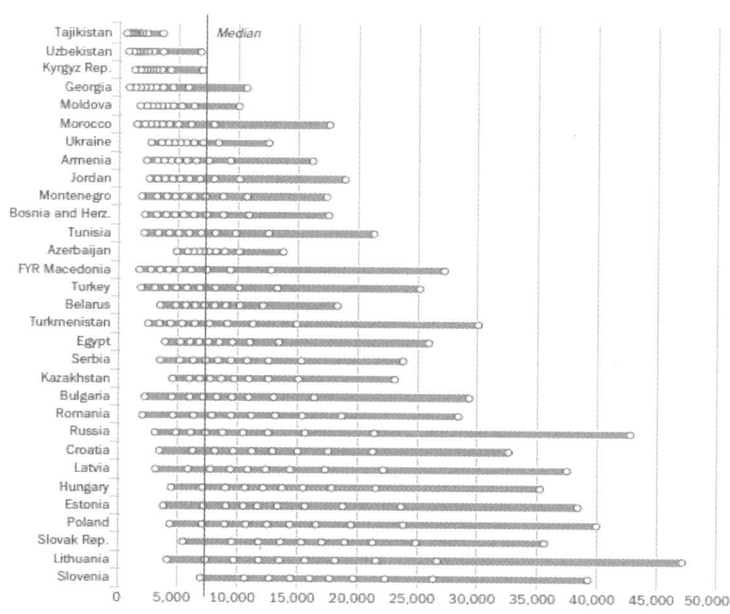

Source: National authorities, World Bank Povcal database, IMF, UN and authors' calculations.
Note: Based on estimated income for 2016. Dots show the average income for each decile.

그림 5   체제전환 국들의 1인당 국민소득의 범위

출처: EBRD, *Transition Report* 2016-17(London: EBRD, 2017), p. 15.

면, 이들 국가들은 체제전환이 매우 안정적으로 이루어지고, 최근 경제
성장과 소득수준에 있어서 서유럽의 수준에 근접하는 일종의 수렴현상
Convergence을 보이고 있다. 이들 국가들을 대상으로 이루어지는 생
활만족도 서베이(Life in Transition Survey)에 따르면, 중동부유럽 국
가들은 다른 서유럽 국가들과 거의 차이를 보이지 않고 있다.[16]

하지만 경제성장이 지속될 수록, 특히 2008년 금융위기 이후 국내
적으로 불평등이 다소 증가하는 추세를 보이고 있다. 최근 이들 국가들
의 쟁점은 다른 선진국들과 유사하게 어떻게 기술 혁신을 이룰 것인지,
2008년 금융위기 이후 직면하게 된 금융적 불안정성을 어떻게 해소할
것인지, 새롭게 문제가 되고 있는 청년 실업을 어떻게 해소할 것인지,
시리아 난민 위기로 상징되듯 범유럽적 문제인 난민 통합 문제를 어떻
게 해결할 것인지 등이 있다. 사실상 다른 유럽국가들과 다를 것이 없
는 일반적 문제들을 대면하고 있는 것이다.

하지만 금융위기와 불평등문제, 난민 통합문제는 새로운 사회문제
를 일으키고 있는데, 대표적으로 헝가리와 폴란드에서는 우익 포퓰리
즘이 대두되고 있으며, 특히 이것이 반무슬림적 민족주의의 형태로 표
출되고 있다.[17]

16　EBRD, *Transition Report* 2016-17(London: EBRD, 2017), p. 18.

17　Michael Buchowski, "Crisis of Democracy and Migrant Phobia in
Poland" paper presented at the conference "Conflict and Integration as
Conditions and Processes in Transitioning Societies in Eastern Europe
and East Asia"(Freie Universität Berlin, November 8-10, 2017).

III. 체제전환의 국제 비교: 중동부유럽과 동아시아

그렇다면 이러한 중동부 유럽의 사례와 동아시아 사례는 어떻게 같고 다른가? 중동부 유럽의 체제전환을 연구한 학자들은 먼저 체제전환을 초래하는 몇가지 구조적 요인들이 있음을 주목했다. 대표적인 구조적 요인은 경제위기로 동유럽국가들의 누적된 경제위기가 체제전환을 초래했다는 것이다. 두번째는 공산주의 이데올로기가 점차 정당성과 설득력을 잃어간 것이었다. 세번째는 소련이 개혁 개방 정책을 취하며 냉전 대립이 종식되는 등 국제 정치 구도의 변화가 동유럽국가들의 체제전환을 초래했다는 것이다.

이러한 구조적 요인이 동일하다고 해도, 각 국가들은 다른 메커니즘으로 변화하기 시작했다. 동유럽국가들은 이러한 변화에 순응하며 자연스럽게 변화를 받아들이기도 했고, 어떤 국가들은 변화의 흐름과 현존유지를 바라는 힘이 충돌하기도 했다. 이러한 변화가 아래로부터의 요구로 분출된 경우도 있었고, 처음부터 위로부터 변화가 주도된 경우도 있었다. 정동준은 이처럼 순응적 유형과 충돌 유형, 그리고 위로부터의 주도와 아래로부터의 변화라는 두가지 차원을 설정할 때, 동유럽의 사례를 〈표 3〉에서와 같이 총 네가지 유형으로 구분하고 있다.

첫번째 유형은 체제전환의 흐름에 순응하고 이것이 위로부터 주도된 경우였다. 헝가리와 유고슬라비아의 경우가 이에 해당된다. 두번째 유형은 역시 변화의 흐름에 순응하지만 그것이 아래로부터의 요구로 분출되고 시민들의 힘을 통해 변화가 관철된 경우이다. 중동부 유럽

표 3 사회주의 체제전환의 유형들

	Accommodation 순응	Confrontation 충돌
위로부터 (by elites)	위로부터의 탈출 e.g. Hungary, Yugoslavia	위로부터의 혁명: e.g. Bulgaria*
아래로부터 (by publics)	거래 (a mix of from above and below): e.g. Poland 아래로부터의 탈출: e.g. East Germany*, Czechoslovakia*	아래로부터의 혁명: e.g. Romania*

출처: 정동준 (2017) "The Paths of Post communist Democratization and Their Implications for the Future North Korea" paper presented at the conference "Conflict and Integration as Conditions and Processes in Transitioning Societies in Eastern Europe and East Asia"(Freie Universität Berlin, November 8-10, 2017).

주: * indicates greater *external shocks* to democratize compared to internal force.

의 동독을 비롯해 체코슬로바키아, 폴란드[18] 등이 여기에 해당된다. 이와 다르게 변화를 요구하는 흐름과 이를 거스르는 힘이 충돌하는 경우들이 있다. 위로부터 변화가 유도되면서 사회와 충돌이 벌어지는 경우가 불가리아의 경우이다. 변화를 거부하는 상층 권력과 변화를 요구하는 아래로부터의 요구가 충돌하는 경우가 루마니아에 해당된다.[19]

그렇다면 동아시아의 경우, 특히 북한에는 이들 유형중 어느 것이

---

18 Jacqueline Hayden, "Explaining the Collapse of Communism in Poland: Strategic Misperceptions and Unanticipated Outcomes," *Journal of Communist Studies and Transition Politics* vol. 17 no. 4(2001), pp. 108~129.

19 Deletant, Dennis. "Romania, 1948~89: A Historical Overview." Parallel History Project on Cooperative Security(PHP)(Zurich, Switzerland); ⟨http://www.php.isn.ethz.ch.⟩.

적용 가능할까? 현재로서는 동유럽에 영향을 주었던 구조적 요인들, 즉 경제위기, 공산주의 이념의 침식, 국제 환경의 변화 같은 요소들은 동아시아에는 별다른 영향을 주지 못한 것으로 알려져 있다. 따라서 구조적 요인들이 새롭게 발생할 것을 기대하는 것은 어려운 상황이다.

다른 요인들로 인해 북한이 변화하게 된다면, 아래로부터 시민사회가 등장해 변화가 이루어질 가능성은 매우 희박하다. 따라서 동유럽의 사례로 나눈 유형화에서는 위로부터의 탈출이나 위로부터의 혁명이 북한의 경우 향후 변화의 시나리오에서 고려가능한 유형일 것이다.

그렇다면 이런 변화를 초래한 요인들은 무엇이 있을까? 〈표 4〉에서는 지금까지 알려진 모든 탈사회주의 체제전환의 사례에서 밝혀진 변화를 초래한 요인들을 요약해 정리하고 있다. 동유럽에서는 공산주의 체제가 수립되기 이전의 역사적 유산들, 특히 산업화와 자본주의 경험, 교육과 리터러시의 수준 등이 중요한 요소로 알려졌다. 하지만 동아시아의 사회주의 국가들과 특히 북한의 경우는 이런 유산들이 부재하다. 다음으로 공산주의 체제가 남긴 요소들도 중요하다, 이 경우엔 지속되고 있는 공산주의 체제의 지배와 약한 시민사회, 비민주적인 정치 문화 등이 고려할 요소이다. 이는 체제전환 가능성에 매우 부정적인 영향을 주는 요소들이다. 동아시아와 북한에는 이런 요소가 강력히 작동하지만, 이는 체제전환을 불가능하게 하는 요소임을 인식해야한다.

다음으로 지정학적 요인으로 민주주의 체제와 얼마나 근접해 있는가 하는 문제이다. 중동부유럽의 경우는 모두 여기에 해당하는데, 대체로 이 국가들은 서유럽 민주주의 국가들과 근접해 있었고 교류의 경험이 있었다.[20]

---

20 Jefferey S. Kopstein and David A. Reilly, "Postcommunist Spaces:

하지만 북한의 주변에는 한국을 제외하고는 강력한 민주주의 국가가 부재하다. 다음으로 인종적으로 다양하고 파편화되어 있는 경우는 체제전환에 부정적 영향을 미치는 것으로 알려져 있다. 하지만 북한은 단일 민족으로 구성되어 있어, 향후 체제전환이 이루어질 경우 추가적인 갈등요소가 없어 일괄적인 변화가 일어날수 있는 긍정적 요소로 인식할 수 있다. 다음으로 국내 행위자들의 측면에서는 대의제와 정당, 정치 엘리트들이 성장해 있는지, 민주적 의식을 가진 시민들이 성장했는지가 중요한 요소이다. 하지만 북한의 경우는 이에 해당되지 않는다. 마지막으로는 외부로부터 변화를 추동할 유인이 있는 경우 체제전환이 잘 이루어지는데, 이 요소가 유일하게 북한에 적용가능하고, 향후 체제전환에 긍정적 영향을 줄 수 있는 요인이라고 할 수 있다.

이러한 검토가 동유럽의 체제전환 국가들의 사례에 대한 분석을 통해 도출된 것이라면, 역사적으로 동아시아 국가들은 실제로 어떤 형태의 변화를 추구하고 있는지를 이해할 필요가 있다. 동아시아 국가들은 중국을 따라서 기존의 공산당 중심 정치 체제를 그대로 유지하면서 위로부터의 개혁을 이루고, 정치개혁보다는 경제개혁을 우선시하고, 전환의 속도를 점진적으로 유지하는 경향을 보여왔다.[21]

A Political Geography Approach to Explaining Postcommunist Outcomes", in Grzegorz Ekiert and Stephen E. Hanson (eds), *Capitalism and Democracy in Central and Eastern Europe*: *Assessing the Legacy of Communist Rule*(Cambridge University Press, 2003); Tassilo Herrschel, *Global Geographies of Post-Socialist Transition*: *Geographies, societies, policies*(Routledge, 2007).

21   조준현, 『체제전환국들의 경제개혁과 노동시장의 구조변화』, (부산: 부산대학교 출판부, 2017).

표 4 탈사회주의 체제전환의 결정 요소들과 북한에의 적용 가능성

결정 요소	민주화 성공에 영향	동아시아 적용 가능성	미래 북한의 민주화에의 효과
공산주의 이전의 유산들			
- 산업화와 자본주의 경제 경험	Positive	N/A	Negative
- 교육과 리터러시 (강력한 민족주의)	Positive	N/A	Negative
(초기 민주화)	Negative (후기 과정)	Applicable	Negative
공산주의의 유산			
- 전래된 공산주의 지배	Negative	Applicable	Negative
- 약한 시민사회	Negative	Applicable	Negative
- 비민주적인 정치 문화	Negative	Applicable	Negative
지정학 (자유주의 국가에의 근접성)	Positive	N/A	Negative
인종적 다양성	Negative	N/A	Positive
국내 행위자들			
-대의 정당 엘리트	Positive	N/A	Negative
- 민주적 시민들	Positive	N/A	Negative
외부로부터의 유인	Positive	Applicable	Positive

출처 : 정동준, "The Paths of Post communist Democratization," pp. 22~23.

중국은 1978년부터 덩사오핑의 지도하에 개혁 개방(改革開放)을 추구한지 40년이 되었고, 베트남은 1975년에 북베트남의 무력통일로 통일을 이룬 후 경제적 어려움을 극복하기 위해 1986년부터 공식적으로 개혁개방(Đổi mới, 쇄신)을 추구한지 30년이 되었다. 동아시아 유형의 변화에서 가장 특이한 사례는 바로 몽골이다. 몽골은 러시아와 중국에 인접하여 주변에 민주주의 국가나 시장경제 국가가 부재한 상태에서, 1992년 지정학을 초월한 민주화와 시장화를 동시에 이루었다.

흥미로운 것은 동아시아 사회주의 국가들 사이에 위계가 존재하기 때문에, 러시아-중국-베트남으로 이어지는 서열보다 아래에 있던 동남아시아의 사회주의 국가들은 독자적 사회주의 체제를 유지하거나 개혁

개방이 매우 더디 이루어진다는 점이다. 캄보디아는 사회주의 체제를 유지하다가 1993년 이후 아예 왕정으로 체제가 후퇴하는 모습을 보였다. 라오스도 독자적 사회주의를 유지하며 큰 변화가 없는 모습을 보이고 있고, 북한 역시 독자적인 사회주의 체제를 고수하고 있다. 동아시아의 사회주의 국가들은 개혁 개방의 시기와 정도가 모두 달라서 서로 다른 경제 발전 단계와 수준을 보이고 있다.

IV. 체제전환 수준과 유형의 국제 비교: 베텔스만 재단 체제전환 지수

이렇게 동유럽의 체제전환이후 30년과 동아시아 사회주의 체제의 개혁개방 정책은 유형과 방향이 모두 다르다. 그렇다면 이렇게 다른 여러 사례들을 객관적으로 비교해보는 것이 가능할까?

독일의 미디어 그룹이 설립한 베텔스만 재단(Bertelsmann-stiftung)은 체제전환 지수(Transformation Index)를 개발하여 2006년부터 정치, 경제, 운영 역량 등의 분야별로 총 129개의 국가를 대상으로 체제전환 지수를 발표해 오고 있다. 이때 체제전환이라는 것은 꼭 사회주의 체제에서 시장경제 체제로 전환한 경우만을 의미하는 것이 아니라 권위주의 체제로부터 민주주의 체제로 이행하고 있는 민주화 전환의 경우도 포괄하고 있다. 따라서 30여 개 탈사회주의 체제전환 국가뿐 아니라 오랜 권위주의 체제로부터 민주주의로 전환하고 있는 90여개 국가들도 자료 수집 대상이 되고 있다.

이 체제전환 지수를 만들기 위해 약 300명의 전문가들이 모든 나라의 사례를 조사해 정치적 전환, 경제적 전환의 정도를 측정하여 통해 순위를 부여하고 있으며, 순위의 경우 1) 매우 발전한(highly advanced), 2) 발전한(advanced) 3) 제한된(limited) 4) 매우 제한된(very limited) 5) 실패한(failed) 라는 다섯 가지 범주로 구분하고, 정치적 발달은 1) 공고화된 민주주의 2) 결함있는(defective) 민주주의 3) 매우 큰 결함이 있는 민주주의 4) 온건한 권위주의 5) 강경한 권위주의로 평가하고 경제적 발달은 1) 발달한 시장 경제, 2) 기능하는 시장 경제 3) 기능적 문제가 있는 시장 경제 4) 거의 기능하지 않는 시장 경제 5) 거의 발달하지 못한 시장경제로 구분하고 있다.

정치적 발달은 국가의 발달정도, 정치적 참여, 법치, 민주주의 기구의 안정성, 정치 사회적 통합을 중심으로 측정하며, 경제적 발달은 사회경제적 발달, 시장의 조직과 경쟁, 화폐와 가격 안정성, 사적 소유, 복지, 경제적 결과, 지속가능성을 중심으로 측정한다.[22] 이 글에서는 이 체제전환 인덱스중 중동부 유럽에서는 폴란드, 헝가리, 체코, 슬로베니아, 슬로바키아를 선정하고, 동아시아에서는 몽골, 중국, 베트남, 캄보디아, 라오스, 그리고 북한을 선정해 2006년부터 2016년까지 10년간의 추세를 비교 검토하였다.

먼저 이 국가들의 전체적인 순위는 〈그림 6〉과 같이 정리해 볼 수 있다. 정치, 경제를 포괄한 모든 분야에서 중동부 유럽 국가는 전체 129개 국가중 매우 상위권에 자리잡고 있음을 알 수 있다. 체코슬로바키아는 1-3위를 차지하고 있고, 폴란드, 슬로바키아, 헝가리 등은 각각 5위

22　"Transformation Index"; 〈https://www.bti-project.org/en/index/status-index/〉.

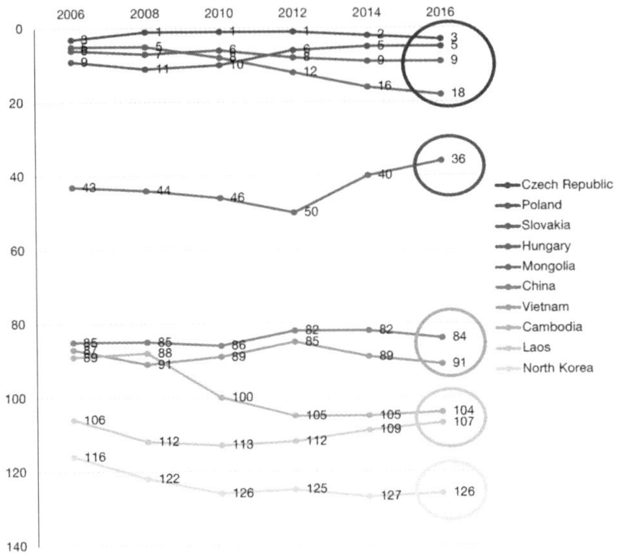

그림 6 　중동부 유럽국가들과 동아시아 체제전환 국가들의 전환 지수 순위 (2006-2016)

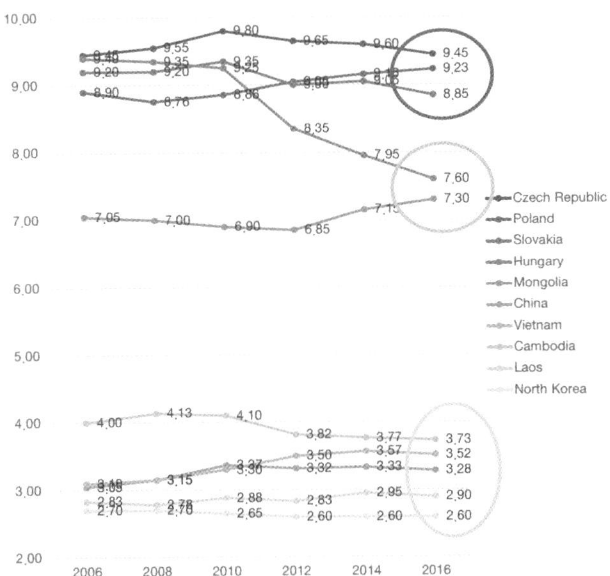

그림 7 　중동부 유럽국가들과 동아시아 체제전환 국가들의 민주주의 지수

9위, 18위등 안정적인 지위를 유지하고 있다. 동아시아의 국가들 중에서는 몽골이 36~43위로 중상위 권을 유지하고 있으며, 정치체제는 그대로 두고 경제적 개혁만 추구하고 있는 중국과 동남아시아 국가들은 중국(84위), 베트남 (91위), 캄보디아(104), 라오스(107), 북한(126)순으로 순위가 매겨져 있다.

이를 좀더 세분화하여 각각 정치적 민주주의와 경제적 시장경제의 발달 정도로 살펴 볼 수 있다. 〈그림 7〉에서 알수 있는 것처럼, 정치적 민주주의의 경우 종합 순위와 유사한 결과를 보이고 있다. 체코와 폴란드, 슬로바키아의 경우는 총 10점으로 평가되는 민주주의 지수에서 8.8~9.45점대를 유지하며 공고화된 민주주의 혹은 다소 흠결이 있는 민주주의 체제를 유지하고 있는 것으로 평가된다.

흥미로운 것은 최근 정치적으로 권위주의화를 우려하고 있는 헝가리의 경우 지난 수년간 민주주의 지수가 지속적으로 하락하여, 매우 결함이 많은 민주주의 체제로 분류되기에 이르렀다는 점이다. 이와 비교하여 몽골 민주주의는 동아시아 체제전환 국가들 중에서는 예외적으로 발달한 민주주의 체제를 유지하고 있다. 결함이 있기는 하지만 동유럽의 헝가리 사례와 유사한 수준의 민주주의 체제를 운영하고 있음을 알 수 있다. 중국을 비롯한 베트남, 캄보디아, 라오스, 북한의 경우는 다소 차이가 있긴 하지만, 온건한 권위주의에서 강력한 권위주의 체제로 평가되는 것을 알 수 있다. 그럼에도 불구하고 미약하게 나마 정치적 기회와 자유가 조금씩 상승하고 있는 것도 관찰 할 수 있다.

〈그림 8〉에서는 경제영역에서 시장경제가 발달한 정도를 비교하고 있다. 정치적 민주주의의 발달과 비교해 차이가 뚜렷하게 나고 있음을 알 수 있다. 중동부 유럽 국가들은 모두 잘 발달한 시장경제 체제를 유지하고 있으나 헝가리가 정치적 민주주의의 후퇴와 유사하게 시장경제

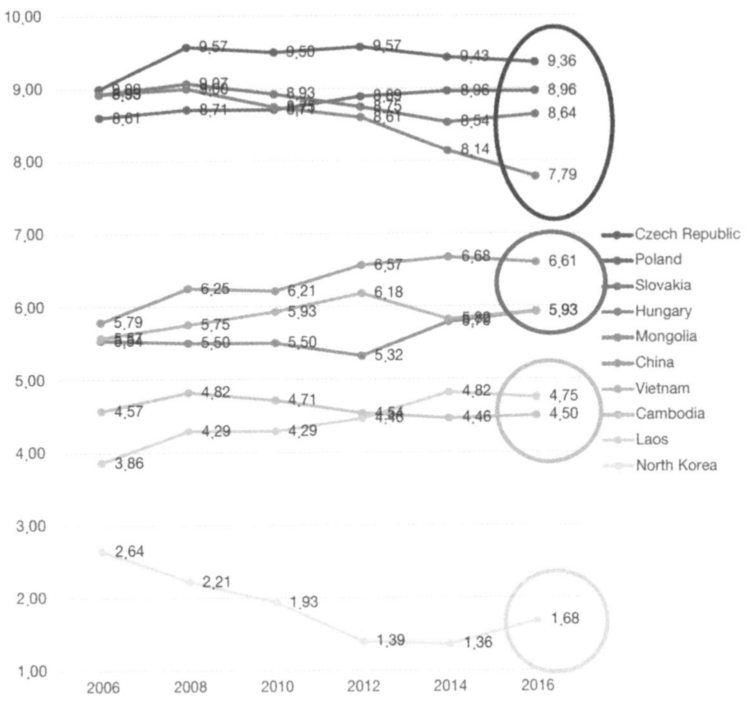

그림 8   중동부 유럽국가들과 동아시아 체제전환 국가들의 시장경제 지수

의 기능에도 문제가 발생하고 있음을 알 수 있다.

가장 뚜렷한 특징은 동아시아의 사회주의 국가들이 체제전환을 이룬 몽골과 유사하게 매우 높은 수준의 시장경제 발달 정도를 보이고 있다는 점이다. 몽골과 중국 베트남은 다소 결함은 있지만 상당수준 활발한 기능을 보이고 있는 시장경제가 존재하고 있으며, 이것의 발달이 지속적인 추세로 나타나고 있음을 알 수 있다. 캄보디아와 라오스는 이보다 낮은 수준이긴 하지만 마찬가지로 시장경제가 지속적으로 발달하는 추세를 보이고 있다. 다만 북한의 경우는 다른 사회주의 국가들과 비교해도 유난히 낮은 시장경제 발달 수준을 보이고 있다. 그나마 시장경제가 활성화 되어있던 2000년대 초반과 달리 제제가 지속된 지난 수년간 시장경제의 발달정도가 점차 낮아지는 모습을 보이다가 다시 최근 수 년간 시장이 발달하고 있는 추세를 보이고 있다.

　중동부유럽적 패턴의 변화와 동아시아적 패턴의 변화를 직접 비교해 보면 아래 〈그림 9〉에서 처럼 큰 대비가 이루어짐을 알 수 있다. 중동부 유럽국가들은 정치와 경제의 수준에서 유사한 수준의 발달이 이루어졌지만, 최근 헝가리가 유독 정치경제적 상황이 악화되는 것을 관찰할 수 있다. 동아시아에서는 몽골이 예외적으로 정치 뿐 아니라 경제적 차원에서도 체제를 전환하는 모습을 보이고 있다. 가장 큰 차이는 동아시아 국가들은 민주주의 정치라는 측면에서는 거의 발전이 이루어지지 않았지만, 시장경제의 발달 측면에서는 놀라운 수준으로 성장하고 있는 모습을 보인다는 점이다. 하지만 몽골과 중국 베트남이 성공적인 시장화를 이루었다면, 캄보디아와 라오스는 그보다 낮은 수준이고, 북한은 정치, 경제적 차원에서 미약한 변화를 보이고 있음을 알 수 있다.

　앞으로의 상황을 예측하는데 더 중요한 것은 각 국가들이 겪고 있는 어려움의 정도와 이것을 극복하여 더 성장할 수 있는 역량이 어느

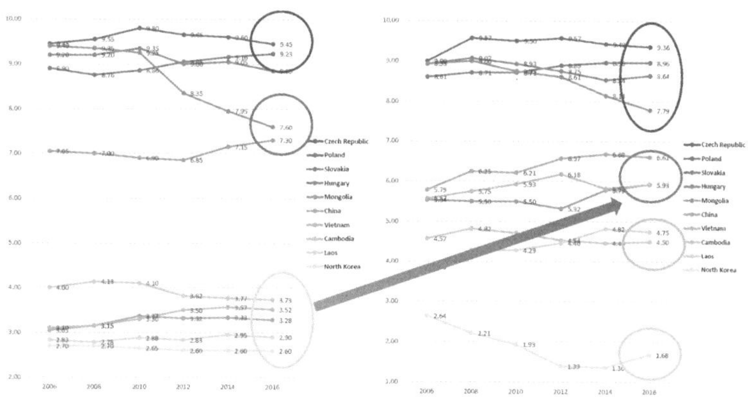

그림 9　중동부 유럽국가들과 동아시아 체제전환 국가들의 정치와 경제 지수 비교

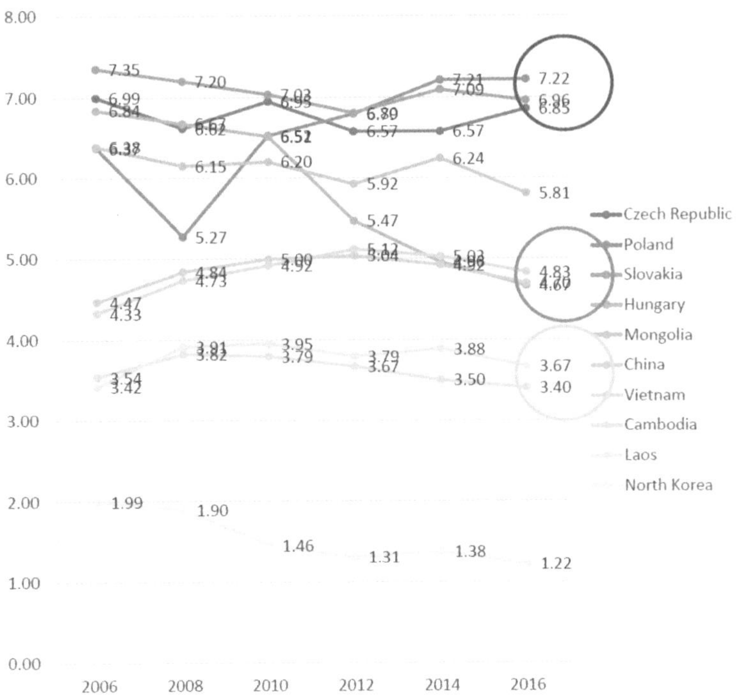

그림 10   중동부 유럽국가들과 동아시아 체제전환 국가들의 운영 역량 지수

정도인가 하는 점이다. 각 국가들이 겪고 있는 어려움의 수준과 이를 조절할 수 있는 역량(Steering capability), 자원 조달과 배분의 효율성 (recourse efficiency), 합의 구축(consensus-building), 국제적 협력 (international cooperation)이 이를 측정하기 위한 항목들인데 이를 통해 그 국가의 정책 결정권자들의 거버넌스의 수준을 평가할 수 있다.

이는 위의 〈그림 10〉에 나타나 있는데, 정치 경제적 발달의 정도에 비하면 중동부 유럽국가들의 경우도 이런 운영 역량의 측면에서는, 다른 국가들에 비하면 높지만, 충분히 높은 평가를 받지 못하고 있는 것을 알 수 있다. 몽골과 중국의 운영 역량은 지속적으로 발달하고 있으며, 캄보디아, 라오스, 북한은 낮은 수준의 운영 역량을 갖추고 있는 것

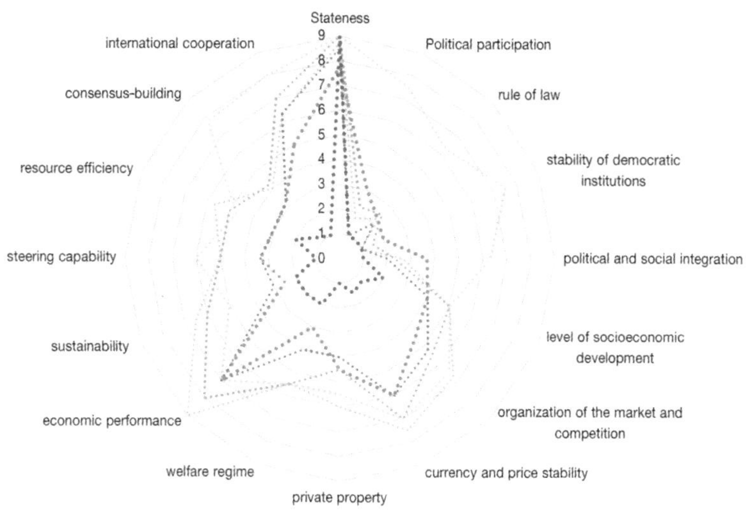

그림 11   동아시아 사회주의 국가들의 분야별 발달 지수

으로 평가되고 있다.

동아시아 사회주의 국가들만을 대상으로 각 부문별 발달의 정도를 비교해보면 〈그림 11〉과 같다. 동아시아의 모든 사회주의 국가들은 매우 강력하게 발달한 국가 체제를 갖고 있다. 국가에 강력한 권력과 자원이 집약되어 있고 조직화가 잘 되어 있는 것을 알수 있다. 기본적으로 아래로부터의 시민사회가 발달한 것이 아니라 강력한 권위주의 체제가 유지되고 있음을 알 수 있다. 몽골의 경우는 역량의 측면에서도 국제 협력이나 합의 도출 역량이 발달해 있고, 정치적 참여와 민주적 기관의 안정성이 상당히 발달해 있다. 하지만 법치와 부패, 사회경제적 발달의 정도가 취약하고, 복지나 사유재산 부문도 크게 발달하지 못한 것을 알수 있다.

나머지 동아시아 사회주의 국가들은 화폐와 가격의 안정성, 경제적

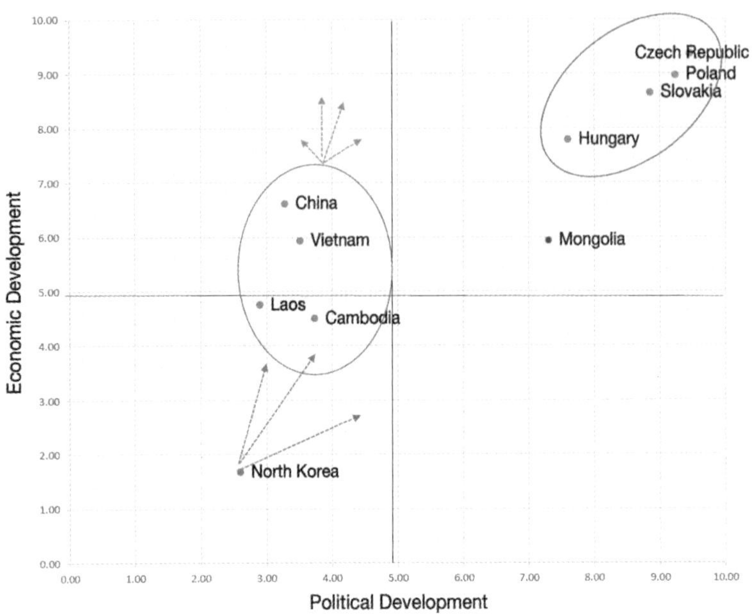

그림 12   중동부 유럽과 동아시아의 체제전환 궤적 비교 (2016)

성장의 성과의 측면에 유독 발달한 모습을 보이고 나머지 부문에서는 균형있는 발달이 이루어 지지 않은 것을 알 수 있다. 특히 북한은 거의 국가만 최고 수준으로 발달해 있는 모습을 보이고 있다.

이상의 비교 검토를 통해 현재 중동부 유럽, 동아시아 사회주의 국가들의 발전 정도와 향후 북한의 발전 방향을 가늠해 볼 수 있을 것이다. 〈그림 12〉는 2016년 지수를 통해 비교 검토한 대상 국가들의 정치적 발전의 정도와 경제적 발전의 정도를 도식화 한 것이다. 중동부 유럽 국가들은 4/4분면에서 높은 수준의 정치, 경제적 발달 정도를 보이고 있으며, 동아시아 국가들중 몽골은 예외적인 모습을 보이고 있다.

중국을 필두로 한 동아시아 사회주의 국가들은 정치적 발전보다는 경제적 발전을 추구함으로써, 상당한 시장경제 발전의 수준을 이루고 있는 것을 알 수 있다. 동아시아 사회주의 국가내의 위계를 보여주듯이

40년 전에 개혁개방을 추구한 중국이 가장 앞서고, 그 뒤를 베트남, 라오스, 캄보디아가 따르고 있다.

북한의 경우는 이 지수를 토대로 판단하기엔 매우 낮은 수준의 정치, 경제적 발전의 정도를 보이고 있다. 북한은 중국형 발전의 경로를 따를 것은 거의 확실해 보인다. 또한 중국과 베트남의 변화가 30~40년을 걸린 것을 생각한다면, 점진적인 개방과 변화를 선호하는 북한이 현재의 중국과 베트남 수준으로 발달하기 위해서는 향후 수십년의 시간이 걸릴 것임을 예상해 볼 수 있다.

V. 결론과 북한에의 함의

이상의 검토를 통해 몇 가지 결론을 내릴 수 있다. 먼저 이미 30년전에 사회주의 체제에서 민주주의 시장경제로 체제를 전환한 동유럽 국가들 중, 특히 중동부 유럽 국가들은 경제 성장과 임금 수준의 측면에서 서유럽 국가들에 수렴하는 모습을 보이고 있다. 정치, 경제적으로 가장 성공적인 전환을 이룬 국가들로 평가힐 수 있는 깃이다.

둘째, 체제전환의 구체적인 요인들을 비교 분석해 본 결과, 동유럽 국가들의 사례에서 발견된 요인중, 아시아의 사례, 특히 북한에 적용가능한 요인은 거의 없었다. 유일하게 북한의 미래 체제전환에 적용가능한 요소는 외부로부터의 영향 뿐이라는 것, 특히 한국으로부터의 영향력이라는 점이 밝혀졌다.

셋째, 베텔스만 재단의 체제전환 지수의 지난 10년간의 추세를 비교해본 결과, 동아시아 사회주의 국가들의 개혁과 변화의 모습은 동유럽의 사례와 매우 다른 것을 알 수 있다. 그동안 많은 연구들이 지적해왔듯이, 동아시아 사회주의 국가들은 유럽형으로 정치, 경제를 동시에 변화시키는 것이 아니라 정치 체제를 유지하며 점진적으로 시장화를 추구하는 모습을 보였다. 아시아의 사례 내부에서도 차이가 존재하여, 특히 중국, 베트남, 몽골은 상당한 수준으로 발전한 시장경제를 보유하고 있는 것이 확인되었다.

넷째, 동아시아 사회주의 국가들간의 위계질서를 반영하여 캄보디아와 라오스는 상대적으로 정치, 경제적으로 저발전한 모습을 보이고 있으며, 북한은 더욱 변화가 없이 기존의 국가중심적 폐쇄적 경제 체제를 유지하고 있는 것이 확인되었다. 북한이 캄보디아나 라오스와 다른 것은 핵무기를 개발하여 이를 보유하고 있다는 사실이다.

이 같은 검토는 몇 가지 정책적 함의를 가지고 있다. 먼저 상당한 시장화 경향을 보이고 현재 있는 것으로 평가되는 북한의 경제 발전 수준은 개관적 수치를 통해 확인하면 매우 낮은 수준이고, 따라서 경제 발전이 매우 절실하며, 앞으로 장기간 발전이 필요하다는 것이다. 반대로 한국과 중국, 주변 사회주의 국가들의 경제가 지속적으로 성장하는데 북한만 정체되어 있을 경우, 이러한 과도한 격차와 불균형은 반드시 더 큰 안보, 국제적 위협으로 나타날 수 있다는 것을 고려해야할 것이다.

둘째로, 북한의 향후 변화에 긍정적 영향을 줄수 있는 변수는 외부 영향 뿐이고, 가장 중요한 것은 한국의 역할이라는 점이다. 북한이 경제 발전을 추구할 경우, 중국과 베트남의 경제 발전 사례를 보더라도, 가장 효과적인 경제 발전의 통로는 바로 이웃국가들과의 경제 교류이다. 해외로 부터의 투자는 가능하지만, 교류 협력을 통한 경제 성장은 반드시 주변 이웃국가들과 이루어져야 하는 것이다. 이중에서 특히 한국의 역할이 중요하다.

따라서 현재 비핵화라는 난제에 직면해 남북관계와 동북아 평화구축에 진전을 이루기가 어려워진 것을 생각하면, 앞으로 남북이 군비경쟁을 하고, 그것이 동북아 차원의 군비경쟁으로 이어지는 위험과 비용보다, 경제 협력을 통해 평화로운 협력 관계의 흐름과 토대를 구축하는 것이 더 효율적일 것이다. 그리고 군비경쟁이나 경제협력보다 더 효율적인 것은 바로 외교라는 인식이 필요한 상황이다.

이렇듯 지난 30년간 이루어진 체제전환, 시장 경제 도입의 역사적 경험에 대한 연구와 축적된 지식들을 공유(Knowledge Sharing)하는 일은, 향후 북한의 평화로운 체제전환을 위해 반드시 필요한 일이다. 비록 이 글은 매우 개괄적인 수준에서 중동부 유럽과 동아시아 사회주의 국가들의지난 변화를 비교해 보았지만, 실제 변화를 유도하고 교류 협력을 추구하기 위해서는 더욱 구체적인 분야의 구체적인 지식들을 필요로 하고 대비해야 할 것이다.

::참고문헌

김근식. "사회주의 체제전환과 북한 변화: 비교사회주의 관점에서." 『통일과 평화』, 2권 2호(2010), pp. 111~136.

양운철. 『북한경제체제의 전환에 대한 비교연구』. 파주: 한울, 2006.

윤대규. 『탈사회주의 체제전환 비교 연구』. 파주: 한울, 2008.

이상환·김웅진. 『동유럽의 민주화』. 서울: 한국외국어대학교 출판부, 2004.

정동준. "The Paths of Post communist Democratization and Their Implications for the Future North Korea." paper presented at the conference "Conflict and Integration as Conditions and Processes in Transitioning Societies in Eastern Europe and East Asia." Freie Universität Berlin, November 8-10, 2017.

정용태. 『비교사회주의 관점에서 본 북한 변화의 전망: 리비아와 쿠바』. 서울: 통일연구원, 2007.

정흥모. 『체제전환기의 동유럽 국가들: 1989 혁명과 체제전환』. 서울: 오름, 2001.

조준현, 『체제전환국들의 경제개혁과 노동시장의 구조변화』. 부산: 부산대학교 출판부, 2017.

진승권. 『동유럽의 탈사회주의 개혁의 정치경제학』. 서울: 서울대학교 출판부, 2003.

Abuza, Zachary. "Debating the Future: Vietnamese Politics and the U. S. Trade Deal." *Problems of Post-Communism*. vol. 48

no. 1(2001), pp. 3~15.

Bonker, Frank et al. eds. *Postcommunist Transformation and the Social Science: Cross-Disciplinary Approaches.* Lanham. MD: Rowman & Littlefield, 2002.

Buchowski, Michael. "Crisis of Democracy and Migrant Phobia in Poland." paper presented at the conference "Conflict and Integration as Conditions and Processes in Transitioning Societies in Eastern Europe and East Asia." Freie Universität Berlin, November 8~10, 2017.

Chavance, B., Magnin, É. "National Trajectories of Post-socialist Transformation: Is There a Convergence Towards Western Capitalisms?" in M. Dobry, ed. *Democratic and Capitalist Transitions in Eastern Europe.* Dordrecht/Boston/London: Kluwer, 2000, pp. 221~234.

Crawford, Beverly and Lijphart, Arend (eds). *Liberalization and Leninist legacies: comparative perspectives on democratic transitions.* University of California Press, 1997.

Csaba, Laszlo. "Social Change in Central and Eastern Europe: General Trends and National Patterns," *TIGER Working Paper.* No. 98(2006); 〈http://www.ssrn.com〉.

Deletant, Dennis. "Romania, 1948~89: A Historical Overview." Parallel History Project on Cooperative Security(PHP). Zurich, Switzerland; 〈http://www.php.isn.ethz.ch〉.

Ekiert, Grzegorz "Patterns of Postcommunist Transformation in Central and Eastern Europe." in Grzegorz Ekiert and

Stephen E. Hanson(eds). *Capitalism and Democracy in Central and Eastern Europe*: *Assessing the Legacy of Communist Rule*. Cambridge University Press, 2003.

European Bank for Reconstruction and Development. *Transition Report(each year)*. London, EBRD.

Gainsborough, M. "Beneath the Veneer of Reform: the Politics of Economic Liberalization in Vietnam." *Communist and Post-Communist Studies*. vol. 35, no. 3(2002), pp. 353~368.

Guo, Sujian."Economic Transition in China and Vietnam: A Comparative Perspective." *Asian Profile*. vol. 32, no. 5(2004), pp. 393~411.

Hayden, Jacqueline. "Explaining the Collapse of Communism in Poland: Strategic Misperceptions and Unanticipated Outcomes." *Journal of Communist Studies and Transition Politics*. vol. 17, no. 4(2001), pp. 108~129.

Herrschel, Tassilo. *Global Geographies of Post-Socialist Transition*: *Geographies, societies, policies*. Routledge, 2007.

Holmes, Leslie. *Post-Communism*: *An Introduction*. Cambridge: Polity Press, 1998.

James Roaf, et al. "25 Years of Transition: Post-Communist Europe and the IMF." *Regional Economic Issues Special Report*. Washington, D.C: International Monetary Fund, 2014.

Kopstein, Jefferey S., and Reilly, David A. "Postcommunist Spaces: A Political Geography Approach to Explaining Postcommunist Outcomes." in Grzegorz Ekiert and Stephen E. Hanson (eds.) *Capitalism and Democracy in Central and Eastern Europe: Assessing the Legacy of Communist Rule.* Cambridge University Press, 2003.

Kornai, Janos. *The Socialist System: The Political Economy of Communism.* New Jersey: Princeton University Press, 1992.

Lane, D., and Myant, M., eds. *Varieties of Capitalism in Post-Communist Countries.* New York, Palgrave Macmillan, 2007.

Roland, G. *Transition and Economics : Politics, Markets and Firms.* Cambridge, Mass.: MIT Press, 2000.

Stark, David, and Bruszt, László. *Post-socialist pathways : transforming politics and property in East Central Europe.* Cambridge: Cambridge Univ. Press, 1998.

Stark, David. "Path Dependence and Privatization Strategies in East Central Europe." *East European Politics and Societies,* vol. 6, no. 1(1992), pp. 63~100.

World Bank. *Transition-The First Ten Years: Analysis and Lessons for Eastern Europe and the Former Soviet Union.* Washington D.C.: The World Bank, 2002.

'일대일로'와 초국경협력 교육인적자본기반구축 사업＿

예동근

목차

예동근　부경대학교 중국학과, 사회발전연구소

I. 서론

중국의 '일대일로'전략의 실천과 함께 중국 초국경 연구는 중요한 영역으로 부상하고 있다. 중국 주변에는 14개 국가와 22,117킬로미터에 이르는 세계에서 가장 긴 육지 변경이 있다. 또한 초국경 항구 도시가 변경지역에서 6대 경제회랑으로 전환되는 전초기지이기도 하다. 기존에 낡고 협소했던 교량과 도로가 이미 신속하게 새롭고 넓은 도로로 변경되고 있으며, 서남·서북의 중요한 변경도시 곤명(昆明)과 남녕(南宁)은 이미 고속철도를 부설하고, 공항을 보수하고 있으며, 고속도로가 원활하게 구축되어 있다. 중국 남부와 서남부 지역의 중요한 변화는 동남아시아와 남아시아 중심의 시대가 도래될 것을 보여주고 있으며, 이러한 지역은 이미 중국-파키스탄 경제회랑(中巴经济走廊)과 중아경제회랑(中亚经济走廊)의 시작점이 되었다.

그러나 '하드 변경(hard border)'은 여전히 현실 국경에서 간과해서는 안 되는 현상이다. 중국-인도경제벨트 건설과정에서 나타난 영토국경문제는 점차 격화되고 있으며, 양국 군대의 대치가 지속적으로 이어져 일촉즉발의 상황에 처해 있다. 또한 북핵 문제는 이미 중국 국방 안보 영역, 나아가 전 세계의 다양한 문제 중에서도 가장 어려운 문제로 부상하였으며, UN의 제8차 경제제재는 이미 시작되었다. 국경 교류가 날로 감소되고 있는 상황 속에서 지역분쟁을 완화하고, 지역 안전망을 구축하는 것은 이미 국경 문제에서의 핫이슈로 부상하였다.

그렇다면 '소프트 변경'이라는 시각에서 동북아 초국경 도시 문제를 접근하려는 이유는 무엇인가? 특히 북한과 관련된 안보 문제가 이미 반군사화관리 문제로 변모되고, 글로벌 거버넌스가 대세가 된 상황 속에서 '소프트 변경'이라는 시각으로 북한과 중국의 국경관계를 검토하는 것은 어떤 의미가 있는가?

나아가 한국은 '일대일로'에 가입하겠다고 적극적인 태도를 표시하였으며, AIIB에 5위권안에 드는 투자자이기도 하다. 한국의 평택항은 '일대일로'전초기지로 인정받았고, 중국과의 협력에 탄력을 받고 있다. 인도-태평양전략을 구사하는 일본도 '일대일로'에 관심을 표하였고, 미국도 대표단을 보내어 중국의 '일대일로'를 주목하고 있다. 일본-미국-인도가 '일대일로'에 대항하는 인도-태평양벨트를 구상하는 동시에 새로운 인프라구조와 물류망의 확장으로서 관심을 갖고 참여하려고 하는 이유는 중국의 '일대일로'가 그만큼 영향력이 강하고, 주변에 영향을 주며, 지정학을 변화시킬 수 있는 프로젝트이기 때문이다. 이에 우리는 '두만강개발'과 함께 초국경협력에 관심을 갖고 교육인프라 구축 등에 관심을 돌릴 필요가 있다.

이 연구는 우선 중국이 주도하는 '일대일로' 전략은 아시아뿐만 아니라, 전 세계의 글로벌화에 영향을 미치는 핵심이며, '일대일로' 6대 경제회랑의 발전과 함께 중국이 주도한 다층화, 다각화 경제무역 전략 그룹화 국가의 출현이 이미 기존의 "하드 변경"이라는 구조를 변화시켰다는 것을 논증하고 있다. 또한, 전반적인 변경지역의 구조적 특징이 변화되고 있다는 점을 논의해본다. 협력과 경쟁이 공존하고 있고, 조화와 충돌이 함께하고 있으며, 변경지역의 유동성과 안정화가 병행되고 있다. 곧 중국의 변경 지역에 시공간이 더욱 빠르고 작게 압축된 초글로벌화가 진행될. 마지막으로, 북한의 초국경 항구 도시는 지정학적 정치는 물론, 지정학적 경제로부터 고려할 때도 그 중요성은 아주 명확하다. 따라서 지정학적인 위기 상황을 완화하기 위해서는 새로운 접근이 필요하다.

이런 맥락에서 본 글은 우선 '일대일로'와 '소프트 변경'을 분석하고, 역사 문헌으로부터 '소프트 변경'의 경험을 습득한다. 이를 기반으로 현실의 국경 경직화를 해소하고, 초국경 도시의 통합을 찾고자 한다. 국경을 가로 넘고, 초국경통합의 주체들을 찾고 그들의 네트워크 구축 가능한 방법을 찾는 것이 매우 중요하다. 이런 적 교육인프라를 구축하여 남북통일, 초국경협력 등 다양한 논의와 실천들이 '일대일로', '아시아-태평양' 거대한 전략에서 유연하게 대응하는 것이 통일인프라 구축의 중요한 자원이라고 생각한다.

II. 일대일로와 '소프트 변경'

2017년 5월에 개최한 '일대일로' 국제협력 심포지엄은 중국이 일대일로를 전면적으로 가동한 상징적인 사건이며, 또한 중국이 피동적으로 글로벌화에 융합되는 것에서 주동적으로 '슈퍼 글로벌화'에 융합되는 것으로 전환되는 대표적인 사건이다. 6대 경제회랑은 "일대일로"의 핵심 장치이며, 동시에 무역경제를 중심으로 한 6대 국제경제국가그룹을 구축하는 기반이기도 하다.

인도 총리 만모한(Manmohan)과 파키스탄 대통령 페르베즈 무샤라프(Pervez Musharraf)는 인도와 파키스탄의 변경 충돌을 완화하기 위해 각각 2004년과 2005년에 "소프트 변경"이라는 개념을 제시하였다. 이에 따라 소프트 변경(소프트 국경)은 점차 국경문제를 해결하는 중요한 접근법으로 자리 잡기 시작하였다. 따라서 전통적인 적대국가, 관계가 악화된 국가도 변경정치를 활용 하여 변경 충돌을 완화하고, 군사 충돌 위기를 해소하고 있으며, 더욱 효과적으로 변경을 관리하고 있다.

세계 이민국가 미국은 일찍부터 '소프트 변경'이라는 개념을 제시하여 캐나다, 멕시코와 '북미자유무역협정'을 체결함으로써 인구이동과 물품유통을 관리하고 있다. 멕시코와 미국 변경에는 해마다 3억 5천명에 이르는 사람들이 합법적으로 국경을 통과하고 있다. 이는 전 세계에서 국경 통과율이 가장 높은 국가이지만, 국경은 중국 국경의 1/7에 불과하다. 중국이 전면적으로 '일대일로'를 가동한 이후, 국경 지역의 인적 교류가 점차 활성화되고 있는데, 이는 효율적인 관리 시스템을 필요로 한다.

'일대일로'의 매개체는 6대 경제회랑이다. 아울러 각각의 경제회랑을 지탱하는 핵심 버팀목은 중심도시이다. 특히 변경 중심 도시와 육지 및 항구를 쌍방향으로 통과할 수 있는 초국경 도시는 더욱 중요한 위치를 차지한다. 따라서 이 연구는 우선 6대 경제회랑에 대해 간략하게 소개하고, 다음 해당 회랑과 밀접한 연관이 있는 항구도시와 해양의 중요성에 대해 간단히 검토하고자 한다.

1. 6대 경제회랑

1) 중국-몽고-러시아 경제회랑

중국 국가발전개혁위원회(国家发改委)가 확정한 중국-몽고-러시아 경제회랑은 두 개의 노선으로 구분된다. 하나는 화북지역 북경·천진·하북(京津冀)으로부터 후허호터(呼和浩特)까지, 다시 몽고와 러시아에 이르는 노선이고, 두 번째는 동북지역의 대련(大连), 심양(沈阳), 장춘(长春), 하얼빈(哈尔滨)으로부터 만주리(满洲里), 러시아의 치타까지이다. 두 경제회랑은 상호보완적으로 새로운 개방개발 경제벨트를 조성하여 중국-몽고-러시아 경제회랑으로 지칭된다.

중국-몽고-러시아 경제회랑은 실크로드의 경제벨트와 러시아 유라시아 횡단철도, 몽고초원루트를 연결하였으며, 철도·도로 건설을 강화해 통관과 운수의 간편화를 추진하였다. 이는 초국경 운수협력을 추진할 수 있을 뿐만 아니라, 3개국의 초국경 송전망 건설, 여행·싱크탱크·미디어·환경보호·재난 감소 및 구재 등 영역에서의 협력을 추진함에 있어서도 큰 역할을 행사할 수 있다.

2) 제2의 유라시아대륙교

새로운 유라시아대륙교는 "제2의 유라시아대륙교"로 불리기도 한다. 이는 강소수성(江苏省) 런운항시(连云港市)에서 네덜란드 로테르담 항구에 이르는 국제화 철도교통노선이다. 중국 국내에서는 룽해철도(陇海铁路)와 란신철도(兰新铁路)로 구성되었으며, 대륙교는 강소(江苏), 안휘(安徽), 하남(河南), 산서(陕西), 감숙(甘肃), 청해(青海), 신강(新疆) 7개 성을 지나, 중국과 카자흐스탄 변경에 있는 아라산구(阿拉山口)에서 중국 국경을 벗어난다. 국경을 지난 이후에는 3개의 노선을 거쳐 네덜란드 로테르담 항구에 도착할 수 있다. 그 중 하나는 러시아철도 우의역(友谊站)과 연계되어 러시아 철도망과 연결되었으며, 스몰렌스크·브레스트·바르샤바·베를린을 거쳐 네덜란드 로테르담에 도착한다. 이 노선의 길이는 총 10,900킬로미터에 이르며, 30여 개 국가와 지역이 포함된다.

3) 중서아시아 경제회랑

신강(新疆)으로부터 시작해 각각 페르시아만, 지중해 연안과 아랍반도를 경유해 주로 중아시아 5개국(카자흐스탄, 키르키즈스탄, 타지키스탄, 우즈베키스탄, 투르크메니스탄), 이란, 터키 등 국가와 연계된다.

4) 중남반도 경제회랑

동쪽 주삼각경제구(珠三角经济区)로부터 시작해 , 남광고속도로·남광고속철도를 따라 남녕(南宁), 빙상(凭祥), 하노이를 거쳐 싱가포르에 이른다. 중남반도 경제회랑은 중심도시에 의지해 철도, 도로를 연결고리로 하여 인구이동, 물류, 자금류, 정보류를 기반으로 상호보완적이고 분공이 명확하며, 협력하여 개발하고, 공동으로 발전하는 지역경제체를 조성하였다. 이는 새로운 전략통로와 전략공간을 개척하는데 중요한 역할을 담당하였다.

5) 중국-파키스탄 경제회랑

신강 카스(喀什)를 시작점으로 하고 파키스탄 구와다루 항구를 종점으로 하는 이 경제회랑은 총 길이가 3,000킬로미터로, 남북 실크로드를 관통하는 중요한 중추역할을 하고 있다. 이 경제회랑은 북쪽으로 "실크로드 경제벨트"와 접해 있고, 남쪽으로는 "21세기 해상실크로드"를 연결하고 있다. 이는 도로, 철도, 석유와 가스, 광케이블 통로가 포함된 무역 회랑이다. 2015년 4월 중국과 파키스탄 양국 정부는 신강 카스시에서 파키스탄 구와다루 항구까지 도로, 철도, 석유·가스 도관, 광케이블이 보급된 "사위일체(四位一体)" 통로를 건설할 비전을 초보적으로 확정하였다. 이 기간 동안 중국과 파키스탄이 체결한 51개 협력 항목과 비망록 중에서 30개 이상이 모두 중국-파키스탄 경제회랑과 관련이 있다.

6) 방글라데시-중국-인도-미얀마 경제회랑

2013년 5월 국무원 총리 리커창(李克强)이 인도를 방문하는 기간에 경제회랑 과 관련된 제안을 하였으며, 인도·방글라데시·미얀마 3개국의 적극적인 호응을 받았다. 2013년 12월 방글라데시·중국·인도·미얀마 경제회랑 연합업무팀 제1차 회의가 곤명에서 개최되었다. 각 측은 회의기요와 방글라데시·중국·인도·미얀마 경제회랑 연합연구 계획서에 사인함으로써 4개국 정부가 협력하는 기제를 공식적으로 확립하였다.

중국과 파키스탄의 경제무역이 우선적으로 추진되는 것은 양국 국민의 양호한 관계와도 밀접한 연관이 있다. 세계적인 조사기관 "Pew Research Center"가 발표한 2015년도 아시아 각국 호감도 조사보고서에 따르면, 중국과 파키스탄 양국의 호감도는 아주 높게 나타났다. 특히 파키스탄과 말레이시아가 중국에 대한 호감도가 가장 높게 나타났으며, 반대로 조어도(钓鱼岛), 남사군도(南沙群島) 분쟁으로 인해 일본과 베트남의 중국에 대한 호감도는 현저하게 하락된 것으로 나타났다.

아시아 정세에서 중국의 '일대일로' 전략이 전면적으로 가동됨에 따라 중국과 일본의 경쟁이 격화되었다. 또한 신흥대국 인도가 일본과 연합하여 '자유회랑'을 제시함으로써 중국의 남진(南進)전략을 억제하려고 시도하고 있다. 이와 동시에 미국도 아시아 전략을 조정하고 있다. 미국은 전략 중심을 다시 아시아로 회귀하여 일본과 인도를 지지하는 "인도-태평양" 이념을 제시하였다. 따라서 '일대일로'는 중국부흥전략에서 지역질서와 정세를 변화시키는 핵심이라는 것을 알 수 있다.

요컨대, 미국-일본-인도를 중심으로 한 아시아정세와 중국-파키스탄-러시아를 중심으로 한 아시아정세가 대치하는 국면이 조성되고 있으며, 한국과 북한은 새로운 지역질서 변화에 피동적으로 휩싸이고 있다.

2. 해양 중심 사고와 북한 항구도시 전략적 지위의 변화

해양은 전 지구 총 면적의 70%를 차지하고 있으며, 유동되는 영역이다. 대륙은 지구 총면적의 30%를 차지하고 있으며, 인류가 고정적으로 거주하고 있는 장소이다. 근대 주권국가가 형성되는 과정에서 해양의 역할이 점점 커지고 있다. 식품, 에너지, 물류, 관광 등 영역은 물론, 안보와 군사영역에서도 해양의 중요성이 점차 더 부각되고 있다.

대륙의 주권은 영구적이고 확고한 주권이지만, 해양 주권은 유동성이 있는 주권이다. 그 중 해운은 경제 권력의 중요한 표현형식이다. 1,000년 이래 해운은 늘 대륙 간 운수의 주요한 교통수단이다. 현재 세계 상품 무역의 90%은 여전히 해운을 통해 완성된다. 따라서 주요한 해운통로에 위치해 있는 도시의 발전 잠재력은 거대하다. 예컨대 싱가포르가 신속하게 발전할 수 있었던 것은 말라카 해협에 의해서이다. 세계 원유의 50%, 중·일·한 90%의 원유가 이 지역을 통과하며, 일 년간 통과하는 선박은 5만여 척에 이르러, 수에즈운하의 1.5배를 초과한다.

수에즈운하는 영국이 세계 해양 패권을 유지하는 중요한 상징이다. 이집트가 주권을 회수한 이후, 매년 징수하는 통행료 수입이 54.1억달러 이상이며, 이는 매년 재정수입의 13%를 차지한다. 수에즈운하는 현대 해운을 변혁시키는 첫 혁명적 사건이다. 수에즈운하를 벤치마킹 한 파나마운하도 운명을 바꿨다. 이로 인해 미국은 중남미를 확고하게 장악하였고, 가장 가난한 나라를 부유한 나라로 바꿨으며, 어느 정도 발전했던 니카라과를 가난한 나라로 전락시켰다.

현재 중국은 세계물류시스템을 변경하려고 시도하고 있다. 중국은 강대한 경제규모의 물류를 기반으로, 일대일로의 방식으로 항로를 변경해, 중국이 주도하는 해양 무역 판도를 구축하고자 한다. 첫째, 2014년부터 2019년까지 5년 동안 400억을 투자해 니카라과운하를 완성하며 운영권은 100년에 해당된다. 이는 영국이 수에즈운하를 운영하고, 미국이 파나마운하를 운영하는 뒤를 이은 세 번째 거대한 사건이다. 둘째, 인도양을 주도하는 국가 인도의 세력을 피해 말라카 해협에 대한 과도한 의존도를 감소한다. 파키스탄과 협력하여 3,000킬로미터에 이르는 육지 철로를 건설하여 과다르항구에 이르도록 하고, 과다르항구의 장기 사용권을 확보하여 중동의 원유를 순조롭게 중국 대륙에 운수할 수 있도록 한다.

따라서 중국은 인도양 영역에서 미얀마, 태국, 방글라데시와의 협력을 강화함으로써 해당 국가의 항구를 활용하여 인도양에서의 해양 권력을 확보하는 동시에 확대하고자 노력하고 있다. 중국과 마찬가지로 아시아지역에서 해양의 중요성을 인식하고 있는 국가는 일본이다. 일본은 100여 년 전부터 동북아의 해양항구도시를 식민통치하기 시작하였고, 치밀하게 대동아통치를 계획하고 있었다. 그 중에서 두말

할 것 없이 항구도시가 중요한 역할을 담당하였다. 현재의 '대륙성 주권 사고'의 한계를 극복하기 위해 우리는 '해양-소프트 변경'이라는 접근방식을 비판적으로 검토할 필요가 있다.

중국의 서부진출이든 남부진출 전략이든 항구를 확보하는 것이 무엇보다 중요하다. 현실 중에서 북한의 항구도시는 전략적 지위가 특히 중요하다. 중국과 러시아는 물론, 한국과 미국도 일정 기간 동안 통제 혹은 협력하는 방식으로 항구도시를 선점하고자 한다. 한국은 2013년 10월에 『유라시아계획』을 발표해 러시아와의 협력을 강화하였다. 특히 러시아와 함께 시베리아 석유에너지를 공동으로 개발하여 북한의 철도와 항구도시를 통해 유럽에 수출하고자 한다. 이는 북한 각 항구도시의 지리적 우세가 점차 각광 받고 있다는 것을 충분히 설명하고 있다.

따라서 새로운 지정학적 정치·경제가 변화되고 있는 상황 속에서 북한 항구도시의 잠재적 전략가치는 급격히 상승하고 있다. 이에 따라 중국은 북한의 항구도시를 활용하여 출해구를 확보할 필요가 있으며, 심지어 제7의 경제회랑을 구축하여 동북아를 포용할 필요성이 있다. 아울러 북한에 대한 중국의 태도, 즉 충돌보다는 협력, 제재보다는 지원이 많은 전반적인 정세는 변화가 없을 것이며, 동북아 정세가 안정적으로 전환되는 시점에서 중국은 필연적으로 북한을 지지하여 전략적 협력을 강화할 것으로 추정할 수 있다.

III. 100년 전의 동북지역 "소프트 국경" 경험

1. 변경 소도시에서 동북아 요충지로

단동과 신의주는 아주 오랜 기간 동안 사람들에게 잊혀진 지역이다. 1860년의 단동(안동) 인구는 만 명을 초과하지 않았으며, 신의주의 인구는 5천 명 미만이었다. 오직 조선사신과 당시 지식인이 작성한 "연행록"만이 단동과 신의주의 지리환경, 풍속인정 및 양국 교류와 상인들의 물품교류를 기록하였다. 이 지역은 북경으로 가는 중요한 통로와 역참이었지만, 경제 무역 왕래가 활발하지 않아, 정치·경제적으로 이 시기의 단동과 신의주는 변경지역의 작은 도시에 불과하였다.

해양과 수상운수의 시각으로 역사자료를 검토할 경우에도 청나라 광서(光緒)년간 안동이 조운항구로서의 일부 역할을 수행했다는 것을 알 수 있다. 중국 청나라 광서 원년(1875년), 수정한 안동현지에는 안동이 항구로서의 역할을 명시하였다. 다만 기록한 주요 내용은 대부분 수리공사의 내용으로 안동 하천이 장기간 범람하여 순조롭게 바다로 합류하기 어렵다는 등내용을 기록하였다. 이러한 상황은 다리를 놓고 철도를 부설하면서 큰 변화가 나타났다.

안봉철도와 경의철도의 연결은 압록강유역의 경제가 한동안 신속하게 발전하고 번영하도록 하였다. 역사 기록에 따르면, "대정(大正) 6년(1917년), 안동을 거쳐 조선으로 향하는 승차 인원 규모(대부분이 조선인·일본인이고, 중국인과 기타 국가 사람이 소수임)는 76,019명, 티켓 영업액은 198,973.71위엔이다. 안동을 거쳐 만주리, 하얼빈, 장춘, 봉천으로 향하는 승차 인원(대부분이 중국인)이 2%를 차지하고, 영업액이 3,748.92위엔이다. 대정 7년(1918년) 안동철도를 거쳐 한반도를 향해 일본으로 운수하는 물품은 쌀 4,344톤, 목재 522,480톤 , 콩기름 47,276톤 , 석유 1,611톤 , 금속제품 858톤에 이른다. 이로부터 알 수 있다시피, 철도운수로 인해 단동과 신의주는 날로 번화한 교통 중심이 되었다.”

기초시설 건설 시, 두 초국경 도시의 연합효율문제를 고려하였을 뿐만 아니라, 경제영역에서 가장 중요한 에너지 개발과 사용, 토지, 노동력 배치 등에서도 치밀하게 계획하였다. 일본은 한반도와 중국 동북지역을 침략한 이후, “만선일여(滿鮮一如)”, “만선합일(滿鮮合一)”이라는 명목 하에 두 지역을 통합적으로 기획하고 종합적으로 개발하기 시작하였다. 따라서 일본은 “만주-조선 서부지역 종합 개발” 계획을 작성하여 두 지역의 자원, 노동력, 토지 등 경제요소를 최대한 통합 조정하여 더욱 많은 상품을 생산하고 전략물자를 비축하고자 하였다. 일본 점령시기 일본은 또 선후로 “산업5년계획”을 실시하여 압록강 양안과 그 주변지역에서 차량, 선박, 제철, 채굴 등 공업을 발전시켰다. 아울러 안동에서 은행과 상품 교역소를 설립하여 주식, 상품, 금전 등 금융업무를 경영하였다. 1937년 일본 “조선압록강수력발전 주식회사”와 “만주압록강수력발전 주식회사”가 함께 출자하여 압록강에서 당시 아시아에서 규모가 가장 큰 중력식 저수댐-수풍댐(水丰大坝)을 건설하였다. 또한 수풍에서 안산, 수풍에서 안동, 수풍에서 대련, 대풍만에서 봉천, 수풍에서 신의주에 이르는 고압송전선로를 구축하였다. 아울러 운봉(云峰), 의주(义州), 환인(桓仁) 등 지역에 수력전기 시설을 건설하였는데, 이러한 시설은 지금까지도 사용하고 있으며, 두 초국경 도시에서 공유하고 있다.

1911년 압록강대교가 개통된 이후, 양국의 무역도 이에 따라 확대되었다. 1920-1930년대, 단동-신인주의 무역은 빠른 속도로 증가하였다. 이 시기 조선 상인들이 단동에서 개설한 상호는 70여 개에 이른다.1918-1931년 안동과 조선의 수출입 무역액은 매년 평균 27,312,487해관량(海关两)에 이른다. 안동과 신의주가 통상한 이후, 일본 식민주의자는 두 항구를 통일로 관리하기 시작하였다. 두 도시는 동북아지역에서 가장 중요한 해상교통 중심지가 되었다. 1926-1928년, 단동항의 대외무역은 전성기에 이르렀다. 안동해관의 통계에 따르면, 해마다 안동항구를 왕래해는 선박은 1,196척에 이르고, 대외무역 총액이 10,701만해관량에 이르러, 영구항(营口港)을 초과하였다. 안동항구는 동북지역에 서 대련 다음으로 제2의 무역항과 요동(辽东)의 상업무역 중심지로 부상하여, "국제 도시"로 자리매김하였다.

신의주의 부흥과 대규모 건설도 일본 식민지 통치시기에 진행되었다. 1904년 2월 일본은 러시아와의 전쟁을 위해 서울에서 압록강까지 이르는 군사용 철도를 부설하기 시작하였는데, 철도 노선의 북쪽 기차역이 바로 신의주이다. 일본은 신의주를 대동아의 관문으로 간주하고, 일-러전쟁, 일-청 전쟁시기에 모두 중요한 군사보급소로 활용하였다. 1905년 일-러전쟁 이후, 일본은 임시 군사용 철도를 경의철도노선으로 개량하였다. 이에 따라 신의주 기차역을 중심으로 주변에 거주하는 주민이 점차 많아졌으며, 주변지역으로 확산되었다. 일본은 끊임없이 신의주에 우체국과 세관 등 행정기구를 설치하여 도시의 기능과 행정적 지위를 향상시켰다. 1910년 일본은 또 평안북도의 도청을 의주에서 신의주로 옮겼다. 1911년『안봉철도와 조선철도 국경 개통 협정』을 체결한 이후, 신의주는 압록강유역과 중국 동북지역 자원의 운수 중심지이자 화물 집산지로 자리잡았다. 1914년 행정구획을 조정한 이후 신의주는 평안북도의 수부(首府)가 되었다. 당시 신의주의 인구 규모도 급격히 증가하였는데, 1907년 1,398가구 5,981명에서 1940년 11만 명으로 증가하였다. 신의주는 당시 규모가 비교적 큰 공업항구도시로 발전하였으며, 현재 북한 제2의 대도시로 발전하는 기반을 마련하였다.

메이지 40년(1907년)의 인구구조는 아래와 같다. 일본인(내륙사람) 522가구 1,535명, 조선인 766가구 3,929명, 중국인 110가구 1,398명이다. 당시 안동의 인구구조도 아주 다양하였다. 일본은 끊임없이 도시를 확장하여 일본인 규모를 확대하였고, 황무지를 개간한다는 명목 하에 조선인을 이주시켰다. 이로 인해 두 초국경 도시는 다국적, 다민족의 국제도시로 변모하였다. 당시 신의주에서 상업활동에 종사하는 화교들이 아주 많았으며, 그들이 운영하는 상가도 상당수 있었다. 일본인은 고급 호텔을 운영하였고, 1936년에 통항된 이후에는 관광업도 발전하기 시작하였다. 당시 신의주-봉천의 항공권은 17원, 신의주-도쿄 130원, 신의주-후쿠오카 65원, 신의주-평양이 12원이었다.

1938년 12월 일본은 안동항구에 신의주항구를 통합하여 운영하기 시작하였다. 신의주항구가 내륙하천 항구인 관계로 해안 항구의 기능을 강화하기 위해 다사도(多獅島)항구를 건설하였다. 1939년 일본식민기구 조선총독부는 "4개 계획령"을 발표해 다사도를 신의주와 만주를 종합적으로 개발하는 임시항구 공업도시 건설계획에 포함시켰다. 이는 또한 "신의주-다사도 개발계획"으로 불린다. 같은 해 7월, 39.5킬로미터에 이르는 신의주와 다사도를 연결하는 철도가 개통되었다. 1941년 수풍수력발전소 송전선로가 다사도에 연결되었다. 조선노동 자, 일본주민, 화교·화상이 증가함에 따라 신의주는 점차 조

선 서북지역 경제· 정치·무역 영역에서 중요한 교통 중심지로 발전
하였다.

IV. 단동-신의주 국경교류에 대한 새로운 접근

1. 국가전략으로서 단동발전모델은 성공할 수 있는가?

2003년 중국은 "동북지역 등 노공업기지의 조속한 조정과 개조를 지
지한다"는 전략을 제시하였다. 같은 해 10월, 중공중앙과 국무원에서
는『동북지역 등 노공업기지 진흥전략에 대한 몇 가지 의견』을 발표
하였으며, 2007년에는『동북지역 진흥 계획』을 작성하였다. 그 이후
2009년, 2012년, 2013년에는 또 선후로『동북지역 등 노공업기지 진
흥전략을 한층 더 깊이 실시하는 몇 가지 의견』,『동북진흥 "125" 계
획』,『전국 노공업기지 조정 개조 계획(2013-2022년)』을 발표하였다.
또한 국무원에서는『동북 노공업기지의 대외개방을 진일보로 확대하
는 의견』,『중국 도문강 지역 협력 개발 계획 강요』,『요녕 연해 경제
지역 발전 계획』등 3개의 국가정책을 통과시켰다. 따라서 중조 변경
지역 단동과 연길의 개발 개방이 모두 국가전략에 포함되었다.

비록 단동, 연길 등 변경지역 도시가 큰 발전을 이루었지만, 국가
전략 발전 대상으로서 다른 연해도시와 비교할 때 여전히 발전 속도
가 느리고, 발전규모와 질적인 차원에서 큰 차이를 보이고 있다. 단동
은 독특한 지리적 우세로 인해 괄목할 만한 성과를 이룬 경험이 있지

만, 전반적인 발전전략이 요녕 경제를 기반으로 하고 있기에 내향성 지역발전모델에서 벗어나기 힘들다.

2. 북한의 "학습모방"은 성공할까?

단동의 발전 속도는 건너편의 신의주에 비해 아주 월등하다. 북한은 신의주를 발전시키기 위해 다양한 노력을 하였으며, 중국의 개혁개방 모델을 벤치마킹하여 특구를 설립하였다. 심지어 일부 조치는 이미 개혁개방 초기의 특구 경제 모델을 뛰어넘어 과감하게 권력을 아래로 이양시키고, 외국인을 특구 행정 장관으로 임명하는 등 괄목할 만한 행보를 보였다.

1990년대부터 2000년대 초반까지 일련의 정책 변화를 자세히 검토해보면 알 수 있다시피, 북한은 적극적으로 세계경제체제에 융합되려고 노력하였으며, 어느 정도의 성과를 취득하였다. 예컨대 1991년 나진-선봉자유경제무역지대 설립을 발표하였으며, 청진항을 자유무역항으로 지정하였다. 1992년에 헌법을 수정하여 기관, 기업단체가 해외의 법인 혹은 개인과 기업 합병, 협력을 추진하도록 독려하였고, 경제특구에서 다양한 기업을 설립할 것을 지지하였다. 또한 1992년과 1993년에는 『외국인독자기업법』, 『합작법』, 『외국인소득세법』 『외국인투자법』, 『외화관리법』 등 일련의 법률 법규를 제정하여 자유경제무역 지대가 해외투자를 유치할 수 있도록 우월한 제도적 기반을 마련하였다. 1997년 6월 북한은 또한 항구도시 남포와 원산에서 면세구역을 개설하기로 결정하였다.

2000년 북한 최고 지도자 김정일이 중국을 방문하였다. 방문기간 그는 상해 포동신구 등 경제특구를 시찰하였고, 귀국 후에는 북한의 발전전략을 조정하였다. 2001년 북한 신년사설은 "새로운 사고"를 제시하였다. "새로운 사고"는 "새로운 시대의 요구에 적응해야 하고, 사상관념·사고방식·투쟁기조·업무태도에서 근본적인 변화를 가져와야 하며, 이것이 우리 앞에 놓인 가장 시급한 문제이다"라고 지적하였다. 2004년 북한은 『사회주의상업법』을 개정하여 상업운영기제를 "배급제"에서 "유통제"로 전환시켰다.

북한은 아주 강력하게 대외개방 영역에서의 정책 조정을 추진하였다. 2002년 하반기 북한은 선후로 신의주(2002년 9월), 금강산(2002년 10월), 개성(2002년 11월) 3개 경제특구를 개설하였다. 이와 동시에 대외무역 권한을 점차 중앙정부에서 시, 군, 기업으로 이양하였으며, 출입국 수속 등도 기존의 당과 정부 각 부서에서 통일로 무역성으로 변경하였다.

2002년 9월 12일 북한 최고인민회의 상임위원회에서는 『신의주 특별행정구 기본법』을 통과시켰는데 이는 신의주 특별행정구의 정식 성립을 의미한다. 네덜란드국적의 화인(華人) 양빈(杨斌)이 첫 신의주 특별행정구 행정장관으로 임명되었다. 그러나 양빈이 범죄사건에 연루되어 중국 공안부서에게 체포되자 신의주특구의 건설은 정체되었다. 2002년 8월 북한 내각에서는 신의주 특별 행정구를 폐쇄한다는 명령을 발표하였으며, 동시에 신의주 특구창설준비위원 회를 민족경제협력연합회로 합병시켰다. 이에 따라 야심차게 개설했던 "특구 경제"가 막을 내렸다.

이상으로 단동과 신의주의 일련의 적극적인 개방정책을 간략하게 검토하였다. 비록 두 도시 모두 국가전략발전계획에 따라 실제 행동으로 옮겼으나, 그 결과는 100년 전의 모습과 사뭇 다르다. 이러한 시도의 실패는 2005년 후진타오(胡錦 涛)가 북한을 방문하여 양국 변경도시의 발전을 조정하는 협의안에서 그 실마리를 찾을 수 있다. "해양-소프트 변경"이라는 시각으로 초국경 도시를 공동으로 설계하고 개발한다.

단동과 신의주는 두 쌍둥이 남매와 같이 중국과 한반도를 연결하는 연결 고리이며, 동북아의 중요한 요충지이다. 1939년 2월 16일, 일본 총무청에서는 『대동항도읍계획』을 제정하여 낭두(浪头)에서 삼도구(三道沟)까지 동항시 동사무소 안강촌을 인구규모가 200만 명에 이르는 공업도시로 건설하고자 하였으며, 1969년까지 계획을 실현하고자 하였다. 현재의 단동 발전계획도 1939년의 모습에서 벗어나지 못하였다. 단동뿐만 아니라, 신의주의 경제, 도시기획도를 검토해 본다면, 신의주도 마찬가지로 철도로 연결한 다사도를 포함한 일본인의 설계도를 기반으로 신의주가 기획되었다는 것을 알 수 있다. 일본인이 출중한 것이 아니라, 식민통치자로서 두 도시를 하나의 경제영역 범주에서 도시 발전을 기획하였기에 최종적으로 지정학적 우세를 활성화 시켰기 때문이다.

일본 항복 이후, 양 국가의 두 도시는 각자 독립적으로 발전하여 교류가 점차 감소되었다. 두 도시는 각자 국가주권경제, 계획경제에 편입되어 진정한 변경이 되었다. 현재 중국의 경제무역은 신속하게 발전하고 있지만, 동북지역은 여전히 낙후하다. 또한 북한은 "특구"가 실패한 이후 더욱 신중해졌다. 설상가상으로 국제환경도 열악한 현실이다. 2017년 UN의 제8차 경제제재가 진행 중에 있으며, 양국의 경제교류는 축소되고 있는 실정이다.

요컨대 중국의 '일대일로' 대전략 하에 '해양'이 점차 핵심주권으로 부상하고 있다. 따라서 평화공영의 방식으로 변경도시를 개발하고 발전시키는 것은 주변 국가의 인정과 신뢰를 얻을 수 있다. 국제질서가 변화되고 각 국의 이익이 조정되고 있는 가운데, 중국과 인도·일본·베트남의 충돌이 격화되고 있고, 유럽·남미·서아시아·동남아 국가와의 협력이 갈등보다 많은 상황이다. 이러한 상황 속에서 한반도의 지정학적 위치는 특히 중요하며, 장기적이고 근본적인 이익에서 고려할 때 북한과의 협력을 강화해야 할 것이다.

서론에서 언급했다시피, 우리는 인도-파키스탄 지도자가 제시한 "소프트 변경" 이념을 활용해 변경지역의 경제·문화·정치 교류를 확대할 필요가 있다. 따라서 중국 단동과 북한 신의주를 시작점으로 북한 핵심도시의 철도와 도로, 석유수송통로를 연결하여 개성을 관통해 한국 서울까지 연결해야 한다. 또한 해상통로를 건설하여, 육지와 해양을 병행함으로써 동북아 각국과 함께 "국제 제7의 경제회랑"을 건설해야 할 것이다.

V. 두만강유역 지정학적 위치와 초국경협력의 중요성

1. 동북아 협력의 중심지로 부상하고 있는 두만강유역

중국의 '일대일로' 전략구상에 따른 6대 경제회랑 건설 추진과 러시아의 EAEU와 '신동방정책'에 따른 극동지역 개발이다. 그리고 최근 제

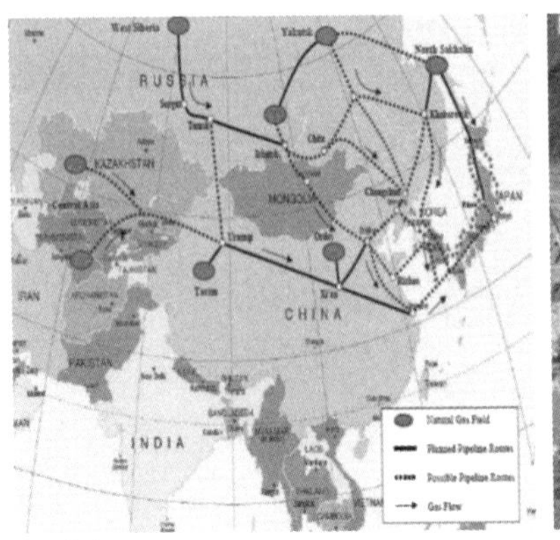

그림 1

자료: (좌) 신범식, "네트워크론으로 본 동북아 석유·가스 파이프라인망 구축: 한국 에너지안보를 위한 설계 시론 −1" 검색일: 2015.6.12); 〈http://network-politics.ne.kr/userData/board/Seminar5_Shin.pdf〉
(우) 윤재영, "동북아 수퍼그리드(SUPERGRID) 구상과 전망", 『세계 에너지시장 인사이트』, 제13호(2013), p.9.

기되고 있는 TEBR, 몽골의 '트렌짓 몽골리아'와 '초원길 이니셔티브', 한국의 '유라시아 이니셔티브'가 함께 결합될 수 있는 최적의 협력프로그램은 중국−한반도 경제회랑을 핵심으로 하는 동북아 경제회랑 구축이라 할 수 있다.

동북아 경제회랑의 구축의 중심지역이 두만강유역임이다. 남북한과 중국, 일본, 극동러시아와 몽골에 이르는 동북아 경제권은 이제 세계3대 거대 경제권으로 부상하고 있다. 북한 핵문제와 한반도평화프로세스가 구축되면 두만강유역의 발전가능성은 무궁하다.

지금의 한반도는 화약통처럼 전쟁의 냄새가 짙지만, 역으로 그만큼 지정학적으로 중요하고, 공동개발의 가능성도 높다는 것을 보여주고 있다. 문재인정부는 평창올림픽을 통하여 평화메시지를 전 세계에 전달하며, 한반도의 평화와 협력이란 레짐을 구축하고 있다. 따라서 적극적으로 중국의 '일대일로' 전략을 활용하며, 미국주도의 아시아 질서 구축에서 한반도와 아시아의 공동이익에 도움이 되는 전략을 택하고 선택하는 것이 중요하다. 이러한 교육인적네트워크구축이 평화적이고 세계적인 것이다.

북한은 각종 압박을 받고 있지만 평화적 분위기 조금씩 형성되면 담판장에 나올 것이며, 경제협력에 참여할 것이다. 동북아 각국이 경제협력을 원하고 다양한 협력관계를 모색하고 있는 시점에 다각화된 초국경경제협력이 더 절실히 필요하다. 몽골, 러시아와의 협력, 나아가서 일본을 포함한 몽골, 러시아를 거쳐 교역을 할 수 있는 초국경협력의 대안 마련의 연구도 필요성이 부각되고 있다.

두만강유역에서 진행되고 있는 '나진-하산 프로젝트' 등 여러 가지 협력사업들은이러한 요구를 반영하고 있는 것이라고 할 수 있다. 나아가서 중-러, 중국-몽골의 경제회랑의 구체적인 전략을 파악해야 하며, 실제 어느 정도 진행되었는지 파악해야만 구체적인 대안을 마련할 수 있다.

이처럼 지경학적으로 중요한 두만강유역의 개발은 이 지역을 둘러싼 인접국들의 경제적 편익 증대에 기여할 뿐만 아니라 남북관계의 개선, 그리고 나아가 동북아지역의 협력과 번영의 기반을 다지는 데에 중요한 의미를 지니고 있다고 판단된다.

두만강유역은 남북정치, 경제, 문화교류의 장이자, 갈등을 약화시키는 완충지대로서의 전략적 가치가 돋보이는 지역이다. 최근 개성공단폐쇄, 남북정국의 경색됨에도 불구하고 중국의 '일대일로'정책의 지속적인 추진으로 두만강유역의 관심은 여전히 식지 않고 교류가 폭넓게 진행되고 있다. 중국은 러시아를 건너 한국으로 연결하는 무역루트를 적극적으로 개발하고 있는 것으로 보인다.

중국과 대치하고 일본도 두만강유역에 깊은 관심을 갖고 적극적으로 참여 의사를 갖고 있다. 일본은 한편으로 인도-태평양 질서구축에 선도하면서 다른 한편으로 중국과 화해와 협력으로 '일대일로' 승차하는 메시지를 전달하고 있다. 이런 이중적이고 딜레마적인 전략의 평행점이 바로 북한이 있는 한반도이며, 두만강유역이다.

중국과 북한의 관계에서 볼 때, 양 국은 정치적 관계가 냉각함에도 불구하고 두만강유역의 접경도시들의 활발한 교역이 일어나고 나고 있으며, 중국의 국경도시 화룡지역이 북한의 요청으로 특화된 국경도시로 계획하고 발전시키고 있는 것은 중앙, 지역차원에서 다양하게 교류협력방식이 구축되었다는 것을 보여준다.

중국의 '창지투선도전략'을 이어 일대일로의 확장으로 두만강유역

그림 2

자료: "'개성공단' 정세불안으로 성공 못 해, 라선은?" 『데일리NK』(온라인), 2011년 5월 11일; 〈http://www.dailynk.com/korean/read.php?cataId=nk00100&num=90537〉

의 집거한 중국동포, 연해주지역의 러시아를 중심으로 한 CIS동포들의 역할이 부각되고, 전략적으로 경제, 문화의 교류역할을 담당하며, 남북관계가 악화될 때 두만강지역은 화교, 중국동포들이 최소한의 생계형교역을 진행하고 있다는 것이다.

2. 두만강유역 초국경협력의 교육인적자본기반 구축의 필요성

두만강 하류지역은 동북아 경제회랑의 핵심지역임에도 불구하고 교육인적자본이 약하다. 중국 동북3성의 인구, 경제규모에 비해 연변지역의 한민족 교육인적자원은 고갈되고 있으며, 북한의 장기적인 경제침체로 두만강유역의 핵심구역인 함경북도의 인구 및 경제기반도 매우 약하다.

통일한국의 미래를 고려할 때 중국의 적극적인, 집중투자와 적극적인 교육인력자원의 육성에 비해 준비를 철저히 하지 않으면 일방적인 종속관계로 주변국에 흡수될 우려가 있다.

북한 함경북도 인구는 232만7천 명 정도이며, 그 면적은 1.5만 km^2이다. '일대일로'로 본격적인 개발이 진행됨에 따라 중국인구가 두만강유역에 유입됨으로써 인구격차와 자본격차가 늘어나며, 공간적, 경제적 종속이 더 빠르게 진행되고 있다.

중국의 한족인구는 급속도로 증가하는 반면, 두만강유역을 중심으로 재중동포의 인구유출은 최근 20년간 급증하면서 농촌공동화, 인재결핍, 민족동화가 가속화되면서 중국동포사회가 해체되는 위기가 초래되었다.

두만강집거지역에서 방어벽과 완충지대로서 중요한 역할을 하는 재중동포집거지 해체는 통일한국에 대비하였을 때 거대한 손실이다. 국책차원의 접근도 필요하지만, 민간기관들의 자발적인 질 높은 교육 인적네트워크를 구축하여 자생능력의 확보와 두만강을 둘러싼 다국적 경합에서 밀려나지 않고 상생할 수 있는 대안을 찾는 것이 절실하다.

VI. 문재인정부의 신남방정책과 '일대일로'의 부분으로 "차마고도"와 동남아루트

문재인정부가 들어오면서 가장 눈에 띤 변화는 "아세안"에 대한 중시와 "신남방정책"의 발표이다. 2011년에 미국 국무장관 힐러리는 중국을 견제하고 중동지역에 투자한 전력적 자원을 극대화하기 위해 "아프칸-인도"를 연결시키는 "뉴실크로드"를 선포하였다. 이는 중국의 일대일로보다 2년 앞서 선포한 전략이며, 아시아-태평양으로 희귀를 선포한 대표적인 사건이다.

그리고 일본-미국은 적극적으로 인도와 손을 잡고 인도-태평양전략을 구사하고 있다. 한국은 한-미-일 군사동맹에 압력을 느끼고 경제수준과 안보로서 한미동맹에 관심을 갖고 있으며, 중국과 경제협력이 지속적으로 필요함에 있어서 중국의 일대일로의 유통망을 활용할 수 있는지 고민하면서 새롭게 아세안과 협력할 수 있는 제5의 파트너를 찾고 있다. 4강외교에서 5강외교로 전환하는 중요한 시점에 동남아전략과 중국의 남진정책을 살펴보면서 교육인적자원을 구축할 수 있는 대안을 찾아야 한다.

본 연구팀은 이런 목적에서 중국 운남성을 탐방하였고, '차마고도'를 탐방하면서 현실적으로 '일대일로'연결되는 '남방실크로드'를 주목하게 되었다. 이번 조사에서 중국의 거대한 전략은 전통과 역사가 있기에 강한 그 자신감이 뒷받침 되는 것에 "차마고도"란 역사전통의 재발견이다.

그리고 중국이 동남아국가와 국경을 맞대고 있는 과경민족들은 초국경협력의 중요한 자원으로 활용되고 있다. 이는 중국의 한족 중심의 화교뿐 만아니라, 백족 등 소수민족들이 국경을 넘어서 미얀마, 라오스, 태국 등 지역에서 형성한 인적자원들이 백족지역의 발전에 영향을 미치고 있으며, 지금은 "화교"로서 대접을 받고, "일대일로"전략 실천의 중요한 파트너라는 점을 발견하였다.

차후, 북한과의 교류에서 "조교", "조선족", "고려인", "탈북자" 등 다양한 집단들이 다양한 차원에서 교육인적네트워크를 구축하고 통일민족국가를 대비할 수 있는 중요한 자원으로 활용할 때 시사점을 주고 있다.

VII. 기대효과와 시사점

두만강지역 초국경인적네트워크구축은 시기적절하다. 각국의 전력적 정책을 펼치고 있는 시점에 주변 국가의 자원을 상호활용하여 초국경 사회자본으로 활용할 가능성이 충분히 있다.

한국의 '유라시아 이니셔티브'와 중국 시진핑 국가주석의 '일대일로', 푸틴의 '신동방정책'은 공통분모가 있으며, 또한 북한의 "특구경제"와 이어지면서 정책브리지를 충분히 활용하면 서로 윈-윈할 수 있는 새로운 대안적 지식과 경험을 쌓을 수 있다. 또한 통일을 대비하여 다양성 풍부한 지정학적, 지경학적 공간에 대한 인식과 저변을 넓힐 수 있을 것이다.

지정학적으로 민감한 지역에서 충돌을 최소화면서 협력을 강화할 수 있는 현실적인 경험과 노하우를 얻을 수 있다. 중국지역에서 학술, 교육, 통일네트워크를 구축하는 방법으로 중국식 '일대일로' 정책을 지원하고 실시하는 파트너로 인식될 때, 서로 정치적 피해를 최소하면서 신뢰를 쌓을 수 있는 현실적인 방법이 보였다.

양보다 질적인 우위를 확보하기 위해 두만강유역의 프로젝트 참여서 정확한 인구 등 기초자료를 축적함으로써 정확한 판단의 근거를 마련하는 연구기반(연구소 등)을 구축하고 활용할 수 있다.

그래서 2015년 사업에서 연변대학 민족연구원과 공동으로 건립한 '두만강연구소'를 적극적으로 활용하였고, 공동으로 조사연구를 진행함으로써 교육인적네크를 구축하였다.

본 사업단은 해상실크로드출발지역과 중-러, 중-몽지역, 서아시아의 교역의 중심지이며 고대실크로드의 중심인 차마고도를 현장답사였으며. 이를 기반으로 현장감 있는 교양도서 출판을 준비하고 있다.

나아가서 '일대일로'와 초국경협력연구분야의 권위 있는 전문가 20명을 인터뷰하여 권위 있는 보고서를 내고자 하였으며, 중국 광동성의 해양실크로드센타, 중국 운남대학교의 차마고도연구소, 중국 연변대학교의 민족연구원과 "두만강연구소"를 공동운영하면서 초국경연구와 인적기반구축을 부단히 확장하여 가고 있다.

::참고문헌

金元燒(清). 『重修安东县志』. 成文出版社有限公司印行. 1875.

曹阳. 『安奉线铁道修建始末』. 丹东日报. 2007.11.2.

解学诗. 『伪满洲国史新编』. 人民出版化. 1995.

金哲主编. 『辽宁省与朝鲜经济合作研究』. 辽宁民族出版社. 2010.

丹东市地方志办公室. 『丹东市志(1876-1985)』. 辽宁科学技术出版社.
        1993.

丹东市地方志办公室. 『丹东市志(1876-1985)』. 辽宁科学技术出版社.
        1993.

新义州商工会议所. 『新义州商工安内』. 新义州商工会议所发行. 1942.

新义州商工会议所. 『新义州商工安内』. 新义州商工会议所发行. 1942.

李海英·李翔宇主编. 『西方文明的冲击与近代东亚的转型』. 中国海详
        大学出版杜. 2013.

(韩)国际情报研究院. 『2004年北韩经济总览』. 2004.

:: 헌법 · 통일법센터

남북한 법제도 통합을 위한 주요 과제＿

이효원

목차

이효원　서울대학교 법과대학/법학전문대학원 교수

I. 서론

남북통일은 정치적 통일만이 아닌 남북한 주민의 사회심리적 통합을 포함한다. 이것은 단일국가를 형성하는 것으로 완성되는 '상태'가 아니라 단일국가를 만들어가는 '과정'이다. 남북통일은 분단의 역사적 상처를 극복하고 단일한 국가공동체로 통합될 때 비로소 완성된다고 할 수 있다. 남북한의 법제도의 실태를 파악하고 법제도적인 연구를 통해 통일을 준비하는 것은 이러한 전제를 기초로 해야 한다. 즉, 법은 통일달성을 위한 수단이자 통일을 달성하였다는 징표이며, 남북한 주민의 주권적인 의사를 바탕으로 평화적인 법제도에 따른 통합이 이루어져야 진정한 통일이 되었다고 할 수 있다. 이러한 과정을 통해 안정적이고 예측가능한 통일한국의 미래상이 달성될 수 있고, 남북통일의 모든 과정은 자유민주주의, 법치주의, 국민주권주의, 평화통일주의 등 헌법적 이념과 가치를 전제로 하는 법제도에 의해 규율되어야 한다. 이러한 헌법원칙은 통일국가가 지향해야 하는 가치이자 이념이며, 남북통일 과정에서 남북한이 추구해야 할 규범적 기준이 된다.

통일국가를 준비하기 위한 법제도에 대한 연구는 통일국가의 헌법적 가치에 부합해야 한다. 이는 남북한의 분단상황에서 남북관계를 발전시켜 교류협력을 확대하는 기준인 동시에 통일과정을 관리하는 통제규범이 된다. 헌법·통일법센터는 2017년에도 헌법과 통일법에 대한 학술회의와 정책세미나를 개최하고, 남북관계의 현안을 비롯하여 통일과정에서 제기될 것으로 예상되는 법적 쟁점을 체계적으로 분석하고 연구하여 그 법적 인프라를 구축하기 위하여 노력하였다. 우리 센터는 헌법과 통일법에 관한 책과 논문을 출간하였으며, 통일부 등 유관기관과 협력하여 학술지와 통일관련 자료집을 발간하였다. 또한, 대학생들을 위한 통일교육 프로그램을 운영하였고, 대학원에서도 정규 수업을 통해 통일법을 연구하였다.

본 장에서는 서울대학교 헌법·통일법센터가『통일기반구축사업』지원사업을 통해 활동하고 연구한 성과물의 주요 내용을 소개한다.[1]

II. 통일법의 대상과 범위

1. 대상

통일법의 대상은 일률적으로 확정하기 어렵다. 통일을 지향하기 위한 과정과 결과의 측면에서 고려해야 할 주제와 쟁점이 매우 다양하기 때문이다. 하지만, 현행 법제도에 대한 연구와 고찰을 통해 평화통일을 위한 원칙과 구체적이고 세부적인 과제들에 대한 해결책을 제시할 수 있을 것이다. 통일법은 '남북한의 통일국가를 목적으로 하는 일련의 규범체계'를 의미하며, 남북한 주민 전체가 전쟁과 이산의 고통을 벗어나 자유민주주의를 실현함으로써 인간의 존엄과 가치를 바탕으로 자유와 행복을 향유하는 국가공동체를 형성하기 위한 규범적인 기준을 제시

---

1 본 단행본과 본 장은 '사업내용 및 성과에 대한 안내' 또는 '연구결과를 중심으로 한 내용'의 공유라는 목적하에 기존 결과물을 요약한 것이므로 자세한 내용은 각 사업별 각주에 표시된 원문을 참조할 것.

하여 준다. 이를 위한 통일법의 연구영역과 범위는 크게 규범권역(남한법, 북한법, 국제법), 규율영역(안보법, 교류법), 시간순(분단, 통일과정, 사회통합), 비교법(독일, 예멘, 중국 등)으로 나누고 있다. 이를 바탕으로 통일과정과 통일 이후에 다루어야 할 연구범위와 중요과제를 현안과제와 중장기적 과제로 구분할 수 있다.[2]

서울대학교 헌법·통일법센터는 2014년부터 매 학기별로 대학생 및 대학원생을 대상으로 통일법 강좌를 운영하고 있다. 남북관계의 현실을 반영하여 매 강좌마다 10개의 주제를 정하여 통일법 전문가인 학자, 변호사, 판사, 검사 등 강사들을 초빙하여 통일법의 입문과정으로 통일법의 기본적인 대상에 대해 강의하고 있다. 이를 통해 통일법에 대한 기초적인 지식과 정보를 제공하고 있으며, 통일법 입문자에 대해 학문적 동기를 부여하고자 하고 있다. 또한, 법학대학원 석사와 박사과정 학생들을 중심으로 매월 정기 세미나를 개최하여 통일법의 핵심 쟁점에 대해 연구하고 있다. 특히, 2017년에는 독일의 연방헌법재판소가 독일통일에 관하여 결정한 주요 사례를 번역하는 작업을 진행하였다. 남북한의 평화통일에 중요한 시사점을 제공하는 기초자료가 될 것으로 기대한다.

2. 주요 범위

1) 남북한 헌법의 비교[3]

통일법에 대한 연구는 남한과 북한의 헌법을 비교하는 것에서 시작해

2　이효원, 『통일법의 이해』, (서울: 박영사, 2014), pp. 1~26.

3　이효원, 『통일헌법의 이해』, (서울: 박영사, 2016), pp. 1~65.

야 한다. 대한민국 헌법 제4조는 평화통일의 원칙과 자유민주적 기본질
서에 입각한 평화적 통일정책을 수립하고 추진할 것을 규정하고 있다.
즉, 남북통일은 헌법적 의무에 해당하며 규범적으로 당연한 것이다. 다
만, 통일국가 달성 방식과 절차는 상황에 따라 다르게 결정될 것이지만,
절차적인 측면에서는 남북한 전체 주민의 주권적 의사를 바탕으로 하
여야 하며 내용적인 측면에서는 인간으로서의 존엄과 가치를 바탕으로
자유롭고 평등하게 행복을 추구할 수 있는 공동체가 되어야 한다. 통일
을 위해서는 이러한 이념과 가치를 단일한 체제로 구성하는 것이 필요
하며, 그러한 연유로 남북한 헌법을 살펴보아야 한다.

남한 헌법은 국민의 기본적 자유와 권리보장을 강화하고, 자유시장
경제질서를 기초로 하면서 사회국가원리와 조화로운 발전을 도모하고,
국가권력의 작동형태로는 대의제도 및 권력분립을 원칙으로 한 대통
령중심제 정부형태를 취하며, 국민 기본권 보장과 헌법 규범력 담보를
위한 헌법재판제도를 두고 있으며, 평화통일을 헌법원리로 채택한다는
특징이 있다. 반면, 북한 헌법은 주체사상과 선군사상을 지도적 지침으
로 하면서, 조선노동당이 법에 우선시 되며, 모든 법이 공법적 성격을
지니며, 개인의 의무가 권리에 우선한다는 특징이 있다.

2) 남북한의 통일정책[4]

통일법을 적실성 있게 연구하기 위해서는 남북한의 통일정책을 이해할
필요가 있다. 남한의 민족공동체 통일방안은 자유민주주의를 바탕으로
자주, 평화, 민주를 통일원칙으로 하고 있다. 통일의 주체는 민족 구성

4　통일부, 『2017 통일문제 이해』, (서울: 통일부 통일교육원, 2017), p. 156.

원 전부로 하고 있으며, '화해·협력 → 남북연합 → 통일국가 완성(3단계)'를 통일 과정의 모델로 삼고 있다. 통일국가 실현절차에 있어서도 통일헌법에 의한 민주적 남북한 총선거를 실시하고 최종적으로 "1민족 1국가 1체제 1정부"의 통일국가를 지향하고 있다. 자유·복지·인간존엄성이 보장되는 선진 민주국가를 위하여 통일국가의 기구는 통일정부와 통일국회(양원제)를 상정하고 있다.

반면, 북한의 고려연방제 통일방안은 주체사상을 바탕으로 자주, 평화, 민족대단결을 통일원칙으로 하고 있는데 이 원칙에 따라 국가보안법 폐지, 공산주의 활동 합법화, 주한미군 철수를 전제조건으로 하고 있다. 통일의 주체는 프롤레타리아 계급으로 하고 있으며, 연방국가의 점차적 완성으로 제도적 통일은 후대에 하는 것을 통일 과정의 모델로 삼고 있다. 통일국가 실현절차에서도 연석회의 방식에 의한 정치협상을 지향하며 최종적으로 "1민족 1국가 2제도 2정부"의 연방국가를 상정하고 있다. 정부기구도 최고민족연방회의 및 연방상설위원회라는 기구를 상정하고 있다는 점에서 남한과 차이가 있다는 것을 보여준다.

3) 남북관계의 법적 성격과 규범체계[5]

남북한 특수관계론은 남북관계에서 발생하는 법률의 충돌과 모순을 해결하는 이론적 도구이자 헌법규범과 헌법현실, 그리고 남북한의 국내법적 지위와 국제법적 지위의 모순을 합리적으로 설명하는 규범적 분석틀을 의미한다. 남북한이 연관되는 국내법적 규범영역에서는 국제법원칙을 적용할 수 없고, 북한의 이중적 지위를 반영하여 국내법 또는

---

5 이효원, 『남북교류협력의 규범체계』, (서울: 경인문화사, 2006).

국제법원칙을 탄력적으로 적용하여야 한다. 국제법적 규범영역에서는 국제법 원칙을 원칙적으로 적용하되, 남북관계의 특수성을 최대한 반영하여야 한다. 이에 따른 근거로는 헌법 제3조 및 제4조, 남북합의서, 헌법재판소 결정례, 대법원 판례 등이 있다. 또한, 규범체계의 특징으로는 남한의 통일정책 수립 및 추진에 대한 정당성을 부여하며, 남북관계에 관한 국가권력 행사를 통제하며, 남북한 주민들의 인간의 존엄 및 가치를 보장하고 국민으로서의 자유와 기본권을 보장하는 근본규범으로서 작용하며, 잠정성과 개방성 및 동태적 발전성을 포함하고 있다. 이를 바탕으로 북한주민의 법적 지위, 북한이탈주민의 가족법률관계, 민사문제 충돌, 형사사건 충돌, 개성공업지구 등 법률분쟁해결, 남북한 경제교역의 민족내부거래성 인정 등을 해결하는 근거가 될 수 있다.

4) 남북합의서의 규범적 효력[6]

남북관계를 법치주의의 틀 안에서 체계적으로 규율하기 위해서는 남북합의서의 법적 성격과 효력에 대한 이론적 검토가 필요하다. 이를 위해 기존에 체결된 남북기본합의서와 주요 합의서를 살펴보고 그 법적 성격과 효력에 대한 내용을 검토한다. 남북합의서의 조약으로서의 성격을 인정하여 헌법과 법률에 따른 조약체결에 관한 규정을 준수할 필요가 있는데, 『남북관계발전에 관한 법률』은 남북회담대표와 합의서 체결 절차 등 원칙적인 규정을 명시하고 있다. 이 법률에는 통일부 장관 보좌하에 국무회의 심의를 거쳐 대통령이 남북합의서체결, 비준의 주체가 되는 내용(제21조 제1항, 제2항), 국회동의 또는 국무회의의 심의를

---

6   이효원, 『통일법의 이해』, (서울: 박영사, 2014), pp. 127~162.

거친 남북합의서의 대통령 공포(제22조), 남한과 북한 사이에 한하여 효력이 발한다는 내용(제23조 제1항), 본 법 시행 이전 체결된 남북합의서에 대하여도 동일한 법적 효력부여의 내용(부칙)을 담고 있다.

5) 북한이탈주민의 지원에 관한 법제도[7]

남북통일을 준비하는 과정에서 북한이탈주민에 대한 법적 지위와 이에 대한 지원은 통일을 달성하는 과정이나 그 이후에 중요한 실증적 시사점을 제공할 수 있다. 현재『북한이탈주민의 보호 및 정착지원에 관한 법률』을 제정하여 운영하고 있는데, 제2조는 북한이탈주민의 법적 개념을 "군사분계선 이북지역에 주소, 직계가족, 배우자, 직장 등을 두고 있는 사람으로 북한을 벗어난 후 외국 국적을 취득하지 아니한 사람"으로 정의하고 있다. 이들은 자유와 보다 나은 삶을 찾아 온 이주민으로 남북통합을 이루는 과정에서 함께 어울려 살아가는 '작은 통일'의 관점에서 남한체제로의 정착과 안정을 위한 지원이 필요하다. 이러한 지원을 초기 정착지원과 거주지 정착지원으로 나누어 세부적인 지원제도와 프로그램을 실시하고 있다.

6) 북한인권법의 이해[8]

『북한인권법』은 북한주민들의 인권개선에 대해 포괄적으로 규율한 최초의 법률로 "북한주민의 인권 보호 및 증진에 기여"하는 것을 목적으

---

7 통일부,『북한이탈주민 정착지원 실무편람』, (서울: 통일부, 2017).

8 통일부, "북한인권법 설명자료," 통일부 홈페이지 공지사항; ⟨http://www.unikorea.go.kr⟩.

로 하고 있다(제1조). 동 법률 제안이유서에서도 "북한주민의 자유권적 기본권과 생존권적 기본권을 보호하기 위하여 다양한 제도와 장치를 마련함으로써 북한주민의 실질적인 인권 보호 및 증진"을 이끌어내기 위한다고 설명하고 있다. 이는 체계적이고 균형 잡힌 대북 인권정책 추진의 의의를 함께 내포하고 있다. 동 법률에 따라 북한인권기록센터 설치(통일부), 북한인권기록보존소 설치(법무부), 북한인권재단 설립, 북한인권증진 자문위원회 설립(통일부) 등이 실시되고 있다.

7) 북한의 경제특구법[9]

북한의 법률체계는 크게 국내법(헌법, 부문법, 규정 등)과 국제법(조약)으로 나뉜다. 북한의 경제개발구법제는 일반법으로 개발구의 성격별로 제정되어야 할 개별법은 별도로 제정되어 있지 않다. 즉, 현재는 개발구 전체에 적용되는 규정인 『경제개발구법』만 존재하고 있다. 본 법률의 주요 내용은 경제개발구의 창설과 거버넌스, 기업의 경제활동, 기업 운영 활성화, 제재 및 분쟁해결 제도 등을 담고 있다. 남북통일을 실현하는 과정에서 북한이 체제전환을 할 것인지 여부는 매우 중요한 의미를 가진다. 그에 따라 통일의 시기, 방식 등에서 크게 차이가 날 것이기 때문이다. 북한이 중국이나 베트남의 사례를 참고하여 경제적 분야에서 체제전환을 할 것을 대비하여 경제특구법제에 대한 연구도 지속하고 있다.

---

9   장소영, 『북한 경제와 법 – 체제전환의 비교법적 분석』, (서울: 경인문화사, 2017).

8) 통일 이후 경제통합 방안[10]

경제통합은 생산물(재화, 용역)이나 생산요소(자본, 인력, 토지)의 이동에 법제도적 제약이 있어 별개의 경제단위로 기능하던 지역에 그러한 제약을 제거함으로써 하나의 경제단위로 동질화시키고 궁극적으로는 공동의 의사결정기구 및 법제도를 구축하는 것을 의미한다. 한편, 법제적인 관점에서 통일은 남북한이 통일헌법을 채택하는 것을 의미한다. 남북한 경제통합은 이질적 체제간의 경제통합, 최빈국 수준과 선진국 수준 경제간 통합, 분단국가간 경제통합이라는 특수성이 존재한다. 그러므로 이러한 경제통합을 달성하기 위해서는 헌법과 관련 법제(재화 및 용역시장 관련 법제, 금융 및 자본시장 관련 법제 등)에 대한 비교, 외국 사례 참조(독일, 베트남, 예멘, 중국, EU-동구권 국가 등)를 바탕으로 先 경제통합 - 後 통일 또는 先 통일 - 後 경제통합의 모델에 따른 시나리오를 상정할 필요가 있다. 이 때에도 헌법상 기본원칙으로 여기에는 인간으로서의 존엄과 가치 및 행복추구권, 불가침의 기본적 인권 확인 및 보장, 사회적 시장경제질서의 기준을 준수하여야 한다.

9) 한반도 지속가능성을 위한 산림정책과 법률[11]

북한은 경제적 어려움을 극복하기 위해 식량난과 에너지난을 대비하기 위해 산림경영에 적극적이다. 이는 남북관계가 개선될 경우에 남북교

---

10   김완기, 『남북 통일, 경제통합과 법제도통합』, (서울: 경인문화사, 2017).

11   M. Park and H. Lee, "Forest Policy and Law for Sustainability within the Korean Peninsula," *Sustainability* vol. 6 no. 8(2014), pp. 5,162~5,186; 〈http://dx.doi.org/10.3390/su6085162〉.

류협력사업으로 추진될 가능성이 농후하다. 1990년대 초반부터 지속가능한 산림 경영(Sustainable Forest Management)은 전 세계적, 지역적, 국가적 차원에서 산림 경영 패러다임으로 부상했다. 개발도상국에서는 산림 전용을 피하는 것이 지속가능한 산림경영의 첫 단계이다. 한반도는 한국 전쟁(1950-1953) 이후 심각한 산림 전용과 산림 황폐화를 겪었다. 1970년대와 1980년대 한국은 치산녹화정책을 통해 산림 복원을 성공적으로 달성했다. 대조적으로 북한은 산림 복원 계획에 대한 지속적인 시도에도 불구하고 산림 복원에 실패했다. 북한에서는 1980년대 중반 이후 산림 전용이 가속화되었다. 북한의 산림전용과 산림황폐화는 한반도의 안정을 위협한다. 본 연구는 남한과 북한이 산림정책과 법률을 비교하고 한반도의 지속 가능성을 촉진하는 산림정책을 제안하는데 초점을 맞추고 있다. 연구 결과는 개발도상국에게 산림 전용 및 산림 황폐화를 막으면서 지속가능성을 지향하는 산림정책 및 법률 수립에 대한 중요한 정보를 제공한다.

10) 북한 미디어에 나타난 기후변화 프레임[12]

남북관계의 발전을 위해서는 북한의 실태를 파악하는 것도 중요하다. 북한사회의 현실을 파악하기는 힘들며, 미디어 등을 통해 간접적으로 확인할 수 있다. 북한이 국제사회에 참여하고 있는 기후변화 프레임에 대해서 법제도적 인프라를 구축하기 위해서는 그 현실을 파악할 필요가 있다. 미디어는 문제를 정의하고 해석하고 문제에 대한 대안을 제시

---

12 박미선 외 공저, "북한 미디어에 나타난 기후변화 프레임: 로동신문과 민주조선을 중심으로," 『환경정책』, 21권 4호(2013), pp. 151~172.

한다. 이와 같은 미디어의 기능은 '프레이밍'이다. 본 논문은 북한에서 지구 환경 문제로서 기후 변화의 문제가 미디어 프레임을 이용하여 어떻게 정보 매체를 통해 전달되었는지를 조사하는 것을 목표로 한다. 미디어 분석을 위해 북한 주요 일간지인 '로동신문'과 '민주조선'이 선정됐다. 기사 제목에 '기후변화'와 '지구온난화'를 포함한 기사를 추출하였다. 기사 발행 날짜, 사건 발생장소, 문제에 대한 원인제공자, 피해자, 해결자를 코딩하고 분석하였다. 결과적으로 연구 결과는 북한의 기후변화 미디어 프레임에 대한 네 가지 특징을 보여주었다.

첫째, 국내 사건보다 국외 사건이 더 많이 보도되었다. 둘째, 정부 기관, 정치인, 국제기구 및 과학자들의 목소리가 기사에 담겼다. 특히 김일성·김정일 국방위원장의 지시가 국내 화자의 절반을 차지했다. 셋째, 피해자와 원인제공자에 대한 기술과 함께 기후변화에 관한 진단 프레임이 지배적이었다. 2007년 이후로 문제 해결자에 관한 내용을 포함하는 예후 프레임이 뚜렷하게 형성되었다. 넷째, 로동신문은 민주조선에 비해 피해자, 원인제공자, 해결자의 다양한 목소리를 담고 있다.

III. 남북관계 발전과 통일을 대비한 법제도 구축

1. 연구 방법

그동안 남북한의 교류협력은 정치적인 해결에 따라 전개 또는 중지되었다. 특히, 정권에 따른 대북정책과 노선변화는 이러한 안정성과 지속성을 저해하였다. 한편, 남북한의 통일은 실질적이고 사회적인 통합을 지향하고 있으며 평화통일의 원칙에 입각하여, 이를 담보하는 법제도적인 장치를 마련하는 것은 법적 구속력을 갖는 효력을 통해 안정적인 남북교류 정착에 이바지할 것이다. 기존 남북교류협력이 활성화되던 시기에는 이에 대한 헌법 및 통일법적 연구와 논의를 지속하였으나, 현재의 남북관계상황을 전제로 새로이 부각된 법적쟁점에 대한 논의는 상대적으로 더욱 활성되어야 할 여지가 있다. 그러한 의미에서 서울대학교 헌법·통일법센터는 금강산관광사업문제, 개성공단문제, 남북교류협력 합의법제, 남북관계 안정과 발전을 위한 법제도 개선, UN제재와 남북교류협력 법제에 대한 내용을 주제로 선정하여 연구하였다. 이 주제는 2016년~2017년의 통일기반구축사업 연합학술 대회 및 센터학술 대회, 2016년~2017년 헌법·통일법 연구자들로 구성된 월례 세미나를 통하여 다루어져 왔다.

2. 개성공단 재개와 법적 문제[13]

그동안 남북관계의 정치적인 상황에도 불구하고 지속되었던 개성공단은 남북한의 평화통일의 상징적 공간으로 기능하였으나, 2016년 2월 이래로 현재까지 전면 중단 상태에 있다. 현재 새로이 문재인 정부가 출범하였음에도 북한은 근본적인 변화의지를 보이지 않고 있다. 하지

---

13 이효원, "개성공단 재개와 법적 문제,"『대북제재 국면에서 개성공단 재개는 가능한가?』, 서울대 평화통일평화연구원·국토문제연구소·인문학연구원·개성공업지구지원재단 공동심포지움(2016년 6월 13일).

만, 우리 헌법이 지향하는 '자유민주적 기본질서에 입각한 평화통일을 달성'하기 위해서는 반드시 남북한이 교류협력을 강화할 필요가 있다. 개성공단은 금강산관광사업과 함께 남북교류협력의 상징적인 결실이자 남북관계 개선의 계기가 될 수 있는 시발점이 될 것이므로 이를 재개하려는 노력이 필요할 것으로 보인다.

개성공단 재개를 위해서는 남한의 국민적 합의, 북한의 변화, 국제사회와의 협력 등 남북관계를 둘러싼 정치환경이 갖추어져야 할 것이다. 특히, 개성공단을 재개할 경우에 예상되는 법적 쟁점을 사전에 검토하고 준비하는 것이 반드시 필요하다. 본 연구에서는 이에 대하여 다음과 같이 분석하였다.

첫째, 남한의 개성공단 전면중단 조치에 대한 법적 성격 및 효력을 검토하였으며, 개성공단 전면 중단에 대한 원인과 책임을 규범적으로 분석하였다. 개성공단의 전면중단 조치는 정부가 공적 견해를 표명한 행정작용으로 그 자체로는 법적 구속력이 있다고 할 수 없다. 이것은 고도의 정치적 행위로서 통치행위의 성격을 가지며, 위법한 행위가 아니므로 법적 책임을 져야하는 것은 아니다.[14]

둘째, 북한이 남한에 대해 개성공단 정상화를 위한 합의서를 위반하였다고 주장할 것을 예상하여 그 합의서의 내용과 효력을 검토하였다. 남한 정부가 개성공단 전면 중단을 선언한 것은 개성공단 정상화를 위한 합의서 등 남북합의서를 위반한 것은 아니며, 그 합의서는 법적 효력을 갖는 조약에 해당하지 않는다.

셋째, 개성공단을 재개하는 것이 유엔 안보리의 대북제재 결의안을

---

14 통치행위에 대한 사법기관의 판단에 대하여 헌재 1996. 2. 29. 93헌마 186; 헌재 2009. 5. 28. 2007헌마369; 대법원 2004. 3. 26. 2003도7878 참조.

위반하게 되는 것이 아닌지 여부를 주요 쟁점별로 검토하였다. 유엔 안보리 결의의 국제법적 효력은 국제사회에서 매우 강력한 구속력을 가지고 있으며, 남한과 북한 모두 유엔 회원국으로 이를 준수할 국제법적 의무를 부담한다. 개성공단을 재개시 이에 따른 조치들은 각 개별행위에 따라 유엔 안보리 결의에 위반될 소지가 있다. 하지만, 남북관계의 특수성을 바탕으로 안보리 결의의 적용대상에서 제외된다고 주장하거나 제재위원회로부터의 사전허가를 받아 이를 바탕으로 그 적용의 예외로 인정받는 방안도 생각해 볼 수 있다. 개성공단은 북한의 핵무기 등 대량살상무기 개발과 관련된 것이 아닌 핵문제 해결과 남북한 평화통일 달성을 위한 행위라는 점을 국제사회에 설득하는 노력이 필요할 것으로 보인다.

3. 금강산관광사업의 법적 평가와 과제[15]

1998년부터 약 10년간 운영되었고 현재는 중단 이후 10년이 지나고 있는 금강산관광사업은 개성공단과 함께 한반도 평화와 남북교류협력의 상징으로 존재하였다. 하지만, 2008년 남한 관광객 총격사건으로 중단된 이후 남북관계는 더욱 악화되었고, 북한의 핵개발 등으로 인해 개성공단까지 전면 중단되었다. 문재인 정부 출범 이후에도 북한의 계속된 핵실험과 미사일 발사시험으로 남북관계의 근본적인 변화는 나타나지 않고 있다. 하지만, 대한민국 헌법 제4조에서 규정된 자유민주적 기

---

15   이효원, "금강산 관광사업의 법적 평가와 과제,"『금강산 관광사업과 남북교류의 새로운 모색』, 2017 평화통일 국제학술심포지엄(2017년 11월 21일).

본질서에 입각한 평화통일 달성을 위해서는 남북한의 교류협력 강화가 필요하다고 할 수 있다.

금강산관광사업은 남북교류협력의 결실이자 남북관계를 발전시키는 유용한 수단이 될 것기에 이를 재개하기 위한 노력이 필요하다. 이를 위해서는 남한의 국민적 합의, 북한의 변화, 국제사회와의 협력 등 남북관계를 둘러싼 정치환경이 갖추어져야 할 것이다. 그러나 금강산관광사업을 재개할 경우에 제기될 수 있는 법적 쟁점을 검토하고 준비하는 것은 이 사업의 제도적인 안정화를 위하여 반드시 필요하다고 할 수 있다. 이를 검토해 본 결과 ① 북한이 금강산관광지구를 해제하고 금강산국제관광특구법을 제정한 것은 금강산관광지구에 적용되는 것을 전제로 체결된 남북합의서의 효력의 범위에서 실효된 것으로 보아야 하며, ② 북한의 금강산관광지구법령은 그 체계와 내용을 바탕으로 보았을 때 실질적인 효력이 없으며, ③ 남한은 금강산국제관광특구에 대한 법령을 제정하지 않았기에 남북교류협력에 관한 법률들이 적용되어야 한다고 해석할 수 있다.

하지만, 금강산관광사업은 법치주의를 바탕으로 추진하였다는 점에서는 중요한 의미가 있다. 그럼에도 금강산관광사업에 대한 법제도적 시스템은 남한정부의 역할의 한계를 보여주었다는 점에서 부족함을 드러내었다.[16] 특히, 관련법령의 정비가 미비한 점과 그 실효성에 대해서는 금강산관광사업을 재개할 경우 보완이 필요할 것이다. 이때에는 금강산관광사업에서의 주요 문제점이었던 신변안전 보장, 분쟁해결절차, 투자자산 보호를 보강하여 남북합의서를 체결하고 그 법적 구속력도 확보해야 한다. 이에 따라 북한은 금강산관광사업을 안정적으로 추진

---

16   한명섭, 『통일법제 특강』(서울: 박영사, 2014), pp. 360~363.

할 수 있도록 법령체계를 정비해야 하고, 남한도 그에 상응하는 법령을 제정할 필요가 있다. 이와 함께 유엔 대북제재 결의와도 규범적인 조화를 이룰 수 있도록 면밀히 검토 및 준비를 해야 할 것이다.

4. 남북교류협력 합의법제 방안[17]

본 연구에서 검토하였던 "남북한 합의 법제 방식에 의한 남북교류협력 법제"는 분단국 상황에서 고려해야 할 가장 이상적인 법제 방식이라고 할 수 있으며, 통일을 지향하는 우리의 입장에서는 중간단계에서 반드시 달성해야할 과제로 보여진다. 이러한 합의 법제 방식이 갖고 있는 중요성이 존재함에도 불구하고, 그동안 남북교류협력 법제는 일방주의적 법제 형식에 국한되어 있으며, 쌍방적 제도 구축을 위한 북한과의 협의도 그 성과면에서 만족스럽지 않게 진행되었다. 그러한 연유로 북한 지역에서 활동한 우리 기업과 국민들은 각종 교류협력 사업에서 충분한 법률적 보호를 받지 못하였다.

이렇게 나타난 문제점은 남북관계에서 나타나는 특성에 기인하는 것으로 남북관계가 여전히 남북한 합의에 따른 단일한 남북교류협력 제도가 구축될 만큼 성숙되거나 안정화되지 못하였기 때문으로 보인다. 1990년대 초에 남북간에 이루어졌던 회담으로 남북관계를 정립하고자 한 노력은 이후에 발생한 정치군사적 긴장상태와 함께 와해되었으며, 남북교류협력은 남북한 사업자 간의 합의와 양측 정부의 승인 하

17　이찬호, "남북합의서 법제화 방안의 시도 : 남북교류협력 합의법제 방안," 『헌법과 통일법』, 제10호(2017).

에서 일회적으로 이루어지는 양상을 갖게 되었다. 이러한 사업 추진 구조는 남북교류협력 사업이 갖고 있는 취약성을 여실히 수반하고 있었다.

2008년 금강산관광사업 중단 이후, 천안함 사태 등 남북간의 정치군사적 긴장관계에 따라 남북교역은 사실상 중단되었으며, 최근에는 개성공단 가동마저 중단되는 등 남북교류협력은 외적인 요인에 따라 극과 극의 형태로 운영되었다. 개성공단과 같은 갑작스러운 중단상황은 남북교류협력에 참여하고 있는 기업과 국민들에게 분명한 위험요인으로 작용하고 있고, 많은 실질적인 경제적 손해와 피해로 이어지고 있다.

그러므로 보다 안정적인 남북교류협력의 제도화는 새로운 패러다임으로의 전환을 필요로 하며 이를 검토하는 작업도 고려해야 할 것으로 보인다. 최근 문제인 대통령의 남북합의에 대한 법제화 주장은 그러한 의미에서 매우 시의적절한 것으로 평가된다. 그러나 앞에서 언급한 바와 같이 남북한 합의 법제 방식이 갖고 있는 문제점은 매우 이상적으로만 보이며, 현재 경색된 남북관계를 고려하여 보았을 때 매우 비현실적인 방안으로 비판의 소지가 있을 것으로 생각된다. 독일사례와 중국-대만사례의 경우, 이러한 교류협력의 토대를 마련하여 실제 운영하였던 사례가 종종 발견되고 있으나, 이러한 사례가 한반도의 남북한관계에서도 타당하게 적용될 것인지에 대해서는 검토가 필요할 것으로 보인다. 이는 향후 중장기적인 정책 과제로 정부차원에서 관리되어야 할 주요과제 중 하나로 설정해야 할 것이다.

5. 유엔대북제재와 남북교류협력의 법적 쟁점[18]

북한과 한반도를 둘러싼 주변 국가 간의 군사적 긴장을 고조시키는 핵무기와 대량살상무기 개발을 저지하고자 하는 국제사회의 노력은 유엔의 안보리 결의 등을 통하여 북한에 대한 제재조치로 현실화 되었다. 안보리 결의의 내용은 대부분 유엔 헌장에 의거하여 회원국들 사이에 국제법적 구속력이 존재하고 있다는 것이 일반적이고, 남한 또한 유엔 회원국으로 대북제재를 포함하고 있는 안보리 결의를 이행할 의무가 있다. 현재 유효한 것으로 파악되는 안보리 결의에 의하면 북한이 대량살상무기 개발에 이용할 자금을 차단하기 위하여 석탄, 철, 철광석을 포함한 자원광물과 금속, 사치품, 해산물, 섬유제품 등을 북한지역에서 반출하는 것을 금지하고 있다. 금융거래의 측면에서도 북한과 유엔 회원국의 은행이 지점을 개설한다거나 합작회사를 개설하는 것을 금지하고, 북한으로 대량의 현금을 유입하거나 북한을 상대방으로 한 거래에 보증제공하는 것과 같은 금융 지원도 금지된다. 이러한 제약하에서 북한을 상대방으로 추진하는 남북교류협력의 범위도 제한될 수 있다. 종래 위탁가공무역에 해당하는 물품 중 섬유제품의 경우는 제외되어야 한다.

북한 철도망을 통한 자원광물의 교역에 대한 가능성도 점쳐졌으나, 해당 거래에 관한 내용은 제재위원회에 통보할 의무가 있다. 과거 개성공단과 같이 북한지역에서 남한 기업이 사업을 재개한다면 북한에 반

---

18 박종원, "UN대북제재와 남북교류협력의 법적 쟁점 – UN안전보장이사회 결의의 효력을 중심으로 –,"『헌법과 통일법』, 제10호 (서울대학교 헌법 · 통일법센터, 2017).

입되는 현금 또는 세금 등과 같은 공과금은 기업활동에 따라 부수적인 것으로서 제재조치에 해당하는 반입을 금하는 대량 현금에 해당하지는 않을 것으로 보인다. 과거와 마찬가지로 개성공단 입주 기업들에게 남북경협손실보험을 제공하기 위해서는 제재위원회의 승인을 필요로 한다. 또 다른 합작투자가 시도되더라도 현 상태에서는 북한과의 어떠한 형태로 존재하는 합작 기업도 설립될 수 없기에 타 인접국가들과 합작 기업을 설립하되, 북한으로는 관리 용역만 제공받을 수 있을 것이다. 한편, 그럼에도 이러한 제재조치가 인도적 지원에 대한 장애물로 받아들여져서는 안될 것이다. 유엔의 제재조치 때문에 교류협력의 범위와 그 가능성이 넓다고 할 수 없지만, 안정적인 남북한 관계를 정착시키기 위하여 교류협력의 허용범위를 지속하는 것이 중요하다고 할 수 있다.

6. 남북관계의 안정과 발전을 위한 법제도 개선[19]

남북 교류는 그 시작단계에서 법적 근거의 부족상태에서 시작하였다. 또한 충분한 국민적 합의를 기초로 진행되지도 않았다. 국민적 합의는 국회 동의나 국회 입법을 통해 나타나기에 남북교류도 법에 근거하여야 한다. 이러한 측면에서 남북관계의 안정과 발전을 위한 법제도적 개선을 위해서는 크게 3가지 관점에서 살펴보아야 한다.

첫째, 일관성 있는 대북정책을 수립하고 이를 추진하기 위해서는 먼저 우리 사회의 진영논리의 문제점을 짚고 넘어가야 한다. 이 문제점은

19　한명섭, "남북관계의 안정과 발전을 위한 법제도 개선,"『헌법과 통일법』, 제10호 (서울대학교 헌법 · 통일법센터, 2017).

대북정책이나 통일정책도 어디까지나 법치주의의 적용 대상임을 강조해야 할 것이고, 이에 더 나아가 헌법 제4조에 대한 개정을 필요로 한다.

둘째, 국내법제도 개선방안을 위하여 우선 남북교류협력법에 개성공단 중단의 상황을 전제로 이에 따른 조치를 위한 법률적 근거를 두고 이를 통제하는 장치를 두는 방안도 함께 법률적 근거를 두어야 한다.

셋째, 남북합의서에 대해서는 남북합의서와 조약을 이원화하고 있는 현재의 남북관계발전법이 갖고 있는 문제점을 검토할 필요가 있을 것이다. 다만 본 연구에서는 이원화된 현상태를 전제로 두고 관련된 법적 문제점에 대한 해결책을 위한 법개정을 고려할 필요가 있음을 주장하고 있다.

또한, 남북합의서의 규범력 강화를 위해서는 법제도적인 규범력을 강화하는 노력보다는 합의의 내용 그 자체가 남북한의 상호 이익이 되는 방향으로 이루어져야 할 필요가 있다. 그러나 남북한이 상호이익을 갖도록 하거나 이를 통하여 이익의 균형을 가지고 오게 하는 것은 일방적인 남북교류협력 형태에서는 한계가 있다. 향후 남북교류 협력은 그러한 측면에서 일정 수준 상호주의 원칙에 입각하여 추진되어야 할 것이다. 이를 위해 남한 주민들이 북한에 체류한 상황이외에도 북한 주민들이 남한에 체류 또는 거주하면서 활동하기 위한 현실적인 남북교류협력 방안을 구상하고 그에 필요한 법제도적 장치를 마련하기 위한 관심도 함께 가질 필요가 있을 것이다.

IV. 통일합의서와 통일헌법의 준비

1. 연구 방법

남북통일은 분단 이전의 상태로의 회귀가 아닌 새로운 공동체를 형성하는 창조적인 과정이다. 이는 상이한 경제체제와 이질적인 문화를 극복한 진정한 통합을 포함하는 개념이다. 즉, 정치적 통일 이상의 실질적인 통일의 달성을 추구해야 한다. 통일 과정에서 상정할 수 있는 통일 방식은 다양할 것이나, 현실적으로 통일합의서 체결의 필요성을 간과할 수는 없을 것으로 보인다. 또한, 통일합의서의 법적 성격과 그 효력과 관련된 법적 쟁점도 나타나게 된다. 이는 통일합의서와 이에 따른 결과물인 통일헌법에도 영향을 미칠 것으로 예상되기에 그 절차와 현행 헌법상 개선이 필요한 부분을 찾을 필요성이 있음을 보여준다. 이 연구는 2017년 하계 워크샵, 2017년 헌법·통일법 연구자를 중심으로 한 월례 세미나, 2017년 하반기 석·박사과정 대학원생이 중심이 된 수업 등을 통하여 다양한 쟁점에 대한 토의와 토론을 통하여 이루어졌다.

2. 통일합의서의 준비[20]

남북통일은 헌법정신에 포함된 평화통일원칙에 입각하여 자유민주주

20　이 연구는 이효원, 『통일헌법의 이해』(서울: 박영사, 2016), pp. 67~128을 바탕으로 '통일합의서에 있어서 국회기능의 역할', '헌법개정과 통일조항', '통일합의서에 관한 입법조치' 등 통일합의서를 실현하기 위한 구체적인 방안에 대한 내용을 보완·발전하였다.

의와 법치주의를 전제로 하여야 한다. 미래의 통일한국을 이루기 위한 구체적인 방식은 가변적일 수 밖에 없으며, 통일이 다가온 시기의 국제적 여건과 남북한관계의 역사적 상황을 함께 고려하여 결정되어야 할 것이다. 그러나 남북한이 하나가 되는 과정으로 완성되는 새로운 통일한국 공동체는 앞에서 언급한 헌법적 이념을 바탕으로 하여야 할 것이다. 그러한 의미에서 통일한국 창조를 위한 구체적인 실천작업은 통일합의서 체결로부터 시작할 것이다. 그러므로 평화통일 달성을 위한 통일합의서 체결에 대비하여 그 내용과 절차를 체계적이고 실천가능한 방향으로 미리 준비할 필요가 있다.

본 연구에서는 우리가 지향하고 있는 헌법상의 기본원칙을 바탕으로 통일합의서의 절차법적 형식과 절차에 대한 내용을 분석하고 그 대안을 찾으려고 하였다. 이를 위하여 분단을 극복하고 통일을 달성한 독일과 예멘 사례 등을 참고하였고, 남북한관계의 특수성을 바탕으로 발생할 수 있는 쟁점들을 도출하고자 하였다. 또한, 도출된 쟁점을 바탕으로 그에 대한 대안을 마련하고자 하였다. 조금 더 구체적으로는 현 시점에서 통일합의서를 체결하는 절차와 관련된 법제도에서 수정되어야 할 내용도 포함시켰으며, 현 제도들에 대한 규범적인 평가도 함께 이뤄졌다.

물론 통일합의서의 구체적인 체결절차의 결정은 통일추진의 과정에서 나타나는 다양한 규범 또는 정책의 측면에 따라 달라질 것이다. 하지만 통일합의서 모델을 구상하고 준비함으로써 통일과정에서 발생할 것으로 보이는 다양한 법적 쟁점을 정리하고, 우리가 지향할 헌법원칙을 바탕으로 통일국가의 미래상을 함께 담아내는 것은 통일한국 남북한 주민의 실질적인 사회통합을 달성하기 위한 규범적 기준이 될 것이다. 그러므로 본 연구는 남북한 평화통일 이후 법제도적 통합의 방향과 지침을 함께 제공한다. 이는 신속하고 효율적인 남북한의 사회통합 완성에 반드시 필요한 것이다.

이러한 내용들은 대체적으로 실체법적인 차원에서 다루어질 것으로 예상되나 남북한 통일을 이뤄가는 측면에서 절차적인 차원의 문제도 매우 중요하다. 통일달성 절차에 하자가 있을 경우에는 통일 자체의 정당성 문제로 귀결될 수 있기 때문이다. 통일합의서가 포함하고 있는 내용은 자유민주주의와 법치주의 등의 기본원칙, 통일의 시기와 방법, 통일국가의 국호·국기·국가·수도, 통일한국의 헌법, 국가형태, 통일정부 및 통일의회, 남북한 법률의 시효, 기존 남북한 조약 처리, 합의서의 발효절차와 발효일 등이 될 것이다. 이러한 내용들은 통일한국의 헌법적인 사항을 포함할 것이기 때문에 남북한 주민의 주권적인 의사를 담기 위한 절차적인 측면의 중요성이 강조될 수 밖에 없다. 즉, 실질적인 사회통합을 위한 민주적 정당성을 확보하기 위해 반드시 고려해야 할 것이다.

이를 위해서는 헌법상 통일의무를 준수하기 위한 입법부의 역할이 중요하다고 할 수 있다. 현재 통일합의서 체결은 기존 남북합의서 체결절차와 매우 유사할 것으로 보이는데, 통일합의서 체결이 국민의 권리·의무에 미치는 영향력을 보았을 때 국민의 대표기관인 입법부의 역할이 자연히 강조되어야 할 것이다. 그러므로『남북관계발전에 관한 법률 제21조 제4장』에서 규정된 국회의 동의권은 통일합의서 체결과정에서 당연히 고려되어야 할 것이다. 또한, 통일합의서는 헌법사항을 담고 있을 것이기에 국회 동의와 국민투표에 있어서의 가중 정족수에 대한 내용도 함께 고려하여야 할 것이다.

3. 통일헌법의 준비[21]

통일한국의 헌법적 가치와 이를 실현하는 제도적 장치는 통일헌법을 통하여 제시되어야 한다. 이를 위해서는 통일헌법이 잘 만들어져야 하는데, 현재 남북한 헌법은 통일헌법에 대한 아무런 규정이 없다. 그러므로 통일한국의 미래상과 헌법적 가치가 통일헌법의 내용과 형식을 결정하는 기준이 되어야 한다. 이러한 기준은 절차적인 기준과 내용적인 기준으로 나눌 수 있는데, 절차적인 측면에서는 남북한 전체 주민의 주권적 의사가 반영된다는 원칙이 필요하며, 내용적인 측면에서는 통일한국의 헌법적 가치에는 국민주권주의, 자유민주주의, 국제평화주의, 법치주의, 평화통일 등이 반드시 포함되어야 하며 이는 남북한 주민의 인간으로서의 존엄과 가치를 위시한 기본권을 보장하기 위한 필수적인 원칙이라고 할 수 있다.

현행 헌법은 통일을 위한 절차에 대한 규정을 두고 있지 않고 있다. 물론 여러 가지 전제를 바탕으로 신중히 판단해야 할 것이지만, 현행 헌법 제4조의 개정을 통하여 이를 구체화 할 필요가 있다. 즉, 통일국가의 미래상을 보다 구체적으로 제시하기 위하여 헌법 제4조에 제2항을 신설하여 "대한민국은 남북한 주민 모두가 인간으로서 존엄과 가치를 가지며, 자유롭고 평등하게 자신이 설정한 행복을 추구할 수 있는 통일국가를 만들어야 한다"고 규정할 수도 있을 것이다. 특히, 새로운 항을 신설하면서 "평화적 통일 정책을 수립하고 추진하기 위하여 필요한 사항은 법률로 정한다"고 하거나 "통일정책추진기구의 설

---

21   이효원, "통일헌법의 제정 방법과 국가조직," 『서울대학교 *法學*』, 제55권 제3호(2014), pp. 31~66.

치·조직과 직무범위는 법률로 정한다"라는 내용을 규정하는 것도 적극적으로 검토할 수 있을 것이다. 이것은 통일정책의 수립과 집행에 관한 법정주의를 채택하여 국회가 중심이 되어 통일정책의 기본방향을 제시하도록 하는 것이다. 또한, 헌법 제4조 제3항을 신설하면서 "대한민국은 남북한 전체 주민의 주권적 의사에 따라 통일헌법을 마련해야한다"라고 규정할 수 있을 것이다. 이는 다양한 통일방식의 탄력적인 활용을 할 수 있는 밑바탕이 될 것이다.

V. 통일선거제도(통일 과도기)

1. 연구 방법

민주주의 국가에서 선거는 국민이 자신의 주권을 행사하여 국민의 주권을 위임받아서 행사할 국회의원 혹은 대통령을 선출하는 절차로서 가장 기본적인 국민주권의 행사방법이기 때문에 민주주의 사회에서 선거제도가 갖는 중요성은 매우 크다. 이에 따라 통일 이후 법제도에 대한 연구 중에서도 선거제도 통합에 대한 연구는 가장 활발하게 진행되어왔다. 하지만 그러한 연구들은 산발적으로 이뤄진 바, 어떠한 논의가 있는지를 파악하는 것조차 어려운 것이 사실이다. 따라서 본 연구에서는 기존 연구들을 종합적으로 검토하고 분석하여 통일 이후 선거제도가 나가야 할 기본방향, 인적 자원 및 물적 자원의 활용방안, 피선거권, 선거구획정, 선거운동, 북한주민에 대한 민주시민교육 등에 대한 구체

적인 대안을 모색함으로써 현실적으로 통일이 되었을 때 나타날 중요
한 쟁점과 그에 대한 바람직한 해결방안을 도출하는데 기여하고자 하
였다.

　본 연구는 기존 정부에서 진행한 연구용역 과제, 학술지 및 학술대
회 발표 논문 등을 종합하여 비교·검토하였다. 이를 통하여 연구가 필
요하나 이뤄지지 않은 분야에 대한 종합적인 대안을 모색하고자 하였
다. 이 연구는 2016년 상반기 헌법·통일법 연구자들로 구성된 월례 세
미나를 통한 토의와 검토로 이루어졌다.

2. 주요 내용[22]

기존 연구의 검토 결과, 많은 연구들은 ① 선거권, 피선거권, 선거구획
정, 선거관리 등 다른 주제들을 연구하면서 보충적으로 몇 가지 의견만
을 제시하고 있을 뿐, 이들에 대한 기본원칙을 도출하지 못하고 있었고,
② 선거권과 피선거권에 있어서 북한주민의 민주시민의식에 대한 고려
가 없었으며, ③ 선거구획정과 의원정수의 문제 등에 있어서는 남북한
주민의 인구차이가 고려되지 않았으며, ④ 선거관리에 있어서도 구체
적인 기준과 정책적인 방향을 제시하지 못하고 있다는 한계가 있었다.

　이와 같은 연구들을 보충하기 위하여 독일을 중심으로 한 분단국가
들의 선거제도 통합사례를 검토해 본 결과, 점진적인 통일이 이뤄졌을
경우와 급진적인 통일이 이뤄졌을 경우에 선거제도의 통합방법을 달
리해야 할 필요가 있음을 알 수가 있었다. 선거제도의 구체적인 내용은

22　이효원, 『통일헌법의 이해』, (서울: 박영사, 2016), pp. 341~368.

통일이 되었을 시점의 여러 가지 상황들에 따라 상이할 수 있겠지만, 그 원칙에 있어서는 민주주의에 따른 통합이 이루어져야 한다. 현재의 남북한 선거법제를 살펴보았을 때 이를 위해서는 통일이전에 사전적인 노력이 필요할 것으로 보인다. 또한 선거구획정과 의원정수의 문제의 경우 통일 이후에 어떠한 의회제도를 도입하느냐에 따라서 차이가 발생할 수는 있겠지만 남북한주민간의 인구차이를 고려해야 할 필요가 있음을 독일·베트남·예멘의 사례를 통해 알 수 있었다.

남북한의 선거제도와 선거현실을 검토한 결과 통일시점에서 올바른 주권적 의사를 선거에 반영되도록 하기 위해서는 북한주민에게 민주시민교육을 할 필요가 있다. 이를 위해서는 현재 북한이탈 주민들을 대상으로 하는 교육의 내용과 교육 이후의 의견을 수렴하여 반영하는 절차가 반드시 필요할 것이다. 또한, 선거제도를 통합해 나가는 과정에서도 북한주민에 대한 고려, 북한주민에 대한 이해가 있는 전문인력의 역할이 중요할 것으로 보인다. 민주시민교육에 포함되어야 할 구체적인 내용으로는 헌법적 가치, 법치주의, 민주주의 등이 기본적으로 포함되어야 한다. 그리고 선거제도 통합은 국민주권주의, 자유민주적 기본질서, 법치주의를 기본원칙으로 하여 이루어져야 하며, 구체적으로는 보통선거, 직접선거, 자유선거, 비밀선거의 원칙이 준수되어야 한다. 가장 문제가 되는 것은 남북한주민의 인구수 차이로 발생하는 평등선거에 대한 부분일 것인데, 통일 이후 일정기간 동안에는 북한주민의 의사가 정책에 남한주민과 대등하게 반영될 수 있는 제도적 방법을 검토해야 할 것이다. 또한 급변사태로 통일이 되는 경우, 북한지역에는 한시적인 특례를 적용하여 사회적인 통합이 이뤄질 때까지 특별한 관리가 이뤄져야 할 것이다.

VI. 통일과정에서 북한지역 관리를 위한 법제도

1. 연구 방법

남북통일은 언제 어떠한 형태로 어떠한 방식으로 이루어질지 아무도 예상하지 못한다. 근대적 의미의 국민국가가 형성되지 못한 상태로 분단된 남북한이 통일을 맞이하게 된다면 그 체제와 문화의 이질성에 따라 법제도의 운영에 있어서 큰 혼란이 발생할 가능성이 존재한다. 그러므로 통일 과정에서는 북한 지역의 급격한 변화로 충격과 불안을 완화하고, 북한의 체제전환을 안정적으로 지원하고, 북한지역에 대한 특별 지원을 위한 규범적 근거를 마련할 필요가 있다. 본 연구는 북한지역 특별관리를 위한 규범적 의미와 특별관리의 필요성·가능성을 살펴보고, 특별관리의 규범적 기준을 검토한 뒤, 이를 위한 특별법을 제안하고자 한다.

2. 주요 내용[23]

남북통일은 남북관계와 국제정세에 따라 다양한 형태와 방식으로 나타날 가능성이 높다. 하지만, 통일국가가 담아내야 할 국가공동체는 국민

23　이효원, "통일과정의 안정적 관리를 위한 법제도,"『미래를 준비하는 서울대학교 통일기반구축 사업』, 서울대학교 2017 통일기반구축 연합 학술대회 (2017년 11월 28일).

주권주의에 기초한 자유민주적 기본질서와 법치주의를 헌법적 가치와 이념으로 하는 모델로 형성되어야 할 것이다. 현재의 남북한 상황을 바탕으로 미래 통일한국의 모습을 예상하면, 정치·경제체제와 법제도적인 측면은 남한과 유사할 것이고 북한은 근본적인 차이가 있을 것이다. 이는 북한지역 주민에게 급격한 충격으로 다가올 것이다. 따라서 남북한의 제도적인 통일이 달성되더라도 오랫동안 분단되었던 현실에서 나타나는 차이와 이질성을 극복하는 것은 당분간 어려울 것으로 보인다.

그러므로 북한지역주민을 통일한국이 추구하는 자유민주적 기본질서로 원활하게 편입하기 위해서는 북한지역에 일정기간 특별행정기구와 감독기관을 설치하는 방안을 검토할 필요가 있다. 원칙적으로는 동일한 법률체계가 통일국가 전체지역에 적용되어야 할 것이고, 통일국가의 입법과 사법도 전체 지역에 공통적으로 적용되어야 한다. 하지만, 현실적인 상황을 바탕으로 차별취급의 목적과 수단 간에 엄격한 비례관계에 따라 검토하였을 때, 행정작용에 관련해서는 북한지역을 대상으로 한 통일국가와 다른 특례를 예외적으로 허용할 수 있을 것이다.

이를 구체적으로 실현하기 위해서는 북한지역에 행정과 치안업무를 담당하는 특별행정조직으로 '북한지역 특별행정원'을 설치하여 운영할 수 있을 것이다. 이때에는 통일헌법을 근거로 규정해야 하며, 특별행정기관의 조직, 기능, 권한, 존속기간 등은 통일국회에서 법률로 정함으로써 민주적 정당성을 확보해야 한다.

또한, 북한지역에서 행해진 과거의 행정작용도 통일국가의 헌법적 가치의 범위에서 위반되지 않는 한 일정영역에서 효력을 인정할 필요가 있을 것이다. 이와 함께 북한에서 공무원으로 근무한 자의 자격과 신분을 결정하기 위한 법규범적 기준도 마련되어야 할 것이다. 특히, 북한에서 행해진 반인권적인 범죄행위 등에 대한 특별처벌과 그 피해자들의 복권 및 명예회복 등과 같은 특별처분에 대해서도 헌법과 법률상의 근거가 마련되어야 할 것이다.

북한주민에 대한 기본권 제한도 통일국가의 안정적인 사회통합을 위하여 일정한 경우 필요할 것이다. 통일국가의 사회통합을 위해서는 통일되기 이전 북한지역에 거주하였던 국민들에 대한 특별한 보호와 우대적 처우에 대한 필요성도 나타날 것이다. 이에 대하여 통일국회는 헌법적인 근거를 바탕으로 그 요건과 한계를 규정한 특별법을 제정해야 할 것이다. 다만, 북한지역에 대한 특별관리는 통일국가의 지방자치제도에서의 예외를 인정하게 되는 것이므로 통일국가의 사회통합을 위한 한시적인 허용이어야 한다. 또한, 통일국가의 안정적인 관리를 위하여 필요한 경우에는 통일헌법 부칙에 통일헌법의 시간적·공간적 효력에 대한 특례도 규정하는 것을 고려할 필요가 있다.

VII. 실질적인 사회통합을 위한 체제불법행위 처리문제

1. 연구 방법

통일과정에서 체제불법 피해자에 대한 방안을 연구하는 것은 북한체제의 불법적인 행위의 피해자를 구제함으로써 통일한국의 실질적인 사회통합에 기여한다. 통일은 결과가 아닌 과정으로 법치질서에 입각한 규범적 기준에 따라야 하며 체제불법 피해자에 대한 방안도 마찬가지이다. 이러한 기준을 마련하기 위하여 논리적 구조의 유사성이 있는 대한 민국의 과거 청산 관련 법률을 분석 후, 체제불법 청산을 비교적 성공 적으로 이끈 독일 사례를 검토하여 통일국가의 사회통합을 위한 피해 자 구제방안을 도출하고자 하였다. 이를 위하여 2016년 하계 워크샵과 2016년 9월 학술대회 등을 통한 다양한 의견수렴으로 주요쟁점에 대 한 사례분석 및 이론적 검토에 내실화를 다졌다.

2. 독일의 체제불법행위자 처벌[24]

체제불법은 행위 당시 체재 내부에서는 불법으로 평가받지 아니하였으 나 그 체제붕괴로 인하여 종전의 가치질서와 법률체계가 새로이 전환 됨에 따라 비로소 불법으로 평가받게 되는 행위를 의미한다.[25] 독일 통 일과정에서 체제불법범죄에 대한 형사처벌에 대하여 많은 법률적 쟁점 들이 있었다. 그 쟁점들로는 형사재판 관할, 준거법, 공소시효, 동독형법 의 규범적 효력 등이 있었다. 대한민국의 통일과정에서 독일처럼 이미 대한민국 형법이 적용되던 범죄에 대하여 경한 법 우선의 원칙을 배제 하는 방법을 적용한다면, 대한민국 헌법 제3조과 그 해석을 근거로 하 였을 경우 북한형법을 획일적·일률적으로 배제하는 결과로 나타날 수 있다는 점을 고려해야 할 것이다.

---

24   송창성, "독일의 체제불법행위자에 대한 처벌 사례와 그 시사점,"『헌법 과 통일법』, 제7호(서울대학교 헌법·통일법센터, 2016).

25   법무부,『통일독일의 구동독 체제불법청산 개관』, (서울: 법무부, 1995), p.45.

독일 판례에서 이를 고려할 수 있는 대표적인 사례로 ① 베를린 장벽 경비에 대한 판결, ② 호네커 및 동독 정권고위층에 대한 재판, ③ 사법종사자의 법률왜곡, ④ 국가공안부관련 범죄, ⑤ 선거조작, ⑥ 밀고 등에 대한 판결을 들 수 있을 것이다. 우리나라의 통일에 시사하는 바로는 ⅰ) 북한 탈북자에 대한 총격 범죄에 대하여 북한도 시민적·정치적 권리에 관한 국제규약 등에 가입되어 있고 대한민국 판례도 선험적이고 자연법적인 권리와 대한 설시를 하고 있다는 점에서 베를린 장벽 경비에 대한 판결이 참고가 될 것으로 보인다는 점, ⅱ) 북한 고위층에 대한 재판과 대하여 대한민국 판례는 통치행위도 사법심사 대상으로 보기에 국가행위 내지 통치행위를 이유로 한 면책주장은 독일의 경우와 같이 받아들이기 어려울 것으로 보이는 점, ⅲ) 우리나라도 과거 사법왜곡의 문제가 있었으나 판례가 사법종사자의 처벌이 아닌 피해자 구제와 관련하여 형성되어 있을 뿐이기에 통일 이후 독일의 사례가 시사점을 줄 것이라는 점, ⅳ) 간첩행위자에 대한 유죄판결은 어떤 개인이나 단체로 하여금 사후에 자국이 타국에 흡수되거나 통일될 것을 염두에 두고 공안 활동을 포기하게 하는 일반 예방적 효과를 기대하기는 어렵다는 점에서 처벌의 범위를 제한한 독일 연방헌법재판소의 판례가 시사점이 있는 점 등이 있을 것이다.

통일과정에서 체제불법행위를 대상으로 한 형사처벌은 '승자의 사법'으로 비춰질 우려가 있다. 그러나 독일사례는 그 처벌의 범위를 국제적으로 인정되는 보편타당한 기본권 인권에 반하는 행위로 두고 있다는 점을 참고할 필요가 있다. 이를 바탕으로 검토해본다면 체제불법행위가 북한법률에 의해서도 위법성이 인정되는 행위일 경우 등과 같이 엄격한 구분의 기준을 세울 수 있을 것이다. 이는 오히려 북한 주민의 의사에도 부합할 수 있으며 통일국가의 사회통합에 기여하는 기준과 절차를 제시할 수 있다는 점에서 시사점이 있다고 하겠다.

3. 체제불법행위 피해자 구제[26]

통일 이후 사회통합은 자유민주적 기본질서, 법치국가의 원리, 사회국가원리를 기본원칙으로 해야 할 것이다. 북한주민을 내국인으로 볼 것인지 아니면 외국인으로 볼 것인지는 체제불법과 관련한 준거법 결정에 중요한 요소가 된다. 남북한이 합의에 따라 평화적인 통일을 달성하는 경우에는 북한 주민의 법적 지위는 남북한 특수관계론에 따라 원칙적으로 대한민국 국민이라고 보아야 할 것이다. 그리고 북한 주민에 대하여 적용되는 법률로는 통일한국에서 체제불법 청산의 준거법으로 고려될 수 있는 것들로 '북한의 정당한 법률', '남한 법률', '자연법과 국제법상의 원칙'들이 있다. 이 중 제일 현실적으로 고려해 볼 수 있는 것은 남한의 법률이 될 것이라고 판단된다.

북한의 체제불법행위로 피해를 입은 북한주민들에게 이를 보상하는 조치는 통일국가의 진정한 사회적 통합을 위해서 반드시 필요하다. 피해자의 구제의 주체는 북한이 스스로 하는 것이 바람직할 것이나 이는 현실적으로 가능성이 희박하기에 본 연구에서는 통일한국이 청산의 주체가 되는 경우를 상정하여 논의를 전개하고 있다. 그러한 구제를 통일한국이 하는 것은 통일한국이 북한의 불법행위 책임까지 승계하는

---

26   이효원, 『통일헌법의 이해』, (서울: 박영사, 2016), pp. 268~280을 바탕으로 북한주민 중 체제불법행위 피해자에 대한 사회보장제도를 강화하는 내용을 남북한주민간의 평등권 침해여부에 대한 논의를 중심으로 보완하였다.

것은 아니라 판단되며, 통일독일의 경우도 구동독의 불법행위 책임을 승계하는 것은 아니라는 것이 통설의 입장이다. 이러한 견해가 타당한 것으로 보이기에 통일한국의 정치적 피해자의 구제는 사회국가원리가 적용된 사회적 약자에 대한 사회부조로서의 성격을 가진다고 보는 것이 바람직할 것으로 보인다.

이러한 피해자 구제를 위해서 피해자의 사법 및 행정적 구제에 있어서는 명백한 불법성이 존재하는 사법처분과 행정처분에 대한 재심사를 수행하고, 원상회복과 보상절차의 통일적이고 효율적인 수행을 하기 위한 특별입법을 마련하고, 이를 위한 특별기구로 '체제불법피해자구제위원회'의 설치를 검토할 필요가 있을 것이다.

통일 후 북한의 불법적인 판결의 피해자를 구제하고자 현행 대한민국 형사법상 재심절차 등과 같은 법제도에만 의지하게 된다면 곧바로 난관에 봉착할 것으로 보인다. 따라서 통일독일의 예를 참조하여 통일합의서에 해당내용을 규정하거나 관련된 특별법을 제정하는 조치와 같이 특단의 대책이 필요하다. 그러한 구제대상자 중 재산범죄나 상해범죄와 같은 일반적인 범죄에 대항되는 자들은 체제불법행위에 따른 유죄판결을 받은 사람들이 아니기에 이들은 형사복권의 대상이 되지 않는다고 보아야 한다.

북한정권은 정치적·사상적 반대자들을 탄압하기 위하여 그 행정권한도 남용했을 가능성이 다분하다. 그러므로 이에 대한 행정구제도 역시 필요할 것으로 보인다. 통일한국은 북한정권의 정치적인 박해, 자의적인 행정처분으로 나타난 생명권 박탈, 건강상의 피해, 직업상 불이익 등 현저한 불법행위의 결과를 행정복권을 통해 제거하고 보상해야 할 것이다.

이외에도 사법처분 중 민·형사처분 또는 행정처분을 통한 몰수재산에 대한 반환을 고려해야 하며, 생명 또는 건강상 침해가 존재하는 경우에는 이에 대한 치료비 또는 유족연금을 청구할 수 있도록 하고, 직업상 불이익이 존재하는 경우에는 직업회복, 관련기관의 조정급부 청구, 금전보상, 원조급부, 피해자 원호 등의 방법을 고려할 수 있을 것이다. 1946년부터 북한정권이 실시한 토지개혁으로 피해를 입은 자들에 대해서도 해결책을 마련할 필요가 있다. 통일한국은 몰수토지에 대하여 통일 당시의 역사적 현실 및 사회경제적 요소를 고려하여 정책적으로 결정할 것으로 보이지만, 남북한의 분단의 장기화에 따른 현상고착 등을 종합적으로 고려하였을 때 원소유자에게 금전적으로 보상하는 방안이 규범적으로나 현실적으로 바람직할 것으로 보인다.

한편, 남북한의 사회보장제도를 통합한다는 것은 남북한의 경제력의 차이로 인하여 궁극적으로는 남한으로부터 북한으로의 재분배적인 성격을 포함할 가능성이 크다. 따라서 북한 체제의 갑작스런 붕괴와 남한의 흡수통일을 전제하는 경우 통일한국의 사회보장제도의 수립은 남한의 체제를 이식하는 것이 불가피할 것이다. 한편, 점진적 통일이 이루어져 통일헌법이 제정되는 경우에도 동일한 이유로 남한의 사회보장 체계를 중심으로 한 통합이 이루어질 것으로 보인다. 그러나 어떠한 경우에서든 재정적인 문제가 발생할 것으로 보이는바, 많은 기존 연구들은 통일 이후 사회보장체계를 정비하는 시기에 남북한의 사회보장제도를 분리하여 운영하는 것을 고려하고 있다. 또한, 이 과정이 그러한 부작용을 최소화하는 방안으로 제시되고 있다는 점에서 설득력을 갖는다. 그러나 북한의 사회보장 급여 수준이 남한에 비해 현저히 낮아 북한주민의 평등권을 침해할 소지가 있다. 다른 한편으로는 북한주민의 사회적 기본권을 보장하기 위한 사회보장 내지 사회보험 급여실시가 남한지역과 남한주민을 역차별하게 되는 결과로 이어질 수 있다는 점을 고려하여야 한다. 이는 어떠한 경우에서든 남북한주민 간의 평등권의 문제가 존재할 수 있음을 의미한다. 살펴보건데 이러한 문제들은 사회보험제도에 있어서는 통일 이후에 북한지역에는 남한의 사회보험제도와 같은 제도를 도입하되, 그 재정은 일정기간 동안 남북한지역에서 분리되어 운영되도록 할 현실적인 필요가 있을 것으로 판단된다. 그리고 공공부조에 해당하는 사회보장제도들 중 기초생활을 보장해주는 것을 목표로 하는 제도들의 경우 해당 법률과 제도의 적용 대상인 북한지역에 거주하는 주민들과 남한지역 출신인 주민으로써 남한에 계속해서 거주하는 이들에 대한 지원을 분리 운영할 필요가 있을 것이다. 북한주민들은 분단이라는 현실로 인하여 북한정권의 통치하에 놓였다는 특별한 희생을 입은 자들이라 할 수 있을 것이기에 통일 이후에 사회보상적인 지원을 할 수 있을 것으로 보인다.

VIII. 결론

남북관계의 분단역사는 길었으나 남북관계를 규율하는 법제도의 역사는 짧다. 이는 남북관계가 정치적인 결단만을 바탕으로 한 갈등과 화해를 반복한 결과이다. 분단의 역사로 상징되는 남북관계의 갈등과 화해는 국제여건과 남북한 상황에 따라 안정적이지 못하였다. 남북관계를 불안정한 상태로부터 안정한 상태로 이끄는 것은 규범적 기준이 바탕이 된 법제도적에 의하여 달성가능할 것이다. 그러므로 짧은 법제도의 역사를 체계적이고 실효적이도록 만들기 위한 연구가 필요하다. 이러한 연구는 남북관계를 규율하는 법제도가 추구해야 하는 원칙을 제시하여 준다. 특히, 우리 헌법은 통일을 위한 규범적 기준으로 자유민주적 기본질서와 평화통일을 제시하고 있다. 이러한 원칙은 남북관계를 법치주의의 틀에서 법제도적으로 정착시키도록 기여한다. 즉, 헌법주의의 원칙에 따라 주요 쟁점에 대한 해결책을 제시해주고 완성시켜준다.

통일을 달성하기 위하여 해결해야 할 쟁점은 매우 광범위하고 다양하다. 하지만, 앞에서 언급한 기본원칙을 바탕으로 고찰하게 되면 통일을 위해 다루어야 할 주요쟁점의 우선순위를 설정할 수는 있다. 그러한 우선순위를 바탕으로 본 장에서는 통일과정에서 예상되는 주요쟁점을 시기별(통일 이전, 통일 과도기, 통일 이후)로 구분하였다.

통일 이전 단계에서는 현안 과제와 밀접한 관련을 갖고 있는 '통일법의 주요 개념과 대상'에 해당하는 총 10개의 주제와 '남북관계 발전과 통일을 대비한 법제도 구축'에서 다루고 있는 금강산·개성공단관련 주요 법적문제 검토, 남북교류협력 법제도의 개선 방안, UN대북제재와 남북교류협력의 관계 등을 간략히 살펴보았다. 이 주제들은 남북특수관계론을 바탕으로 한 헌법과 통일법을 이해에 도움을 준다. 또한, 대한민국과 통일한국이 추구해야 하는 헌법적 이념과 가치를 실현하기 위한 현재의 과제들을 함께 고민할 수 있게 해준다.

통일 과도기 단계에서는 '통일합의서와 통일헌법의 준비', '통일선거제도', '통일과정 북한지역 관리를 위한 법제도'를 살펴보았다. 이 주제들은 통일을 목전에 두었을 때, 현재의 국가와 미래 통일한국이 추구하는 헌법의 이념과 가치를 바탕으로 남북한의 혼란을 방지하고 규율할 수 있는 현실적인 법제도를 고민해 볼 수 있는 주제들이다.

통일 이후 단계에서는 '체제불법행위 처리문제'를 통하여 체제불법행위자에 대한 처벌과 그 피해자를 구제에 대한 주제를 살펴보았다. 이 주제는 잘못된 과거를 청산하여 새로운 공동체 구성원들이 새로운 통일한국 헌법의 이념과 가치에 부합한 삶을 영위하기 위해 우선적으로 고려해야 할 주제들이다.

본 장에서는 헌법과 통일법이 지향하고자 하는 전체적인 방향성에 대해서 함께 살펴보고자 하였다. 그러나 오랜 분단을 통한 정치·사회·문화·경제 등의 차이점과 이질성을 극복하기 위해서는 더 많은 노력이 필요할 것이다. 그러므로 통일관련 법제도를 정착시키기 위해서는 본 장에서 다룬 주제를 포함한 그 이상의 범위를 함께 고민하고 고찰할 필요가 있다. 즉, 분단역사에 비해 남북교류의 법제도 연구의 역사가 짧기에 이를 해결하기 위한 더 많은 검토와 고민도 자연히 필요한 것이다.

::참고문헌

김완기.『남북 통일, 경제통합과 법제도통합』. 서울: 경인문화사, 2017.

법무부.『통일독일의 구동독 체제불법청산 개관』. 서울: 법무부, 1995.

이효원.『남북교류협력의 규범체계』. 서울: 경인문화사, 2006.

통일부.『2017 통일문제 이해』. 서울: 통일부 통일교육원, 2017.

통일부.『북한이탈주민 정착지원 실무편람』. 서울: 통일부, 2017.

이효원.『통일법의 이해』. 서울: 박영사, 2014.

이효원.『통일헌법의 이해』. 서울: 박영사, 2016.

장소영.『북한 경제와 법-체제전환의 비교법적 분석』. 서울: 경인문화
　　　사, 2017.

한명섭.『통일법제 특강』. 서울: 박영사, 2014.

박미선 외 공저. "북한 미디어에 나타난 기후변화 프레임: 로동신문과
　　　민주조선을 중심으로."『환경정책』, 제21권 4호(2013) pp.
　　　151~172.

박종원. "UN대북제재와 남북교류협력의 법적 쟁점 - UN안전보장이
　　　사회 결의의 효력을 중심으로."『헌법과 통일법』, 제10호(서
　　　울대학교 헌법·통일법센터, 2017).

송창성. "독일의 체제불법행위자에 대한 처벌 사례와 그 시사점."『헌
　　　법과 통일법』, 제7호(서울대학교 헌법·통일법센터, 2016).

이찬호. "남북합의서 법제화 방안의 시도: 남북교류협력 합의법제 방
　　　안."『헌법과 통일법』, 제10호(2017).

이효원. "개성공단 재개와 법적 문제."『대북제재 국면에서 개성공단
　　　재개는 가능한가?』, 서울대 평화통일평화연구원·국토문제
　　　연구소·인문학연구원·개성공업지구지원재단 공동심포지

움. (2016년 6월 13일).

이효원. "금강산 관광사업의 법적 평가와 과제." 『금강산 관광사업과 남북교류의 새로운 모색』, 2017. 평화통일 국제학술심포지엄. (2017년 11월 21일).

이효원. "통일과정의 안정적 관리를 위한 법제도." 『미래를 준비하는 서울대학교 통일기반구축 사업』. 서울대학교 2017 통일기반구축 연합 학술대회. (2017년 11월 28일).

이효원. "통일헌법의 제정 방법과 국가조직." 『서울대학교 法學』, 제55권 제3호(2014)

통일부. "북한인권법 설명자료." 통일부 홈페이지 공지사항, 2016.

한명섭. "남북관계의 안정과 발전을 위한 법제도 개선." 『헌법과 통일법』, 제10호(서울대학교 헌법·통일법센터, 2017).

Park, M., and H. Lee. "Forest Policy and Law for Sustainability within the Korean Peninsula." *Sustainability*. vol. 6 no. 8. 2014, pp. 5,162~5,186; 〈http://dx.doi.org/10.3390/su6085162〉.

북한 해외노동자의 실태와 법적 과제__

이철수 · 이다혜

목차

이철수 서울대학교 법학전문대학원 교수

이다혜 서울대학교 법과대학 강사, 고용복지법센터 연구위원

I. 들어가며

1. 연구의 배경

지금까지 통일대비 관점에서 노동 영역에서의 연구는 주로 북한이탈주민에 대한 연구, 통일을 전제한 남북한 법제통합 연구, 또는 개성공단 관련 연구 등이 주를 이루어 왔으며, 북한 해외노동자에 대해서는 그 주제가 갖는 중요성에 비해 많은 선행연구가 이루어지지는 못하였다. 북한 해외노동자는 북한 체제와 자본주의 시장경제를 동시에 체험하고, 두 체제 사이를 이동했다는 독특한 경험을 한 집단이므로 통일대비 관점에서 이들에 대한 심층 분석의 필요성이 크다.

연구 대상으로서 북한 해외노동자 집단에 대한 일관된 정의가 확립되어 있지는 않다. 다만 이들을 둘러싼 현상을 살펴볼 때 북한 해외노동자는 북한 정부에서 조직적이고 체계적인 방식으로 자국의 근로자들을 선발하여 해외 국가에 일정기간 파견하여 근무케 하고, 이들의 근로에 대한 소득을 일정 비율의 상납금으로 취하는 형태의 노동 및 해당 노무 종사자를 통틀어 일컫는 용어라 할 수 있다.

북한 해외노동자들은 대개 북한정부와 사용국 간 노동력 송출에 관한 협정을 체결하여 이를 근거로 이루어지며, 파견되는 근로자들은 근무기간 중 이탈하는 일이 없도록 근무 및 생활 장소·근로조건·행동반경 등에 있어 많은 제약을 받으며 열악한 근로환경 속에 놓여 있는 경우가 많다. 북한 해외노동자들은 체제를 부정하고 이탈한 것은 아니며, 원칙적으로는 파견 기간 종료 후 북한으로 귀환한다는 점에서 북한이탈주민과는 구분되며, 한편으로는 외국으로 이주해 왔어도 그곳에서 정착하기를 자발적으로 선택할 수 없다는 점에서 일반적인 의미에서의 이주노동자(migrant worker)와도 다소의 차이가 있다. 한편 국제법에서 정의하는 인신매매(human trafficking) 혹은 국제노동기준에서 정의하는 강제노동(forced labour)의 피해자에 해당하는지는 찬반양론이 공존하고 있다.[1]

2. 연구방법론 및 경과

서울대 고용복지법센터는 2015~2017년 사이에 서울대학교 통일기반구축사업의 일환으로 북한 해외노동자에 대한 연구를 시행하여 왔다. 연구 방법론으로는 북한 해외노동자 당사자에 대한 직접 면담조사가 어렵다는 한계를 고려하여, 북한 해외노동자가 파견된 주요 국가의 전문가 자문 및 국제·학제 간 학술교류를 통해 수집된 정보와 이에 대한 분석을 활용하였다.

2015년도 연구의 경우 「통일대비 접경지역 북한노동력 실태조사 및 시사점」이라는 주제 하에 북한 해외노동자의 규모가 가장 큰 중국

---

1   인권침해의 소지가 있다는 견해로는 Breuker et al., "North Korean forced labour in the EU, the Polish case: How the supply of a captive DPRK workforce fits our demand for cheap labour,"(Leiden: Leiden Asia Centre, 2016) 등; 인권침해로 보기 어렵다는 견해로는 미야모토 사토루, "아프리카의 북한 파견노동자 현황 및 인권실태,"『북한해외파견노동자의 현황과 인권실태 및 개선책』, 와세다대 한국학연구소 · 서울대고용법복지센터 · 북한인권정보센터 · 숭실평화통일연구원 국제학술대회(2017년 9월 26일) 참조. 이하 제4장에서 서술한다.

및 러시아를 중심으로 전문가 자문 및 방문조사를 시행하고, 통일부 경제사회분석국에서의 특별강연 등을 통해 학술-정책 기관 간 교류를 도모하였다. 2016년에는 「북한 해외노동자의 실태와 과제」라는 주제로 북한 해외노동자 문제에 대한 국제학술대회를 개최하여 법학을 비롯한 정치학, 북한학, 인류학, 농경제학 등의 연구자가 참여한 학제 간 논의를 전개하였다. 2017년에는 북한 해외노동자에 대해 보다 구체적인 법적 의미를 도출하는 것을 목적으로 노동력의 이동·인권실태·법적 쟁점도출 등에 초점을 맞춘 총 3차례의 국제학술교류행사를 개최한 바 있다.

　　본고에서는 위와 같은 연구 성과를 바탕으로 북한 해외노동자의 실태를 고찰하고, 이들의 근로조건에 대한 분석을 통하여 통일 대비 관점에서 북한 해외노동자 현상에 대한 법적 과제를 제시하고자 한다. 보다 자세히는, 먼저 북한 해외노동자의 현황을 파악하기 위하여 이들 전반에 대한 기초적 사실을 정리하고(II-1), 주요 파견국가별 특징을 개괄하며(II-2), 근로조건을 중심으로 한 노동실태(II-3) 및 이들에게서 발견되는 자본주의적 행동양식(II-4)을 살펴본다. 북한 해외노동자에 대한 법적 의미를 도출하기 위하여 준거법 결정의 문제(III-1), 인권 및 노동법적 접근(III-2), 그리고 이주노동 관점에서의 접근(III-3)의 세 관점에서 북한 해외노동자의 실태를 고찰한다. 이러한 논의들에 의거하여 최종적으로 북한 해외노동자에 요구되는 관점과 해결방안, 그리고 향후 전망을 도출할 것이다(IV).

II. 북한 해외노동자에 대한 기초적 사실: 현황 및 근로조건

1. 전체 파견규모 및 파견 방식

1) 북한 해외노동자의 규모 추정

현재까지 북한 해외노동자를 사용하고 있는 것으로 알려진 국가는 러시아, 중국, 몽골, 쿠웨이트, 아랍에미리트, 카타르, 앙골라, 말레시아, 오만, 리비아, 나이지리아, 알제리, 적도기니, 에티오피아, 폴란드 등으로 알려져 있으며, 오스트리아, 독일 등 유럽연합(EU) 회원국가들에서도 북한 해외노동자의 존재가 파악되고 있다.[2] 이들이 벌어들이는 소위 '외화벌이' 수입은 UN 보고서에 의하면 12~23억 달러 정도로 추산되는데, 일각에서는 이 수치가 과장되었다는 지적도 있으며, 2~3억 달러 수준으로 보기도 한다.[3]

북한 해외노동자의 규모는 정보의 제약으로 인해 정확한 수치로 파악하기는 어려우나, UN에서는 5만 명가량, 한국 정부기관 및 연구기관들에서는 4~5만명 사이로 추산된 바 있다.[4] 그러나 연구자들은

---

2 윤여상, "폴란드 북한해외노동자 근로현황,"『북한해외파견노동자의 현황과 인권실태 및 개선책』, 와세다대 한국학연구소·서울대고용법복지센터·북한인권정보센터·숭실평화통일연구원 국제학술대회(2017년 9월 26일); Breuker et al., "North Korean forced labour in the EU"

3 *Ibid.*

4 외교부 46,000명(2013), 아산정책연구원 53,100여 명(2014) 등. 신창

이보다 훨씬 많을 것이라는 데 대체로 의견이 일치한다. 대부분의 북한 해외노동자는 주로 북한과의 접경지역 및 극동지방에 집중되어 있는데 고용복지법센터가 2015년 수행한 익명의 면담자에 대한 인터뷰에 의하면 중국에만 북한 해외노동자 6만여 명이 존재한다는 증언을 한 바 있고, 러시아에도 5만 명가량으로 추정된다는 연구결과가 있었다.[5] 기타 지역에는 국가별로 수백 명 정도로 분산되어 파견된 것으로 추정되어 세계적으로 도합 10만여 명이 될 것으로 보인다.[6]

다만, 2017년 러시아, 몽골, 폴란드 등을 조사한 연구자들로부터 공통적으로 최근에는 북한 해외노동자의 수가 다소 감소 추세에 있음을 확인하였다.[7] 그 원인을 대북제재의 효과로 보는 견해도 있지만, 경제적 이유에서 찾을 수도 있다. 각국이 외국인 노동자를 귀환시키

훈 · 고명현, Beyond the UN COI Report on Human Rights in DPRK(아산정책연구원, 아산리포트, 2014. 11); 최영운, "북한 해외 노동자 현황: 통계데이터 중심으로,"『KDI 북한경제리뷰』, 2017년 2월호, 103면.

5 이영형, "러시아 극동지역 내 북한노동자 활동 현황: 아무르주를 중심으로,"『러시아연구』, 제26권 제1호(2016), p.135; 이애리아 · 이창호, "러시아 연해주 사할린 북한노동자 실태 – 그들의 삶과 공간,"『북한 해외노동자의 실태와 과제』, 서울대 고용복지법센터 추계 국제학술대회(2016년 11월 4일).

6 이상신, (토론문)『북한 해외노동자의 실태와 과제』, 서울대 고용복지법센터 추계학술대회 (2016년 11월 4일).

7 김인성, "몽골 북한해외노동자 근로현황,"; 윤여상, "폴란드 북한해외노동자 근로현황,"; 이애리아, "러시아 파견 북한노동자 실태: 모스크바, 상트페테르부르크 지역을 중심으로,"『북한해외파견노동자의 현황과 인권실태 및 개선책』, 와세다대 한국학연구소 · 서울대고용법복지센터 · 북한인권정보센터 · 숭실평화통일연구원 국제학술대회(2017년 9월 26일) 등을 참고.

는 조치를 취하는 것은 북한 해외노동자의 특수한 문제라기보다는 외국 인력을 사용하고 있는 모든 국가 및 기업들의 공통점이다. 2008년 글로벌 금융위기 이후로 이주노동자에 대한 규율 강화(쿼타 감소, 기존의 외국인 귀환조치 등)는 대부분 국가들에서 나타나는 비슷한 현상으로, 이주노동 전반의 보편적 현상으로 볼 수 있다.

2) 파견 방식

북한 해외노동자의 파견방식은 국가별로 약간씩 차이가 있지만, 기본적으로는 북한 정부에 의해 주도되는 인력중개 및 파견의 형식으로 비슷한 구조를 취하고 있다. 먼저 ① 먼저 북한 노동자를 사용하고자 하는 사용국과 북한정부 간에 MOU 등 협정이 체결되고, ② 사용국에서 필요로 하는 인원을 요청하거나 북한 측의 노동자 관리회사(송출담당기관)[8]의 현지 영업을 통해 파견규모가 정해지면, ③ 북측 송출담당기관에서 대상자를 선발하고, ④ 현지 사용회사와 북측 송출담당기관(무역회사) 간 계약이 체결되어 이를 근거로 북한 노동자들에게

---

8   이들 회사는 북한 당국에 의해 설립된 일종의 외국인투자회사로서 소위 '무역회사'로 명명되며, 러시아나 폴란드의 경우 '조선아연 총회사', '조선 해외건설총회사', '조선석유 총회사' 등 업종별로 전문화된 형태를 보인다. 관련하여 이애리아·이창호 『연해주지역 북한 노동자의 실태와 인권』(서울: 통일연구원, 2015), p. 30; 현려화, "중국의 이주노동자에 대한 법적 규율과 연변지역 북한 노동력 실태 보고,"『체제전환국의 노동, 사회보장 제도변화와 통일대비 접경지역 북한노동력 실태조사 및 활용방안 모색』, 서울대 고용복지법센터 통일연구 워크샵(2015년 11월 17일); Breuker et al., "North Korean forced labour in the EU." pp. 25~28, p. 30.

비자 및 취업 허가 서류를 발급한 뒤 선발된 북한 해외노동자들이 집단으로 해당 국가로 이동하는 방식이다.[9]

북한 내에서의 해외 파견노동자 선발은 해당 노동자의 지원서 검토 및 신체검사 등의 절차를 통해 이루어지는데, 선발되기 위한 경쟁이 치열하여 뇌물수수나 서류위조, 브로커 개입현상이 발견되기도 한다.[10] 한편 북한노동자들은 해외 노동을 통해 큰 돈을 벌 수 있다는 사실만은 주변의 경험이나 소문 등을 통해 알고 있으나 실질적인 근로조건에 대해서는 제대로 정보를 듣지 못하고 출국하는 것으로 보인다.[11] 또한 체류 중 탈북을 막기 위해 남성의 경우에는 배우자나 자녀를 두고 있는 기혼자, 여성의 경우 혼인을 위하여 귀국하여야 하는 젊은 미혼 여성을 위주로 선별한다.[12]

국가별 MOU를 체결하고, 인원수를 할당하여 모집된 근로자들을 단기 비자 하에 파견하는 이러한 파견방식은 북한 뿐 아닌 다수의 국가에서 채택하는 외국인 근로자 송출의 형태이다. 우리나라의 외국인

---

9   Klara Boonstra, "North Korean Forced Labour in the EU: How to Fight it?" 『북한 해외노동자의 실태와 과제』, 서울대 고용복지법센터 추계 국제학술대회(2016년 11월 4일); 이애리아 · 이창호 위의 책; Breuker et al., "North Korean forced labour in the EU." 등을 참고.

10   Breuker et al., "North Korean forced labour in the EU,"(2016), p. 56; 이애리아 외 공저, 『러시아 사할린 지역의 북한노동자』(서울 : 통일연구원, 2016) p. 31.

11   위의 글, p. 57.

12   위의 글, p. 57; 현려화, "중국의 이주노동자에 대한 법적 규율과 연변지역 북한 노동력 실태 보고," p. 117.

력 활용을 위한 고용허가제[13] 또한 유사한 유입구조를 보이고 있으며, 관련하여 브로커 등의 문제점이 발생하고 있다. 다만 북한의 경우 평양출신이나 당원 등 출신성분이 좋은 사람을 선호하며, 해외로 나가 일하는 것이 국가와 당의 "강성대국" 건설에 참여하는 영광스러운 의무로 여겨진다는 이데올로기적 특징이 개입되는 것이다.[14]

2. 주요 파견국가: 유입배경 및 업종 등에 대한 고찰[15]

1) 러시아

(1) 유입배경 및 규모

러시아의 경우, 북한 해외노동자들은 주로 극동지역에 집중된 것으로

---

13   외국인근로자의 고용 등에 관한 법률 제6조, 제7조, 제8조.

14   이철수 · 이다혜, "북한 해외노동자의 실태 및 과제,"『통일기반 조성을 위한 서울대학교의 역할과 비전』(2016 서울대 통일기반구축 연합학술대회, 2016년 11월 29일).

15   이하 내용은 2016 서울대 통일기반구축 연합학술대회(2016년 11월 29일)에서 발표된 고용복지법센터 발표문의 내용 및 서울대 고용법복지센터가 개최한 이하의 국제학술대회에서 공유된 다양한 지역 연구자들의 발표내용에 기초한다.『북한해외파견노동자의 현황과 인권실태 및 개선책』, 와세다대 한국학연구소 · 서울대고용법복지센터 · 북한인권정보센터 · 숭실평화통일연구원 국제학술대회(2017년 9월 26일);『북한 해외노동자의 현황과 법적 쟁점』, 서울대 고용복지법센터 국제워크샵(2017년 7월 26일);『동북아시아에서의 노동력 이동: 해외 파견 북한노동자의 사례』와세다대 한국학연구소 · 서울대고용법복지센터 · 국제학술대회(2017년 4월 1일) 자세한 서지사항은 참고문헌을 참조.

알려져 있다. 이는 극동지역이 북한과 접경지역이라는 점, 또한 인구가 적고 건축과 벌목 등 개발수요가 크다는 점으로 인한 것이다.[16] 또한 러시아 연방부서인 극동개발부는 계속적으로 관련사업을 추진하고 있으며, 외국기업의 투자 및 북한 해외노동자 계속적 유입에 긍정적인 의사를 보이고 있다.[17]

러시아와 북한은 일찍부터 북한 해외노동자 파견 위한 법적, 제도적 기반을 마련해 온 바 있다. 북한은 20세기 중반부터 러시아에 시베리아 벌목공 등으로 자국 노동자들을 파견해 왔으며, 이는 90년대에 잠시 중단되었다가 2007년 8월「러시아연방 정부 및 조선민주주의인민공화국 정부간 양국 주민의 상대방 영토에서의 임시 노동활동에 관한 협정」(약칭 '러북협정')[18]을 체결한 이후 지금까지도 지속적으로 연간 쿼타를 정해 북한 해외노동자를 송출하고 있다.[19]

러시아 내 북한 해외노동자는 2011년 32,000명 가량에서 꾸준히 증가하여 2014년에 50,000명을 초과했었으나 2016년 기준 다시

---

16   이애리아 · 이창호, 『연해주 지역 북한 해외노동자의 실태와 인권』(서울: 통일연구원, 2015), p. 28, p. 33.

17   이영형, "러시아 극동지역 내 북한 해외노동자 활동 현황: 아무르주를 중심으로," p. 127.

18   김봉률, "러시아의 이주노동자와 외국인투자에 대한 법적 규율,"『체제전환국의 노동, 사회보장 제도변화와 통일대비 접경지역 북한노동력 실태조사 및 활용방안 모색』(2016 서울대 통일기반구축 연합학술대회, 2016년 11월 29일). 〈부록〉 참조.

19   이애리아 · 이창호, "러시아 연해주 사할린 북한노동자 실태 – 그들의 삶과 공간," p. 25.

30,000명 미만으로 감소한 것으로 추정된다.[20] 러시아는 2016년 12월에 오래 거주했던 북한인들을 대폭 귀환시켰으며, 당분간 추가 파견은 없을 것으로 전망된다. 또 예전에는 상납금을 내지 못하는 근로자들은 강제로 송환시켰는데, 최근에는 환율 상승으로 상납금을 내지 못하는 경우가 잦아 묵인해주는 경우도 있다고 한다. 2014년 말부터는 러시아에서 소위 불법체류자(체류 상태가 비자와 일치하지 않는 경우)에 대한 검문이 심화되었고, 2016년에는 탈북자 송환협정이 체결되어 사업장 이탈자, 또는 계약서와 다른 일을 하는 경우에도 강제송환하는 경우가 많아졌다.[21]

(2) 주요 업종

러시아 극동지역 북한 해외노동자의 주요 종사업종은 초기에는 시베리아를 중심으로 벌목·건설·농업·어업 등이었으나, 개발사업 추진으로 건설업 수요 및 이에 종사하는 북한 해외노동자가 증가하게 되었다.[22] 건설업은 어느 정도 성과에 따른 보수를 지급받게 되고, 비숙련 노동자의 진입장벽도 비교적 낮으므로 북한 해외노동자들 스스로 이를 선호하는 경향이 있다고 한다.[23]

---

20   이애리아 외 공저, 『러시아 사할린 지역의 북한노동자』, p. 35.

21   이애리아, "러시아 파견 북한노동자 실태: 모스크바, 상트페테르부르그 지역을 중심으로," 『북한해외파견노동자의 현황과 인권실태 및 개선책』, 와세다대 한국학연구소 · 서울대고용법복지센터 · 북한인권정보센터 · 숭실평화통일연구원 국제학술대회(2017년 9월 26일).

22   이애리아 · 이창호, 『연해주 지역 북한 해외노동자의 실태와 인권』, p.28.

23   이애리아 · 이창호, "러시아 연해주 사할린 북한노동자 실태 – 그들의 삶과 공간," p. 40.

2) 중국

(1) 유입배경 및 규모

중국은 많은 자국인구로 인해 종래 노동력의 수요보다는 공급이 주로 우세하였으나, 최근 경제적으로 저성장 기조에 진입함에 따라, 일부 지역에서 노동력 부족현상이 일어나기 시작하였다. 특히 한국 등으로 조선족 유출현상이 많은 동북 3성에서 노동력이 부족한 것으로 알려져 있다.[24]

중국 내 북한 해외노동자의 규모 파악은 특히 어려움이 많다.[25] 중국 내 전체 외국인에 대한 정확한 통계는 존재하지 않으나, 2014년 통계에 의하면 북한 국적인은 연간 약 18만 명이 입국했고, 이 중 노동 목적의 입국자가 약 9만 명으로 추산된 바 있다.[26] 고용복지법센터에서 2015년도에 수행한 익명의 전문가 인터뷰에 따르면 연길시에만

---

24   현려화, "중국의 이주노동자에 대한 법적 규율과 연변지역 북한 노동력 실태 보고," 『체제전환국의 노동, 사회보장 제도변화와 통일대비 접경지역 북한노동력 실태조사 및 활용방안 모색』, 서울대 고용복지법센터 통일연구 워크샵(2015년 11월 17일).

25   그 이유로는 중국 전체의 방대한 인구 때문에 외국인은 물론 자국인의 인구 조사조차 수월하지 않다는 점, 그리고 저렴한 비용으로 북한 해외노동자를 계속 활용하고자 하는 중국 지방정부들의 의지로 인하여 중국 내 북한 해외노동자들에 대한 정보공개를 차단한다는 점 등이 언급된다. 현려화, 위의 글.

26   2015 중국국가여유국통계, 〈http://www.cnta.gov.cn/zwgk/lysj/201506/t20150610_18859.shtml〉(최종방문 17.12.21); 현려화, "중국의 이주노동자에 대한 법적 규율과 연변지역 북한 노동력 실태 보고," 『체제전환국의 노동, 사회보장 제도변화와 통일대비 접경지역 북한노동력 실태조사 및 활용방안 모색』(서울대 고용복지법센터 통일연구 워크샵, 2015년 11월 17일)에서 재인용.

5천 명 정도의 북한 해외노동자가 확인되고 있으며, 동북 3성에 3-4만 명, 중국 전체로는 6만 명 정도의 북한 해외노동자가 있는 것으로 파악되었다. 또한 길림성-북한정부 사이에 두만강 경제특구에서 일할 북한 해외노동자를 3만 명 가량 공급한다는 내용의 협약을 체결한 바 있다. 이러한 내용을 종합하면, 중국에도 6만 명 이상의 북한 해외노동자가 존재한다고 볼 수 있을 것이다.[27]

(2) 주요 업종

중국에 파견된 해외 북한노동자의 주요 종사업종으로는 서비스 및 예술 공연을 주로 하는 북한식당 여종업원들이 잘 알려져 있으나, 최근에는 다양한 분야의 기술직 근로자들도 다수 파견되고 있다. 2015년도 고용법복지센터 수행 인터뷰에 의하면 4-5년 전부터 연변을 시작으로 제조업, IT업종에 많은 북한 해외노동자가 적극적으로 유입되었다고 한다. 특히 2013년 말부터 중국 중앙정부 차원에서 "기능인재"라는 용어를 사용하기 시작했는데, 이는 북한 해외노동자의 성실성 및 기술력의 우수함을 인정한 것이며, 향후 북한 해외노동자 도입을 정책적으로 적극 추진하기 위한 의도라고 한다.[28]

중국 전체 지역에서 북한 해외노동자의 현황을 파악하기는 어려우나, 2015년 기준으로 연변에만 기능인재가 약 5,000명 정도 거주하고 있는데 특히 훈춘, 도문, 용정 개발구에 주로 고용되어 있으며, 2013년 북한-길림성 정부간 협약체결로 향후 3만 명까지 도입하기로

27　서울대 고용복지법센터, 〈연변지역 북한 노동력 실태에 관한 전문가 인터뷰〉, 2015.11; 위의 글에서 재인용. 해당 면담자 익명 요청함.

28　위의 글.

하였다. 주요 종사업종은 IT산업, 제조·가공업(수산물, 식품, 의류제조업), 서비스업(북한식당)으로, 고용기업은 약 18개 업체로 추정되는데[29] 이 중 일본 의류업체 등 다국적기업도 있다.

연변지역의 북한 해외노동자 '기능인재'들의 경우, 압도적 다수가 경공업 종사하는 여성 근로자로 전원 미혼인 18-22세 사이의 여성이다. 이들은 결혼을 위해 20대 중반이 되면 본국으로 귀환해야 하는 동기이자 사회적 압력을 받는다. 남성근로자의 경우 대부분 IT업종에 종사하는 30-35세 남성으로, 이들은 주로 프로그래밍 설계, 개발업무에 종사하며, 북한에서 팀을 구성하여 아웃소싱 형태로 프로젝트를 발주하는 경우도 있다고 한다.[30]

3) 유럽: 폴란드를 중심으로

유럽에서는 최근 취업허가증 기준으로 각국의 북한 해외노동자 고용현황이 조사된 바 있는데, 독일, 아일랜드, 에스토니아, 크로아티아, 라트비아, 리투아니아, 오스트리아, 폴란드 등지에서 북한 해외노동자의 존재가 확인되고 있다.[31]

국가별로 정확한 통계가 존재하지는 않지만, 폴란드의 경우 2008-2015년 사이 북한근로자에게 총 2783건의 취업허가증을 발행한 공식

---

29 서비스업을 제외한 수치; 현려화, 위의 글, 2015.

30 현려화, 위의 글, 2015.

31 Klara Boonstra, "North Korean Forced Labour in the EU: How to Fight it?"『북한 해외노동자의 실태와 과제』(서울대 고용복지법센터 추계 국제학술대회, 2016년 11월 4일).

통계가 있다.[32] 다만 2015년 폴란드 조선소의 화재 사고로 인한 북한 해외노동자 사망 사건이 보도되고,[33] 이에 따라 국제사회로부터 북한 해외노동자의 사용과 근로감독에 대한 비판적 여론이 있은 뒤 2016년 초부터는 더 이상 북한 해외노동자에게 취업허가증을 발급하지 않겠다는 공식입장을 표명한 바 있다. 2017년도 현재로서는 폴란드에 800여 명의 북한 해외노동자가 있으며 주로 조선소에서 선박 제조 업무에 종사하는 것으로 파악되었다.[34]

4) 몽골

몽골의 경우, 2000년대 초반부 터주로 경공업, 건설 및 도로공사 분야를 중심으로 200~500명 선에서 북한 해외노동자가 파견되었다가 2008년 7월 체결된 몽골-북한 노동력 교환협정을 통해 그 쿼타가 대폭 증가하였다고 한다. 일본의 한 언론 보도에 따르면 2015년 2,137명의 북한 해외노동자들이 몽골에 파견되었다는 정보가 있었다.[35]

---

32 '08년 90건, '09년 104건, '10년 518건, '11년 362건, '12년 501건, '13년 365건, '14년 377건, '15년 466건. The Employment of Foreigners in Poland Statistical Data 2008-2014, The Ministry of Labour, Family, and Social Policy; 〈http://psz.praca.gov.pl/rynek-pracy/ statystyki-i-analizy/ zatrudnianie-cudzoziemcow-w-polsce〉 Breuker et al.,(2016) p. 25에서 재인용.

33 Klara Boonstra, "North Korean Forced Labour in the EU: How to Fight it?."

34 윤여상, "폴란드 북한해외노동자 근로현황."

35 김인성, "몽골 북한해외노동자 근로현황,"『북한해외파견노동자의 현황

　　그러나 최근에는 극심한 경기불황으로 다수의 건설이 중단되었고, 이로 인해 파견되었던 북한 해외노동자들이 본국귀환 혹은 임금체불 등으로 어려움을 겪고 있는 것으로 파악된다. 따라서 몽골에서 전반적인 북한 해외노동자 숫자는 감소 추세에 있는 것으로 보이는데,[36] 북한인권정보센터(NKDB)의 현지조사에 의하면 현재 몽골의 북한 해외노동자 숫자는 1천 명 안팎으로 감소한 것으로 추정되며, 임금 미지급 혹은 중간관리자들의 착취 문제가 심각한 상태라고 한다.[37]

5) 아프리카

한편 우간다, 나미비아 등 아프리카 일부 국가에 파견된 북한 해외노동자에 대한 조사 결과도 발표된 바 있는데,[38] 이들은 종사업종과 생활수준에 있어 러시아, 중국, 몽골 등 접경지역 국가들과는 다소 차이를 보인다.

　　아프리카 국가들 중 독재정권 국가에 파견되는 북한 해외노동자들은 국가 지도자의 동상이나 기념물을 제작하기 위한 목적으로 파견

과 인권실태 및 개선책』(와세다대 한국학연구소 · 서울대고용법복지센터 · 북한인권정보센터 · 숭실평화통일연구원 국제학술대회, 2017년 9월 26일).

36　위의 글.

37　이애리아, "러시아 파견 북한노동자 실태: 모스크바, 상트페테르부르그 지역을 중심으로,"

38　미야모토 사토루, "아프리카의 북한 파견노동자 현황 및 인권실태,"『북한해외파견노동자의 현황과 인권실태 및 개선책』(와세다대 한국학연구소 · 서울대고용법복지센터 · 북한인권정보센터 · 숭실평화통일연구원 국제학술대회, 2017년 9월 26일).

된다. 우간다의 경우 대부분이 이러한 기술 노동자이며, 회사가 숙식 및 주거지를 제공하고, 달러로 급여를 받으며, 해당 근로자의 북한 내 가족들에게도 식량과 배급품을 제공한다고 조사된 바 있다.[39] 아프리카의 경우 국민 전반의 경제수준 및 생활여건이 열악한 편이므로 상대적으로 이곳의 북한 해외노동자들은 일반 아프리카 주거지보다 훨씬 좋은 숙소에 거주하는 등, 현지인들에 비해 안정적인 처우를 받는다고 평가되기도 한다.[40]

아프리카로 파견되는 북한 해외노동자의 경우, 특이사항은 중국이 파견 과정에 관여하는 경우가 발견되었다는 점이다. 후진타오 정권 때부터 중국 기업은 아프리카에 진출할 때 북한 해외노동자를 고용하여 파견하고 있는데, 이 때에도 중국과 북한은 이에 관한 별도의 계약을 체결하며, 이러한 파견방식은 확대 추세라고 한다.[41]

3. 북한 해외노동자들의 근로조건

1) 임금

북한 해외노동자들은 연구대상 국가들에서 공통적으로 해당국 최저임금 수준 또는 동종업무의 평균 정도 임금을 받으나, 대개 북한 당국

---

39   위의 글.

40   위의 글; 미야모토 사토루, 토론발언, 『북한해외파견노동자의 현황과 인권실태 및 개선책』(와세다대 한국학연구소 · 서울대고용법복지센터 · 북한인권정보센터 · 숭실평화통일연구원 국제학술대회, 2017년 9월 26일).

41   위의 글.

이 70% 이상을 상납금으로 취하므로 실수령액은 이보다 훨씬 적다.

러시아의 경우 상납금의 수준은 진출 지역 및 업종 등에 따라 차이를 보이지만, 극동연방지구 전체 평균은 400~600달러 가량이다. 건축기술자들은 700~800달러 수준의 상대적으로 높은 임금을 받고 있으므로 상납금을 제외하면 개인의 몫으로 100달러 정도가 배당되지만, 나머지 다수의 노동자들은 상납금 채우기가 어려운 실정으로 상당한 추가노동을 한다.[42] 2009년 기준, 러시아의 북한 해외노동자들이 북한 당국에 벌어준 금액 규모가 약 700만 달러로 추산되기도 하였다.[43] 개별적으로 일감을 확보하여 추가수익을 확보하기가 비교적 용이한 건축업의 경우, 상납금을 제하고 개인이 남기는 수입은 연간 500~3,000달러 사이로 천차만별이다. 극소수의 관리직은 연간 5만~10만 달러 가량의 수익을 올리며 외제차를 몰고 다닌다는 사례도 보고되었다.[44]

몽골은 북한 해외노동자의 임금 미지급문제가 심각한 상황으로 알려져 있다. 그러나 북한 해외노동자들은 자신의 노동의 대가를 받지 못한 경우에도 소속회사나 북한 당국에 월정액을 납입해야 한다. 이러한 상납금은 2017년 현재 여름철은 매달 개인별 650 달러(기존 800 달러) 일감이 없는 겨울철은 450 달러(기존 600 달러)로, 기존보

---

42   이애리아 외 공저, "러시아 사할린 지역의 북한노동자," p. 43.

43   이영형, "러시아 극동지역 내 개발정책과 북한의 '노예' 노동자,"『체제전환국의 노동, 사회보장 제도변화와 통일대비 접경지역 북한노동력 실태조사 및 활용방안 모색』(서울대 고용법복지센터 통일연구 워크숍, 2015년 11월 17일).

44   이애리아 · 이창호,『연해주 지역 북한 해외노동자의 실태와 인권』(서울: 통일연구원, 2015), p. 33.

다 일감이 없어진 상황을 감안하여 다소 축소된 것이다. 많은 북한 해외노동자들은 '청부'를 나가더라도 상납금을 제하면 남는 것이 없으며, 상납금을 내지 못하면 회사에서 청부업을 허용해 주지 않기 때문에 경우에 따라서는 빚을 지고 있다.[45]

중국의 경우, 지역별로 최저임금이 각기 다르며 북한 해외노동자들도 계약상으로는 이에 상응하는 임금을 받게 된다. 연변에서 근무하는 북한 해외노동자의 임금 수준은 대략 RMB 2,000위안 정도이다.[46] 다만 위 임금수준에서 30% 정도만 개별 북한 해외노동자에게 할당되고, 나머지는 북한의 파견기업과 북한 정부에게로 돌아간다. 중국에서 파악된 임금 관련 특이사항은 성별이나 직종별 금액 차이는 없고, 모든 북한 해외노동자가 같은 수준의 임금을 받고 있다는 점이다. 중국 기업과 북한 파견기업에서 근로계약을 체결할 시 모든 노동자에게 통일된 임금 수준을 적용하도록 체결하는 것으로 추정된다.[47]

폴란드의 경우, 건축회사 아멕스(Armex)에서 일하던 북한 해외노동자들의 파악된 임금은 시간당 28 즐로티(6유로 가량)였으며, 고스포다르스츠보(Gospodarstwo) 지역에서 농장 근무하던 여성 북한 해외노동자들이 월 375유로 미만의 임금을 받은 것이 발견되었다.[48]

---

45   김인성, "몽골 북한해외노동자 근로현황,"

46   이는 최저임금인 RMB 1,220위안을 상회하므로 대부분의 북한 해외노동자가 공장 생산직에 종사하는 것에 비추어 볼 때, 중국 기업에서 북한 해외노동자에게 지불하는 임금 수준이 낮지 않은 것으로 보인다. 현려화, "중국의 이주노동자에 대한 법적 규율과 연변지역 북한 노동력 실태 보고,"

47   현려화, 위의 글.

48   Breuker et al., "North Korean forced labour in the EU, the Polish

2) 근로시간

북한 해외노동자들의 근로시간에 관하여, 연구대상 국가 모두에서 노동관계법령의 법정 근로시간을 초과한 장시간 노동이 보고되었으나 그에 따른 초과근로수당 등을 받는다거나 하지는 못하는 것으로 드러났다.

러시아의 경우, 업무의 특성상 근로시간 산정이 어려운 벌목업, 농림수산업에서의 장시간 노동은 물론이지만, 건설업의 경우에도 대개 특정 프로젝트의 완수를 목표로 하고 건수에 비례하여 소득을 올릴 수 있으므로 장시간 노동이 고착화되는 경향이 있다.[49]

중국 동북지역 북한 해외노동자들의 경우 주로 제조업에 종사하며, 비교적 폐쇄적이고 단일한 공장에서 대규모로 동일한 작업을 하므로 러시아의 경우와는 달리 자발적 구직 및 노무 제공으로 인한 장시간 노동의 여지는 없는 것으로 보인다. 그러나 특기할만한 점은, 이들의 근로계약서에는 주당 48시간 노동(주 6일제)로 근로조건이 기재되어 있어 주 5일제인 중국 노동법이 준수되지 않고 있다는 것이다. 초과근로수당을 따로 지급하지는 않으며, 공휴일은 북한의 명절과 동일하다고 한다.[50]

몽골의 경우 대부분의 북한 해외노동자들은 아침 7시 반에 출근해서 8시부터 일을 시작한다. 일반 몽골 노동자들은 저녁 6시까지 일하

case: How the supply of a captive DPRK workforce fits our demand for cheap labour," p. 35.

49   이애리아 외 공저, "러시아 사할린 지역의 북한 노동자," p. 43.

50   현려화, "중국의 이주노동자에 대한 법적 규율과 연변지역 북한 노동력 실태 보고,"

는데 반해 북한 사람들은 11~12시까지 일하고 있다.[51]

3) 근로환경: 의식주 및 주거, 산업안전, 근로감독 등

북한 해외노동자들의 근로 환경은 아프리카의 예술 관련 기술자 등 지극히 예외적인 경우를 제외하고는 대부분 해당국의 동종업무 내국인 근로자의 처우보다 열악할 뿐 아니라 주거, 의식주, 산업안전 등에 있어 절대적으로 취약한 상황에 놓여 있는 것으로 파악된다.

그 원인은 복합적으로 파악될 수 있는데, 첫째로는 주로 내국인이 기피하는 3D업종에 종사한다는 직종에 기한 원인이 있고, 둘째로는 사업장 이탈을 막기 위한 철저한 감시와 통제 때문에 형성되는 여러 제약으로 인해 양질의 노동(decent work)을 향유하지 못하게 되는 것으로 보인다. 전자는 이주노동 전반의 보편적 측면이며, 후자는 북한 해외노동자에게 해당되는 특수한 측면이라 해석할 수 있겠다.

폴란드의 조선소에서 일하다가 화재로 사망한 북한 해외노동자 사례를 살펴보면, 원래 조립 부서에 있던 근로자가 용접 부서로 배치된 후 제대로 된 안전교육을 받지 못했음은 물론, 언어 문제로 작업지시도 소통할 수 없었고, 해당 작업장에는 용접공에게 필요한 안전장치가 구비되어 있지 않았다.[52] 몽골의 경우에도 작업복 및 안전모 등이 꼭 필요한 건설현장에서도 이를 착용하지 않는 사례가 보고되었으며, 북한 해외노동자를 고용하는 몽골 회사측 관리자도 현장을 간헐

51　　김인성, "몽골 북한해외노동자 근로현황,"

52　　Klara Boonstra, "North Korean Forced Labour in the EU: How to Fight it?"

적으로만 방문하고 있다고 하며, 건설현장이나 광산에서 산업재해를 입은 근로자들은 본국으로 돌아간다는 증언이 있다.[53] 사용자의 산업 안전 보호의무 및 국가의 근로감독이 제대로 이루어지지 않는 것으로 보인다.

한편 러시아의 경우 타 국가들에 비해서는 상대적으로 이동이 자유로운 편이지만 해외 북한노동자들이 시간을 아끼며 많은 일을 하기 위해 건설현장에서 숙식을 해결하는 등 열악한 주거환경과 식사상태로 인해 건강이 나쁜 경우가 많은 것으로 보고되었다.[54] 중국의 경우 사업장 환경을 북한 내부와 최대한 동일하게 만들고 통제하는데, 공장 내부에는 북한식 구호가 부착되어 있고 철저한 관리 하에 공장이나 기숙사 간 출퇴근시 집단으로 이동하여 개인별 자유로운 이동이 불가능하도록 하며, 지극히 제한된 구역에서만 생활하는 것으로 알려져 있다.[55]

4. 북한 해외노동자에게서 발견되는 자본주의적 행동 양식

상술한 바와 같이 북한 해외노동자는 대개 열악한 근로조건에 시달리

53　김인성, "몽골 북한해외노동자 근로현황,"

54　이애리아·이창호, "러시아 연해주 사할린 북한노동자 실태 – 그들의 삶과 공간,"

55　현려화, "중국의 이주노동자에 대한 법적 규율과 연변지역 북한 노동력 실태 보고,"

고, 대부분의 경우 임금을 직접 또는 충분히 지급받지 못하고 있어 전반적으로 불안정 노동(precarious work)의 상태에 놓여 있는 것으로 보인다.[56] 이러한 상황 속에서 주목할 만한 현상은 이들이 북한 체제 하에서 일반적으로 기대되는 행동 양식을 점차 벗어나 나름의 자본주의적 생활방식을 구축해 가고 있다는 점이다. 이를 좀 더 구체적으로 ① 자발적 수익활동, ② 외부와의 접촉 및 표현의 자유, ③ 사업장 이탈, ④ 귀환 및 순환이주, ⑤ 제한적이나마 권리 의식의 형성 등으로 나누어 살펴보겠다.

1) 자발적 수익활동

러시아 극동지역의 경우, 특히 건설업 종사 노동자들은 상납금 확보, 추가적 수입을 위해 자발적으로 구직광고를 내기도 하고, 통역인이나 고려인들을 통해 일감을 구하기도 하며, 이러한 과정에서 외부 일반인들과 접촉하게 된다.[57] 원칙적으로 스마트폰 이용은 금지되어 있으나 북한 해외노동자들은 어떤 방식으로든 이를 몰래 사용하면서 구직 활동이 더욱 활발해지고 있다. 이러한 수익활동은 원칙적으로는 금지되어 있기 때문에 현금을 숨겨서 본인이 직접, 혹은 귀국하는 지인에

---

56   불안정 노동(precarious work)은 적절한 고용 및 근로환경의 보장에서 배제된 전반적인 노동조건의 불안정 상태, 즉 일자리의 질이 낮은 상태를 의미한다, 서정희, "비정규직의 불안정 노동: 비정규 고용형태별 노동법과 사회보장법에서의 배제,"『노동정책연구』, 제15권 제1호, 2015의 논의 참조.

57   이영형, "러시아 극동지역 내 북한노동자 활동 현황: 아무르주를 중심으로,"

게 부탁하는 등의 방법으로 가족에게 보내진다.[58] 사할린의 경우 건설
업 종사 북한 해외노동자들이 스스로 '소장'이라는 직함을 사용하기
도 하고, 고객을 확보하기도 한다.[59]

몽골의 경우 건설업 등에서 임금 미지급 문제가 심각한 상태인데,
이와 관련하여 어차피 일한 댓가를 관리자에게 주어도 그 돈이 노동
자들에게는 가지 않으니,"북한 해외노동자들에게 일을 빨리 잘하게
하려면 따로 직접 보수를 주어야 한다"는 증언이 있었다.[60] 개인의 몫
을 받아야 근로 동기가 부여된다는 점을 반증하는 것이다.

2) 외부와의 접촉, 표현의 자유 등

북한 해외노동자들은 외국에 나와서도 본국에서와 마찬가지로 정해
진 시간에 사상교육을 받는다. 주 1회 '사상총화'를 행하여 납부할 계
획분에 대해 강조하고, 특히 한국 드라마나 인터넷 접속행위 등을 감
시하며, 동료끼리 상호비판도 실시한다. 그러나 북한에 있을 때보다
는 그 강도가 덜하다고 한다.[61] 또한 몰래 스마트폰을 사용하여 인터
넷 접속 등으로 한국 뉴스를 접하고 있으며, 시장에서 한국 드라마,
영화 DVD를 비롯한 물품을 구입하기도 한다.[62]

---

58   이애리아 · 이창호, 『연해주 지역 북한 해외노동자의 실태와 인권』, (서
울: 통일연구원, 2015), p. 68, p. 83.

59   이애리아 외 공저, 『러시아 사할린 지역의 북한노동자』, (서울: 통일연구
원, 2016), p. xiv, p. 49.

60   김인성, "몽골 북한해외노동자 근로현황,"

61   이애리아 · 이창호, 『연해주 지역 북한 노동자의 실태와 인권』, p. 62.

62   이애리아, "러시아 파견 북한 노동자 실태: 모스크바, 상트페테르부르그

러시아의 경우 업종의 특성상 도심에서 건설작업 등을 수행하다
보니 자연스레 고려인, 한국인 등을 포함한 현지인과 접촉이 이루어
지며,[63] 사할린의 경우 과거 한국에서 외국인 근로자 생활을 했던 중
앙아시아인들이 많으므로 이들을 통해 한국에 대해 알게 되기도 한
다.[64]

3) 사업장 이탈

북한 해외노동자들은 외부의 실상을 점차 알아가고 주변 환경에 익숙
해짐에 따라 사업장에서 도주하여 북한 체제를 완전히 이탈하는 경우
도 있다. 극동지역 북한 해외노동자들이 감시를 피해 러시아의 다른
지역 또는 외국으로 탈출한 사례도 보고되었는데, 2000년도 전후에
하바롭스크, 아무르주 산림회사 소속 벌목공들의 탈출이 러시아 언론
에 보도된 바 있다.[65] 이러한 현상을 방지하기 위해서 북한에서는 애
초에 파견시 관리자를 붙여 철저히 감시하고,[66] 사용국과의 협조를
통해 이탈을 방지하려 한다.

그럼에도 불구하고 최근에는 처음부터 탈북을 의도하고 해외파견
노동자로 나온 뒤, 해당 국가에서 사업장을 탈출한 다음 정식으로 난

지역을 중심으로,"『북한 해외노동자의 현황과 법적 쟁점』, (서울대 고용복지
법센터 국제워크샵, 2017년 7월 26일).

63   위의 글.

64   위의 글.

65   이영형, "러시아 극동지역 내 북한노동자 활동 현황: 아무르주를 중심으
로,"p. 130.

66   이애리아 · 이창호, "연해주지역 북한 노동자의 시태와 인권,"p. 60.

민지위를 신청하는 경우도 있다고 한다.[67] 폴란드를 비롯한 유럽에서도 난민신청을 하는 경우가 보고된다.[68] 러시아와 몽골의 경우, 각각 북한과 강제송환협정을 맺은 바 있는데,[69] 사업장 이탈자가 상당수 발생하고 있다는 사실을 보여준다.

4) 귀환 및 순환이주

북한 해외노동자들은 지속적으로 해외 취업을 희망하는 경우가 보고되고 있다. 북한에서는 러시아에 파견되었던 사람들을 '재쏘생'이라고 하는데, 이들은 북한으로 귀환한 뒤 경제적 수단을 활용하여 간부가 되는 등 신분 상승을 이루기도 하며, 따라서 뇌물을 활용해서라도 러시아에 돌아가기를 원하는 경우가 많으며 여기서 뇌물과 노동자 착취의 연결고리가 생성되기도 한다.[70] 반면 해외파견 기간 동안 기대한 만큼의 수익, 혹은 기존에 소요한 만큼의 금액을 벌지 못해 다시 해외

---

67   2016년 자료에 의하면 러시아에 공식적으로 난민 지위 신청을 한 북한 주민이 100명을 넘었는데, 난민신청서를 제출한 자가 70명 가량, 임시난민을 포함하여 신청 절차를 밟고 있는 자가 32명 가량으로 파악된다. 이애리아, "러시아 파견 북한 노동자 실태 : 모스크바, 상트페테르부르그 지역을 중심으로,"

68   Breuker et al., "North Korean forced labour in the EU, the Polish case: How the supply of a captive DPRK workforce fits our demand for cheap labour," p. 85.

69   이애리아, "러시아 파견 북한 노동자 실태 : 모스크바, 상트페테르부르그 지역을 중심으로,"; 김인성, "몽골 북한해외노동자 근로현황,"

70   이애리아 · 이창호, "러시아 연해주 사할린 북한노동자 실태 - 그들의 삶과 공간,"

노동에 참여하는 사례도 많다.[71]

북한 해외노동자들은 해외에서의 파견기간을 통해 외국생활 및 자본주의를 경험하면서 새로운 삶을 모색하게 된다.[72] 북한인권정보센터의 연구에 의하면, 국내 탈북민 중 해외노동자 출신의 상당수는 2개국 이상을 경험하였던 것으로 나타나며, 한번 해외 생활을 경험한 노동자는 일반적으로 재출국을 희망하는 것으로 보인다.[73]

5) 권리 의식의 형성

비록 제한된 형태기는 하지만, 최근의 북한 해외노동자들은 본인의 권리에 대하여 적극적인 요구를 하는 사례들이 관찰되고 있다. 예컨대 중국에서는 여성 노동자들이 샤워를 위한 온수 공급을 요구하는 등 부분적으로나마 근로조건에 대한 문제의식을 갖고 항의를 하는 경우가 보고된 바 있으며,[74] 투먼지역의 경제개발구 완구기업에서는 노동자들이 1일 16시간의 장시간 노동에 항의하여 일제히 태업을 하며 침묵시위를 하는 사건도 있었다.[75]

---

71   윤애림, "이주노동 관점에서 본 북한 해외노동자의 법적 쟁점과 과제," 『북한 해외노동자의 실태와 과제』(서울대 고용복지법센터 추계 국제학술대회, 2016년 11월 4일).

72   이애리아 · 이창호, 『연해주 지역 북한 노동자의 실태와 인권』, p. 77.

73   윤여상, 『북한해외파견노동자의 현황과 인권실태 및 개선책』, (와세다대학교, 서울대고용복지법센터 외 공동주최 학술대회, 2017년 9월 26일) 토론내용; 이애리아 외 공저, "러시아 사할린지역의 북한노동자," p. 151.

74   윤애림, 위의 글.

75   주성하, "북한노동자 파업 조정한 보위부 요원," 서울에서 쓰는 평양이야

　　최근 몽골의 사례는 법적 권리의식이 형성되는 단초라 볼 수도 있어 흥미로운데, 북한 해외노동자들이 체불임금을 받기 위해 몽골 회사를 몽골 법원에 제소한 경우가 보고되었다. 다만 이들이 승소한 판결이 아직 나온 바 없고, 임금체불이 2년이 지나도록 해결되지 않은 사례가 보고되었다. 이러한 증언을 보면 몽골 사법부는 외국인에 대한 법적 보호에 소극적인 것으로 파악된다.[76] 심지어 노동에 대한 대가로 임금이 아니라 건물을 대신 받게 되어 북한 해외노동자들은 이 주택을 매도하여 현금화해야 하는 시도도 하였고, 때로는 임금체불 해결을 위해 북한 대사관에 요청하기도 하지만 그럴 경우 소요비용을 근로자 스스로 부담해야 하므로 도움이 되지 않는다는 보고도 있었다.[77]

　　이러한 상황을 종합하여 보면, 북한 해외노동자들은 문제를 일으키면 본국으로 송환될 수 있다는 부담 때문에 파업이라든지 적극적 단체행동에는 아직 이르지 못한 것 같지만, 임금체불 해결을 위해 법원에 제소한다든지, 받은 건물을 매각하려는 시도 등은 일정부분 법적 권리의식이 형성되고 있는 것으로 평가할 수 있다.

기(2015. 5. 22); 〈http://blog.donga.com/nambukstory/archives/105584〉; 윤애림, 위의 글에서 재인용.

76　　NKDB 수행 인터뷰 내용에서는 몽골 법원에 제소했던 북한 해외노동자들이 "몽골 국민을 위한 법이지 이주민을 위한 법은 아니다"라고 발언하기도 하였다. 김인성, "몽골 북한해외노동자 근로현황,"

77　　위의 글.

III. 북한 해외노동자에 대한 법적 접근

1. 준거법 결정의 문제

북한 해외노동자와 관련된 법적 문제는 이들에게 어느 국가의 법률을 적용해야 할지, 즉 이들의 출신국인 북한법을 적용해야 하는지 아니면 체류국의 법률을 따를지를 결정하는 것에서 시작된다. 일반적으로 외국인 근로자들은 속지주의에 따라 현재 거주 및 근무하고 있는 체류국의 법률을 적용받게 마련이다. 그러나 북한 해외노동자의 경우는 현재로서는 그러한 보편성으로부터 벗어나 있다.

앞서 기술한 바와 같이 대부분의 파견국에서는 북한 해외노동자 관련 별도의 협정을 체결하여 이들에게 치외법권을 적용하고 있는 실정이다. 대표적인 예로 2007년도 러북협정에는 명시적으로 북한 해외노동자의 사회보험, 의료보험, 산업재해 등에 관한 보상은 북한의 법률을 적용한다는 규정이 있다.[78] 중국, 몽골 등 파견이 이루어지는 다른 국가들에서도 마찬가지 상황으로 파악된다. 이러한 규율방식으로 인해 북한 해외노동자들은 근로조건에 대한 노동법적 보호는 물론이며, 심지어 범죄 피해를 당하거나 또는 긴급 의료를 필요로 하는 상

---

[78] 러시아연방 정부 및 조선민주주의인민공화국 정부간 한 국가의 국적자의 다른 국가 영토에서의 임시 노동활동에 관한 협정(모스크바, 2007년 8월 31일), 제8조 제1항; 김봉률, 〈부록〉 "러시아의 이주노동자와 외국인투자에 대한 법적 규율," 『체제전환국의 노동, 사회보장 제도변화와 통일대비 접경지역 북한노동력 실태조사 및 활용방안 모색』(2016 서울대 통일기반구축 연합학술대회, 2016년 11월 29일)에서 재인용.

황에서도 법적 구제를 받지 못하기도 한다.[79]

즉, 준거법 결정의 문제로 인하여 북한 해외노동자들에 대한 법적 보호가 제대로 이루어지지 못하고 있는 것이다.

2. 인권 및 노동법적 접근

1) 국제인권법에서의 인신매매 해당 여부

UN 팔레르모 의정서[80]는 인신매매(human trafficking)를 법적으로 정의한 국제사회의 첫 시도로서, 모든 국가에 인신매매를 범죄로 처벌할 의무를 부여하며 인신매매의 예방(prevention), 억제(protection), 처벌(prosecution)을 목표로 한다. 의정서 제3조에 명시된 "인신매매"의 정의는 "착취를 목적으로, 협박이나 무력의 사용 혹은 다른 형태의 강제, 유괴, 사기, 기만, 권력의 남용, 취약한 지위의 이용, 타인에 대한 통제력을 가진 사람의 동의를 얻기 위한 대가나 이익의 제공 혹은 수락 행위를 통해, 사람들을 모집, 운송, 이전, 은닉, 혹은 인계하는 것"이다. 여기에서 인신매매 피해자의 동의(consent)가 강제, 기만 또는 학대 행위 등에 의한 것일 때에는 그 동의의 효력은 인정

---

79 이애리아, "러시아 파견 북한 노동자 실태 : 모스크바, 상트페테르부르그 지역을 중심으로,"

80 UN General Assembly, Protocol to Prevent, Suppress and Punish Trafficking in Persons, Especially Women and Children, Supplementing the United Nations Convention against Transnational Organized Crime, 15 November 2000.

하지 않는다. 착취에는 성매매나 그 밖의 성착취, 강제노동 및 노동력 착취, 노예제나 유사노예제 등이 포함된다.

북한 해외노동자가 팔레르모 의정서의 인신매매 요건을 충족하는지 살펴보면, 법적 지위가 취약하기 때문에 근로감독의 현장에서 문제가 발생할 경우 구제가 아니라 오히려 추방될 확률이 크다는 점, 유사 노예와 같은 생활환경, 외부인 및 미디어 등 접촉 차단으로 인한 외부세계와의 단절, 거주지 및 사업장이 고립되어 있어 권리에 대한 인식 및 사회적 연결망의 부족한 점, 생활조건에 대한 감시와 통제 등으로 인해 인신매매의 구성요건에 해당할 여지가 크다.

한편 북한 정부가 가해자인지 여부를 살펴보면, 인신매매 여부의 판단은 피해자보다 가해자를 관찰하는 것이 중요하며, 북한 정권이 주도적이고 조직적으로 국가 차원에서 해외파견 노동자를 선발하는 점, 도주를 방지하기 위해 가족이 있는 기혼자만을 선발한다는 점, 상납금을 통한 외화벌이가 정권 유지에 경제적으로 기여한다는 점 등에서 '착취의 목적' 요건을 충족한다고 보기도 한다.[81]

2) 북한 해외노동자에 대한 ILO 협약의 적용

ILO(국제노동기구)는 국제적인 노동기준과 조약의 제정, 비준, 그리고 비준한 국가에 대한 준수여부의 감시 등을 주요 활동으로 한다. 북한은 ILO 회원국이 아니지만 북한 해외노동자를 수용하는 다수의 국가들이 국제노동기구의 회원국이므로, 해당 국가들은 자국 내 노동자

---

81 Remco Breuker, "인신매매 관점에서 본 북한 해외노동자,"『북한 해외노동자의 현황과 법적 쟁점』(서울대 고용복지법센터 국제워크숍, 2017년 7월 26일).

들에 대해 국제노동기준을 준수할 의무가 있다.

북한 해외노동자와 관련하여 유의미한 협약을 살펴보면, ILO 제 97호 고용이주 협약,[82] 제87호 결사의 자유 협약,[83] 제29호 강제노동에 관한 협약[84]등이 있다. 이중 제97호 고용이주 협약은 국적과 상관없이 모든 노동자들이 본인의 근로조건에 대한 정확한 정보를 제공할 의무가 있다고 명시하고 있다. 제87호 결사의 자유 협약은 모든 노동자와 근로자는 그 어떤 차별 혹은 사전의 허가 없이도 자유로운 조직활동을 보장받아야 한다고 명시한다. 제29호 강제노동에 관한 협약은 모든 회원국은 모든 형태의 강제노동을 최대한 신속히 철폐할 노력을 취하여야 한다고 명시하고 있다.

북한 해외노동자들에게 이러한 ILO 협약의 적용을 위해서는 국제노동기구의 회원국 보고서 채택체계를 활용할 수 있다. 국제노동기구는 법률전문가, 학자 등으로 구성된 전문가 그룹을 통해 회원국 정부, 고용주, 노동자에 정기적인 보고를 요청한다. 회원국의 정부는 비준한 협약에 대한 준수, 이행여부에 대하여 보고서를 제출하여야 하며 고용주 및 노동자들은 이에 대한 논평을 제공할 수 있다. 전문가그룹은 동 보고서에 대한 평가 혹은 연간 보고서 등을 발간할 수 있으며, 국제노동기구 총회의 삼자 위원회는 보고서에 및 주요 관찰점 및 사

---

82   International Labour Organization(ILO), Migration for Employment Convention(Revised), C97, (1 July 1949).

83   International Labour Organization(ILO), Freedom of Association and Protection of the Right to Organise Convention, C87, (9 July 1948).

84   International Labour Organization(ILO), Forced Labour Convention, C29, (28 June 1930).

건 등에 대한 논의를 진행하고 총회에서 보고서를 채택한다.[85]

이와 관련된 사례로는 폴란드 북한 해외노동자 사례(ILC2017)가 있다. 2016년 폴란드가 ILO에 제출한 정부보고서에 대한 노동자 논평에 폴란드 내 북한해외노동자 강제노동 및 착취에 대한 언급이 있었다. 폴란드 정부는 북한 해외노동자에 대한 조사를 진행하였으나, 강제노동에 대한 명백한 불법사례는 발견되지 않았다는 취지의 답변을 하였다. 전문가그룹은 여전히 강제노동의 우려점이 있음을 지적하며 북한 해외노동자 관련 특별조사관 파견을 언급, 차년도 보고서에 보다 명확한 진상보고를 요청하였다.[86]

북한 해외노동자를 사용하는 ILO 회원국에 대하여는 다음과 같은 제언을 제시할 수 있다. 기본적으로는 해당 국가가 비준한 주요 ILO 협약에 대한 준수와 이행, 그리고 ILO 제81호 협약(근로감독)[87]의 이행 및 주요 위반사항에 대한 조치가 있을 것이다. 또한 관련하여 ILO 회원국들 상호협력 및 보고체계를 구축하여야 한다. 나아가 북한의 노동권 침해 행위를 특정하기 위하여 국가 차원에서 자행되는 인신매매나 강제노동에 대해 ILO의 정책 발의를 위하여 공동 노력하며, ILO 및 UN 차원에서 북한 특별조사관(Special Rapporteur) 파견을 생각

---

85 ILO Website: http://www.ilo.org/global/about-the-ilo/who-we-are/tripartite-constituents/lang—en/index.htm, (최종방문 2017.12.28.).

86 Imke van Gardingen, "국제노동기구(ILO)관점에서 본 북한 해외노동자",『북한 해외노동자의 현황과 법적 쟁점』, (서울대 고용복지법센터 국제워크샵, 2017년 7월 26일).

87 International Labour Organization(ILO), Labour Inspection Convention, C81(11 July 1947).

해볼 수 있다.[88]

3) 파견국가의 국내 노동법 준수

임금체불 및 산업안전 관련 사건사고 등, 북한 해외노동자가 겪는 열악한 근로조건의 상당 부분은 파견국가에서의 노동법이 준수되면 해결될 수 있는 문제들이다. 예컨대 2015년 폴란드 조선소 북한 해외노동자 사망 사건의 경우 방화복의 미착용, 안전지시에 대한 통역이 없었던 사실, 용접시 동료 근로자 1인과 동행해야 한다는 등의 안전 관련 규칙들이 준수되지 않았다.[89] 이러한 문제는 북한 해외노동자만이 처해 있는 특수한 상황이라기보다는, 3D 업종에서 일하는 이주노동자가 보편적으로 처해 있는 상황이기도 하다.

몽골에서는 결핵에 걸린 북한 해외노동자가 외국인이라는 이유로 추방조치를 당한 사례가 보고된 바 있다. 북한 해외노동자는 한 번 상해를 입게 되면 현지에서 완치하는 것이 어렵기 때문에 본국으로 돌아가는 경우가 많다고 한다.[90] 국제노동기준 및 대부분의 국가 법률들은 불법체류자라 할지라도 응급의료에 대한 권리 및 산업재해 보상에 대한 권리는 기본 원칙으로 확립되어 있으므로,[91] 이러한 사례는 북한

---

88 위의 글.

89 Breuker et al., "North Korean forced labour in the EU, the Polish case: How the supply of a captive DPRK workforce fits our demand for cheap labour," p. 2.

90 김인성, "몽골 북한해외노동자 근로현황."

91 한국의 경우에도 불법체류 외국인이 업무상 재해를 당한 경우 일찍부터 산업재해보상보험 수급권을 인정하고 있다. 서울고등법원 1993.11.26, 선고 93구16774 판결 등.

출신이라는 특수성에서 기인한다기보다는 몽골에서 외국인 전반에 대해 노동 및 사회보장 관계법령이 제대로 적용되지 않는 것으로 보인다.

따라서 북한 해외노동자들을 사용하는 기업들에 대해 근로감독이 시행되고, 해당 국가의 노동관계법령이 제대로 적용되는 것이 매우 중요하다.

3. 이주노동 관점에서의 접근

1) 이민정책의 문제

러시아의 경우, 2014년부터 외국인 근로자들은 소정의 시험 및 러시아어 구사 등 요건을 충족하여 취업허가증을 받아야 일할 수 있으며,[92] 이러한 정책에서 북한 해외노동자들도 예외가 아니다. 러시아 극동지역은 전통적인 인력 부족 지역인데, 이제는 내국인 노동시장에 미칠 영향을 우려하여 외국인 노동자를 규제하기 시작하였다.[93] 이러

92　이애리아 외 공저, 『러시아 사할린 지역의 북한노동자』의 연구에는 '노동허가'로 표현되고 있는데, 노동허가와 고용허가는 법적으로 전혀 다른 제도이며, 러시아 제도는 사실상 고용허가제에 해당하는 것으로 보인다. 노동허가는 외국인 근로자 개인에게 취업자격을 주는 것이고, 고용허가는 사용자에게 외국인을 고용할 수 있는 자격을 주는 것으로서 유럽 EU회원국을 제외한 대부분의 국가들은 고용허가제를 택하고 있다. 러시아의 제도 역시 법적으로 고용허가제에 해당하는 것으로 보인다.

93　이애리아, "러시아 파견 북한 노동자 실태 : 몬스크바, 상트페테르부르그 지역을 중심으로."

한 현상은 러시아와 북한의 정치적 관계에 기인한 것이라기보다는 경기침체 및 내국인 일자리 보호를 위한 것이다.

북한 해외노동자들이 노동허가증 취득을 위해 브로커에게 의뢰하거나 뇌물, 수수료 등 비용을 지출하는 현상이 보고되고 있는데, 이주노동자 송출과정에서 나타나는 이러한 현상은 북한 해외노동자 뿐 아니라 이주노동 전반의 공통점이다.

2) 강제노동 v. 이주노동

북한 해외노동자를 바라보는 다양한 시각 중에서 공존하고 있는 것은'강제노동'으로 볼지, 아니면'이주노동'으로 볼지의 문제이다. 국제노동기구(ILO) 제29호 협약 강제노동 협약 제2조 제1항은 강제노동을 "불이익의 위협 하에서 강요되었으며, 자발적으로 제공하지 않은 모든 노동이나 서비스"로 규정한다.[94]

북한 해외노동자의 노동현실에는 강제적 요소와 자발적 요소가 공존한다.[95] 강제적인 요소로는 여권 압수, 관리자에 의해 가해지는 감시와 통제, 파견 이후 자동적으로 지는 채무 등을 예로 들 수 있다.

---

94 " For the purposes of this Convention the term forced or compulsory labour shall mean all work or service which is exacted from any person under the menace of any penalty and for which the said person has not offered himself voluntarily." Art.2(1) International Labour Organization(ILO), Forced Labour Convention, C29(28 June 1930).

95 윤애림, "이주노동 관점에서 본 북한 해외노동자의 법적 쟁점과 과제," 『북한 해외노동자의 실태와 과제』(서울대 고용복지법센터 추계 국제학술대회, 2016년 11월 4일).

상납금을 제하고 나면 사실상 생활이 어려우므로 지나친 장시간 노동을 하게 되는 점, 임금을 제때 받지 못해 근로기간이 지속되는 점, 북한 귀환시 당국으로부터 처벌의 위협 등 또한 강제노동으로 볼 수 있는 요소들이다. 반면 선발되기 위해 치열한 경쟁을 거친다는 점, 스스로 뇌물이나 브로커를 활용해서라도 해외 파견을 원한다는 점, 러시아의 경우에는 추가소득을 올리기 위해 자발적 구직을 한다는 점, 북한 귀환 후에도 차후 다시 파견되기를 원한다는 점 등은 자발적 노동의 지표로 볼 수 있다.

결론적으로 북한 해외노동자들의 노동은 "강제와 자발적 선택의 복합"으로 볼 수 있으며 두 관점이 서로 충돌하거나 배치되는 것은 아니다.[96] 북한 해외노동자의 상황을 강제노동으로 보는 관점에서는 주로 이들에 대한 인권침해의 문제를 지적하고 국제기준 준수 등을 촉구하므로 규범적 측면이 강조되며, 이주노동으로 보는 관점에서는 해외파견의 당사자들이 갖는 경제적 동기를 강조하므로, 두 접근은 같은 문제의 다른 측면을 각기 이야기하는 것으로 볼 수 있다.[97]

강제노동과 이주노동이라는 분석틀로 이 문제를 논의하는 것의 실익은 북한 해외노동자를 둘러싼 문제에 대해 다각도의 대응방안을 제시할 수 있다는 점이다. 강제노동 측면에 입각한 해결방안으로는 국제적으로 합의된 보편적 노동기준을 적용하려는 관련 국가 정부의 의지와 국제기구의 적절한 역할(모니터링, 정보제공, 정책제안 등)과

---

96   위의 글; 이애리아 · 이창호, 『연해주지역 북한노동자의 실태와 인권』, p. 81.

97   이상신, (토론문), 『북한 해외노동자의 실태와 과제』, (2016 서울대 고용복지법센터 추계학술대회, 2016년 11월 4일).

같은 정치적 성격의 정책이 강조되고, 이주노동으로 바라보는 해석은 경제적, 사회적, 문화적 측면에서의 개선(송금체계, 선발체계, 의식변화 등)에 초점을 맞출 수 있게 된다.[98]

이주노동의 관점으로 볼 경우, 북한 해외노동자들의 문제들을 다른 이주노동자들이 겪는 문제와의 보편성 속에서 바라보며 해법을 모색할 수 있는 장점이 있다. 국제노동기구의 목표는 모든 사람에게 양질의 노동(decent work)을 보장하는 것인데, 양질의 노동의 반대선상에 있는 나쁜 노동(bad labour)은 글로벌 경제구조 속에서 선진국-개발도상국 간의 격차, 국가 내에서의 고소득층-빈곤층 사이의 양극화로 인하여 발생한다. 북한 해외노동자는 결국 그러한 불평등 경제구조에서 일어나는 보편적인 현상인 이주노동 중에서도 가장 하부에 위치해 있는 것이다. 그렇다면, 전반적으로 이주노동자의 노동권을 개선하는 것이 곧 북한 해외노동자의 문제를 해결하는 것과 맥락을 같이 한다고 볼 수 있다.

IV. 결론

1. 북한 해외노동자에 대한 다면적 관점의 필요성

이상의 논의를 종합할 때, 북한 해외노동자는 그 파견방식에 있어서

---

98 박상신, 토론문, 『북한 해외노동자의 실태와 과제』, (2016 서울대 고용복지법센터 추계학술대회, 2016년 11월 4일).

'북한 정권'이 개입한다는 특수성이 있고, 한편으로는 다른 모든 사람들과 다름없이 일을 통해 생계를 유지하는 '노동자'라는 보편성, 그리고 본국을 떠나 외국에서 체류하며 노무를 제공하는 '이주노동자'의 범주에 해당한다는 특성이 공존한다.

북한 해외노동자 문제에 접근할 때에는 이러한 세 가지 특성을 동시에 균형있게 고려되어야 하며, 어느 하나의 시각이라도 결여되면 극단적이거나 치우친 결론에 도달할 수 있다. 예컨대 북한 체제의 특수성에만 초점을 맞추면 대북제재의 중요성만이 강조되고, 해외노동자들이 얻는 수익은 모두 북한의 정권유지용 외화벌이에 불과하므로 해외노동자 파견을 전면 중단하고 근로자들을 귀환시켜야 한다는 결론을 주장하게 된다. 반대로 이들이 자발적으로 외국에 파견되기를 원했다는 점, 현재 북한의 경제수준을 고려한다면 비교적 저임금으로도 만족하는 '부지런한' 인적 자원이라는 측면만을 지나치게 강조하면 북한 해외노동자의 인권 및 노동권 침해를 간과하는 결론에 이를 수 있으며 이러한 평면적 해석은 지양되어야 한다.

기본적으로 북한에서 해외노동자를 파견하고 있는 현실은 여타 개발도상국에서도 선진국으로 이동하는 이주노동자가 많듯이 경제적 동기에 크게 기인하는 것이므로, 이러한 현상은 정치적 제재에도 불구하고 전면적으로 중단될 가능성이 희박하다. 따라서 북한 해외노동자는 계속적으로 파견된다는 현실을 인정하는 전제 하에 북한 해외노동자의 개별적 인권과 노동권이 향상되고, 개별 사안에서 ILO에서 선언하는 양질의 노동(decent work)이 보장되는 방법을 찾는 것이 바람직하다.

2. 인권 및 이주노동 관점에서의 접근

북한 해외노동자의 상황이 인권침해에 해당되는가의 문제에 대하여, UN 「경제적·사회적 및 문화적 권리에 관한 국제규약」 제 6, 7, 8조는 각각 근로의 권리, 정당한 근로조건, 결사의 자유를 명시하고 있다.[99] 또한 ILO 제 29호 강제노동협약 2조 1항은 자발적으로 제공되지 않은 모든 형태의 노동을 금지하고 있다. 따라서 상납금 등 여러 가지 압박이 있는 상황에서 노동을 하여야 하는 북한 해외노동자의 상황은 기본적으로 인권 및 노동권 침해적 소지가 많다.

그러나 근로조건을 중심으로 본 북한 해외노동자의 상황은 북한이라는 국가나 정치적인 특성이라기보다는 직종별 특성에 좌우되는 것으로 여겨진다. 근로시간이 비교적 일정한 공장에서의 제조업과는 달리 건설업 등은 특정한 일을 완성하면 되는 도급 형태의 노동이므로,[100] 주어진 의무를 다하기보다는 스스로 성과를 올려 소득을 확보하려는 자본주의적 행동 양식이 형성된 것을 볼 수 있다.

따라서 북한 해외노동자를 이주노동 관점에서 보는 것이 많은 설득력을 가진다. 글로벌 공급사슬(Global supply chain)에서 가장 취

---

[99]   Art.6, 7, 8, International Covenant on Economic, Social and Cultural Rights, (16 December 1966).

[100]   민법 제664조의 도급계약은 "당사자일방이 어느 일을 완성할 것을 약정하고 상대방이 그 일의 결과에 대하여 보수를 지급할 것을 약정"함으로써 그 효력이 생기는 계약으로 근로계약이 아니다. 도급 계약을 통해 생계를 유지하는 자는 성과에 기반한 소득을 올릴 수 있지만, 특정인에게 고용된 것이 아니므로 불안정 노동의 상태에 처하는 경우가 많다. 러시아 건설업에 종사하는 북한 해외노동자들의 노동 실태는 도급에 가까운 것으로 보인다.

약하고 열악한 노동은 가장 빈곤한 국가가 담당하게 되며, 북한이 그 일례인 것이다. 이러한 현상은 일시적이지 않으며, 정규적이지 않은 형태로 인력을 채용하고 활용하는 것은 현재 세계적으로 보편적인 현상으로 북한 해외노동자는 그 범주에 해당하는 것이다. 북한 해외노동자를 이주노동자의 한 종류로 볼 때, 이들이 외국으로 파견되는 경제적 현실 및 개별적 동기를 부정하지 않으면서도 인권과 노동권을 보장하는 방안을 모색할 수 있다.

3. 해결 방안 및 향후 전망

첫째, 앞서 강조한 바와 같이 파견국에서 노동법을 준수하는 것의 중요성이 크다. 북한과 파견국 사이에 협정을 체결하여 현지 법률의 적용을 배제하는 문제가 선결되어야 한다. 북한 해외노동자는 주로 민주주의와 법치주의가 제대로 확립되어있지 않은 나라에 파견되는 것이 현실이며, 상술한 러시아, 몽골 및 폴란드의 사례에서 임금체불 및 근로감독 미비 등 이들에 대한 노동관계법령이 제대로 적용되지 않는 모습을 확인할 수 있었다.

둘째, 북한 해외노동자들 스스로의 권리 의식이 향상되고 있는 현상은 고무적이다. 몽골에서 임금체불에 대한 소송 제기는 매우 흥미로운 징표이며, 북한 해외노동자가 문제에 마주했을 때 파견국에서 어떻게 사법적 구제를 받을 수 있는지는 앞으로 중요한 법적 연구과제가 될 것이다. 이러한 현상은 북한 해외노동자를 소극적 피해자로만 인식하지 않고, 사회주의 체제로 인한 여러 특수성에도 불구하고 적극적이고 능동적으로 행위하는 권리의 주체로 인식해야 할 필요성도 일깨워 준다.

셋째, 북한 해외노동자를 결국 이행경제 속에 있는 이주노동자로 파악할 때, 해당 국가에서 이들을 위한 법적 지원기관을 마련하고, 시민사회 및 인권 담론에서의 적극적 관심 등이 필요하다. 여타 이주노동자들의 경우에도 이들의 권리가 제대로 보장되지 못할 때 인권 활동가 및 노동 변호사들의 역할, 시민사회의 권리 보장 촉구 등으로 인해 개별 소송에서 승소 및 입법화로 이어지는 것은 인권 및 노동권 발전의 보편적인 경로이다.[101] 북한 해외노동자 또한 이러한 경로를 통해 양질의 일자리(decent work)를 보장받는 방향으로 나아가야 할 것이다.

---

101   한국 내 이주노동자들의 경우에도 시민단체 및 이주노조 활동을 통해 사회적 관심의 대상이 되고, 점차 법적 및 제도적 지위가 향상되는 과정 속에 있다. 한국에 체류하는 이주노동자들의 경우, 지난 2005년 서울경기인천 이주노동자 노동조합이 결성된 이후 10년간의 법적 투쟁 및 시민사회활동을 통해 국적 및 체류자격과 무관하게 합법적으로 노동조합 활동을 할 수 있는 노동법상의 권리를 획득한 바 있다. 이다혜, "이주노조 대법원 판결의 의의와 한계," 「노동법학」, 제56호, (한국노동법학회, 2015); 이다혜, "시민권과 이주노동-이주노동자 보호를 위한 '노동시민권'의 모색-"(서울대학교 대학원 법학박사 학위논문, 2015)의 논의 참조.

:: 참고문헌

김봉률. "러시아의 이주노동자와 외국인투자에 대한 법적 규율." 『체제전환국의 노동, 사회보장 제도변화와 통일대비 접경지역 북한노동력 실태조사 및 활용방안 모색』. 2016 서울대 통일기반구축 연합학술대회, 2016년 11월 29일.

김인성. "몽골 북한해외노동자 근로현황." 『북한해외파견노동자의 현황과 인권실태 및 개선책』. 와세다대 한국학연구소·서울대고용법복지센터·북한인권정보센터·숭실평화통일연구원 국제학술대회, 2017년 9월 26일.

미야모토 사토루. "아프리카의 북한 파견노동자 현황 및 인권실태." 『북한해외파견노동자의 현황과 인권실태 및 개선책』. 와세다대 한국학연구소·서울대고용법복지센터·북한인권정보센터·숭실평화통일연구원 국제학술대회, 2017년 9월 26일.

서정희. "비정규직의 불안정 노동: 비정규 고용형태별 노동법과 사회보장법에서의 배제." 『노동정책연구』 제15권 제1호(2015).

신창훈·고명현. Beyond the UN COI Report on Human Rights in DPRK. 아산정책연구원·아산리포트, 2014.

윤애림. "이주노동 관점에서 본 북한 해외노동자의 법적 쟁점과 과제." 『북한 해외노동자의 실태와 과제』. 서울대 고용복지법센터 추계 국제학술대회, 2016년 11월 4일.

윤여상. "폴란드 북한해외노동자 근로현황." 『북한해외파견노동자의 현황과 인권실태 및 개선책』. 와세다대 한국학연구소·서울대고용법복지센터·북한인권정보센터·숭실평화통일연구원 국제학술대회, 2017년 9월 26일.

이다혜. “이주노조 대법원 판결의 의의와 한계,”『노동법학』, 제56호. 한국노동법학회(2015).

이다혜. “시민권과 이주노동-이주노동자 보호를 위한 ‘노동시민권’의 모색-”, 서울대학교 대학원 법학박사 학위논문, 2015.

이철수 · 이다혜. “북한 해외노동자의 실태 및 과제.”『통일기반 조성을 위한 서울대학교의 역할과 비전』. 2016 서울대 통일기반 구축 연합학술대회, 2016년 11월 29일.

이애리아. “러시아 파견 북한노동자 실태: 모스크바, 상트페테르부르그 지역을 중심으로.”『북한해외파견노동자의 현황과 인권 실태 및 개선책』. 와세다대 한국학연구소 · 서울대고용법복지센터 · 북한인권정보센터 · 숭실평화통일연구원 국제학술대회, 2017년 9월 26일.

이애리아 외 공저.『러시아 사할린 지역의 북한노동자』. 서울 : 통일연구원, 2016.

이애리아 · 이창호.『연해주지역 북한 노동자의 실태와 인권』. 서울 : 통일연구원, 2015.

이애리아 · 이창호. “러시아 연해주 사할린 북한노동자 실태 – 그들의 삶과 공간.”『북한 해외노동자의 실태와 과제』. 서울대 고용복지법센터 추계 국제학술대회, 2016년 11월 4일.

이영형. “러시아 극동지역 내 개발정책과 북한의 ‘노예’ 노동자.”『체제전환국의 노동, 사회보장 제도변화와 통일대비 접경지역 북한노동력 실태조사 및 활용방안 모색』. 서울대고용법복지센터통일연구 워크샵, 2015년 11월 17일.

이영형. “러시아 극동지역 내 북한노동자 활동 현황: 아무르주를 중심으로.”『러시아연구』, 제26권 제1호(2016).

최영운. "북한 해외 노동자 현황: 통계데이터 중심으로,"『KDI 북한경
제리뷰』, 2017년 2월호(2017).

현려화. "중국의 이주노동자에 대한 법적 규율과 연변지역 북한 노동
력 실태 보고."『체제전환국의 노동, 사회보장 제도변화와
통일대비 접경지역 북한노동력 실태조사 및 활용방안 모
색』. 서울대 고용복지법센터 통일연구 워크샵, 2015년 11
월 17일.

Boonstra, Klara. "North Korean Forced Labour in the EU: How
to Fight it?"『북한 해외노동자의 실태와 과제』. 서울대 고
용복지법센터 추계 국제학술대회, 2016년 11월 4일.

Breuker, Remco. "인신매매 관점에서 본 북한 해외노동자."『북한 해
외노동자의 현황과 법적 쟁점』, 서울대 고용복지법센터 국
제워크샵, 2017년 7월 26일.

Breuker et al. *North Korean forced labour in the EU, the Polish
case: How the supply of a captive DPRK workforce fits
our demand for cheap labour.* Leiden: Leiden Asia
Centre, 2016.

Gardingen, Imke van. "국제노동기구(ILO)관점에서 본 북한 해외노
동자."『북한 해외노동자의 현황과 법적 쟁점』. 서울대 고용
복지법센터 국제워크샵. 2017년 7월 26일.

남종우·박상신·안동환·이상신·정영훈. (토론문)『북한 해외노동자
의 실태와 과제』. 2016 서울대 고용복지법센터 추계학술대
회, 2016년 11월 4일.

International Labour Organization(ILO). "Migration for Employment Convention(Revised)." C97(1 July 1949).

International Labour Organization(ILO). "Freedom of Association and Protection of the Right to Organise Convention." C87(9 July 1948).

International Labour Organization(ILO). "Forced Labour Convention." C29(28 June 1930).

International Labour Organization(ILO). "Labour Inspection Convention." C81(11 July 1947).

UN General Assembly. "Protocol to Prevent, Suppress and Punish Trafficking in Persons, Especially Women and Children, Supplementing the United Nations Convention against Transnational Organized Crime."(15 November 2000).

독일통일 이후 제도 및 사회통합 사례연구:
주요 기관 인터뷰에서 나타나는 특징을 중심으로___

신성호·박태균·김태균·송지연·한정훈·김정민

목차

신성호　서울대학교 국제대학원 교수　　박태균　서울대학교 국제대학원 교수

김태균　서울대학교 국제대학원 교수　　송지연　서울대학교 국제대학원 교수

한정훈　서울대학교 국제대학원 교수　　김정민　서울대학교 국제학연구소 연구원

I. 서론

급변하는 국제정세 속에서 한반도 통일이 멀지 않았음을 예견하는 목소리가 높아지고 있다. 그러나 남한과 북한은 그간 대단히 견고한 경계를 둘러싸고 대치하며 전혀 다른 이념 기반 위에서, 세계적으로도 상반되는 국가 경영 방식 및 사회문화 구조를 굳혀 온, 극도로 이질적인 사회체(social body)들이다. 따라서 어떤 방식으로든 그 경계가 느슨해지면서 두 집단의 통합과정이 진행된다고 하면, 적지 않은 사회적 혼란과 갈등, 또한 그에 따른 엄청난 비용 지출 및 손실이 생길 것으로 예상되고 있다.

이런 부정적인 사태 진행을 조금이라도 방지하고 예상되는 손실을 저감하기 위해서, 국제사회 및 우리의 역사 속에서 이와 유사한 경험을 타산지석·온고지신 정신으로 돌아보고 통일과정의 진행을 가장 효율화할 수 있는 방안을 도출하려는 노력이 관련 학계에서 그간 진행되어 왔다. 이런 연구들의 가장 큰 조회 틀(frame of reference)은 한반도 상황과 유사하게 제2차 세계대전 이후 두 개의 상이한 주권국인 서독과 동독으로 분단되었다가 1989년 통일을 성취한 독일의 사례다.

독일은 동·서독 양 지역의 자축과 기대의 분위기 속에서, 또한 이들을 지켜보는 세계의 시선 속에서 통일을 성취하고, 지난 28년간 지내오는 가운데 많은 긍정적 변화와 함께 예상치 않았던 시행착오도 드러내와서, 그런 사례들이 통일을 준비하는 한반도 상황에 크게 참고가 되는 시사점을 주고 있는 것으로 평가되고 있다. 따라서 본 연구 역시 한반도 통일 기반을 다지기 위한 노력의 첫 단계로 독일 통일에 대한 기존의 연구 성과들을 정리하고, 독일 현지에서 인터뷰를 통해서 그간의 체험을 현장의 목소리로 들어보며, 향후 그 체험에 기반한 통찰들을 공유하기 위한 연구 협력의 기초를 수립하는 작업을 출발하고자 한다.

그렇게 함에 있어서 본 연구는 기존 연구의 흐름에 입각하되, 적어도 세 가지 점에서 새로운 측면을 보강하고자 한다.

첫째는 최근 이 주제에 관련된 연구들에서 계속 지적되고 있는 '사회통합'의 문제와 관련된 것이다.[1] 기존 연구에서는 통일의 두 과제로서 제도적, 형식적, 도구적 차원인 제도통합과 사회적, 문화적, 정서적 화합을 통해 달성되는 사회통합이라는 두 가지 과제를 구분하여, 대체로 이 중 한 측면에 초점을 맞추어 논의를 전개해 왔다.

그러나 비교적 성공적으로 제도를 통일한 독일이 이후 30년이 다 되어가는 오늘까지도 '내적 통합(innere Einheit)'을 미완의 과제로 추구하고 있다는 사실은 제도통합이 사회통합을 보장하지 않는다는 것을 보여준다. 동시에 독일 통일 현장의 목소리를 들어보면 사회통합은 제도적 측면과 불가분의 관계로서, 모든 실천의 장들 속에서 작용하고 있음을 알 수 있다.

따라서 이 연구는 통일을 실질적으로, 효율적으로 성취하기 위해서는, 무엇보다 제도적 통합이 사회적 통합과 함께 진행되어야 한다는, 혹은 처음부터 통일이란 이 두 측면을 아우르는 전일적인(holistic) 과정이 되어야 한다는 인식에서 출발한다. 총체적인 통일역량을 배양하기

---

1   여기서 '사회통합'이란 하버마스가 제시한 '체계통합, 혹은 제도적 통합(system integration)'과 '사회통합(social integration)'을 구분한 데서 원용된 개념으로, 전자가 '체계에 초점을 두며, 권력과 화폐의 탈언어화된 매개를 통한 도구적 통합을 말하며, 후자는 '생활세계'에 초점을 두며, 의사소통적으로 성취된 합의를 통해 통합되는 것을 가리킨다.(전태국, "한국 통일의 사회통합적 과제,"(한국사회학회 심포지엄 논문집, 1999.10), p. 81.

위해서는 제도통합과 사회통합을 이분법적으로 파악하여 단계적으로 추진하기보다, 선제적으로 양자를 아우르는 실천 방안과 제도적 대비책을 모색할 필요가 있다고 보는 것이다. 이를 위해 통일 실천 경험이 있는 해외 기관들, 특히 제도 및 사회통합을 직접 담당한 기관들의 사례에 대한 분석과 현황 파악을 통해, 통일 과정 및 그 이전의 과정에서부터 형식적 제도뿐 아니라 실질적인 사람들의 삶이 통합될 수 있는 실천적 통일 방안 및 사전 대비책을 수립하고자 한다.

둘째는, 통일을 하나의 '사건(event)'으로 보는 것이 아니라, 상당 기간 앞서 준비되어야 하며 공식적 통일 선언 이후에도 또한 상당 기간 진행되어야 할 '과정(process)'으로 보는 것이다. 독일 통일의 사례가 말해주는 것처럼, 통일은 공식적 제도 통합에 앞서 치밀히 준비되고 어느 정도 진행되어야 하는 것이며, 그럼에도 불구하고 공식적 통일 이후에도 계속 시행착오를 거치면서 진행되고 있는 것이기도 하다.

이 과정에서 불필요한 낭비를 줄이고, 개인적 및 집단적 차원의 자원과 에너지를 효율적으로 활용하려면, 끊임없는 연구와 현장 점검이 있어야 할 것이다. 이 역할을 담당하는 것은 일선에서 일하는 공무원, 기업인, 민간단체, 일반 시민들과 함께 그들의 경험을 추상화·일반화해서 새로운 지침의 방향과 내용을 제언하는 연구자들일 것이다. 그런 차원에서 이 연구는 선제 활동의 중요한 일환으로, 유사한 경험을 가진 독일을 비롯한 해외의 관련 연구자들과 지속적인 네트워크를 구축하여, 그들의 경험을 중요한 자원으로 활용하고, 우리의 경험을 제시하며 방향을 잡아가는 틀을 수립하고자 한다.

셋째, 통일을 앞둔 지역으로서 한반도의 특수성에 대한 연구를 중요한 부분으로 통합함으로써, 이론에 그치지 않는 실천으로서의 연구 과정으로 자리를 잡아가게 하려 한다는 점이다. 많은 유용한 시사점을 제공하고 있음에도 불구하고 해외의 사례는 어디까지나 해외의 사례이며, 한반도 상황의 지역적 및 역사적 특수성이 있어, 쉽게 일반화하는 것에는 일정한 위험이 따를 것이다. 따라서 한반도의 특수성은 어떤 것이며, 해외의 경험을 어떻게 접목해야 바람직한 성취를 이룰 수 있을 것인지에 대한 고민도 통일 대비 기반구축 연구에서는 빠질 수 없는 부분이다.

이를 위해 독일 등 해외 사례 연구 성과를 통합적으로 분석하는 것이 보다 실천적인 통일 준비 과정에의 기여가 될 수 있을 것으로 기대된다.

II. 독일 및 남북한 통일 관련 선행 연구 개괄

기존 연구에 대한 검토는 크게 두 가지 영역으로 구분될 수 있다. 첫째는 독일 및 남북한 통일을 주제로 한 연구 일반이다. 최근에는 제도적 통합뿐 아니라 사회통합의 중요성을 강조하는 연구들이 많이 나오고 있어, 이 부분에 중점을 두었다. 둘째는 한반도의 상황에서 어떻게 하면 사회통합을 효율적으로 달성하여 제도적 통합의 실효성까지 확보할 수 있을지, 그 방안을 모색하기 위한 연구다. 이를 위해서는 한반도 분단이라는 상황의 특성을 분석하고 파악하는 작업과 함께, 사회통합을 통한 사회 잠재력 향상을 위한 일반적 이론들에 대한 검토도 필요할 것이다.

독일 통일 과정에 대한 연구는 통일부에서 발간한 독일 통일백서 시리즈로서 가장 잘 정리되어 있다고 볼 수 있을 것이다. 2013년부터 새로이 총서로서 세부주제별로 발간되어 현재 19권까지 발행되어 있으며, 군사·행정·교육·과거청산·여성 등 다양한 주제를 망라하고 있다. 기존 연구를 정리한 것을 기반으로 독일 내 담당 인사들과의 심층 인터뷰, 정책문서 분석 등으로 독일 통일과정을 자세히 분석하고 있다. 특히 통일백서에 직접 인용되기도 한 페니히 등의 논문[2]은 함께 게재된 특임관 면담과 함께, 맥락에 따라 한반도 상황과의 관련성 속에서 동서독 통합에 있어서 공식적 창구 역할을 했던 제도와 그 이면을 밝혀줌으로써 본 연구의 주요한 참고 자료로 활용되었다.

그러나 동 시리즈 게재 다수의 보고(독일 통일백서)에서도 언급되었듯이, 독일 통일과정 자체가 애초부터 제도 통합을 통해 동독의 경제 수준을 끌어올리는 것에 큰 주안점을 두었기 때문에[3] 사회적 통합, 혹은 '내적' 통합 분야의 성과가 취약하다는 문제점이 있었다. 그에 따라 독일 통일백서 자체가 사회적 통합보다는 제도적 통합 과정에 대한 설

---

2   이은정, 베르너 페니히, "연방정부의 구 동독지역 재건 특임관,"『독일 통일총서 3: 구동독지역 재건 담당 특임관 분야 관련 정책문서』, (2013), pp. 92~173.

3   독일 통일과정의 성격이 그렇게 잡히기 시작한 데는 정치적인 이유가 상당히 작용했던 것으로 보인다. 그 근거는 통일백서의 여러 곳에서 드러나지만, 특히 만프레드 슈톨페 전(前) '구 동독지역 재건 담당 특임관'과의 인터뷰에서 발췌한 다음 대목은 대단히 명시적이다. "1990년 초까지만 해도 헬무트 콜 수상이 총선에서 승리할 수 있을 것처럼 보이지 않았다. 그러나 그는 선거운동 과정에서 전략적으로 구 동독지역의 주민들에게 3~4년 후에는 그들도 서독과 동일한 삶의 수준을 누릴 수 있을 것이라고 하였고 그를 통해 구 동독지역에서 압도적으로 많은 표를 획득할 수 있었다. 결국 그는 통일을 선거전략에 이용하였던 것이다."『독일 통일총서 3: 구동독지역 재건 담당 특임관 분야 관련 정책문서』, (2013), p. 169.

명에 대부분의 지면을 할애하고 있다는 한계를 안고 있다.

독일 통일 후 시간이 지남에 따라 이 같은 문제가 점점 가시화됨에 따라 독일 통일 과정을 예의 주시해온 국내 연구자들은 이 부분을 한반도 상황과 연계해서 고찰하고자 하는 시도를 해왔다. 양민석 등은 사회통합이 가능하기 위한 객관적 조건으로서 경제통합의 문제를 적시하면서도, 이를 어렵게 하는 요인으로서 집단으로서 역사적 경험체계의 상이함 및 그에 따른 개인적 의식체계의 상이함을 지적했다.[4] 윤철기는 독일 통일 이후 줄곧 제기되어 온 '내적 통합'의 문제를 '동서독 사람들의 서로에 대한 인식'의 문제로 귀납시키면서, 이미 한반도 통일에 관련해서도 남북한 주민의 '접촉지대(contact zone)'를 중심으로 이런 문제점들이 드러나고 있음을 환기시킨다.[5] 최영돈은 독일 통일 사례에서 동·서독지역 주민들의 내적 장벽을 극복하기 위한 연방정치교육원의 다양한 교육업무를 분석하고, 이와 연계하여 통일 이후 예상되는 남북한 주민의 내적·사회적 상이성과 관련된 화두들을 조망했다.[6]

보다 최근의 연구들에서는 남북한의 통합은 전자와 후자를 모두 포괄하는 이중적 과제로 보는 것에서 한 걸음 더 나아가 보다 총체적으로 접근해야 할 필요성이 강조되고 있다. 이호근은 남북한 사회통합 시 예상되는 격차 및 갈등의 문제를 해결하기 위한 방안으로 사회보장의 기

---

4   양민석·송태수 "독일 통일 20년-사회문화적 통합의 성과와 시사점," 『한국사회과학논총』, 제20권 제4호, (2010.12)

5   윤철기, "독일' 내적 통합'이 남북한 '마음의 통합'에 주는 교훈," 『현대북한연구』, 17권 2호, (2014), 북한대학원대학교 북한미시연구소

6   최영돈, "독일통일과 장기적 과정으로서의 사회 통합: 독일 연방정치교육원의 역할을 중심으로," 『경영컨설팅리뷰』, 제5권 제2호, (2014.8).

본원리에 기초한 경제적 불평등 문제 해소 지침을 제안한다.[7] 박명규는 남북한 사회 통합을 성취하는 문제는 총체적인 제도적, 정치적, 경제적, 규범적, 정서적 역량을 요구한다고 강조한다.[8]

이 같은 연구들은 독일 통일의 성과와 문제점을 지속적으로 파악하여 한반도 통일 시대를 대비하기 위한 국제적 연구 네트워크를 구축하고자 하는 본 연구사업의 기본 아이디어를 공고히 하고 연구 계획을 작성하는 데 많은 시사점을 주었다. 본 연구사업의 진행에 따라, 해외로부터 수용한 경험과 지식을 한반도 통일 상황의 지침 구성에 활용함에 있어서, 제2단계로서 이 항목 앞부분에 제시한 두 번째 범주의 연구가 필요해질 것으로 예상한다.

이 범주에 속하는 연구 중 분단 상황에 대한 역사적 고찰을 통해서 남북한 사회의 상이성을 다시 확인하는 작업을 위해서는 지금까지 많은 한국 근현대사 연구 성과들이 도움이 될 것이다. 그러나 사회통합의 문제가 궁극적으로는 의식세계의 문제로까지 환원된다는 점을 고려할 때, 역사 연구의 시대를 더 거슬러 올라갈 필요도 있다. 한반도에는 고대로부터 중부 지방을 경계로 서로 다른 국가가 대치하고 있었던 시기와 통합되었던 시기가 반복되어 왔는데 이러한 근원적인 역사적 경험이 의식세계의 형성과 어떤 관련이 있는지도 학문적으로 점검해볼 필

---

7   이호근, "남북한 사회통합: 노동시장과 사회적 안전망 관련법의 통합을 중심으로,"『동북아법연구』, 제10권 제3호, (2017.1), p. 222.

8   박명규, "독일통일 문서자료에서 읽는 통일역량," 독일 베를린 자유대학·서울대학교 통일평화연구소 공동 워크숍〈독일통일 문서자료에서 보는 통일준비〉 발표문(2015.1.28), p. 6.

요가 있다.[9]

　최근의 '접촉 지대'를 중심으로 남북한 주민의 사회적 상이성에 대해서도 많은 연구들이 나오고 있다. 주로 탈북자들의 남한 사회에로의 통합 문제라는 관점의 연구가 많은 편이지만[10] 그 가운데서도 남북한 주민의 상이성을 확인하고 그것을 어떻게 통합해갈 것인가를 가늠하는 데 상당한 참고가 된다. 전우택 등은 탈북자 및 남한주민과의 면담을 통해, 보다 본격적으로 그들의 (상이한) 사회적 우선순위를 파악하고, 독일 및 북아일랜드 등 해외사례와 비교함으로써 해결방안을 도출하고자 한다.[11]

　지금까지 남북한의 상이성과 그것을 어떻게 통합해갈 것인가를 화두로 하는 연구들은 대체로 통합의 주체, 혹은 무게중심을 암묵적으로 남한 정부 혹은 남한 사회 전반에 두고 있는 편이다. 이 같은 접근은 독일 통일에서도 대동소이했던 것 같다. 동서독 경제 격차 문제를 해소하기 위해, 동독의 제도를 서독의 제도와 유사하게 바꾸거나 서독의 제도 속으로 통합시키고, 동독 주민들이 거기에 익숙해지도록 교육하는 것이 실제 통합 노력의 상당부분을 이루었던 것으로 보인다.

　그 성과는 많은 사람들에 의해 비판받고 있다. 동독의 실업률이 서독의 2배나 되고, 동독의 GDP가 서독 그것의 70% 수준에 머무르는 등, 고질적인 동독 경제 비효율성이 근본적으로 개선될 전망이 약한 것으

9　미국 우드로 윌슨센터 전 연구원 David Kent의 견해

10　예를 들면 권숙도, "사회통합의 관점에서 본 북한이탈주민 정책방향 연구," 『한국정치연구』, 제23집 제1호, (2014).

11　전우택 외 공저, 『통일한국의 사회갈등 예측 및 해결방안 연구』, 연세대학교 산학협력단(2014).

로 보인다. 이런 문제를 해결하려면 동독 국민들이 마음으로부터 참여하는 자신감을 가져야 한다는 목소리도 나온다. 만일 해결되지 않으면 지속적으로 남한 경제에 부담으로 작용할 것이다.

이런 문제를 선제적으로 해결하기 위해, 경제적 효율성을 비롯한 인간의 성취 일반은 어떤 방법을 통해 가장 바람직하게 성취되는가에 대한 고민도 필요할 것 같다. 경제학 및 경영학 이론 뿐 아니라 인간의 사회적 자본 운영 전략이라는 사회학 이론 등 사회과학의 다양한 분야의 방법론이 분석에 활용될 필요가 있다.

III. 독일 통일 과정에 있어서 제도 및 사회 통합의 경험: 담당 기관 실무자 면접 요약

본 연구에서는 독일 통일 과정에서 가장 중요한 사안과 관련하여 실무를 오랫동안 담당해온 사람으로서 현재 어느 정도 기관을 대표할 수 있는 사람을 선정하여 인터뷰하였다.

1. 신연방주 특임관

(Arbeitsstab der Beauftragten der Bundesregierung für die neuen Länder)

인터뷰 일자: 2017년 5월24일

인터뷰 대상자: 안드레아스 베셀-테르한 (Andreas Wessel Terharn) 신연방주 특임관 (Referatsleiter), 토비아스 쭈후트리겔 (Tobias Zuchtriegel), 인턴

1) 특임관의 성격과 과제:

1945년 분단된 이래 서독은 통일문제 전담부서로 1949년 '전 독일부'(Bundesministerium für gesamtdeutsche Frage)를 설치했다가, 1969년 '내독관계부'(Bundesministerium für innerdeutsche Beziehungen)로 바꾼다. 내독관계부는 통일이 되기까지 지금 한국의 통일부와 비슷한 역할을 했으나 1989년 11월 이후 급속히 통일과정이 진행되면서 모든 통일관련 정책은 연방수상실(당시 수상 헬무트 콜)에서 결정되었고, 실행 방안도 수상실의 주도 하에 만들어졌다. 다음해 통일과 함께 내독관계부는 해체되고, 모든 통일 관련 업무는 연방수상실의 총괄하에 각 부서별, 지방자치단체별로 진행되었다.

통일문제가 제도적 통합만으로 되지 않으며 경제 격차가 쉽게 좁혀지지 않는 등 경험을 통해 새로운 현실인식이 생기면서 1991년 총리실에서 근무하던 요하네스 루데비히가 총괄업무를 담당하기 시작, 특임관이 신설되면서 초대 특임관으로 임명되었다. 1998년 슈뢰더 총리 이후 특임관의 업무가 대폭 증강되었다. 루데비히를 포함 총 7명의 특임관이 정권 교체에 따라 교체되면서 특임관 업무를 맡아왔으며, 현재 특임관은 크리스토프 베르그너다.

그들의 과제는 구 동독지역 재건과 관련된 문제를 다루는 모든 부처 간의 업무를 조정하고 여러 개의 부처가 관련된 공동과제(Querschnittsaufgabe)가 원활히 진행되도록 하며, 구 동독지역 재건(Aufbau Ost) 프로젝트의 중점사안을 확정하고, 연방의회에 제출할 독일

통일 현황에 대한 연례보고서를 작성하는 것 등이다. 특임관은 독립적인 부서가 아니라 기존의 업무를 담당하는 부서 가운데서 신연방주 관련 과제를 함께 담당하는 것이어서, 특임관직을 맡은 사람의 연방정부 내에서 갖는 위치에 따라 할 수 있는 일과 영향력의 범위가 달라진다.

2) 특임관 업무를 중심으로 본 독일 통합 과정:

통일에는 하나의 마스터플랜이 불가능하다. 과정마다 생길 수 있는 새로운 현안과 문제에 대해서 어떻게 대처하는 것이 중요하다. 통일 이후뿐만 아니라 장벽이 무너지고 통일이 되기까지의 상황도 염두해 두어야 한다. 당시 상황이 그 이후에도 지속적으로 영향을 주었다. 통일 이후에 그나마 안정적으로 진행이 될 수 있었던 중요한 점은 일반 국민 사이에서의 합의가 있었다는 점이다. 통일 문제에 대해서는 정당 사이의 컨센서스가 있었다.

독일 통일 과정은 서독이 주도해온 것으로, 헬무트 콜 수상의 선거 공약에서 수년 내로 동독도 서독만큼 잘 살게 만들겠다고 한 것에서부터 급물살을 타기 시작했다. 따라서 독일 통일과정은 처음부터 경제적인 측면에만 관심과 에너지가 집중되며 시작되었다.

통일 후 동독 재건계획을 세워 대량의 물자 및 자금 지원을 했는데, 그 방식이 문제라는 사실은 곧 드러나기 시작했다. 예를 들어 초기에 많은 지원자금을 투입해서 공공주택을 건설했고 그것은 GDP 상승과 지역경제 활성화에 많은 기여를 했다. 그러나 부정적인 여파가 바로 닥쳐왔다. 동독 전체의 경기가 살아나기보다는 수요 부족으로 인하여 건설부문의 위축으로 대량 실업이 나타나기 시작했다.

처음에는 특임관실 등 눈에 띄는 책임주체가 비판되었지만, 서독은 구 동독과 달리 지방분권제 국가다. 실제로 대부분의 행정적인 일들이 지방자치단체 단위로 결정되고 실행 권한이 주어진다. 점차 동독 주민들도 그런 책임과 요청해야 할 상대가 지방 정부에 있었다는 점을 알게 되고 관심이 분산되었다.

통일 이후 경제적 격차에 의한 주민 이주를 막고, 신연방주 경제를 회생시키기 위해 단행한 결정 중 하나가 화폐를 통합하는 것이다. 공식 비율은 1:4, 암시장은 1:7. 이걸 1:1로 했다. (자산이 아니라 임금에만 적용) 이로서 동독에서 서독으로 주민이 이주하는 경향을 상당히 완화시킬 수 있었다.

서독의 입장에서 보면 고급 인력 풀이 생기는 것이었다. 통일로 인해서 서독은 고급인력 확보로 경제붐의 현상이 나타난다. 동독에서는 사업체들이 폐쇄되고 청산되는 절차가 진행되면서 대량 해고사태가 발생했다. 동독 주민들의 불안감이 있었고 1:1 교환은 그것의 해소에도 기여했다. 소유권 회복 문제도 중요한 것이었다. 동독에서 자본주의화를 하면서 토지소유권이 중요했는데, 소유권 분쟁이 일어났다. 추후적으로 생각해보면 부동산 문제의 경우 소유권 이전을 막는 것이 아니라 구 소유자에게 보상을 해 주면서 매매를 막지 않는 것이 더 좋은 방법이 아니었을까 하는 생각이 든다.

경제적 측면 못지않게 컸던 부분이 심리적인 측면이다. 동독주민들이 어떻게 느낄지를 심사숙고했어야 했는데, 이 부분을 제대로 못했다. 통일이 가능했던 동기는 장벽의 붕괴였는데, 장벽은 동독에서 붕괴를 시켰다. 그래서 동독측의 목소리가 더 반영이 될 것을 기대를 했는데, 결과적으로 서독쪽의 목소리가 더 지배적으로 되었다. 최근의 연구결과는 현재 동독지역의 정치, 학술 기관의 지도급 인사들의 출신 내역을 보면 동독 출신 인사들이 거의 없다. 대부분이 서독 출신이다. 이런 불만은 정당 정치에도 반영이 된다. 극우/극좌 등 극단적인 정당에 표를 많이 주는 현상이 동독에서 더 많이 나타난다.

특임관실에는 동독 출신이 많이 있다. 서독이 돈을 쓰면서 특임관은 동독 출신인데 대한 불만은 거의 없었다. 정부가 의원내각제이기 때문에 정부가 조각이 될 때 대표자들이 서독과 동독에서 다 오는 것이다. 슈타지청에서 기존의 인권문제가 있는지 조사를 해서 거기에 관여한 사람들은 형사법으로 처리하고, 공직에 오르지 못하도록 하는 규정이 있다. 그런 경우가 아닌 엘리트에 대해서는 문호가 개방되었다. 그래서 대통령도 동독 출신이고, 총리, 장관 등이 모두 동독 출신이다. 최상위 직위는 동독지역에서도 서독 출신이 너무 많다는 비판이 있지만, 경제부문, 무역협회, 적십자 등 다양한 경제사회단체에서 동독 출신 인사들이 많다. 자연스럽게 성장하면서 다양한 레벨에서 활동하고 있다. 동서독이 자연스럽게 융합되어 있는 것 같다. 그러나 아직도 부족하고 간과되기 쉬운 부분을 매꾸는 것이 신연방주 특임관이 하는 일이다

(이 부분은 한국의 통일에 관해서도 숙고해야 할 부분이다. 북한 엘리트들에 대해 어떠한 정책을 갖고 있어야 하는가의 문제이다.)

특임관실에는 지시권이 없고 자문이 중요한 역할이며, 구동독 지역 기관이나 주민의 요구사항의 대변인의 역할을 한다. 법적 구속력이 없지만, 상당 부분이 각 부서의 정책 변경에 영향을 주고 있다. 정권이 바뀌면 특임관실의 인적 구성이 달라지고 그에 따라 업무 성격도 좀 달라질 수 있다. 곧 9월에 선거가 있을 텐데, 결과에 따라서 어떻게 변화할지 알 수 없다.

2. 연방 사회주의통일당 독재청산재단

(Bundesstiftung Aufarbeitung)

인터뷰 일자: 2017년 5월 23일

인터뷰 대상: Dr. Anna Kaminsky, 사무국장 Geschäftsführerin

1) '연방 사회주의통일당 독재청산재단'의 성격과 과제:

국가로서 동독을 유지하는 데는 두 가지 중요한 시스템이 있었다. 하나는 슈타지(Staatssicherheitsdienstes, 구 동독 국가안전부), 또 하나는 구 동독의 여당인 독일 사회주의통일당 (Sozialistische Einheitspartei Deutschlands, SED, 통사당)이다. 이들이 동독 체제를 유지하는 데 갖는 의미는 두 가지 사건으로 잘 알 수 있다. 1953년 동독에서 민중봉기가 있었는데, 이 때 시민들은 통사당으로 몰려갔다. 그런데 1989년에 시민들이 몰려간 곳은 슈타지였다. 동독 체제를 유지하는 데 그만큼 큰 역할을 해왔다는 것이다.

1990년 과거 청산에 대한 논의가 본격적으로 시작되었을 때 논의의 주안점은 슈타지에 집중되어 있었으며, 통사당의 역할은 별 관심을 받지 못하고 있었다. 예를 들어 통독이 되면서 동독인사들의 고용을 승계할 것인가의 문제가 있는데, 그 때 과거에 어떤 전력이 있었는가를 검토해야 했다. 이때 슈타지에서 있었던 비밀조직원인가는 검토를 했는데, 통사당에서 어떤 역할을 했었는가에 대해서는 관심을 갖지 않았다. 그 결과 슈타지청이 제일 먼저 설립되었다.

그러나 동독의 인권운동을 했던 활동가들을 중심으로 슈타지에만 초점을 맞추는 것에 대한 문제제기가 있었다. 이들은 통사당의 역할에 대해서 제대로 따져야 한다는 의견을 독일의 하원에 전달하였다. 1992

년 앙케트 조사위원회가 만들어져 통사당의 활동에 대해서 조사했고, 그 과정에서 이 문제에 대한 상설기관이 필요하다는 인식이 생겨났고, 1998년 6월에 연방의회는 조사위원회의 권고에 따라 연방 사회주의통일당 독재청산재단(독재청산재단) 설립을 위한 법이 통과되었다.

독재 청산재단의 목적은 동독 역사와 관련한 지속적 작업이 촉진되어 과거청산이 순조롭게 이루어질 수 있도록 하는 것이다. 독재청산재단의 운영비는 주로 연방 예산에서 받으며, 재단의 자본은 대부분 독일 연방채에 투자된다.

2) 청산재단 업무를 중심으로 본 독일 통합 과정:

동독에서는 1989년에서 1990년 사이에 통사당을 지지하는 세력이 없었다. 그 이후에 동독 지역의 이해관계를 대변하는 정당이 필요했기 때문에 통사당이 동독인들의 이해를 대변하는 정당으로 변화했다. 1990년대에는 가장 인기가 많은 당이 되기도 했는데, 여기에는 당시의 특수한 상황이 있었다. 통일 후 많은 실업 문제가 생기고 미래에 대한 불안이 커지면서 구 체제의 잘못을 쉽게 잊고 미화하는 노스탈지아, 즉 오스탈기가 생겼다. 이것은 현재 동독의 부진한 상황은 과거 자신들의 문제가 아니라 자본주의의 문제라고 하는 통사당의 어법이 어느 정도 먹혔기 때문이다.

구 서독의 정책도 잘못이 있었다. 서독은 자신들의 민주주의를 전달해주면 그것이 다 잘 될 것이라고 생각했는데, 그것은 나이브한 생각이었다. 동독의 상황을 제대로 실감하지 못했다. 생활의 문제를 해결해야만 했다. 삶이 더 악화되었다고 생각하는 동독 주민들에 대해서 민주주의를 전달하는 것은 제대로 된 정책이 아니었다.

그러나 일반의 관심이 많지 않다 하더라도, 국가 및 사회 엘리트들의 역사청산에 대한 사명감은 별개의 문제다. 청산이 제대로 이루어지지 않으면, 독재체제의 문제점이 망각되기 쉽다. 체제가 바뀐다고 해서 독재의 유산이 없어지는 것이 아니기 때문에 이것을 제대로 검토해야 한다. 경제, 사법, 희생자 처리, 기억의 문화 등에서의 독재 문제, 엘리트가 어떻게 만들어졌는지에 대한 연구, 문화예술계에 대한 연구 등이 필요했다. 청산재단은 이런 연구를 하는 것에 대해 자금을 대고, 사회적 활동을 위한 다양한 교육 자료들을 만들어내는 일을 한다.

이런 일을 하는 데 있어서 특히 구 동독지역으로부터 저항도 있었다. 특히 독일 사회주의통일당은 통일 이후 민주사회당, 이후에 좌파당으로 전화하면서, 구 체제를 미화하고 서독의 공격적 자본주의를 비판하는 등의 활동을 계속해오고 있다. 이런 혼란을 저감시키기 위해서라도 본격적인 연구를 바탕으로 일반인에 대한 계몽이 이루어져야 한다.

예를 들어 동독 미화론자들은 동독이 세계 10위권의 경제대국이었는데, 서독 중심의 경제체제 에 휘말려들어 약화되고 있다고 말한다. 실상은 10위라는 것은 조작된 자료였고 동독이 엄청난 채무를 갖고 있어 스스로 무너질 수밖에 없었다. 동독이 동구권 블록에서 힘을 가졌던 이유는 저임금 체제였는데, 이는 통일 이후 유지될 수 없었다. 이런 내용을 서독에서 몰랐기 때문에 서독 국민들이 통일에 대해서 장밋빛 환상을 품고 있었던 부분도 있었다.

신화를 깨기 위해서는 당시 실제 생활이 어땠느냐에 대해서 사실을 가지고 접근, 현재의 상황을 객관화해서 공론화해서 논의의 장으로 가져오며 광범위한 교육을 통해 알려야 한다. 과거 청산 작업에 대한 비판의 논리가 너무 일방적이지 않은가 하는 비판도 있다. 이에 대해 청산재단은 비판을 했던 주요 인사들을 공개 강연에 초청해서, 충분히 그들의 이야기를 하도록 했다. 그들의 이야기에서 사실이 아닌 부분, 오히려 일방적으로 자신 중심으로 형성해온 부분을 새롭게 밝혀내는 것이 청산이다.

1976년 역사(정치사)에 대한 태도를 규정하는 〈보이텔스 바흐 협약〉이 체결되었는데, 교조주입(세뇌) 금지, 논쟁성 투명화, 배우는 사람 스스로 정치적 상황과 자신의 이해관계 상태를 분석할 수 있도록 해야 함, 이 세 가지 원칙이 정립됐다. 청산재단은 이 협약을 모델로 한다. 영구주제를 선정할 때는 지역적 출신 배경은 전혀 고려되지 않고, 연구주제의 참신성, 전문성, 대중성이 있는지를 기준으로 선정한다.

지난 27년간 청산작업의 성격에 변화가 있었다. 초기에는 청산대상에 대한 기초작업이 필요했다면, 이제는 확산과 세대간 전달이 주요한 사업의 내용이다. 이 재단이 설립되었을 당시에는 동독이 독재체제라는 말을 못하는 분위기였다. 그러나 이제는 그게 완전히 바뀌었다. 동독은 독재체제였다는 인식이 보편적으로 확산되어 있다. 이것이 가장 큰 성과이다. 슈타지 문제로만 동독의 문제로 봤던 생각을 통사당의 독재이자 공산주의의 독재로 보도록 사고의 전환에 기여했다.

3. 구 동독 국가안전부 문서 관리 연방 관청

(Der Bundesbeauftragte für die Unterlagen des Staatssicherheitsdienstes der ehemaligen Deutschen Demokratische Republik, BStU), 일명 '슈타지 청'

인터뷰 일자: 2017년 5월25일

인터뷰 대상자: Roland Jahn 슈타지청장 (Leiter)

1) '구 동독 국가안전부 문서 관리 연방 관청'의 성격과 과제:

1989년 통일 직후, 동독 지역에서는 동독의 시스템을 유지하는 데 주된 역할을 해온 슈타지에 대한 대중들의 분노가 심했다. 이를 감지한 슈타지에서 문서 파기를 시작했고, 그 사실을 알게 된 시민들이 늦기 전에 문서를 파괴되는 것을 막아야 되겠다는 의도에서 슈타지청을 점령하였다. 그렇게 해서 보존하게 된 문서를 어떻게 처리할 것인가라는 사회적 논의로 넘어가게 되었다. 1991년 12월에 국가안전부 문서 관리 연방 관청 설립을 위한 법안이 마련되었고, 1992년 연초에 활동을 시작했다. 문서를 그대로 개방했다가 잘못하면 희생자가 생길 수도 있기 때문에 충분한 시간을 두고 문서 관리의 틀을 마련할 필요가 있었다.

슈타지 문서관리청의 설립 목적은 세 가지다. 첫째, 감청 등 일반시민의 이해관계와 직결된 문제를 투명하고 공정하게 공개하는 것, 둘째, 과거에 슈타지에서 근무한 사람들이 고위직을 차지하지 못하도록 하기 한 작업, 셋째 비밀경찰이 동독을 유지하는데 무슨 역할을 했는지를 역사적으로 밝혀서 독재청산 작업을 하고자 하는 것이다.

2) 슈타지 문서 관리청 업무를 중심으로 본 독일 통합 과정:

슈타지 문서관리청에서 관리하는 문서는 크게 두 가지 성격을 갖는 것으로 나누어 볼 수 있다. 첫째는 개인의 생활과 관련된 것이다. 예를 들면 시민 간의 통화 내용이 감청되었는지 알 수 있는 문서 같은 것이다. 이런 문서에 대한 공개 요청이 있을 때는 법에 따라 공개가 적절한 것인지, 즉 투명성과 개인 정보 보호라는 원칙에 위배되지 않는 것인지 심사한 후 공개여부가 결정된다. 통화를 두 명이 했으면, 두 명만 그 감청한 것을 들을 수 있고, 다른 사람은 들을 수 없다. 학술적으로 이용한다면 특별한 승인이 있어야 한다. 둘째는 독재체제에서 슈타지가 어떻게 활동했는가를 보여주는 문서가 있다. 이런 부분은 학술적인 목적을 통해 공개할 수 있다.

청산작업이라는 목적을 위해 하는 것이지만, 개인적인 삶과 사건들을 너무 쉽게 경시될 수 있는 위험이 있기 때문에, 이에 대해 충분한 주의를 기울여야 한다는 것이 가장 염두해 두고 있는 문제이다. 슈타지청 자체의 논리를 가지고 관청같이 존재하는 것을 항상 경계해야 한다. 슈타지청의 존재는 인권침해를 받았던 사람들을 회복하고 서비스를 할 수 있느냐에 대해 노력을 하는 데 의미가 있다.

이처럼 슈타지 문서관리청의 일은 기본적으로 과거지향적이지만, 과거 일과 그것의 교훈을 미래 세대에 전달해야 하는 부분도 있다. 기술적인 특면에서 볼 때 과거의 자료들을 디지털로 하는 것도 중요하다. 실질적인 교육 효과에 영향을 미치기 때문이다.

교육에서는 서독과 동독의 차이가 있다. 동독에서 과거에 일어났던 일을 서독의 젊은 세대에게 가르쳐야 하는가를 합리화하기 어렵다. 그래서 적절한 접근방법이 필요하다. 분단된 상황에서 서로 큰 상처를 남기면서 단일한 정체성이 파괴되었기 때문에, 통일 이후에 이것을 어떻게 복구하는 것인가가 새로운 문제이고 도전이다.

문서들을 하나하나 조사해 보면 요원들이 동독뿐만 아니라 서독 전체에서 오랜 기간 동안 활동했기 때문에 슈타지청에서 다루는 것은 전 독일에 해당된다. 심사를 통해 문서를 공개했는데, 이후 이 때문에 법정 다툼이 일어나기도 한다. 예를 들면 콜 총리가 언론사를 상대로 승소를 한 사건이 있었다. 언론사에 자서전을 내라고 했다가 나중에 내지 말라고 했는데, 언론사에서 자서전을 내버린 사건이다. 그 언론의 기자는 신청을 해서 슈타지 문서를 이용했다. 콜의 활동에 문제가 있다라는 것을 자서전에 쓴 것이다. 그런데 판결에서 슈타지 청이 문서를 잘못 다루었다는 판결을 내렸다. 어떤 목적이든 당사자의 동의 없이 사용하는 것은 기관 설립 목적으로부터 위배되는 것이었다.

지금까지 열람신청 중 700만 건이 공개되었고, 그 중에서 300만 건이 사적인 문서이다. 개인에 관련되었던 문서 공개 요청이 있는 경우도 있고. 학술목적이나 언론의 요청에 의해서 공개될 때 인명은 익명 처리가 된다. 연구자나 언론인이 이미 그 문서에 등장하는 사람과 접촉을 하여 승인을 받은 경우에는 이름이 공개가 된다. 익명 처리가 되는 것은 피해자의 경우에 해당되며 가해자의 이름은 공개된다.

어떤 사람이 과거 슈타지 요원이었다는 사실이 밝혀지는 것은 주로 두 가지 통로를 통해서다. 하나는 공직자의 경우인데, 공직자가 속한 기관, 즉, 정부나 정당이 새로 누구를 고용할 때 그 기관에서 새로 들어온 직원에 대해서 슈타지 청에 문서를 열람할 권리가 있다. 또 하나는 언론이나 연구자들이 필요한 맥락에서 특정인의 슈타지 활동에 대해 폭로하는 경우가 있다.

보다 적극적으로 청산작업에 임한다는 의미로 슈타지 문서관리청 안에 자체 연구팀을 두어 연구를 했던 적도 있지만, 현재는 학술적인 연구란 민간에서 하는 것이지 관청에서 하면 일정한 방향성을 주는 것으로 보인다고 하여 연구를 하지 않고 있다.역사의 담론은 시민 사회 내에서 민주주의적 방식에 의해서 반박도 되고 토론이 되면서 되어야 한다.

슈타지 청 초기에는 슈타지 전 요원이 몇 명 있었지만, 그게 당시에 커다란 논란이 됐다. 가해자 측의 증언도 중요한 것은 사실인데, 가해자인 전 요원을 증인으로서 채택하면 되는 거지 직원으로 채용하는 것은 아니라고 본다. 제가 있는 것은 아닌가? 가해자가 있으면 피해자가 있는 것인데, 피해자의 시각에서 봤을 때 그 때 그 가해자가 정식직원으로 슈타지청에 근무한다면 그것에는 문제가 있다.

슈타지 관련 과거를 청산하는 데 슈타지 문서 관리청만으로는 활동이 약하다고 볼 수도 있지만, 슈타지 관련 다른 기구가 더 있을 필요는 없다고 본다. 과거의 문제를 적시하고 이를 극복하여 미래를 지향하려면, 슈타지 문제에만 집중하는 것은 적절하지 않다. 이 부분은 너무 부각시키면 전체 시각이 협소해질 수 있다. 슈타지 청의 업무도 과거 청산의 모든 것을 다 담당하는 곳은 아니다. 실용적이고 실무적인 역할이 더 중요하다. 어떤 것을 기준으로 공개할 것인가, 학술적인 목적으로 활용되게 할 것인가에 주안점이 있다.

4. 베를린 시 교육문화위원회
(Ausschuss für Kultur und Bildung Berlin)

인터뷰 일자: 2017년 5월24일

인터뷰 대상: 전 베를린 시 교육문화위원(Ehemalige Ausschussmit-gliedin) 에바 마리아 카비쉬 박사(Dr. phil. Eva-Maria Kabisch)

1989년 장벽이 무너지고 나서 동독에 김나지움 시스템을 도입하면서, 교육 시스템 전반의 개혁작업과 교사들의 재교육 과정이 있었다. 1993년 베를린에서는 고등학교 졸업시험과 대학입학 시험을 동서 통합하는 작업이 있었다. 개혁은 모든 교과과정을 다 포괄하는 큰 규모의 것이었고, 이후 이 모델이 신연방주 5개에서 다 적용되었다.

각 연방주가 교육의 책임을 진다. 각 연방주가 교육문제를 협의하는

KMK란 협의체(교육부 장관 협의체)가 있는데, 이를 통해서 베를린 시의 정책을 전체 신연방주에 퍼지게 된다. 어떤 학생이 먼 곳으로 이주한다 하더라도 일정한 통일성을 갖는 제도 속에서 교육 받을 수 있다.

맨 처음에 통일이 된 직후에는 내용적인 것보다도 제도적, 시스템의 통합이 이루어졌다. 5개 신연방주(구 동독) 하나하나마다 구 연방주(구 서독) 파트너가 하나씩 있었다. 교육통합을 할 때 법 규정만 준 것이 아니라 파트너 연방주에서 각 레벨의 담당하는 사람들이 파견이 되어서 각 레벨에서 도와주었다. 브레멘 함부르크에서는 북쪽의 동독주로 가서 도와주도록 했다. 초기에는 KMK에 파견된 구 동독 지역 교육위원 대표 중에는 90%가 서독 출신이었다.

서독에서 많은 인원이 가야 했던 것은 제도나 민주적 교육에 대해서 동독이 잘 모르기도 했고, 다른 이유는 교육 관련 중요 직책에 있었던 사람 중에 과거사 문제 등으로 계속 그 직책을 맡길 수 없었던 사람들이 많았기 때문이다. 동독에서 충원된 사람들 중에는 교육계에서 그리 핵심적인 역할을 맡지 않았던 사람들이 대부분이었다. 그 중에 핵심은 개신교 교회 출신 인사들이었다. 가욱 대통령도 교사였고, 메르켈 총리도 목사님 딸이었다. 개혁적인 활동을 하면서 억압을 받았던 사람들이 교육계에서 더 환영을 받고 진출을 했다.

이런 현상은 교육뿐만 아니라 다른 분야도 마찬가지였지만, 특별히 교육 부분에서 통합의 문제가 더 중요하다는 것이 시간이 갈수록 더 중요해졌다. 내적 통합 문제의 중요성에 대한 인식이 점점 더 고조되었기 때문이다. 처음에는 잘 몰랐는데, 서독과 동독에서 얼마나 다른 방식으로 사회화가 이루어졌는지, 얼마나 가치체계와 규범이 달랐는지, 집단주의 문제, 개인주의 문제 등이 계속 차이가 나타났다. 이러한 차이들이 어느 정도 접점을 찾는데, 여러 세대가 소요된다는 사실이 이후에 드러났다.

당시에 교육현장에서 가장 큰 문제가 세 개였다. 첫째로 서독에서 좋은 의도로 해서 와도 동독에서 강요하는 것으로 느끼면 성공이 어려웠다. 그래서 어떻게 할 것인가가 문제였다. 자문자로서 내 의견을 주는 것이 아니라 자문을 하기 전에 동독쪽 교사들과 학부모들의 피드백을 받아서 자문의 내용을 만들어가는 방식을 취했다. 둘째로 평가의 문제이다. 학교의 평가 시스템이 달랐다. 서독은 학생들의 토론이 중요하다면, 동독은 암기식 평가가 중요했다. 셋째로 동독 출신 교원들의 권위 상실의 문제이다. 통일 이후 학생들이 더 이상 말을 듣지 않으니까 권위 회복이 안 되는 상황이었다.

교원의 구성에는 동서독 간에 큰 차이가 있었다. 여성교원의 비율이 동독이 훨씬 더 높았다. 교원의 수가 서독보다 동독이 더 많았다. 총 인구수로 보았을 때. 동독에서는 유치원의 교사들도 교원으로 인정을 했다. 교원수가 워낙 많았는데, 통일이 되고 나니까 4년제를 나오지 않은 사람들도 교사가 되는 사람들이 많았다. 거의 100% 가까운 동독의 교원들이 추가 교육을 받아야만 했다. 기존의 교사들이 맑스레닌주의의 교육이념을 받았기 때문에 질적인 부분에서의 교육도 필요했다.

질적 전환의 문제에서 두 가지 사례가 있다. 통일 이후 동독의 공민교육교과목은 사회교과목으로 전환됐다. 여기서 교사 재교육 문제가 생긴다. 또 하나는 외국어로서 러시아어 대신 영어를 배우는 문제였다. 80%의 학생이 영어를 배우겠다고 하는데 교사 충원이 문제가 됐다. 기존의 러시아어 교사는 라틴어 교사로의 전환을 추진했는데, 이를 위해 그리스 로마 문명을 재교육할 필요가 있었다.

예상보다 긍정적인 측면도 있었다. 첫째로 동독의 학생, 교사들이 높은 수준의 동기 부여가 되어 있었다. 서독에서 생각하지 못한 수준으로 계속 관심을 갖고 더 배우려고 했다. 둘째로 교사들이 거부감 없이 협력하고 열린 자세로 다가왔다. 사람은 정책의 적용대상이 아니라 정책을 같이 만들어가는 파트너로 생각하고 추진했던 베를린 교육개혁 과정 덕분이 아닌가 한다. 슈타지청과 관련해서 해고해야 할 교원이 있어도 각각 교원의 개인적 배경을 검토해서 책임을 물었다. 이런 부분들이 서로 간의 갈등을 최소화한 것 같다.

동독에는 연방주가 없었는데 (원래 있었는데 공산당이 없앴다) 통일 이후 만들어지면서 파트너 주 관계를 만들었다. 파트너십의 기준은 분단되기 전부터 가까운 주는 연방주가 되었다. 전통적으로 동서독 간의 정서 차이는 없는데, 남북 간의 정서 차이는 있었다. 비슷한 성향을 가진 주끼리 파트너가 되도록 했다.

1992년까지 교과서는 서독의 것을 가져와서 사용했다. 그 이후 단계에 가서 새 교과서를 복수로 준비가 되면서 간행이 되었다. 교과서를 만드는데 난관이 많았다. 자본주의 경제에 관한 것처럼 한 가지 사안에 대해 동서독 사이의 의견 차이가 큰 부분도 있었고, 역사적 사건에 대해서 전혀 가르쳐지지 않았던 부분도 있었다. 어떤 것을 고전문학으로 읽혀야 하는가에 대해서도 차이가 컸다.

이렇게 해서 몇 종의 교과서를 만들어 동서독 학교에서 원하는 대로 선택할 수 있도록 했다. 선답: 새로 만든 교과서는 서독에서도 쓰기 위해서 같이 만든 거다. 기본적으로 연방에서 지정되는 것이 아니라 연방주가 매년 초에 쓸 수 있는 교과서 리스트를 만들어서 선택할 수 있도록 했다.

한국에 대해 말해주고 싶은 것은 첫째, 충분히 준비하고 재원을 확보할 것, 둘째, 조직의 개혁과 변화는 초기에 빠르게 준비해야 하지만 인간적인 면에서는 끈기 있게 가야 할 부분이 있다. 셋째, 상대방을 인격으로 대우하고 같이 일을 할 때 내면의 심리를 잘 들여다보면서 서로를 이해하려 할 것, 넷째, 같이 할 때 무엇이 가능한지, 불가능한지를 빠르게 판단할 것, 다섯째, 북한 쪽 교사에게는 최대한 재교육 기회를 주고, 실망하더라도 포기하지 말고 끝가지 갈 것. 준비 작업의 일환으로 지금 현재 한국 사회의 교육시스템을 다시 한 번 되짚어보는 것이 좋겠다.

IV. 한반도 현실을 염두에 둔 분석

독일과 한국의 사정은 여러 면에서 차이가 있다는 것은 많이 지적되어 왔고, 특히 부정적인 차이가 부각되는 경우가 많다. 독일보다 한국의 경우 훨씬 더 경계가 공고했고 서로 적대적인 감정을 갖고 있었다는 것이 대표적으로 지적되는 문제점이다. 하지만 통일부 통일백서에 실린 이은정 교수의 특임관 면담에서도 지적되듯이, 독일보다는 한국 쪽이 단일한 민족 정체성을 유지해온 역사가 강하다는 측면은 통일 과정에서도 긍정적인 효과를 내게 하는 데 기여할 수 있는 부분이라고 할 것이다.

이런 점은 최근 독일 통일 관련 연구에서 점점 더 강조되어 왔고, 본 연구 프로젝트 중 독일 통일 실무자 면담 부분에서도 많이 조명되었듯이, '내적' 차이의 통합이라는 측면과 관련하여 더 많은 시사점을 던져준다. 즉 우리는 통일 과정에서 북한 주민의 심리 상태에 더욱 주의를 기울여야 하며, 동시에 하나의 민족으로서의 일체감을 적절히 활용하는 방식으로 계획을 만들어가야 할 필요가 있다는 것이다.

어떤 차이점이 있는지에 대해서는 향후 지속적인 연구를 통해 분석해 가야 할 부분일 것이다. 독일의 사례는 그렇게 우리가 갖고 있는 차이점과 문제점에 대한 이해와 해결책 강구 과정을 대비효과로 더욱 분명하게 해준다. 아직 북한과 주민 차원에서 공식적 교류가 허용되지 않고 있는 상황에서, 독일 통합의 경험에 대한 지식과 정보를 확대해가는 것은 이런 과정을 예상하고 거기 대해 준비하는 데 있어서 중요한 의미를 지닌다.

그런 의미에서 2017년 5월 독일 현지에서 수행한 면담 조사 결과를 한반도 상황에 대한 참고라는 맥락과 관련해서 분석해보면 다음과 같은 논점으로 정리될 수 있을 것이다.

- 사회적 통합과 제도적 통합은 향후 통합되어야 할 별개의 사안이 아니라, 통일 준비 계획 수립 시부터 원천적으로 통합되는 것이 더욱 효율적이다. 독일의 경우는 동독의 경제시스템을 서독과 같은 것으로 고침으로써, 동서독의 경제 격차를 해소하고 진정한 통일을 이룰 수 있을 것으로 생각하고 시작하여, 28년간 엄청난 노력과 재정 지출에도 불구하고 아직도 격차를 해소하지 못하고 있으며, 동서독 모두 불만스러운 부분이 지속되고 있다는 점을 인지하여, 처음부터 좀 더 비용효율적인 방법을 강구할 필요가 있다.

- 사회적 통합은 결국에는 인간의 심리 등 인간적 차원의 문제로 귀납된다. 따라서 통일을 준비하는 과정에 있어서는 무엇보다 남북한 주민이 서로 인간적으로 상대방을 이해하는 상태로 만들어가는 일이 대단히 중요하다. 이를 위해 탈북자 및 실향민들의 삶의 경험에서 인간적 차원의 문제를 심도 있게 조사하거나 남북한 지역의 역사적 경험 차이를 비교 분석하는 작업 등을

통해 향후 양자를 설득시키고 교육시켜갈 자료로 만드는 것이 필요할 것 같다.

- 현재 남북한의 경제적 격차는 통일 당시 동서독의 격차를 상회하는 수준으로 볼 수 있다. 이런 상황에서 남한 방식을 앞세워서 통일을 추진했을 때, 많은 투자를 하고도 충분한 효과를 보지 못할 것이 예상된다. 어떤 방식으로 남북한 모두 윈-윈이 되는 경제통합을 수행해갈지 관련 전문가들의 중지를 모아야 할 부분이다.

- 남북한의 이데올로기적 대립이 독일 못지않게 심각한 상황에서 과거 청산 부분은 많은 갈등을 낳을 수 있을 것으로 예상된다. 당사자들을 모두 참여하게 하여 기준을 정한 뒤 엄정하고 투명하게 일을 진행해가기 위한 원칙을 세울 필요가 있다.

- 모든 상이성에서 오는 인식 차이와 갈등의 소지를 극복하기 위해서는 무엇보다 충분한 연구를 통해 양자가 납득할 만한 근거를 만들고, 거기 입각하여 다양한 당사자들이 참여하는 과정을 통해 바람직한 방안을 수립하며, 투명한 절차를 통해 시행해나가되, 믿음과 끈기를 가지고 지속적으로 설득하고 계몽하면서 인식 차이를 조정해가야 할 것이다.

- 온전한 내적 통합으로 인해 사회의 잠재력이 충분히 발현되게 하려면, 결국 시간을 두고 충분히 교육에 투자해야 한다. 이를 위해 최근의 IT 기술 등을 활용, 차세대에 호소력이 강한 미디어를 이용할 필요도 있을 것이다.

Ⅴ. 결론

독일 통일은 경제적 부진을 극복하고 싶다는 동독의 열망을 정치적으로 이용하고자 한 서독의 이해관계와 맞물려 대단히 신속하게 진전됐다. 그 이후 28년 간 많은 문제들이 노정되어 왔으며, 이를 극복하려는 노력들이 다방면으로 지속되어 왔다. 이런 노력은 통일을 꿈꾸는 한국 사회에 많은 참고가 되고 있다. 독일 현지에서 실무자 및 책임자와 심층 면담을 통해 확인한 내용에서 가장 핵심이 되는 메시지는 "제도가 아닌 인간 마음의 통합", "속전속결이 아닌 정성 담은 지구전"이라고 할 수 있을 것이다.

남북한의 분단 상황은 어떻게 보면 이 메시지를 받아들여 나가기 더 어려운 상황일지도 모른다. 독일은 역사적으로 남북간에는 이질성이 있었지만 동서간에는 그리 크지 않았기 때문에 동서간 파트너쉽을 활용한다는지 하는 일이 그리 큰 어려움이 없이 진전된 부분이 있다. 이에 비해 한반도는 역사적으로 중부 지방을 경계로 남북이 서로 다른 국가로 대치해온 경험도 있고 하여, 독일 방식을 그대로 접목시키기 어려울 수도 있을 것이다.

이런 점은 향후 지속적인 연구를 통해서 더욱 밝혀져야 하겠지만, 이 지점에서 분명히 예상할 수 있는 것은 통일은 일회적인 이벤트가 아니라 장구한 과정이 될 것이며, 어느 누가 중심이 되어 손쉽게 자기편으로 끌고 간다 해서 문제가 해결되지는 않으리라는 것이다. 즉 통일을 준비하는 과정은 서로의 특성에 대해 더 고민하고 접합점과 포괄점을 찾으려는 노력을 요구한다는 것이다.

::**참고문헌**

김영탁.『독일 통일과 동독 재건과정』 서울: 도서출판 한울, 1997.

박종철.『통일 이후 통합을 위한 갈등해소 방안: 사례연구 및 분야별 갈등해소의 기본방향』. 통일연구원, 2017.

전우택 외 공저.『통일한국의 사회갈등 예측 및 해결방안 연구』. 연세대학교 산학협력단, 2014.

박명규. "독일통일 문서자료에서 읽는 통일역량." 독일 베를린 자유대학·서울대학교 통일평화연구소 공동 워크숍〈독일통일 문서자료에서 보는 통일준비〉 발표문, 2015.1.28.

이은정 · 베르너 페니히. "연방정부의 구 동독지역 재건 특임관."『독일통일총서 3: 구동독지역 재건 담당 특임관 분야 관련 정책문서』, 2013.

양민석 · 송태수. "독일 통일 20년-사회문화적 통합의 성과와 시사점."『한국사회과학논총』, 제20권 제4호(2010).

윤철기. "독일 '내적 통합'이 남북한 '마음의 통합'에 주는 교훈."『현대북한연구』, 17권 2호(2014).

이호근. "남북한 사회통합: 노동시장과 사회적 안전망 관련법의 통합을 중심으로."『동북아법연구』, 제10권 제3호(2017).

전태국. "한국 통일의 사회통합적 과제."『한국사회학회 심포지엄 논문집』, 1999.10.

최영돈. "독일통일과 장기적 과정으로서의 사회 통합: 독일 연방정치교육원의 역할을 중심으로."『경영컨설팅리뷰』, 제5권 제2호. 2014.8.

Müller, Uwe. Supergau Deutsche Einheit; 이봉기 역.『대재앙 통일』. 서울: 문학세계사, 2006.

Schäuble, Wolfgang; 한우창 역.『나는 어떻게 통일을 흥정했나』. 서울: 東亞日報社, 1992.

통일부 독일통일 총서 시리즈 1~19

http://germanunification.unikorea.go.kr/user/board/List.do

통일 이후 북한지역 공무원 재교육에 관한 소고__

정광호 · 이승종 · 김덕수 · 정연백

목차

정광호 서울대학교 행정대학원   이승종 서울대학교 행정대학원
김덕수 서울대학교 행정대학원   정연백 서울대학교 행정대학원

I. 들어가며

본 연구는 통일 이후 북한지역 공무원의 재교육 내용과 방향에 대해 논의를 하고 있다. 통일시대에는 남북한 주민의 정체성이 자연스레 삶의 일상을 통해 형성되는 것이 중요한데, 여기서 정부의 역할과 공공정책이 큰 영향을 줄 것이다. 통일시대 정부가 어떤 정책 목표와 수단을 가지고 한민족의 정체성을 함양할 것인가는 통일 이후의 사회통합과 삶의 질을 높이는 기본 토대가 될 것이다. 이와 관련해 통일시대 북한지역에서 공직자는 실제 북한지역 주민의 일상에 큰 영향을 주는 사회적 주체로 인식된다. 북한지역 공직자는 해당 지역사회의 삶에 필요한 기본 공공서비스를 제공하고, 나아가 통일시대에 맞는 지역발전(community development)과 미래에 대한 방향과 비전을 전달하거나 제시하는 사회형성의 리더십(social building leadership) 역할을 수행할 것이기 때문이다.

공직자는 지역공동체에서 지켜야 할 기본 공공윤리와 규칙에 대한 안내와 이의 원활한 운용을 위한 관리자 역할을 수행하기 때문에, 무엇보다 지역사회의 발전과 그 지역사회가 목표로 하는 지향점에 도달하기 위해 수반되는 요구되는 각종 역할을 솔선수범하는 자리에 서 있다. 앞으로 통일시대에 북한지역에서 누가 어떤 소양을 가진 공직자가 어떻게 사회혁신(social innovation)의 역할을 수행할 것인가는 통일시대 남북한의 원활한 통합과 한민족으로서 정체성을 조기에 형성하고 내면화하는데 상당한 영향을 줄 것이다. 따라서 북한지역 공직자가 통일시대의 이념과 가치관에 따라 제대로 공직자로서 업무를 수행해야만 북한지역 주민은 남한지역 주민과 더불어 동질감을 가지고 한민족으로서 정체성을 순조롭고도 자율적으로 형성할 수 있을 것이다. 앞으로 북한지역 공직자는 통일시대의 한민족 정체성에 대한 이와 같은 명확한 인식을 갖고 공직업무를 수행할 때 해당 통일시대의 이념과 가치관에 대한 북한지역 주민의 수용성을 이끌어낼 수 있을 것이다.

그동안 학계나 관련 전문가 집단에서의 통일준비를 보면, 통일대비 각종 법규나 제도의 정비, 통일비용과 경제문제, 통일준비위원회 운영지원, DMZ 생태평화공원 조성[1] 등 다양한 측면을 포괄해 왔으나, 남북한 통합행정과 그 운용방식에 대해서는 논의가 제대로 이루어지 않았다. 특히 통일이후 북한지역에서 사회혁신가로서 공직자 역할의 중요성과 더불어, 이러한 공직자를 어떻게 충원하고 교육할 것인가에 대한 논의를 제대로 하지 못했다. 최근 남북 행정통합에 관한 연구조차도 많지 않은데, 이들 연구도 남북통일에 대비한 '공직적격성심사제에관한법률' 연구, 통일독일의 동독 행정공무원 활용과 관련 법제에 관한 연구 동향 등을 소개하는데 그치고 있다. 이는 통일 이후 북한 지역에서 지역발전과 새로운 사회정체성 형성과정에서 각종 행정수요가 폭증하고, 예상하지 못한 사회갈등에 적절히 잘 대응할 수 있는 공직자의 역할과 재교육에 대해서는 제대로 된 논의가 없었다. 이미 독일의 통일 사례에서 볼 수 있듯이 동서독 기존 양국체제의 공무원 간의 소통 부재, 갈등, 해당 지역 공직자의 역량부족 등 쟁점은 향후 통일시대 행정의 효과성과 ·대응성을 현저히 떨어뜨리고 나아가 사회통합과 체제 정체성(regime identity)을 형성하는데 큰 장애물로 작용했다.

이에 본 연구에서는 공무원 재교육 준비의 필요성을 제기하고, 그 방안에 대해 논의한다. 이를 위하여 첫째, 북한의 정치·행정 체제를

1　통일부, 『통일백서』, (서울: 통일부, 2017).

주체사상 및 선군체제를 바탕으로 형성된 북한 관료제의 모습을 간략히 고찰하고자 한다. 둘째, 분단국가의 통일에서 가장 대표적인 사례로 여겨지는 독일의 통일 과정에서 행정과 관료의 통합 및 재교육은 어떠한 형태로 진행되었는지, 그리고 어떠한 문제점이 발생했는지를 살펴보고자 한다. 셋째, 향후 통일시대에 한국의 공무원 교육은 어떻게 할 것인지 큰 방향을 고민해보고 이를 바탕으로 통일 이후 공무원 재교육 방향에 관해 서술해보고자 한다.

통일시대에 마련된 헌법의 기본 원리와 가치를 바탕으로 남북한 체제통합 나아가 주민간 통합이 통일의 최종 완성을 좌우할 것이다. 독일의 사례에서 보듯이 체제통합에 시간이 걸리고 주민간 동일한 정체성을 형성하는데 지난한 시간이 필요할 것이다. 이러한 상황에서 정부가 사회혁신가로서 주체적 역할을 지역사회와 잘 협의하여 수행한다면 통일시대 한민족의 정체성을 회복하고 통일국가로 발전하는데 큰 힘이 될 것이다. 이를 위해 북한지역에서의 공직자를 어떻게 재교육하고, 적절한 사회화 과정을 거쳐 북한지역에서의 사회혁신가(social innovator)로 공직가치와 윤리를 선도하는 지역 리더로서 키울 것인가는 매우 중요한 통일과제의 하나이다. 본 논의에서는 구체적으로 북한지역 출신 지역주민을 대표관료제 관점에서 어떻게 충원하고 재교육할 것인가에 대한 쟁점을 논의해보고자 한다.

II. 연구대상과 방법론

본 연구는 통일 이후 북한지역 공직자의 충원방향과 재교육에 대한 내용을 논의하고 있다. 이를 위해 몇 가지 전제 조건을 토대로 통일 이후 북한지역 공무원 재교육 방향에 대한 큰 틀을 제시하고자 한다.

첫째, 통일이후 북한지역 공무원은 두 유형으로 구분할 수 있는데, 남한에서 파견되거나 남한에서 해당 영역의 전문성을 가진 남한출신 의 공무원이 북한지역에서 근무하는 경우와 북한 출신으로 남북한 지역에서 근무하는 공직자로 구분할 수 있다. 본 논의에서는 북한출신 으로 통일시대에 북한지역에서 근무할 공직자를 대상으로 논의를 전 개하고자 한다. 통일시대에는 북한출신으로 남한지역에서 근무할 공 직자도 있지만 여기서는 북한지역에서 근무할 공직자를 대상으로 논 의를 전개하고자 한다. 둘째, 본 원고는 통일이후 체제는 남한의 자유민 주주의체제와 시장경제 원리를 존중하는 현행 남한 헌법의 체제와 기 본 가치가 그대로 구현된다는 전제하에 여기에 맞추어 북한지역 공무 원의 재교육에 대한 내용을 검토하고자 한다. 셋째, 본 연구에서 통일시 대 북한지역에서의 공무원 재교육에 대한 논의는 상당히 예비적 수준 에서 큰 방향에 관한 논의를 하고자 한다. 구체적으로 통일이 언제 어 떻게 진행될지 예상하기 어려운 상황임을 고려하여, 통일시대의 헌법 과 한민족의 정체성을 고양하는 일반적 차원에서 공직자의 역할과 이 에 필요한 재교육 내용을 논의해 보고자 한다. 구체적인 재교육에 대 한 논의와 재교육방안에 대해서는 추후 연구가 있을 것으로 기대된다.

본 연구를 위해서 사용한 연구방법론 크게는 기존 문헌검토와 소 수의 전문가 인터뷰와 자문에 의존했다.[2] 특히 통일시대에 대한 구체 적인 지식과 정보가 부족한 상황에서 통일시대에 요구되는 헌법과 공

2　본 연구과정에서 동독 공무원의 재교육에 대해 도움을 준 안지호 박사에 게 감사를 드립니다.

직자상에 대한 가정들을 토대로, 북한지역 공무원의 재교육에 대한 시나리오를 작성하고자 했다. 따라서 향후 상황변화에 따라 재교육의 목표와 대상이 달라질 수 있으나, 일반적인 큰 틀에서 통일시대의 헌법을 현행 대한민국의 헌법을 기본 틀로 한다는 전제를 하였고, 북한지역과 남한지역을 통합하고 한민족으로서 정체성을 높이는 방향으로 북한지역의 정부역할을 전제로 하고, 여기서 북한지역 공직자가 그 지역사회와 잘 협조하여 사회혁신가로서 솔선하여 그 지역사회와 주민에게 봉사하고 희생할 수 있는 공공서비스 상(image of public service)을 전제로 하였다. 한편 본 연구는 독일사례를 한국의 통일 이후 북한지역 공무원 재교육사례로서 활용하기 위해 참고하였다.

III. 북한지역 공직자 재교육의 쟁점들

1. 기존 북한 공무원[3] 특수성

1) 북한식 사회주의 가치관의 형성 배경

북한은 소련의 지도에 의해 1945년에 노동당을 창당하고, 1948년에

3 　북한 공무원은 북한이 민간기관을 일체 허용하지 않는 사회주의 체제임을 고려할 때 북한 기관에 근무하는 사람은 기본적으로 북한 공무원이라 할 수 있다. 여기에는 당 관료, 행정관료, 군인 등 북한의 공식기관에 근무한 모든 사람을 포함한다고 볼 수 있다. 본 연구에서는 이와 같이 북한의 공식기관에 근무한 사람을 북한 공무원으로 넓게 보고자 한다.

정권을 수립하면서 사회주의 체제의 국가를 건설하기 시작했다. 이 시기의 북한 사회주의는 19세기 마르크스-엥겔스의 사회주의라기보다는 소련에서 형성된 전체주의 체제를 모방한 것으로 볼 수 있다. 그 당시 북한은 다른 사회주의 체제와 유사하게 일당지배체제, 국가소유제도, 계획경제체제를 수립하였다. 그 뒤 북한은 김일성 독재권력 강화를 위해 주체성 논의를 1950년대 중반부터 도입했다. 1955년 '사상에서의 주체'를 발단으로, 1956년 '경제에서의 자립', 1957년 '정치(내정)에서의 자주', 1962년 '국방에서의 자위', 그리고 1966년 '정치(외교)에서의 자주'를 표명하였다. 1967년경 '주체사상'을 정립했고, 1970년 제5차 당 대회를 통해 주체사상은 마르크스-레닌주의와 동등한 위치를 확보하면서 노동당의 공식 이념으로 채택되었다. 그리고 1980년 제6차 당 대회에서 당의 '유일적 지도사상'으로 규정된 주체사상은 이후 김정일에 의해 지배체제의 영속화를 위한 수령론, 혁명적 수령관 등으로 변형되었다. 이러한 북한체제는 20세기 사회주의 국가의 기본 특성을 유지하면서도 북한만의 김일성 가문의 세습권력 특성도 갖게 된다. 다른 사회주의 국가들이 보여주었던 계획경제를 중심으로 국가가 경제를 주도하는 운영 방식, 당 우위 체제 등은 사회주의 특성이라 할 수 있으며, 수령 중심 체제와 김일성-김정일-김정은으로 이어지는 권력의 세습 방식, 그리고 이를 정당화하기 위한 주체사상은 북한체제에서 특이한 현상으로 볼 수 있다.

2) 북한 공무원에 각인된 핵심 가치관

위에서 살펴본 것처럼 사회주의체제를 근간으로 하지만 오히려 김일성 가족 독재체제를 주체사상으로 더욱 우선순위에 둔 체제운용을 시도해 왔다. 이와 관련해서 북한의 당 관료와 그 밖에 기관 근무자에게

주입된 사상을 통해 북한 공무원의 의식에 내면화된 가치관을 살펴볼
수 있다.

첫째, 수령 독재체제와 주체사상이다. 북한체제는 가장 기본적으
로 '주체사상'을 통치이념으로 하며, 이에 따라 수령독재체제 및 노동
당에 의한 일당독재체제를 주요 특징으로 한다. 즉, 당·군·국가 위에
최고지도자인 '수령'이 군림한다. 이는 '일당 지배체제'라는 사회주의
국가의 보편적 성격에 더하여 노동당을 영도하는 최고지도자로서의
수령 1인의 절대 지배체제라는 특성을 갖는 부분이다. 북한에서 수령
은 김일성·김정일·김정은에게 한정된 호칭이다.[4] 이와 같은 독재자
수령 중심의 체제 논리는 1974년 발표한 '당의 유일사상 체계 확립의
10대 원칙'과 1982년 김정일이 발표한 논문 '주체사상에 대하여'에서
잘 나타나 있다. 간략한 특징은 〈표 1〉과 같다.

둘째, 북한의 주체사상과 여기에 부합된 북한헌법이다. 북한에서
헌법은, "국가사회제도를 법적으로 고착시키고 그 발전의 제원칙을
규제하는 국가의 기본법"이고, "인민이 혁명과 건설에서 이룩한 위대
한 승리와 성과를 법적으로 고착시키고 국가사회생활의 제원칙들과
사회주의, 공산주의 위업수행에서 나서는 중요 과업들을 규제한 주체
의 정치헌장이며, 정치·경제·문화 등 국가사회생활의 원칙들을 전면

4　북한은 김일성이 1994년 사망하고 1998년 김정일 체제가 공식 출범한 이
후에도 김일성을 '영원한 수령'이라고 불렀으며, 2011년 김정일 사망 이후 김
정은으로 권력이 이양된 이후에는 김일성·김정일을 수령이라고 함께 불렀다.
여전히 수령의 지위를 누렸다. 2016년 개정 헌법(김일성·김정일 헌법)에서는
김일성과 김정일을 함께 '영원한 수령'으로 표기하였다. 2016년 5월 노동당 제
7차대회를 기점으로 김정은에 대해 '위대한 영도자' 호칭 사용 등 김일성·김
정일과 동일한 수령의 지위를 부여하였다(통일부 통일교육원, 2017).

표 1 북한의 통치이념

시기	내용
1970년 11월 (제5차 당대회)	마르크스-레닌주의와 함께 주체사상이 노동당의 지배이념으로 확립
1972년 12월 (사회주의 헌법)	"마르크스-레닌주의를 창조적으로 적용한 주체사상을 국가활동의 지침"
1980년 10월 (제6차 당대회)	"김일성의 주체사상이 당의 공식 지도이념"
1992년 4월 (개정 사회주의 헌법)	"주체사상을 자기활동의 지침으로 삼는다."
2009년 4월 (개정 김일성 헌법)	"혁명사상인 주체사상, 선군사상을 자기활동의 지도적 지침으로 삼는다"
2010년 (개정 노동당 규약)	"조선로동당은 주체사상을 유일한 지도사상으로 하는 주체형의 혁명적 당"
2012년 4월 (개정 노동당 규약) 2016년 5월 (개정 노동당 규약)	당의 최종 목표를 "온사회를 김일성-김정일주의화" 노동당의 성격을 "김일성-김정일주의를 유일한 지도사상으로 하는 주체형의 혁명적 당"

적으로 규제하고 다른 모든 법규범과 규정 작성의 방향과 기준을 주는 국가의 기본법"으로 정의되고 있다. 북한헌법의 서문은 먼저 조선민주주의인민공화국의 연원을 밝히고, 지도이념으로서 김일성이 지도한 항일혁명투쟁과 그 혁명투쟁의 실천적 경험과 교훈에 기초하여 나온 '주체사상'을 계승할 것을 강조하고 있다. 이어서, 김일성이 토대를 마련한 주체혁명위업을 계승하여 완성시킬 것을 천명하면서, 이른바 '혁명적 수령관' 내지 '사회정치적 생명체론[5]'에 입각하여 북한

---

5 '사회정치적 생명체론은 북한이 1986년 제시한 것으로 수령과 당을 중심으로 일반 대중을 이끌어가기 위한 통치논리이다. 개개인의 육체적 생명은 유한하나 사회정치적 생명은 수령, 당, 대중의 통일체를 이룰 경우 사회정치적 생명체를 통해 영생한다는 것이다. 북한은 사회정치적 생명체론을 통해 수령

사회가 하나의 '대가정'이라는 점을 강조하고 있다.[6] 또한 북한은 여기에 '선군정치[7]' 전략을 통해 공직자의 가치관과 근무기강을 통제해왔다.

2. 북한 관료제의 특징

북한의 관료제는 노동당에 종속되어 도구적 역할을 수행하며, 직무역량 보다는 당에 대한 충성심과 출신 성분이 강조된다는 특징이 있다. 여기서 나타난 북한 관료의 충원과정과 관료문화의 특징을 살펴보면 아래와 같다.

1) 북한의 관료 선발

북한에서는 당성, 출신성분, 이론수준, 실무능력, 사회생활 태도 등이 모두 고려되나 그 중에서도 당성과 계급성이 전문성(능력)보다 중시

중심의 전체주의적 독재체제를 확립하고 김일성과 김정일의 권력승계를 정당화하고자 하였다.

6 정응기, "북한 사회주의헌법의 기본원리: 주체사상," 『법학연구』, 제51권 4호, (2010).

7 1995년 이후 김정일 시대 정치의 특징으로 선전되고 있는 것이 이른바 선군정치인데, "군대를 중시하고 그를 강화하는 데 선차적 힘을 넣는 정치" 또는 "인민군대를 강화하는 데 최대의 힘을 넣고 인민군대의 위력에 의거하여 혁명과 건설의 전반 사업을 힘 있게 밀고 나가는 정치"라고 정의한다(통일부 통일교육원, 2016).

되고 있다.[8] 북한에서 간부의 선발과 공무원의 인사, 대학졸업생의 배치 등에 쓰이는 대표적인 인사서류는 '간부리력문건'이다. 그 내용은 〈표 2〉와 같다.

표 2   북한 관료의 선발에 사용되는 인사서류(간부리력문건)

형식	내용
출생배경과 성장과정	가정적 · 교육적 · 사회경제적 배경, 의식수준 · 인성 · 정치이론적 자질 평가
개인정보	이름, 별명, 출생지, 출생년도, 정당관계, 소속기관 · 단체 · 출신성분 · 사회성분, 학력, 상 · 벌
협력관계	해방 전 일제 기관 · 단체에 가담 · 협력 경험, 종파에 가담 · 협력 경험
가계	가족 · 친척관계, 당 · 군 · 보안 · 외교 등에 대해서는 조부모로부터 6-8촌, 고모 4촌과 외사촌
신원확인	주민들의 동향 파악하기 위한 문건 및 신원확인 모든 자료
평정	사상동향, 조직생활기록, 업무능력과 태도, 성격 · 취미 · 기호 · 인간관계 · 발언 · 행동

2) 북한의 관료문화

북한의 관료제는 엄격한 위계질서를 바탕으로 하는 가부장제 문화를 강하게 가지고 있다. 북한에서 가부장제의 의미는 모든 자원에 대한 소유와 분배의 권한이 전적으로 당과 국가에 있음을 강조하는 것으로 해석되며, 이는 주민의 충성을 유도하는 기제로 사용된다. '사회주의 대가정론'과 '어버이 수령' 또한 가부장제의 맥락에서 이해된다. 또한 집단주의문화, 종파 · 지방 · 가족 · 연고주의의 관료문화, 권위주의와 동조과잉의 관료문화, 형식 · 이기주의와 무사안일주의의 관료문화를

---

8   박상익, "북한 관료문화의 특성 '주체관료문화'," 『북한학연구』, 제4권 1호, (2008).

그 특징으로 한다.[9] 남한과 비교한 관료문화의 성격은 〈표 3〉과 같다.

표 3 북한 관료의 문화

구분	북한	남한
부정적 담론	종파주의, 지방·가족·연고주의, 기관본위주의, 교조주의, 권위주의, 형식주의, 도식주의, 무사안일주의, 기계주의, 주관주의, 경험주의, 사대주의, 문벌주의, 보신주의, 독단주의, 자유주의, 개인적 영웅주의, 공명주의, 출세주의, 비관주의, 수정주의, 평균주의, 기회주의, 제일주의, 지방할거주의, 명령주의, 문서주의, 기술신비주의, 요령주의, 세도주의, 보수성, 소극성, 형식성, 무책임성 등	관료주의, 권위주의, 연고주의, 형식주의, 순응주의, 온정주의, 일반능력자주의, 이기주의, 배금주의, 향락주의, 동조과잉 등
긍정적 담론	집단주의, 혁명적 군중노선, 혁명적 동지애, 불요불굴의 혁명정신, 혁명적 군인정신, 강계정신, 주체사상, 사회주의적 애국정신, 프롤레타리아 국제주의 등	민본주의, 덕치주의, 충효사상, 공동체 중시, 근면·절약·청렴, 민주주의, 과학주의, 실용주의, 개척정신, 보편주의, 능률주의, 협동주의 등

출처: 박상익, "북한 관료문화의 형성과 그 특성,"『통일문제연구』, 제19권 1호, (2007)

3) 당에 의한 관료제 통제

북한의 정치·행정 체제에서 가장 현저하게 드러나는 특징은 결국 당에 의한 권력 집중이라는 점이다. 모든 권력의 원천은 당이 되고, 행정은 당에 부수하는 피동적인 역할만을 담당한다. 북한의 행정과 관료제는 당 및 최고 지도층의 방침과 의사를 전달 받아 집행하는 통로에 다름 아니다. 따라서 투입과 산출의 비율인 효율성에 비해 결과의

---

9 박상익, "북한 관료문화의 형성과 그 특성,"『통일문제연구』, 제19권 1호, (2007).

달성여부인 효과성이 크게 강조된다. 이러한 환경에서 북한의 관료제는 정치적 외압에 의해 정치화된 관료제로 변모된다. 결국, 정치적 기능을 수행하는 당·관료는 '한 덩어리' 관료집단으로서 충원과 기능의 측면에서 유사한 특성을 보이게 된다.[10]

북한체제에서는 당·국가관료체제라는 국가 권위의 정당성이 대중의 동의에 기반 하지 않을 뿐만 아니라 대중의 요구가 공론화를 통해 행정에 투입될 수 없다. 따라서 대중은 참여의 주체가 아닌 지배 내지 동원의 객체로서 존재하며, 서구 민주주의체제에서 볼 수 있는 다원적이고 경쟁적인 정당, 자발적인 결사체로서의 이익집단이 존재하지 않는다.

북한의 위와 같은 당·행정 체제는 그 권위구조의 정당성이 대중이 동의에서 기인하지 않고, 대중의 의사 또한 자율적인 형태로 공론화 되지 않는다. 즉 대중의 집단적인 요구가 행정과정에 투입되는 현상을 발견하기 힘들다. 민주주의 체제의 특징인 다원적인 정당제, 이익집단은 찾아 볼 수 없다. 또한 행정의 수단적인 가치로 분류되는 지시·명령의 준수는 충성이라는 규범에 의해 목적으로 도치된다. 예를 들어, 김일성 교시, 김정일 지시, 로동당정책 등에 대한 지나친 준수가 강조되며, 이는 동조과잉 현상을 초래한다.[11]

---

10 송용선, "북한 행정의 정치적 성격 연구,"『윤리연구』, 제52권, (2003).
11 이상근, "북한 관료제의 병리현상 특성,"『북한』, 제440권, (2008).

IV. 독일의 사례

1. 독일과 남북한의 행정통합 환경

독일은 1990년 10월 3일 통일을 전후해서 동독과 서독의 행정체제가 통합되었고, 이 과정에서 상당한 진통이 있었다. 독일의 행정통합사례는 향후 남북한 행정체제를 통합할 때 어떤 문제가 예상되며, 어떤 양상으로 진행될지 추정하는데 좋은 시사점을 준다. 무엇보다 구동독의 행정체제가 통합될 당시 상황은 앞으로 북한의 행정을 통합할 때 예상되는 문제점을 고려하는데 유용하게 검토될 수 있다.

우선 독일의 행정통합사례에서 나타났던 동·서독의 차이점이 문제점으로 부각된 사례 중 한국의 통일에 함의를 주는 내용은 다음과 같다. 첫째, 동독 공산당인 사회주의통일당의 '영도적 역할'이다. 북한 노동당의 역할이 이에 해당한다. 동독에서는 정당이 헌법과 법령을 넘어서서 중앙·지방정부의 행정을 집권적으로 관장하였고, 정부기구와 사회단체는 도구적 기능만을 수행했다. 둘째, 동독 행정기구는 국가권력이 형식적으로는 입법·사법·행정으로 분립되어 있으나, 실질적으로는 권력이 국가최고기관에 집중된 '민주주의 중앙집권제(Demokratischer Zentralismus)'를 규정하였다. 셋째, 서독에서의 관료제도는 철저한 직업공무원제를 바탕으로 공직자의 임용과 퇴직, 신분과 정년 보장, 국가에 대한 충성, 공무원의 정치적 중립성을 규정했다. 그러나 동독에서는 공직자를 단지 '국가기관의 종사자'로 간주하였으며, 공직역량에 대한 판단기준 또한 당에 대한 충성, 출신 및 사회적 성분으로 두었다. 넷째, 동독 행정기관에서는 반혁명적 세력에 대한 진압기능, 법적 제재를 수행하는 통제기능, 국가경제건설을 추구하는 경제조직자적 기능, 인민에 대한 혁명적 문화교육기능, 노동과 소비의 양을 규정하는 기능, 사회주의 법·규정의 수호기능이 강조되었다. 이는 사회주의 국가에서 공통적으로 발견할 수 있는 당에 종속된 행정기관의 역할과 맥락을 같이 한다.[12] 이러한 동독의 사회주의체제 행정문화나 구조는 앞으로 북한의 행정을 통합할 때 고려할 수 있을 것이다.

그러나 독일과 달리 남북한의 경우 행정통합과정에서 상당히 차별화된 상황도 예상된다. 이를 살펴보면 첫째, 독일은 1871년 통일 이후 74년간의 통일 역사를 가지고 있으나, 한민족은 676년 삼국통일 하나의 민족국가를 이루어 왔으므로 단일 국가에 대한 의식이 보다 강하게 형성되어 있다고 볼 수 있다. 둘째, 서독은 통일을 기본법(헌법)에 명시한 반면, 동독은 서독과는 분리된 '사회주의 독일국가' 또는 '사회주의 독일민족' 건설을 목표로 하고 있었으므로 시각이 상이했다고 볼 수 있다. 반면에 남·북한 양자는 모두 통일을 필수적으로 보고 있다. 셋째, 동·서독의 분단은 서로 간의 전쟁에서 기인하지 않았다는 점에서 남·북한에 비해 불신과 적대감이 낮았다. 결국 오래된 통일의 역사와 민족적 동질성은 통일과 행정통합에 대한 기회요인이 된다. 그러나 높은 적대감과 북한 공직자의 낮은 민주주의 의식은 위협요인으로 작용한다.[13] 이상의 내용은 우리가 향후 남

---

12   양현모, 『독일통일의 경험이 남북한 체제통합에 주는 교훈: 행정통합을 중심으로』, (서울: 한국행정연구원, 1997).

13   염돈재, "독일과 남북통일 여건의 차이점은 무엇인가." 『데일리 NK』(온라인), 2014년 2월 12일; 〈http://www.dailynk.com/korean/read.php?-cataId=nk03201&num=102457〉.

북한 행정통합과정에서 독일과 달리 유의해야 할 사항이라 할 것이다.

2. 동독 관료의 특성에서 나타난 사회주의 행정문화

독일 통일의 사례에서 확인할 수 있듯이 구동독 관료의 자질은 통일 이후 요구되는 자질과는 상이했으며, 이러한 점이 문제점으로 부각되었다. 예를 들어, 동독 관료는 서독에서 필수적인 역량으로 간주되어 온 법률 및 업무에 관한 전문지식을 구비하고 있지 못했다. 이는 다음과 같은 이유에서 기인한다.

첫째, 동독에서 관료가 되기 위해서는 당성의 소유가 가장 중요한 조건이 되었다. 관료의 전문성 보다는 당에 대한 충성심을 바탕으로, 당의 결정에 대한 높은 추진력을 강조하였다. 동독에서의 관료 충원은 '공개채용' 방식이 아니라, 당에 의한 추천제도 및 계획적 배치에 의해 이루어졌다. 둘째, 동독에서 관료 임용에서 마르크스-레닌 이데올로기가 당에 대한 충성심과 마찬가지로 중시되었다. 예를 들어, 교과과정에 마르크스-레닌주의의 기본 이데올로기, 동독의 외교정책과 국제관계, 문화정책/미학, 마르크스-레닌의 국가 및 법이론이 반영되었고, 행정업무에 대해서도 지도력과 조직력, 국가조직의 정보업무, 국민경제와 국가 지도력, 사회주의 지방행정, 사회주의 사회의 보호와 범죄예방 및 대처가 주요 내용이었다.[14] 이는 일반인에 대한 정치

---

14 양현모,『독일통일의 경험이 남북한 체제통합에 주는 교훈: 행정통합을 중심으로』.

사상교육에서도 흡사하게 강조되었다. 현재와 과거와 미래의 발전 모습을 노동자 계급의 관점에서 평가하고, 유물론적 변증법적으로 사회 발전 현상을 볼 수 있는 능력, 마르크스-레닌주의 정당, 세계의 정치적 사건에 대한 지식과 독자적인 안목, 사회주의에 대한 신념을 바탕으로 적대계급의 정책과 이념에 대해 적극적으로 참여하여 논쟁할 수 있는 능력이 강조되었다.[15] 이는 북한에서도 흡사할 것으로 보인다.

표 4 통일 전 동서독 사회정치(사상)교육 비교

	서독	동독
정치교육의 목적	· 민주소양 고취 · 동독에 대한 객관적 이해 · 올바른 통일의식과 통일의지 함양	· 사회주의 이념 주입 · 사회주의체제의 우월성 강조
정치교육의 내용	· 동독에 대한 객관적 소개 · 동서독 체제의 비교, 국제관계	· 사회주의 철학, 사회주의 정치경제, 사회주의이념
정치교육의 방법	· 강의와 세미나 · 주제발표와 토론	· 지식의 주입과 교화
정치교육 기관	· 정치교육센터 · 정당재단 · 민간단체	· 국가 관장(민간 배제)

출처: 통일부,『독일통일 총서: 통일교육 분야 관련 정책문서』, 2016.

3. 독일통일과정에서 동독 행정인력의 재편과정[16]

1) 동독 관료의 재임용과 감축

구동독 공직자의 처리문제를 근본적으로 규정한 것은 1990년 9월 23

---

15 김창환 외 공저,『독일의 학교 및 사회통일교육 프로그램 개발 및 운영 실태 분석』, (서울: 통일부 통일교육원, 2002).

16 이 부분의 내용은 안지호 박사의 도움을 받았다.

일에 발효된 '통일조약(Einigungsvertrag)'이다. 통일조약 제5장 20조에서는 구동독 공직자는 일정한 조건을 만족시키는 경우에는 공직자 신분을 유지함을 확인하고 있었다. 하지만 공무원 재임용 작업을 위하여 연방내무부는 1991년 1월 9일 "구동독지역 공직자 연방공무원 임용을 위한 유예기간에 관한 규정(Verordnung uber die Bewahrngsforderungen fur die Einstellung von Bewerben aus der offentlichen Verwaltung im Beirtirrgebiet in ein Bundesbeamten Verhaltnis)을 발표 등을 통해 동독지역 공무원에 대한 재편작업을 시도했다. 이 규정에 따르면 공무원 직급에 따라 상이한 유예기간(고급: 4년, 상급: 3년, 중급: 2년, 단순: 1년)을 두고 인성·직무능력·과거경력을 조사하여 능력이 인정되고 인권탄압에 관련되지 않은 경우 공무원으로 임용이 되었다. 먼저, '수습공무원(Probebeamte)'의 자격으로 임용이 된 후 3년 동안 전문교육과 함께 인성검사를 받았다. 그런데 행정기관이 통일 후에도 존속하지 않을 경우 우선 감축대상이 되었다. 또한 통일조약 규정 중 '특별규정'에 의하여 일부 사유가 있는 경우(정상적 해고)에는 6개월의 기간 동안에는 기존 임금의 70%를 받고, 이후로는 실직되도록 하였다. 전문성이 부족한 경우, 개인적성의 문제로 업무요청에 부응하지 못한 경우, 행정수요가 없는 경우, 기관이 해체·통폐합 및 다른 기관으로 대체되어 업무할당을 받지 못한 경우가 이에 해당한다.

공직자 수의 감축과 관한 사안은 공직자의 인성·직무능력·과거경력 이외에도 인구 대비 공무원 수의 비율과도 관련이 있었다. 통일 전 동독의 공무원 수에 대한 정확한 통계자료는 없으나, 국가보위부 요원, 군인, 경찰 공무원을 포함해 225-230만 명 정도로 추산되고 있다. 동독 인구가 당시 1,600만 명 정도 되었기 때문에 전체 인구대비

공무원의 비율은 14.5%에 육박하였다. 반면에 서독의 인구는 6,200만 명 정도였으며, 이중 490만 명이 공무원이었다. 따라서 서독에서 공무원의 비율은 7.9%에 머물렀다. 이는 행정통합과정에서 공무원의 감축이 불가피한 상황이었음을 의미한다. 그러나 공무원 수의 급격한 감축에서 기인하는 불안정을 방지하기 위해 동독 공무원의 신분을 보장해 주는 정책을 함께 시행하였다. 그럼에도 불구하고, 통일 후에 정부가 인수하지 않은 동독의 행정기관에 대해서는 이러한 고용 안정정책은 적용되지 않았다.

한편 예외적 해고 조항 또는 특별조항에 의해 동독 공무원의 즉각 해고가 이루어지기도 하였다. 이러한 경우에는 구동독 시절 인도주의나 법치국가적 질서에 어긋난 행위를 한 경우에는 특히 인권에 관한 일반선언 및 시민적·정치적 제 권리에 관한 국제협약에서 보장된 인권을 탄압한 경우, 그리고 동독 국가보위부에 종사한 경우가 있다. 이러한 감축 조항을 활용하여 통일 후 과잉 고용된 동독의 공무원 수를 줄일 수 있었다.[17]

실제로, 통일 후 1993년 까지 독일정부는 신연방주에서 약 75만 명의 공무원을 감축하였다. 독일 통계청의 보고서에 의하면, 통일 직후인 1991년 독일 전체의 공직자 수는 약 680만 명이었으나, 1995년 말에는 552만 명으로 감소되었다. 4년간 약 127만 명의 공무원 수를 줄인 셈이다.[18]

---

17 통일부, 『독일통일 총서 2: 행정분야』.

18 양현모, 『독일통일의 경험이 남북한 체제통합에 주는 교훈: 행정통합을 중심으로』.

연도	인원
1990	200만 명 이상(30만 명은 비밀경찰과 인민경찰)
1990	170만 명
1991	140만 명
2002	85만 명
2009	72만 명

출처: 통일부,『독일통일 총서 2: 행정분야』.

2) 서독공무원 파견에 의한 행정지원

통일조약 15조 및 서독과 동독의 지역협약(Kommunalen Partner-schaft)에 의해 서독의 공무원이 전문인력파견(Verwaltungshilfe)의 형태로 동독지역에 상주하여 행정재건을 위한 자문역할을 할 수 있도록 하였다. 기존의 행정지원은 사무용품, 복사기, 컴퓨터 등의 물질적 원조 중심이었으나 점차 동독 지역의 행정의 정상화를 위한 공무원들의 인적 파견으로 바뀌었다. 또한 1개월에 한 번 서독의 단체장, 고위 공무원 일행이 출장을 통해 동독의 해당 행정기관을 방문하여 단기간 동안 현안을 논의하고 자문을 제공하던 형태에서 서독의 공무원들이 상주하는 전근과 장기파견(Leihbeamt)형태로 전환되었다.

서독 정부의 동독 행정지원은 1991년 연방에서 조성된 인사, 교육, 재교육 과제에 대한 예산을 통해 지원되었다. 주의 일반행정, 재무행정, 경찰행정 그리고 법무행정에 이르기까지 서독에서 파견된 공무원은 행정과 관련한 경험과 지식을 가지고 있어서 이들은 동독행정재건 과정에서 중추적인 역할을 담당하였다. 1991년 7월 30일까지 완료될 예정이었던 연방과 자매주들의 행정지원은 1992년까지 연장되었을 뿐만 아니라 이들 서독 공무원의 비용부담은 수요에 따라 1994년까지도 계속되었다.

	파견현황	인원
1992년 6월 당시	연방정부	15,000
	주정부	8,000
	지방자치단체	3,000
	총계	26,000
1995 12월 당시	연방정부	16,500
	주정부	8,500
	지방자치단체	1,0000
	총계	36,000

출처: Bundesministerium des Innern: Materialien zur Deutschen Einheit und zum Aufbau in den neuen Bundesländern. Unterrichtung durch die Bundesregierung, 1996, p. 115.

3) 구동독 공무원의 재교육

재고용이 결정된 동독의 공무원은 업무적응을 위한 새로운 업무환경에 적응하기 위해 재교육을 받아야만 했다. 통일 후 1991년부터 1994년까지 총 21만 5천 명의 동독 공무원이 재교육을 받았다. 이를 위해 1990년 말 직업교육 및 재교육 담장자 회의(연방내부부장관 회의 실무팀 I 의 하부위원회)를 통해 연방아카데미가 이끄는 실무단이 설치되었다. 1991년 까지 약 600개의 공무원 재교육 프로그램에 9,000명의 동독공무원이 참여하였다. 그러나 동독 공무원에 대한 본격적인 재교육 프로그램은 통일 된 후 약 1년이 지난 1991년 9월이 되어서야 비로소 진행되었다.[19]

---

19   이렇게 재교육 프로그램이 지연된 이유는 다음과 같다. 첫째 동독공무원들에게 무엇을 가르치고 어떻게 이들을 교육시킬 것인가에 대한 준비와 계획이 없었다. 둘째는 동독 공무원을 재교육 하는 시설이 부족했다. 특히 교육시

동독 공무원의 재교육은 서독의 중앙공무원 교육담당기관, 연방행
정청, 서독 각 주의 다양한 행정 교육기관에서 담당하였다. 예를 들면
신연방주의 주 총리청 공무원의 재교육을 위해 서독 슈파이어 행정대
학원이 서독 주 총리청과 협력하여 교육프로그램을 개설하였다. 또한
중앙공무원 교육원과 연방행정학교는 1990년 10월부터 12월 까지 동
독 공무원의 재교육을 위해 정규코스를 만들었다. 동독 공무원은 단
기, 중기, 집중코스등과 같은 재교육 프로그램을 통해 새로운 행정지
식, 민주주의 행정체제에 입각한 가치관, 행정법, 헌법 등의 교육을
받았다.[20] 공무원 재교육은 기초과정과 전문과정으로 이원화 되어 운
영되었다. 기초과정은 집중과정의 형태로 주5일 최대 4주간 시행되었
다. 전문분야는 재무 헌법과 예산분야, 공무 기초에 관한 재교육이었
는데 연방아카데미는 2주간의 전문 과정인 "행정과 민법 입문"을 개
발하였다. 관리태도에 관한 현장 연구도 시행되었는데 여기서는 수습
공무원들을 대상으로 이들에 대한 재교육 조치 지속 실행, 수습 기간
중에서는 최소 4주간 고위 공무원들에 대한 재교육이 이루어졌다.

재교육과 관련하여 고위 공무원의 경우 120시간 기초 과정, 60시
간의 행정법 전문과정, 60시간의 법적용 실행 방식, 60시간의 관리
및 협력과정이 제공되었다(총 300시간).[21] 브란덴부르크 주의 공무

설과 동독 출신 공무원의 재교육을 담당할 재교육 인력은 한정되어 있는 데 반
해서 재교육 수요는 폭발적으로 늘어났다.

20   Werner Jann, "öffentliche Verwaltung, in Weidenfeld & Korte (ed.).
Handbuch zur deutschen Einheit. Bonn: Bundeszentrale für politische
Bildung, 1999, pp. 533~534.

21   이와 관련하여 우리는 재교육을 얼마만큼 시킬 것인가를 구체적으로

원 재교육의 경우를 보면, 중간급 공무원에게는 300시간의 재교육이, 고위급 공무원에게는 600시간의 재교육이 실시되었다. 근무와 병행하여 1일 재교육이 이루어졌다. 재교육과 관련하여 재교육은 수습 공무원의 업무를 방해해서는 안 되었다. 일반적으로 수습 공무원은 재교육의 일환으로 시행된 시험에서는 높은 성적을 보였으나, 법적 사안을 처리하는 경우에는 여전히 효과적이지 못했다는 평이 있다.

4) 구동독 행정인력재편과 재교육의 시사점

위에서 동독 관료는 과거·인성·직무능력에 따라 재임용 신청가능여부가 결정되고, 인성·직무능력 교육을 장기간에 걸쳐 받았음을 확인하였다. 그럼에도 불구하고, 인원감축, 공직자교육, 파견·전출에 따른 동·서독 공자 간 갈등문제 등이 노정되었다. 이를 구체적으로 살펴보면 아래와 같다.

첫째, 인권탄압과 긴밀한 관련이 있는 국가보위부 관계자 등이 재임용되어 공직자로서 근무하는 현상이 나타났다. 이는 퇴직 및 재임용의 세부사항에 대한 명확하고 일관된 규정이 부재하였고 구동독 행

고민해 보아야 한다. 또한 통합의 관점에서 북한 공무원이 남한의 공무원과 100% 동일하게 일 할 수 있는 것은 불가능하기 때문에 교육의 수준에서 남한 공무원의 업무수준에서 얼마 만큼 일하게 하는 재교육의 목표 역시 중요한 문제이다. 독일사례와 연구자의 구 동독 관료 인터뷰 결과에서는 재교육은 장기간 설계되어야 하며(3년), 3년 이상 지난 후에 대부분의 동독 공무원들이 서독 공무원 대비 80%이상 업무능력을 갖추게 되었다. 그러나 이러한 동독 공무원에 대한 재교육의 효과에 대해서는 독일에서 정확한 자료나 연구가 없다.

정관료에 관한 자료가 통일과정에서 고의적·비고의적으로 손실되었다는 점에서 기인한다. 예를 들어, 동독 마지막 정권이 Modrow 정권은 통일 전에 고위공직자 및 국가보위부 인원에 대한 자료를 다수 폐기하였다.

둘째, 공무원 재교육 내용과 과정에 대한 문제이다. 무엇보다 이는 통일 이후 급증하는 행정계획과 자원 수요, 교육내용 수요, 그 밖에도 통일에 따른 추가 관련 업무의 급증이라는 문제점에서 비롯되었다. 통일 이후 오히려 새로운 행정업무가 급증하는데, 실제 이에 적극적으로 대응할만한 제도나 인력을 제대로 준비하지 못해 동독지역의 행정상황을 악화시킨 요인으로 작용했다. 공무원 교육을 위해 '연방공공행정연수원', '행정전문대학', '연방민방위아카데미', '연방재무아카데미'을 설립·운영하였으나 시행이 지연되었고, 효과가 낮았다. 교육내용·강사·교수선발 등 공직자 교육에 대한 구체적인 계획이 부족했다. 구동독 공직자 교육을 위한 시설·교수진도 부족했다. 기본적으로 기존의 서독시절 공무원 교육관련 인적·물적 자원을 그대로 이용했기 때문에 교육계획·커리큘럼이 부적절했다. 이에 따라 통일 이후 동독 지역에 준비된 우수한 공무원을 투입하지 못했다. 독일 경찰 교육의 사례를 보면, 관할 구역이 두 배로 증가하였을 뿐만 아니라 교육대상자의 급증 또한 부담으로 작용하면서, 통독 초기에 경찰행정의 추가 부담이 상당했던 것으로 추정된다.[22]

셋째, 교육 자원의 부족뿐만이 아니라, 재교육 내용 또한 문제점으로 지적되었다. 동독 출신 관료를 재교육함에 있어서 서독 관료를 교

---

22 안지호, "독일 행정통합의 재고찰: 겔렌의 제도론을 중심으로,"『행정논총』, 제49권 4호, (2011).

육하는 담당자를 그대로 활용하는 경우 동독 문화에 대한 이해가 부족하기 때문에 교육이 효과적이지 못하다는 인식이 있었고, 전문성이 결여되었다는 비판도 있었다. 심지어 구서독 공무원의 교육을 중단하고, 대학교수를 새로 초빙하여 구동독 공무원 교육을 우선적으로 실시한 경우도 있었다.[23]

넷째, 동독과 서독 출신 공무원 사이에 심각한 불신 및 갈등이 발생하였으며, 이는 근무환경의 악화로 이어졌다. 서독출신 공직자는 동독출신 공직자에 대해 결단력·독창력·독립성 부족, 명령에만 의존, 무책임, 권위적, 정치감각·국정흐름에 대한 몰이해라는 인식을 가지고 있었고, 동독출신 공직자는 거만, 형식적·관료적·독선적·정치적·이기적·계산적·편협이라는 인식을 가지고 있었다.[24] 서독출신 공무원들의 고압적인 자세, 동독제도에 대한 무시 등도 동독출신 공무원의 근무의욕을 저하시켰다.[25]

다섯째, 독일의 경우 50대 이상의 동독 출신 공무원이 조기 퇴직할 수 있도록 하는 제도가 있었는데 이는 재교육의 효과와 비용에 대한 문제도 작용하였다. 따라서 우리의 경우도 북한 관료를 재교육 하는 데 있는 북한 공무원의 연령 문제는 중요한 고려사항이다.

이상에서 살펴본 독일 사례로부터 다음과 같은 함의를 도출할 수 있다. 첫째로는 통일 이후 북한 공직자의 감축은 불가피할 수 있다는

---

23   양현모, 『독일통일의 경험이 남북한 체제통합에 주는 교훈: 행정통합을 중심으로』.

24   위의 책.

25   안지호, "독일 행정통합의 재고찰: 겔렌의 제도론을 중심으로."

점이다. 둘째, 공무원 재교육에 필요한 시간이 예상보다 길어질 수 있다는 점이다. 셋째, 공무원 재교육은 단기간에 단발적으로 이루어질 수 없고, 수년간에 걸쳐 점진적으로 이루어져야 한다는 점이다. 넷째, 재임용 및 재교육에 관한 명확하고 일관된 규정·지침이 없을 경우에는 부적절한 관료가 지속적으로 재임용될 수 있다는 점이다. 다섯째, 공무원 교육 기관을 다수 운영한다고 하더라도 교육내용·강사·교수 선발에 대한 구체적인 계획이 없다면 교육은 실패할 것이라는 점이다. 여섯째, 공무원을 재교육함에 있어서 상호신뢰를 구축할 수 있는 방안 또한 고려될 필요가 있다는 점이다. 일곱째, 교수인원을 선발함에 있어서 기존의 재교육에 적합한 새로운 인원을 교육·훈련·선발하여야 한다는 점이다.

V. 북한공무원의 재교육 방향

통일시대 대비를 위해 북한지역 공무원을 어떻게 재교육할 것인가에 대한 시나리오를 작성해 두어야 한다. 통일이 될 경우 이 재교육 시나리오에 맞추어 단계별로 재교육추진체계를 작동시키고, 추진기관과 인력, 재교육내용과 방향에 따라 재교육을 진행시켜나가야 할 것이다. 통일시대에 맞는 공직자 상을 추구하기 위한 각종 재교육프로그램을 가동시킬 필요가 있는데, 이를 위해 재교육추진체계와 기관과 재교육프로그램 내용에 대한 안을 마련해 둘 필요가 있다. 또한 북한지역 공무원 중 누구를 재임용하여 재교육할 것인지, 그리고 기존 북한공무원이 아닌 신규인력이나 기존의 남한 공무원을 어떻게 북한지역 공무원으로 파견배치할 수 있는가에 대한 논의도 필요하다. 특히 북한지역에 임용배치되는 공직자의 특성을 고려하여 북한지역의 특성과 행정수요를 제대로 잘 파악할 수 있는 적극적 차원에서 지역균형선발과 출신성분 균형선발과 같은 대표관료제 개념을 채용과정에 적절하게 활용할 필요가 있다. 여기서는 우선 재교육추진체계와 재교육프로그램 내용을 중심으로 재교육의 방향을 살펴보고자 한다.

1. 재교육 추진기관과 인력

한국의 공무원 교육은 지난 55년간 중앙공무원교육원에 의해 이루어지다가 2016년 1월 국가공무원인재개발원으로 개편되었으며, 국가공무원과 지방공무원으로 분류하여 교육을 진행하고 있다. 국가공무원은 인사혁신처를 중심으로, 지방공무원은 행정자치부를 중심으로

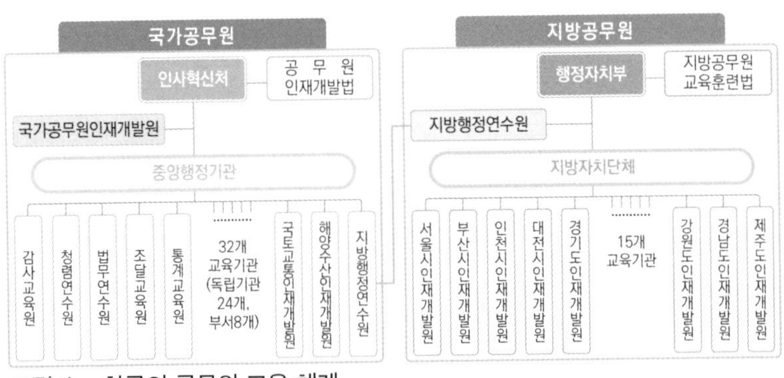

그림 1　한국의 공무원 교육 체계

출처: 국가공무원인재개발원, 『2017 교육운영계획』, (충청북도: 국가공무원인재개발원, 2017).

한다. 그리고 현재 공무원 교육은 리더십역량, 공직가치, 글로벌역량, 직무역량 교육을 중심으로 이루어지고 있다. 북한공무원의 특수성을 고려하더라도 이러한 보편적 내용은 북한공무원 재훈련에도 그대로 적용될 필요가 있다.

북한의 공무원 교육은 위에서 확인한 바 있듯이 직무능력보다는 당에 대한 충성심과 출신성분을 강조하고 있다. 반면, 남한에서는 직무역량과 공직가치를 동시에 강조하고 있으며, 공직가치는 민주주의를 근간으로 한다는 점에서 북한과 상반된 현상을 보인다. 그럼에도 불구하고, 남한이 가진 민주주의 보편성을 고려한다면, 남한 공직자의 기본 가치인 공익, 민주주의, 투명성과 공정성 등 공직자의 기본 원리를 전제로 한 북한공직자 재교육프로그램을 운용해야 할 것이다.

표 7　남북한 공무원의 역량 선호도 비교

	직무역량	공직가치
남한	직무역량 강조	민주주의
북한	출신성분 강조	당에 대한 충성심

향후 진행될 기존 북한 공무원의 교육훈련기관은 남한의 각종 공무원 교육훈련기관을 확대개편하여 활용할 수 있으나, 기본적으로 통일국가 시대에 맞는 공무원훈련기관을 만든 후, 여기서 통일시대 공무원 교육을 전담하도록 하며, 북한 공무원의 재교육도 이 기관에서 주도적으로 맡아 하는 것이 통일시대 초창기 공무원 교육훈련의 체계와 방향을 제대로 구현하는데 바람직할 것이다. 그 밖에 국가공무원 기관에서 훈련이 어려운 부분은 서울대학교 행정대학원과 같은 국립대학교에서 체계적으로 연수를 받도록 하며, 전문 영역별 최신 기술이나 동향에 대해서는 관련 민간의 관련 전문기관에 위탁하여 연수를

받도록 하는 것도 정부주도의 북한공무원 재교육훈련의 부족한 부분을 보완하는데 필요할 것이다.

2. 북한공무원 재교육의 기본 방향

1) 통일 후 공무원체계 정립 원칙

통일 후 남북한의 인사행정 체계를 구축하는 것은 대단히 어렵고 복잡한 작업이다. 앞서 살펴본 것과 같이 남북한의 공무원은 임용부터 교육훈련까지 모든 것이 다르며, 특히 국가에 대한 기본 이념과 국민을 대하는 마음가짐이 다르기 때문이다. 이는 장기간에 분단으로 인해 발생한 문화적 차이와 국가의 기본 이념 차이에서 기원한 문제이기 때문에 단기간에 해결할 수 있는 문제는 아니다. 특히 통일 대한민국에서 효율적인 인사행정체계를 정립하기 위해 북한 출신 관료들에 대한 대대적인 인력감축이 불가피한데, 이 과정에서 북한 출신 관료들의 불만과 반발이 예상되며, 북한 주민들이 가지게 되는 반감도 상당할 것으로 판단된다. 따라서 통일 대한민국의 인사행정 체계 구축을 효과적으로 구성하기 위해서는 통일 전부터 정책적으로 준비해야하며, 통일 후 추진 과정에서도 세밀한 접근이 필요하다. 이를 위해 원칙을 정립하고 매뉴얼에 따라 진행되어야 혼란을 막을 수 있을 것이다.

2) 대한민국 공무원 인사행정체계의 활용

우리나라 인사행정체계의 기본 시스템은 직업공무원제도이다. 직업

공무원제도는 공무원의 정치적 중립성이 중요한 원칙으로 통일 후 인사행정체계도 정치적 중립성이 담보되어야 한다. 특히 북한의 공무원 임용 체계는 합리적인 제도가 구축되어 있지 않기 때문에 정치적 임용을 배제하고 우리의 공개채용 방식으로 전환하여야 한다. 특히 관료의 임용과 승진에 있어서도 개인의 능력을 바탕으로 이루어져야 한다. 또한 공무원은 현재의 북한처럼 주민을 감시하고 지도하는 위치에 있는 것이 아니라 국민의 봉사자로서 지위를 갖도록 해야 한다.

북한지역에서 공무원의 지위를 가지고 있었던 조선노동당은 해체하고 이들은 임용승계하지 않아야 한다. 조선노동당은 실질적으로 북한을 지배하는 권력기관으로서 공무원의 역할을 수행하고 있지만, 그들의 역할은 주민생활에 필요한 일이 아니었기 때문에 승계하는 것은 필요가 없다. 또한 조선노동당 해체와 동시에 당의 지시와 조정을 받으면서 사실상 북한의 권력기구 기능을 행사해 온 각종 단체들도 해체되어야 하며 소속 인사들 역시 승계되지 않는다는 원칙을 세워야 한다. 즉 조선노동당과 당의 지시와 명령을 받는 관련 단체들은 모두 해체되어야 하며 소속 관료들도 민간인 신분으로 전환되어야 한다.

한편 행정부 기능을 수행해왔던 내각과 산하 성들은 해체되겠지만, 소속 공무원들의 재임용 문제는 당 관료들의 처리와는 차이가 있을 것이다. 당은 통일과 동시에 해체되어야 하지만, 일부 행정기관의 경우 통일이 되더라도 당장 해체할 수가 없으며 그 직원들의 필요성이 있기 때문에 즉각 해임시킬 수 없다. 통일이 되면 북한지역에 더 많은 행정수요가 발생할 것이며, 이를 담당할 행정인력의 수요도 폭증할 것이기 때문이다.

상당수의 북한 출신 공무원들은 일단 통일 대한민국 정부에 인수될 것이며, 통일 시 합의된 절차와 제도에 따라 처리될 것이다. 공무원들의 대한 처분의 경우도 평화통일 시 당연히 합의문에 포함될 것이고, 이에 따른 절차와 제도는 추후 연구를 통하여 제시하고자 한다. 결국 통일 후 분한지역에서는 현재 북한의 인사행정 시스템은 폐지되어야 하며 대신 남한의 인사행정 시스템을 북한지역으로 확대시행 되어야 한다. 다만 이러한 과정이 너무 급하게 진행될 경우 혼란이 야기될 가능성이 있기 때문에 상황에 따라 그 속도를 조절할 필요가 있을 것이며, 제도적 개선 또한 동반되어야 한다. 이밖에 남북한 관료시스템 통합은 북한 출신 관료 및 주민들의 희생을 동반하기 때문에 이들이 처한 상황 등을 고려해서 신중히 추진되어야 한다.

3) 북한공무원 재교육 추진체계

(1) 북한 공무원 재교육 추진체계의 필요성

북한공무원 재교육 방안은 정부조직체계에 따라 달라질 것이다. 정부의 기능은 정부조직형태에 따라 구체화 되고, 구체화된 정부 정책의 집행은 일선 공무원들에 의해 수행된다. 다만 정부조직체계 개편은 본 연구의 범위를 벗어나기 때문에 본 연구에서는 공무원 재교육에 초점을 맞추어 제시하고자 한다. 2017년 현재 대한민국 중앙행정기관은 18부 5처 17청으로 구성되어 있다. 대통령을 중심으로 국무총리가 보좌하며 이하에 중앙행정기관이 위치하고 있다. 대한민국의 정부구성을 보면 정부 정책수요가 어디에 있는지를 파악할 수 있다. 현대행정의 기능영역에 따라 조직화되어 국민생활의 거의 모든 영역에 걸쳐 공공정책과 서비스를 제공한다.

　남북통일이 이루어지면 이러한 정부의 기능이 북한지역까지 확장되어 제공되어야 하고, 이 경우 현재의 조직구조나 편성으로는 부족할 수 있다. 행정통합을 통해 북한 행정체제를 우리 정부의 형태로 변화시키고, 이에 따라 남북한 전역에서 일관된 하나의 행정서비스체계를 갖추도록 해야 한다. 지방정부의 경우도 마찬가지다. 통일이 되면 북한지역에서는 현재의 지방정부체계에서 남한의 지방행정체계로 변형·구축되어야 한다. 외형적인 형태의 변화는 하드웨어적 변화이다. 이러한 변화를 유기적으로 성공시키기 위해서는 소프트웨어 즉 공무원의 변화가 이루어져야 한다. 남한의 공무원과 북한의 공무원의 선발과정이 다르고, 교육체계가 다르며, 기본적으로 민주정부의 공무원과 공산정권의 공무원이 함께 일한다는 것은 많은 문제점을 야기할 수 있다.

이러한 문제점을 해소하기 위해서 남한의 공무원을 북한 지역에서 근무하게 하고, 남한 사람들을 신규 임용하여 발령하는 것은 또 다른 남북갈등을 발생시킬 소지가 있기 때문에 일정부분 북한의 공무원을 북한지역에서 근무하게 하여야 한다. 북한 주민들의 문화에 대해 남한 사람들은 제대로 알고 있지 못하기 때문에 공무원-주민 간 갈등을 야기할 소지가 있다. 통일 정부에서는 남북한 공무원이 유기적으로 근무하기에는 많은 시간이 필요할 것이다. 이러한 유기적인 통합을 위해서는 통일 이후 빠르게 북한 공무원을 재교육하여 현장에 투입할 수 있는 제도적인 방안이 마련되어야 한다.

통일 후 남북한 통합의 과정에서는 전례 없는 행정수요가 발생할 것이고, 막대한 재정과 인력을 필요로 하게 될 것이다. 수많은 공무원을 한꺼번에 임용하는 것은 정부 인사행정 차원에서도 불가능한 것이기 때문에 북한에 공무원을 재임용하는 것이 필요하다. 물론 정부조직구조에 변화가 가장 크게 발생할 것이지만 인적자원의 재설계가 수반되지 않는다면 성공할 수 없다.

（2） 북한 공무원 재교육 준비단계

북한공무원을 재교육하기 위해서는 재교육 대상자를 선발하는 것이 가장 중요할 것이다. 재교육 대상자를 선발한다는 것은 통일 전 북한 체제에서 공무원 직을 수행하고 있던 관료들 중 통일 대한민국의 공무원으로 재임용하는 것을 의미한다.

북한 공무원을 재임용하기 위해서는 선결되어야 하는 부분이 있는데 통일 대한민국의 정부조직체계와 평화 통일 시 합의된 내용일 것이다. 통일 대한민국의 정부조직체계는 현재의 정부조직체계에서 많은 변화가 있을 것이다. 예를 들면, 행정자치부는 북한 지역의 주민등록과 행정체계를 새로 개편해야 하고, 산업자원부는 북한 지역의 황폐화된 산업시설의 재건, 농림부는 북한의 농업을 재건해야 하는 등 각 부처별로 새로운 역할이 부여될 것이다. 이러한 새로운 기능을 기존부처에서 일정부분이 나누어 담당하는 방안도 있을 것이고, 가칭 ‘재건부’ 또는 ‘통일부흥부’등 새로운 부처를 창설하여 담당하게 할 수도 있다.

다음으로 중요한 것이 평일통일 합의문에 명시된 내용이다. 우리가 전쟁 또는 북한의 무정부 상태를 일방적으로 흡수하여 통일한 방식이 아니라 본 연구에서는 북한이 자유민주주의 체제로 변화하면서 평화적으로 남한과의 합의를 통한 통일을 가정하고 있기 때문에 합의문에 북한지역의 행정체계와 공무원에 처우에 대한 문제도 담길 것이다. 합의문의 최종안을 결정하는 것은 고도의 정치적 행위이지만, 합의문을 작성하는 것은 일선 공무원들이기 때문에 본인들의 처우에 대해 관심이 없을 수가 없다.

앞서 제시한 내용에 따라 많은 부분이 달라진다고 해도 기본적인 시스템을 구축하고, 원칙에 따라 움직인다면 혼란을 막을 수 있을 것

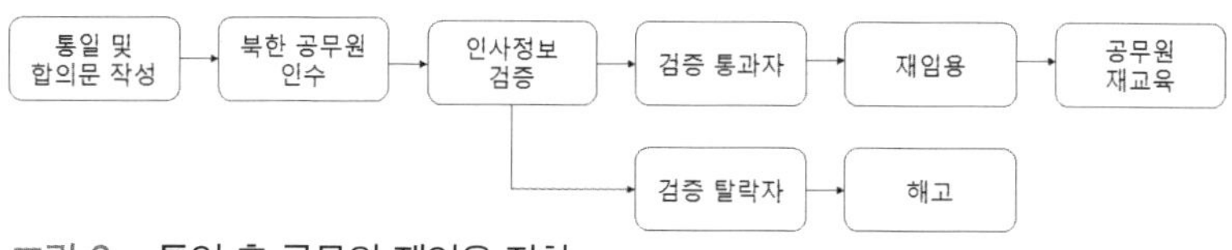

그림 2　통일 후 공무원 재임용 절차

이다. 〈그림 2〉는 이러한 정책적 프로세스를 정리한 것이다.

앞서 제시하였던 정부의 형태와 합의문은 통일 전에 합의된 형태로 개편하면서 통일 후에 북한 공무원에 대한 인사권을 우리정부가 이양 받아 위의 과정과 같은 절차를 거쳐야 한다.

북한 출신 공무원에 대한 인사권을 받는 것은 공무원의 임용과 해임에 권한가지 인수한다는 것을 의미한다. 북한 공무원 인수 후에 가장 먼저 해야 할 것은 인사정보에 검증이다. 인사정보는 학력, 근무평정 등 관련 정보이지만 북한에서 근무한 특수성을 감안하여 검증이 가장 크게 이루어져야 한다. 검증은 그들의 사상을 검증하는 것이 아니라 북한정부에서 근무하면서 조선노동당 또는 대남공작 등 정치, 사상관리, 주민통제 등 업무를 수행한 공무원을 재임용 과정에서 배제하기 위한 절차이다.

북한 출신 공무원들에 대한 검증과 재임용 등 일련의 과정이 끝나면 이들 인력들에 대한 교육훈련이 실시되어야 한다. 교육훈련을 통해 미성과자를 임용탈락 시킬 수도 있지만 이 단계까지 온 공무원대상자들은 일정한 검증을 통과한 공무원들이기 때문에 교육훈련의 성패가 중요한 역할을 할 것이다. 교육훈련이 끝나면 남한 공무원과 마찬가지로 신분보장과 함께 근무처에 배치하여야 한다.

3. 북한공무원 재교육 내용

1) 사회화 과정으로서 재교육

사회화는 한 개인이 사회적 상호작용을 통하여 사회 상황에 맞는 역할과 규범, 문화와 가치를 내면화해 가는 과정이다. 북한지역의 일반인이나 공직자가 적절한 사회화를 거쳐 남한사회에 맞는 나아가 통일 이후 체제에 맞는 제도와 규범에 제대로 적응할 수 과정이 필요하다. 왜냐하면 이러한 체제전환에 따른 적절한 사회화를 거쳐야 통일시대에 맞는 자아 정체감이 형성되고 통일시대에 맞는 사회적 소속감을 함양할 수 있기 때문이다. 통일시대의 공직자에 맞는 의미 있는 사회적 존재로서 그 역할을 다하기 위해서는 통일시대의 사회규범이나·문화적 가치와 신념을 학습하고, 통일시대 구성원으로서의 상호 동질화와 문화적 정체성을 배양할 필요가 있다. 이를 통해 통일 이전과 구분되는 통일시대의 공직자로서 차별화가 가능하고 나아가 통일시대의 적절한 자아상과 역할기대가 세대간 전승을 통해 지속되면서 통일사회가 제대로 굳건히 뿌리내릴 수 있기 때문이다.

통일시대 공직자를 위한 사회화과정은 크게 도구사회화, 언어사회화, 자아인식사회화 등을 거쳐서 이루어질 수 있다. 도구사회화는 통일시대에 제대로 잘 적응할 경우와 그렇지 못할 경우를 보상과 처벌의 과정을 이루어진다. 언어사회화는 학습, 대화 등을 통한 과정을 거쳐 이루어진다. 자아인식 사회화는 모방과 동일시 과정을 거쳐 이루어진다. 이러한 사회화 방식을 거치면서 스스로 자율적인 판단과 깨달음을 통한 사회화가 가장 바람직할 것이다. 이러한 사회화의 과정은 공직자 재교육을 통해 체계적으로 구성될 필요가 있다. 이를 위해 공직자 사회화를 위한 기관으로는 정부의 공식적 재교육기관을 통한 사회화가 필수적이다. 나아가 1차적 사회화 공간이나 제도로 가족, 또래집단, 친족집단, 지역사회 등을 통해서도 바람직한 공직자 상이나 역할이 무엇인지 직간접적으로 논의되고 그 의미가 내면화되면 좋을 것이다. 그 밖에 동료나 대중매체 등을 통해서 바람직한 공직자 상에 대한 사회화 과정이 보완되면 좋을 것이다.

통일 후 효과적인 행정체제를 구축하기 위해서는 유능한 인력의 채용 및 임용, 교육훈련, 보수, 관료문화 등의 인사관리 구성 요소가 중요하며, 이러한 구성 요소들이 상호연관성을 갖는 체제를 구축하는 것이 중요하다.[26] 특히 공직자에게 올바른 미션(mission)이나 가치관을 내면화시키고, 이는 행정기관의 효과성과 해당 지역사회의 통합성을 높이는데 필수적이다.[27] 북한의 당 중심 정부운영 체제하에서 우수한 재원이 공무원으로 임용되었다고 하더라도, 통일시대에 맞는 공직자 가치관과 역량을 제대로 갖추고 있다고 보기 어렵기 때문에, 통일시대에 맞는 시장경제체제와 자유민주주의 체제하에 직업공무원의 가치와 역량을 제대로 발휘할 수 있도록 재교육이 요구된다. 이러한 부분을 해소하기 위해서는 북한 공무원에 대한 적절한 재교육이 반드시 이루어져야 하고, 교육에 중요성을 다시 한 번 강조할 수밖에 없다. 이러한 재교육은 통일시대의 헌법과 국가운용이 원리에 따라 북한

26　강성철 외 공저, 『새인사행정론』, (서울: 대영문화사, 2013).

27　Greenwood, R and Hinings, C. R, eds., "Rethinking institutions and organizations." *Journal of Management Studies*, vol. 51, no. 7(2014); Selznick, P. Leadership in administration: A sociological interpretation, Quid Pro Books, 2011.

지역 공무원의 탈사회화와 재사회화 프로그램을 포함해야 할 것이다.

탈사회화프로그램은 기존의 사회주의체제에서 배운 가치관이나 태도를 벗어나 통일시대의 자유민주주의 가치와 시민덕목을 갖추고 이를 공직에서 제대로 수행할 수 있도록 재훈련시키도록 구성되어야 한다. 통일 이후에는 탈사회화를 통해, 북한지역에서 이미 북한식 사회화 과정을 거친 사람이 전혀 새로운 환경에 적응하기 위해 기존의 생활방식이나 사고방식을 벗어나 통일시대의 사회화에 맞추어 재적응교육이 필요하다. 사회주의 방식에 익숙한 각종 생활방식이나 가치관이 자본주의 방식으로 전환될 필요가 있다. 통일시대 북한지역의 기존 공직자는 재사회화를 통해 통일시대의 새로운 사회 변화에 적응하기 위해 새롭게 사회화하는 과정이 필요하다. 이를 위해 정부의 각종 기관을 통해 재교육이 필요할 것이다. 정부의 공무원 연수원뿐만 아니라 국립대학교 행정학 프로그램을 적극 활용하면 효과적으로 사회화 과정을 거칠 수 있을 것이다. 나아가 통일 이전에 미리 예기 사회화 과정으로 미래의 통일시대에 필요한 것들을 미리 북한지역 공직자로 하여금 습득하기 하는 것이다. 통일과정에서 사전에 남북한 교류가 활발하게 이루어진다면 이러한 예기사회화도 부분적으로 가능할 것이다.

2) 재교육프로그램 내용: 민주시민과 직무역량

통일 후 검증과정을 거쳐 공무원에 재임용된 북한 출신 공무원들은 통일 대한민국의 공무원으로 안정적으로 직무를 수행하기 위해서는 필수적으로 교육훈련을 받아야 한다. 이들은 북한체제에서 교육을 받았으나 그 교육내용이 현대 행정과 관계없는 당과 지도자의 '교시'에 관한 교육, 자아 반성과 비판 등 주로 정치적 교육에 집중되어 있었기 때문에 자유주의 체제의 공직자로서 갖추어야 할 인성은 물론 행정실무자로서의 전문성도 부족할 것이다. 따라서 이들에게는 우선적으로 자유민주주의, 법치주의, 시장경제체제 등 공무원이 갖추어야 할 민주시민교육이 필수적으로 이루어져야 하고, 실무에서 필요로 하는 법률, 규정, 행정절차, 컴퓨터 활용능력 등 전문교육도 실시되어야 한다. 북한 공무원 재교육 내용을 크게 민주시민교육과 공무원 직무능력교육으로 나누어 설명하고자 한다.

(1) 민주시민교육

북한 공무원을 교육대상을 할 때 가장 먼저 고려해야 할 것은 북한 공무원에 내면화된 이데올로기라고 할 수 있다.[28] 북한의 체제는 전근

---

28 북한의 사상의 특징을 살펴보면 첫째, 주체사상을 중심으로 수령중심주의의 사고방식을 가지고 있어 주민과 국가와의 관계가 자유롭고 능동적인 시민이 아니라 노예처럼 수동적인 신민의 형태를 가지고 있다. 둘째, 평등주의와 신분질서의 모순이다. 북한은 표면적으로는 인민의 평등을 주장하지만, 인민들은 출신성분에 따라 크게 특별계층, 핵심계층, 기본군중계층, 복잡군중계층, 감시대상계층으로 나누어 통제하고 있다. 이와 같은 신분질서는 북한주민을 신분에 따른 위계적인 질서에 구속되게 만듦으로써 지위, 직업, 출신의 차이에 따라 상위자에게는 복종을 하위자에게는 명령을 내리는 행태를 띠게 만든 반면, 같은 신분질서에 속한 사람들 사이에서는 평등의 가치를 따르는 것이 아니라, 자연적인 힘의 우월에 기초해서 질서를 잡으려는 사상을 가지고 있다. 셋째, 수동성과 모순적인 정체성을 들 수 있다. 앞선 두 가지 특성에 의한 결과라고 할 수 있는데, 북한공무원 뿐만 아니라 주민들도 국가에 대하여 의견개진, 요구, 참여 등의 능동적인 행태를 하는 경우를 찾아보기는 어려운 반면, 수령, 당 군, 정의 명령에 따라 복종하는 수동적인 행태가 만연되어 있다. 모순

대적인 질서에 공산주의 정치체제가 이식된 형태를 띤다. 법치주의와 합리주의 등의 특징을 주요 내용으로 현재 민주주의사회와 달리 전근대적인 가치관은 출신성분에 따른 불평등한 신분제, 비합리적 관습주의, 운명론적 계관, 권위주의, 집단주의 등 사회를 규율하는 질서를 가리킨다. 따라서 이러한 가치나 태도를 민주시민교육을 통해 변화시켜야 한다. 북한공직자의 민주시민으로서 탈사회화와 재사회화가 요구된다. 이 같은 북한의 공무원들이 출신성분이 좋은 계급으로 이루어져 있지만 더욱 심하게 나타날 것이다. 복종과 수동성이 좋은 평가를 받을 수 있는 첫째 조건이기 때문에 북한의 공무원들은 이 같은 행태가 더욱 심하게 나타날 것이다. '민주시민의 역량'으로 전환시키기 위해서는 특성에 대해서 이해하고 올바른 교육내용으로 변화시켜야 한다. 따라서 북한 공무원들로 하여금 개인으로서 주체성을 회복시키고, 평등과 자유에 대한 올바른 인식을 통해 도덕성을 순화 또는 개선하며 나아가 수동적이 아니라 능동적으로 민주주의에 참여하고 이해할 수 있도록 교육해야 한다.

민주시민교육의 핵심 요소인 시민과 교육의 개념은 고대로부터 국가와의 관계 속에서 규정되어왔고, 근대 민주주의의 핵심이다. 시민민주주의의 본질은 자치의 이념, '시민의, 시민을 위한, 시민에 의한 지배'를 실현하는 것에 있으며, 시민의 본질은 그런 자치의 이념을

적인 정체성은 특히 두 번째의 특성에 따른 결과로서, 신분질서에 따른 차별과 박해에 대한 분노와 증오, 극심한 경제상황에서 생존에 대한 불안과 고통 등과 같은 감정이 있음에도 불구하고, 비록 가식적이라 하더라도, 항상 수령 및 체제에 대해 충성과 찬양을 해야 하는 의무 사이에서 갈등하는 양상을 지닌 것을 뜻한다.

실현하기 위해 국가의 주권적 권위에 참여할 수 있는 사람으로 간주된다. 따라서 민주시민이란 '민주주의 정치체제의 주권적 권위에 참여할 수 있는 사람'이라고 정의할 수 있고, 민주시민교육은 민주주의 정치체제의 주권적 권위에 참여할 수 있는 능력을 함양하는 교육이라고 정의할 수 있다. 북한체제는 민주주의가 아닌 사회주의 체제로 일반 국민부터 지배계급까지 민주주의에 대한 개념정의가 제대로 되어 있지 못하다. 국가의 기본 통치이념인 민주주의에 대한 교육이 가장 먼저 이루어져야 하는 이유다.

하지만 북한 공무원들은 이러한 시민민주주의에 대해 친숙하지 않다. 오히려 이러한 민주주의의 개념을 파악하고 있다면 북한 체제 하에서는 반동분자이기 때문에 공무원이 될 수 없는 불순분자로 분류될 것이다. 그렇기 때문에 민주주의에 대한 기본적인 내용부터 교육해야 한다. 민주시민교육의 내용으로 들어갈 것은 첫째, 자유, 평등, 인권, 복지 등과 같은 자유민주주의의 기본이념과 더불어 정치과정, 선거와 투표, 다당제원리, 법의 지배 등과 같은 자유민주주의의 근본원리, 그리고 이와 관련된 구체적인 민주주의 제도들에 대한 것이다. 둘째, 북한에서는 금기시되는 협의민주주의 개념이다. 민주시민의 핵심역량을 갖추어 나갈 수 있도록 '합리적 의사결정', '설득과 타협', '다양성 존중', '차이와 관용' 등에 대한 이론, 체험 및 토론교육에 관한 것을 다루어야 한다. 셋째, 시장경제체제는 남한에서는 기본적인 내용이지만 북한 공무원들에게는 이해하기 어려운 내용일 수도 있다. 기회균등적 복지주의와 능동적·적극적·자발적인 경제생활에 중요성. 시장경제의 장점과 단점에 대해서 분명한 내용을 교육해야 한다.

북한공무원을 대상으로 하는 민주시민교육의 내용은 통일한국 사회에서 구현하고자 하는 '미래지향적인' 교육이 되어야 한다. 통일 대한민국은 자유민주주의, 시장경제체제, 기회균등적 복지주의, 민족통합으로 대표될 수 있다. 이 같은 이념을 구현하기 위하여 교육내용으로 들어갈 내용은 다음과 같다.

첫째, 자유, 평등, 인권, 복지 등과 같은 자유민주주의의 기본이념과 더불어 정치과정, 선거와 투표, 다당제원리, 법치주의와 같은 자유민주주의의 근본원리, 그리고 이와 관련된 구체적인 민주주의 제도들에 대한 이해이다.

둘째, 합리적 민주시민역량 강화이다. 합리적 민주시민역량은 우리에게는 익숙하지만 북한 공무원에게는 생각할 수도 없는 것이다. '합리적 의사결정', '설득과 타협', '다양성 존중', '차이와 관용'등에 대한 이론, 체험 및 토론 교육을 실시하여야 한다. 북한사회는 명령과 복종관계에 익숙해져 있고, 옳고 그름에 대한 획일적인 가치관과 의견 등을 교환하는 것을 당성에 위배된다고 몰아 노동청치교화형 등에 처하는 것이 일반적이다. 따라서 자신의 의견을 표현하는 방법을 배우고, 남의 의견을 듣는 태도를 학습시켜야 한다. 아직 우리의 경우도 민주적인 토론 문화가 정착되어 있지 않지만, 민원인을 상대해야 하는 공무원이 꼭 갖추어야 할 태도가 경청과 존중의 문화이다. 민주적인 정부의 공무원이 갖추어야 할 당연한 성향이 북한 공무원에게는 불경의 죄에 해당되기 때문이다.

셋째, 시장경제체제이다. 북한은 공동생산과 소유를 목표로 하는 사회주의 경제체제를 목표로 한다. 그러나 실상은 빈부격차와 계급격차가 심하고, 80년대 고난의 행군 시절을 거치며 사회주의 배급시스템이 붕괴되고 '장마당'을 통한 암시장이 형성되어 있으나, 시장경제시스템에 대한 개념을 가지고 있지 못하다. 북한 사람들은 능동적이고 자발적인 경제생활을 영위하는 방법을 모르기 때문에 많은 어려움을 겪는다. 특히 남한에 건너온 북한이탈주민의 경우 새로운 경제체제에 적응하지 못해 정착금을 사기나 과소비로 탕진하는 사례가 많은 만큼 세밀한 교육이 필요하다. 통일이 되면 북한지역에 개발과 원조를 통해 많은 자금과 물자가 투입될 것이다. 이러한 자원의 관리는 공공영역에서 관리할 것이고 그 중심에는 공무원이 있다. 자칫 시장경제에 대해 이해를 하지 못한다면 많은 혼란을 일으킬 수 있다. 시장경제가 단순히 경쟁을 통한 물질만능주의가 아닌 경제적 소비와 생산을 통한 합리적인 경제생활로 이루어질 수 있도록 교육해야 한다.

마지막으로 민족통일의 의의이다. 자칫 북한의 공무원들은 남한에게 정복당했다고 여길 수도 있다. 자신들이 근무하던 정부가 사라지고 새로운 정부에서 일한다는 것은 큰 압박감으로 여겨질 것이다. 특히 일정한 검증과정을 거치면서 새로운 정부에 대해 반감을 가지게 되는 경우도 있을 것이다. 남한주민이나 공무원들에 대해 열등감을 가지게 되거나, 이전에 정부에서는 지배계급 또는 중간관리자의 역할을 수행했으나 통일 정부에서는 일선행정공무원으로 격하되는 경우가 생기면서 사회적인 불안요소로 작용할 수도 있다. 이러한 점을 해소하기 위하여 통일이 가지는 의미에 대해 교육해야 한다. 통일이 가져올 민족통합, 미래발전, 세계사적 차원에서 평화 등 통일이 가지고 있는 미래지향적인 의의에 대해 교육해야 한다.

이러한 민주시민교육은 단계별로 이루어져야 효과적일 수 있다. 그러나 교육 후 바로 현장에서 근무해야 하는 공무원의 특성상 오랜 기간 교육은 비효율적일 수 있다. 민주시민교육과 기존 직무역량교육 후 일선에 투입하고 1~2년 후 재교육하면 현장에서 느낀 점을 토대로 더 큰 교육효과를 불러올 수도 있을 것이다. 본고에서는 다음과 같

표 8   민주시민교육내용의 핵심요소

핵심가치	교육요소	교육목표
자유민주주의	자유, 평등, 인권, 복지, 정치과정, 선거와 투표, 다당제원리, 법치주의	자유민주주의의 이해와 원리 학습
합리적 민주시민역량	합리적 의사결정, 설득과 타협, 다양성 존중	민주시민으로서의 역량강화 및 체득
시장경제체제	합리적 경제생활, 재산권, 조세제도, 경제주체의 이해	시장경제의 이해와 경제원리 학습
통일의 의의	민족통합의 의의, 미래 대한민국의 발전, 세계사적 차원에서의 평화	통일 대한민국의 미래비전 학습 및 가치 공유

은 교육과정을 제시하고자 한다. 본문에서 제시하는 교육내용이 모든 것을 포함할 수는 없다. 반드시 후속 교육이 이루어져야 한다. 교실에서 배우는 것보다 현장에서 근무하면서 더 많은 것을 배우고 느낄 수 있다. 현장의 경험과 이론이 함께 조화되어야만 진정한 통일 대한민국의 공무원으로써 역할을 수행할 수 있을 것이다.

(2) 직무능력 교육

① 리더십 교육

독일의 사례에서 고위관료는 서독출신 공무원이, 하급관료는 동독출신 공무원이 담당하면서 출신 간에 갈등이 심화되었음을 확인할 수 있었다. 그리고 서독의 공무원의 동독의 문화에 대한 낮은 이해 수준은 효과적인 운영을 저해했다. 따라서 한국의 통일 이후 북한 공무원 재교육에는 리더십 교육이 포함되어야 한다. 이는 북한 지역에서 담당업무를 수행함에 있어서 보다. 북한에 대한 높은 이해를 가진 북한 출신 공무원이 통일 이후에도 높은 리더십을 보유하도록 하게 함이다. 리더십교육을 통하여 고위공무원으로서 요구되는 핵심역량 함양, 바람직한 리더십 방향 제시, 조직·변화관리 역량을 제고를 달성해야 한다. 한국의 공직역량에 대한 이해를 함양하기 위한 사전조기 교육과 강의 이후 실습을 통해 실제로 리더십 역량이 발휘되도록 할 필요가 있다.

② 정보화 교육

4차산업혁명, 빅데이터, 인공지능(AI)에 대한 이해를 제고시켜야 한다. 뿐만 아니라 전자정부 및 정보보안 위협에 대한 대응 교육이 함께 실시될 필요가 있다. 프레젠테이션, 엑셀, 한글 등 각종 정보활용프로그램 습득을 기본으로 하여, 지능정보사회 소프트웨어, 업무환경 변화에 따른 업무역량 제고, 정보보안 및 정책실무, 업무시스템활용 등에 대한 강의와 실습이 핵심 요소가 된다.

③ 글로벌 소양교육

그동안 폐쇄적인 체제를 유지해 온 북한 출신의 공무원이 통일 이후 직무를 수행하기 위해서는 국제화 업무에 필수적인 영문서 작성, 영어발표, 회의·협상 등의 능력을 함양할 필요가 있다. 해외부문과의 노출이 적었다는 점에서 남한에서 진행되고 있는 공무원 교육을 참고하여, 글로벌 매너 및 의전, 국제업무 역량 등을 고루 배양할 필요가 있다. 또한 국제정세를 바로 이해하기 위해 강대국, 관심국가, 대응전략에 대한 교육이 필요하다. 한국을 둘러싼 주변국 및 세계의 각 지역·국가에 대한 이해를 제고하고, 국제적 환경변화에 대한 내용에 대한 교육을 진행할 필요가 잇다. 특히 국제정세에 대해서는 독단적인 시각을 견지할 우려를 해소하기 위해 케이스스터디를 바탕으로 토론과 발표식 수업이 진행될 필요가 있다. 이에 대해서는 전문 인력의 코멘트와 환류과정이 필수적이다.

④ 지식정보화사회의 직무지식

직무수행을 위해서 공통적으로 필요한 인사정책 방향 및 중요성에 대한 인식을 제고할 필요가 있다. 이에는 인재채용, 인재개발, 성과관리, 생산적 공직문화 등이 포함된다. 또한 협업을 제고하기 위하여 소통·통합 등 갈등관리에 관한 역량과 기술에 대한 교육이 이루어져야 한다. 이는 분쟁 및 갈등을 사전적으로 예방하기 위한 효과를 가진다. 한편, 문제해결역량 강화를 위해 북한 및 민간부문과는 차별적인 부분을 이해할 수 있도록 하고, 데이터 수집·분석·활용능력을 전반적으로 고취시켜야 한다. 이에는 문장력 강화 또한 포함된다. 이는 주로 강의와 보고서 작성을 통해 실시될 수 있다.

Ⅵ. 마치면서

평화적 통일의 기반을 구축하는 과정에서 수많은 장애와 문제점이 나타날 것으로 예상된다. 이에 대응하기 위해서는 공무원의 높은 역량이 필수적이며, 통일 후 새로운 체계에 맞는 공무원 상에 맞게끔 재교육하여야 한다. 그러나 한반도의 분단에 따른 정치·행정체제의 차이는 관료 문화의 차이로 이어질 수 있으며, 제도와 문화의 차이는 통일 이후 행정의 효율성·효과성·대응성 수준을 저하시키는 장애요인으로 작용할 가능성이 있다. 이에 본 연구에서는 북한의 정치·행정체제, 북한의 관료제, 독일의 행정통합 사례를 바탕으로 통일 이후 공무원 재교육 방안에 대해서 논의하였다. 독일 사례에서 관료의 통합은 크게 재임용의 문제, 공무원 교육의 문제, 관료 간의 갈등문제로 나누어 확인할 수 있었다. 또한 공무원 교육에 있어서는 인성과 직무역량 교육이 필수적으로 이루어져야 함을 확인하였다. 인성은 민주주의와 시장자유주의 체제에 어긋나지 않는 시민으로서의 덕성으로 이해할 수 있다. 본 연구에서는 민주시민교육과 직무역량 교육으로 나누어 향후 공무원 재교육방안에 대해서 논의하였다.

통일 후 행정수요는 국경관리와 체제안정, 북한 경제의 민영화·시장경제화, 사회통합과 삶의 질, 행정기관의 이전, 정부조직 및 인력관리의 효율화, 북한지역 재건 등 다양한 분야에서 예상치 못하게 상당한 규모로 크게 나타날 가능성이 있다. 이러한 신규 행정수요를 제대로 파악하고 대응하기 위해서는 북한 사정을 잘 알고 이해할 수 있는 유능한 공직자가 필수적이다. 이에 기존의 북한공무원에 대한 적절한 재교육을 통해 예상하지 못한 행정수요에 적극적으로 대응하고, 북한지역의 행정서비스와 삶의 질을 향상시켜 남북한 사회통합과 유대감을 높이고 남북한 정체성을 고양하는데 기여하도록 해야 한다.

:: **참고문헌**

강성철 외 공저. 『새인사행정론』. 서울: 대영문화사, 2013.

국가공무원인재개발원. 『2017 교육운영계획』. 충청북도: 국가공무원 인재개발원, 2017.

김창환. "제1장: 독일의 통일교육과 정책적 시사점." 통일부. 『독일통일 총서 16: 통일교육 분야 관련 정책문서』. 서울: 통일부, 2016, pp. 10~12.

김창환 외 공저. 『독일의 학교 및 사회통일교육 프로그램 개발 및 운영 실태 분석』. 서울: 통일부 통일교육원, 2002.

박상익. "북한 관료문화의 형성과 그 특성." 『통일문제연구』, 제19권 1호(2007), pp. 303~352.

박상익. "북한 관료문화의 특성 '주체관료문화'." 『북한학연구』, 제4권 1호(2008), pp. 57~95.

법무법인 나눔. 『통일부 연구용역 최종보고서: 통일법제 마련을 위한 남북 간 법제정비 대상 및 주요 쟁점: 행정안전·경찰·소방 방재/신문방송·체육관광 법제분야』. 서울: 통일부, 2005.

통일부 통일교육원. 『북한이해』. 서울: 통일부 통일교육원, 2016.

송용선. "북한 행정의 정치적 성격 연구." 『윤리연구』, 제52권(2003), pp. 189~209.

안지호. "독일 행정통합의 재고찰: 겔렌의 제도론을 중심으로." 『행정논총』, 제49권 4호(2011), pp. 193~215.

양현모. 『독일통일의 경험이 남북한 체제통합에 주는 교훈: 행정통합을 중심으로』. 서울: 한국행정연구원, 1997.

양현모. "북한 중앙행정기관의 변화와 특징에 관한 연구." 『한·독사회과학논총』, 제18권 1호(2008), pp. 103~136.

양현모. 『통일 한국 관료시스템 구축방안』. 서울: 한국행정연구원, 2015.

이상근. "북한 관료제의 병리현상 특성." 『북한』, 제440권(2008), pp. 132~139.

이은정. "제2편: 정책문서를 통해 본 민주시민교육과 직업교육." 통일부. 『독일통일 총서 16: 통일교육 분야 관련 정책문서』. 서울: 통일부(2016), pp. 120~148.

정응기. "북한 사회주의헌법의 기본원리: 주체사상." 『법학연구』, 제51권 4호(2010), pp. 219~243.

통일부. 『독일통일 총서 2: 행정분야』. 서울: 통일부, 2013.

통일부. 『통일백서』. 서울: 통일부, 2017

Bundesministerium des Innern: Materialien zur Deutschen Einheit und zum Aufbau in den neuen Bundesländern. Unterrichtung durch die Bundesregierung, 1996).

Greenwood, R. and Hinings, C. R. eds. "Rethinking institutions and organizations." *Journal of Management Studies*. vol. 51, no. 7(2014), pp. 1,206~1,220.

Selznick, P.: Leadership in administration: A sociological interpretation, Quid Pro Books, 2011.

Werner Jann, "öffentliche Verwaltung, in Weidenfeld & Korte (ed.). Handbuch zur deutschen Einheit. Bonn: Bundeszentrale für politische Bildung, 1999.

염돈재, "독일과 남북통일 여건의 차이점은 무엇인가." 『데일리 NK』

(온라인), 2014년 2월 12일; 〈http://www.dailynk.com/
korean/read.php?cataId=nk03201&num=102457〉.

통일 후 국영 산업부문 체제개편에 관한 연구__

김상헌

목차

I. 서론

II. 국가별 사례

III. 결론

김상헌   서울대학교 한국행정연구소

통일 후 국영 산업부문 체제개편에 관한 연구

I. 서론

남한과 북한의 통일은 백년이 되지 않은 짧은 분단 기간에도 불구하고 이념적 차이와 그로인하여 달라진 역사적 경로로 인하여 기대 이상의 불안을 주는 사안이다. 특히 이념적 차이에서 기반한 경제체제의 차이는 경제적 격차만큼이나 통일 이후에 심각한 문제를 발생시킬 수 있다. 이러한 경제체제의 차이는 경제적 격차에 의한 불안이라는 거대한 베일에 감춰져 있지만, 통일이 단순히 자유로운 왕래, 행정의 단일화, 단일한 체제의 달성이 아닌 이질적인 문화의 결합, 이질적 배경을 가진 시민들 간의 융합이라는 특성을 가지고 있다는 점을 고려할 때 수치로 나타낼 수 없는 문제를 발생시킬 수 있을 것으로 생각된다.

이번 연구는 통일이 한국 사회에 긍정적인 영향을 미칠 것인가에 대한 논의와는 거리가 있다. 통일이 당면하였을 경우 발생할 수 있는 부작용을 줄이고, 통일 이후의 역량을 효율적으로 발휘할 수 있는 방안을 찾기 위한 것에 가깝다. 그 중에서도 산업 시스템의 측면에서 독점되어있는 북한의 자산을 시장으로 되돌리기 위한 적절한 방안에 대한 제언을 찾는 것에 초점을 맞추고 있다. 이는 단순히 산업체의 소유권을 시장과 개인에게 돌린다는 점에서 그치는 것이 아니라 북한 지역의 자본 형성과 자산 분배와도 직결된 문제이다.

북한의 산업 환경이 열악하다는 것은 잘 알려진 사실이다. 또한 그 열악한 산업체 역시 국가가 독점하고 있으며, 시민들에 의한 소유는 불가능한 실정으로 보인다. 이러한 상황에서도 장마당 등의 기초적인 시장과 밀무역 등에 의해 개인에 의한 자본의 소유가 일부 이뤄지고 있는 것으로 보이나, 이 역시 북한의 정치 상황에 따라 위축되는 경우

가 있다. 이러한 상황에서 일방적인 사회의 통합은 한국 사회에 다수
의 극빈층을 유입시킬 수 있다.

급격한 체제의 변화를 경험한 국가들은 비슷한 문제에 직면했으
며, 그들 나름대로의 방식을 통해 자본과 시장을 형성하였다. 또한 그
과정에서 국가 소유의 산업체는 민영화 과정을 거쳐 시장에 일정부분
맡겨지게 되었다. 비록 비슷한 문제에 직면하였다고는 하나 각국의
경제적·사회문화적 배경이 다름에 따라 그 과정이 상이했을 것은 자
명한 사실이다. 따라서 개별 국가의 과거 사례와 그 효과 및 부작용에
대한 분석을 통해 통일 직후의 정책 형성의 바탕이 되는 연구 결과를
이끌어 낼 수 있을 것으로 기대한다. 또한 개별 국가는 다양한 형태의
자산을 보유하고 있으나, 이번 연구에서는 기업 민영화만을 대상으로
한다.

II. 국가별 사례

현대 사회의 대표적인 대규모 체제변화로 2차 대전 이후의 식민지들
의 해방과 1990년대 초반의 공산주의의 국가들의 체제변화를 꼽을
수 있다. 전자의 경우 한국 사회 역시 겪었던 변화이며, 후자는 체제
의 배경과 국가가 자산의 대부분을 소유했었다는 점에서 현재 북한사
회에 유사점이 있다는 점에서 의의가 있다. 이에 한국의 민영화 사례
를 간략히 정리하고, 체제의 변화와 함께 통일을 경험한 독일, 공산주
의에서 시장주의로의 체제 변화를 겪은 러시아, 체제를 유지한 상태

에서 시장주의를 받아들인 중국의 사례를 분석한다.

1. 한국-초기 민영화 제한적 성과와 개발도상국형 민영화

한국 민영화 시작은 해방 이후 일본인 소유의 산업체 귀속기업을 대상으로 하여 시장에 불하한 것으로 볼 수 있다. 해방 직전 일본인 소유의 산업체가 한반도 전체 산업에서 차지한 비중은 매우 높았으며, 대규모 산업체의 경우 대다수가 일본인 소유였다. 특히 규모면에서 조선인 소유의 산업체가 일본인 소유의 산업체에 비해서 많았음에도 산업에서 차지하는 비중이 더 낮았다는 점을 고려한다면 그 차이가 매우 컸었음을 알 수 있다. 이는 1940년말 자본금 100만원 이상 산업체의 자본 총액 중 94%가 일본인 소유였다는 점에서도 확인할 수 있다.[1]

　결과적으로 봤을 때 초기 민영화는 충분한 성과를 거두지 못했다고 평가할 수 있다. 1949년 귀속재산처리법을 통해 기본적인 원칙은 제정했으나, 대상 산업체들을 평가할 수 있는 시스템이 갖춰져 있지 않았으며, 사회 전반적으로 혼란이 존재하여 원활한 진행이 어려웠을 것으로 생각된다. 결정적으로 이러한 노력 역시 6·25의 발발로 인하여 제한적으로 진행되는데 그쳤다.

　이러한 초기 민영화의 제한적인 성과와는 별개로 한국사에서 인

1　박광작, "범세계화의 진전과 한국적 시장경제체제의 모색/연구논문: 미군정과 한국정부의 귀속재산 민영화정책에 대한 일 평가: 체제전환 경제의 민영화정책과의 비교적 관점,"『비교경제연구』, 6(1998), pp. 249~287.

식하고 있는 일반적인 민영화는 발전행정 시기를 거치면서 발전한 정부 소유 기업들의 매각하는데서 시작되었다고 볼 수 있다. 이는 한국의 민영화가 해당 산업이 일정 궤도에 올랐을 때 진행되었음을 의미한다. 따라서 본격적인 민영화의 시작을 경제발전이 궤도에 오른 60년대 후반으로 볼 수 있음을 의미한다.

정리하자면 한국의 민영화는 1차적으로 해방 이후 귀속기업 청산을 목적으로 진행되었으며, 이후 민영화는 경제발전에 따라 시장경제의 이념 하에서 산업을 시장에 돌려주는 측면에서 진행되었다고 볼 수 있다. 현재 공기업 민영화에 대한 주요 초점은 후자의 측면에 맞춰져 있으며, 이는 성과 및 효율성과 밀접한 관계가 있다. 이에 따라 한국에서 민영화라 하면 경제발전에 따라 진행된 사업을 의미하는 것이 일반적이다.

통일을 두고 생각했을 때 북한의 산업체에 대한 민영화는 양자의 성격을 복합적으로 가지게 될 것으로 생각된다. 충분히 발전한 한국 경제와의 합병에서 북한의 산업과 경제는 한국에 흡수되는 모습을 보일 가능성이 다분하며, 이 경우 기업에 대한 소유권 확립과 산업체의 시장에로의 반환은 동시에 이뤄질 것으로 생각된다. 이러한 측면에서 한국은 해방 이후 국유재산의 불하와 산업 발전을 통한 민영화에 대한 경험 모두를 보유하고 있다. 이러한 경험은 통일 이후에 북한 지역의 산업체의 소유권 확립과 산업의 기반을 형성하는 정책과정에서 도움을 줄 수 있을 것이다.

하지만 해방 이전의 상황과 북한의 현실을 비교했을 때 몇 가지 차이점이 있다. 해방 이전 한국 사회의 경우 일본인이 산업을 주도하고 대다수의 주민들이 수탈로 인하여 어려움을 겪기는 하였으나, 소유권에 대한 인식은 명확히 존재했다고 볼 수 있다. 또한, 해방 이후 사회 전반적으로 산업발전의 수준이 낮았던 시기와 비교하여, 통일 이후 통합과정의 경우 이미 고도로 발전된 한국의 산업 환경에 북한의 열악한 산업이 흡수되는 과정이 될 것으로 예상할 수 있다. 이 경우 북한 지역의 산업이 남한의 산업에 일방적으로 흡수 종속되며, 결과적으로 자체적으로 자본과 산업이 발전할 수 있는 토양을 잃을 수 있다. 또한 이러한 결과는 장기적으로 통일 이후의 지역 간의 갈등을 유발하여 통합을 저해하며, 장기적인 성장 동력을 저해할 수 있다. 따라서 해방과 함께 기획·추진된 귀속재산 처리과정에서의 원칙을 그대로 적용하는 것에는 무리가 있을 것이며, 이후 추진된 민영화 과정을 바탕으로 할 경우 현재 북한 지역의 산업이 한국에 일방적으로 종속되는 결과를 가속화할 수 있을 것이다.

이와 같은 한계에도 불구하고 한국의 산업발전 경험과 민영화 경험은 분명 장점을 가지고 있다. 특히 산업발전을 주도한 경험이 있는 강한 정부는 현재에 와서 비판 및 개혁의 대상이 되는 경우도 있으나 통일 이후에 북한 지역의 산업 환경을 빠르게 구축하고 기반을 닦는 데 있어 필요한 역량과 노하우를 갖추고 있을 것으로 기대된다. 또한 SOC에 특화되어 있는 다수의 한국 공기업은 북한 지역의 기반시설을 다지는데 필요한 충분한 역량을 제공할 수 있을 것으로 기대된다.

2. 독일-신탁관리청를 통한 민영화

동독정권의 붕괴와 동시에 체제전환의 역사에서 가장 크고 의미 있는 프로젝트가 시작되었다. 그 프로젝트는 동독의 사회주의 경제체제를 시장경제체제로 이행(Transformation)하는 것이다. 사회주의를 개혁에 초점을 두었던 모드로우(Modrow) 정부는 사회주의경제체제를 약간 수정하는 작업을 신탁관리청에 위임하였다. 그러나 1990년 3월 18일 동독에서 처음으로 시행된 선거의 결과는 서독과의 조속한 통일로 나타났다. 따라서 모드로우 정부의 뒤를 이은 메지에르(Maizière) 정부는 신탁공사를 통해 신속한 민영화 정책으로 전환하였다.

1989년 11월 9일 베를린 장벽이 붕괴되고 불과 4개월이 지난 후 (1990년 3월) 구동독경제의 근간역할을 하고 있는 8,000개 기업체와 45,000개의 사업장을 민영화하는 대작업이 시작 되었다. 가장 시급한 작업 가운데 하나는 국민소유의 대기업(VEB: Volkseigene Betriebe)과, 콤비나트를 자본회사 (Kapitalgesellschaften)로 전한시키는 작업으로 당시 동독의 모드로우 정부는 동독재무성의 150명의 법률가, 재무전문가와 서독 자문가들의 도움으로 경제체제전환을 일종의 "장부상의 새로운 정리"라고 생각하였다.

그러나 민영화 정책은 이러한 "장부상의 정리"에 국한되지 않고 1992년에는 거의 4,000명의 인원이 베를린 본청과 15개의 지방분청에서 "동독의 시장경제체제 전환"이라는 더욱 심층적이고 포괄적인 작업을 수행하게 되었다. 이를 위해 "서독의 사회적 시장경제(Soziale Marktwirtschaft)를 동독으로 이식하는 작업"으로 전환되었고 이를 위한 전제조건은 "국영기업의 민영화"였다.

당시 독일의 많은 경제학자 및 통일전문가들은 경제통합 문제를 단순하게 생각하였다. 이러한 원인은 동독 경제제제에 대한 정보 부족에 기인하였다. 많은 경제전문가들인 동독은 2차대전전 이미 경제적으로 선진국이었고 특히 우수한 인력과 교육 수준도 높았다고 생각하였다. 또한 동구권, 나아가서 전 공산권에서 경제적으로 가장 앞선 나라로 간주하였다. 마지막으로 서독과의 경제·기술·학문교류를 계속해 왔기 때문에 서구자본주의 시장 흐름을 가장 가깝게, 쉽게 파악했으리라고 믿어 왔다.

이러한 현실적인 차원 이외에도 이론적인 차원에서 체제전환에 대한 개념과 이론이 빈곤하였다. 경제학자들은 개발도상국가의 경제발전에 관한 이론에 많은 관심을 가지고 있었고 이를 위한 많은 이론이 개발되었다. 그러나 후진국의 경제성장 문제를 넘어 사회주의 경제체제를 시장경제체제로 전환하는 이론은 상대적으로 빈약하였다. 따라서 서독 전문가들은 전혀 기대하지 않은 시점에서 전례 없는 과제를 눈앞에 두었다. 그러나 이에 대한 경제 원칙 혹은 개념이 부재하였다. 따라서 현실적으로 가능한 방법은 사회주의 경제를 시장자본주의 경제로 변혁하는 방법 밖에는 없었다.

일반적으로 경제의 체제전환과 관련하여 급진적으로 사회주의 경제체제를 개혁하여 자본주의 시장경제체제를 도입해야 한다는 소위 말하는 '급진적 적 방법'과 점진적으로 시장자본주의체제를 도입하는 '단계적·병용적 방법'이 있다. 전자의 방법은 소련을 비롯한 대부분의 동구 국가가 채택하였고 구동독도 기본적으로 이러한 전략을 선택하였다. 이에 반해 점진적 전환을 추진하거나 또는 일부지역을 선택하여 자본주의 체제로 이행하는 전략은 중국, 헝가리에서 볼 수 있었다. 어떠한 전략이 궁극적으로 더욱 효과적일지 예상하기는 힘들다. 그러나 확실한 것은 급진적 경제체제전환은 거시경제에 막대한 사회비용을 초래하고, 국제경쟁력을 강화할 수 있는 산업구조형성이 어렵다는 것이다. 그리고 후자의 경우는 공산당 또는 기존의 정치경제 엘리트들이 경제 권력을 계속 가지고 있기 때문에 개혁과정의 한계점을 내포하고 있다.

통일독일의 선택은 후진국 개발정책인 '균형발전이론'과 '급진적 체제전환이론'을 절충한 것이다. 균형발전정책은 선별된 한 지역의 SOC 투자에 의한 전후방 유발효과를 겨냥하는 불균형발전 정책과는 달리 많은 지역에 '동시'에 투자하여 투자대상(공장)을 하나의 전체 시스템으로 형성하여 시너지 효과를 극대화 하는 것이다. 지금까지 후진국에서 균형발전정책의 성공사례는 거의 없다. 그나마 소수의 불균형발전 성공사례만이 있을 뿐이다. 독일의 민영화정책을 균형발전 이론에서 말하는 '동시에 이뤄지는 막대한 투자'라고 보았을 때, 이러한 민영화 정책은 균형발전이론과 급진적인 체제전환이론의 절충형 모델이라고 할 수 있다. 결국 통일 후 구동독 지역의 민영화정책은 산업정책 내지 산업구조 조정 차원에서 이뤄진 것은 아니었다. 이러한 맥락에서 독일의 전문가들은 통일 후 구동독 지역에서의 민영화정책을 무분별한 정책이라고 비평하였다.

신탁관리청이 민영화의 가능성을 발전시켰던 모델은 기본적으로 중간규모(중소기업)의 투자자를 고려한 것이었다. 따라서 신탁관리청은 중간규모의 민영화정책을 시행하였다는 비난을 받기도 하였다. 게다가 특별한 기업의 신속한 매각을 위한 절차를 발전시켰다. 이러한 신속한 민영화 절차는 주정부가 참여하는 민영화 모델, KG 경영모델, MBI-Programm, MBO-Programm 그리고 종업원지분참여 모델을 포함하는 취득자지향 민영화 모델(erwerberorientierte Privatisierungsmodelle)과 작은 기업의 민영화 프로그램(Programm zur Privatisierung von Kleinunternehmen)과 특별공모를 통한 민영화 (Privatiseirung im Rahmen von Sonderausschreigugnsverfahren)를 포함하는 기업지향적인 민영화모델(unternehmensorientierte Privatisierungsmodelle)로 나뉜다.

구체적으로 독일의 기업 민영화가 실제로 이루어지는 과정은 준

비단계, 실행단계, 사후 관리단계 등 3단계로 나누어 졌다. 준비단계
에서는 기업의 분할이나 합병을 통해 매각기능 단위를 창출하는 단계
를 의미한다. 신탁관리청이 맡은 기업은 약 8,500개였는데 이 기업들
은 규모의 방대함으로 인해 전체로 민영화 하는 것은 불가능하였다.[2]
따라서 매각을 위한 준비 작업으로 기업을 분할하고 구조조정이 가능
한 기업을 추리는 것이 필요하였다. 그리고 기업운영에 불필요한 부
분 즉 건물, 토지를 매각하는 것도 필요하였다. 이러한 준비단계를 통
해 자본동원능력이 부족한 인수자에게 투자환경을 제공해 주는 한편
보다 좋은 투자자를 선별하기 위한 것이기도 하였다.[3] 이에 연방정부
는 1991년 4월 기업분할법(Spaltungsgesetz)을 제정하여 대규모기
업의 분할 뿐만 아니라 기업운영에 사용되지 않는 재산, 즉 비업무용
부동산의 분할·매각도 가능하게 하였다. 그러나 기업분할은 민영화
준비과정에서 투자자를 위해 꼭 필요한 경우에만 실시한다. 신탁관리
청의 입장에서 볼 때 대규모 기업 중에서 알맹이 있는 공장이나 영업
장만 분리하여 매각하면 나머지는 쓸모없게 되어 청산하게 되기 때문
이다.[4]

　　실행단계에서는 본격적인 매각협상이 이루어진다. 투자가의 신용

2　동독의 국유기업들은 기술, 원료, 제품판매 등에서 밀접한 관련이 있는 기
업들끼리 수평적 또는 수직적으로 결합되어 하나의 경영기구 아래 있었는데
이를 콤비나트라고 한다. 기업을 민영화 또는 정상화하려면 이러한 콤비나트
부터 없애야 한다.

3　Mayr, Robert, "Die Pribatisierungspolitik der Treuhandanstalt," *Schaf-
fer Poeschel*, Ulm(1995), pp. 24~25.

4　김영탁, 『독일 통일과 동독 재건 과정』, (한울아카데미, 1997), p. 288.

도나 기업계획의 적합성 등을 심사하고, 투자계획, 고용문제, 환경비용 부담, 과거부채 처리, 매매가격 등 민영화와 직접 관련되는 모든 사항을 협의하고 처리한다. 매각협상은 대부분 15개 지청을 통해 이루어졌고 일부 신탁관리청 본청이 직접 협상을 하기도 하였다. 지청을 통한 매각 작업은 종업원이 1,500명 이하의 경우였으며, 본청이 협상을 하는 경우는 규모가 큰 민영화 작업에 제한되었다.[5] 매각의 기준으로 보면 일반 투자가에게 매각하는 방식, 해당기업의 경영자, 근로자 등 이해관계인에게 매각하는 방법, 전체 국민에게 소유권을 분배하는 방법 등이 있다. 독일은 전체 국민에게 분배하는 방식은 전혀 채택하지 않고 앞의 두 가지 방법만 사용했다. 일반 투자가에게 매각하는 방법도 공개적으로 경매에 붙여 매각하는 공매방식과 잠재적인 투자가와 협의여 매각하는 협의방식으로 나눌 수 있지만, 실제로는 이를 혼합하여 재량껏 매각할 수 있다.

단기적으로 보면 민영화되기 어렵지만 장기적으로 보면 희생되어 민영화될 수 있는 기업들이 있을 수 있다. 신탁관리청은 이런 기업들을 한데 묶어서 경영합자회사라는 것을 세웠다. 이 기관은 소속기업들이 민영화될 때까지 기업경영의 공백을 메우면서 신속하게 민영화될 수 있도록 하는 것으로, 신탁관리청이 해체된 이후에는 베를린 경영합자회사가 이 업무를 인수하였다. 민영화될 수도 없고 회생될 가능성도 없는 기업은 청산절차를 거쳐 해체된다.[6]

---

5   Teichert, Olav, Die Treuhandanstalt im politischen und wirtschaftlichen Vereinigungsprozess, Magisterarbeit an der Universität Gesamthochschule Kassl Kassel(2001), p.65.

6   김영탁, 『독일 통일과 동독 재건 과정』(1997), pp. 289~290.

사후관리 단계에서는 일자리와 투자보장에 대한 약속이행 여부를 감독하는 것이 가장 많은 부분을 차지한다. 계약사항인 고용확보 또는 고용확대와 투자를 인수자는 이행해야 한다. 그러나 신탁관리공사는 인수자가 계약을 이행하지 않을 때 어떠한 제재를 가할 것인가에 대해서는 아무런 규정을 마련하지 못하였다.[7]

이러한 과정을 거쳐 1993년 말까지 약 25%에 해당하는 3,142개 기업이 민영화 되었다. 1993년 말에는 9%(1,059개), 1994년 12월 31일 신탁관리공사가 해체되었을 때에는 총 6,546개의 기업(전체 53%)이 민영화 되었다. 3,717개의 기업의 정리철차를 진행하였고 이 가운데 1,757개 기업이 청산되었다.[8] 신탁관리청은 이와 같은 괄목할 만한 성과를 이룩하였지만 다음과 같은 몇 가지 문제점 역시 발생시켰다.

첫째, 민영화과정에서 너무 많은 비용이 들었다는 점이다. 신탁관리청이 민영화를 통해 벌어들인 수입은 666억 마르크인 데 비하여 지출한 것은 2,720억 마르크에 달하여 2,054억 마르크의 적자를 기록하였다. 이것은 모두 연방정부가 보증하는 공채를 발행하여 충당했기 때문에 그만큼 연방정부에 재정적 부담을 안겨준 셈이다. 신탁관리청이 남긴 적자 2,054억 마르크는 현재 구 채무변재기금에 흡수되었으며 연방정부가 매년 원리금을 상환하고 있다. 그리고 1995년부터 신탁관리청 후속기관들이 지출하는 비용은 모두 연방정부 예산으로 충당된다.

---

7   Schmidt, Klaus-Dieter unter Mitwrikung von Siegmund, Uwe: Strategien der Privatisierung, in: Treuhandanstalt... op.cit.(1993), p.217.

8   Lichtblau, Karl, Von der Transfer-in die Marktwirtschaft. Strukturpolitische Leitlinien für die neuen Länder, Köln(1995), p.61.

둘째, 주로 초기단계에 있었던 문제들로서 소속기업에 대한 정보 부족, 조직체계의 미비, 전문 인력 부족, 민영화 목표와 방법을 둘러싼 갈등, 업무추진체계 미흡 등을 들 수 있는데, 이는 민영화 과정에서 대부분 극복되었다.

셋째, 동독정부 수립 이후 몰수된 재산의 민영화에는 반환원칙과 투자우선 원칙이 모두 적용될 수 있으므로 그 처리절차가 복잡하고 시간이 많이 걸린다. 특히 부동산 민영화는 이해관계가 복잡하게 얽혀 있기 때문에 더욱 어려우며 그만큼 투자에 방해가 되고 있다.

넷째, 신탁관리청이 동독의 중소기업들에게 가능한 많은 기업을 매각하려고 노력하지만, 전기가스항공 등 대규모 국유기업은 자본이 풍부한 서독의 대기업이 주로 인수하였기 때문에 독과점 구조가 심화되었다.[9]

이미 언급한바와 같이 민영화가 급속도로 이뤄져야 한다는 목적에만 매달려 민영화는 많은 문제를 안을 수밖에 없었다. 방법문제에 있어서 민영화는 두 가지 형태를 갖는다. 첫째는 협상에 의한 방법, 둘째는 입찰경매였다. 전자의 경우 가장 중요한 것이 협상대상으로서의 가격이었다. 그러나 (비밀적)협상이 우선되었기 때문에 많은 문제가 생겼다. 특히 초기에는 동독인들(이전에는 공산당원, 정부관리 등)이 협상을 했기 때문에 협상경험과 정보조달 등에 많은 허점을 드러냈다.

후자의 경우 민영화대상에 관한 정보처리가 비밀이었기 때문에 비교적 시장가격에 맞게 평가될 수 있었으나 기업인수에 관심을 갖은 자들 중에서 최적의 후보자를 선택하는데 많은 시간이 걸렸다. 효율

---

9   김영탁, 『독일 통일과 동독 재건 과정』(1997), pp. 302~303.

성에 있어서 ①민영화대상기업 가격 : 통일에 따른 재정지출 부담증대를 덜어주기 위해서 기업민영화를 위한 수입이 시급했기 때문에 민영화대상 기업의 가격이 급격하게 떨어졌다. 정부측에서는 사회간접자본투자, 파격적인 투자지원으로 가능한 많은 고용효과를 기대했으나 사실상 고용 창출보다 역효과를 초래했다. 많은 노동자가 정리되는 것이 인수 전제조건이 되었다. ②구조조정이 가능한 기업의 기회상실 : 구조조정이 가능한 기업은 신 투자가 필요했으나 컨셉이 없는 민영화를 서둘렀기 때문에 구조조정 기회를 상실했다. ③서독인 우선정책 : 신탁관리청은 (비공개적으로) 서독기업이 동독기업을 인수하는 것을 선호했다. 재무능력과 연구개발능력이 서독기업보다 우수한 외국기업이 도외시됨으로 더욱이나 구조조정 실현이 가능한 기업들도 선별기준 없이 대폭적으로 서독기업에 넘어갔다. '비교적 건전한 기업은 독일인에게', '나머지는 외국인에게 넘어가는 것'이 실상이었다.

동독기업의 민영화는 목적한 '시행속도'에 있어서는 성공했다. 그러나 동독산업구조를 건전하게 재건할 수 있는 산업정책이나 지역개발정책면에서는 많은 차질은 빚었다. 또 재정적자 부담을 대폭적으로 감소시키고 고용효과를 유발하는 점에 있어서도 기대와는 정반대의 결과를 가져왔다.

3. 중국-체제 내 변동형 민영화

중화인민공화국 설립 이래 국유기업은 중국경제 성장을 주도적으로 이끄는 역할을 해왔다. 현재 중국의 '국유경제'와 '국유기업' 용어는 1993년 3월 제8기 제1차 전국인민대표대회에서 통과시킨 헌법 개정안에 따라 '국영경제'에서 '국유경제'로, '국영기업'에서 '국유기업으로 수정, 통용되고 있다. 또한 이 법 제8조는 "국유기업은 법률이 규정한 범위에서 자주경영권을 가진다."고 명시하여 중국 국유기업의 역할 변화가 시작되었음을 보여주고 있다.

중국의 국유기업은 정부 지분 비중, 경영목적, 관리·감독기관, 활동업종에 따라 그 유형을 분류할 수 있다. 중화인민공화국 기업 국유자산법제5조는 국유기업을 '국가출자기업으로 명기하고 있으며 정부지분 비율에 따라 국유독자기업, 국유독자회사, 국유자본지주회사, 국유자본주식회사로 분류하고 있다. 이 법 제19조에 따르면 국유독자회사, 국유자본지주회사, 국유자본주식회사는 중화인민공화국회사법의 규정에 의거하여 감사회를 설립해야 한다. 반면 국유독자기업은 특수기업법인으로 국무원의 규정에 따라 위임 또는 파견한 감사회가 법률·행정법규 및 기업규정에 의거하여 경영진 직무 수행, 기업재무 등에 대한 감독조사를 실시한다.

중국은 중앙정부의 정책과 목표에 따라서 국유기업을 운영하고 있으며 효율적인 국유자산 및 국유기업 관리·감독을 위해 2003년 3월 제10기 전국인민대표대회에서 '국유자산관리감독위원회'(국자위)를 출범시켰다. 국자위는 지난 38년간 국유기업 발전 및 국유자본 관리·감독 방식 변화에 따라 변모해왔다.

국자위의 전신이라고 할 수 있는 국유자산관리국은 1978년 제11기 3중전회의 국유기업 및 국유자산 관리·감독 방침에 관한 논의를 토대로 하여 1988년에 설립되었다. 재정부 소속의 국유자산관리국은 최초의 전문적인 국유자산관리기관으로 10년간 국유자산 관리·감독권을 가지고 국유자산에 관한 모든 권한을 행사하였다. 이 기관은 1998년 정부기구 개혁에서 폐지된 9개 중앙부처 산하의 국유기업을 관리하기 위해 중앙기업위원회로 변모하였다. 폐지된 9개 중앙부처 산하 국유기업에 대한 경영진인사권 및 각종 권한을 이양 받아 약 1년간 중앙기업공작위원회가 설립될 때까지 운영되었다. 중앙기업공작위원회는 현재의 국자위와 가장 흡사한 기관으로 국자위가 출범할 수 있는 기반이 되었다.

이러한 국유기업 운영에 대한 변화와는 별개로 중국정부는 1990년대 후반부터 지속되던 국퇴민진(國退民進)정책이라는 민영화 과정을 거쳤다. 민영화의 배경에는 경제적 비효율성, 정부의 재정적 부담, 정치적 부패, 건전한 경제체제에 대한 침해, 강한 이익집단의 형성 등이 있었다. 하지만 그 과정에서 부패현상이 증가하고 국유자산 유실과 대량해고가 발생함에 따라 2004년 이후 국진민퇴(國進民退)정책이라는 재국유화를 추진하였다. 하지만 이로 인해 민간투자가 지나치게 위축되는 부작용을 낳기도 했다. 그뿐만 아니라 정부의 지원과 보호조치로 인해 국유기업의 관리능력이 약해지고 기업지배구조 개혁에 장애를 발생시키기도 했다.

또한 대형 국유기업에 대한 정부지원은 민영기업들에게는 경쟁압박으로 작용해 민영기업들의 발전에 불리하게 작용했다. 국유기업은 총 공업 자산의 50% 이상을 차지하고 있지만, 총 이윤, 총 공업 생산액, 일자리 창출에서는 민영기업과 별반 차이가 없다. 국진민퇴정책은 민간부문의 수출 부진으로 이어졌으며, 민간기업이 전체 수출의 절반 이상을 담당하고 있는 상황에서 그 효용성의 제고가 요구되고 있는 실정이다.

민영화 과정을 좀 더 상세하게 살펴보면 다음과 같다. 1978년 개혁·개방 이전 중국은 중앙집권적 계획경제하에 국유기업을 직접 통제하였다. 국유기업의 생산 목표치는 물론 투자, 판매 및 가격 결정,

인사권에 이르기까지 모든 경영에 대한 결정권이 없었으며, 모든 이윤은 국가로 귀속되었다. 이와 같은 경영자율권의 부재와 아울러 인적사제도의 경직성 및 연성예산제약의 폐단으로 인해 국유기업의 효율성이 크게 떨어진 가운데 문화대혁명기를 거치면서 경제 및 사회 불안이 가중되었다. 이러한 상황을 타개하기 위해 1978년 개혁·개방을 계기로 중국정부는 국민경제 회복, 사회안정을 위해 국유기업 개혁을 중요한 선결과제의 하나로 인식하기 시작하였다. 또한 국유기업에 대한 중앙집권적 단일관리체제와 지령성계획은 국유기업의 성장동력과 경쟁력을 떨어뜨리는 최대 걸림돌로 지적됨에 따라 국유기업 개혁의 필요성이 강하게 제기되었다.

이에 따라 개혁·개방 직후부터 1980년대 국유기업 개혁의 첫 단추는 국유기업에 대한 국가의 통제력을 완화하고 일정 부분 자율권을 부여하는 데서부터 출발하였다. 이러한 개혁에 의해 국유기업의 효율성이 어느 정도 개선되기도 하였으나 1990년 초반까지도 국유기업의 수익성은 크게 개선되지 않았다. 개혁·개방 이후 민영기업과 외자기업의 성장으로 인한 경쟁력 약화, 과잉투자에 따른 공급초과 등 경영환경의 악화로 국유기업의 수익성은 악화되었다. 특히 1997년에는 중대형 2만 2,000개의 국유기업 가운데 6,599개가 손실을 기록하고 있었다. 이에 1990년대 중반 이후 중국은 경제 여러 부문에 걸쳐 이루어지는 시장경제 개혁방향에 부합 하고 효율성을 향상시키는 데에 국유기업 개혁의 중점을 두었다. 이러한 배경에서 기업의 자율성을 높이고 민간의 역할을 높이는 다음과 같은 수단이 사용되었다.

1) 매각 방식

이 방법은 주로 국유기업의 양도에 사용되어 정부가 철퇴하는 방법의 하나이다. 이 방법에 의한 양도의 대상에는 경쟁성 산업에 있어서의 국유기업과 부분적인 공용 사업이 포함된다. 이 방식의 과정으로는 양도에 대해서는 주로 민법 등 사법상의 방법이 채용되고 있지만, 공법적인 관점에서는 주로 국유자산의 유실, 정리해고 후의 사회 보장의 문제 등이 문제된다. 특히, 국유자산의 유실에 대해서는 기업국유자산법(企業国有资产法) 제5장 국유자산의 출자자 권익의 중대 사항에 관하여(关系国有资产出资人权益的重大事项) 제5절 국유자산의 양도(国有资产转让)에 관한 규정이 참조된다.

2) 특허 경영 방식

특허 경영의 방법은 처음에 외자 도입을 위해서 채용된 강제적·비자주적인 방법이었다. 중국의 특허 경영은 건설, 운영, 양도라고 하는 당초의 패턴으로부터, 자산을 가지는 양도 특허, 운영 특허라고 하는 패턴에 변화해 왔다. 또한 개발을 위해서 자금의 도입을 목적으로 하고, 전체를 특허로 부여된 민간기업에 양도할 수도 있다.

3) 청부제 도입 방식

계약의 형식에서 청부제를 도입하는 방법도 있다. 이러한 방법은 최초의 단계에서 국유기업 개혁의 방법으로 채용된 것으로 기업을 개인에게 하도급을 받게 함으로써 경영자의 책임감을 강하게 하고자 하는 목적으로 이용되었다. 하지만, 실제의 상황을 보면, 이 방법은 국유자산의 유실을 가져올 우려가 있어, 전 인민 소유였던 것이 마지막에는 개인의 자산이 되는 결과를 초래하였다. 이로 인하여 이 방법에 대해서는 공공서비스의 분야에 이용되는 사례가 많다.

4) 행정 조수 방식

행정 조수(助手) 방식이란 행정 기관이 간섭 행정의 일부 사무를 개인에게 위탁하여, 개인이 실제 사무를 실시하는 방식을 말한다. 행정 기관이 감독의 역할을 수행하지만, 개인이 실시의 부분을 담당하기 때문에, 그 행정상의 결정 등에 대해서는 개인을 간섭할 수 없다. 모든 행정의 결정은 행정 기관의 명의로 이루어진다. 중국에 있어서는 대집행은 전형적인 행정조수의 형태로 행하여지고 있다.

5) 전문가 참여 방식

전문가의 참여 방식은 중국의 민영화 개혁의 과정에서 많이 채용되었다. 실질적으로 행정 조수와 공통되는 부분이 많아, 양쪽 모두 개인의 보조적 지위를 차지하여 행정 결정에 직접적으로 참여하지 않고 결정의 내용의 실시만 한다. 다만, 전문화의 참여는 입법 또는 정책에 잘 이용되는 수단이며, 상대적으로 정당성의 수준이 높다고 볼 수 있다.

6) 행정 위탁 방식

행정 위탁 방식이란 단순히 공권력의 위탁을 하는 방식으로, 특수한 민영화의 한 형태이다. 위탁에는 법률, 법규 등의 근거가 반드시 필요하다. 예를 들면, 행정처벌법(中华人民共和国行政处罚法) 제18조에 정해진 처벌의 집행 위탁을 들 수 있다. 중국에서는 행정 사무의 위탁은 주로 기술 검사의 위탁과 기술 감정의 위탁에 대하여 행하여지고 있다.

개별 민영화 방식과는 별개로 국유기업을 개혁하고 국유자산 전문 관리기구의 설립을 위해서는 현재 국유기업에 전반적인 경영, 관리, 감독을 통제하고 있는 국자위 개혁은 필연적이다. 따라서 국자위 개혁은 국유자본투자 전문기구 설립을 통한 소유권과 경영권의 분리, 국유기업 자산의 자본화를 중점으로 진행될 것으로 예상된다. 현재까지 국자위는 실물형태의 '국유기업'을 대상으로 경영진 임면권을 가지고 경영에 관여하는 동시에 매출 및 수익을 관리·감독하여 소유권과 경영권을 모두 행사하였다. 국자위가 모든 통제력을 행사하는 상황에서 국유기업 경영진의 능동적인 기업경영을 통한 자산가치 증대는 기대하기 어려웠다. 따라서 국유부문의 효율성 제고를 위해 중국은 인사권 관리 위주의 국자위 체제를 자본운영관리체제로 전환하고자 하는 개혁을 모색하고 있다.

향후 국자위는 소유권과 경영권 분리, 유동적인 자본 확보를 위해 국유자산 위탁 대리인 체제를 정립하여 국유자본 투자 전문기구의 국유기업경영 또는 주주제도 형식으로 개혁해나갈 전망이다. 이에 따라 국유기업의 소유권과 경영권이 분리되어 국유기업은 능동적으로 경영방침을 결정할 수 있으며 손익에 대한 모든 책임을 지게 된다. 이를 위해 '국유자본운영공사(state-owned capital operating company)'와 '국유자본투자공사(state- owned investment company)'의 설립을 하였으며, 정부의 심의과정을거쳐, 향후 이 두 기관을 이용하여 국영기업의 손익을 안정화하는 구체적인 정책이 수립될 것으로 전망된다. 이에 '국유자본운영공사'는 중앙 및 지방 정부의 출자로 설립되었으며, 싱가포르 테마섹과 유사한 지주회사형태로 국자위를 대신하여 국유자본 운영의 관리를 담당하게 된다. 적정한 조건에 부합하는 국유기업은 국유자본투자공사의 형태로 전환하여 국가 주도가 아닌 국유기업이 직접 자금을 조달(자산매각 및 기업 구조조정)하고 자율적으로 투자를 결정하는 역할을 수행할 것으로 예상된다.

　이상에서 살펴본 바와 같이 중국은 국유기업의 폐단을 해소하기 위해 개혁·개방 이후 본격적인 국유기업 개혁을 지속적으로 추진하였다. 이러한 국유기업 개혁과정은 크게 1단계(1978~92년), 2단계(1993~2002년), 3단계(2003~12년), 4단계(2013년 이후)로 나누어 볼 수 있다. 단계별 국유기업 개혁방향의 중점을 경영자율권 및 이윤 추구, 현대적 기업제도 수립, 국유자산 및 기업 관리·감독, 혼합소유제 발전 적극 추진에 두었다. 이러한 개혁과정을 거쳐 현재 국유기업 수는 크게 줄어들었으나, 전체 공업기업의 영업수입 및 이윤에서 차지하는 비중은 민영기업에 비해 낮은 것으로 나타나 국유기업의 경영 효율성은 크게 개선되지 않은 것으로 파악된다.

　2013년 양회를 통해 공식 출범한 중국 신지도부는 경제정책의 방향을 경제발전방식의 전환 및 경제 구조조정 가속화에 두고 있으며, 금융 개혁, 재정·조세 개혁, 토지 개혁, 대외 개방과 함께 국유기업 개혁을 주요 개혁과제에 포함시키고 있다. 이처럼 중국정부가 국유기업 개혁을 적극 추진하려는 배경에는 달라진 대내외 환경에 대응하기 위한 의도가 있는 것으로 풀이된다. 대외적으로 글로벌 금융위기 이후 세계경제가 저성장기조의 '뉴노멀(new normal)'에 진입하였으며 중국경제도 2012년 이후 7%대 성장의 시대에 접어들었다. 또한 노동력, 토지 등 생산요소의 양적 투입에 의존한 불균형적 성장방식에 의해 대내적으로 에너지부족과 환경오염, 지역 및 계층 간 발전격차 등의 문제점이 노출되었다. 이와 같은 환경 변화 속에 중국경제가 과거와 같은 방식으로는 더 이상 10%대의 성장률을 지속하는 데는 한계가 따른다. 이 같은 인식을 기반에 두고 중국 신정부는 새로운 성장동력 창출 및 지속가능한 성장기반 구축을 위해 국유기업 개혁을 포함한 경제구조 개혁을 강력히 추진하는 것으로 판단된다.

　　중국 신정부는 제18기 3중전회와 2015년 양회에서 국유기업 개혁 방안을 제시하였다. 이를 통해서 볼 때 중국 국유기업 개혁 추진의 중점방향을 한마디로 요약하면 혼합소유제의 적극적인 추진이라고 할 수 있다. 국유자본, 집체자본, (민간)비공유자본의 교차지분 보유를 통한 혼합소유제를 발전시켜 국가자본과 민간자본의 상호 투자를 활성화하겠다는 것이다. 그러나 중국 신정부가 추진하고자 하는 혼합소유제는 국유기업의 전면적인 민영화를 의미하는 것이 아니라는 점에 유의할 필요가 있다. 즉 독자적인 국유자본은 아니나 일정 제한된 범위에서만 민간자본 투자를 허용하는 형태로 국유기업 발전을 도모함으로써 결과적으로 자본력이 우세한 국유기업 중심의 공유제를 더욱 공고히 하는 조치라고 할 수 있다.

　　이는 중국 신지도부가 제18기 3중전회에서 '공유제가 제반소유제 공동발전의 기본이며 중국 특색의 사회주의제도의 근본'임을 천명한 데서 분명히 드러난다. 따라서 향후 중국 국유기업의 개혁은 오히려 대대적인 민영화를 적절히 제한하면서 국유부문의 효율성 및 국제경쟁력 제고에 중점을 둘 가능성이 크다. 지금까지 혼합소유제 중심의 중국 국유기업 개혁에 관한 구체적인 방침이나 실행계획이 제시되지 않아 실제 혼합소유제 추진의 시행 여부 및 정도는 불투명한 상태에 있다. 이는 중국 신지도부가 신중하고 점진적인 방식에 의해 국유기업 개혁을 추진하겠다는 의도에서 비롯된 것으로 보인다. 따라서 중국은 전면적인 국유기업 개혁조치 단행에 우선하여 여러 가지 시범방안과 지방정부 차원의 개혁을 시도해보는 데 초점을 맞출 전망이다.

　　2013년 양회를 통해 공식 출범한 시진핑 정부는 경제발전방식의 전환을 통한 지속 가능한 성장토대를 구축하기 위해 경제 전반에 걸친 개혁에 정책의 초점을 두고 있다. 이러한 인식하에 2013년 11월 개최된 제18기 3중전회와 2014년 양회에서 개혁의 전면적인 심화를 목표로 전면적인 중장기 개혁방향을 제시하였다. 2013년 제18기 3중전회에서 청사진을 제시했다면 2014년 양회에서는 더욱 구체적인 경제개혁정책들이 발표되었다. 2014년 전인대 업무보고를 살펴보면, 그 핵심은 '안정 속 개혁 추진'으로 안정적인 성장이라는 기본전제에서 개혁을 추진하겠다는 것이다. 즉 안정적인 성장이라는 틀 안에서 개혁을 추진하겠다는 의지이며, 여전히 개혁보다는 안정이 더 중요한 개념이다.

국유기업 개혁 역시 이와 같은 맥락에서 이해할 수 있다. 최근의 국유기업 개혁이 과거와는 확연하게 다른 강도 높은 개혁안이라기보다는 과거에 있던 정책이나 개념들을 재해석한 것에 불과하다. 여러 단계에 걸친 국유기업 개혁에도 불구하고 비효율성 등의 많은 문제점들과 모순들을 드러냈다. 현재 중국 신정부가 추진하고자 하는 국유기업의 개혁방향은 이러한 문제점에서 출발했으며, 그 핵심은 국유부문의 효율성 제고에 있다. 중국정부는 실질적으로 국유기업의 축소나 민영화를 뜻하기보다는 국유부문의 안정과 효율성 제고가 가장 큰 목표인 것이다. 이러한 국유기업 효율성 개선을 위해 중국정부가 내세우고 있는 방안이 바로 혼합소유제를 적극적으로 추진하고 국자위의 국유기업 지배구조를 '기업관리'에서 '자본 운영 관리'로 전환하겠다는 것이다.

중국의 국유기업의 경우 외국 국유기업의 민영화 방식과 많이 다르다. 중국의 국유대기업은 직접적으로 특정 개인이나 기업에 매각하는 방식을 채택하지 않았다. 이러한 점진적인 민영화 방식은 기업의 독립성을 보장하고 국유기업의 수익성을 향상시키는데는 한계가 있었다고 볼 수 있다.

4. 러시아 붕괴형 민영화와 바우처

러시아는 구소련 지역의 주도적 국가이며, 소련의 해체와 함께 급격한 환경변화를 맞이하였다. 소련의 해체 이후 국영기업의 사유화가 이뤄졌으며, 그 과정에서 다수의 '올리가르히(Oligarch)'라고 불리는 부호들이 대두하였다. 하지만 그러한 과정 이후에도 국가가 통제하는 산업체의 규모는 작지 않다.

소련이 해체됨에 따라 러시아를 비롯한 소속 국가들의 사회·경제적 변화가 급속하게 진행되었다. 특히 경제 제도의 경우 정부가 계획·소유·운영하던 사회주의 체제에서 개인의 소유와 운영을 바탕으로 한 시장주의로 급격한 변화가 발생하였다. 이러한 변화는 국가 재산의 대규모 불하를 동반하였으며, 대규모 민영화(Mass privatization)은 산업체 측면의 체제 변화의 산물로 볼 수 있으며, 이러한 측면은 통일 이후 북한 지역의 주민들이 직면할 상황과 유사하다고 볼 수 있다.

러시아의 경우 대규모 민영화에 있어 산업체의 기존 관리자와 근로자가 해당 산업체를 인수하거나, 현금을 바탕으로 한 경매를 토하는 방식 등이 활용되었다.[10] 특히 기존 관리자와 근로자가 해당 산업체를 인수하는 경우에도 바우처(Voucher)의 활용이 가능하였으며, 이에 따라 당시의 민영화를 바우처 민영화로 칭하는 경우도 있다.

러시아가 민영화에 있어 바우처를 활용한 것은 해당 민영화가 단

10　Hare, Paul, and Alexander, Muravyev, "17 Privatization in Russia," in Parker, David, and David S. Saal, eds. *International handbook on privatization*(Edward Elgar Publishing, 2003).

순히 경제적 유인에 의해서만 진행된 것은 아니라는 점 역시 주요 원인으로 작용하였다. 체제 변동은 단순히 사회 시스템의 도입만으로 끝나는 것이 아니라 해당 시스템을 적용할 수 있는 사회적 환경과 도입 이후의 적응을 필요로 한다. 이러한 맥락에서 바우처를 이용한 민영화는 체제 변동에 있어 경제적 차원의 문제를 해결하기 위한 수단으로 볼 수 있다.[11]

구체적으로 러시아의 민영화 정책은 1992년 중반 도입되었으며, 해당 정책은 산업체들을 규모에 따라 세 가지 종류로 분류하였다. 먼저 소규모 산업체의 경우 경쟁 입찰을 활용하였으며, 대규모 산업체의 경우 우선 합자회사로의 전환 후 민영화를 진행하는 방식이 추진되었으며, 중견 산업체의 경우 양자 모두를 활용하는 것을 기본으로 하였다.

중견 규모 이상의 산업체에 적용된 바우처 민영화의 경우 러시아 정부가 10,000 루블을 액면가로 하는 1억 5만매의 바우처를 25 루블의 가격으로 국민들에게 분배하는 것으로 시작되었다. 해당 바우처는 정부 소유 산업체의 바우처 경매에 활용되었다. 또한, 개인은 바우처를 판매기도 하였으며, 해당 바우처를 자산으로 한 펀드에 투자하기도 하였다.

바우처를 바탕으로 한 대규모 민영화와 함께 당시의 산업체의 관리자와 근로자를 대상으로 하여 해당 산업체의 지분을 불하하는 방식

---

11 Anatoly Chubais, *Head of the State Committee for the Management of State Property*(1994); Hare, Paul, and Alexander, Muravyev, "17 Privatization in Russia," in Parker, David, and David S. Saal, eds. *International handbook on privatization*(2003).

역시 병행되었다. 당시 지분 불하는 세 가지 선택지 중에서 당사자들이 투표로 선택하였다. 첫 번째 선택지는 대상자들에게 총 25%의 지분을 불하하고, 추가적으로 투표를 통해 10%의 지분을 1992년 1월 기준 가격의 70% 가격으로 매입할 수 있게 하였다. 이때 고위 간부들에게는 추가적으로 5%의 지분을 매입할 수 있게 하였다. 두 번째 선택지는 관리자와 근로자들이 1992년 1월 기준 1.7배에 해당하는 가격을 지불하고 최대 51%의 지분을 획득하는 방식이었다. 마지막으로 해당 산업체의 민영화를 관리하고 파산의 책임을 지는 그룹이 최대 30%의 지분을 인수하고, 추가적으로 20%의 지분을 관리자나 근로자가 30% 할인된 가격으로 인수할 수 있게 하는 방식이었다.[12]

이중 산업체의 관리자들은 해당 산업체의 지배권을 확보할 수 있는 두 번째 방식을 선호한 것으로 생각된다. 이들은 해당 방식을 채택하도록 지속적으로 의회를 통해 압력을 행사하였다.[13] 표면적으로는 할인을 제공하는 다른 두 방식에 비해 충분한 지분을 확보할 수 있으나 부가적인 가격의 부담이 두 번째 방식의 단점으로 작용했을 것으로 보인다. 하지만 당시 러시아는 IMF 자료를 기준으로 했을 때 1993년 870%, 1994년 307% 1995년 197% 이상의 인플레이션을 경험하였으며, 이후에도 2000년까지 15~85% 수준의 수치를 보였다. 이러

---

12 Rapaczynski, Andrzej and John S. Earle, *The privatization process in Russia, Ukraine and the Baltic States: economic environment, legal and ownership structure, institutions for state regulation, overview of privatization programs, initial transformation of enterprises*(Central European University Press, 1993), pp. 55~57.

13 Åslund, Anders, *How Russia Became a Market Economy*(Washington, DC: The Brookings Institution, 1995).

한 가파른 화폐가치의 하락은 1992년 장부가격을 기준으로 한 민영화에 드는 실질적인 비용을 하락시켰으며, 결국 무상 불하와 다를 바 없는 수준에서 민영화가 진행되었다. 결과적으로 가격할인은 유용한 유인구조로 작용하지 않았을 것으로 생각된다.

해당 시기의 민영화는 수량적 측면에서 매우 성공적으로 이뤄졌다. OECD에 따르면 1994년 현재 100,000의 산업체가 민영화를 완료하였다. 소규모 산업체의 대부분과 중견 이상 산업체의 60% 이상에 해당하는 15,000여의 산업체가 민영화를 완료하였거나, 기업화 되었다. 이중 70% 이상의 산업체가 기준 가격의 1.7배로 최대 51%까지 지분을 구매할 수 있는 선택을 했다.[14]

하지만 급격한 화폐 가치의 하락을 경험한 당시의 상황을 고려할 때 러시아의 민영화는 해당 산업체를 인수하는 당사자에게 매우 낮은 수준의 경제적 부담을 부과하였던 것으로 생각된다. 따라서 이 경우 상대적으로 의사결정의 중심에 있었으며, 정책적으로도 추가적인 선택지를 보유한 체제변화 이전의 관리자 계층 이상에게 민영화의 이익이 집중되었을 것으로 생각된다.

또한 러시아의 기업 민영화의 효과성에 대한 문제 역시 제기되었다. 정부에서 민간으로의 소유권 이전이라는 측면에서 초기 러시아의 민영화는 분명 성과를 거두었다. 하지만 민영화가 단순이 소유권의 이전을 꾀하는데 그치는 것이 아니라 기업과 국가 경제의 경쟁력 확보라는 궁극적인 목표 역시 달성할 필요가 있다. 하지만 초기 러시아

14　Hare, Paul, and Alexander, Muravyev, "17 Privatization in Russia," in Parker, David, and David S. Saal, eds. *International handbook on privatization*(2003)

의 급격한 민영화에도 불구하고 소유권 이외의 기업 성과 및 산업 구조적 측면에서의 변화는 크지 않은 것으로 평가된다.[15] 이러한 한계는 비록 소유권은 전화되었으나, 사회 구성원들의 시장과 민간기업에 대한 인식이 부족하였기에 발생하였다. 이러한 인식 부족은 체제 전환 이전의 정부 소유 자산의 효율적 활용에 대한 동기의 부재가 민영화 이후에도 유지되는 현상을 초래하였을 것으로 생각된다.

이러한 결과적 한계에도 불구하고 러시아 민영화는 소유권을 확립하고, 그 과정에서 개별 시민들에게 소유권의 일부를 이양하여 개인적 수준에서 자본을 형성할 수 있는 기회를 제공하는 시도를 하였다는 측면에서 의의가 있다. 특히 러시아의 경우 구소련의 해체와 함께 극심한 경제 체제의 변화를 겪었으며, 그 과정은 통일 이후에 북한 주민들이 직면할 현실과 상대적으로 가깝다고 볼 수 있다. 이러한 측면에서 당시 러시아가 추진한 정책들은 주민들과 국유재산을 공유하는 동시에, 본인들에게 친숙한 종사중인 산업체에 대한 소유권을 분배하여 국가 수준에서는 산업체의 시장화를 사회적 측면에서는 개인 수준의 기초적인 자본을 형성할 수 있는 계기를 제공하려는 시도를 하였다는 측면에서 의의가 있다.

러시아는 바우처 민영화를 비롯한 초기 대규모 민영화 이후에도 지속적으로 민영화 정책을 실시하였다. 하지만 이들 민영화의 경우 개별 산업체의 효율성을 확보하기 위한 노력이 아닌 당시 러시아 정부의 부채를 충당하기 위한 목적으로 진행되었으며 기업 매각 이익을 극대화하는데 초점을 맞췄다. 'Loans-for-Shares'라고 불리는 1995

15　Broadman, H. G., "Comments on ownership and control of Russian industry," *The World Bank-June*, (1999).

년 진행된 이 민영화는 정부가 대규모 국영기업의 지분을 담보로 하여 가장 높은 대출금을 제시하는 상업은행의 자본을 차입하고, 은행은 2년 후에 해당 지분을 매각하여 얻은 수입의 3분의 1을 가지거나 지분에 따른 주주의 권한을 행사하는 방식으로 추진되었다. 당시 러시아의 경제상황과 정부의 재정 상태를 고려할 때 해당 계약은 실질적으로 정부 소유의 지분을 넘기는 계약과 다를 바 없었다고 생각된다. 그러한 맥락에서 경매를 통해 진행된 해당 계약은 정부에 대부할 수 있는 규모의 자금을 보유한 매우 소수만을 대상으로 한 제한적인 정책으로 볼 수 있으며, 낮은 수준의 경쟁과 당시 정부의 위급한 재정 상태를 생각했을 때 인수자에게 매우 유리한 형태의 계약으로 귀결된 것은 당연한 결과일 것이다. 결과적으로 해당 계약은 이전의 대규모 민영화 등을 통하여 자본을 축적한 러시아 신흥 부호들에게 있어 더 높은 수준의 부를 축적하는 수단이 되었으며, 일부 국민과 국회의원들에 의한 저항에 있었다.[16]

이후의 민영화는 원칙적으로 개별 민영화 대상에 대한 최적 수단을 모색하는 'Case-by-Case' 방식을 채택하였다.[17] 해당 방식은 전문가에 의해 대상 기업과 잠재적 투자자들이 연결되는 형태이며, 투명성과 경쟁을 기반으로 한다. 하지만 이후 러시아의 민영화 목적이 정부의 재정 충당 등이 아닌 표면적인 발표와 같이 투명성과 경쟁력의 향상인지에 대해서는 의문의 여지가 있다.

---

16 Hare, Paul, and Alexander, Muravyev, "17 Privatization in Russia.", in Parker, David, and David S. Saal, eds., *International handbook on privatization*(2003).

17 Broadman, H. G., "Comments on ownership and control of Russian industry," *The World Bank-June*(1999), p. 2

III. 결론

각국은 민영화를 진행함에 있어 일정부분 성과를 거둔 것으로 생각된다. 특히 급격한 체제의 전환을 겪은 독일과 러시아의 경우 소유권의 전환이라는 측면에서는 분명한 성과를 거두었다. 다만 개별 국가 모두 사전에 예상하지 못한 어려움이나 부작용이 역시 발생하였다. 이는 민영화를 추진하는 당국이 체제의 변화라는 사회적인 변화를 충분히 고려하지 않고, 빠른 산업체의 소유권의 변동 측면에서 안일하게 접근한 결과로 생각된다. 결과적으로 러시아와 같이 다시 관리자계층에 의해 민영화 이익이 독점되거나, 독일의 경우와 같이 기존에 예상했던 비용을 초과하는 비용을 지출하거나, 중국과 같이 민영화와 국유화를 반복하는 등의 결과가 나타날 수 있다.

흥미로운 점은 각국의 민영화가 상이하다는 점이다. 물론 개별 국가가 처했던 환경을 고려하여 대상 국가를 선정하였으나, 이를 고려하더라도 체제 전환기의 민영화 정책의 추진에 있어 고려해야할 사항이 매우 많은 것으로 생각된다. 특히 상대적으로 경제적 격차가 적고, 사전의 교류가 있었던 독일 역시 통일 이후 사회적 혼란이 있었고, 민영화에 대한 비판이 존재하였다. 이를 생각할 때 북한의 경우 그 이상의 혼란과 어려움이 있을 것으로 예상된다. 구체적으로 다음과 같은 측면에 관심을 가질 필요가 있을 것으로 생각된다.

첫째, 대규모 민영화에 앞서 적합한 민영화 추진을 위한 거버넌스 구조에 대한 검토가 필요하다. 한국을 포함한 모든 국가들은 민영화 이익의 불균등한 분배라는 문제를 경험하였다. 한국의 경우 일부 대규모 산업체의 민영화에 있어 특정 기업들에게 특혜가 있었다는 비판이 있었다. 독일의 경우 잠재적인 수익성과 안정성이 높은 대규모 SOC 기업의 경우 비슷한 산업의 서독 기업에 인수되어 독점을 심화시키는 결과를 낳기도 했다. 러시아와 중국의 경우 이미 정치권력에 가까운 집단에 의해 민영화 이익이 독점되는 형태로 결과가 나타나기도 했다. 따라서 민영화의 이익 독점을 견제하기 위한 거버넌스의 설계가 필요할 것으로 생각된다.

특히 독일의 신탁관리청 사례를 적합한 거버넌스 설계의 중요성을 보여주고 있다. 신탁관리청의 경우 동독지역의 자산에 대한 광범위한 권한을 가지고 있었으며, 그 결과 초기 계획되었던 이상의 조직 규모와 권력을 가지게 된 것으로 판단된다. 독일 연방정부는 광범위한 민영화에 있어 세부적인 사항을 통제하기보다 신탁관리청에 권한을 주었으며, 간접적 통제를 꾀하였다. 결과적으로 신탁관리청은 동독지역 자산에 대한 강한 권한을 가지게 되었으며, 해당 지역의 주 정부들뿐만 아니라 기존 서독 지역의 주 정부들 역시 신탁관리청의 배타적인 권한은 견제하였던 것으로 생각된다. 결과적으로 신탁관리청은 대규모 민영화에는 성공하였으나, 아울러 2,700억 DM 수준의 막대한 부채를 남겼다. 더하여, 신탁관리청의 내부적 기조에 의하여 더 효율적인 외국기업 보다 서독 기업을 우선하여 협상하는 행태를 보였다. 이러한 실책은 상호 견제가 가능하고 투명하고 상호 견제가 가능한 거버넌스 구조에 의해 어느 정도 극복될 수 있을 것으로 생각된다.

둘째, 대규모 민영화에 있어 경제적 효율성은 중요한 요건이나 절대적인 요건이 아닐 수 있다. 민영화를 평가하는데 있어 경제적 효율성은 가장 먼저 제시되는 요건이다. 여기에 더하여 기회의 균등에 입각한 부당한 거래가 없을 경우 민영화는 전반적으로 긍정적인 평가를 받을 수 있다. 하지만 체제 변환기에 있어 대규모 민영화는 이들과는 별개로 추가적인 목적을 달성할 필요가 있다.

먼저 대상 지역의 자본의 형성을 고려할 필요가 있다. 북한 역시 그렇듯이 급격한 체제변화를 겪는 지역의 경우 개인에 의한 자본이 충분히 형성되지 않은 것이 보편적이다. 따라서 해당 지역 거주민의 경우 체제변화로 인하여 빈곤층으로 떨어질 가능성이 높다. 통일 이후 동독 주민들의 불만이나 체제전환 직후 러시아 국민들의 경제적 어려움 역시 같은 맥락에서 이해할 수 있을 것이다. 해당 지역의 주민들의 시장경제에 대한 이해와 함께 자본의 형성을 통하여 경제적 지위를 구축할 수 있는 충분한 기회를 제공할 필요가 있다. 민영화 역시 이러한 목적을 포함하여 추진될 필요가 있을 것이다. 비록 급격한 화폐가치의 하락에 의하여 그 효과성에는 의문이 있으나 러시아의 바우처 민영화는 이러한 목적을 담고 있다고 볼 수 있다.

더하여 해당 지역의 경제 구조의 변화와 경제적 안전망이 동시에 추구될 필요가 있다. 대규모 민영화는 소수의 산업체를 대상으로 진행되는 일반적인 민영화에 비해 사회 전반에 미치는 영향이 크다. 특히 대상지역의 대부분 산업을 대상으로 한다는 점에서 해당 지역의 고용 및 경제에 미치는 영향이 막대하다고 볼 수 있다. 예를 들어 북한지역의 산업 전반이 무너짐에 따라 고용환경이 급격히 나빠지는 경우를 가정할 경우 해당 지역 주민들의 선택은 결국 통일 이전의 남한지역, 특히 수도권을 비롯한 도시지역으로 이주하는 것으로 귀결될 수 있다. 이는 단순히 고용문제를 넘어 도시 빈민층의 확대, 치안의 악화, 도시환경의 저하 등으로 인한 문제를 발생시킬 수 있다. 이러한 맥락에서 비록 완벽하지는 않았으나 독일 신탁관리청은 매각 대상자 선정에 있어 고용유지 등의 항목 역시 같이 고려하였다.

셋째, 민영화의 속도에 대한 검토가 필요하다. 독일과 러시아의 예에서 알 수 있듯이 급격한 체제전환에 의한 민영화는 일반적으로 단시간 내에 소유권의 이전을 바탕으로 하는 경우가 보편적이다. 하지만 러시아의 예에서 알 수 있듯이 소유권을 전환한다고 하여 바로 산업의 구조와 산업체의 효율성이 개편되는 것은 아니다. 오히려 민간으로의 소유권 이전에도 불구하고 시장 기업에 대한 구성원들의 낮은 이해로 인하여 상당기간 동안 기존의 구조가 유지될 수 있다. 그에 반해 단기간에 소유권 이전을 목표로 추진하는 대규모 민영화가 초래할 수 있는 러시아의 민영화 이익의 독점, 독일의 서독 기업에 의한 동독 기업의 예속 등의 부작용은 이미 국가들의 사례에서 다루었다. 따라서 체제전환 이후에도 적절한 수준에서의 민영화 속도가 조절을 고려할 필요가 있다.

체제전환기에 있어 각국은 민영화의 이익을 극대화하고, 빠른 전환과 부작용의 최소화를 위한 민영화 정책을 추진하기 위해 노력한 것으로 생각된다. 하지만 그러한 노력에도 불구하고 대규모 민영화는 항상 예상하지 못한 부작용을 동반하고 있다. 이러한 부작용은 대규모 민영화가 가지는 경제적 여파에 따라 사회·경제 전반에 대한 문제로 확장된다. 소규모 민영화를 추진하는데 있어서도 항상 부작용이 동반된다는 점을 생각할 때 대규모 민영화에 있어 이러한 부작용을 완전히 제거하는 것은 사실상 불가능하다고 볼 수 있다. 하지만 부작용을 최소화할 수 있는 노력을 통해 통일 이후 경제 발전과 더불어 좀 더 빠르게 사회 안정과 통합을 이룩할 수 있을 것으로 기대한다.

::참고문헌

김영탁.『독일 통일과 동독 재건 과정』. 한울아카데미, 1997.

김준기.『공기업정책론』. 서울: 문우사, 2014.

강민·조동성·안세연. "공기업 민영화와 기업 지배구조."*Korea Business Review.* 13. no. 1(2009), pp. 135~165.

박광작. "범세계화의 진전과 한국적 시장경제체제의 모색/연구논문: 미군정과 한국정부의 귀속재산 민영화정책에 대한 일 평가: 체제전환 경제의 민영화정책과의 비교적 관점."『비교경제연구』, 제6권(1998). pp. 249~287.

Åslund, Anders. *How Russia Became a Market Economy.* Washington, DC: The Brookings Institution, 1995.

Hare, Paul, and Alexander, Muravyev. "17 Privatization in Russia.", in Parker, David, and David S. Saal, eds. *International handbook on privatization.* Edward Elgar Publishing, 2003.

Rapaczynski, Andrzej, and John S. Earle. *The privatization process in Russia, Ukraine and the Baltic States: economic environment, legal and ownership structure, institutions for state regulation, overview of privatization programs, initial transformation of enterprises.* Central European University Press, 1993.

Broadman, H. G. "Comments on ownership and control of Russian industry." *The World Bank-June,* 1999.

Feigenbaum, Harvey B., and Jeffrey R. Henig. "The political underpinnings of privatization: A typology." *World Politics*. 46 no. 2(1994), pp. 185~208.

Jeffrey D. Sachs. "Privatizing Russia." *Brookings Papers on Economic Activity*. no. 2. 1993, pp. 139~192.

Sachs, Jeffrey D. "Privatization in Russia: some lessons from Eastern Europe." *The American Economic Review*. 82 no. 2. (1992), pp. 43~48.

Brüucker, Herbert. P*rivatisierung in Ostdeutschland. Eine institutionen-öokonomische Analyse*. Frankfurt am Main/ New York, 1995.

Czada, Roland. *Vom Plan zum Markt. Die radikale Massenprivatisierung der Treuhandanstalt*. Fernuniversitäat Hagen. 1997. erschienen in: Heyen, Erk Volkmar(Hrsg.): ÖOffentliche Verwaltung und Wirtschaftskrise, Baden-Baden(1995), pp. 307~324.

Dierk, Günther. "Das schematisierte Verfahren bei der Privatisierung des Handels." Treuhandanstalt ua. Hrsg., 1992, Privatisieren. Miteinander in die Soziale Marktwirtschaft, Köln. 1992, pp. 92~95..

Fischer, Wolfram / Schröoter, Harm: Die Entstehung der Treuhandanstalt, in: Fischer, Wolfram / Hax, Herbert / Schneider, Hans-Karl(Hrsg.): Treuhandanstalt. Das Unmöogliche wagen. Berlin, 1993, nachgedruckt in: Treuhandanstalt(Hrsg.): Treuhandanstalt 1990-1994, Bd. 14, Berlin. 1994, S. 515 ff., hier: S. pp. 17~40.

Freese, Christopher: Die Privatisierungstäatigkeit der Treuhand-anstalt. Strategien und Verfahren der Privatisierung in der Systemtransformation, Frankfurt am Main/New York. 1995

Kemmler, Marc: Die Entstehung der Treuhandanstalt. Von der Wahrung zur Privatisierung des DDR-Volkseigentums, Frankfurt am Main/New York. 1994.

Lichtblau, Karl, Von der Transfer- in die Marktwirtschaft. Struk-turpolitische Leitlinien für die neuen Länder, Köln. 1995

Mayr, Robert, Die Pribatisierungspolitik der Treuhandanstalt, Schaffer Poeschel, Ulm. 1995

Paulus, Peer-Robin: Die Privatisierungsbeihilfen der Treuhand-anstalt. Eine Bewäahrungsprobe füur das deutsche und europäaische Beihilfenaufsichtsrecht, Frankfurt am Main/Berlin/Bern/New York/Paris/Wien. 1998

Seibel, Wolfgang / Kapferer, Stefan: Die organisatorische En-twicklung der Treuhandanstalt, in: Fischer, Wolfram / Hax, Herbert / Schneider, Hans-Karl(Hrsg.): Treuhand-anstalt. Das Unmöogliche wagen, Berlin. 1993, na-chgedruckt in: Treuhandanstalt(Hrsg.): Treuhandanstalt 1990-1994, Bd. 14, Berlin. 1994, S. 515 ff., hier: S. pp. 111-147.

Seibel, Wolfgang: Die Treuhandanstalt – eine Studie üuber Hyperstabilitäat, in: Derlien, Hans-Ulrich / Köonig, Klaus / Renzsch, Wolfgang / Seibel, Wolfgang / Wollmann, Helmut (Hrsg.): Transformation der politisch-administrativen Strukturen in Ostdeutschland, Opladen 1997, pp. 169~222.

Schmidt, Klaus-Dieter unter Mitwrikung von Siegmund, Uwe 1993: Strategien der Privatisierung, in: Treuhandanstalt... op.cit., pp. 211~240.

Teichert, Olav, Die Treuhandanstalt im politischen und wirtschaftlichen Vereinigungsprozess, Magisterarbeit an der Universität Gesamthochschule Kassl Kassel, 2001.

白重恩·路江涌·陶志刚, "国有企业改制效果的实证研究."『经济研究』, 8(2016), pp. 4~13.

陈信元·朱红军·何贤杰. "金融发展, 预算软约束与企业投资."『会计研究』, 10(2009), pp. 64~71.

崔龙浩. 中国国有企业问题的本质以及改革的长期方向: 民营化. 国有经济论丛 2002 "加入 WTO 后国有企业改革与发展国际学术研讨会"论文集. 2002.

戴园晨·黎汉明. "工资侵蚀利润——中国经济体制改革中的潜在危险."『经济研究』, 6(1988), pp. 3~11.

丁国民·随亮田. "竞争性国有企业改革的法律路径."『福建法学』, 2. (2014), pp. 80~83.

范恒山. "中国经济体制改革的历史进程和基本方向."『中国改革』,

8(2011), pp. 8~14.

冯根福·吴林江. "我国上市公司并购绩效的实证研究." 『经济研究』, 1(54268), 9. 2014.

傅勇·白龙. "中国改革开放以来的全要素生产率变动及其分解 (1978-2015年)[J]." 『金融研究』, 7(2009), pp. 38~51.

顾朝林. "改革开放以来中国城市化与经济社会发展关系研究." 『人文地理』,19(2)(2004), pp. 1~5.

顾琴轩. 『国企经营者人力资本价值与收入分配』. 华东理工大学出版社, 2004.

顾卫平. 『当代世界经济与中国对外贸易研究』, Vol. 5. 上海大学出版社, 2004.

韩朝华·戴慕珍. "中国民营化的财政动因." 『经济研究』, 2(2008), pp. 56~82.

和军·李绍东. "垄断利益固化机制与突破路径." 『理论导刊』, 2. 2016.

胡鞍钢·过勇. "从垄断市场到竞争市场: 深刻的社会变革." 『改革』, 1. 2012.

胡吉祥·童英·陈玉宇. "国有企业上市对绩效的影响一种处理效应方法." 『经济学』, 10(3)(2011).

胡一帆·宋敏·张俊喜. "中国国有企业民营化绩效研究." 『经济研究』, 7(2016), pp. 49~60.

胡一帆·宋敏·郑红亮. "所有制结构改革对中国企业绩效的影响." 『中国社会科学』, 4(2016), pp. 50~64.

黄玲文·姚洋. "国有企业改制对就业的影响." 『经济研究』(2007), pp. 57~69.

黄少安. "中国经济体制改革的核心是产权制度改革." 『中国经济问

題』, 1(2014), pp. 46~52.

黄新华. "中国经济体制改革时期制度变迁的特征分析."『财经问题研究』, 1(2012), pp. 72~77.

蒋义宏·魏刚.『中国上市公司会计与财务问题研究』, Vol 57. 东北财经大学出版社(2011), p. 73.

金碚. "世界工业化历史中的中国改革开放30年."『财贸经济』, 11(2008), pp. 73~81.

李广子·刘力. "上市公司民营化绩效: 基于政治观点的检验."『世界经济』, 11(2010).

李哲. "转型期中国国有上市公司并购重组的制度根源与实际绩效." 上海交通大学博士学位论文(2017).

刘瑞明·石磊. "国有企业的双重效率损失与经济增长."『经济研究』, 1(2010), pp. 127~137.

吕长江·王克敏. 上市公司股利政策的实证分析. 经济研究, 12(12)(1999), pp. 31~39.

戚聿东·柳学信. "深化垄断行业改革的模式与路径, 整体渐进改革观[J]."『中国工业经济』, 6(2008), pp. 44~55.

钱宇丹·徐卫东. "刍议我国中小企业融资困境及法律对策 [J]."『东北师大学报』哲学社会科学版, 1(2012), pp. 216~218.

宋立刚·姚洋. "改制对企业绩效的影响."『中国社会科学』, 2(2005), pp. 17~31.

孙喜平·刘春华. "我国上市公司管理层持股财务绩效的实证研究." *Journal of Hubei University of Economics*, 5(6). (2009).

孙早·鲁政委. 从政府到企业: 关于中国民营企业研究文献的综述经济研究, 4(2003), pp. 79~87.

田利辉. "国有产权, 预算软约束和中国上市公司杠杆治理." 『管理世界』, 7(4). (2005), pp. 26~37.

汪青松. 中国国有企业民营化的路征选择与法律规制. 天津: 天津财经大学, 2005.

王常柏. "中国民营企业治理结构转型研究." 『经济理论与经济管理』, 12. (2007), pp. 52~56.

王刚义 · 张燕. "国有经济战略重组与民营企业发展理论研讨会综述." 『经济研究』, 8. (2001).

王自力. "对公用事业民营化趋势的制度供求分析." 『财贸经济』, 10. (2004).

魏刚. "上市公司主营业务利润的实证分析." 『中国工业经济』, 7. (1999), pp. 64~68.

杨记军 · 逯东 · 杨丹. "国有企业的政府控制权转让研究." 『经济研究』, 2. (2010), pp. 69~81.

杨欣. "变革与回应: 民营化的行政法研究." 中国政法大学博士学位论文, 2006.

易纲. "中国改革开放三十年的利率市场化进程." 『金融研究』, 1(1). (2009).

张祥建, 郭岚, 李远勤, and 朱志武. "部分民营化与企业绩效: 基于国有企业民营化发行的研究." 『科教文汇』, (7). (2011), pp. 1~17.

张卓元. "中国经济体制改革的总体回顾与展望." 『经济研究』, 3. (1998), pp. 15~22.

:: 아시아개발연구소

북한 에너지 산업의 체제 전환 대비와 국내 공공기관 역할에 대한 연구__

김준기 · 김병수

목차

I. 이론적 논의

II. 북한의 에너지 산업 현황

III. 남북 에너지 협력 발전 방안

IV. 통일 이후 에너지 산업 체제전환 방안

김준기 서울대학교 행정대학원 교수   김병수 서울대학교 행정대학원 박사과정

I. 이론적 논의

1. 체제전환에 대한 논의

체제 전환의 개념은 사회주의에서 자본주의로의 체제전환은 체제 이행, 체제개혁, 혁명 등의 다른 용어들과 함께 대동소이한 의미로 사용되었다. 체제전환은 소련의 정치인 니콜라스 부하린(Nicholas Bukharin)에 의해 처음 사용되었다고 알려져 있는데, 그는 사회주의 체제로의 전환(transformation)이 갖는 목적성을 하이에크의 사회 발전 이론에서 자연적 질서로 상정되는 자본주의로의 이행(transition)과 대비시켜 설명하고자 했다.

체제전환은 크게 정치체제와 경제체제의 변혁으로 나누어 생각해 볼 수 있다. 체제개혁은 공산당의 공권력 독점, 국가의 전인민적 지배와 같은 기존 사회주의 질서의 정치적 특질이 보존되는 가운데, 온건한 경제체제의 변화가 일어나는 체제전환을 지칭한다. 해당 경제체제 개혁에는 주로 위에서부터 촉발되는 소유 구조의 변동, 시장기제의 도입, 사유재산권 확대 등을 포함함. 중국과 라오스, 미얀마, 캄보디아 등의 동남아시아 국가들이 그 예이다.

혁명은 경제 부문을 넘어 정치 및 사회 부문에서 사회주의 이데올로기의 급진적인 해체와 변혁이 추동되는 체제전환을 나타낸다. 보통 아래로부터의 폭발적인 사회변화 요구에 의해 촉발되는 경우가 많고, 루마니아, 불가리아, 알바니아 등의 동부유럽의 사례들이 이에 해당된다고 할 수 있다.

체제전환과 관련된 개념으로는 초기 조건(initial conditions), 경로의존성(path-dependency)가 제시된다. 초기 조건은 곧 체제전환 국가가 과거의 역사적 경험을 통해 처하게 된 정치적, 경제적, 문화적, 자연적 환경과 처지를 일컫는다. 한편, 이러한 초기 조건의 제도적, 문화적 구속에 따라 국가별로 상이한 체제전환의 결과가 나타난 것을 경로의존성의 개념으로 설명할 수 있다. 김근식에 따르면,[1] 중부유럽 국가들은 공통적으로 기득 정치 세력과 야당 및 시민운동 단체들 사이의 타협 방식을 채택했지만, 기존 집권 엘리트의 정치 행태로 대표되는 초기조건이 국가별로 상이하여 헝가리는 선거 참여형, 폴란드는 타협형, 체코는 항복형 등의 체제 전환 경로를 경험하였다.

2. 에너지산업의 특수성

에너지기본법 제2조에 따르면 에너지는 연료·열 및 전기로 정의된다. 연료라 함은 석유·가스·석탄 그 밖에 열을 발생하는 열원을 말하며, 다만 제품의 원료로 사용되는 것은 제외한다. 신·재생에너지는 '신에너지 및 재생에너지 개발·이용·보급 촉진법'에 따라 태양에너지(태양열, 태양광), 바이오에너지(바이오디젤, 바이오에탄올, 바이오가스, 바이오액화유, 합성가스, 땔감, 우드칩, 펠렛, 목탄, 바이오매스 등), 풍력, 수력, 연료전지, 석탄 액화·가스화 및 중질잔사유 가스화, 해양에너지, 폐기물에너지, 지열에너지, 수소에너지 등으로 정의된다. 에너지산업은 석탄·전기·가스·석유·원자력·신재생에너지 산업으로

---

1   김근식, "사회주의 체제전환과 북한 변화: 비교사회주의 관점에서,"『통일과 평화』, 제2권 2호(2010), pp. 111~136.

분류할 수 있으며, 관련 법령을 살펴보면 아래 표와 같다.

표 1 에너지산업 관련 법령

분류	관련 법령
에너지	- 에너지기본법, 에너지이용합리화법, 열관리법 시행령, 열사용기자재관리규칙, 에너지 및 자원 사업특별회계법, 저탄소 녹색성장기본법
광업/석탄	- 광업법, 석탄산업법, 광산보안법, 광산보안사무소설치에 관한 규칙, 광산 피해의 방지 및 복구에 관한 법률, 광업등록령, 대한광업진흥공사법, 대한석탄공사법, 폐광지역개발지원에 관한 특별법, 석유광산보안규칙 - 해외자원개발사업법, 해저광물자원개발법
석유	- 석유 및 석유대체연료사업법, 한국석유공사법 - 송유관안전관리법, 액화석유가스의 안전 및 사업관리법
가스	- 도시가스사업법, 한국가스공사법, 고압가스안전관리법
전력	- 전기사업법, 전기사업회계규칙, 한국전력공사법, 전원개발촉진법, 발전소 주변지역 지원에 관한 법률, 농어촌 전기공급사업촉진법, 농어촌전화촉진법, 전기공사업법, 전기공사공제조합법, 전력기술관리법, 중·저준위방사성폐기물 처분시설의 유치지역 지원에 관한 특별법
신재생에너지	- 신에너지 및 재생에너지 개발·이용·보급촉진법
집단에너지	- 집단에너지사업법

출처 : 안재호 외 공저, 『에너지산업분류 및 주요지표 개발 방법 연구』(울산: 에너지경제연구원, 2009), p. 6 참조.

에너지산업은 산업경제의 원활한 운영을 위해 필수적인 전력, 가스 등의 에너지를 유통시키는 산업부문을 지칭한다. 한 국가경제에서 에너지의 유통이 충분히 이루어지지 않을 시 해당 경제의 생산성과 효율성에 커다란 지장을 초래하므로 에너지산업을 사회간접자본(Social Overhead Capital)으로 파악할 수 있다. 에너지를 경제 전반에 공급하기 위해서는 송배전망, 가스관 등 고정된 네트워크 설비의 구축과 지속적인 관리가 필수적이다. 따라서 에너지산업을 네트워크산업으로 분류할 수 있으며, 대규모 자본이 투입되어야만 하는 특징을 지닌다.

이러한 에너지산업의 중요성과 특수성을 감안하여 많은 국가들은 정부독점 및 정부규제를 통해 자국의 에너지산업을 운영해왔다. 특히 에너지 부존자원이 취약하여 에너지원의 수입의존도가 높은 우리나라의 경우 에너지산업은 정부의 개입이 당연시되는 산업부문으로 인식되고 있다.

II. 북한의 에너지 산업 현황

1. 북한의 에너지정책과 공급 구조

1) 북한의 에너지정책

북한은 1967년에 국가정책의 기조를 주체사상, 자주외교, 자립경제, 자위국방으로 정하였으며, 이중 자립경제 원칙에 따라 자력갱생(自力更生)을 중시하는 경제정책을 운용하여 왔다. 김규륜에 따르면[2] 자력갱생은 국제분업에서 비롯되는 이익보다는 손해를 강조하면서, 국제경제체제에 편입되어 국가간 자원 및 상품의 교류에서 얻을 수 있는

---

2   김규륜, "남북한 에너지분야 교류·협력 발전방향,"『통일연구원 연구총서』, (서울: 통일연구원, 2001), pp. 1~61.

장점을 취하기보다는 보유하고 있는 생산수단을 극대화함으로써 경제수요를 충족시키는 것을 의미한다. 자력갱생은 북한의 에너지정책에도 적용되어 에너지 수요를 충족시키기 위해 국내에 부존하는 자원을 최대한으로 활용하고 국내에서 생산되지 않는 에너지원에 대해서는 수요를 억제하는 경향을 보여준다.

북한은 풍부하게 매장되어 있는 석탄을 에너지정책의 중심으로 삼고, 수입에 의존할 수밖에 없는 석유는 소비를 최소화하는 정책을 시행해왔다. 일례로 수송부문에서조차 대체가 불가능한 경우에만 석유를 사용하도록 함으로써 기본적으로는 석유 이외의 연료를 사용하도록 하고 있다. 전력산업에 있어서도 자력갱생 원칙에 입각하여 에너지원의 해외의존도를 줄이기 위한 폐쇄적인 정책을 추진해왔으며, 그 결과 석탄을 주로 투입하는 화력발전과 수력발전이 에너지산업의 중심이 되었다. 수력발전 추진정책을 채택한 이유는 북한의 지리적 조건이 수자원을 활용하기에 유리하여 에너지 자립도 향상에 적합하기 때문이다.

북한은 2001년에 '신·재생에너지개발 국가5개년 계획'을 수립한 이래 신·재생에너지 비중을 높이기 위해 꾸준히 노력해 왔다. 신·재생에너지의 범주에는 풍력, 태양광, 태양열, 지열, 바이오가스, 바이오매스, 수소에너지 등이 있다. 김정은 정권 들어서는 2044년까지 신·재생에너지를 활용하여 500만kw에 달하는 발전능력을 확보하겠다는 계획을 수립하기도 하였다.

2) 북한의 에너지 공급구조

(1) 1차 에너지 총공급량[3]

1990년부터 2015년까지 북한의 1차 에너지 총공급량은 '급격한 감소
→다소 증가→급격한 감소'의 양상을 나타내고 있다. 한편 대한민국
은 경제발전에 힘입어 1차 에너지 총공급량이 1998년을 제외하고 지
속적으로 상승을 거듭해 왔다. 그 결과 2015년 기준으로 북한의 에너
지 총공급량은 대한민국의 약 3%에 머무르고 있다. 북한의 1차 에너
지 총공급량은 1990년에 23,963 TOE였지만 1998년까지 매년 감소

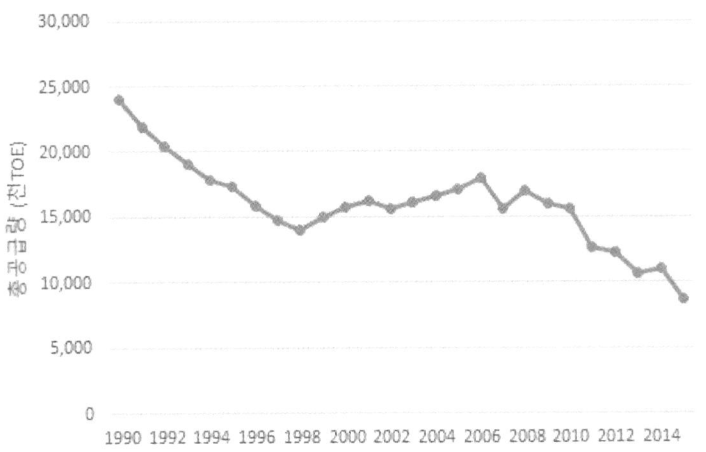

그림 1　북한의 에너지 총공급량 변화
출처: 통계청 북한통계; 〈http://kosis.kr/bukhan/index.jsp〉(최종접속일 :
2017.08.22.).

3　1차 에너지에는 석탄, 석유, 가스, 수력, 원자력, 신탄 등 여러 종류가 포
　함되므로 에너지 총공급량은 석유 열량을 기준으로 환산한 TOE(Ton of Oil
　Equivalent)를 기본단위로 사용한다.

하여 1990년의 58.6% 수준인 14,030 TOE까지 낮아졌다. 1999년부터는 증가세로 돌아서 2006년 17,955 TOE으로 회복하였으나 이후 불규칙한 변동양상을 보이며 2015년 8,700 TOE까지 다시 급감하였다.

북한이 직면한 에너지난이 악화일로를 걷는 이유는 본질적으로 자력갱생 기조를 고수하면서 폐쇄적인 에너지정책을 유지하고 있기 때문이다. 이는 경제발전에 부정적인 영향을 미쳐 외화부족을 야기하므로 필수적으로 수입할 수밖에 없는 에너지원의 공급에도 차질을 빚게 하는 요인이다.

1980년에는 북한주민 1인당 에너지 공급량이 1.19 TOE로서 대한민국의 1.15 TOE보다 높았다. 1985년 북한은 1.31 TOE, 대한민국은 1.38 TOE의 수치를 나타내며 역전된 이후 남북한의 1인당 에너지 공급량 격차는 해가 갈수록 늘어나는 추세이다. 그 결과 2015년 기준 북한의 1인당 에너지 공급량은 대한민국의 6% 수준에 머무르고 있다. 국제에너지기구의 통계를 보더라도 2014년 북한의 1인당 에너지 공급량은 0.48 TOE로서 세계 1인당 공급량인 1.89 TOE의 절반에도

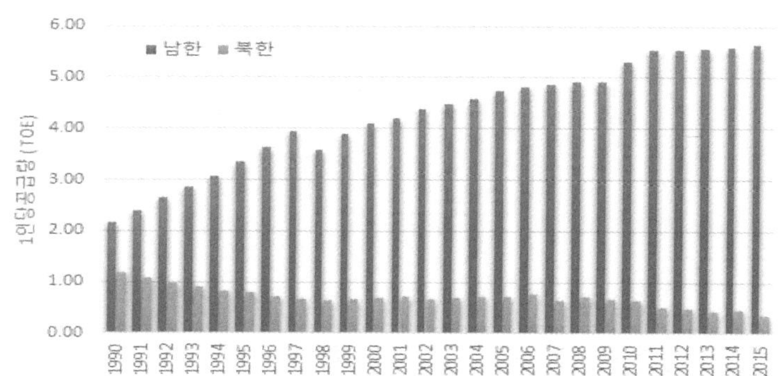

그림 2　남북한의 1인당 에너지 공급량 비교

출처: 통계청 북한통계; 〈http://kosis.kr/bukhan/index.jsp〉(최종접속일 : 2017.08.22.).

못 미치는 수준이다. 북한의 1인당 공급량이 1990년을 기점으로 하락세를 나타내면서 2015년에는 1990년의 절반 수준으로 감퇴하였다는 점에서 북한 에너지난의 심각성을 살펴볼 수 있다. 특히 북한의 에너지 공급이 산업용에 우선순위를 두고 가정용 공급은 차순위에 두고 있기 때문에 북한 주민들이 실생활에서 겪는 에너지난은 더욱 심할 것으로 추측된다.

표 2   북한의 1차 에너지 공급구조 (단위 : 천TOE, %)

에너지원 \ 연도	1990	1995	2000	2005	2010	2015
석탄	69.2	68.6	71.7	70.2	66.1	45.2
석유	10.5	6.4	7.1	6.0	4.5	11.6
수력	15.6	20.5	16.2	19.2	21.4	28.7
기타1)	4.7	4.6	5.0	4.6	8.0	14.5

출처: 통계청 북한통계; 〈http://kosis.kr/bukhan/index.jsp〉(최종접속일 : 2017.8.22.).

주 1): 볏짚, 콩깍지 등 농업폐기물, 솔잎 등 임산폐기물, 폐목, 장작 등이 포함.

북한의 1차 에너지 공급구조를 살펴보면 자력갱생의 기조에 따라 석탄과 수력에 대한 의존도가 높다. 1990년에는 (석탄+수력)의 비중이 84.8%에 이르렀으나 2015년에는 73.9%로 낮아졌다. 그러나 북한의 에너지 공급에 있어 여전히 중요한 에너지원으로 기능하고 있다.

석유의 경우 1990년부터 2010년까지 에너지 총공급량에서 차지하는 비중이 절반 이하로 줄어들었으나 2015년에 이르러 급상승하였다. 기타는 주로 농림업부산물, 신탄 등을 포함하는 신·재생에너지를 가리키며, 2005년 이후 5%대를 벗어나 2015년에는 14.5%까지 상승하였다.

통계청 자료에 따르면 2015년까지 북한의 1차 에너지 총공급량의 원자력, LNG 비중은 전무한 것으로 나타나고 있다. 수입에 의존하는 에너지원은 석유뿐이고 이를 제외한 에너지 수요는 국내 에너지원으로 충족시키고 있으므로, 북한의 에너지 자급도는 2010년 95.5%의 최고치를 기록하였다가 2015년에 88.4%로 하락한 것으로 볼 수 있다.

2. 북한의 에너지산업 구조

1) 북한의 석탄산업

석탄산업은 자력갱생 원칙에 따라 북한의 에너지산업을 지탱하고 있는 가장 중요한 산업이다. 석탄은 북한에 풍부하게 매장되어 있어 북한의 에너지 자급자족에 기여할 뿐만 아니라 수출을 통해 외화를 벌어들이는 주요 품목이다. 따라서 북한은 석탄산업을 기타 금속 및 비금속 광물산업과 분리하여 중앙행정체계상 내각의 석탄공업성에서 별도로 관리하고 있다. 북한 당국은 1950년대부터 석탄증산 정책을 지속적으로 펼쳐왔기 때문에 북한 경제 및 에너지수급은 석탄 의존형 구조를 나타낸다. 화력발전의 대부분을 석탄발전소가 담당하고 공업, 농업부문의 원료자원을 석탄에서 추출하며 민생부문에서는 난방용, 취사용 에너지원으로 많이 이용된다.

석탄은 탄화 정도를 기준으로 무연탄, 초무연탄, 유연탄, 갈탄, 니탄(토탄) 등으로 구분된다. 갈탄은 유연탄의 일종으로 볼 수 있고, 초무연탄은 무연탄과 함께 분류하기도 한다. 북한의 석탄매장량은 크게 무연탄 45억 톤, 갈탄 160억 톤 등으로 추정되며, 대한민국의 경우 2015년 무연탄의 매장량이 4억 톤이라는 점을 감안하면 상당한 부존량임을 알 수 있다. 또한 2016년 한반도 통일경제 심포지엄에서

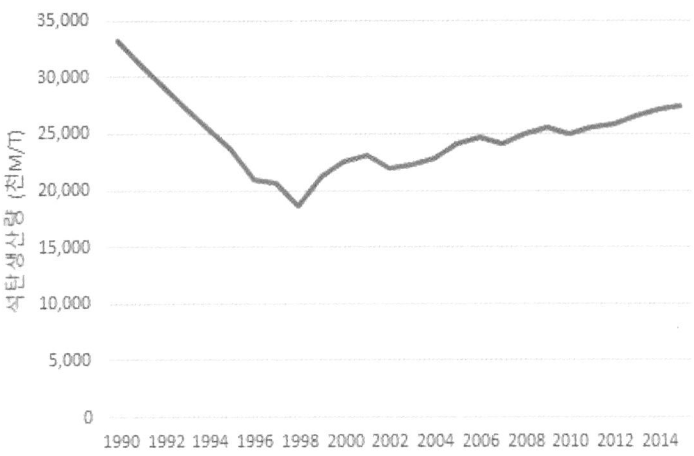

그림 3　북한의 석탄생산량 변화

출처: 통계청 북한통계, 〈http://kosis.kr/bukhan/index.jsp〉. (최종접속일 2017.8.23.)

광물공사는 북한의 석탄매장량이 확정과 추정 매장량을 합처 227억 톤이라고 밝혔다. 다만 북한의 발표치를 국제기준으로 환산할 경우 12~36%에 불과할 수 있다고 판단하고 있다.

북한의 석탄생산량은 1990년대 이전에 4,000만 톤을 상회하기도 하였으나 1990년대 초반에 지속적으로 하락하여 1998년에는 1,860만 톤의 최저치를 기록하였다. 이후 증감을 반복하면서 2015년 2,749만 톤까지 석탄생산량이 증가하는 추세에 있지만 여전히 생산량이 저조한 상황이다.

북한의 석탄수출량을 살펴보면 2001년 이후부터 눈에 띄는 성장세를 보이다가 2011년에 폭발적인 수출 증가분을 나타내고 2013년에 1,600만 톤 이상의 석탄수출량을 기록하고 있다. 이는 중국이 고도 경제성장을 지나면서 중국 국내산만으로 무연탄 수요를 충족시키기 어려워짐에 따라 북한산 무연탄을 대규모로 수입했기 때문이다.

따라서 북한의 석탄생산량이 회복세를 나타내고 있지만 국내 에

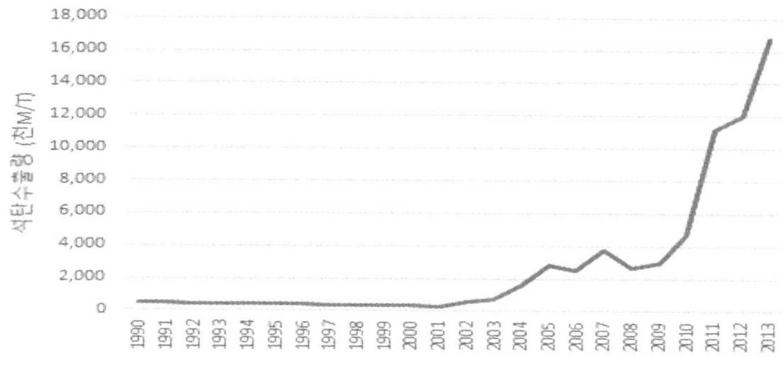

그림 4　북한의 석탄수출량 변화

출처: 통계청 북한통계, 〈http://kosis.kr/bukhan/index.jsp〉. (최종접속일 : 2017.8.23.)

너지수요에 투입되기보다는 외화획득을 위해 많은 양이 수출되고 있는 실정이다. 게다가 북한은 고열량탄을 산업용, 수출용으로 사용하고 저열량탄을 발전용, 민생용으로 사용하고 있기 때문에 북한 내 에너지수급이 개선되지 못하고 있다.

2) 북한의 석유산업

앞서 언급한대로 북한의 에너지정책은 국내의 풍부한 부존자원인 석탄을 중점적으로 활용하는 한편 국내에서 생산되지 않는 석유에 대해서는 수입의존도를 최소화하기 위해 석유수요를 억제하는 방향으로 전개되어 왔다. 이러한 북한 에너지수급의 특징을 흔히 주탄종유(主炭從油)라고 표현한다. 북한의 석유소비의 특징은 수송용 연료로 사용되는 휘발유와 경유의 비중이 높다는 점인데, 수송용 연료는 석탄으로 대체가 어렵기 때문이다. 이밖에 군 관련산업 및 기간산업 부문, 석탄 화력발전소에서의 착화용 등에 주로 이용되고 민생부문에서 난방용, 취사용을 위한 사용량은 미미한 수준이다.

북한은 1990년에 18,472천 배럴의 원유를 도입했던 적도 있지만

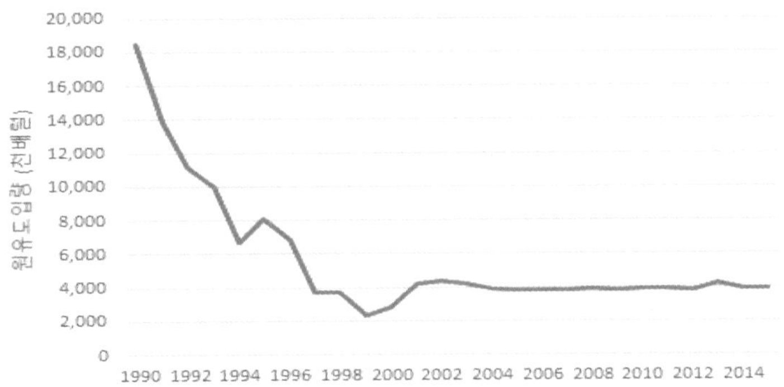

그림 5   북한의 원유도입량 변화

출처: 통계청 북한통계; 〈http://kosis.kr/bukhan/index.jsp〉(최종접속일 : 2017.8.23.).

2015년의 원유도입실적은 3,885천 배럴로 대폭 하락하여 1990년의 약 21%에 불과하다. 원유도입량이 급격히 감소하기 시작한 1990년 이후 북한의 원유 도입은 주로 중국에 의존하고 있으며, 2000년 이래로 대중 원유도입량은 약 4,000천 배럴, 다시 말해 50만 톤 정도로 집계되고 있다.

북한은 1970년대 중국과 구소련의 지원으로 양국과 접한 국경지역에 2곳의 정유설비를 구축하였는데, 각각 봉화화학공장과 승리화학공장이 해당된다. 봉화화학공장과 승리화학공장의 정유능력은 각각 연 150만 톤, 200만 톤이지만 원유수입량이 감소하였기에 실질적인 가동률은 30% 이내인 것으로 추정된다(에너지경제연구원, 2001).

3) 북한의 전력산업

북한의 전력생산은 자력갱생 기조에 따라 수력발전과 석탄을 활용한 화력발전을 중심으로 이루어진다. 특히 수주화종(水主火從)의 특징을 나타내 발전설비용량 측면에서 수력이 화력보다 우위에 있다.

표 3 북한의 발전설비용량 변화 (단위 : 천kW, %)

용량 \ 연도	1990	1995	2000	2005	2010	2015
합계	7,142	7,237	7,552	7,822	6,968	7,427
수력	4,292 (60.1)	4,337 (59.9)	4,592 (60.8)	4,812 (61.5)	3,958 (56.8)	4,467 (60.1)
화력	2,850 (39.9)	2,900 (40.1)	2,960 (39.2)	3,010 (38.5)	3,010 (43.2)	2,960 (39.9)

출처: 통계청 북한통계; 〈http://kosis.kr/bukhan/index.jsp〉(최종접속일 : 2017.8.23.).

주: 괄호는 구성비를 의미.

북한의 총 발전설비용량은 1990년 이후 2015년에 이르기까지 소폭 상승에 그쳤으며 수력발전과 화력발전의 구성비는 6:4 비율을 유지하고 있다. 한편 대한민국의 발전설비용량은 1990년 21,021천kW에서 2015년 97,649천kW으로 팽창하였고 전력 에너지원의 구성도 2015년에 수력 6.6%, 화력 65.4%, 원자력 22.2%, 대체에너지 5.8%로 나타나 북한 전력산업의 침체된 상황을 짐작할 수 있다.

표 4 북한의 발전 전력량 변화 (단위 : 억kWh, %)

전력량 \ 연도	1990	1995	2000	2005	2010	2015
합계	277	230	194	215	237	190
수력	156 (56.3)	142 (61.7)	102 (52.6)	131 (60.9)	134 (57.0)	100 (52.6)
화력	121 (43.7)	88 (38.3)	92 (47.4)	84 (39.1)	103 (43.0)	90 (47.4)

출처: 통계청 북한통계; 〈http://kosis.kr/bukhan/index.jsp〉(최종접속일 : 2017.8.23.).

주: 괄호는 구성비를 의미.

실제로 생산된 전력량은 2015년 기준 190억kWh이고 수력과 화력의 구성비가 약 5:5로 나타났다. 하지만 1990년에 비해 발전량은 오히려 감소하여 같은 시기 대한민국의 총 발전량인 5,281억kWh의 3.6%에 불과하다.

한편 북한의 송전체계는 66kV, 110kV, 220kV 계통으로 구분됨. 110kV 및 220kV 송전선은 주로 지역 간에 전력을 전송하기 위한 시설로서, 110kV 계통은 함경남도와 함경북도 일부에만 설치되어 있고 나머지 지역에는 220kV 송전망이 자리잡고 있다. 지역 내 전력공급을 담당하는 66kV 계통은 전국 곳곳에 분포해 있으며, 특히 개발수준이 높은 평양시와 평안남도에 밀집되어 있다.

3. 북한 에너지산업의 문제점

에너지를 자급자족하겠다는 북한 정권의 에너지정책 기조는 1990년대 이르러 문제점을 나타내기 시작하였다. 이 시기에 북한은 중국 및 소련과의 정치적, 경제적 관계가 소원해짐에 따라 에너지 관련 무역이 대폭 감소하였다. 1990년대 이전 냉전시대에 북한은 소련으로부터 국제시세보다 훨씬 낮은 가격으로 원유를 수입하는 구상무역의 혜택을 받을 수 있었다. 이는 공산주의 국가 우호주의 덕분이었으나 1991년 소련이 해체되면서 국제시장가격에 따른 경화결제방식으로 바뀌게 됨에 따라 외화가 부족한 북한은 소련으로부터 원유 수입을 중단할 수밖에 없었다. 중국과의 원유거래에 있어서도 1990년대 이전에는 5년마다 체결되는 석유공급협정을 통해 시장가격보다 낮게 원유를 수입할 수 있었으나 1991년부터 중국측이 무역방식을 물물교

환방식에서 경화결제방식으로 변경하고 거래가격을 국제시장가격에 맞춤에 따라 중국으로부터 원유 도입량도 급격히 축소되었다.

국제 정치환경의 변동에도 불구하고 북한은 자력갱생 원칙을 고수하여 폐쇄적 에너지정책에 따라 무연탄 위주의 화력발전과 수력발전에 집중하였으며 이는 대내외적 요인과 맞물려 북한의 에너지난을 야기하는 원인이 되었다. 화력발전을 위한 석탄산업의 경우 신규 탄광의 개발 부진, 기존 탄광의 갱도 심부화, 채굴장비의 노후화 및 구형화 등으로 인해 지속적인 석탄생산능력을 보장할 수 없는 상황이었다. 이따금 발생하는 자연재해는 불균형에 처해있던 북한의 에너지산업에 치명적인 피해를 입혔다. 1995년과 1996년에 연이은 대홍수로 인해 상당수의 탄광이 침수되면서 석탄채굴이 마비되었고, 유실된 토사는 댐으로 흘러 들어가 수자원을 감소시키고 발전설비를 심각하게 훼손하였다. 반면 가뭄이 발생할 경우에는 댐의 담수율이 낮아져 수력발전소의 전력 생산이 어려워지는 치명적 단점을 갖고 있다.

화력, 수력발전소 등 북한 에너지 인프라의 유지·보수는 대부분 소련의 기술지원에 의존해왔기 때문에 소련이 해체되자 발전소에 필요한 핵심부품을 공급받지 못하게 되어 설비 노후화로 인한 전력 생산량 저하가 불가피했다. 석유 소비를 최소화하려는 자력갱생 기조에 따라 석탄 생산(채굴, 수송)에 있어서도 석유 대신 전기를 주로 사용하였는데, 전력난을 겪기 시작하면 석탄조달이 어려워져 발전에 더욱 지장이 생기는 악순환에 빠지게 되었다. 자력갱생 원칙을 표방해온 북한의 에너지산업은 실제로 소련과 중국에 대한 의존도가 매우 높았음을 알 수 있다.

북한 에너지산업이 침체에서 벗어나려면 추가적인 탄광개발, 발전소 신규건설, 기존 발전소의 대대적인 정비·보수, 열악한 송배전 설비의 교체 등의 조치가 절실하지만 핵개발, 미사일 발사 등의 정치적인 문제가 해결되지 않고 있어 경제제재에 따라 자본조달에 어려움을 겪고 있는 상황이다.

III. 남북 에너지 협력 발전 방안

1. 남북 에너지 경제협력 현황

그동안 에너지 문제를 둘러 싼 남북 협의는 정치적 과정의 영향력이 결정적으로 작용했으며, 주로 대한민국의 일방적 지원으로 진행되었다. 계속되는 북한의 핵 실험 강행, 미사일 발사, 각종 국지 도발 등 또한 지금까지의 남북 에너지 교류의 범위와 종류를 대폭 제한시키고, 개별 사업의 지속성을 심각하게 훼손시켜왔다. 후술할 남북 에너지 협력 사업 사례들의 대부분도 특히 2016년 이후 급변한 국제 정치 상황에 따라 초기 계획대로 추진되지 못하고 조기 종료되었다.

그러나 남북 모두 대내외적 정치 환경에 휘둘리지 않고, 경제적 동기를 기반으로 다양한 분야의 에너지 교류에 참여할 필요가 있다. 또한, 남북 상호 간에 쌍방향적인 에너지 자원 협력이 추진되어야 한다. 북한의 열악한 에너지 수급 실태는 국가 경제 상황을 더욱 악화시키는데, 에너지협력 사업 설계와 추진을 통해 이러한 악순환의 고리를 끊을 수 있다. 동시에 북한 에너지산업 구조가 개선될 때 남북 에너지 교류 비용은 감소하고 편익은 증가하여 향후 더 많은 에너지교류를 가능하게 할 수 있다. 석탄, 석유, 천연가스, 신재생 에너지 등 다방면에서 남북 간 에너지 교류를 활성화할 방안을 구체화시키고 양측 모두 이를 실천하고자 하는 의지를 다지는 것이 매우 중요하다.

1) 에너지 지원

(1) 경수형 원자로 제공

대북 경수로 지원 사업은 KEDO(Korean Peninsula Energy Development Organization ; 한반도 에너지 개발 기구) 주도로 1995년부터 2006년까지 약 10년 간 이루어졌다. KEDO는 1994년 미국과 북한 사이에 체결된 제네바 협정을 이행하기 위해 1995년 3월 9일 설립되었다. 해당 기구는 북한의 핵 개발 저지를 위하여 북한의 흑연 감속로를 동결시키고, 궁극적으로 관련 시설을 전부 해체시키는 조건으로 2003년까지 북한에 1,000MW 경수로 발전소 2기를 건설하기로 결정하였다.

그러나 북한의 핵 개발 재개로 인해 경수로 완공 시기가 지연되고, 그 결과 2006년 KEDO는 사업을 종료시키기에 이르렀다. 2002년 10월 미국 측에서 북한이 고농축 우라늄을 개발하고 있다는 의혹을 제기했고, 결국 기존의 완공 예상년도였던 2003년 대신 2008년 11월에 1기, 2009년 9월에 2기 완공을 목표로 건설 계획이 변경되었다.

북한은 NPT(Nuclear Nonproliferation Treaty ; 핵확산금지조약) 탈퇴, 폐연료봉 재처리 완료 단계 추진 등 핵 개발에 대한 의지를 굽히지 않았다. 이로 인해 2003년 7월 미 하원은 경수로 지원을 위한 KEDO 기구 재원 조달을 중지하는 법안을 만장일치로 통과시켰다. 이에 KEDO는 같은 해 12월 경수로 사업을 잠정 중단시킨 후, 2005년 11월 22일 모든 사업을 완전히 중단시켰다. 최종적으로 2006년 1

월 57명의 북한 금호지구 건설 인력이 철수하면서 2006년 6월 1일 KEDO가 경수로 지원 사업 공식 종료를 발표했다.

(2) 중유 지원 사업

중유 지원 사업은 2007년 2.13 합의를 이끌어낸 6자회담에 의해 시작되었는데 북한에 중유 100만 톤 상당의 에너지 자원과 경제적 지원을 제공하기로 했다. 2007.2.13 합의 제2조 5항에 따라 6자 회담 참가국들은 우선 북한에 중유 5만 톤에 달하는 긴급에너지를 지원하기로 하였다. 그 다음 단계로, 북한이 모든 핵 개발 프로그램을 신고하고 흑연감속로와 재처리시설 등 모든 핵무기 관련 시설을 불능화시킬 것을 요구하며, 이후 중유를 포함한 100만 톤 상당의 경제, 인도적 지원을 북한에 지급하기로 했다. 이후 북한의 장거리 미사일 발사와 관련된 도발행위를 거듭해 2009년 4월부로 중유 공급이 중단되었는데, 종료 시점까지 제공된 중유는 총 74.5만 톤에 달했다.

2) 자원 개발 협력

무연탄, 아연, 마그네사이트 등 광물자원 남북 교류는 비교적 활발히 이루어졌다. 북한의 무연탄은 일본과의 관계 악화로 인해 대일본 수출이 중단된 이후 2006년을 기점으로 대한민국에 소량의 무연탄이 반입되었지만 이마저도 2010년 종료되었다. 2017년 2월 19일부터는 유엔 안보리 결의안 제 2321호에 따라 북한산 무연탄 수출량의 상한선이 설정되었고, 중국의 북한산 무연탄 수입량도 급감하였다. 아연, 마그네사이트의 경우, 비록 그 규모는 불규칙적으로 변화했지만, 매년 해당 북한산 광물 자원이 대한민국으로 꾸준히 반입되어 왔다.

한편, 남북은 2007년 6차례의 실무 협의를 거쳐 '남북 경공업·지하자원개발 협력사업'을 추진하였다. 해당 사업은 비누, 의류 등 8000만 달러 상당의 경공업 원자재를 차관 형태로 북한에 제공하는 대신, 단천 지역의 3개 광산(검덕, 룡양, 대흥)의 광물 자원으로 상환받기로 합의한 것이다. 그러나 천안함 폭침 사건에 대한 대응으로 발표된 2010년 5.24 조치로 인해 모든 사업 진행이 중단되었다.

3) 개성 공단

개성공단(개성공업지구)은 2000년 6·15 공동선언의 후속 남북 교류 협력으로 추진되어 대한민국의 기술과 자본이 북한이 제공한 토지와 노동력과 결합한 남북공동관리공단이다. 대한민국은 개성공단의 2004년 6월 시범지구 부지 조성, 2007년 1단계 기반시설 준공 사업에 사용되는 전력 및 기타 에너지 자원을 공급하였다. 개성공단은 2003년 6월 착공식 이후, 2004년 12월부터 본격적으로 가동되었다. 개성공단에 공급된 전력은 초기에 설치된 154kV 송전선로 2회선과 옥외변전소를 기초로 하였고, 이후 2007년 개성공단 1단계 시설 개발이 완료되면서 상업운전을 실시하였다. 당시 향후 전력 수요 증가에 대비하여 최대 20만 kW 규모의 전력을 제공할 수 있도록 시설을 구비할 계획까지 세웠다. 이후 154kV 고압송전선을 통해 개성공단 평화변전소에 2016년 2월까지 일일 평균 약 3~4만 kW 규모의 전력 에너지를 공급하였다. 대한민국은 개성공단 가동 기간 동안 전력 외에도 공업용수, 액화천연가스(LNG), 경유, 휘발유, 윤활유, 등의 다양한 에너지 자원을 공급하기도 했다.

그러나 지속적인 북한 핵 실험 및 도발 행위로 인해 2016년 2월 개성공단사업이 전면 중단되었다. 2008년 3월 북한은 북핵 문제 진전 없이는 개성공단을 확대할 수 없다는 통일부 장관의 입장 표명에 대응하여 대한민국 관계자들을 철수시켰다. 그 후에도 2008년 12월에는 개성공단 상주 인원을 제한시키고, 2009년 3월 한·미연합군사훈련 중에는 3번에 걸쳐 통행을 제한하였다. 2009년 5월 제2차 핵실험과 2010년 11월 연평도 포격 도발은 남북 관계를 더욱 악화시켰으며, 이에 대해 대한민국은 개성공단에 '최소 인원 출입'만을 허용하는 조치를 취하였다. 2013년에는 북한이 개성공단 근로자들을 철수시켜 4월부터 9월까지 총 166일 동안 시설 가동이 중단된 적도 있었다. 결정적으로 2016년 1월 6일 북한의 제4차 핵실험 감행과 2016년 2월 7일 장거리 미사일 발사가 계기가 되어 3일 후 2월 10일부터 지금까지 개성공단 사업이 전면 중단되었다. 이로 인해 대한민국은 한전이 관할하는 파주변전소에서 원격 조정으로 개성공단에 대한 모든 전력 공급을 끊었다.

2. 주요 에너지 남북경제협력사업 활성화 방안

1) 정치·외교적 안정화 도모

남북에너지협력사업이 성공적으로 정착하기 위해서는 정치·외교적 안정의 확보가 최우선사항이라고 할 수 있다. 남북경제협력의 궁극적 목표가 미래에 다가올 한반도 통일을 준비하는 것이므로 우선 대내적으로 실종된 통일담론을 굳건히 하고 통일에 대한 국민들의 관심과 지지를 확보할 필요가 있다.

이에 대한 세부적인 접근 원칙은 다음과 같다. 첫째, 그동안 통일에 대한 국민들의 의지에 부정적 영향을 미쳐왔던 통일비용의 실체에 대해 객관적으로 검증해야 한다. 통일비용은 추상적인 개념으로 연구의 구체적인 설계방식에 따라 달라지는데, 지금까지 천문학적인 액수만이 강조됨으로써 통일 의지를 약화시켜왔다. 둘째, 통일을 통해 얻을 수 있는 통일편익에 대한 국민들의 인식을 제고하는 것이 통일정책에 대한 국민적 지지를 얻는 데 효과적이다. 통일이 될 경우 국방비 등의 분단비용이 기본적으로 감소할 것이고 대한민국의 자본과 기술, 북한의 자원과 노동력을 결합함으로써 산업경쟁력을 향상시킬 수 있다. 또한, 대륙으로 이어지는 시장 접근성을 확보하고 외국인 투자자들의 안보우려를 불식시켜 신용등급 상승 및 투자 활성화를 기대할 수 있다.

통일을 통한 총 편익이 통일비용보다 높다고 하더라도 통일편익은 통일비용이 투자된 이후에 발생하는 것이므로 통일을 추진해야 하는 현 세대가 과중한 부담을 느낄 수밖에 없다. 우리나라는 통일비용을 줄이기 위해 과거 남북경제협력사업을 추진한 역사적 경험이 있는만큼, 앞으로 남북관계가 개선될 경우 경제협력사업의 규모와 속도 등 사업계획에 대하여 국민적인 합의가 마련될 필요가 있다.또한 중장기적으로 통일교육을 실시함으로써 우리나라의 젊은 세대에게 통일에 대한 관심을 높이는 것이 통일정책의 지속가능성을 담보하기 위한 필수조건이라 할 수 있다.

에너지는 적대국가에 수출할 수 없는 전략품목이기 때문에 남북에너지협력의 결실이 평화적인 목적을 위해 이용될 것이라는 정치적보장이 필수적이다. 과거 북·미간 제네바 합의에서 북한에게 중유를제공하기로 했던 이유는 중유가 군사용 목적으로 전용될 가능성이 낮고 산업용으로만 활용될 수 있기 때문이다.

남북에너지협력사업은 초기 단계에서 북한 지역에 침체된 에너지인프라를 구축 또는 재건해야 하기 때문에 많은 자본과 인력, 시간이 요구된다. 따라서 남북에너지협력의 순항을 위해서는 경제적 타당성뿐만 아니라 정치적 차원에서 신중한 접근이 이루어져야 한다. 최근 김정은 정권 하에서 핵개발로 인한 안보위험이 고조됨에 따라 남북관계는 물론이고 북미관계 및 주변국간 정치 갈등이 심화되고 있다. 현재 북한 정권이 핵개발 전략을 고수하고 있고, 이에 대해 국제사회의 대북 경제제재가 강도 높게 지속되고 있는 상황에서 섣부른 남북경제협력사업의 추진은 경제적, 정치적 실익을 놓칠 우려가 있다.

김연철에 따르면,[4] 남북경제협력사업이 장기적인 관점에서 안정적으로 이루어지려면 고질적인 북핵문제를 해결하여 한반도를 둘러싼 평화적 환경을 갖추어야 한다. 핵문제의 해결이란 현재의 북한 핵활동을 동결하거나 폐기하고, 검증 가능한 북한의 비핵화가 이루어지는 것을 말한다. 이를 위해서는 우리나라는 물론 미국, 일본 등 주변국과의 정치적인 관계개선이 선행되어야 하고, 군사적으로 평화체제가 형성되어야 하며, 경제적으로는 대북 경제제재의 완화가 이루어져야 한다.

향후 북한을 둘러싼 국제정세가 해빙기에 접어들 경우 에너지 부문을 포함한 남북경제협력사업의 안정적인 진행을 위해 남북 정상 간에 정치적 합의가 이루어져야 한다. 예컨대 에너지 부문에서 대북송전 사업이 실현되기 위해서는 남북관계에 정치적 신뢰가 담보되어야 한다. 해방 당시 뛰어난 수력발전 인프라를 갖추고 있던 북한은 남북 분단이 고착화되자 대한민국으로의 에너지 공급을 중단한 전례가 있다. 따라서 대한민국 의존적인 대북송전 사업은 북한의 입장에서 충분한 신뢰관계가 갖추어지지 않고서는 받아들이기 어려울 것이다.

---

4   김연철, "한반도 평화경제론: 평화와 경제협력의 선순환,"『북한연구학회보』, 제10권 1호 (2006), pp. 51~74.

더 나아가 정치·경제적 합의의 구속력을 강화하기 위해서는 대외적으로 통일외교를 추진하여 중국, 러시아, 일본, 미국 등 주변 열강국의 참여를 유도할 필요성이 있다. 경제협력을 통한 남북관계 개선, 그리고 궁극적으로 남북통일이 동북아 평화체제를 구축하고 지역통합에 이바지할 수 있다는 점을 강조해야 한다.

2) 북한 주변국과의 에너지 협력 모델 설립

인류 역사상 에너지의 확보는 전쟁의 수행을 위해 가장 중요한 사안 중 하나로 인식되어 왔기 때문에 당연히 국가 안보의 한 부분을 책임져 왔다. 이처럼 에너지 문제를 단순히 경제적인 이슈를 넘어 정치적 성격을 띠는 안보 이슈로 접근할 경우 에너지의 원활한 공급은 정부의 적극적인 개입을 요구하게 된다.

또한 세계화가 심화되는 추세 속에서 에너지 이슈는 정부주도에서 한 걸음 나아가 국가간 협력의 대상으로까지 확장되어 논의되기 시작하였다. 다시 말해 에너지 문제는 오랜 기간 하위정치(low politics) 이슈로 분류되어 오다가, 에너지안보 개념이 정립됨에 따라 '안보'라는 상위정치(high politics) 이슈와 연계가 가능하게 되었다. 하위정치 이슈는 협력을 추진하는 과정에서 정치적 비용이 상대적으로 낮게 설정될 수 있기 때문에 접근이 용이하다.

그러나 에너지안보 이론에 따르면 하위정치적 접근방식을 통한 에너지 협력에는 한계가 존재할 수 있으므로 상위정치적인 뒷받침이 중요하다. 김승렬에 따르면,[5] 유럽석탄철강공동체(European Coal

---

5 김승렬, "평화와 공동번영을 위한 '생산의 연대'?: 프랑스의 유럽석탄철강

and Steel Community)가 설립된 배경에는 에너지 협력이라는 하위정치적 접근보다는 역내 안정 도모 및 독일의 유럽통합과정에의 참여라는 여러 차원의 상위정치적 요소가 반영되었음을 상기할 필요가 있다.

따라서 에너지 부문에서 남북경제협력사업을 활성화하기 위해서는 남북한 간 에너지 협력을 증진시킨다는 하위정치적 목표보다 동북아 에너지안보 체제를 구축한다는 상위정치적 목표를 설정하고 주변국들의 참여를 이끌어내는 것이 바람직하다. 동북아 에너지 협력의 주요 참여국으로는 중국, 러시아, 일본, 남북한, 몽골 등을 들 수 있으며, 보다 범위를 넓혀보면 미국도 동북아 에너지안보에 밀접한 이해관계를 갖는 국가로 포함시킬 수 있다. 과거에 북핵문제를 타개하기 위한 6자회담이 성사될 수 있었던 동력 중 하나는 북핵문제의 해결이 동북아 에너지 협력과 호혜적인 관계에 있다는 점이었다. 북한의 낙후된 에너지 인프라를 재건하고 기반시설을 새롭게 건설하는 작업은 단순히 남북한 간의 경제적 이익에 한정되는 것이 아니라, 동북아 에너지안보 수준을 제고한다는 의미에서도 매우 중요한 사안이다.

따라서 북한 주변국과 연계한 에너지 협력 모델을 구축하는 것이 에너지 부문에서의 남북경제협력사업의 내실을 다질 수 있는 효과적인 방안이 될 수 있다. 대표적으로 러시아 극동지역에서 우리나라로 PNG를 도입하는 수송관이 북한을 경유하도록 하는 사업이 추진되었던 사례를 들 수 있다. 북한과 비교적 우호적인 외교관계를 유지하고 있는 러시아와 중국을 에너지 협력의 동반자로 포함시키는 구상안은 이들이 참여하지 않는 이전의 한반도에너지개발기구(Korean Penin-

---

공동체계획(슈만플랜)의 기원과 의미(1945~1950)," 『프랑스사 연구』, 제6권 (2002), pp. 29~57.

sula Energy Development Organization, KEDO) 체제보다 동북아 에너지 협력은 물론 남북 에너지 협력에 있어서도 더욱 적합한 대안이 될 것으로 기대된다.

3) 남북 협력 사업 확대 및 역량 강화

(1) 남북협력의 기본 원칙

김석진[6]은 국가 간 협력에 대해 일반적으로 적용되는 국제규범에 따라 대북지원 및 남북경협의 부문별 우선순위를 수립해볼 수 있다고 하였다. 남북협력 기금이나 공기업 자체 기금과 같은 국가 예산은 첫째, 효과적으로 빈곤 퇴치에 기여할 수 있고, 둘째, 민간투자가 용이하지 않아 공공지출이 필요한 산업부문에 우선적으로 투여되는 것이 바람직하다. 예컨대, 지금까지는 개성공단, 에너지 협력 사례와 같은 상업적 남북경협의 경우 인도적 지원과 거리가 멀고, 민간 부문으로부터의 투자 유치가 어렵지 않아 정부의 주도적인 역할 수행이 필수적으로 요구되지 않은 것으로 평가되었다. 그러나 남북관계가 급속도로 경색된 2010년대에 접어들면서 국제협력의 관례로부터 구별되는 북한의 특수성이 부각되었고, 특히 철도, 도로, 항만, 에너지 등의 사회간접자본 구축에 대한 적극적인 정부 지원이 요구되고 있다.

조동호에 따르면,[7] 남북경협의 원칙과 방향으로는 구체적으로 정경분리, 상호주의, 국제협력, 제도개선으로 나누어 제시할 수 있다.

6　김석진, "대북지원 및 남북경협의 부문별 우선순위와 지원정책 방향," 『KDI 북한경제리뷰』, 2012년 8월호(2012), pp. 31~45.

7　조동호, 『공진을 위한 남북경협 전략』(서울:동아시아연구원, 2012), pp. 55~86.

정경분리 원칙은 정치 및 안보 이슈로부터 유리된 순수한 경제 논리에 입각해 경제협력을 시도하는 것으로 요약된다. 그러나 해당 원칙이 북한의 정치 체계 및 행태에 대한 철저한 분석과 이해의 중요성을 축소시키지는 않는다. 오히려 정치적 기회구조의 변동에 대한 면밀한 파악과 신속한 대응의 기반 위에 상호 이익을 실현할 수 있는 경제적 수익성 측면을 강조하여 남북협력 사업의 지속성을 강화하는 것을 목표로 한다. 상호주의 원칙은 일방인 지원만 시도하는 시혜를 넘어 남북한 전체의 공동 발전 및 번영에 기여하는 것이다. 국제협력 원칙은 국제통화기금, 세계은행, 아시아개발은행 등 기존에 존재하는 국제금융 기구를 활용하거나 북한신탁기금, 북한개발지원그룹, 동북아개발은행 등 신규 국제협력체 설립을 통해 달성될 수 있다. 제도개선 원칙은 남북협력기금 집행, 통신·통관·통행 절차, 투자보장, 이중과세 방지, 상시분쟁 해결, 청산결제에 관한 4대 경협 합의서 등 다양한 사회제도를 대상으로 한다.

（2） 남북협력 현황 및 역량 강화 방안

연도별 남북 교역액은 장기적으로 증가하는 추이를 보였지만, 남북협력사업승인 건수는 2000년대 후반 이후 꾸준히 감소하는 것을 위 그림을 통해 확인할 수 있다. 대표적인 남북협력사업으로는 임진강 수해방지사업, 철도 및 도로 연결사업, 개성공단 개발사업, 두만강 개발계획, 경수로 사업 등을 들 수 있지만, 지금은 모두 중단된 상태다.

비록 중단된 남북경협 사업이더라도 향후 정치·외교적 상황 변화에 따라 재개될 가능성을 염두에 둘 필요가 있다. 이를 기반으로 추가적인 남북경협 사업을 확대 운영하도록 노력하는 자세가 요구된다. 이를 위해서는 기존에 대북사업을 구상하고 참여한 경험이 있는 전문

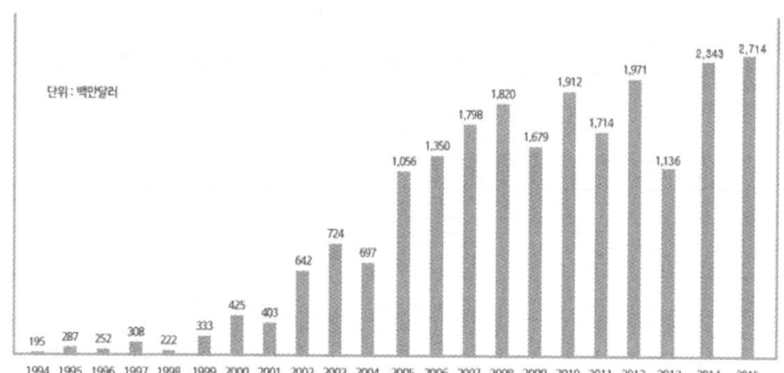

그림 6　남북 교역액 현황

출처: 통일부 주요사업통계; 〈http://www.unikorea.go.kr/unikorea/business/statistics/〉(최종접속일 : 2018.1.7.).

가들이 자유롭게 협의할 수 있는 협력 네트워크를 발족시키고 지원해야 한다. 예컨대, 한국수자원공사는 UNESCAP(아시아태평양경제사회위원회)와 함께 북한 경제관리실무자의 중단기(1~3개월) 기술연수프로그램을 공동으로 실시하고 있다. 프로그램의 주요 내용은 상수도 시설 용수수급체계, 수질검사 장비 및 기술 지원, 도시별 상하수도 기본계획 수립, 다목적댐 기술 지원, 노후 발전시설 현대화 사업 등이다. 한국수자원공사가 계획한 향후 남북협력사업 추진방향은 개별 공기업 단위에서부터 북한 주변국들과의 국제 협력 차원까지 다루고 있다. 첫째, 사내 협의체 내에서의 협력 아젠다 구체화, 둘째, 사내교육과 통일교육원 전문프로그램을 통한 내부역량 강화, 셋째, 정부, 학계, 공공기관, 국책연구소, 법조계, 언론, 민간기업, 북한이탈주민 등 다양한 국내 분야에서의 다자협력 거버넌스 강화, 넷째, 중국, 러시아와 같은 북한 우호국을 포함한 체계적인 국제 협력 네트워크 구축이 그 내용이다.

이와 더불어, 남북 협력 기금, 공기업 자체 기금과 같이 사업 진행과정에서 실제적으로 활용 가능한 자원을 파악하고 확보해야 한다. 남북협력기금은 1990년 8월 1일 부로 효력을 갖게 된「남북협력기금

법」에 의거하여 1991년 3월 공식적으로 250억 원이 조성되었다. 이후 2014년 말까지 정부출연금 4조 7,081억 원, 민간출연금 25억 원, 공공자금관리기금 예수금 6조 7,038억 원, 기타 운용수익 9,100억 원 등 총 12조 3,254억 원이 조성되었다. 비경제분야 교류는 무상, 경제분야 교류는 유상으로 지원되며 각 사업별 지원 자금 내용은 〈표 5〉와 같다.

표 5   남북협력기금 집행 현황 (단위: 백만 원)

구분		자금종류	2006	2007	2008	2009	2010	합계
경상 사업	남북교류 협력지원	인적왕래지원	5,289	1,689	2,721	–	–	9,708
		사회문화 협력지원	7,375	6,908	3,847	3,029	2,119	23,278
		소계	12,664	8,606	6,568	3,029	2,119	32,986
	민족공동체 회복지원	이산가족 교류지원	9,908	26,918	18,241	2,152	1,987	59,206
		인도적 지원사업	212,536	227,193	59,682	29,367	19,196	547,974
		경협기반 조성(무상)	152,091	172,540	110,074	41,461	17,676	493,842
		소계	374,535	426,651	187,997	72,980	38,859	1,101,022
	합계		387,199	435,257	194,565	76,009	40,978	1,134,008
융자 사업	인도적 사업		3,939	140,491	–	–	–	144,430
	남북교류 협력지원	교역경협 자금대출	47,910	56,631	10,807	15,416	41,569	172,333
		교역대출	7,327	8,288	7,834	8,416	31,243	63,108
		경협대출	40,583	48,343	2,973	7,000	10,326	109,225
		경협기반 조성(유상)	23,065	83,369	25,832	8,596	3,703	133,565
	경수로사업	경수로 사업대출	8,883	–	–	–	–	8,883
	합계		83,797	280,478	36,639	24,012	45,272	470,198
총계			470,995	715,736	231,204	100,021	86,250	1,604,206

출처 : 북한정보포털 남북관계 지식사전; 〈http://nkinfo.unikorea.go.kr/nkp/term/viewKnwldgDicary.do?pageIndex=1&dicaryId=140〉(최종접속일 : 2018.1.8.).

IV. 통일 이후 에너지 산업 체제전환 방안

1. 북한 급변사태 대비 에너지 인프라 확충 전략 수립

김경술에 의하면,[8] 북한 급변사태는 "북한에서 정권이나 체제의 붕괴를 초래하는 비상사태가 발생하고, 한국이 정치경제적으로 개입하여 비상조치를 강구할 필요가 있는 상황"으로 정의된다. 일반적으로 사회주의 국가의 급변사태의 원인에는 주민 민심 이반, 권력 내부 불안정, 최고 통치자 신변 이상, 체제 모순 등이 복합적으로 작용할 수 있다. 북한 급변사태의 유형은 쿠데타, 주민 봉기, 내전, 자연재해 등에 의한 무정부 상태 등으로 나타날 것으로 예측된다. 상기한 북한 급변사태가 일어날 경우 에너지 부문의 생산, 소비, 교역, 유통 등에 있어 총체적으로 혼란이 가중될 것이므로 급변사태 발생 단계를 예측하여 수립하고 각 시기에 맞는 적절한 에너지 정책을 수행해야 한다. 이에 대한 세부 내용은〈표 6〉과 같다.

〈표 6〉은 에너지경제연구원이 발표한 "통일대비 에너지 부문 장단기 전략 연구"에 따른 것으로, 잠재적인 급변사태가 내재된 시기부터 급변사태가 심화된 이후 안정기에 접어들 때까지 대한민국 정부가 취해야 할 에너지 정책 목표와 추진 체제를 체계적으로 정리했다는 함의가 있다. 북한의 급변사태에 대한 에너지 부문의 주요 대응 방안으로는 에너지비상대책위원회 구성, 탈북민 대상 에너지 지원, 긴급 에

---

8   김경술, 『통일대비 에너지 부문 장단기 전략 연구(1차년도)』(울산:에너지경제연구원, 2015), p. 6

표 6 북한 급변사태 단계별 주요 정책과제 및 추진체제

구분	현재/급변사태 내재단계	급변사태 발생단계	급변사태 진행단계	급변사태 안정화 단계
난민발생 상황	정치경제적 불안 확산 탈북 급증	대량탈북	대량탈북 지속	대량탈북 진정 (대북통제력 장악)
정책대응	위기대응 준비체제 구축	위기대응체제 가동 점검	위기대응체제 가동	점진통합단계로 이행
준비기구	에너지수급비상 대책반	에너지비상대책 위원회	에너지비상대책 위원회	북한에너지 사업단 → 에너지 전담 행정기구
에너지 지원체제	긴급지원계획 수립 및 점검	긴급지원체제 가동	긴급지원체제 가동	대한민국공급 → 북한공급으로 전환
에너지설비 관리	에너지설비 관리계획 수립 및 점검	전문인력 파견, 현장파악	현지 운영여건 확보, 인력 및 기술지원을 통한 가동 정상화	실태조사 → 현대화 방안 수립 및 추진
난민대책	수용시설 에너지 공급대책 수립 및 점검	수용시설 에너지 공급대책 가동	수용시설 에너지 공급대책 가동	수용시설 에너지 공급 축소 및 정리
국내 에너지 수급 대책	국내 에너지수급 안정화 대책 수립 및 점검	국내 에너지수급 안정화 대책 가동	국내 에너지수급 안정화 대책 가동	국내 에너지수급 안정화 대책 축소 및 정리

출처 : 김경술, 『통일대비 에너지 부문 장단기 전략 연구(1차년도)』(울산:에너지경제연구원, 2015), p. 24 참조.

너지 공급 조치, 노후 에너지 설비 현대화, 개성공단 에너지 설비 관리 대책 수립, 주변국의 대북에너지 지원 공조 유도 등이 제시되었다.

에너지비상대책위원회는 북한 급변사태 발생 시 에너지 부문을 위기 비상 관리 체제로 전환하여 남북한의 에너지 생산 및 공급 과정 전체를 총괄하는 정부 기구이다. 에너지비상대책위원회는 크게 에너지수급비상대책단과 대북에너지지원사업단으로 나뉘며 에너지 산업과 관련된 안보, 시장, 설비, 수송 등 다양한 분야에서 필요한 조치를

신속하게 취하도록 하는 거버넌스 구조를 가진다. 이에 대한 세부 내용은 아래와 같다.

표 7　에너지비상대책위원회 조직 및 기능

구분		역할
에너지비상대책위원장		- 에너지비상대책위원회 활동 전체를 대표 - 대한민국 에너지시장 비상관리 - 대북 에너지 지원사업 전체 관장
에너지 수급비상 대책단	에너지 안보대책반	- 국내 에너지 안보 위험요인 분석, 대책 수립 및 시행 - 에너지 교역 불안요인 파악, 에너지 도입계약 재확인, 수출입 항로 안전점검 - 시급한 추가 수입물량 산출 및 도입계약 추진
	에너지 시장대책반	- 국내시장의 불안요인 분석, 대책 수립 및 시행 - 국내 에너지 시장 동요 최소화 대책수립 및 시행 - 에너지 가격 폭등, 사재기 등 시장교란 예방, 감시 - 대북 지원 등을 감안한 적정 에너지수급 관리
	긴급시설 에너지공급반	- 탈북자 수용시설 긴급 에너지 공급계획 수립, 시행 - 에너지 이용기기 및 제품, 관련시설의 설치, 건설 - 개성공단 에너지시설 보호 및 비상 운영계획 시행
대북 에너지 지원 사업단	에너지 지원반	- 북한 민생부문 적정 에너지 지원계획 수립, 시행 - 소요 에너지의 조달방안 수립, 시행 - 이용기기 및 제품의 소요량 파악 및 조달업무
	설비운영반	- 에너지시설 파괴, 절취 대비 긴급경비계획 수립, 시행 - 인력이탈 방지를 통한 설비의 적정 가동여건 확보 - 설비 적정 운영 및 긴급보수를 위한 부품, 부자재, 시설 등의 수요 파악 및 긴급조달계획 수립, 시행
	수송대책반	- 대북지원 에너지, 설비의 수송대책 수립, 시행 - 철도, 도로, 해양, 항공 등 수송모드, 에너지원별 수송 특성, 에너지 설비 수송특성 등을 고려한 유기적, 종합적인 대북 에너지 수송대책 수립, 시행

출처 : 김경술, 『통일대비 에너지 부문 장단기 전략 연구(1차년도)』(울산:에너지경제연구원, 2015), p. 33 참조.

2. 공기업 중심의 에너지 산업별 체제전환

대한민국 에너지 공기업이 중심이 되어 북한의 국영기업을 인수하여 통합 운영하는 미래 운영 전략을 세울 필요가 있다. 이 때 산업의 구조를 고려한 각 단계별 전략을 구축하는 것이 핵심이다.

이 같은 정책 기조를 효과적으로 관리하기 위해서는 정부가 주도하는 에너지 산업 규제 Task Force Team을 구성하여 통일 이후 체제전환 계획에 대하여 일괄적으로 통제 및 관리하는 것이 필요하다. 이 팀의 주된 역할은 에너지 산업 규제 정책에 대한 마스터플랜을 세우는 것이며, 지역별 에너지 수급 편차 극복, 에너지 인프라 확충 등의 세부 전략 방향을 설정할 필요가 있다. 공기업은 이같은 마스터플랜에서 제시한 인프라 투자 주도, 공공재 공급 서비스 안정화, 지역별 편차 극복의 기능을 실제로 수행하는 주체가 되어야 한다.

에너지 산업별 체제전환 방안을 살펴보면 다음과 같다.

석탄산업의 경우 우선 북한의 낙후된 인프라 전반을 개선하여 북한 전역에 연탄을 공급할 수 있는 기반을 구축해야 한다. 대한민국은 석탄 의존도가 매우 낮은 반면 북한의 경우는 석탄이 중요한 에너지원으로 쓰이고 있으며, 통일 이후에도 이 같은 상황은 크게 바뀌지 않을 것이다. 북한 지역 내 연탄 수요는 통일 이후 일정기간 꾸준히 유지될 가능성이 크다. 중장기적 관점에서는 국민소득 증가 등으로 인하여 연탄소비가 줄어들 수 있으므로 점진적 구조조정을 통해 민영화 등 운영 체제 변환에 대비할 수 있어야 한다.

석유산업은 우선적으로 대한민국이 갖고 있는 정유 및 석유화학 분야의 역량을 바탕으로 북한 정유 제반시스템을 개보수해야 한다. 이를 위해서는 민간 부문의 자본 투자와 기술 협력이 필수적이며 정유제품 가공사업 추진, 발전용 중유 지급 등의 조치를 취할 수 있다. 장기적으로는 북한 내 석유 탐사 프로젝트, 송유관 배설, 석유 저장 및 운송시설 개발 등 석유 개발 및 물류협력을 활성화하는 데 역점을 두어야 한다.

가스산업을 살펴보면 통일 이후에도 해외국가에 대한 가스 에너지원 구매력 확보를 위해 공기업 주도로 독점적으로 구매를 할 필요가 있으며, 민간 부문에서 판매 및 배급 영역에 대한 투자 및 참여를 유도하는 방향으로 전개되어야 한다. 특히, LPG는 별도의 공급시설이 필요하지 않으므로 북한의 민생용 에너지원으로 활용하기 유리한 측면이 있다.

전력산업은 북한 배전망을 대한민국식 표준 배전망으로 전환하여 전력 공급망의 호환성을 달성하는 것이 우선적으로 선행되어야 한다. 또한 대북 송전망 건설 확충을 통해 북한 지역에 추가로 발생할 전력 수요에 대응할 수 있어야 한다. 장기적으로는 북한 내 전력설비를 개·보수하고 신규 발전소를 건설하여 북한 지역 내 자체 전력 생산망 구축을 통해 통일 대한민국 국토 전역에 안정적 전력 공급을 달성하는 데 초점을 두어야 한다.

궁극적으로는 공기업 주도의 에너지 거버넌스에서 점차적으로 민간 및 해외자본 투자 비율을 확대해야 한다. 해외자본의 경우 세계은행(World Bank), 국제통화기금(International Monetary Fund), 국제부흥개발은행(International Bank for Reconstruction and Development), 아시아개발은행(Asian Development Bank), 아시아인프라투자은행(Asian Infrastructure Investment Bank) 등 국제기구의 자금을 조달하는 방안을 고려해볼 수 있다. 정부는 산업별 특징을 고려하여 자연 독점이 성립하지 않는 에너지 산업에 대해 사적 소유권과 경쟁 메커니즘을 도입하고 독점적 요소들을 규제하는 방향으로 에너지 산업 정책 방향을 이끌어 갈 필요가 있다.

3. 북한민영화 전문 기관 설립 : 독일의 신탁청 사례 분석

통일한국의 에너지 산업 통합을 연착륙시키기 위해서는 앞서 논의하였듯이 공공부문의 적극적인 개입이 우선적으로 요구된다. 그 다음으로 거버넌스 개편을 중장기적으로 추진하기 위해 에너지 산업을 세분화하고 민간부문이 공공부문보다 더 경쟁력을 갖출 수 있는 분야를 파악하여 민영화하는 방안을 마련해야 한다. 사회주의 국가의 특성상 북한의 에너지 산업은 중앙집권적으로 정부의 직접적인 관리 하에 놓여 있다. 따라서 국가의 에너지 산업을 관할하는 공공부문의 규모가 결코 작지 않다는 점을 고려하면 원활하고 효율적인 민영화 추진을 위해 이를 책임지는 전문 기관을 설립할 필요성이 있다.

민영화 전문 기관의 설립 및 운영에 있어 독일의 신탁청(Treu-handanstalt) 사례를 참고할 수 있다. 신탁청은 동서독 정부 및 서독의 에너지 기업들과의 협상을 통해 독일의 통일과정에서 동독의 에너지 산업을 단기간에 사유화하는 데 큰 역할을 한 정부기관이다. 신탁청이 설립된 기본취지는 경쟁력이 떨어지는 동독의 국영기업들을 개혁하거나 사유화함으로써 서독의 시장경제 체제를 동독에 정착시키는 것이었다. 이를 위해 신탁청은 1990년 7월 1일 동독 국영기업들의 모든 재산을 법적으로 인수하고 관리하였으며 1994년에 설립목적을 달성하고 해체되었다. 신탁청의 역할에 대해 긍정적인 평가를 내리는 학자들도 있지만 한편으로 4년이라는 짧은 기간 동안 민영화를 급진적으로 추진함에 따라 경제적, 사회적으로 지나친 부작용이 발생하였다는 비판도 존재한다. 따라서 독일의 신탁청 사례를 면밀히 분석하여 미래 통일한국의 에너지 산업의 민영화에 있어 타산지석, 반면교사로 삼을 필요가 있다.

동독과 서독의 경제통합을 위해 신탁청이 동독 국영기업을 처리하는 데 있어서 투자와 고용창출을 많이 달성할 수 있는 투자자에게 우선적으로 매각한다는 규정이 있었으나 현실은 주로 서독 기업들이 헐값에 사들여 해당 기업을 대폭 구조조정하고 부동산 등 자산을 매각하는 식으로 이윤을 취하는 경우가 많았다. 당시 동독 사람들은 국영기업에 투자하거나 이를 인수할 재정적인 여건을 갖추고 있지 못했을 뿐만 아니라 시장경제 체제에 맞는 회사경영 경험이 없었다.

그 결과 신탁청의 관리를 받던 거의 모든 기업들은 서독 투자자들에게 일종의 세일(sale) 형태로 넘어가게 된다. 14,000개 이상의 동독 기업들이 대부분 서독 기업들의 소유가 되었고 이 회사들의 지배구조는 거의 서독 사람들로 구성되었다. 고용인들 스스로 동독 기업을 인수하는 경우도 있었으나 시장경쟁 체제 하에서 경쟁을 버티지 못하고 망하게 되는 일이 부지기수였다.

신탁청을 통한 동독 국영기업들의 사유화 과정에서 부실경영에 처한 기업은 물론이고 경쟁력을 갖춘 기업마저도 서독 기업의 이윤을 위해 지나친 구조조정이나 해체를 맞이하였으며 이로 인해 수많은 동독 사람들이 실직하였다. 1995년 동독 지역에는 330만 명 정도의 실업자들이 대량으로 발생하였으며, 이러한 실업문제는 사회주의 국가였던 동독에서 유례가 없었던 일이기에 동독 주민들에게 큰 절망을 안겨주었고 서독의 기업인수에 반감을 갖게 하였다. 이처럼 단기간 내에 동독의 모든 국영기업을 서둘러서 사유화하려는 무리한 계획으로 인해 동독 기업들이 몰락하고 서독 기업들의 배만 불려주었다는 비판이 제기되는 것이다.

신탁청은 독일 연방정부의 재무성 산하기관으로서 경제 전문가들로 구성된 전문 기관이라기보다는 정치적 독립기관의 성향이 짙었다. 신탁청의 이사진은 정치인 11명, 동독 시장 5명, 노동조합 대표 4명, 연방정부 대표 2명으로 구성되어 있었다. 즉, 기업인들이나 경제학자, 경영학자 등의 전문가들의 참여 없이 정치인들이 동독 국영기업의 사유화를 주도했다고 볼 수 있다.

또한 사유화 추진 과정에서 국영기업들이 대부분 주식회사로 전환되고 투자자에게 소유권이 이전되기 전까지 신탁청이 대주주로서 기능하였는데, 이로 인해 신탁청 활동기간 동안 300억 마르크 이상의 정부재정이 투입되었다. 그러나 사유화가 완료된 이후 대부분의 동독 회사들이 결국 망했기 때문에 정부재정을 낭비하고 막대한 경제손실을 야기했다는 비판이 있다.

위의 신탁청 사례로부터 얻을 수 있는 시사점을 정리해보면 다음과 같다. 첫째, 에너지 산업 거버넌스를 개편하는 청사진을 마련할 때에 각각 단기·중기·장기 측면에서 체계적으로 접근해야 섣부른 개편으로 인해 발생할 수 있는 정책적 부작용을 최소화할 수 있다. 둘째, 민영화 전문 기관의 구성원 및 결정권자 등 기관 조직도를 설계하는 과정에서 경제성, 형평성 등의 기준을 반영할 수 있는 전문가들을 참여토록 하고 과도한 정치적 개입을 차단할 수 있어야 한다. 셋째, 통일한국에 있어서도 전례 없는 규모의 민영화가 이루어지게 될 것이므로 민영화 전문 기관의 권력 비대화를 견제하고 재정투명성을 담보할 수 있는 장치를 마련해야 한다. 예컨대 국회의 소관위원회의 역할을 제도적으로 정비하는 방안을 생각해 볼 수 있다.

::참고문헌

김경술. 『남북 에너지협력 방안 연구 한반도 통합에너지시스템 구축을 위한 정책과제 분석 연구』. 울산: 에너지경제연구원, 2012.

김경술. 『북한 민생용 에너지 문제 해결방안 연구』. 울산: 에너지경제연구원, 2012.

김경술. 『북한 에너지통계』. 울산: 에너지경제연구원, 2015.

김경술. 『통일 대비 에너지부문 장단기 전략 연구(1차년도)』. 울산: 에너지경제연구원, 2015.

김경술. "유엔 대북제재 결의 2270호의 북한 에너지 수급 영향."『세계에너지시장 인사이트』, 제16권 11호(2016), pp. 3~16.

김계환. "러시아 석유가스산업의 전환과 러시아 국가자본주의."『민주사회와 정책연구』, 제14권(2008), pp. 43~74.

김규륜. "남북한 에너지분야 교류·협력 발전방향."『통일연구원 연구총서』. 2001, pp. 1~61.

김근식. "사회주의 체제전환과 북한 변화: 비교사회주의 관점에서."『통일과 평화』, 제2권 2호(2010), pp. 111~136.

김석진. "대북지원 및 남북경협의 부문별 우선순위와 지원정책 방향."『KDI 북한경제리뷰』, 2012년 8월호(2012), pp. 31~45.

김승렬. "평화와 공동번영을 위한 '생산의 연대'?-프랑스의 유럽석탄철강공동체 계획(슈만플랜)의 기원과 의미(1945-1950)-."『프랑스사 연구』, 6권(2002), pp. 29~57.

김연철. "한반도 평화경제론: 평화와 경제협력의 선순환."『북한연구학회보』, 제10권 1호(2006), pp. 51~74.

류석춘·최진명. "메콩강유역개발사업(GMS)을 통해 본 중국의 대 동

남아시아 지역협력 연구: 중국 대외정책의 변화배경과 지역
협력의 양면성."『국제·지역연구』, 제21권 2호(2012), pp.
137~173.

배성인. "북한의 에너지난 극복을 위한 남북 협력 가능성 모색-신재생
에너지를 중심으로."『북한연구학회보』, 제14권 1호(2010),
pp. 59~90.

신정식·최성호. "에너지 네트워크 산업의 구조개편 현황과 정책과제."
『규제연구』, 제13권 1호(2004), pp. 131~166.

심의섭·이성인. "남, 북한 에너지협력 과제와 정책방향."『동북아경제
연구』, 제19권 1호(2007), pp. 155~183.

안세현. "북한의 에너지 안보 구축."『국제관계연구』, 제18권 1호(2013),
pp. 67~103.

안재호 외 공저.『에너지산업분류 및 주요지표 개발 방법 연구』. 울산:
에너지경제연구원, 2009.

양운철. "베트남 도이머이 정책의 북한적용 가능성: 체제전환의 관점에
서."『국제통상연구』, 제16권 4호(2011), pp. 1~32.

양의석. "북한 에너지 부족의 실체와 남북한 에너지 협력 가능성."『에
너지 포커스』, 제1권 1호(2004), pp. 6~15.

우평균. "동유럽 공산체제 해체와 북한체제 붕괴의 연관성."『평화학연
구』, 제15권 4호(2014), pp. 35~56.

윤재영. "북한 전력 인프라 구축을 위한 단계적 협력 과제."『통일경제』,
2009년 여름호(2009), pp. 88~104.

윤재영. "동북아 SUPERGRID 구상과 전망."『세계 에너지시장 인사이
트』, 제13권 13호(2013), pp. 3~10.

윤재영. "북한 전력산업 현황 및 독일 통합사례."『KDI 북한경제리뷰』,

2016년 5월호(2016), pp. 17~31.

이석 외 공저.『남북통합의 경제적 기초: 이론, 이슈, 정책』. 세종: 한국개발연구원, 2013.

이승경·이승호. "이익공유 이론을 통해 본 메콩유역의 협력."『동남아연구』, 제25권 1호(2015), pp. 275~310.

이재승. "에너지 안보와 동북아 협력: 하위정치 이슈에 대한 상위정치적 접근."『국제·지역연구』, 제14권 1호(2005), pp. 21~49.

이재승·신동엽. "러시아의 정부와 국영에너지기업 관계 연구: 로스네프트의 사례를 중심으로."『국제정치연구』, 제18권 1호(2015), pp. 403~421.

이준범. "에너지 안보에 대한 이론적 접근: 에너지 수급의 정치경제."『국제평화』, 제2권 1호(2005), pp. 3~31.

이한우. "베트남의 국영기업 소유구조 변화와 정부-기업관계."『동남아시아연구』, 제23권 2호(2013), pp. 143~175.

정광호·이석원.『북한 국영기업 민영화정책에 대한 연구 : 전력, 정보통신, 철도 등 네트워크 산업을 중심으로』. 서울: 서울대학교 통일평화연구소, 2008.

정규재. "세계 주요 슈퍼그리드(전력망) 추진 동향과 시사점."『세계 에너지시장 인사이트』, 제17권 16호(2017), pp. 3~16.

정오영. "북한의 산업(Ⅳ) : 에너지산업."『통일경제』, 2000년 11월호. (2000), pp. 37~44.

정우진.『북한의 에너지교역실태 연구』. 울산: 에너지경제연구원, 2015.

조동호.『공진을 위한 남북경협 전략: 보수와 진보가 함께 고민하다』. 서울: 동아시아연구원, 2012.

조준현.『체제전환국들의 경제개혁과 노동시장의 구조변화에 대한 비교연구』. 부산: 부산대학교 출판부, 2017.

한국행정학회. 『통일시대에 대비하는 에너지정책의 기본방향 연구』. 세종: 산업통상자원부, 2016.

홍성국. "최근 북한의 에너지 현황과 남북협력의 과제." 『수은북한경제』, 2007년 여름호(2007), pp. 61~79.

Andrews, C. J. "Energy Security as a Rationale for Governmental Action." *IEEE Technology and Society Magazine*. vol. 24 no. 2(2005), pp. 16~25.

Gerner, Frans and Bent Svensson: *Public and Private Sector Roles in the Supply of Gas Services in Developing Countries*. Washington, DC: World Bank, 2004.

Kessides, I. N. "The Impacts of Electricity Sector Reforms in Developing Countries." *The Electricity Journal*. vol. 25, no. 6(2012), pp. 79~88.

Organisation for Economic Co-operation and Development: *OECD Guidelines on Corporate Governance of State-Owned Enterprises*, 2015 Edition. Paris: OECD Publishing, 2015.

ADB 홈페이지; 〈www.adb.org〉.

Enerdata 홈페이지; 〈www.enerdata.net〉.

MRC 홈페이지; 〈www.mrcmekong.org〉.

World Bank 홈페이지; 〈www.worldbank.org〉.

북한정보포털 홈페이지; 〈nkinfo.unikorea.go.kr〉.

북한통계 홈페이지; 〈kosis.kr/bukhan〉.

한국광물자원공사 홈페이지; 〈kores.or.kr〉.

한국무역협회 홈페이지; 〈www.kita.net〉.

통일대비 북한 보건의료분야 지원사업 평가틀 구축__

김선영·조윤민·하솔잎

목차

I. 서론

II. 보건의료분야 대북지원사업 평가틀 구축 방법 및 절차

III. 결론

김선영   서울대학교 보건환경연구소   조윤민   서울대학교 보건환경연구소
하솔잎   서울대학교 보건환경연구소

I. 서론

한국의 대북지원사업은 1995년 6월 정부 차원의 쌀 15만톤 지원으로 시작되었으며, 이후 무상지원(긴급구호 및 재해복구)과 유상지원(식량차관)의 형태로 지속적으로 추진되어 왔다. 대북지원사업이 본격화 된 시점은 1997년으로 볼 수 있으며, 김대중 정부의 햇볕정책을 중심으로 정부와 민간기관의 대북지원사업 규모와 분야가 확대되었다. 최근에는 전염병 발발, 수해 등에 대한 긴급구호지원 및 민간단체와 국제기구를 통한 지원이 지속적으로 추진되고 있는 한편, 초기의 긴급구호나 일회성 지원 위주에서 벗어나 보건의료분야 지원, 영유아 등 취약계층 지원 및 기술전수 등의 개발지원 사업들로 확대되고 있는 추세이다.

그 중에서도 보건의료분야 대북지원사업은 식량원조에 비해 저조하였으나 최근 들어 그 중요성이 대두되면서 국내 민간기관의 지원 규모가 점차 증가하고 있다. 이는 국제사회에서 보건의료분야가 공적개발원조(Official Development Assistant; ODA)[1] 사업의 주요 분야 중 하나로 여겨지고 있고 저개발 국가들의 인권, 특히 건강권 향상 측면에서 필수적인 분야로 대두되고 있는 양상에 기인한다.

2008년 이후로 경색된 남북관계와 북한의 핵실험과 같은 무력도발로 인해 국제 정세가 악화되면서 인도적 대북지원의 규모가 감소하기

---

1 공적개발원조(Official Development Assistant): 한 국가의 중앙 혹은 지방정부 등 공공기관이나 원조집행기관이 개발도상국의 경제개발과 복지향상을 위해 개발도상국이나 국제기구에 제공하는 자금의 흐름을 의미한다. ODA Korea, 〈http://www.odakorea.go.kr/ODAPage_2012/T01/L02_S01.jsp〉 참고.

도 하였지만, 보건의료분야 대북지원은 정치적 상황을 떠나 생명과 건강을 지키기 위한 인도적 차원의 활동으로서 북한 주민의 건강 향상에 기여하고 북한의 대남 신뢰도를 높였다는 평가를 받고 있다.[2] 그러나, 긍정적인 평가에도 불구하고, 한편으로는 대북 보건의료지원 사업의 한계점들이 지적되기도 하였다. 첫번째는 보건의료분야 대북지원의 상당부분이 긴급구호, 물자 지원과 같은 단발적인 사업 위주로 진행되었다는 점이다. 2005년 원조 효과성 향상을 위한 관한 파리 선언(The Paris Declaration on Aid Effectiveness)[3] 이후로 원조 사업에서 수원국 파트너쉽과 제도적 역량강화가 강조되고 있지만 현재까지 대북 보건의료 지원사업은 단발적 지원에 그치고 있는 것이 현실이다. 두번째 한계점은 보건의료분야 대북지원사업의 평가가 제대로 이루어지고 있지 않다는 점이다. 이는 보건의료분야에 국한된 사항이 아니며 대북 지원사업 전반적으로 사업의 효과와 영향을 평가한 사례가 드물고 심지어 대북지원사업의 내용을 정리한 사업보고서도 찾기 힘든 실정이다. 지원사업에 대한 평가는 사업의 효과와 영향을 파악하여 향후 대북 지원사업 계획시 참고할 수 있는 중요한 자료원이 될 수 있다는 점에서 의미가 있다. 또한, 지원사업을 시행하는 주체에 책무성을 부여하고 사업 전반에 걸쳐 투명성을 제고하여 지원사업의 효과를 증대할 수 있

---

2 황나미, "북한 보건의료체계 개발을 위한 남북 협력 추진방안," 『보건복지 포럼』, (2007), pp. 6~16.

3 Development Assistance Committee (DAC), "The Paris declaration on aid effectiveness and the Accra Agenda for action,"(Paris: OECD, 2008), pp. 1~14.

다.[4] 하지만, 현실적으로, 보건의료분야 대북 지원사업의 평가에는 여러 여러움이 따른다. 첫째, 북한의 내부 정치적 상황에 기인하는 폐쇄성으로 인해 평가에 필요한 정보를 얻기가 쉽지 않다. 과거 북한을 대상으로 활동한 다양한 비정부기구(NGO)들이 이러한 문제점으로 인해 원조 피로를 느껴 원조사업을 중단하는 사례가 발생하기도 하였는데[5] 이런 특성은 원조사업의 평가에서도 큰 장애가 되고 있다. 둘째, 대북지원사업이 주로 민간에서 수행되는 경우가 많은데 이를 관리하고 평가할 담당기관이 존재하지 않아 대북 지원사업을 평가하는 일이 쉽지 않은 실정이다. 셋째, 평가가 수행된다 하더라도, 대북지원사업이 남북관계와 국제정세에 큰 영향을 받고 있어 기존의 사업 평가틀을 이용한 사업 평가가 어려울 수 있다.

이러한 맥락에서, 보건의료분야 대북지원사업의 효과성을 더욱 제고하기 위한 한 방편으로서, 지원사업의 체계적 평가 수행에 이용될 수 있도록 대북지원사업의 특성을 반영한 평가틀을 개발할 필요가 있다.

---

4   Development Assistance Committee, "Principles for evaluation of development assistance,"(Paris: OECD, 1991), pp. 4~11.

5   보건복지가족부, "지속적인 협력과 발전을 통한 북한보건의료체계 발전방안 연구,"(2008), pp. 1~388.

II. 보건의료분야 대북지원사업 평가틀 구축 방법 및 절차

보건의료분야 대북지원사업의 평가틀을 개발하기 위한 절차는 총 4단계로 나뉘어질 수 있다. 우선, 평가의 대상을 명확히 하기 위해 대북 보건의료 지원사업을 정의한다. 두 번째 단계에서는, 평가영역을 설정하기 위해 대북 보건의료지원사업의 목적을 정의하고 우선순위 설정방식을 고찰한다. 다음으로는, 지원사업과 관련된 북한의 특이성을 평가틀에 반영하기 위해 취약국가 특성, 남북관계 및 한반도 정세가 가지는 정치적 특성, 대북지원사업의 폐쇄성으로 인한 투명성 문제를 고찰한다. 마지막으로, 대북 보건의료지원사업의 기본원칙을 정하고, 기존 ODA 평가기준을 기본틀 삼아 대북지원의 특수성을 고려한 평가틀을 구축, 제안한다.

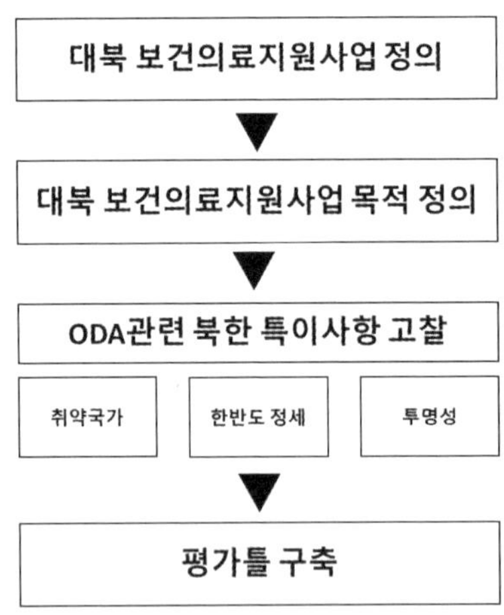

그림 1 평가틀 구축 절차

1. 보건의료분야 대북지원사업의 정의

평가를 위해서는 우선적으로 평가대상이 되는 보건의료분야 대북지원사업에 대한 정의가 필요하다. 남북교류협력 및 인도적 지원을 담당하는 통일부는 '인도적 대북지원사업 및 협력사업 처리에 관한 규정' 제 2조 1항에서 대북지원사업을 아래와 같이 정의하고 있다.[6]

1. 이재민의 구호와 피해복구를 지원하는 사업
2. 식량난 해소를 위한 농업개발지원에 관한 사업
3. 보건위생 상태의 개선 및 영양결핍 아동과 노약자 등을 지원하는 사업
4. 자연재해 예방차원에서 산림복구 및 환경보전 노력을 지원하는 사업
5. 기타 대북지원사업의 특성을 고려하여 통일부장관이 인정하는 사업

이에 따르면 아동 및 노약자에 대한 보건의료 지원사업이 가장 직접적인 보건의료 지원사업으로 분류되며, 건강과 밀접한 관련이 있는 재해 구호사업 및 식량, 환경보전 사업이 포함될 수 있다. 상기 규정에 나타난 통일부의 인도적 지원사업의 정의는 매우 제한적이다. 즉, 지원영역을 재난(자연재해 포함) 피해 복구 사업, 식량난, 보건위생상태 개선으로 한정하고 있으며 보건위생개선의 경우는 그 대상을 아동과 노

---

6 법제처, "인도적 대북지원사업 및 협력사업 처리에 관한 규정," (통일부고시 제2016-2호, 2016.5.30.), 제 2조.

약자로 명시하고 있어 북한주민 전체를 고려하지 못한다는 한계점을 가진다. 반면, 초기 대북 보건의료지원을 목적으로 설립된 한국국제보건의료재단(KOFIH)에서는 당기관이 수행하고 있는 북한 보건의료 협력사업을 남북간 건강 격차를 줄이기 위한 "북한 주민에 대한 인도적 보건의료지원 사업으로 북한 주민의 삶의 질 향상에 기여하고 건강한 통일한국 구현을 위한 사업"으로 정의하고 있다.[7] 이는 통일부의 인도적 지원사업의 정의와 달리 대상을 북한 주민으로 폭넓게 명시하고 있으며, 남북간 건강 격차 해소뿐 아니라 북한 주민의 삶의 질 향상을 궁극적 목적으로 하는 사업으로 정의하고 있다. 한편, 최근 국제사회에서는 국제보건(Global Health)을 정의함에 있어 개발도상국의 특정 건강문제(e.g., 전염병)나 특정 인구집단(e.g., 모성건강)에 초점을 두기보다는 전세계인의 건강 향상과 건강 불평등을 해소하기 위한 모든 노력과 접근(e.g.,다분야적 협력)을 포함하는 개념에 중점을 두고 있다.[8] 이와 궤를 같이 하여, 대북지원 보건의료사업도 재해 또는 식량난 해소, 아동/노약자와 같이 특정 영역이나 대상에 한정된 사업이 아닌 북한 주민 전체의 건강향상과 건강불평등 해소를 위한 모든 접근으로 정의되는 것이 바람직하다고 여겨진다.

---

7   한국국제보건의료재단, "북한 보건의료 협력사업,"; 〈http://www.kofih.org/projects/north-korea〉

8   Koplan, J. P. et al., "Towards a common definition of global health," *The Lancet*, vol. 373 no. 9,679, (2009), pp. 1,993~1,995.

2. 보건의료분야 대북지원사업의 목적 및 우선순위 설정

보건사업을 평가하는 가장 주요한 목적은 사업의 목표 달성 여부와 사업의 효과 및 영향을 파악하고 평가결과를 환류하여 사업을 개선 및 향상시키는 것이다 (이주열, 2015).[9] 평가의 주요 목적이 사업의 본래 목표를 달성하였는지 파악하는 것이므로 평가틀을 구축하기에 앞서 보건의료분야 대북지원사업의 목표를 구체화하는 것이 선행되어야 한다.

일반적으로 공적개발원조(ODA)의 목적은 새천년개발목표(Millennium Development Goals; MDGs)와 지속가능발전목표(Sustainable Development Goals; SDGs)를 따르고 있다. 이 의제들은 개발도상국의 빈곤퇴치를 위해 UN 회원국들이 설정한 목표를 달성하고자 약속한 사항들을 말한다. 2000년에 공표된 MDGs는 2015년에 종료되었으며 현재는 SDGs가 후속 의제로 설정되어 2030년까지 목표를 달성하고자 노력하고 있다.[10] SDGs는 기존 MDGs의 빈곤퇴치를 위한 노력뿐만 아니라 사회경제적 발전, 환경보호를 통한 지속 가능한 발전을 달성하고자 한다. SDGs는 빈곤, 식량, 건강, 교육, 젠더, 식수 및 위생, 지속가능 에너지, 고용 및 경제, 산업 및 인프라, 불평등, 도시와 지역사회, 소비와 생산, 기후변화, 해양자원, 육상생태계, 평화와 정의, 파트너쉽의 17개 목표와 169개 세부 목표로 구성되어 있다. 17개의 SDGs 중에서 건강은 세번째 목표로 총 12개의 세부 목표를 가지고 있으며 그 내용은 아

9　이주열,『보건프로그램 개발 및 평가』(서울: 계축문화사, 2015), pp. 1~294.

10　United Nations, "Transforming our world: the 2030 agenda for sustainable development,"(New York: United Nations, 2015).

래와 같다.

- 2030년까지 전 세계 모성사망률을 100,000명당 70명 미만 수준으로 낮춘다.
- 2030년까지 모든 국가들이 출생 인구 1,000명당 적어도 신생아 사망률을 12명, 5세 미만 사망률을 25명까지 낮추는 것을 목표로 하여, 신생아, 영유아, 5세 미만 아동의 예방 가능한 사망을 근절한다.
- 2030년까지 AIDS, 결핵, 말라리아, 소외열대질환(NTD)과 같은 전염병을 근절하며, 간염, 수인성 질환, 기타 감염성 질환을 퇴치한다.
- 2030년까지 예방과 치료를 통해 비감염성 질환으로 인한 사망을 1/3 수준으로 줄이고, 정신 건강과 웰빙을 증진한다.
- 마약류, 알코올을 포함한 약물 오남용의 예방과 치료를 강화한다.
- 2020년까지 세계적으로 도로교통사고로 인한 사망 및 상해를 절반으로 줄인다.
- 2030년까지 가족계획, 정보와 교육, 생식보건을 국가 전략 및 계획에 통합하는 것을 포함하여 성 및 생식 보건 서비스에 대한 보편적인 접근을 보장한다.
- 재무위험관리, 양질의 필수 보건서비스에 대한 접근, 양질의 안전하고 효과적이며 적정가격의 필수 약품 및 백신에 대한 접근을 보장함으로써, 모두를 위한 보편적 의료보장(UHC)을 달성한다.
- 2030년까지 유해한 화학물질이나 공기, 수질, 토지 오염으로 인한 사망 및 질병을 대폭 줄인다.

- 모든 국가에서 적절하게 세계건강기구 담배규제기본협약(World Health Organization Framework Convention on Tobacco Control)의 이행을 강화한다.
- 개발도상국에 주로 영향을 미치는 전염성 및 비전염성 질병에 대한 백신 및 의약품의 연구개발을 지원하고, 공중보건을 보호하고, 특히 모든 사람에게 의약품에 대한 접근을 보장하기 위해, 무역관련 지적재산권 협정의 모든 조항을 활용할 수 있는 개발도상국의 권리를 확인하는 TRIPS 협정과 공중 보건에 관한 도하 선언(Doha Declaration on the TRIPS Agreement and Public Health)에 따라, 적정가격의 필수 의약품 과 백신에 대한 접근을 제공한다.
- 개발도상국 특히 최빈국과 군소도서국가의 보건 재원과 보건인력의 채용, 개발, 훈련, 확보를 대폭 확대한다.
- 모든 국가, 특히 개발도상국에서 국내 및 국제적 건강 위험에 대한 조기 경보, 위험 경감과 관리를 위한 역량을 강화한다.

이와 같이 SDGs의 건강목표에는 모성사망률 및 신생아사망률 감소, 감염성 질환 관리, 약물 오남용 예방 및 관리, 생식보건, 보편적 의료보장, 의약품 접근성 보장, 보건의료 인력 양성, 보건 안보 분야에서 개선이 필요한 다양한 목표가 제시되어 있으며, 따라서 SDGs의 건강목표는 보건의료분야 대북지원사업의 목적을 설정하는데 주요한 의제가 될 수 있다.

한편, 대북지원의 목적을 인도적 차원이 아닌 분단상황을 고려한 정치적 목적으로 해석할 수도 있다. 대북정책의 일환으로 대북지원사업을 분석한 연구에서는 대북지원의 목적을 크게 네 가지로 분류하였다.[11] 첫째는 북한당국의 행위변화를 목적으로 하는 정치거래성 지원, 둘째는 북한의 경제성장과 주민의 복지증진을 위한 개발협력성 지원, 셋째는 한국기업의 영리활동을 통한 남북교류를 도모하는 상업성 지원, 넷째는 북한 주민뿐만 아니라 남한에도 영향을 미칠 수 있는 영역에 대한 호혜성 지원(e.g., 접경지역 말라리아 방제, 임진강 치수 사업 등)이다. 이러한 분류는 대북지원사업이 개인 및 국가의 이해와 관계없는 인도적 지원을 통한 수원국의 건강향상과 건강불평등 해소라는 목표뿐만 아니라 정치적 특성을 내포하고 있다는 점을 시사한다. 이러한 관점에서 대북지원사업의 정치적 목표는 크게 두 가지로 분류할 수 있는데, 하나는 한반도 긴장 완화 수단으로서의 대북지원이며 다른 하나는 통일 후 사회통합을 위한 남북간 사회경제적 격차 감소 수단으로서의 대북지원이다. 이와 같이 남북관계에서 비롯되는 대북지원사업의 정치적 특성으로 인해 한반도 긴장 완화와 통일대비 사회통합이라는 목표를 함께 고려할 필요가 있다.

대북지원사업 평가틀을 구축하는데 있어 대북지원사업의 목적 수립과 함께 고려되어야 할 주요한 사항은 북한의 필요에 부합하는 대북지원사업의 우선순위 설정이다. 이를 위해서는 우선 북한의 질병부담 현황을 살펴보는 일이 필요하다. 2016년 기준으로 북한의 전체 질병부담 중 심혈관질환이 11.24%를 차지하여 가장 순위가 높았으며 그 뒤를 이어 허혈성심질환(7.01%), 만성폐쇄성폐질환(5.86%), 폐암(4.50%)이 질병부담의 주요 원인인 것으로 나타났다.[12] 이는 북한에서도 최근 전

---

11 박형중, "대북지원과 대북정책," 『통일연구원 학술회의 총서』(2009), pp. 39~94.

12 Institute for Health Metrics and Evaluation (IHME), "GBD 2016," (2017); 〈http://ghdx.healthdata.org/gbd-results-tool〉.

세계 경향과 마찬가지로 만성질환에 의한 사망 및 장애가 가장 심각한 보건의료문제로 대두되고 있음을 보여준다. 최근까지의 보건의료 대북지원사업이 의료장비 및 의약품지원, 식량지원 등 현물지원에 초점을 맞추고 있었고, 건강증진 및 예방, 1차 의료를 중심으로 한 보건의료체계 강화를 필요로 하는 만성질환 관리 관련 사업은 드물게 포함했다는 점에서 북한의 보건의료 필요에 부합하는 우선순위 설정이 이루어지지 못했다는 점을 확인할 수 있다. 이는 양자사업 진행 과정에서 대북지원사업의 대상과 우선순위를 설정할 때 사업의 필요성과 사업 효과만이 기준이 되는 것이 아니기 때문에 빚어진 결과로 판단된다. 대북지원사업의 목적 설정 시 정치적인 상황의 고려가 필요한 것처럼 남북한을 둘러싼 지정학적 상황은 대북지원사업의 우선순위 설정에도 영향을 미칠 수 있다. 과거 경험에 의하면 북한과의 협력과정이 한반도 정세나 국제정치적 상황에 따라 크게 변화하는 가운데 북한 당국의 실질적인 이익이 있는 경우 또는 경제난 해소에 도움이 되는 경우에 한하여 지속적인 협력이 이루어질 수 있었다(황나미, 2007). 이는 보건의료 대북지원사업이라 하더라도 북한주민의 건강향상에 필요한 사업의 효과가 고려되기 보다는 북한 체제 강화와 안정에 도움이 되는 지원사업에 우선적인 협력이 이루어질 가능성이 있다는 것을 시사한다. 만약 북한 주민의 건강향상을 위해 필요한 지원사업이 북한 당국의 요구와 맞아 떨어지지 않을 때 북한 주민의 건강향상 및 삶의 질 개선이라는 궁극적인 목표보다는 사업 실행 여부에만 초점을 두고 단순히 북한과 협력사업을 진행하는 것에 의미를 두는 방향으로 흘러갈 수 있다. 이를 방지하기 위해서는 대북 보건의료지원 사업을 평가할 때 북한의 보건의료 문제 우선순위를 파악하고 북한주민의 실질적 건강향상 정도를 지표로 삼아 사업의 효과성을 평가하는 사업평가가 이루어져야 한다.

표 1　보건의료분야 대북지원사업의 목적 및 우선순위 설정

구분	건강	정치적 상황
목적	- 북한주민의 건강 향상 - 건강불평등 해소 - 지속가능발전목표(SDGs)	- 한반도 긴장완화 - 통일 후 사회통합
우선순위 설정	- 북한의 건강문제 우선순위 　(e.g., 질병부담) - 사업의 효과성	- 북한 당국의 요구 및 의지

3. ODA 관련 북한 특성 고찰

1) 취약국가(Fragile States)

OECD는 취약성(fragility)을 위험 노출과 이러한 위험 노출을 완화하고 관리할 수 있는 능력(capacity)의 부재로 정의하고 있다. 또한, 이러한 취약성은 폭력, 제도의 붕괴, 인도주의적 위기 등의 위기상황을 야기할 수 있다고 정의한다. OECD는 5개의 영역(경제, 환경, 정치, 안보, 사회)을 평가하여 56개 취약국가를 선정하였는데, 북한은 5개 영역 중 사회 영역(소득불평등, 사회적 불평등, 시민사회 역량, 국가-사회 책무성)과 정치 영역(정치적 포용성, 투명성, 부패수준, 정치적 억압, 정부 주도 폭력, 정치테러)에서 가장 취약한 것으로 평가되었다.[13] 한편, The Fund for Peace(FFP)는 국제 분쟁을 예방하고 지속가능한 국제안보를 위해 설립된 NGO로 매해 Fragile States Index(FSI)를 발표하고 있다. FSI는 크게 4개 영역(결속, 경제, 정치, 사회)에 속하는 12개의 분쟁 위험 지표를 바탕으로 측정되는데 북한의 경우 FSI는 93.3(최고점: 120)

13　Abel, A. et al., "States of Fragility 2016,"(Paris: OECD, 2016), pp. 19~146.

으로 전체 국가 중 30번째로 취약성이 높은 국가로 측정되었다.[14] 취약국가를 정의하는 두 기관 모두 북한을 심각한 취약 국가로는 분류하지는 않고 있지만 사회/정치적 불안정으로 인한 취약성을 근거로 북한을 취약국가로 분류하고 있다. OECD는 이러한 취약국가에 대한 특수성을 고려한 개발원조를 강조하고 있지만[15] 취약국가 분류와 이에 대응하는 원조 원칙을 북한과 같이 극도로 억압된 체제를 갖춘 국가에 적용하기에는 부적합하다는 지적이 있다.[16] 국제원조라는 측면에서 북한을 분류할 때 가장 적절성이 높은 특성은 협력체제 구축이 어렵다는 것과 지정학적 정세로 인해 사업의 지속가능성이 매우 불안정하다는 것이다. 2005년 원조효과성에 관한 파리선언[17]에서는 공여국과 수원국의 역할을 제시하며 양국간 파트너쉽을 강조하고 수원국의 주도적인 참여와 상호책임을 명시하고 있지만 북한의 정치적 상황을 고려하면 이를 실행하는 것은 쉽지 않은 문제이다. 또한 억압적인 정치 체제를 가진 국가에 원조사업을 하는 경우 원조가 정권 및 체제 유지를 위한 수단으로 활용되거나 군사비로 전용될 가능성도 배제할 수 없다.[18] 이러한 문

------

14   The Fund for Peace(FFP), "Fragile States Index 2017,"(2007); 〈http://fundforpeace.org/fsi/data/〉

15   OECD, "International Engagement in Fragile States: Can't We Do Better?, Conflict and Fragility,"(Paris: OECD, 2011); 〈http://dx.doi.org/10.1787/9789264086128-en〉.

16   임강택 외 공저, 『국제사회의 원조 현황 및 추진 전략』(서울:통일연구원, 2008), pp. 124~148.

17   Development Assistance Committee(DAC), "The Paris declaration on aid effectiveness and the Accra Agenda for action," pp. 1~14.

18   Kono, D. Y. and Montinola, G. R., "The uses and abuses of foreign

제를 해결하기 위해서는 북한 당국이 대북지원사업에 책임을 가지고 참여할 필요가 있으며 남북한 파트너쉽 구축을 통해 사업의 목표 달성을 위한 협력적 태도를 갖추게 하는 전략이 필요하다.

2) 한반도 정세와 대북지원

남북관계는 대북지원사업에 상당한 영향력을 미치고 있는데 이는 앞서 언급한 바와 같이 대북지원사업이 단순히 인도주의적 지원이 아닌 정치적 상황과 맞물려 있기 때문이다.[19] 지금까지 대북지원을 주도한 주체는 시기에 따라 달랐는데 김일성 사망 이후 1990년대 중반 북한의 심각한 체제 위기상황을 구출한 것은 중국이었고, 1990년대 후반 김정일 정권의 체제 정비 시에는 미국의 기여가 가장 컸다. 이후 2000년대에 들어 남북정상회담이 이루어지며 남한의 지원과 함께 국제사회의 지원도 대폭 증가하였다가 2002년 북핵사태 이후 국제사회의 지원이 계속 줄어들어 2007년까지는 남한의 지원이 가장 큰 부분을 차지하였다.[20] 또한 앞서 언급한 바와 같이 남한의 집권 정부의 대북방침에 따라 대북지원 규모가 크게 달랐다. 김대중, 노무현 정권 시기에 지속적으로 증가하던 지원규모가 현재에 와서는 매우 적은 규모로 축소되었으며 이러한 현상은 정부차원의 공식적 지원뿐 아니라 민간차원의 지원에서

---

aid: Development aid and military spending," *Political Research Quarterly*, vol. 66, no. 3. (2013), pp. 615~629.

19   정영철, "대북 인도적 지원의 추이와 과제,"『통일경제』, 2016권 1호. (2016), pp. 24~31.

20   보건복지가족부, "지속적인 협력과 발전을 통한 북한보건의료체계 발전방안 연구," pp. 1~388.

도 나타나고 있다.

국제기구를 통한 대북지원의 상황도 다르지 않다. 2010년부터 2012
년까지 대북지원 규모가 크게 감소하다가 이후 1,000만달러 수준으로
회복된 상황이다. 이렇듯 대북지원은 한반도 긴장 상황에 매우 큰 영향
을 받고 있으며 남북 관계에 따른 인도적 지원 규모의 변화는 대북지원
사업의 연속성에 악영향을 미칠 수 있다. 이는 결과적으로 북한 주민의
건강에도 영향을 미칠 수 있는 사안이므로 대북지원사업의 지속성은
평가에 고려되어야 할 필수 요소이다.

3) 대북지원사업의 투명성

대북지원사업의 또다른 특징은 사업의 투명성이 부족하다는 것이다.
대부분의 사업이 정부 당국의 직접 지원이 아닌 민간단체 또는 국제기
구를 통한 지원 형태로 이루어지면서 지원 내용, 과정, 결과 등이 공개
되지 않는 경우가 대부분이다. 대북지원사업의 효과성과 효율성을 제
고하기 위해서는 지원사업에 대한 모니터링과 평가가 필요하지만 현재
까지는 매우 미흡한 실정이다. 이는 북한의 폐쇄적인 특성과 남북 관계
의 특수성과 같은 정치적 요인에 기인한 것으로 여겨진다.[21]

4. 대북 보건의료 지원사업 평가틀

평가틀을 구축하는데 있어 마지막 단계는, 앞의 단계를 통해 고찰한 내

---

21   위의 보고서.

용들을 바탕으로 하여 대북 보건의료지원사업의 기본원칙을 확인하고 평가기준과 항목을 선정하는 것이다.

1) 대북 보건의료지원사업의 기본 원칙

2008년 당시 보건복지가족부는 「지속적인 협력과 발전을 통한 북한보건의료체계 발전 방안 연구」의 일환으로 "남북한 보건의료 협력 5개년 계획"을 수립하였다.[22] 이 협력계획은 남북 보건의료 협력의 체계화, 효율화, 안정화를 추구하였으며 "남북 사이의 건강 격차를 해소하고, 북한의 보건 의료체계 현대화를 위한 지원 및 교류협력을 통하여 한민족 건강공동체 구현에 이바지 하도록 하는 것을 목적"으로 하였다.[23] 당시 개발계획은 보건의료 인프라 구축과 의약품 및 의료기기, 재료, 지식 개발을 위한 협력사업과 함께 국제기구를 통한 협력방안과 북한의 보건문제 해결을 위한 지원 내용을 포함하고 있다. 이와 함께 협력사업을 진행하는데 지켜야 할 세 가지 원칙을 수립하였는데 그 내용은 다음과 같다.

(1) 사업추진의 안정성, 신뢰성 확보

보건의료 개발협력사업의 안정적인 추진과 신뢰성 있는 파트너십 구축을 위해 시범사업을 통한 성공적인 사업경험 공유와 협력체계 개발, 중장기 사업계획 수립 및 관련 예산 확보가 필요하다.

22　보건복지가족부, "지속적인 협력과 발전을 통한 북한보건의료체계 발전 방안 연구," pp. 1~388.

23　위의 보고서.

（2）사업 추진의 지속성, 전문성 확보

정치적 관계의 변화로 인한 영향을 최소화하고, 사업의 지속성을 확보하기 위해 북한 보건의료분야 지원사업을 인도적 지원사업과 개발협력 사업으로 구분하고, 인도적 지원사업의 경우 정치적 관계의 변화에 관계없이 지속적으로 추진하는 것이 필요하다. 또한 사업 추진 시 개발협력 파트너를 국제기구, 민간단체, 정부기구로 다원화하여 각 개발협력 주체들의 전문성을 활용하고, 북한 당국의 요구에 유연하게 대응할 수 있는 사업추진 수단을 갖추는 것이 필요하다.

（3）사업추진의 투명성 확보

개발협력 사업 추진 시 사업의 구조, 과정, 결과적 측면에서의 투명성을 확보하기 위한 체계적인 노력을 통해 국제사회의 보다 활발한 참여를 유도하고, 남한 내 북한 개발협력 사업의 필요성에 관한 사회적 인식과 합의를 촉진시키는 것이 필요하다.

본 대북 보건의료 지원사업의 평가틀 구축 시에도, 상기 "남북한 보건의료 협력 5개년 계획"의 기본원칙을 따라, 파트너쉽 구축, 사업 지속성 확보, 투명성 제고를 대북보건의료지원사업의 기본원칙으로 정하고 이를 평가틀에 반영하고자 하였다. 이 원칙에 따르면, 대북 보건의료지원 사업은 단순히 공여국이 수원국에 인도적 지원을 하는 기존 모델에 따르는 것이 아니라 파트너쉽 구축을 통해 사업의 기획부터 종료까지 남북한간 협력체제를 바탕으로 이루어져야 한다. 또한, 남북한 관계와 국제정세에 따라 대북 지원 사업이 축소, 중단되는 등의 외부적인 요인에 의한 영향을 최소화하여 대북 지원사업을 지속적으로 추진하여야 한다. 마지막으로, 대북지원사업에 있어 가장 미흡한 부분 중 하나로 여겨지는 사업의 투명성 제고를 위해 대북지원사업에 대한 데이터베이스

와 모니터링을 체계화하고 사업보고서를 발간하는 등의 노력을 기울여
야 한다.

2) 평가항목 및 기준

대북 보건의료 지원사업의 평가 기준은 OECD/DAC의 개발지원사업
평가 기준을 기본틀로 활용하였다.[24]

OECD/DAC의 개발지원사업 평가 기준:
- 적절성: 개발 사업의 목표들이 수혜 대상의 필요와 우선순위를
  충족하고 수혜국과 공여국의 정책에 부합하는 정도
- 효과성: 사업의 목적이나 목표의 달성 정도 평가
- 효율성: 다른 대안을 감안할 때 개발 사업으로 인한 비용이 얼
  마나 합리화 될 수 있는지 평가-투입대비 산출정도 평가
- 지속가능성: 평가대상 정책 시행 및 사업 종료 후 사업 효과가
  장기적으로 지속될 수 있는 정도를 평가
- 영향력: 개발 사업의 긍정적 또는 부정적, 의도하거나 의도하지
  않은 결과에 대한 평가

대북 보건의료 지원사업 평가에서 적절성은 북한 주민의 건강 향상
과 건강불평등을 해소하기 위한 사업이 선정되고 실행되었는지 여부를
평가하는 항목이다. 남북한이 처한 정치적 상황을 고려한다면 대북 보

---

24 DAC, "Principles for evaluation of development assistance," pp.
4~11.

건의료 지원사업이 북한 주민의 건강향상과 건강불평등 해소라는 목적을 달성하는 것보다 남북한 당국의 정치적 필요와 이해를 충당하기 위한 수단으로 활용될 가능성이 있다. 이러한 문제를 방지하기 위해 현재 북한이 가지고 있는 주요한 보건의료 문제를 파악하고 이를 해결할 수 있는 지원사업이 수행되었는지를 평가할 필요가 있다.

효과성은 사업이 본래 목표로 한 것을 얼마나 달성하였는지를 평가하는 항목으로 평가항목 중 결과단계에서 사업의 본 목적과 함께 남북의 건강 격차 완화, 남북관계 개선 및 협력 증대가 이루어졌는지를 평가한다. 대북 보건의료지원사업의 목표는 다른 국가에 대한 지원사업과 달리 한반도 평화 유지와 남북관계 개선이라는 정치적 목표를 가지는 특성이 있기 때문에 사업의 효과를 평가하는데 있어 이에 대한 고려가 필요하다.

효율성은 비용대비 산출(효과) 정도에 초점을 두어 투입부터 결과단계에 이르기까지 사업에 투입된 자원대비 산출과 효과 정도를 평가하게 된다.

지속가능성은 지원사업이 종료된 후에도 관련 사업이 지속될 수 있는지 또는 사업의 효과가 장기적으로 유지될 수 있는지를 평가하게 된다. 지금까지 대북지원사업은 북한에 산적한 보건의료 문제의 근본적인 해결보다는 일시적인 물적 지원이 주로 이루어져 왔으며 이러한 대북지원은 단기적인 효과를 나타내는데 그칠 가능성이 높다. 사업의 시행에서도 남북관계 및 북한을 둘러싼 국제 정세에 따라 사업의 지속성이 위협받을 수 있어 대북지원사업의 평가를 위한 주요 기준항목이라고 할 수 있다.

마지막 평가기준은 영향력으로 사업이 본래 목적으로 하는 결과 이외에 북한 주민에게 가해질 수 있는 긍정적인/부정적인 영향에 대한

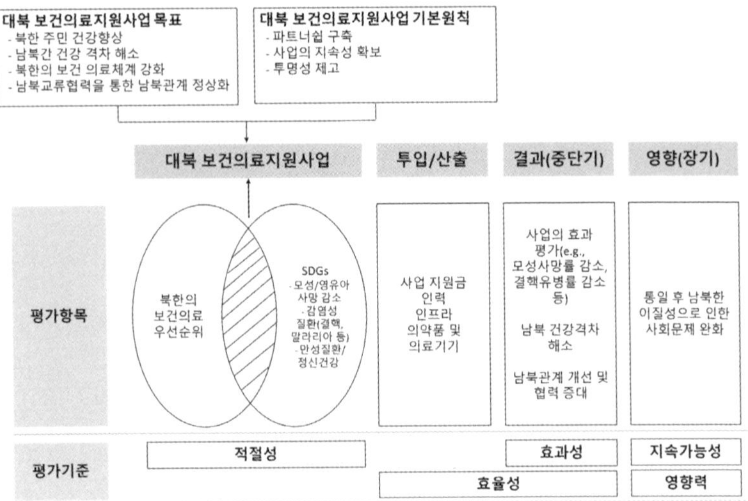

그림 2　대북 보건의료지원사업 평가틀

평가가 모두 포함된다. 특히 대북 보건의료지원 사업에서는 통일 이후 남북한 사회통합 및 통일을 대비한 체계 구축에 기여한 정도를 영향력 평가에 포함하는 것이 중요하다.

III. 결론

과거에 실행된 대북 보건의료지원사업을 대상으로 하는 평가작업이 미진한 가운데 최근까지도 사업평가에 활용될 수 있는 평가틀도 존재하지 않았다. 대북지원사업이 가지는 정치적 특성과 북한의 폐쇄적이고 억압적인 체제를 고려한다면 대북 보건의료지원사업에 대한 평가는 이와 같은 특수성을 반영한 평가틀을 필요로 한다. 대북 보건의료지원사

업 평가는 평가 기준 항목이 사업을 통해 실현되는 것을 목적으로 하여
야 한다. 예를 들어, 사업의 적절성을 평가 기준으로 고려함으로써 대북
보건의료지원사업이 남북한의 정치적 상황에 따라 결정되는 것이 아니
라 북한의 주요 보건의료문제를 해결할 수 있는 형태로 실행되고, 장기
영향에 대한 평가가 수행되게 하며, 나아가 통일 이후 사회통합을 고려
한 사업으로 진행될 수 있도록 유도하는 일이 필요하다.

더불어 평가틀의 활용가능성에 대한 검토도 필요하다. 이를 실행하
기 위해서는 대북지원사업 평가를 의무화하는 제도적 장치가 우선되어
야 한다. 우리나라의 대표적인 국제협력기구인 KOICA의 경우 원조사
업의 효과성을 보장하기 위해 사업평가를 통한 성과관리를 의무화하고
있다. 현재까지 대북지원사업은 민감한 남북한 관계로 인해 사업의 실
행여부에만 초점을 맞추고 있었으며 사업의 평가까지는 고려되고 있지
않다. 사업 평가의 원활환 실행을 위해서는 제도적인 강제성을 바탕으
로 대북지원사업에 대한 내부 및 외부평가 실행을 의무화하고 이를 바
탕으로 다음 사업 기획 및 실행과정에 환류할 필요가 있다. 이와 함께
사업평가를 위한 관련 정보의 접근성 보장도 평가틀 활용에 중요한 요
소 중 하나이다. 지금까지의 대북 보건의료지원사업은 폐쇄적인 북한
사회의 특성상 평가에 필요한 사업관련 정보가 매우 제한적이고 사업
의 투명성이 결여되어 있는 상태이다. 사업 평가를 위해서는 사업의 기
획 단계에서부터 사업 종료 후 사업의 영향력까지 다양한 자료가 수집
될 필요가 있으며 수집된 자료에 대한 접근이 보장되어야 한다. 현재로
서는 제한된 사업 정보로 인해 구축된 평가틀을 활용한 기존 사업에 대
한 사후평가도 시행하기 어려운 상태이다. 따라서 향후 대북 보건의료
지원사업 수행 시에는 기획단계에서부터 평가를 염두에 두고 각 사업
수행 단계별로 필요한 자료수집이 이루어질 수 있도록 의무화하는 제

도적 장치가 함께 마련될 필요가 있다.

현재까지 북한을 대상으로 하는 지원사업은 남북한 관계, 국제 정세에 따라 지원규모가 상이하였으며 사업의 지속성을 보장받기 어려운 실정이었다. 평가틀에서 제시하는 사업의 기본원칙과 평가기준을 바탕으로 정치적 상황에 따라 좌우되는 사업이 아닌 북한 주민의 건강 향상을 위한 사업이 실행되고 정치적 결정에서 자유로운 상황에서 대북 인도적 지원이 지속적으로 이루어질 수 있어야 하겠다.

::참고문헌

보건복지가족부. "지속적인 협력과 발전을 통한 북한보건의료체계 발전 방안 연구." 보건복지가족부, 2008, pp. 1~388.

이주열, 『보건프로그램 개발 및 평가』. 서울: 계축문화사, 2015. pp. 1~294.

임강택 외 공저.『국제사회의 원조 현황 및 추진 전략』. 서울: 통일연구원, 2008, pp. 124~148.

박형중. "대북지원과 대북정책."『통일연구원 학술회의 총서』, 서울: 통일연구원, 2009, pp. 39~94.

정영철. "대북 인도적 지원의 추이와 과제."『통일경제』, 2016권 1호. 2016. pp. 24~31.

황나미. "북한 보건의료체계 개발을 위한 남북 협력 추진방안."『보건복지포럼』. 2007. pp. 6~16.

법제처. "인도적 대북지원사업 및 협력사업 처리에 관한 규정." 통일부 고시 제2016-2호, 2016.5.30. 제 2조.

한국국제보건의료재단. "북한 보건의료 협력사업." 〈http://www.kofih.org/projects/north-korea〉

ODA Korea, 〈http://www.odakorea.go.kr/ODAPage_2012/T01/L02_S01.jsp〉

Abel, A. et al. "States of Fragility 2016." Paris: OECD, 2016, pp. 19~146.

Development Assistance Committee(DAC). "The Paris declaration on aid effectiveness and the Accra Agenda for action." Paris: OECD, 2008, pp. 1~14.

Development Assistance Committee(DAC). "Principles for evaluation of development assistance." Paris: OECD, 1991, pp. 4~11.

OECD. "International Engagement in Fragile States: Can't We Do Better?, Conflict and Fragility." Paris: OECD, 2011; ⟨http://dx.doi.org/10.1787/9789264086128-en⟩.

United Nations. "Transforming our world: the 2030 agenda for sustainable development." New York: United Nations, 2015.

Kono, D. Y. and Montinola, G. R. "The uses and abuses of foreign aid: Development aid and military spending." *Political Research Quarterly*. vol. 66 no. 3. 2013, pp. 615~629.

Koplan, J. P. et al. "Towards a common definition of global health." *The Lancet*. vol. 373 no. 9,679. 2009, pp. 1,993~1,995.

The Fund for Peace (FFP). "Fragile States Index 2017.". 2007; ⟨http://fundforpeace.org/fsi/data⟩.

Institute for Health Metrics and Evaluation (IHME). "GBD 2016.". 2017; ⟨http://ghdx.healthdata.org/gbd-results-tool⟩.

통일대비 응급의료체계 개발전략 수립을 위한 기초 연구__

신상도

목차

I. 서론

II. 제 1과제: 북한응급의료 현황 고찰

III. 제 2과제: 과거 사회주의 국가들의 응급의료체계 고찰

IV. 제 3과제: 독일 통일 전후 응급의료체계 개발 분석

V. 제 4과제: 통일 대비 응급의료체계 개발 전략의 기본 방향

VI. 결론

신상도 서울대학교 의과대학 응급의학교실

* 본 내용은 서울대학교 평화통일연구원의 연구비를 지원받아 수행한 결과의 일부입니다. 본 연구에는 송경준(서울대학교병원 응급의학과), 이경원(인제대학교 서울백병원 응급의학과), 위대한(원광대학교 의과대학), 노영선(서울대학교병원 의생명연구원), 공소연(서울대학교병원 의생명연구원), 박관진(서울대학교병원 응급의학과), 김솔아(서울대학교병원 응급의학과) 등의 연구진이 참여하였습니다.

I. 서론

1. 연구 배경

구급의학(Emergency Medical Services Medicine, EMS Medicine)
은 중증 응급 환자에 대한 현장 초기 평가, 현장 응급처치, 병원으로
의 적절한 이송을 다루는 의학의 전문분야이다. 응급환자의 평가, 처
치, 이송은 지역사회, 구급, 병원 단계의 일련의 조직화된 체계에 의
하여 적절하게 제공될 수 있으며, 이를 응급의료체계(Emergency
Medical Services System)라고 한다. 응급의료체계는 안전 시스템과
보건의료 시스템이 연계되는 경계에 위치하며, 지역사회, 구급, 병원
등 일련의 구성 요소들이 유기적으로 결합하여 사회안전망으로서의
역할을 수행한다.[1]

대한민국은 1994년 응급의료에 관한 법률 제정을 출발로, 지난 20
년 동안 적은 자원에도 불구하고 시민 사회, 정치 및 관료 사회, 그리
고 전문가 집단의 합의에 근거하여 매우 빠르게 선진국 수준의 응급
의료체계를 구축하였다. 이러한 개발 경험은 새롭게 응급의료체계를
구축하고자 하는 많은 저개발국가 혹은 개발도상국가에게 모델로 제
시되고 있다. 특히 북한과 같은 저개발국가 혹은 개발도상국가 역시
빠른 도시화, 산업화 등에 의해 질병구조가 변하고 있으며, 응급의료
의 대상이 되는 외상, 심뇌혈관질환 등의 발생 및 사망이 증가하는 것

---

1   한국국제보건의료재단 엮음, 『2013 경제발전경험모듈화사업: 응급의료
체계구축 프로그램』, (보건복지부, 2014), pp. 36~47.

으로 보고되고 있다.[2]

응급의료체계는 보건의료체계의 핵심적 공공의료 구성 요소이자 사회안전망의 중요 구성 요소이기 때문에, 통일 국가 대비의 관점에서 보자면 보건의료 기반 구축 중에서 가장 필요하고도 시급하다. 따라서 통일 이전에 북한 응급의료체계에 대한 구체적인 정보에 기반하여 통일 대비 응급의료체계 개발 전략을 가지는 것이 중요하다. 그러나 북한은 매우 고립된 사회로 응급의료체계 파악에 제한이 있다. 직접적인 북한 응급의료에 대한 조사 연구가 불가능하고, 객관적인 자료를 확보하기 어렵다. 한편으로 유사 역사, 정치 및 사회 구조, 보건의료체계를 경험한 적이 있는 국가들이 있다. 이 국가들의 변화와 특징을 파악한다면, 북한 자체에 대한 객관적인 정보가 없는 조건에서 통일 대비 응급의료체계 개발 전략을 수립하는 데 간접적인 기초 자료를 구축할 수 있을 것이다.

2. 연구 목적

본 연구에서는 15개 필수 응급의료체계 구성 요소의 개념을 이용하여 첫째, 북한 응급의료 현황 파악, 둘째, 중국, 몽골, 베트남 등 구 사회주의 국가의 응급의료체계 특성 파악, 셋째, 통일 독일 전후 응급의료체계 개발과 통합 과정의 분석, 마지막으로 통일 응급의료에 대한 전

2　　Kobusingye OC. and Hyder AA. eds. "Emergency medical systems in low – and middle-income countries: recommendations for action." *Bull World Health Organ*, vol. 83 no. 8(Aug. 2005), pp. 626~631.

Manpower	Critical care unit	Public education and information
Training	Consumer participation	System review and evaluation
Communication	Access to care	Disaster planning
Transportation	Patient transfer	Mutual aid
Emergency facility	Standardized record	Public safety agencies

그림 1　응급의료체계 필수 구성요소

출처: EMS Systems Act of 1973; 〈http://academic.cengage.com/resource_uploads/downloads/1435480279_241560.pdf〉.

문가 인식 등을 조사하였다.

II. 제 1과제: 북한응급의료 현황 고찰

1. 연구 방법

1) 자료 수집 및 문헌 고찰

북한의 응급의료체계 현황을 파악하기 위하여 이용 가능한 관련 문헌을 검색하였다. 우선 PUBMED, KISS, DBPia 등의 데이터베이스를 이용하여 학술문헌을 검색하였으며, 통계자료로 출판되고 있는 『북한의 주요 통계 지표』(통계청, 2011), 2008 북한 인구센서스 자료 및 WHO 등의 자료를 분석하였다. 그 외에 국내 언론의 보도 내용 등도 참조하기 위하여 인터넷 검색 웹사이트 (구글, 네이버 등)의 검색 엔진을 사용하였다.

2) 탈북 의료전문가 대상의 질적 연구

북한 보건의료 및 응급의료체계 파악을 위하여 질적연구를 수행하였다. 대상은 북한 이탈 주민 중 의사 자격이 6급 이상이면서 구급과(소) 근무 경험이 있는 자를 대상으로 비확률 눈덩이 표본추출(snowball sampling)을 하였다. 면접조사는 진행자 1인, 내용전문가 2인, 녹취 및 전사 담당자 1인이 담당하였고, 반구조화된 질문과 이에 대한 응답으로 100분간 진행되었다. 주요 질문은 응급의료체계의 15가지 요소를 중심으로 개방형 질문으로 이루어졌다. 총 6인의 북한 출신 의사가 참여하였으며 남자가 4명, 여자가 2명이었다. 의사 경력은 20년 이상 3명, 10~20년 1명, 10년 이하 2명이었고, 직급은 3급 이상 3명, 3~6급 3명이었으며, 구급과(소) 근무경험이 있다고 답한 응답자는 없었다.

3) 전문가 자문회의

2회에 걸쳐[3] 북한 문제 관련 전문가 및 통일 대비 보건의료 분야 전문가 회의를 시행하여 북한의 응급의료 현황에 대한 폭넓은 논의를 진

---

3   제 1차 자문회의: 2016. 10. 13. 인천 송도컨벤시아, 제 2차 자문회의: 2016. 12. 7. 서울대학교병원 의학연구혁신센터.

행하였다.

2. 북한의 응급의료체계

1) 응급의료 인력 (Manpower)

북한의 구급 출동은 병원에서 근무하고 있는 의사 및 간호사가 담당하고 있다. 북한 의료법[4]에 따르면 "의료기관은 구급환자를 먼저 치료하여야 한다. 담당구역의 구급환자가 왕진을 요구할 때에는 제때에 응해야 한다"고 규정되어 있다. 구급소(응급실)에는 전담의사가 있으며, 북한 인민병원의사 출신의 인터뷰 자료[5]에 따르면 "구급소(과) 전담의사 총 10인 정도가 교대로 근무한다"고 하며, 면접 조사자 중 1인은 "주간 상근 1인과 야간 1인이 전담하고 다른 과에서 야간근무를 지원하는 형태"라고 답하였다.

2) 교육 훈련 (Training)

북한은 우리나라와 유사한 응급의학전문의 제도가 아닌, 근무경력 및 자격 기준 충족 여부 등을 이용하는 의사승진제도를 운영하고 있는 것으로 조사되었다. 구급소(응급실) 전담의사는 환자의 초기 진료 및

---

4   북한법제정보센터; 〈http://world.moleg.go.kr/KP/law/15325?astSeq=593&pageIndex=2〉.

5   평화문제연구소. 탈북인사대담93, 북한의 의료환경, 강경애 전 북한 인민병원 의사 "남한은 119, 북한은 구급대," 2005년 10월 6일.

환자분류를 담당하고 해당과에 협진을 요청하는 업무를 주로 담당하였다. 면접조사 중 일부내용은 다음과 같다.

> 구급소에 있는 의사들은 급수는 낮은 편이지만 여러 가지 상황과 다양한 환자들을 접해봤기 때문에 질병 판단이나 환자 분류 등의 경험이 풍부하다. 일반 병원에서도 구급소 경력을 쌓고 온 의사들의 이런 점을 높게 평가해 준다. (중략) 배우는 것이 많기 때문에 가서 2년 정도 구급소 생활을 하면 실력이 많이 쌓인다.

3) 응급의료 통신 (Communication)

우리나라의 119와 같은 통합된 신고체계는 확인할 수 없었으며, 면접조사자들은 일관되게 "119 같은 건 없습니다. 병원에 전화해서 (중략)" 진술하였다. 언론보도[6]를 통해 평양 구급 신고번호로 183이 우리나라의 119에 대응되는 번호로 보도된 바 있다. 그러나 일반 국민들에게 서비스가 통합되어 제공되고 있지 못한 것으로 파악되었다.

4) 이송 (Transportation)

면접조사에 의하면 병원 전 단계에서 응급상황 발생 시 일반 주민들은 "스스로, 어떻게든 알아서" 병원에 가야하며 지나가는 차량(서비스차)에 도움을 청하는 경우가 많다고 진술하였다. 자문위원 중 1인은

---

6 "평양 구급대 전화번호는 '8-183'," 『연합뉴스』(온라인), 2007년 1월 30일; 〈http://www.dailynk.com/korean/read.php?cataId=nk09000&-num=36386〉.

2007년 인민병원을 방문하였을 때, 해외에서 원조 받은 것으로 추정되는 구급차를 본 적이 있으나, 실제 구급업무를 담당하고 있는 것 같지는 않고 구급차 안에 "돌배"가 실려 있는 것을 목격했다고 하였다.[7]

5) 응급의료 시설 (Emergency facility)

북한은 진료소, 인민병원(군 단위), 인민병원(도 단위), 평양 특수 전문 의료기관 등으로 의료전달체계가 구성되어 있으며, 면접조사에 의하면 구급 단계 응급의료를 별도로 담당하는 기관은 확인할 수 없었다. 병원 단계 응급의료기관으로 진료소 이상의 병원 급 시설에 한국의 응급실에 해당하는 〈구급소〉가 설치되어 있음을 확인할 수 있었다.

6) 중환자 치료시설 (Critical care unit)

면접조사에 의하면 병원 단계에서 중환자실이 운영되고 있으며, 면접조사자 중 1인은 "심근경색환자에 대한 관상동맥 중재술은 평양에 소재한 일부 병원에서만 가능하다"고 답하였다.

7) 응급의료 접근성 (Access to care)

북한은 원칙적으로 무상의료 시스템이며 포괄적인 보건의료 전달체계를 가지고 있다. 1990년대 이후 경제난이 가중되면서 에너지 부족으로 인해 병원에도 겨울에 난방이 안 되고 식사가 제공되지 않아, 북한 주민들의 병원 진료에 대한 기대수준이 매우 낮아 의료기관 이용

---

7   제 2차 자문회의.

을 하지 않는다고 하였다.[8]

8) 병원간 환자 전원 (Patient transfer)

원칙적으로 이용자의 요청 시 병원 간 이송이 가능하며 구급차를 이용할 수 있다고 하였으나, 병원 간 이송 시 의사의 진료의뢰서 등의 서류 외에, 통행증 및 승인번호까지 구비해야 한다고 조사되었다.[9]

9) 일반인 교육 및 홍보 (Public education and information)

언론보도를 통해 북한에서 〈열린 세계 구급처치의 날〉 행사[10] 등을 통해 일반인들에게 응급처치 교육이 시행되었음을 확인하였다. 또한 면접조사자 중 진료소 출신 의사들이 진료소에서 일반인에 대한 보건교육을 시행하며, 약 20개의 인민반을 담당하였다고 한다. 예전에는 일산화탄소 중독 관련 응급처치 등을 교육한 적이 있으며, 최근에는 전염병 관련 교육이 주된 내용이라고 진술하였다.

---

8   위의 글.

9   민하주 외 공저, "북한의 보건의료시스템과 그 이용실태에 대한 질적연구: 2010년대 북한이탈주민의 경험을 중심으로," 『사회보장연구』, 제31권 제4호(2015), p. 71.

10   "북한, '세계 구급처치의 날' 앞두고 응급처치 강습.," 『연합뉴스』, (온라인), 2015년 9월 14일; 〈http://news.mk.co.kr/newsRead.php?year=2015&-no=888659〉.

10) 체계 분석 및 평가 (System review and evaluation)

북한에는 〈6·24총화〉라는 보건부분 교시 총화가 존재하는데, 총화위
(원회)에서 1년에 2번 치료 상의 오류나 뇌물, 진단서 남발 등 불법행
위를 적발하는 역할을 담당하였다. 면접조사자들은 〈6.24총화〉 당시
진료소 간 상호 평가를 하는 경우도 있었다고 진술하였다. 응급의료
에 대한 분석이나 평가가 수행되고 있는지는 알 수 없었다.

11) 재난 대비 (Disaster planning)

북한은 1990년대 중반 이후 지속된 자연 재해에 대해 국제사회로부
터 지속적인 지원을 받아왔다. 큰물피해대책위원회가 국제원조의 창
구역할을 담당하였으나, 2005년 국제사회의 인도적 지원을 거절하면
서 업무를 중단하였다. 대규모 재난으로는 2004년 용천시 기차역 폭
발사고 때 약 1,300명의 사상자가 발생했다는 보고가 있었다. 북한의
국가 수준의 특별한 재난 대비/관리 계획은 알 수 없었으며, 국제 사
회는 보건부를 통해 기술적 지원을 한다면 재난의료 분야는 도움이
될 만한 영역이라고 평가하였다.[11] 면접조사자 중 1인은 북한의 재난
의료에 대해 아래와 같이 진술하였다.

> 북한에서 교통사고는 대형사고인데 왜냐하면 화물차 짐 싣는
> 데 (사람이) 타고가기 때문에 가장 먼저 해야 될 것은 이제 전화도

---

11 WHO: *From Vulnerability to preparedness : emergency and humanitarian action in the WHO south-east asia region*(New Delhi: WHO Regional Office for South-East Asia, 2007).

없고 아무것도 없으니까 지나가는 차를 세우고 가까운 병원으로 연락을 (중략) 군 단위 사고 해당 지역에서 움직일 수 있는 운송수단을 다 동원해요. 그렇게 해서 이제 의료진이 가서 현장에서 환자를 '엑스', '삼각', '오'로 분류를 한 다음에 가장 가까운 병원이죠 (중략)

12) 공공안전기관 (Public safety agencies)

우리나라의 경찰청에 해당하는 북한 인민보안성에서 소방 및 지진관리 업무를 담당하고 인민보안 소방대와 자위 소방대로 구성되어 있으나,[12] 이들의 업무에는 병원 전 단계 구급업무는 포함되어 있지 않는 것으로 조사되었다.[13]

다음은 상기 결과를 정리하여 응급의료체계구성요소별로 비교한 표이다.

표 1 　남한과 북한의 응급의료체계 비교

핵심 요소	북한	남한
인력 (Manpower)	의사, 간호사	응급의료종사자
교육 훈련 (Training)	승진제도	응급구조사, 응급의학전문의
이송 (Transportation)	병원 구급차	119 구급차

12　통일부, 북한정보포털, "북한지식사전"; 〈http://nkinfo.unikorea.go.kr/nkp/term/viewNkKnwldgDicary.do?pageIndex=1&dicaryId=273〉.

13　통일부, 북한법제정보센터, "소방법"; 〈http://www.unilaw.go.kr/main.html〉.

핵심 요소	북한	남한
통신 (Communication)	131, 186	119
응급의료 시설 (Emergency facility)	시, 도, 중앙 인민병원 구급과(소)	권역/ 지역 응급의료센터 지역/ 전문 응급의료기관
중환자 치료 시설 (Critical care unit)	중환자실	중환자실
시민 참여 (Consumer participation)	-	중앙 응급의료위원회 참여 시도 지역응급의료위원회 참여
응급의료 접근 (Access to care)	무상의료	국민건강보험
병원간 환자 전원 (Patient transfer)	병원구급차	병원/ 민간 구급차
표준 기록 (Standardized record)	병원전 단계 서식 유무 미상 각 기관별 표준 서식 활용	119 구급활동일지, 병원 의무기록 서식
일반인 교육 홍보 (Public education and information)	"열린 구급처치의 날"	구조 및 응급처치 교육 (응급의료에 관한 법률)
체계 분석 및 평가 '(System review and evaluation)	6.24총화	구급품질관리(중앙소방본부), 응급의료기관(중앙응급의료센터)
재난의료 대비 (Disaster planning)	-	재난의료지원팀
상호 협력 (Mutual aid)	-	응급의료 대불금 제도
공공안전 조직 (Public safety agencies)	인민보안부 소방대	중앙 및 지자체 소방본부
- 체계적 정보 및 관련 진술 부족		

III. 제 2과제: 과거 사회주의 국가들의 응급의료체계 고찰

1. 연구 방법

관련 문헌고찰을 위하여 PUBMED 등 학술문헌, 구글 등 검색 엔진을 활용한 국제 기구 발표 자료 분석 (WHO, World Bank)을 수행하였다. 과거 사회주의 국가인 중국, 몽골, 베트남의 최근 응급의료시스템의 변화를 파악하기 위하여 각 국의 응급의료 전문가를 초청하였으며, 사회주의 기간, 자본주의 국가 기간 동안의 응급의료시스템의 변화에 대하여 토론하였다.[14]

2. 중국의 응급의료체계

중국은 이미 1986년에 전국 응급의료 전문가들이 참여하는 중국응급의학회가 결성되어 8개 분과로 활동하기 시작하였으며, 1990년대 말 전국적으로 종합 병원에 응급센터가 설립되었다. 1980년대에는 대부분의 도시지역에 응급센터가 설립 되었으며, 상대적으로 열악한 Guangxi성에도 2003년도에 모든 병원에 응급센터가 설립된 것으로 조사되었다.[15]

---

14 〈EMS Asia 2016〉, 2016. 8. 24.~26. 더케이호텔, 서울

15 Xiang-Yu Hou, Dr. Michael Blaivas, eds., "Emergnecy Medicine in

1) 인력 (Manpower)

중국에는 공식적인 응급의학전문의 제도는 없으며 전체인원의 50~60%는 타 임상전문 과목에서 응급실로 인력을 파견하는 형식을 유지하고 있다. 53개의 3차 병원 중 3개 병원만이 자체적으로 응급의학과 인력을 운용하는 것으로 조사되었다.[16]

2) 교육 훈련 (Training)

응급의학 수련은 공식적으로 표준화된 프로그램 없이 병원마다 교육 범위 및 목표가 상이하다. 2002년 Nanging medical university에서 응급의학과 교육 프로그램이 처음 시작되었고, 2010년 상하이보건국과 Emergency medicine expert group이 3년 과정의 표준화된 응급의학교육을 시작하였다.

3) 통신 (Communication)

1966년 120을 공식적인 응급 번호로 지정하였다.

4) 이송 (Transportation)

120 상황실만 있는 지역은 짧은 교육을 마친 일반의가 의무 배치되는

China," 『*Emergency Medicine - An International Perspective*』(Croatia: Intech, 2012), pp. 73~94.

16　Fan XM, and Li CS, eds., "The current situation and development strategies for emergency medicine in China," *J Emerg Med*, 9(2000), pp. 364~366.

경우가 많고, 병원기반 구급 서비스가 적용되는 지역은 훈련받은 의사가 탑승하게 되는 경우가 많아, 지역마다 편차가 있는 것으로 조사되었다.[17]

5) 응급의료 시설 (Emergency Facility)

1990년대 말 모든 성 단위의 병원에는 응급센터가 설치되었다. 시장경제 논리와 자원의 제한으로 같은 도시에는 다른 특성화된 응급센터가 들어서는 경우가 많으며, 중증도 분류 후 환자의 주 증상에 따라 각각의 방으로 들어가 의뢰를 받고 내려온 전문의의 진료를 받게 된다.

6) 응급의료 접근 (Access to care)

일반적으로는 서비스를 제공받는 환자가 의료비를 부담하는 시스템으로, 중앙정부에서는 총 의료비의 10-20%정도만 부담하게 된다.[18] 정부, 고용주, 피고용주가 부담을 분담하는 새로운 시스템으로 재편되고 있다고 한다. 최근 몇몇 성 정부에서는 응급상황 시, 환자의 지불능력에 관계없이 치료를 하는 정책을 펼치고 있는 것으로 조사되었다.[19]

17　Pei V, Xiao F, "Emergency Medicine in China: present and future," *World J Emerg Med*, vol. 2 no. 4(2011), pp. 245~252.

18　*Ibid*.

19　Xiang-Yu Hou, Dr. Michael Blaivas, eds., "Emergnecy Medicine in China,", pp. 73~94.

3. 베트남의 응급의료체계

베트남의 1인당 연평균소득은 1,300달러, 의료비 지출은 1인당 연간 150달러로 ASEAN 국가 중 최하위다.[20] 1986년 도이모이 정책[21] 이후로 자본주의가 유입되었고, 1989년에 보건의료 분야 개혁이 시작되어 1990년대에 건강보험제도가 개발되었다. 응급의료 이용 환자들은 베트남의 주요 교통수단인 오토바이 사고로 인한 타박상이 가장 흔한 것으로 알려져 있다.[22]

1) 인력 (Manpower)

자본주의 전환 이전은 응급의료 개념이 도입되기 이전의 시기이며 응급의료 전문인력이 따로 존재하지 않았다.[23] 응급구조사는 존재하지 않으며 대부분의 의사는 일반의 또는 가정의로 구성되어 있다. 병원 전 응급의료는 의사가 응급의료서비스를 제공하는 독불식(Fran-

---

20   World Health Organization, "Regional Office for the Western Pacific, Country Context: Viet Nam,"; ⟨http://www.who.int/countries/vnm/en/⟩.

21   베트남어로 ⟨쇄신⟩이라는 뜻으로 1986년 베트남 공산당 제6차 대회에서 제기된 슬로건이다. 주로 경제(가격 안정, 국제분업형 산업구조, 생산성의 향상), 금융 면에서 새로운 방향 전환을 목표로 하는 것을 지칭한다.

22   Nguyen TL, and Nguyen TH, eds., "Injury and pre-hospital trauma care in Hanoi, Vietnam," *Injury*, vol. 39 no. 9(Sep, 2008), pp. 1,026~1,033.

23   Arnold JL, "International emergency medicine and the recent development of emergency medicine worldwide," *Ann Emerg Med*, vol. 33 no. 1(Jan, 1999), pp. 97~103.

co-German) 모델이다. 응급의학전문의 제도가 2008년에 도입되어 응급의료 전담의사를 양성하기 시작하였다. 조사 당시 베트남 전체의 응급의료 인력은 의사 126명과 간호사 201명을 포함하여 총 496명이나 WHO 기준으로 베트남에 필요한 응급의료 인력은 약 12,000명으로 많이 부족한 실정이다.

2) 교육 훈련 (Training)

구급서비스에 동승하는 병원 전 인력(의사, 간호사, 운전수)에 대한 공식적이고 표준화된 훈련 프로그램은 존재하지 않으나 의사 및 간호사에게 응급환자 처치, 중환자 치료, 중독환자 처치에 대한 교육이 일부 제공되고 있는 것으로 조사되었다.

3) 통신 (Communication)

자본주의 유입 후 구급(115), 소방(114), 경찰(113) 등으로 응급관련 전화번호가 운영되고 있으며, 베트남 정부는 3종의 응급전화번호를 하나로 통합하는 정책을 추진 중인 것으로 확인되었다.[24]

---

24 "Vietnam plans to merge 3 emergency phone numbers into 1," *Thanh Nien News*(online)(May 10, 2016); 〈http://www.thanhniennews.com/society/vietnam-plans-to-merge-3-emergency-phone-numbers-into-1-61993.html〉.

4) 이송 (Transportation)

과거에는 사고목격자나 가족에 의한 직접 이송이 주를 이루었으나, 개방 이후 현재 병원 전 이송의 주요수단은 육로를 이용한 구급차이다. 메콩 강 지역에서는 수상 이송 수단을 사용하고 있으며, 민간자본의 항공이송서비스도 일부 존재하는 것으로 확인되었다.

5) 응급의료 시설 (Emergency facility)

과거 공립병원만이 존재하였으나, 현재는 보건부의 응급센터 설치 지침 발표 이후 중앙·지방 정부 병원 및 지역 병원 수준에서도 응급실의 설치가 증가되고 있다.

6) 중환자 치료 시설 (Critical care unit)

일부 병원에서 설치되었던 과거와는 달리, 현재 중환자 시설은 지역 병원에서 중앙병원에까지 모든 공공 병원에 설치되어 있으나, 응급의료센터 내 중증환자 진료시설 설치 여부는 확인할 수 없었다.

7) 응급의료 접근 (Access to care)

과거에는 사회주의 체제로 무상 응급의료서비스가 가능한 것으로 조사되었다. 개방 이후 건강보험을 적용하는 단계에 있으며 병원에서의 응급진료는 무료로 제공되고 있다. 하지만, 건강보험은 인구의 70% 정도만을 보장하며, 병원 전 응급의료는 건강보험에서 보장하고 있지 않다. 응급환자 발생 시 115를 통해 신고 접수 및 출동이 가능하나 홍보 및 신뢰부족으로 이용비율이 높지 않다. 2010년 기준으로 호치민에서 751,000건의 출동이 필요한 응급상황이 있었으나 6,159건 만이 115서비스를 이용한 것으로 조사되었다.[25]

8) 병원간 환자 전원 (Patient transfer)

대도시의 경우 환자 전원의 20% 정도를 구급센터에서 담당하고 있으며, 나머지는 개인이 자체적으로 환자를 이송하고 있다.

9) 재난의료 대비 (Disaster planning)

정부 산하 기관인 재난대비위원회가 수행하고 있다.

4. 몽골의 응급의료체계

몽골에는 전국적으로 1,500여 개의 의료 시설이 분포해 있으며, 8,597명의 의사 및 16,871명의 중간 등급의 의료진들이 보건 분야에서 일하고 있다. 보건 분야에 고용되어 일하는 인력의 숫자는 43,626명에 이르고, 전체 병원 병상 수는 19,582개로 조사되었다.[26]

---

25   VUFO-NGO Resource Centre, "Emergency Medical Services Meet Just 1% of Demand in Vietnam Biggest City,"; 〈VUFO-NGO Resource Centre. Emergency Medical Services Meet Just 1% of Demand in Vietnam Biggest City〉.

26   Bayartsetseg Oyunbaatar, "Health care in Mongolia,"; 〈https://prezi. com/ho02yzthfhhf/health-care-in-mongolia/〉.

1) 인력 (Manpower)

몽골은 조사당시 의사(일반의)가 307명, Feldsger(준 의사, 의사 보)
48명, 간호사 186명, 운전수 312명으로 전체 976명으로 조사되었다.

2) 교육 훈련 (Training)

구급차 탑승인력은 의사, 간호사, 운전수로 구성되나, 응급상황 대처
능력 함양을 위한 훈련시스템은 아직 개발되어 있지 않는 상태이다.
울란바토르에서 제공하는 구급차 서비스에서 일하는 의사의 1/3이하
에서 단지 1개월 정도의 응급처치에 관한 훈련을 받는 것으로 조사되
었다.[27]

3) 통신 (Communication)

전국적으로 기능하는 공통된 응급 전화번호는 아직 없는 상태이고,
울란바토르의 경우에는 소방서(101), 경찰(102), 구조대(105) 등으로
각기 다른 전화번호를 가지고 있다. 경찰서와 소방서 간 협력은 매우
제한되어 있으며, 병원으로의 직접적인 무선 연결뿐만 아니라 경찰이
나 소방서로의 연결은 존재하지 않는다. 기능하는 단파 통신이 없어
서 개인 핸드폰이 주요 통신수단으로 사용되고 있다.[28]

---

[27]　Cristian Boeriu, and Diana Cimpoesu, eds., "Emergency medical
system in Mongolia: A professional perspective," *Revista Română de
Bioetică*, vol. 11 no. 4(octombrie-decembrie, 2013), pp. 48~62.

[28]　*Ibid.*

4) 이송 (Transportation)

전국적으로 60여 대의 구급차가 있으며 이중 울란바토르 지역에서 25
대를 운영하고 있다. 모든 응급 차량의 90% 정도에서 적절한 응급장
비가 갖춰져 있지 않거나 낡은 상태이며 매뉴얼도 부재하다. 정부에
서는 구급차 관리를 위해 환자 1인당 2달러 정도의 이송비용을 지원
하는 것으로 조사되었다.[29]

5) 중환자 치료시설 (Critical care unit)

울란바토르의 특성화병원(외상, 암, 감염 센터), 일반 병원(주립 1, 2,
3차 병원)을 포함한 20여 개의 주 병원에 중환자실이 설치되어 있는
상태이다.

6) 시민 참여 (Consumer participation)

1990년대까지 구소련에 의한 중앙계획모델 하에서 보건에 대한 결
정권이 없었으나 보건 분야 개혁의 일환으로, 지역사회를 대표하는
병원 위원회가 설립되고, 다양한 지역사회 참여 모델이 개발되고 있
다.[30]

---

29   *Ibid.*

30   O'Rourke M, and Hindle D, eds., "Community involvement in
health in Mongolia: hospital boards and other participatory structures,"
Aust Health Rev, vol. 26 no. 1(2003), pp. 124~129.

7) 응급의료 접근 (Access to care)

의사가 병원 전 단계 치료를 제공하는 독불식(Franco-German) 모델을 따르며, 응급구조사는 존재하지 않는다. 하나의 응급 팀은 보통 1만 명에게 서비스를 제공하고 있으며, 몽골의 수도인 울란바토르 내에서 제공되는 응급의료 서비스는 국제적인 수준의 1/3에도 미치지 못한다.

8) 병원간 환자 전원 (Patient transfer)

family, soum and village health center로부터 타 병원으로 의뢰하여 환자를 이송하기 위해서는 건강 문제에 대해 책임을 지니고 있는 위원회의 멤버에 의해 승인이 되어야만 한다.[31]

다음은 중국, 베트남, 몽골의 응급의료체계를 구성요소 별로 비교한 표이다.

표 2　중국, 베트남, 몽골의 응급의료체계 비교

국가	중국	베트남	몽골
도입 시기	1978년 흑묘백묘론	1986년 도이모이 (쇄신)	1992년 신헌법
인력 (Manpower)	없음	응급의학전문의제도 도입 (2008)	없음

31　LAW ON MEDICAL SERVICES, CHARPTER TWO, ORGANIZATION OF MEDICAL SERVICES, Clause 7, "Citizen to select and registered by family, soum and village health center's doctor and to receive referral services,"

국가	중국	베트남	몽골
교육 훈련 (Training)	표준교육 없음	표준교육 없음	병원단계 훈련 프로그램 (울란바토르, 2016)
이송 (Transportation)	도시: 병원기반 구급차 (의사 간호사) - 지역마다 다양	-도시: 115에서 20% 정도 담당 (의사, 간호사) -일부지역에 구급센터 존재	-전국: 60대 구급차 -울란바토르: 25대 구급차 (의사, 간호사)
통신 (Communication)	구급(120)	구급(115) 소방(114) 경찰(113)	소방(101) 구급(105)
응급의료 시설 (Emergency facility)	1990년대 말 모든 성 수준의 병원에 응급실 설치	중앙, 지방정부, 지역 병원에 응급실 설치	중앙, 지방정부, 지역 병원 및 특성화 병원에 응급실 설치
중환자 치료 시설 (Critical care unit)	응급센터 내 외래, 입원구역, 응급 중환자실 설치	중환자 진료 시설이 모든 공공병원에 설치	70개 병원에 중환자실 설치(울란바토르)
시민 참여 (Consumer participation)	-	-	병원위원회 (지역사회)
응급의료 접근 (Access to care)	도시: 건강보험제도 적용	건강보험제도 도입 병원응급진료 : 무료	응급진료: 무료
병원간 환자 전원 (Patient transfer)	-	전체의 20% 정도를 구급센터에서 담당	위원회에 의한 승인 필요
표준 기록 (Standardized record)	-	표준 의무기록 없음	-
일반인 교육 홍보 (Public education and information)	-	응급의료교육 및 정보제공 확대	-
체계 분석 및 평가 (System review and evaluation)	-	국가 보건의료 시스템	-
재난의료 대비 (Disaster planning)	-	재난대비위원회	-
상호 협력 (Mutual aid)	-	활발하지 않음	-

국가	중국	베트남	몽골
공공안전 조직 (Public safety agencies)	–	교통안전위원회	–
– 체계적 정보 및 관련 진술 부족			

IV. 제 3과제: 독일 통일 전후 응급의료체계 개발 분석

1. 연구 방법

자료 수집을 위하여 PUBMED 등의 학술문헌을 고찰하고 WHO, EU 등의 해외 통계자료를 수집하였다. 통일 전후 변화를 직접 파악하기 위하여 독일 쾰른 응급의료체계, 베를린 응급의료체계를 방문하였다.[32] 현지 응급의료 전문가를 대상으로 개별 인터뷰 및 전문가 회의를 수행하여 통일 전후 응급의료체계 변화 과정을 조사하였다.

2. 통일 전 서독의 응급의료체계

1) 인력 (Manpower)

서독은 전쟁 이후 의사 1인당 인구가 1,300명에서 700명으로 감소

---

[32] 2016. 10. 16.~21.

하고 1987년에는 1인당 356명까지 줄어서 의사 인력이 충분하게 공급되었다.[33] 응급의학전문의가 양성되지 않았으나, 마취학, 혹은 외상외과가 응급의학 업무를 담당하였다. 구급업무를 담당하기 위하여 1977년 연방법에 의해 3단계의 응급구조사가 정식으로 인정되었다. Rettungshelfer는 대부분 자원봉사자로 구성되었고, 공공행사, 비응급 환자 이송을 담당하였고, Rettungssanitater는 1989년까지 구급차 동승자로 인정받았으며, Rettungsassistent는 1989년 신설된 현재 독일의 공식적인 응급구조사 자격이다.[34]

2) 교육 훈련 (Training)

1984년에는 응급상황 대처를 위한 마취과 의사 자격에 대한 권고안이 발행되었다.[35] 응급간호사는 기본교육과 1-2년의 추가교육을 이수해야 했으며, 대략 780시간의 교육이 이루어졌다. 1989년 구급차 동승자 교육에 대한 국가적 기준이 제정되어 응급구조사의 법적기준과 단계별 교육과정이 구축되었다.[36]

---

33   Busse R, Blümel M, "Health systems in transition: Germany-Health ststem review," *European obsrvatory on Health Systems and Politics*, vol. 16 no. 2(2014), pp. 168~169.

34   Roessler M, Zuzan O, "EMS systems in Germany," *Resuscitation*, vol. 68 no. 1(Jan, 2006), pp. 45~49.

35   Sefrin P, Weidringer JW, "History of emergency medicine in Germany," *Journal of clinical anesthesia*, vol. 3 no. 3(1991), pp. 245~248.

36   Moecke H, "Emergency Medicine in Germany," *Annals of Emergency Medicine*, vol. 31 no. 1(1998), pp. 111~115.

3) 통신 (Communication)

응급호출(110), 화재(112)로 구분되어 운영되었다.

4) Transportation

1957년에는 이동형 수술실을 포함한 차량인 Klinomobil이 최초로 이용되기도 하였으며, 현재에는 NEF (Physician Response Vehicle, 의사 동승 구급 차량), RTW (Emergency Ambulance, 응급구조사 탑승 차량)가 운영되고 있다. 1968년 Helicopter EMS (HEMS)가 처음으로 도입되어, 헬기에 심전도 모니터, 제세동기, 인공호흡기, 혈압계, 이송침대, 공기부목 등이 탑재되어 있다.

5) 응급의료 시설 (Emergency facility)

응급의료서비스는 각 연방주에서 자체적으로 제공하는 것 이외에 8개의 영리·비영리 조직에 의해 제공되었다. 1980년대에는 상황센터가 개설되고 구급차 출동 및 의료지도가 전국적으로 시행되었다.

6) 중환자 치료시설 (Critical care unit)

의료 서비스 시설에 대한 규제가 미비하여 병상이 과잉 공급되어, 1987년 자료에 의하면 인구 1,000명당 11개 병상을 가진 것으로 조사되었다. 전체 병원의 52%가 공영, 35%가 비영리, 13%가 영리 단체에 의해 운영되었다.[37]

---

[37] Roessler M, Zuzan O, "EMS systems in Germany,",pp. 45~49.

7) 시민 참여 (Consumer participation)

보건위원회에 일반시민이 대표로 참여하여 보건정책에 참여할 수 있었다.[38]

8) 응급의료 접근 (Access to care)

진료비 지불 시스템은 의료공급자와 의료보험조합(sickness fund, 질병금고)간의 계약 형태로 이루어져 있어, 동독에 비해 의료서비스에 대해 대금 지불·투자가 잘 되었고 새로운 기술 도입도 빠르게 이루어졌다. 외래진료와 병원진료가 법적으로 이분화 되어, 주중에는 외래진료가 가능했으며 밤에는 필요시 의사 왕진 서비스도 제공받을 수 있었다. 응급의료는 원칙적으로 무료였으며, 대학병원을 제외하고는 병원서 외래진료가 불가하여 이러한 이분화는 개업의의 진단을 재확인해야하는 불필요한 결과를 초래하였다. 또한, 직업, 환경 의학과 공중보건 서비스는 1차 진료와 분리되어 채용검진, 질병감시 등의 진단적 과정만 제공, 실질적으로 보건의료시스템의 역할이 축소되었다.[39]

9) 병원간 환자 전원 (Patient transfer)

응급상황 발생 시, 응급구조사 자격증을 가진 수보요원이 중증도를 고려하여 일반 구급차 혹은 의사가 동승한 구급차량을 파견할지 결정

---

38   전문가 회의, 베를린

39   Southby RF, Hurley BR, "Healthcare for a new Germany: the West and East German health systems and their unification process," *Hospital topics*, vol. 69 no. 2(1991), pp. 20~24.

하는 Rendezvous system을 운영하였다. Helicopter EMS는 기지병원 반경 50km내 환자 구조 및 이송을 담당하였고, 1978년 총 24개의 HEMS 기지가 설치 되었다 (Moecke, 1998).

10) 일반인 교육 홍보 (Public education and information)

보건교육 활성화를 위한 다양한 정책이 수립되어 여러 응급구조 단체에서 지속적으로 응급처치코스를 개설하였으며, 학생과 일반 대중을 대상으로 보건교육을 실시하기도 하였다. 독일 적십자사는 학교 보건의 대부분을 후원하여 전시회, 의사와의 대담, 강의 등을 통해 대중들의 보건의식 함양에 노력을 기울였다.[40]

11) 재난의료 대비 (Disaster planning)

응급의료에 관한 법률 35조(1968)에 의거, 재난상황 시 지역, 연방경찰 및 연방 방위군이 소집되고, 연방 1개주 이상의 파급효과 예상 시, 독일정부가 직접 관여하도록 되어 있다. THW (Federal Technical Relief Service)는 1950년 창립된 내무부 산하 기관으로 대부분 자원봉사자들로 구성된 민방위조직으로, 자연재해 뿐 아니라 교통사고 등 재난상황에서 다방면으로 활동하는 것으로 조사되었다.[41]

---

40 Schneider K, "PROBLEMS AND PRACTICES OF HEALTH EDUCATION IN THE FEDERAL REPUBLIC OF GERMANY," *Journal of School Health*, vol. 33 no. 9(1963), pp. 407~413.

41 Kitagawa K, and Preston J, eds., "Preparing for disaster: a comparative analysis of education for critical infrastructure collapse," *Journal of Risk Research*(2016), pp. 1~16.

3. 통일 전 동독의 응급의료체계

1) 인력 (Manpower)

1989년 자료에 의하면 의사 1인당 808명으로 서독에 비해 인력이 부족한 것으로 보이며, 보건의료의 국영화로 2%가 개업의로 활동, 55%는 병원에 고용되었다.[42] 80,000명 이상 거주 지역에는 응급의료서비스 관련 직접의료지도를 담당하는 의사가 배치되었고, 낮은 수준의 응급구조사가 당시 존재했던 것으로 조사되었다.[43]

2) 교육 훈련 (Training)

1977년 응급의료의사 교육에 관한 법을 제정, 응급의료의사가 되기 위해서는 3개월간의 연수와 기존 응급의료의사 지도하에 10건의 출동실습이 필요했다. 1985~86년도에 높은 수준의 응급구조사 교육에 대한 준비가 있었으나, 통일이 되면서 재논의, 최근에야 교육과정이 도입되었다.[44]

42　Ryu GC, "Lessons from unified Germany and their implications for healthcare in the unification of the Korean Peninsula. Journal of preventive medicine and public health," *J Prev Med Public Health*, vol. 46 no. 3(Jul. 2013), pp. 127~133; Gebhard B, "Public Health in East Germany," *American Journal of Public Health and the Nations Health*, vol. 54 no. 6(1964), pp. 928~931.

43　전문가 회의, 베를린.

44　위의 글.

3) 통신 (Communication)

응급호출(115) 번호가 운영되었다.[45]

4) 이송 (Transportation)

1967년 외상, 내과적 응급상황 시 출동하는 Urgent Medical Aid (DMH) 시스템을 운영하였다. 1971년 45대에서 1976년 238대로 증가하였고, 추후 1976년 SMH (Rapid Medical Help) 시스템으로 재구성되었다. 서독에서 운영되던 응급구조사 기반의 구급차(RTW)는 추후 도입되었고, Helicopter EMS는 고려되지 않았고, 드물게 소련군의 헬기를 이용하여 환자를 이송하였다.[46]

5) 중환자 치료 시설 (Critical care unit)

동독은 연방주의 관리 하에 병원과 의료진이 관리되었다. 1989년 자료에 의하면 539개의 병원, 163,305병상이 있는 것으로 조사되었고, 대부분 의료진은 지역사회 기반 종합병원에 고용되어 1960-1989년까지 비영리병원은 88개에서 75개, 개인병원은 55개에서 2개로 감소되었다. 교회 재단에 의해 병원이 독립적으로 운영이 되기도 하였다.[47]

---

45 전문가 회의, 쾰른.

46 Busse R, Blümel M, "Health systems in transition: Germany-Health ststem review,", pp. 168~169.

47 Roessler M, Zuzan O, "EMS systems in Germany,", pp. 45~49; Ryu GC, "Lessons from unified Germany and their implications for health-

6) 응급의료 접근(Access to care)

동독은 중앙집권화 국영 보건의료 시스템을 운영하였다. 고용주와 고용인이 보험료를 분담하는 원칙은 서독과 유사하나, 전체 건강보험의 50%만을 부담하고 나머지는 국가에서 보조하였다. 노동자를 위한 질병금고(89%), 그 외 직업군의 질병금고(11%) 2개의 의료보험조합이 존재하였다.[48] Polyclinics는 4개 이상의 세부 분과와 진료소, 상담센터로 구성된 동독 보건의료시스템의 외래진료 시설이다. 방사선 및 검사실과 연계되어 통합적이고 고품질의 의료 제공이 가능하였다.[49] 그러나 불충분한 자금조달과 투자, 숙련된 의료진과 현대기술의 부재로 1970년대부터 서독의 보건의료시스템에 뒤처지게 되었다.

7) 병원간 환자 전원 (Patient transfer)

기본적으로 모든 구급차에 의사가 탑승하여 현장으로 출동하는 시스템을 운영하였다. 위급한 질병, 사고의 경우 SMH가 출동하여 환자의 구조 및 이송을 담당하였고, 그 외 급성, 만성 질환자 이송에는 DHD

---

care in the unification of the Korean Peninsula. Journal of preventive medicine and public health,", pp. 127~133.

48   Freudenstein U, Borgwardt G, "Primary medical care in former East Germany: the frosty winds of change," *BMJ(Clinical research ed)*, 304(6,830)(1992), pp. 827~829.

49   Ryu GC, "Lessons from unified Germany and their implications for healthcare in the unification of the Korean Peninsula. Journal of preventive medicine and public health,", pp. 127~133.

(Urgent House Visit Service)가 담당하였다.[50]

다음은 위 결과를 정리하여 서독과 동독의 응급의료체계를 구성 요소별로 비교한 표이다.

표 3   서독과 동독의 응급의료체계 비교

구성 요소	서독	동독
인력 (Manpower)	의사 1인당 356명 담당 3단계의 응급구조사	의사 1인당 808명 담당 의사의 55%가 병원에 고용됨
교육 훈련 (Training)	응급의료서비스 제공 의료진에 대한 법적 기준과 단계별 교육과정	1977년 응급의료의사 교육 관련 법 제정
이송 (Transportation)	110, 112	115
통신 (Communication)	NEF, RTW	RTW는 추후 도입 Helicopter EMS는 고려되지 않음
응급의료 시설 (Emergency facility)	연방주와 8개의 조직에 의해 운영	특정 기준 존재하지 않음
중환자 치료 시설 (Critical care unit)	병상 과잉 공급 병원의 52%가 공영으로 운영	모든 병원은 연방주의 관리 하에 운영 교회 재단에 의한 병원 운영
시민 참여 (Consumer participation)	보건위원회의 일원으로 참석	참여 어려움
응급의료 접근 (Access to care)	의료공급자와 조합간의 계약 응급의료는 무료	국영 보건화 시스템 polyclinics 통한 통합적 진료 서비스 직업 공공의료서비스
병원간 환자 전원 (Patient transfer)	Rendezvous system Helicopter EMS	모든 구급차에 의사가 탑승하여 출동

---

50   전문가 회의, 베를린.

구성 요소	서독	동독
표준 기록 (Standardized record)	구급일지	SMH 시스템 구급일지
일반인 교육 홍보 (Public education and information)	적십자사를 포함 다양한 단체가 보건교육 실시	전담 조직은 없음
체계 분석 및 평가 (System review and evaluation)	체계적인 고찰 이루어지지 않음	체계적인 고찰 이루어지지 않음
재난의료 대비 (Disaster planning)	THW (Technical Relief Sevice)	계획 없음
상호 협력 (Mutual aid)	다른 응급의료서비스 간에 협조	협조 없음
공공안전 조직 (Public safety agencies)	내무부 산하 경찰이 담당	내무부 산하 경찰이 담당

4. 통일독일 보건의료체계 통합 과정 및 한계

통일 이후 동독의 의료 수가 시스템이 이전의 진료행위별 수가제가 아닌, 1인당 진료비 지불제로 변경되었다. 이로 인하여 기존 종합병원 의료진의 91%가 개업의로 전환하였다 (Roessler M, 2014). 동독 지역에서는 서독의 의료시스템을 벤치마킹하기 위하여, 동독 15개구를 이전 행정구역인 5개주로 변경하고 서독의 각 주와 협력하여 의료시스템 전환에 도움을 주도록 하였다.[51]

서독의 즉각적인 원조 프로그램과 더불어 양호한 경제 상태를 유지하였던 동독은 보건의료체계 통합 이후 의료서비스의 질 향상을 성공적으로 달성하였다 (Ryu GC. 2013). 1990년에 비해 2006년 동독

---

51   전문가회의, 베를린

여성의 기대수명은 6.2세 증가하였고, 남성은 76세로 서독과 1.5세 차이로 격차가 좁혀졌다.

그러나 통일에 대한 충분한 준비가 되지 않은 상태에서 2개의 서로 다른 보건의료시스템의 통합은 많은 문제를 야기하기도 하였다.[52] 통일 이전에 서독과 동독의 보건전문가들은 많은 회의를 하였으나, 통일과정에서 동독 경제의 급속한 몰락과 서독 의료시스템에 대한 맹신으로 인하여 동독의 우수한 1차 진료시스템인 Polyclinics 도입은 거절되었다. 동독 지역에서는 급격한 변화 속에서 낮은 임금과 환급금으로 숙련된 의료진들이 일탈하게 되고, 보건센터의 시설 투자가 위축되면서, 통합적인 의료서비스를 제공하던 동독의 1차 진료시스템이 붕괴되었다고 평가된다.

V. 제 4 과제: 통일 대비 응급의료체계 개발 전략의 기본 방향

1. 연구 방법

현재 북한 응급의료체계에 대한 인식 정도와 향후 개발할 통일 응급

---

52 Jantzen T, and Burgkhardt M, eds., "History of emergency medicine in Eastern Germany," *Notfall + Rettungsmedizin*, vol. 11 no. 8(2008), pp. 571~578.

의료체계의 방향에 대해 의견을 수렴하기 위하여 미리 고안된 조사지를 사용하여 설문조사를 시행하였다. 설문조사는 해외 저개발국에 대한 의료지원의 경험이 있거나, 북한의 의료체계 지원 경험이 있는 국내외 응급의료 전문가 및 국제 응급의료 개발 전문가를 대상으로 하였고, 대상자에게 전자메일을 발송하여 응답을 회수하였다.

조사지는 우선 연구의 의의와 목적을 담은 안내문을 사용하여 대상자의 응답률을 높이고자 했고, 우리나라와 북한의 응급의료체계에 대한 부가설명을 통해 대상자가 조사 방법에 대해 충분히 이해할 수 있도록 구성하였다. 설문조사의 문항으로 1) 응급의료인력 제도 구축을 통한 병원 전 단계 및 병원 단계 응급의료 제공, 2) 응급, 구급상황에 대한 전국적인 신고체계 구축, 3) 통합된 의료기관 전달체계 구축, 4) 병원 전 단계 및 병원 간 이송 시스템 도입, 5) 의료소비자 참여 독려와 일반인에 대한 응급처치, 보건 교육 확대, 6) 통합된 재정체계 도입, 7) 재난의료 대비를 위한 물자 비축 및 프로토콜 정립이었다.

설문 항목에 대한 응답은 우선 통일 직후 5년 이내에 시급히 구축이 필요한 요소로서의 중요도를, 매우 중요하지 않음(1점)-매우 중요함(9점)으로 중요도를 평가하도록 하였고, 각 영역에 1-2개의 세부 항목을 설정하여 통일 응급의료체계의 방향에 대해 질문하였다. 마지막으로 통일에 대한 충분한 준비 없이 급격히 통일이 이루어질 경우 우선적으로 필요하다고 생각하는 요소에 대해, 매우 필요하지 않음(1점)-매우 필요함(9점)으로 우선순위를 평가하였다. 1~3점, 4~6점, 7~9점 3구간으로 나누어 각 구간 중 응답자가 2/3이상인 구간이 있는 경우를 합의(consensus)가 이루어진 것으로 하였으며, 각 항목의 동의점수 중앙값을 구하였다.

2. 결과 및 고찰

설문지를 발송한 대상자 15명 중 12명이 응답하여 80.0%의 응답률을 보였고, 평균연령은 43.8(±5.4)세, 남자가 9명(75.0%)이었다. 의료기관에서 근무하거나 응급의학을 전공한 전문가는 각각 10명(83.3%)이었으며, 설문 대상자들의 전문 분야 종사기간은 평균 13.4(±4.5)년으로 조사되었다.

'응급의료인력 제도 구축을 통한 병원 전 단계 및 병원 단계 응급의료 제공', '응급, 구급상황에 대한 전국적인 신고체계 구축', '병원 전 단계 및 병원 간 이송 시스템 도입', '재난의료 대비를 위한 물자 비축 및 프로토콜 정립' 항목은 통일 직후 5년 이내에 시급히 구축이 필요한 요소로서의 중요도와 급격히 통일이 이루어질 경우 필요한 요소로서의 우선순위 모두 전문가의 합의가 이루어졌다(표 4, 표 5).

반면, '통합된 재정체계 도입' 항목은 중요도 면에서 전문가의 합의가 이루어졌으나, 우선순위 면에서는 합의가 이루어지지 않았다. '장기적 재정체계 구축 방식'에 대한 세부 영역에서도 모든 항목에서 합의가 이루어지지 않았는데, 다른 보건의료체계와 밀접하게 연관된 영역으로 전문가 설문 조사를 통해 합의 도출이 어려웠을 것으로 생각되며, 추후 심층 연구가 필요하다.

본 연구에서는 북한의 의료진은 전문성이 다소 결여되어 있으나, 상당한 경험을 가진 것으로 판단되어 통합된 응급의료체계를 구축하기까지 기존의 북한 응급의료인력을 활용하는 게 필요하다고 생각된다. 하지만 본 설문조사에서는 '병원 전 단계 및 병원 단계 응급의료 인력' 영역 모두 남한의 응급구조사 제도와 응급의학과 전문의 제도 구축에 합의가 이루어져, 추가적인 설문 조사가 필요할 것으로 보인다.

표 4　통일 직후 5년 이내에 시급히 구축이 필요한 요소로서의 중요도

설문항목	중앙값	중요하지 않음(%)	보통(%)	중요함(%)	합의
응급의료인력 제도 구축을 통한 병원 전 단계 및 병원 단계 응급의료 제공	8(8-9)	0	0	100	Y
응급, 구급상황에 대한 전국적인 신고 체계 구축	8(7.5-9)	8.3	8.3	83.3	Y
통합된 의료기관 전달체계 구축	6(4-8)	16.7	33.3	50.0	N
병원 전 단계 및 병원 이송 시스템 도입	8(7-8.5)	0	8.3	91.6	Y
의료소비자 참여 독려와 일반인에 대한 보건 교육 확대	7(5-8)	16.7	33.3	50.0	N
통합된 재정체계 도입	7.5(5.5-8.5)	8.3	25.0	66.7	Y
재난의료 대비를 위한 물자 비축 및 프로토콜 정립	8(6-9)	0	25.0	75.0	Y

표 5　급격히 통일이 이루어질 경우 필요하다고 생각되는 요소로서의 우선순위

설문항목	중앙값	필요하지 않음(%)	보통(%)	필요함(%)	합의
응급의료인력 제도 구축을 통한 병원 전 단계 및 병원 단계 응급의료 제공	8(7-9)	0	8.3	91.7	Y
응급, 구급상황에 대한 전국적인 신고 체계 구축	7(7-9)	8.3	8.3	83.3	Y
통합된 의료기관 전달체계 구축	6.5(4.5-7.5)	8.3	41.7	50.0	N
병원 전 단계 및 병원 이송 시스템 도입	7(7-8.5)	0	8.3	91.7	Y
의료소비자 참여 독려와 일반인에 대한 보건 교육 확대	6.5(5-7.5)	16.7	33.3	50.0	N
통합된 재정체계 도입	5.5(5-8)	8.3	50.0	41.7	N
재난의료 대비를 위한 물자 비축 및 프로토콜 정립	8(5.5-8.5)	16.7	16.7	66.7	Y

‘북한 주민 대상 교육 내용’에 대한 세부 영역에서는 모든 항목에 대해 동의함으로 이루어졌으나, ‘전염병 등 보건위생 교육’, ‘외상, 중독 등 손상 관련 처치 및 예방 교육’이 높은 수준으로 동의가 이루어져, 상기 내용에 대해 좀 더 집중할 필요성이 요구된다(표 6).

표 6   통일 응급의료체계의 방향에 대한 설문

설문항목	중앙값	동의하지 않음(%)	보통(%)	동의함 (%)	합의
응급의료인력제도					
병원 전 단계 응급의료인력					
응급구조사 제도 구축	7(3.5-8)	25.0	0	75.0	Y
북한의 의사와 간호사 제도 유지	6(2.5-7)	33.3	16.7	50.0	N
병원 단계 응급의료인력					
응급의학과 전문의제도 구축	7(4.5-8)	8.3	25.0	66.7	Y
북한의 구급소, 구급과 전담의사 제도 유지	3(2.5-6)	58.3	16.7	25.0	N
병원 이송 시스템					
병원 전 단계 이송체계					
소방 기반의 지상구급차 시스템 도입	7(7-7)	8.3	8.3	83.3	Y
현존 병원구급차 기반 이송시스템 유지	4.5(3-6)	33.3	50.0	16.7	N
일반인 대상 보건 교육					
북한주민 대상 교육 내용					
심정지 환자 소생을 위한 심폐소생술 교육	7.5(6-8)	8.3	25.0	66.7	Y
심근경색, 뇌졸중 등의 급성 심혈관질환의 예방교육	7(6-8.5)	8.3	25.0	66.7	Y
전염병 등 보건위생 교육	8.5(8-9)	0	8.3	91.7	Y
외상, 중독 등 손상 관련 처치 및 예방교육	8.5(4-7)	0	8.3	91.7	Y
통합된 재정체계					
장기적 재정체계 구축 방식					
남한과 동일한 보험체계 도입	5(4-7)	16.7	33.3	50.0	N
국가재정으로 운영하는 현 체계 유지	4(3-7)	50.0	16.7	33.3	N
남한과 동일한 행위별수가제 도입	4.5(3.5-7)	25.0	41.7	33.3	N
무상의료체계 유지	6.5(4-7)	25.0	25.0	50.0	N
재난의료 대비					
재난거점 병원 지정	7(6.5-8.5)	8.3	16.7	75.0	Y

VI. 결론

북한의 보건의료체계에 대한 연구는 국내외에 다수 있었으나, 응급의료체계 관련 연구는 크게 부족하였다. 본 연구는 북한 응급의료체계에 대한 현황을 파악하고 기초자료를 수집했다는 점에서 그 의의가 있었을 것이다.

북한은 구 사회주의식 중앙집권 형태의 보건의료체계를 가지고 있으며, 심각한 경제난으로 사회간접자본 및 보건의료체계 붕괴를 보이고 있는 것으로 판단된다. 의료전달체계에 상응하는 응급의료 인력 및 시설을 갖추고 있을 것으로 짐작되지만 기본적인 체계 운영이 가능하지 않은 상태로 판단된다.

중국 몽골 베트남 등 구 사회주의 국가들은 자본주의로의 급속한 체제전환으로 인해 체계적인 응급의료체계 구축에 실패한 것으로 분석되었다. 통일 독일의 경우에도 상대적으로 양호한 경제 상태를 유지했음에도 불구하고, 통일에 대해 충분한 대비를 하지 못하였고, 상당히 우수하다고 알려진 동독의 보건의료체계를 수용하지 못한 채 서독으로의 일방적인 통합이 전개되었다. 이로 인하여 응급의료에서도 상당한 불균등 발전을 경험하였다고 하였다.

타 국가들의 사례 및 연구에서 시행한 전문가 설문조사 결과를 통해, 이질적인 두 응급의료체계의 효과적인 통합을 이루기 위해서는 북한의 응급의료체계에 대한 충분한 이해와 통일에 대한 사전 준비가 필요함을 알 수 있었다. 통일 이후 사회안전망으로서 기여하는 응급의료체계의 개발은 다른 보건의료체계보다 우선적으로 구축되어야 하므로 향후 통일 대비 응급의료체계 개발을 위한 심도 깊은 사업과 연구가 지속되어야 하겠다.

::참고문헌

민하주 외 공저. "북한의 보건의료시스템과 그 이용실태에 대한 질적 연구: 2010년대 북한이탈주민의 경험을 중심으로". 『사회보장연구』. 제31권 제4호(2015), p. 71.

한국국제보건의료재단 엮음. 『2013 경제발전경험모듈화사업: 응급의료체계구축 프로그램』. 보건복지부. 2014, pp. 36~47.

Arnold JL. "International emergency medicine and the recent development of emergency medicine worldwide." *Ann Emerg Med*, vol. 33 no. 1(Jan. 1999), pp. 97~103.

Busse R. Blümel M. "Health systems in transition: Germany-Health ststem review." *European obsrvatory on Health Systems and Politics*, vol. 16 no. 2(2014), pp. 168~169.

Cristian Boeriu. and Diana Cimpoesu. eds. "Emergency medical system in Mongolia: A professional perspective." *Revista Română de Bioetică*, vol. 11 no. 4(octombrie-decembrie. 2013), pp. 48~62.

Fan XM. and Li CS. eds. "The current situation and development strategies for emergency medicine in China." *J Emerg Med*, 9(2000), pp. 364~366.

Freudenstein U. Borgwardt G. "Primary medical care in former East Germany: the frosty winds of change." *BMJ (Clinical research ed)*, 304(6,830). 1992, pp. 827~829.

Gebhard B. "Public Health in East Germany." *American Journal of Public Health and the Nations Health*, vol. 54 no. 6(1964), pp. 928~931.

Jantzen T. and Burgkhardt M. eds. "History of emergency medicine in Eastern Germany." *Notfall + Rettungsmedizin*, vol. 11 no. 8(2008), pp. 571~578.

Kitagawa K. and Preston J. eds. "Preparing for disaster: a comparative analysis of education for critical infrastructure collapse." *Journal of Risk Research*(2016), pp. 1~16.

Kobusingye OC. and Hyder AA. eds. "Emergency medical systems in low - and middle-income countries: recommendations for action." *Bull World Health Organ*, vol. 83 no. 8(Aug. 2005), pp. 626~631.

Moecke H. "Emergency Medicine in Germany." *Annals of Emergency Medicine*, vol. 31 no. 1(1998), pp. 111~115.

Nguyen TL. and Nguyen TH. eds. "Injury and pre-hospital trauma care in Hanoi, Vietnam." *Injury*, vol. 39 no. 9(Sep. 2008), pp. 1,026~1,033.

O'Rourke M. and Hindle D. eds. "Community involvement in health in Mongolia: hospital boards and other participatory structures." *Aust Health Rev*, vol. 26 no. 1(2003), pp. 124~129.

Pei V, Xiao F. "Emergency Medicine in China: present and future." *World J Emerg Med*, vol. 2 no. 4(2011), pp. 245~252.

Roessler M, Zuzan O. "EMS systems in Germany." *Resuscitation*, vol. 68 no. 1(Jan. 2006), pp. 45~49.

Ryu GC. "Lessons from unified Germany and their implications for healthcare in the unification of the Korean Peninsula. Journal of preventive medicine and public health." *J Prev Med Public Health*, vol. 46 no. 3(Jul. 2013), pp. 127~133.

Schneider K. "PROBLEMS AND PRACTICES OF HEALTH EDUCATION IN THE FEDERAL REPUBLIC OF GERMANY." *Journal of School Health*, vol. 33 no. 9(1963), pp. 407~413.

Sefrin P, Weidringer JW. "History of emergency medicine in Germany." *Journal of clinical anesthesia*, vol. 3 no. 3(1991), pp. 245~248.

Southby RF, Hurley BR. "Healthcare for a new Germany: the West and East German health systems and their unification process." *Hospital topics*, vol. 69 no. 2(1991), pp. 20~24.

WHO: *From Vulnerability to preparedness : emergency and humanitarian action in the WHO south-east asia region.* New Delhi: WHO Regional Office for South-East Asia, 2007.

Xiang-Yu Hou, Dr. Michael Blaivas. eds. "Emergnecy Medicine in China." 『*Emergency Medicine - An International Perspective*』. Croatia: Intech, 2012, pp. 73~94.

통일대비 한 · 러 · 북 농업협력 활성화 방향 :
연해주 선도개발구역을 중심으로

임정빈 · 이혜민 · 하용현 · 이승훈

목차

임정빈 서울대학교 농경제사회학부 교수(북한 · 해외농업연구소장)
이혜민 서울대학교 농경제사회학부 농업자원경제학전공 박사과정
하용현 서울대학교 농경제사회학부 농업자원경제학전공 박사과정
이승훈 서울대학교 농경제사회학부 농업자원경제학전공 석사과정

I. 서론

러시아 극동지역은 농업중심지로서 잠재력이 매우 크다. 우선 경작지가 풍부하며, 인접 동북아시아지역은 인구가 많아 식량수요가 매우 높다. 또한 아태 지역과 유럽으로 동시에 농산물 운송이 가능하여 물류운송 측면에서 경쟁력을 확보할 수 있다. 이러한 극동지역 중에서도 연해주(Primorsky Krai)는 다른 극동지역에 비해 기후가 온화하고 토지가 비옥하며, 1950년대 계획경제 하에 식량공급을 위해 조성된 농지와 관개수로, 기반시설 등 농업 인프라가 비교적 잘 갖추어져 있어 영농잠재력이 특히 높은 지역이다.

연해주지역은 구소련 시절에는 연방정부의 지원 아래 국영농장 중심으로 곡물은 물론 양돈 등 축산물의 자급자족이 가능했던 역사를 지니고 있다. 하지만 구소련이 해체된 후 러시아의 변방에 위치한 탓에 중앙정부의 지원이 축소되었으며, 모스크바 등 도시 지역으로의 인구이동에 따른 인구감소로 노동인력부족, 농지유휴화, 낮은 생산성과 높은 농식품 물가 등의 문제가 유발되었다. 이에 따라 지역 경제기 위축되고, 농업활동 역시 쇠퇴하여 대부분의 농지가 휴경되는 상황에 이르렀다.

그런데 최근 이 지역의 지정학적 중요성이 부각되면서 러시아정부 뿐 아니라 한국, 중국, 일본 등 인접국의 투자가 증대하면서 농업이 되살아날 수 있는 여건이 갖추어지고 있다. 무엇보다 최근 러시아 정부의 극동러시아 개발에 대한 적극적인 의지와 지원정책으로 교통, 통신, 관개시설 등 농업 인프라가 빠른 속도로 개선되고 있다. 연해주 주정부 역시 더 이상의 인구 감소로 인해 지역경제가 약화되는 것을 막기 위해 사회 인프라 투자 확충을 위해 노력하고 있으며, 농업생산

증진을 위한 지원정책을 확대해 나가고 있다. 특히 농·축산업 진흥을 위한 유인 정책과 외국인 투자 유치에 힘쓰고 있다. 아울러 기후온난화로 인한 기온 상승으로 인해 생육기간이 증가하면서 농업생산여건도 개선되고 있다.

한편 한국 농산업계의 연해주 진출은 1990년대 초·중반부터 이루어져 왔다. 초기에 진출한 업체 중 상당수는 현지 적응에 실패하고 철수하였으나, 최근에 진출한 업체들은 2009년 이후 본격화된 한국 정부의 해외농업개발 지원정책에 힘입어 비교적 순조롭게 현지화에 성공하고 있다. 우리 정부가 해외농업개발을 장려하게 된 배경은 다음과 같다. 첫째, 이상기후, 바이오에너지 수요 증가, 중국, 인도 등 신흥개도국의 소득증대로 인한 농축산물 수요 확대에 따른 국제곡물가격 상승으로 국제식량시장의 불안정성 증가이다. 둘째, 한국의 낮은 식량자급률과 일부 수출국에 편중된 식량수입 의존성으로 인한 식량안보 위협가능성이 높아 식량 공급선을 다변화할 필요가 있다.

이러한 측면에서 우리 정부는 식량자주율 증대 차원에서 2009년부터 본격적으로 국내 농식품 및 사료생산 기업들의 해외농업개발 사업을 장려하게 되었고, 그 일환으로 우리나라의 기업들이 연해주로 다수 진출하게 되었다. 이러한 대내외적 여건 변화로 인하여 해외농업개발사업은 점차 활성화되기 시작하였으며, 특히 우리와 역사적·지리적으로 연관이 깊고 농업의 잠재력이 큰 연해주 지역이 해외농업개발의 요충지로 부상하게 되었다.

사실 연해주 지역은 한반도와 인접한 대규모 농업지역으로 향후 세계적인 식량위기시대 혹은 통일시대에 대비하여 부족한 식량을 안정적으로 공급할 수 있는 요충지로서 잠재성이 큰 지역이다. 한국의 높은 영농기술력 및 자본, 북한의 노동력, 러시아의 광활한 토지를 활용한 한-러-북 3국간 농업협력은 어느 분야보다 성공가능성이 높다. 특히 오랫동안 남북간 정치·안보적 갈등으로 경색국면이 지속되는 상황에서 남북 양측의 인접지역인 러시아 연해주 지역을 활용하여 한 국의 선진 농업기술과 자본력, 그리고 북한의 노동력이 효과적으로 결합하는 방안이 마련될 수 있다면, 이는 향후 통일 한국의 식량안보 확보 및 농업발전에 크게 기여할 수 있을 것이다. 현재 남북한 간 직접적인 교류협력이 언제 이루어질 수 있을지 모르는 상황에서 남북 모두와 비교적 우호적 관계를 유지하고 있는 러시아를 활용한 농업협력의 모색은 매우 중요한 의미를 갖는다. 한-러-북 농업협력을 통해 남-북한간 농업교류의 새로운 장을 만들고, 이를 통해 북한 노동자들에게 선진농업기술을 습득할 수 있는 기회를 제공하는 동시에 만성적으로 식량난에 허덕이는 북한의 농업생산성 증진에도 기여할 수 있기 때문이다

러시아 입장에서는 한-러-북 농업협력이 활성화될 경우, 한국의 농식품 산업 분야의 투자가 촉진되어 연해주 농업개발의 빠른 진전을 통해 지역 경제발전과 고용증대라는 긍정적 효과를 기대할 수 있을 것이다. 향후 농업분야 뿐만 아니라 연해주지역의 풍부한 산림 및 천연자연자원을 활용한 바이오생명산업 및 농산업복합단지 조성 등을 통해 관련 산업의 발전과 함께 궁극적으로 연해주 지역의 경제 활성화와 고용창출에도 크게 기여할 것으로 예상된다.

또한 현지에 진출해 있는 우리 영농기업들에게는 숙련된 인력부족의 문제를 해결해 줌으로써 수익성 제고와 함께 지속적 농업투자를 할 수 있는 여건을 제공해 주는 기회가 될 수 있을 것이다.

아무튼 남북간 경색국면이 지속되면서 양측 간 인도적 농업협력을 위한 교류마저 중단된 상황에서, 러시아 연해주 지역을 중심으로

향후 남북관계 개선과 통일에 대비한 농업협력 모델을 구상하는 것은 매우 의미 있는 연구라고 볼 수 있다. 따라서 본 연구는 연해주 지역을 통일을 대비하여 북한 노동자들이 자본주의 체제를 간접 경험할 수 있는 완충지(Buffer Zone)로 활용할 수 있는 가능성을 검토하고, 특히 연해주 선도개발지역을 중심으로 한-러-북 3국이 윈-윈(win-win) 할 수 있는 공동의 농업협력사업을 제안해 보고자 한다.

II. 연해주 농업개발 진출 현황

극동러시아의 연해주 지역은 역사적인 배경 및 지리적·정치적인 요인 등으로 인해 해외식량기지로서 가장 큰 관심을 받고 있다. 이 지역은 유럽, 북아메리카, 동북아시아의 중앙에 위치한 지정학적 요인으로 인해 동북아시아지역의 물류중심지로서의 잠재력을 가지고 있을 뿐만 아니라, 풍부한 천연자원과 넓은 경작지를 보유하고 있어 농업 발전의 잠재력이 크다. 특히 연해주는 상대적으로 다른 극동지역보다 기후여건 및 토지 비옥도 측면에서 농업생산에 있어서 우위에 있으며, 구소련시절 조성된 대규모 농지, 힝카호수 지역의 관개수로 시설, 철도 및 육로 등 농업 관련기반시설이 상대적으로 잘 구축되어 있다. 또한 러시아 정부가 연해주 지역경제 활성화를 위해 농축산업 진흥 정책과 외국인 투자 유치 정책을 활발히 펼치고 있다는 점도 향후 연해주 지역 농업발전 가능성을 높여주고 있다. 반면에 아직도 인구 감소로 인한 숙련노동자 부족, 농업인프라 부족으로 인한 낮은 농업생산성, 교통 및 물류체계 낙후 등은 농업발전의 저해 요인으로 작용하고 있다.

이로 인해 1990년대 초반 연해주에 진출한 많은 한국 기업들은 다양한 이유로 인해 현지 적응에 실패하는 경우가 많았다. 경제적 타당성 분석 미흡, 토양 및 기후 조건 등 환경적 차이 극복 문제, 비료, 종자, 농약 등 농자재 조달 문제, 농산물 유통 및 판로 문제 등에 직면하였다. 무엇보다 한국 기업들이 소규모 영농이 아닌 대규모 조방농업에 익숙하지 않은 것이 큰 실패 요인으로 작용했다. 연해주 환경에 적합한 농법과 품종에 대하여 충분한 준비가 부족하여 단위당 생산성(단수)이 매우 낮았으며, 농기계 구입 및 수리 시에도 큰 비용이 필요해 초기에 큰 자본 손실을 보는 경우도 많았다. 파종기나 수확기에 비나 눈이 내려 작업 시기를 놓치게 되어 한해 농사를 망치는 경우도 빈번했으며, 러시아 법령과 제도에 대한 충분한 검토와 사전 준비가 이루어지지 않은 경우, 현지 업체와 소통 부족, 러시아 현지 인력 관리의 어려움으로 많은 애로사항이 발생하였다.

하지만 초기 진출기업의 많은 시행착오를 통한 교훈을 발판으로 최근에 진출한 업체들은 비교적 순조롭게 현지화에 적응하고 있다. 2000년대 초에 진출해 비교적 현지화에 성공한 것으로 평가받고 있는 기업으로는 대순진리회의 현지법인인 아그로상생, 유니베라(구 남양알로에)가 있으며, 2008년~2009년에 진출한 인탑스의 아로-프리모리예, 서울사료의 에꼬호즈, 현대중공업의 현대자원개발 등은 영농 규모를 확대하는 등 적극적인 영농활동을 하고 있다. 2010년 이후에는 코리아통상, 해피콩, 퓨처인베스트리더스, 포항축협 등이 진출한 바 있다.[1] 대부분의 업체는 콩, 옥수수 위주로 재배하고 있으며, 쌀,

---

1 2016년 기준으로 코리아통상, 퓨처인베스트리더스, 김화복, 치코자루앤앰파트너스, 해피콩 등은 영농활동을 중단한 상태임.

밀, 귀리, 메밀 등도 소규모로 재배하고 있고, 포항축협은 조사료 위주로 영농활동을 하고 있다.

표 1   연해주 주요 해외농업개발 진출 업체의 농경지 확보 및 파종면적

구 분	확보면적 (ha)	파종면적 (*ha*)	'16 파종면적(ha)			
			콩	옥수수	벼	하곡, 건초 등
아그로상생	36,000	4,172	1,463		2,121	588
서울사료	13,239	5,344	3,698	1,268		378
현대중공업	20,438	8,700	6,000	2,500		200
아 로	3,000	2,494	1,939			555
남 양	2,094	392	144			248
포항축협	350	300	42			258
바리의 꿈	60	200	200			
계	75,181	21,602	13,486	3,768	2,121	2,227

출처: 연해주 영농지원센터.

최근 연해주 지역에 진출한 해외농업개발업체의 전체 경지 확보면적을 살펴보면, 7만 5천 ha 이상의 농경지를 확보한 것을 확인할 수 있다. 하지만 실제 작물이 재배된 파종면적을 살펴보면 확보 면적의 약 30% 수준인 2만 1천 ha 수준에 그치고 있다.

표 2   연해주 해외농업개발업체 농업생산 현황   (단위: ha, 톤)

구분	2009	2010	2011	2012	2013	2014	2015
재배면적 (ha)	17,060	18,940	25,247	39,664	22,449	23,079	22,923
생산량(톤)	21,806	33,680	39,826	70,704	51,834	60,436	66,710

출처: 해외농업개발협회.

연해주의 해외농업개발업체들의 재배면적과 생산량은 매년 변동이 심한 것을 확인할 수 있다. 재배면적의 경우는 2009년 약 1만 7천 헥터에서 2012년 약 4만 헥터까지 매우 빠르게 증가하다가 2013년에 약 2만 2천 헥터로 급감한 후 안정적 추세를 보이고 있다. 이에 따라 생산량은 2009년 21,806톤에서 2012년까지 66,710톤으로 증가하다 최근에는 2만 2천 톤에서 2만 3천 톤 내외의 생산량 실적을 보이고 있다. 확보한 농경지 면적보다 실제 재배면적이 매우 적은 이유는 무엇보다 인력부족, 가용 자본 부족, 비료-농약 등 생산요소의 원활한 조달의 어려움, 낮은 식량가격 등 경제적 요인이 주된 이유이다.

연해주 진출 한국 농기업은 주로 넓은 토지를 이용해 콩, 옥수수, 귀리 등의 사료곡물을 재배하고 있다. 이러한 작물들은 연해주처럼 토지가 광활한 지역에서 대규모 농기계에 의존하여 재배되는 특성이 있다. 여기에 연해주 지역은 농업환경 여건 상 토지의 해동이 우리나라에 비해 매우 늦어 파종을 신속하게 마쳐야 하기 때문에, 파종을 위한 농기계 적시 투입이 필수적이다, 하지만 현지에서 사용할 수 있는 대규모 농기계 부족으로 적시 투입이 어려운 실정이다.

또한 가장 큰 문제점은 노동력 확보 문제이다. 연해주와 같은 대규모 영농에서 가장 중요한 요소 중 하나는 파종기-수확기에 우수한 농업인력을 확보하는 일이다. 특히 한국 진출기업이 운용하는 대규모 농장에서는 대형 농기계를 운용하게 되며 이러한 농기계를 효과적으로 운용할 기사와 영농인력을 확보하는 것이 중요하다. 그런데 연해주 지역은 넓은 면적에 비해 인구가 매우 적으며, 지속적으로 인구유출이 일어나고 있는 추세이기 때문에 현지인만으로 노동력을 조달하는 데 한계가 있다. 연해주 인구는 2005년 202만 명에서, 2015년 기준 190만 명 수준까지 감소하는 추세이고, 무엇보다 해외진출기업의 영농이 이루어지는 지역에서는 특히 영농 인력을 충분히 조달하기 어려운 상황이다. 지역 거주민들이 보다 높은 임금을 제공하는 일자리를 찾아 도시로 떠나고 있어, 일손이 필요한 시기에 노동력 공급이 어려운 것이다. 현재 이용가능한 노동인력도 고령화로 인해 영농작업의 질 저하 및 신기술-장비 운용 및 보급에 한계가 있는 것으로 조사되었다. 현재 진출기업의 영농 현장 농기계 기사들은 대부분 50대 전후로 80~150마력의 러시아산 구형 농기계에 익숙하며, 200~400마력의 미국 및 유럽산 농기계 운용에 대한 경험은 상대적으로 부족하다.[2] 또한 젊은 인력의 경우 대도시나 다른 산업에 근무하는 것을 선호하는 경향이 있어 인력을 확보하고 유지하는데 큰 어려움이 있다.

한편, 국제기구(FAO) 발표에 따르면 북한은 전체 인구인 2천 466만 명 중,[3] 약 17%에 해당하는 400만 명 정도가 기아에 시달리고 있고, 연간 40만톤내지 100톤 가량의 식량이 부족한 국가로 알려져 있다. 이로 인해 북한 주민의 배고픔을 줄여주기 위해서는 국제사회의 지원이 필요한 상황이다. 또한 북한은 식량부족을 완화하고 외화획득을 위해 주요 국가로 노동자를 송출하고 있으며, 러시아는 북한이 노동자를 가장 많이 송출하는 국가이다. 러시아내 북한 근로자 수는 2만~3만명으로 추정되고 있다. 북한 노동자들은 주로 러시아내 건설업과 임업 분야 위주로 진출해 있으며, 최근 극동·시베리아 지역 특히 하바롭스크, 아무르, 연해주 지방에 집중되어 있는 것으로 알려져 있다.

2　김도순, "연해주 영농 생산성 향상: 현황과 방안,"『해외농업저널 웹진』, 봄호(2014); 〈http://www.oads.or.kr/webzine/KOAA_1404/html/spc4.html〉.

3　통계청의 북한 추계인구, 2014 기준.

표 3   러시아 및 연해주 인구 구성비율 (단위: 천명, %)

구분	전체 인구(천명)			도시-농촌 인구 비중(%)					
	러시아 연방	극동관구	연해주	러시아 연방		극동관구		연해주	
				도시	농촌	도시	농촌	도시	농촌
2005	143,236	6,460	2,007	73.2	26.8	74.4	25.6	75.7	24.3
2010	142,865	6,285	1,953	73.8	26.2	74.8	25.2	76.1	23.9
2011	143,056	6,266	1,951	73.9	26.1	74.9	25.1	76.3	23.7
2012	143,347	6,252	1,947	74.0	26.0	75.1	24.9	76.6	23.4
2013	143,667	6,227	1,938	74.2	25.8	75.3	24.7	76.7	23.3
2014	146,267	6,211	1,933	74.0	26.0	75.4	24.6	76.9	23.1
2015	146,545	6,195	1,929	74.1	25.9	75.6	24.4	77.0	23.0

출처 : 연해주 주 정부 통계청(2016); 〈http://www.primorsky.ru/〉.

따라서 우리 농산업 기업체가 해외영농사업 차원에서 많이 진출해 있는 연해주 지역을 중심으로 북한 노동력을 활용한 한-러-북 3국 농업협력 사업은 우리 기업의 인력난 해소뿐만 아니라 향후 통일대비 북한의 식량부족 해소와 남북한 농업발전의 격차해소 차원에서 볼때도 매우 의미 있는 실천방안의 하나로 판단된다.

III. 농업협력에서의 북한 노동력 활용의 장점과 고려사항

1. 한-러-북 농업협력에서의 북한근로자 활용의 장점

연해주 진출한 한국 농산업 기업체들이 현재 직면하고 있는 노동력 부족 문제들을 고려하였을 때, 북한근로자의 활용은 긍정적인 효과를 유발할 수 있을 것으로 예상된다. 연해주 진출 한국 농기업들이 주로 직면한 문제는 토지를 제외한 가용 투입자원의 부족으로 요약될 수 있다. 현재 한국 농기업의 농지이용률은 매우 낮은 것으로 조사되며, 이는 투입자본의 부족과 함께, 각종 생산요소의 부족 요인이 크다. 그 중에서도 가용 노동력의 부족이 큰 부분을 차지하고 있다. 북한의 노동력은 가용 노동력 부족 문제를 해결하는 데 있어 러시아 현지인이나 중국인 등 타 외국인 노동력보다 적합할 것으로 예상된다.

2016년도 기준 한국 농기업의 연해주에서의 농지이용률은 확보면적 대비 30% 수준으로 실질 재배면적은 매우 낮으며, 차후 자본투입을 늘려 경지면적을 증가시키게 되면 노동력 부족문제는 더 크게 대두될 것이다. 하지만 노동력의 양적인 측면만이 아니라 질적인 측면 역시 문제가 되고 있다. 연해주 농업에서는 대형농기계 운용이 필수적인 반면 가용 노동력 중 대형농기계를 운용할 수 있는 인력은 특히 부족하다. 과거 소련 붕괴 이전에는 농업전문학교나 기타 교육기관을 수료한 인력들이 지속적으로 배출되었으나, 현재는 농기계 전문인력이 교육되고 있지 않는 상태이다.

한편, 우리나라 농기업의 국내 파견인력이 모두 러시아어를 능숙하게 구사할 수 없는 현실적 어려움 속에서 현지 고용 인력의 한국어 사용 가능여부는 해당 기업의 수익성 증진에 매우 중요한 요인이다. 현재도 상당수의 현지 진출 우리 농기업들은 고려인을 고용하는 방법으로 문제를 일부 해소하고 있지만, 연해주 내 거주 고려인들은 상당수가 한국으로 출국해 취업하기를 원하기 때문에 장기근속을 희망하는 경우는 매우 드문 형편이다.

따라서 위에서 지적한 연해주 진출 한국 농기업의 노동력 문제를 해결하기 위해서는 현지에서 이용할 수 있는 외국인 숙련인력을 추가적으로 확보하는 것이 필요하며, 가능하면 한국어를 사용할 수 있는 쪽이 좋다. 이러한 측면에서 북한노동력의 활용은 러시아인이나 여타 외국인 인력 활용에 비해 확실한 장점을 가진다. 우선 노동력의 질적인 측면에서 우위가 있다. 북한 노동력의 높은 생산성은 비록 일부분이 계획분[4] 상납제도로 인한 착취에서 기인하는 것이지만 북한근로자의 생산성은 매우 높은 것으로 알려져 있다. 계획분을 달성하고부터가 노동자 입장에서 개인소득이 발생하는 것과 마찬가지이므로 대다수의 북한 노동자들은 청부근무[5]를 하기 위해 정해진 작업을 최대한 빨리 마치려고 하며, 때문에 연해주 지역의 타 외국인 노동자(베트남, 우즈베키스탄, 중국 등)들과 비교해서도 매우 높은 생산성을 보인다. 또한 북한 노동자들에게는 통상 5년, 길게는 10~15년 비자가 발급되기 때문에 북한 노동자들은 통상 1년 비자를 발급받는 타 외국인 노동자에 비해 숙련도가 높다.[6] 이는 숙련노동력 부족이 문제인 연해주 진출 한국 농기업 입장에서는 매우 중요한 성공 요소이다.

이처럼 연해주 지역에서 북한 노동력의 활용은 현지 국내 진출업체의 경제적인 측면에서 상당한 장점을 가지는 동시에 통일대비 북한 농업의 생산성 증진과 북한 노동자들의 자본주의 체제이행에 대한 적응력을 향상시킬 수 있다는 점에서도 의의가 있다. 이애리아, 이창호 (2015)에 따르면 해외파견 북한근로자들이 희망하는 청부근무를 위

---

4 국가상납금을 이른다.

5 사업소 차원의 단체노동 외에, 개별적으로 수행하여 급료를 받는 노동을 의미한다.

6 이애리아 · 이창호, "연해주 지역 북한 노동자의 실태와 인권,"『KINU 통일나침반』, 제 15권 3호(2015), p.71.

해서는 구직활동을 할 필요가 있고, 이를 위해 자연스럽게 고려인 등의 현지 러시아인 사회와 연결망을 형성하며 자본주의체제에 적응할 기회를 얻게 된다. 이 외에도 연해주에서의 영농활동은 북한주민들에게 통일 후의 영농활동에 대한 적응을 촉진하는 효과가 있을 것이다. 북한은 현재 만성적인 연료부족으로 인해 농기계 투입이 부족한 실정으로, 전체 농경지의 60%만이 기계화되어 있으며 나머지 40%는 축력에 의존한다.[7] 때문에 통일 과정에서 갑작스럽게 자본 투입에 대한 제약이 완화될 때, 새로운 영농형태에 대한 적응 문제로 빠른 증산에 문제가 발생할 수 있다. 특히 남한의 경우 농업의 기계화가 선진국 수준으로 이루어져 있기 때문에 기계화에 대한 완충 장치가 필요한 상황이다.

연해주는 한국의 선진화된 기술 및 자본집약적인 농업이 효과적으로 수행될 수 있는 잠재성을 가진 곳으로서 북한 노동자들이 영농기술과 농업자본의 효과적인 사용방식을 익힐 수 있어, 향후 북한 농업발전을 위한 전문인력을 육성하는 데 좋은 훈련기회의 장이 될 수 있을 것이다. 특히 연해주에서 주로 재배되는 작물이 콩과 옥수수, 쌀 등 북한에서 증산이 필요한 가장 중요한 식량작물로서 북한의 식량증산차원에서 더욱 긍정적이라고 할 수 있다.

---

7 최용호, "2017년 북한의 식량수급 전망,"『KREI-북한농업동향』, 제 19권 2호(2017), p. 11.

2. 연해주 북한근로자 현황과 한-러-북 농업협력에 있어 고려할 점

북한은 국제사회의 감시로 마약거래, 위폐발행 등의 불법행위가 차단되고 경제제재가 이어지면서, 주요 외화획득수단으로서 인력송출에 의존하고 있다.[8] 현재로서는 북한의 거듭된 핵실험으로 인해 인력송출국 중 하나인 폴란드가 신규비자발급을 거부하고 중국이 북한 노동자 고용중지명령을 내리는 등 국제적으로 북한노동력의 사용이 문제시되고 있는 상황으로, 북한의 노동력을 본격적으로 활용하는 계획은 다양한 문제의 소지가 될 가능성이 있다. 더불어 북한의 핵실험이 관련되지 않더라도 해외 파견 북한근로자의 근무환경은 인권유린 수준이라는 국제사회의 비판을 꾸준히 받아온 바 있다. 대체로 해외 파견 북한 근로자의 임금은 약 10%를 제외하고 북한 당국에 의해 외화벌이의 목적으로 수취되는 실정이다.[9] 또한 북한의 노동자들을 대상으로 한 과도한 임금 수취와 노동 요구 외에도 사업소를 벗어나지 못하게 강제하거나, 사업소에서 여권을 압수하는 등 기본 인권 차원에서 문제시될 수 있는 행태들이 관찰되고 있다.

북한이 핵개발을 고집하고 있는 현재로서는 연해주에서 한-러-북 농업협력, 특히 북한의 노동력을 활용하는 방식의 농업협력은 정치적 상황에서는 성립하기 어려운 상황이다. 또한 향후 남북관계가 화해국면으로 이행한다고 하더라도 현재와 같은 북한근로자의 근무실태가

---

8 이용희, "북한 노동자 외국 파견 정책의 추이와 전망", 『국제통상연구』, 제21권 4호(2016), p.113.

9 위의 글, p. 123.

개선되지 않은 상태로 협력 사업을 수행할 수는 없을 것이다. 따라서 향후 농업협력 사업에서 북한노동력을 어떤 형태로 사용할 것인지에 대한 구체적인 구상이 필요하다.

우선 연해주의 북한노동력의 실태를 파악하고, 이를 바탕으로 차후 협력사업에서 어떠한 형태로 개선안을 제시해야 할지를 고민해야 한다. 러시아 파견 북한 노동자 현황을 분석한 선행연구에 따르면((이용희(2016)), 현재 러시아에는 약 30,000명의 북한 노동자가 거주하고 있는 것으로 추정되며 2014년 기준 전체의 약 72.7%가 벌목, 광업, 건설·수리 노무직에 종사하여 대부분이 건설업분야에 종사하고 농수산업 부류는 전체의 3.4%에 불과하다. 러시아는 거리와 환경적 유사성으로 인해 북한의 파견노동자들에게 가장 선호되는 근무지이다.[10] 그 결과 러시아 파견노동자의 연평균 임금은 유럽(독일, 폴란드 등)으로 송출된 경우를 제외하면 가장 높은 수준이다. 러시아내 임금수준은 외화 획득액 기준으로파견노동자가 가장 많은 중국을 앞서는 것으로 추정된다.

상대적으로 수입의 많은 부분을 청부근무에 의존해야 하는 북한 노동자들에게 러시아는 중국에 비해 매력적인 근무처이다. 중국의 경우 사업소 통제가 심하기 때문에 정해진 근무지에서 얻는 수입 이상을 얻기가 어려운 반면, 러시아의 경우 청부근무가 상대적으로 용이한 것으로 알려져 있다. 하지만 러시아에서도 파견노동자에게 임금이 지급되는 구조는 다른 국가들과 크게 다르지 않기 때문에, 지정된 사업장에서 북한 노동자들이 받게 되는 임금은 극히 일부에 불과하다.

---

10   이애리아·이창호, "연해주 지역 북한 노동자의 실태와 인권," p.55.

표 4　북한 근로자의 파견국별 연평균 임금수준 및 총임금　(단위: 명, 달러)

파견 지역	파견근로자 수	연평균 임금	총 임금
중국	70,000	3,840	268,800,000
러시아	30,000	9,840	295,200,000
중동	9,100	9,000	81,900,000
아시아	3,500	7,800	27,300,000
유럽	2,000	10,200	20,400,000
아프리카	2,000	3,840	7,680,000
총계	116,600	(가중평균) 6,014	701,280,000

출처: 이용희, "북한 노동자 외국 파견 정책의 추이와 전망,"『국제통상연구』, 제 21권 4호(2016), p.124.

북한 파견근로자들은 대체로 교외지역 아파트나 공장을 임대하여 2~400명이 단체로 거주하는 출퇴근 활동을 하며, 사업소는 근로자들을 노동인력들의 탈주를 막고 급여를 수취하는 등 효과적으로 감시하기 위하여 매우 치밀하게 조직화되어 있다.[11]

북한 노동력이 소속된 북한 사업소에 일을 의뢰한 현지 회사에서 임금체불이 발생하는 경우도 있고, 임금이 지급되더라도 근로자에게 직접 지급되지 않는다. 북한 사업소에 지급된 임금은 근로자가 속한 사업소로 입금된 후 갖가지 명목의 공제가 이루어진 후 남은 액수가 지급되기 때문에 경우에 따라서는 임금 자체를 수령하지 못하는 경우도 있다. 우선 북한 노동자가 러시아에 파견되는 그 순간부터 근로자 1인 당 교통비, 비자 수수료 등의 명목으로 1,000달러 정도의 빚이 발생하고, 사업소에서 13%의 소득세, 사회보험료, 계획분 등이 공제된다. 이때, 북한사업소의 공제내역이 소속된 북한 근로자들에게 투명

11　위의 글, p.60.

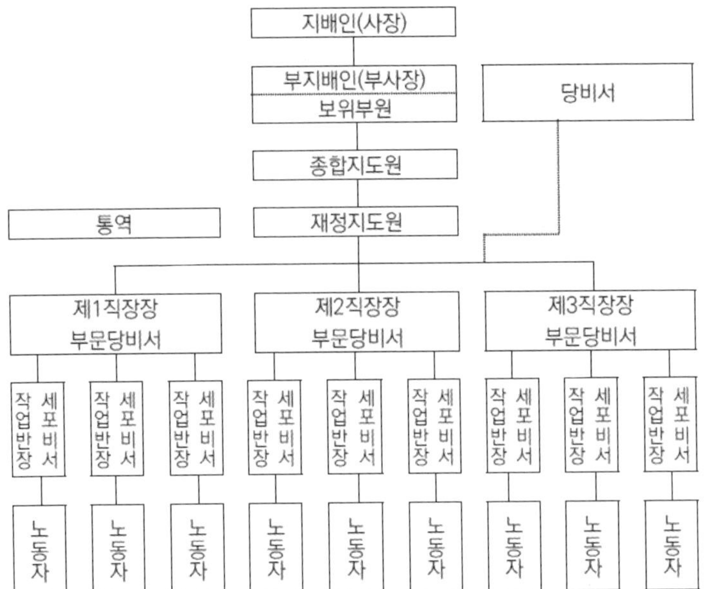

그림 1 러시아 파견 북한 사업소(회사) 조직도

출처 : 이애리아, 이창호, "연해주 지역 북한 노동자의 실태와 인권,"『KINU 통일나침반』, 제 15권 3호(2015), p.61.

하게 공개되지 않기 때문에 관리자들이 공제액 또는 계약액을 속이고 일부를 횡령할 수 있으며 이러한 일은 빈번하게 일어난다. 결과적으로 이러한 공제분을 고려한 연해주 파견근로자들의 실질적인 수입은 정해진 근무지에서 얻는 수입과 사적 수입을 합쳐 최대 연간 3,000달러에서 최소 200달러 정도로 알려져 있다.[12]

이상과 같은 연해주 북한근로자의 상황을 고려하였을 때, 연해주 선도개발구역을 이용하여 한-러-북 농업협력을 진행할 때는 북한근로자의 근무여건 개선을 위해 임금지급체계 등의 개편을 요구하고, 농

---

12 위의 글, p.2.

업협력사업 외에서도 수입원을 확보할 수 있도록 배려할 필요가 있다.

우선 북한 사업소에 임금을 전량 지급한 후 사업소에서 근로자들에게 임금을 분배하는 방식을 지양할 필요가 있다. 가능한 한 사업소에 지급하는 수수료와 근로자에게 지급되는 임금을 분리하고, 이것이 여의치 않을 경우 적어도 근로자들에게 사업소에 지급된 금액이 얼마인지 투명하게 공개하여야 할 것이다.

협력 대상이 되는 북한 회사(사업소)와는 계획분을 일정 수준 이상 수취하지 않는 것으로 협의하고, 계획분 외의 수취는 제한할 필요가 있다. 현재의 수취 정도는 거의 지정된 사업소에서 지급되는 임금의 전량에 해당하는 수준이기 때문에, 북한 근로자들이 본래의 협력사업보다는 계획분 수취에서 자유로운 청부업무에 집중하는 결과를 낳을 수 있다.

한편 농업생산 활동이 가장 많이 이루어지는 파종기/수확기를 제외한 농한기에 북한노동인력들이 수입을 창출할 수 있는 일거리를 제공해야 할 것이다. 지정업무가 적은 농한기에 북한 근로자들은 스스로 일거리를 찾으려 할 것인데, 지정된 사업소 외의 근무를 위해서는 일반적으로 관리자들에게 뇌물을 공여해야 하는데다가 러시아 당국 입장에서도 이러한 근무를 불법으로 취급한다. 러시아 입장에서 보았을 때 불법인 행위들이 협력사업에 참여하는 근로자들에게서 벌어지는 것은 바람직하지 않기 때문에, 농한기에는 일정 수준의 보조금이 지급되는 훈련 프로그램을 제공하거나 식품가공업체 취업알선 및 인접 지역의 건설업무 등에 참여할 수 있도록 계약 중계와 이동수단 지원 등을 실행할 필요가 있을 것이다.

IV. 연해주 선도개발구역을 활용한 3국 농업협력 활성화 방안

1. 선도개발구역의 정의

선도개발구역은 러시아 극동의 개발을 위해 지정된 사업지구로, 입주 기업에 인프라 제공, 세제혜택, 외국인 노동쿼터 무한발급 등을 지원함으로서 해당 지구를 수출기지로 육성하는 것을 목적으로 한다. 선도개발구역 기업에게는 기존 경제자유구역인 특별경제구역(Special Economic Zone)과 비교해서도 파격적인 혜택이 주어진다. 이는 선도개발구역이 러시아 극동에서 꾸준히 제기되고 있는 인구감소문제 해결방안 중 하나이기 때문이다. 러시아 극동지역의 인구는 높은 사망률과 이주율로 1991년 799만 5천명에서 2015년 기준 621만 1천명으로 매우 크게 줄어들었다. 2017년 현재 총 14개의 선도개발구역이 지정되어 있으며, 이 중 12개 구역이 극동에 위치한다. 연해주에는 나제진스키, 미하일롭스키, 볼쇼이 카멘 3개 구역이 선도개발구역에 해당하며, 이 중 미하일롭스키의 경우 농축산이 주요 육성분야에 해당한다.

표 5　러시아 극동 12개 선도개발지역과 육성분야

행정구역 (6)	선도개발구역 (12)	육성분야
연해주	나제진스키	물류, 제조
	미하일롭스키	농축산
	볼쇼이 카멘	조선
하바롭스크	하바롭스크	물류
	콤소몰스크	항공우주

행정구역 (6)	선도개발구역 (12)	육성분야
아무르 주	프리아무르스카야	제조, 물류
	벨로고르스크	농업
추고트카 자치구	베링고프스키	광업(석탄)
사하 공화국	칸갈라스이	제조, 가공
캄차카 지방	캄차카	관광, 제조
사할린 주	유쥐나야	농축산
	고르니 보즈두흐	관광

출처 : 러시아 극동개발부(www.minvostokrazvitia.ru)

연해주 선도개발구역의 경우 연해주정부 주관 하에 앞으로 3년 간 40억 루블(약 800억 원)이 인프라건설사업에 투여되며, 2017년 말까지 도로건설, 상하수관로 구축 사업이 마무리될 예정이다. 선도개발구역은 우리나라의 경제자유구역이나 현재 러시아의 특별경제구역과 유사하지만, 기간이 70년으로 길고 정부 지원이 강화되었다는 차이가 존재한다. 선도개발구역에서는 세금우대, 간이행정수속, 외국인 규제 완화, 임대료 할인 등 혜택이 제공되고 있는데, 특히 외국인 노동쿼터 무한발급이 중요한 지원 사항이다.

표 6　러시아 극동지역 선도개발지역의 주요 혜택

항목	주요 내용
세제혜택	1) 법인세: 최초 이익 발생 후 　- 1~5년차: 연방세 면제, 지방세 5% 　- 6~10년차: 연방세 2%, 지방세 10~18% 2) 사회보장세: 10년 동안 7.6% 　- 단, TOR 설립 후 3년 내에 입주하는 기업만 적용 3) 재산세, 토지세: 5년 간 면제 4) 부가가치세: 15일 내 환급
외국인 노동자 쿼터	쿼터 규제와 상관없이 외국인 노동자 고용 가능
인프라 건설	정부 지원

항목	주요 내용
관세자유구역	유라시아경제공동체(EAEU) 관세동맹에 규정된 관세자유 구역 통관 제도 적용
부동산 임대료	할인 임대율 적용
감사	연방정부와 지방정부의 정기 감사를 동시에 진행 정기 감사 기간은 15일 이내

출처: 선도개발구역에 관한 러시아 연방법(Федеральный закон от 29.12.2014 N 473-ФЗ(ред. от 13.07.2015) "О территориях опережающего социально-экономического развития в Российской Федерации").

연해주 선도개발구역의 경우, 미하일롭스키 선도개발구역이 한-러-북 농업협력에 있어 중요한 역할을 수행할 것으로 예상된다. 미하일롭스키 선도개발구역은 연해주 선도개발구역 중 유일한 농업특화 구역으로서 농산물의 생산, 가공, 저장 및 물류를 동시에 조성할 수 있는 농업 클러스터 조성이 가능하다는 환경적 잠재성이 충분하다. 미하일롭스키 지역은 철도역과 연방고속도로(M-60)과 인접하여 농산물의 원자재 조달 및 가공품 수출입에 필요한 물류 인프라가 잘 구축되어 있다. 또한 블라디보스톡항을 활용하여 한-중-일 지역으로의 수출이 가능할 뿐 아니라 중국과 국경을 접하고 있는 하산-수분하 관문을 통한 육로 수출도 가능한 장점이 있다.

2. 한-러-북 농업협력 방안 모델 : 영농시범단지 운영

현재 러시아 정부는 중국과 함께 중-러 공동개발기금을 설치하고, 한국과는 '경제개발 협력 플랫폼'을 구축하는 등 여느 때보다 경제협력과 함께 농산업과 극동 지역 개발의 의지가 높은 상황이다. 이러한 상황에 발맞춰 한-러-북 3개국 농업협력 방안으로 연해주 선도개발지역에 본부를 두는 영농시범단지를 설립하는 안을 고려할 수 있다. 영농시범단지의 역할은 크게 다음과 같다. 우선 각종 종자의 연구-적응시험이 가능한 연구 및 채종사업, 현지 기업에 필요한 인력을 적시에 보급하는 인력양성사업, 희망자의 영농 현장 실습 및 현장 인력 수요 대응이 가능한 시범영농사업이다.

연해주 선도개발지역은 각종 세제 혜택과 함께, 북한 인력의 활용에 수반되는 비자문제나 외국인 노동자 쿼터 문제에서도 자유로울 수 있는 장점이 있다. 한편, 영농시범단지의 운영은 연해주에 진출한 한국 영농기업들에게 영농과 관련된 각종 수요를 해소하여 해외농업개발사업을 발전시킨다는 장점과 함께 한국의 해외 농업 개발을 통한 곡물의 안정적 확보이라는 목적도 달성할 수 있다. 또한 영농시범단지에 북한 노동력을 활용하고 교육함으로서 향후 통일 대비 남-북한 간의 농업기술 및 생산성 격차 해소의 역할을 기대할 수 있다는 측면에서 적절한 계획으로 판단된다.

이러한 영농시범단지 사업의 기대효과로는 다음과 같은 것들이 있다. 우선 농업부문 투자진출을 희망하는 한국 기업, 연해주이외 해외농업개발 진출을 고려하고 있는 기업체에게 시범영농의 기회를 제공함으로써 사업의 시행착오를 줄여주는 동시에 해외농업개발사업의 활성화가 가능하다. 또한, 러시아 정부의 관심 사업인 극동개발사업에 남-북한의 적극적 참여를 통하여 남-북-러 3국의 농업협력체제의 성공적 구축과 이를 통한 동북아 평화에 기여할 수 있다. 여기에 연해주는 Non GM 곡물의 보급지이면서 한국역사와 정서 상 친숙함도 있어 대부분 수입에 의존하는 곡물 수입처를 다변화하고, 국내 식량자주율 증진에도 기여할 수 있다. 아울러 영농시범단지에 참여하게 될 북한 노동자들은 콩-옥수수-벼 등의 재배기술을 습득하면서 선진적 영농법을 전수 받고, 농업전문 인력으로 훈련됨으로써 향후 통일대비 남북한의 농업기술 및 생산성 격차 해소에 중요한 역할을 수행하게 될 것이다.

표 7   한-러-북 연계 영농시범단지 사업 분야와 내용

사업 분야	주요 사업 내용
연구 및 채종사업	- 연해주 대규모영농에 적합한 품종의 선발 - 신품종 종자 증식과 채종 - 신품종 개발, 신규 종자 적응시험, 종자 수량성 개선 등 각종 연구사업 - 현지 적합 농자재의 선별
인력양성사업	- 상설 전문 인력교육 프로그램 개발-운영 - 주요 농기계 이용-수리 교육 - 비료-농약 등 농자재의 활용 교육 - 각 품목별 적정 영농 방법 교육
시범영농사업	- 희망자 및 희망 기업의 영농현장실습(은퇴자, 영농기업의 신규 종자의 영농실험 등) - 연해주 영농 진출을 고려하는 기업

이러한 모델을 수립하고 운영하는 방법으로는 농어촌공사와 농촌진흥청이 연계하여 영농시범단지를 출범한 뒤 현지 진출기업을 참여시키는 방법을 고려할 수 있다. 현재는 연해주 우수리스크 지역에 위치한 농어촌공사의 '연해주 영농지원센터'가 교육 등 일부 기능을 수행하고 있지만 규모가 작아 연해주 진출기업의 현지 교육 수요를 충족시킬 수 없으며, 한국 연구기관과의 연계 역시 부족한 실정이다. 영농시범단지의 연구 및 채종사업에서는 현재의 영농지원센터와 진출기업, 그리고 연해주에 위치한 러시아 극동농업연구소와 함께 협업을 수행하여야 한다. 인력양성사업의 경우, 한국에서 은퇴한 전문 인력

및 농어촌공사와 농촌진흥청의 전문 인력을 현지에 상주시키면서 운영하는 방안을 고려할 수 있다.

한편 앞서 지적한 농한기의 농업 외 근무처 소개 문제, 그리고 러시아 현지 노동관련 규정 준수 문제를 해결하기 위해서는 사업소를 관리하는 별도의 러시아 기업을 설립하여 북한노동력을 관리하고 운영하도록 하는 것이 가장 적합할일 것이다. 이때의 러시아 기업은 영농시범단지의 인력을 관리하고, 동시에 교육이 끝난 북한노동력들을 필요로 하는 한국-러시아 기업들에게 파견하고 관리하는 방식이 적합할 것으로 판단된다. 현재 농산업 부문에 종사하는 북한노동자들은 적은 상황이지만, 일부 러시아 양돈장, 사료공장, 도축장 등에서 북한노동자를 활용하는 경우가 있기에, 한국 업체가 북한노동자를 직접 고용하는 방식에 비해 현실성이 있다고 볼 수 있다.

한-러-북 연계 영농시범단지 운영에 있어서도 북한 인력 관리에 유의할 점이 있다. 앞서 언급한 바와 같이, 사업소 운영 방식의 북한 노동력 활용은 임금과 노동력 착취가 발생할 수 있고 이는 사업 효율성 측면이나 인권 측면에서 문제가 발생할 가능성이 크다. 따라서 영농시범단지의 북한 노동력을 파견하고 관리하는 러시아 업체, 실제 북한인력을 송출 및 관리하는 북한노동력 사무소, 국내 진출 기업 간의 협의체를 구성하여 임금의 투명한 지급이 이루어지는 지 검토할 필요가 있다.

이러한 한-러-북 연계 영농시범단지의 투자 예산은 한-러 극동지역 개발 '투융자 플랫폼'에서 조달하는 것을 고려할 수 있다. 지난 2017년 9월, 한-러 양국정상회담에서 양국의 협력 강화를 위한 '투융자 플랫폼'을 20억 달러 규모로 조성하기로 합의하였다. 이 기금은 농업 뿐만 아니라 한-러(극동지역) 경제 전반에 걸쳐 활용되는 것이 목적이지만, 현실적으로 철도, 가스, 자원 등 각종 경제개발 현안들은 북한의 협조나 북핵문제의 해결 등 제반 여건이 안정화 되지 않을 경우 투자가 여의치 않은 상황이다. 그러나 농업개발의 경우 곧바로 실현이 가능하고 자원-인프라 사업과는 달리 북한의 강력한 협조 없이도 추진이 가능한 사업 영역이기 때문에 농업분야의 투자를 이끌어 낼 수 있을 것이다.

3. 한-러-북 공동 농산업복합단지(MIC) 조성 계획 수립

농식품 산업을 통해 고부가가치를 창출하는 다수의 선진국들은 농식품 클러스터를 통해 농식품산업 발전을 꾀하고 있으며, 농식품 산업 클러스터 내 대학, 연구기관, 기업의 네트워크 및 공동협력 체계구축을 통해 농식품 산업의 경쟁력을 강화하고 있다. 이에 연해주 선도개발구역을 중심으로 농식품산업의 경쟁력 확보 및 새로운 성장동력원 발굴을 위해 한·러 공동 농산업복합단지 조성이 필요하다. 특히 한-러-북 영농시범단지 운영이 성공적으로 추진되고, 한-러-북 간 협조 체계가 구축되어 북한 노동력들이 충분한 수준의 인적 자원을 축적하였을 때, 중장기적으로 이러한 사업 모델을 적극 추진해 볼 수 있다.

농산업복합단지(Multi-Industry Cluster: MIC)는 농업 기반 멀티 산업 클러스터로서 바이오에너지, 농식품 가공 및 유통, 농기계, 농약, 비료, 천연물 의약품과 화장품 등 농업관련 전후방산업이 복합적으로 연계되어 시너지효과를 발휘하는 산업단지를 의미한다. 이러한 농산업복합단지 구축은 러시아 정부도 적극적으로 희망하는 사업으로 개별 기업이 해결하기 어려운 해외진출의 진입장벽을 해소하고, 토지확보와 시설·인프라 조성 등 현지화에 필요한 각종 프로세스들을 신속하게 해결한다는 측면에서도 장점이 있다.

한-러-북 공동 농산업복합단지(MIC)는 연해주의 콩과 옥수수 관련 산업 및 영농지원센터를 중심으로 산·학·연·관의 유기적 네트워크를 형성하고, 연해주의 가용 자원을 최대한 활용하여 향후 연해주 지역의 농업성장과 발전을 주도하며, 농산업 기술을 집적하고 효과적인 네트워크 형성을 통해 규모화와 전문화의 시너지 효과 달성에 크게 기여할 것이다. 물론 이러한 농산업복합단지(MIC)가 성공적으로 추진되기 위해서는 어느 국가에서나 원활한 원료확보에서부터 가공, 저장, 유통, 포장, 마케팅, 품질관리, 수출입 등이 종합적으로 이루어져야 하고, 이를 위한 적극적 지원이 필요하다. 이런 측면에서 한-러-북 공동농산업복합단지 운영을 위해 농산업 복합단지 운영 사업단을 설치하고, 이후 복합단지를 원료생산 부문, 연구·개발 부문, 실용기술 지원 부문, 서비스 지원 부문, 산업화 지원 부문으로 구분하여 각각의 담당 분야를 세분해 나가야 한다.

다만 이러한 농산업복합단지(MIC) 사업 모델은 참여하는 3국간 모두 긴밀한 협력 관계에 합의가 이루어져야 안정적으로 운영이 가능하다. 따라서 3국간 합의 도출이 상대적으로 용이한 영농시범단지를 먼저 성공적으로 정착시키고, 이를 바탕으로 3국간에 신뢰와 긴밀한 협조체계를 구축한 후에 농산업복합단지(MIC) 사업 추진이 필요하다고 본다. 따라서 단기적으로는 한-러-북 영농시범단지사업을 수행하는 것이 급선무이다.

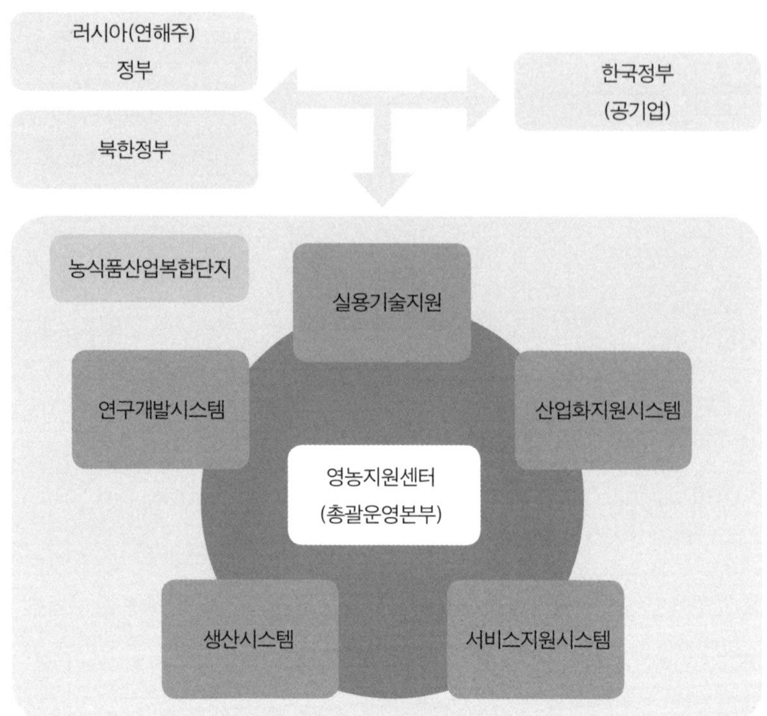

그림 2   한-러-북 공동 농산업복합단지(MIC) 개념도

V. 결론 및 시사점

러시아 연해주는 전통적으로 높은 농업 잠재력을 지닌 지역이자, 6만 명 가량의 고려인이 거주하는 남북한 모두에게 매우 의미가 깊은 곳 이다. 이러한 장점을 십분 살리기 위하여 다수의 한국 영농업체들은 연해주 영농에 진출하였고, 개척 초기의 어려운 시기를 지나 점차 현 지 환경에 적응해 나가고 있다. 연해주에 진출한 우리 해외농업개발

업체들은 한국에서 겪어보지 못한 많은 문제들에 봉착한 바 있다. 그 중 하나는 숙련된 농업노동력의 부족과 전문 인력의 안정적 확보문제이다. 비록 남-북 관계는 경색국면이 지속되고 있지만, 통일 이후 우리 국민들에게 안정적 식량공급과 남북 양측의 균형적 농업발전이 필요하다는 측면에서 러시아 연해주 지역을 중심으로 한-러-북 농업협력 방안의 모색은 매우 중요한 의미를 가지고 있다.

연해주 지역을 중심으로 한-러-북 농업협력의 활성화는 중장기적으로 통일 이후 농업분야의 충격을 완화시키기 위한 좋은 방편인 동시에 단기적으로는 현지에 진출한 우리 기업의 수익성 제고, 러시아에게는 농업협력을 통한 지역 경제활성화, 북한에게는 농업생산성 증진을 위한 전문농업인력 확보의 기회를 제공해 줄 수 있는 상호 호혜적 협력사업이라 할 수 있다.

본 연구는 이러한 한-러-북 3국 농업협력의 방안으로 먼저 우리 농기업체가 많이 진출해 있는 연해주 지역의 선도개발구역을 중심으로 단기적으로 3국의 공동 영농시범단지 구축을 제안하고, 이러한 공동 영농시범단지 사업이 성공적으로 추진될 경우 중장기적으로 3국 공동의 농산업 복합단지를 구축하는 방안을 제안하고자 한다. 연해주 선도개발구역을 중심으로 이루어지는 한-러-북 3국간 농업협력 차원에서 영농시범단지와 농산업복합단지의 구축과 성공적 운영은 한-러-북 모두에게 이익이 되는 결과를 도출할 수 있기 때문이다. 한-러-북 농업협력의 활성화는 통일을 준비하는데 들어가는 막대한 사회적 비용을 줄이면서 통일한국의 식량안보 확보를 위해서도 크게 기여할 수 있을 것이다.

::**참고문헌**

강평기. "한국의 식량안보 확립을 위한 러시아의 극동지역 농업개발." 『슬라브연구』, 제 30권 3호(2014), pp.1~45.

김도순. "연해주 영농 생산성 향상: 현황과 방안."『해외농업저널 웹진』. 봄호. 2014; 〈http://www.oads.or.kr/webzine/KOAA_1404/html/spc4.html〉.

이애리아·이창호. "연해주 지역 북한 노동자의 실태와 인권."『KINU 통일나침반』, 15권 3호(2015), pp. 1~87.

이용범. "남북농업협력 20년의 평가와 전망."『남북농업기술협력 20년: 평가와 전망』. 강원대학교 제 10차 남북 농업전문가워크샵. 2014년 10월 30일.

이용희. "북한 노동자 외국 파견 정책의 추이와 전망."『국제통상연구』. 제 21권 4호(2016), pp.111~138.

임정빈. "한-러-북 3국간 농업협력체계 구축 방안: 연해주 해외농업개발사례를 중심으로."『분단 70년, 남과 북의 사람/제도/인프라』. 서울대학교 2015 통일기반구축 연합 학술대회. 2015년 11월 24일.

최영윤. "북한 해외 노동자 현황: 통계데이터 중심으로."『KDI 북한경제리뷰』, 2017년 2월호. 2017, pp.101~121.

최용호. "2017년 북한의 식량수급 전망."『KREI-북한농업동향』, 제 19권 2호(2017), pp.1~18.

식량농업기구(FAO). "Countires in need of external assistance for food." Crop *Prospects and Food Situation*. 2017년 4분기 보고서(FAO, 2017).

식량농업기구(FAO). "Special Alert : The Democratic People's Republic of Korea." *Global Information and Early Warning System on Food and Agriculture(GIEWS)*. No. 340 (FAO, 2017).

연해주 주 정부 통계청; 〈http://www.primorsky.ru〉.

통계청; 〈http://kostat.go.kr/portal/korea/index.action〉.

북한 국토인프라 실태분석 및 통일한반도 국토인프라 구축전략 수립_

고현무·이현수·김영오·이복남·이슬기·신승우·김도빈

목차

I. 서론

II. 주요 연구 내용

III. 결론

고현무   서울대학교 건설환경공학부   이현수   서울대학교 건축학과

김영오   서울대학교 건설환경공학부   이복남   서울대학교 건설환경종합연구소

이슬기   서울대학교 건설환경종합연구소   신승우   서울대학교 건설환경종합연구소

김도빈   서울대학교 건설환경종합연구소

I. 서론

1. 연구의 배경

한국 경제를 지금의 수준에 올려놓은 계기가 된 1962년 '제1차경제개발5개년계획'당시와 지금의 국내외 상황은 큰 차이가 있다. 그 당시 자립 경제 기반 미비는 물론 기술·행정 역량이 거의 갖춰지지 않아 외국 기술과 자본에 의존하여 압축 성장을 이루었으나, 현재는 정부와 국민 스스로가 해결해가야 하는 상황으로 공급 중심의 정책, 법, 제도에 혁신적인 변화가 불가피 할 것으로 예상된다.

통일한반도는 통일 전 동·서독보다 경제력 격차는 물론 국토인프라시설 보유량 격차가 크다. 이는 남·북한 격차 해소에 동·서독보다 훨씬 많은 준비와 치밀한 계획이 필요함을 시사한다. 준비는 빠를수록 좋으며 전략과 정책의 완성도는 투입한 시간과 노력에 좌우되므로 한국이 익숙해져 있는 전통적인 방식이 아닌 전혀 새로운 방식으로 접근하는 것이 최선의 방식이라는 결론에 도달하게 된다.

통독 사례에서 나타난 바와 같이 서독의 개발 경험이 아닌 통일 이후 변화된 상황과 격차에 대한 이해를 바탕으로 하는 포괄적인 국토인프라시설 전략과 치밀한 계획 수립만이 투자비를 최소화시킬 수 있다.

초기 계획 수립이 전체 투자비에 미치는 영향이 75% 이상이라는 미국 토목학회[1]의 실증적 연구 결과를 통해 계획과 준비가 철저할수록 시간과 비용을 최소화시켜 통일로 인한 국가 혼란을 최소할 수 있음을

1 Boyd. C. Paulson, "Designing to reduce construction costs," *Journal of the construction division*, vol. 12, (December 1976), pp. 587~592

알 수 있다. 준비가 철저할수록 전략과 계획의 완성도가 높아지는 특성을 고려한다면, 지금부터라도 국토인프라시설에 대한 혁신적인 마스터플랜이 마련되어야 한다.

하지만 정부의 통일정책과 산업체 중심의 통일 분위기 조성에도 불구하고 통일한반도 국토인프라에 대한 종합사령탑과 리더십 부재로 국가 전략과 정책의 종합성·일관성·지속성이 실종된 상태이다.

육상·해상·항공교통, 주택·도시와 에너지인프라, 산업단지와 환경시설 등 핵심 인프라에 대한 정부 관할 부처가 달라 실태 파악은 물론 수요량 추정이 상이하다. 이에 따라 통일한반도 국토인프라 구축을 위한 소요비용 예측이 100배 이상 차이가 날 정도로 북한관련 정보의 신뢰성이 결여되어 있다.

통일 한반도의 국토인프라는 경제 발전의 기반시설로 종합적인 전략 하에 계획이 세워져야 함에도 불구하고 기존의 연구나 조사가 산발적이고 불연속적으로 이뤄져 왔기 때문에 국가차원에서 정책이나 전략을 수립하는 데 일관성이 상실 될 우려가 크다.

통독 이후 국토인프라에 대한 전략과 정보 부족으로 인해 통일 비용의 상당액이 낭비되는 사례가 보고되고 있어 사전에 통일한반도 국토인프라에 대한 종합적이고 체계적인 대책 수립이 절대적으로 필요한 상황이다.

2. 연구의 목적

1) 통일한반도 국토인프라를 위한 국가전략 수립 기반 구축

통일이전에 준비해야 할 국토인프라에 대한 종합계획과 구축을 위한

시나리오를 개발하는 기준을 제안했으며, 연구의 주요 내용은 다음과
같다.

- 통일한반도 국토인프라에 대한 국가 전략과 정책, 제도, 산업구
  조 등에 대한 연구와 사례 조사 및 분석
- 북한지역의 국토인프라에 대한 연구 사례 및 실적 조사
- 인프라 부문별 북한지역의 보유 현황 조사 및 분석에 대한 연
  구 자료 분석
- 인프라 부문별 기술기준 및 표준에 대한 기존 연구자료 분석
- 기존 조사 및 연구 사례나 문헌 등을 통한 종합 진단
- 국가 전략과 정책 수립을 위해 필요한 종합연구 과제 도출 등

2) 통일한반도의 육상 교통체계 수요 변화 전망과 구축전략

통일한반도 육상 교통체계의 효율적·효과적 구축을 지원하기 위하여,
통일한반도의 육상 교통체계 수요 변화 전망과 구축 전략을 제안했다.
육상교통은 기간망 교통에 해당하는 간선도로와 간선철도를 대상으로
하며, 도시 교통에 해당하는 지하철이나 경전철, 이면도로 등은 제외했
다. 연구의 주요 내용은 다음과 같다.

- 남·북한 교통수급 현황 분석 : 남·북한 교통인프라 실태와 유
  사지형을 가진 국가들의 교통인프라 실태 비교 분석을 통해
  남·북한 교통정책방향의 Gap 분석
- 간선도로와 철도의 기술 기준 및 표준에 관한 남·북한 비교분
  석 : 도로와 철도 기술 기준과 표준에 관한 남·북한 비교 연구
  실적 조사를 통해 Gap 분석

- 국내·외 통일한반도 교통인프라 수급 전망 : 국내 연구기관 및
  해외 물류기관의 통일한반도 교통수급 전망 자료 조사, 국민들
  의 인식조사, 청년토론회를 통해 국내·외 통일한반도 교통수급
  을 전망하고 구축전략 제안

3) 통일한반도 도시집적화 및 도로거점 공간개발 전략

통일한반도의 효과적이고 효율적인 국토이용을 위한 통일한반도 도시
집적화 및 도로거점 공간개발 사업전략 수립 방향을 제안했으며, 연구
의 주요 내용은 다음과 같다.

- 통일한반도 도시집적화 사업전략 구상 : 북한의 현재 도시 현
  황 조사와 함께 인구 분포, 산업단지 예상 지역 등을 고려하여
  거점 도시를 선정하는 기준을 수립 한 후 후보지역을 선정하고
  경제성 분석
- 통일한반도 도로거점 공간개발 사업전략 구상 : 북한 지역의 현
  재 도로 노선 및 용량과 성능을 개략적으로 파악하여, 거점 후
  보지역을 선정하는 기준을 수립 한 후 후보거점공간이 위치할
  지역을 선정하고 경제성 분석

II. 주요 연구 내용

1. 통일한반도 국토인프라를 위한 국가전략 수립 기반 구축

1) 국토인프라의 중요성

국토인프라는 도시의 경제 활동을 가능하게 하는 중추적 역할을 담당하는 동시에 시민 삶의 편의성과 안전에 절대적인 영향을 미치는 도시 환경의 기본 골격에 해당된다. 미국은 인프라를 국가의 중추(America's Backbone)로 인식하고 있으며 영국은 국가 경제의 중추(Economic Backbone)로 간주하고 있다. 이는 인프라가 시민경제와 안전에 직결되어 있다는 사실을 강력하게 각인시켜 주고 있다.

한국경제의 발전이 기적으로 평가 될 만큼 단기간 성장이 가능했던 배경에는 생산적인 경제 활동이 가능하게 하는 전력과 도로, 항만 등 국토인프라시설이 적기에 공급되었기 때문에 가능했던 것으로 판단된다. 실제 국민경제력 지수와 국토인프라간의 상관관계를 분석 해봐도 밀접한 관계를 가지고 있음을 알 수 있다.

(1) 국토인프라시설 부문별 현황 분석

1998년 이후로 북한의 평균 경제성장률은 약 1.3%, 한국의 평균 경제성장률은 4.2%로 약 3배 차이가 난다. 하지만 통계지표상에 나타난 인프라에 대한 계량적 비교는 단지 양적 보유량만을 기준으로 한 것으로 성능(performance)이나 질적(quality) 차이는 전혀 고려되지 않은 통계결과로 성능을 고려하면 통계지표에 나타난 것보다 훨씬 낮을 것이라는 예측이 가능하다. 예를 들어 발전설비에 대한 성능이나 품질을 고려하면 실제 북한지역의 발전 설비 용량은 통계표에 나타난 것보다 훨씬 낮을 것이라는 예상된다.

도로나 철도의 경우도 통계 차이보다 훨씬 큰 차이가 나는데, 남포에서 원산까지 육상교통 이용 시 평균 소요 시간이 40시간이상 소요되며 제조원가에서 물류비가 차지하는 비중이 40%에 육박한다는 것[2]은 통계에 나타난 도로 길이가 현실에서는 제 성능을 발휘하지 못한다는 의미로 해석된다. 즉, 북한 지역의 인프라의 상당 부문이 성능이나 품질 개선이 필요함을 시사하고 있다.

한국경제의 발전이 기적으로 평가 될 만큼 단기간 성장이 가능했던 배경에는 국토인프라시설이 적기에 공급되었기 때문에 가능했던 것으로 평가되고 있다. 이는 국토인프라시설 투자가 취업유발과 타 산업에 미치는 생산유발효과가 산업평균 값보다 월등하게 높기 때문이며, 이러한 효과는 북한경제의 재건 및 남북의 경제력 차이 해소에도 기여할 것으로 기대된다.

하지만 남한 역시 국토인프라시설 상당수가 압축 성장 과정에서 단기간 내 축적되었기 때문에 노후화가 빠른 속도로 진행되고 있어 품질과 성능 혁신이 필요한 시기에 도달해 있다. 최근 서울에 급증하고 있는 도로 함몰 사고의 원인으로 하수관로 노후화가 85%[3]를 차지 할 만

2　Roussin, S., Seliger, B., "Challenges for the transport infrastructure in DPRK-Rason and beyond," *Resident Representative*, (Hans-Seidel-Foundation, 2014년 6월 12일)

3　서울대학교 건설환경종합연구소, 『서울시 인프라시설 실태평가 최종보고서』(서울: 서울대학교 건설환경종합연구소, 2015), p. 22.

큼 심각한 상태이다. 양적 충족과 무관하게 인프라시설의 과반수가 대부분의 국토인프라시설이 설계되었던 70년대 소득수준($945)의 눈높이에 맞추어 공급되었기 때문에 현재 소득수준(약 $28,000, 2014기준)의 눈높이를 만족시키지 못하고 있다. 즉, 한국지역에서는 인프라시설의 신규공급보다는 성능개선이 더 중요한 문제로 부각될 것으로 예상된다.

통일이 될 경우, 국토면적은 지금보다 2.23배로 늘어나지만 면적당 인프라시설보유량은 현재보다 50% 이하로 떨어질 것으로 예상되며, 세계경제포럼(WEF)에서 집계하는 국토인프라시설 경쟁력의 순위가 상당히 낮아질 것이다. 수출 중심의 한국경제는 통일 이후에도 큰 변화가 없을 것으로 예상되나, 통일로 인해 교통인프라시설 보유량은 현재보다 낮아(도로의 경우 현재의 55%)지면서 물류비 상승이 불가피 해질 것으로 예상된다. 이로 인해 상품 수출의 경쟁력이 낮은 인건비로 얻는 원가 경쟁력보다 더 큰 영향을 받게 될 가능성이 높다. 또한 개인소득 수준이 21배까지 차이가 나는 현실을 간과한 채 북한지역의 인프라시설 성능기준을 한 번에 한국 수준에 맞출 경우 막대한 비용 지불은 불가피 할 것으로 예상된다.

따라서 인프라시설 부문별로 분산되어 공급된 한국의 경제 발전 경험을 그대로 답습 할 것인지 기존의 방식에서 발생했던 문제점을 개선한 새로운 인프라시설 구축 모델을 개발할 것인지에 대한 국가 차원에서의 거대 전략 수립이 필요하다.

(2) 통일한반도 국토인프라시설 연구현안 진단

국토인프라시설 부문별 연구현황을 분석을 통해 통일한반도 국토인프라시설연구의 현안을 진단하였으며 결과는 다음과 같다.

- 북한 국토인프라시설 관련 정보의 신뢰성 부족 및 정보공유 부족

- 통일한반도의 국토인프라 관련 연구의 지속성 및 일관성 부족

- 연구가 '통일한반도 마스터플랜'보다 '북한영토이용계획'에 초점을 맞춤

- 북한의 국토인프라시설 수요 추정 부재

- 통일한반도 국토인프라시설 구축을 위한 통합전략 부재

- 북한의 건설기술기준 및 표준에 대한 파악의 어려움

- 북한의 국토인프라시설 유지 및 운영관리 현황에 대한 파악의 어려움

- 국토인프라시설 구축에 필요한 재정조달 방안에 대한 고려 부족

(3) 통일한반도 국토인프라시설 통합연구 기반구축 정책 제안

국토인프라시설 연구현안진단을 통해 도출된 시사점을 기반으로 다음 〈그림 1〉과 같은 국토인프라시설 통합연구기반 구축을 위한 정책들을 제안한다.

그림 1   국토인프라 통합연구기반 구축을 위한 정책제안 개요

(4) 통일한반도 국토인프라시설 구축전략 방향

국토인프라 구축의 양과 질, 전략 선택 등에 따라 소요 자금 규모와 목표 달성 기간 등이 좌우되기 때문에 목표를 결정하기 위해서는 아래와 같은 세 분야의 시나리오 구상이 필요하다.

- 보유량 목표수준 : 이는 양적인 구축 목표로서 소득 수준이나 한국의 현재 보유량 혹은 OECD 가입국 평균 값 등 비교 대상에 따라 큰 편차가 나게 되어 있다.
- 성능과 질적 목표 : 국토인프라의 질과 성능의 눈높이를 소득 수준에 맞출 것인지 '선 구축 후 보강' 등의 전략 선택에 따라 투자비는 엄청난 차이가 발생하게 된다.
- 국토인프라 구축 우선순위: 주택과 도시, 도로와 산업단지 등 국토인프라 부문별 구축 우선순위에 따라 국가재정과 가계부담, 민간자본 등의 역할이 크게 달라 질 것이다.

또한 통일한반도의 건설 정책과 법·제도, 그리고 산업의 공급자 역할을 하는 서비스 산업 구조 등에 대한 종합적인 정책 수립이 필요한 시기이다. 또한 건설산업 활동의 기반이 되는 수요자, 인재양성 및 교육체계 등 서비스공급 기반에 대한 기본 방향과 원칙, 최선의 골격 등이 도출되어야 한다.

(5) 통일한반도 국토인프라시설의 격차해소에 대한 국민들의 인식조사

통일한반도 국토인프라 격차해소에 대한 인식에 대한 조사결과는 응답자의 81%가 남북한 국토인프라 격차해소가 필요하며, 격차해소를 위해서는 현재 남한의 수준을 100으로 둘 것이 아니라 통일한반도의 예

상되는 국가경쟁력에 상응하는 양적·질적 목표수준을 정해야 한다고
답했다.

또한 통일한반도 국토인프라 개발모델에 대한 질문에는 응답자의
59%가 통일한반도 만을 위한 새로운 국토인프라 공급모델이 필요하다
고 답했으며, 국민들이 생각하는 통일한반도 국토인프라의 공급 우선
순위를 알아보기 위해 국토인프라의 중요도와 시급도를 평가하였다.

그 결과 다음 〈그림 2〉와 같이 국민들이 생각하는 통일한반도 국토
인프라 중 가장 우선순위가 높은 것은 '통신시설/병원'이며, 다음으로
북한 교류/물자보급 수송을 위한 '도로/철도' 를 구축하여 경제활동의

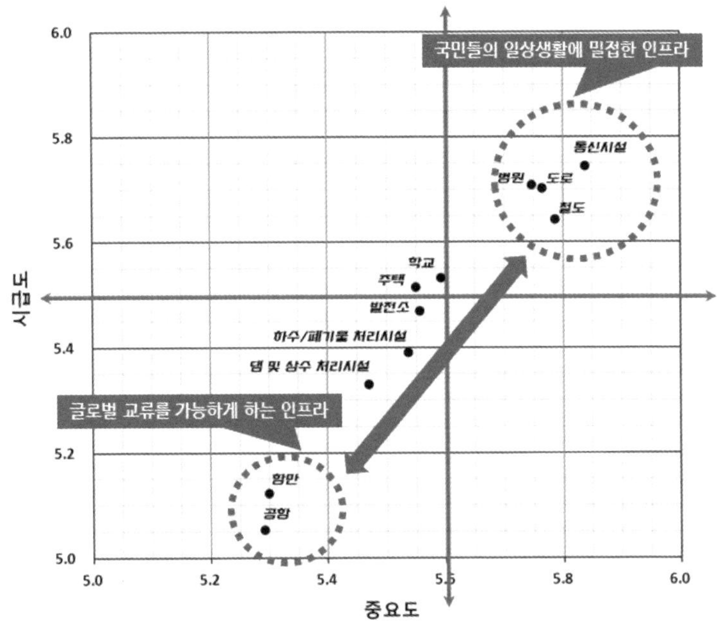

그림 2   국토인프라의 공급 우선순위
 자료: 서울대학교 건설환경종합연구소, 『VOICE 3호 미래의 주인들이 통일한
반도 국토인프라를 말하다』, (서울: 서울대학교 건설환경종합연구소, 2016),
p.3.

기반을 마련하고, 북한주민들의 삶의 질 향상을 위한 '학교/주택/발전소/하수-폐기물처리시설/댐-상수처리시설'을 구축한 다음 마지막으로 글로벌 교류가 가능하게 하는 '항만과 공항'을 구축되어야 한다고 인식하고 있었다.

통일한반도 국토인프라 격차해소를 위한 통일비용 부담의사에 대한 질문에는 응답자의 75%가 통일비용을 부담할 의사가 있다고 답하였으며(그림 3 참조), 국민들이 선호하는 재원 조달방법을 조사한 결과 응답자의 72%가 현세대부터 부담하는 방법을 선택하였으며, 그 중에서도 '기금조성'과 '직접세'를 가장 많이 선택했다(그림 4 참조).

국민들은 일반적으로 통일 또는 통일한반도 국토인프라 구축에 대한 Benefit은 높게 인식하고 있는 편이지만 통일정책에 대한 북한에 대한 이해도와 신뢰도는 낮은 편이다. 국토인프라 구축이 가져올 Benefit

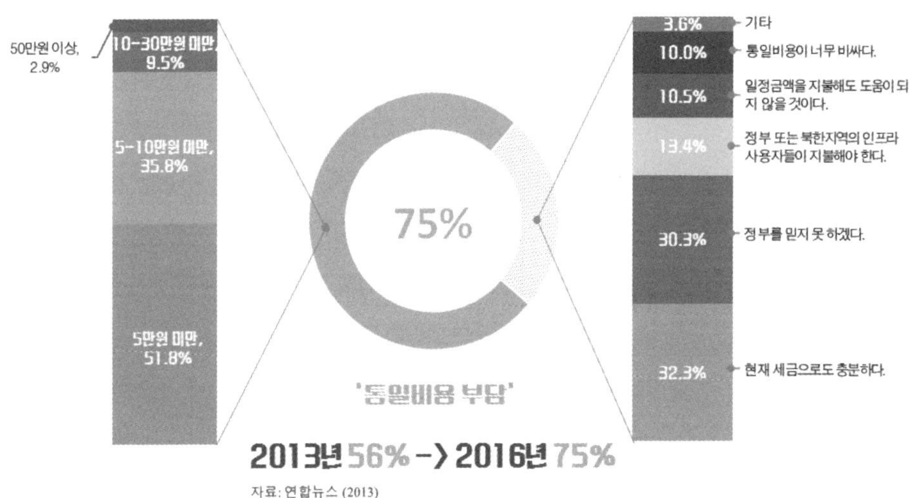

그림 3   통일한반도 국토인프라 격차해소를 위한 통일비용 부담에 대한 인식
자료: 서울대학교 건설환경종합연구소, 『VOICE 3호 미래의 주인들이 통일한반도 국토인프라를 말하다』, (서울: 서울대학교 건설환경종합연구소, 2016), p. 4.

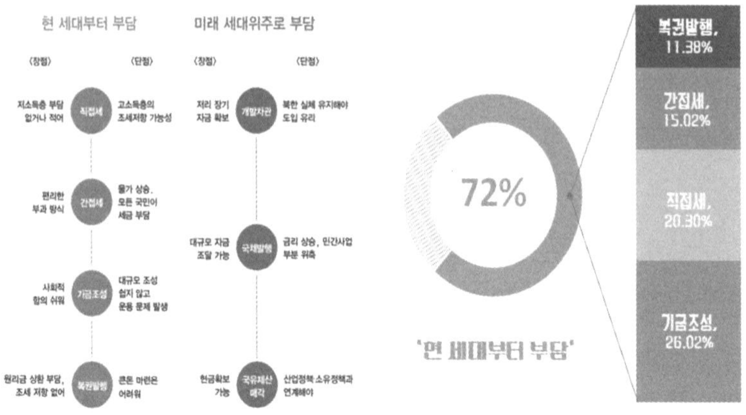

자료: 현대경제연구소

그림 4   통일한반도 국토인프라 격차해소를 위한 통일비용 부담 방법에 대한 인식

자료: 서울대학교 건설환경종합연구소, 『VOICE 3호 미래의 주인들이 통일한반도 국토인프라를 말하다』(서울: 서울대학교 건설환경종합연구소, 2016), p. 5.

중에서도 국가이미지 향상 및 일자리 창출을 높게 인식하고 있었다.

국민들의 통일비용 부담의지는 '통일 관련 정책에 수용정도가 높을수록', '통일을 위한 준비 정도가 높다고 생각할수록' 높아짐을 알 수 있다. 이는 정책의 실효성을 높이기 위해서는 국민들의 동의가 반드시 있어야 하며, 그러기 위해서는 통일 또는 북한에 대한 정보들을 '보안'의 관점에서만 접근할 것이 아니라 공개 가능한 범위에 대해서는 국민들이 알기 쉽게 이해시키고 그들의 의견을 반영 하려는 노력이 필요함을 시사하고 있다.

통일의 가능성이나 필요성에 대해 인식시키기 보다는 통일이 되었을 때 '개인과 조직에 어떤 이익을 가져다 줄 수 있는지', 통일한반도 국토인프라 구축이 '어떻게 삶의 질을 향상 시킬 수 있는지', 특히 '어떻게 국가이미지를 향상시킬 수 있는지'에 대해 제시해 주어야 국민들의 통일비용 부담의지를 더 높일 수 있을 것이다.

응답자의 사회경제적 특성과의 영향관계를 분석한 결과, 남성일수록, 연령이 높을수록, 가구소득이 높을수록, 경영/관리직의 직종을 가진 사람일수록 통일비용부담의지가 높을 것이다. 이는 경제적인 여유가 있는 사람일수록 통일비용 부담에 대해 긍정적인 것으로 판단된다. 반대로 경제적 여유가 없는 연령이 낮고 학생 또는 무직의 경우 통일정책 또는 북한에 대한 이해정도가 낮으며 통일비용 부담의지 또한 낮았다.

통일시대를 살아갈 미래의 주인들은 청년들이기에 이들과의 공감대 형성이 중요하므로 청년들이 통일한반도 국토인프라 구축에 대해 관심을 갖도록 유도하기 위한 노력이 필요하다. 그 노력의 일환으로 통일관련 연구결과 및 정책들이 국민들 누구나 알기 쉬운 형태로 제공하되, 통일관련 정책 수립 시 국민들의 의견이 반영될 수 있는 장치가 마련되어야 한다. 또한 통일한반도 국토인프라 구축이 단순히 건설시장의 확장이 아니라 일자리창출, 더 나아가 경제성장과 무관하지 않음을 보여주는 노력이 필요하다.

2) 통일한반도의 육상 교통체계 수요 변화 전망과 구축전략 제안

(1) 남·북한 육상교통 인프라 격차 현황

남북한 육상교통 인프라 체계는 남한은 '주도종철(主道從鐵)', 북한은 '주철종도(主鐵從道)'로 발전해왔으며 일반적으로 알려진 남·북한 육상교통인프라는 양적·질적으로 큰 차이가 있다.

남한은 1970년대 경부고속도로의 개통과 함께 철도중심의 교통체계가 고속도로 중심의 교통체계로 개편되기 시작하면서 초고속 경제성장의 기반으로서 도로망은 중요한 역할을 수행한다. 남한이 국가기간 교통망을 철도중심에서 고속도로 중심으로 변환시킨 것은 도로는 철도에 비하여 구축 예산이 적게 소요되고 건설기간이 짧기 때문에 경제를 단기간에 성장시키는데 적합하기 때문이었다.

반면, 북한은 사회주의 체계의 특성상 국민의 이동에 대한 엄격한 관리와 소비재나 수출 기반이 열악했기 때문에 그동안 교통인프라 확충에 재정을 투입할 이유가 없었다. 따라서 철도가 주요 교통체계가 된 것은 분단이후 북한이 철도를 건설했기 때문이 아니라 일제 강점기 때 일본이 대륙 진출을 위해 건설했던 철도가 그대로 남아 있기 때문이다. 중공업 및 장거리 대량화물 수송이 용이한 철도 중심의 교통체계를 그대로 유지하고 있는 것이다.

북한은 도시개발 관련법[4]에서 도로나 철도가 도시 중심을 통과하는 것을 제한하고, 주민의 거주지는 도시 집중을 막기 위해 분산시키고 있다. 주민 간 소통은 체제를 유지하는 데 걸림돌이 될 것이라고 판단하여 도시와 도시가 연결되기보다 단절시켜 놓은 것이라 판단된다.

남한과 북한의 도로 연장 증가 현황 비교는 〈표 1〉과 같다. 통계청 발표에 따르면, 2015년 말 기준 남한의 도로 총연장은 105,672km이며, 2014년 기준 북한의 도로 총연장은 26,164km이다. 단위 국토면적(km^2)당 도로연장[5]은 남한이 1.05km이고 북한은 남한의 1/5 수준인 0.212km이다. 단순 통계수치로 비교한다면, 남·북 도로교통 격차 해소를 위해서는 북한 지역은 지금의 보유량보다 5배 이상 더 공급해야 함을 의미한다.

------

4   북한의 도시계획법 제12조

5   남한 국토면적: 100,284 km^2 (2014기준), 북한 국토면적: 123,138 km^2 (2014기준)

표 1　남 · 북한 도로연장 양적 비교

구분	남한	북한
총 연장	105,672km	26,164km
자동차 등록	20,118	275.8
여객 분담율	74.1%	24.9%
화물 분담율	79.6%	6.1%

출처: 이복남, "통일한반도의 육상교통 인프라 구축 전략 구상," 『통일기반 조성을 위한 서울대학교의 역할과 비전』, 2016 통일기반구축 연합 학술대회(2016년 11월 29일).

그러나 이 수치는 도로의 품질과 성능을 고려하지 않은 양적인 보유량만 비교했을 뿐이다. 유럽의 물류연구기관에서 발표한 자료[6]에 의하면, 개성과 평양간의 도로 거리는 $180km$ 내외지만 10톤 화물트럭이 운행되는데 소요되는 시간이 8시간 이상으로 나타난다.

또한 북한의 도로망은 일제 강점기에 건설된 노선과 시설을 주로 사용하고 있으며 빈약한 자동차 산업과 재원부족으로 도로의 신설과 포장이 제대로 이루어지지 못하고 있다.[7] 도로 포장률[8]이 10%미만이며, 차선의 폭이 2.4m이하인 도로가 전체 도로 연장의 43.5%이다. 북한 도로의 평균 주행 속도가 $50km$/h 이하라는 점을 고려하면 기존 도로를 단순히 성능 개선만으로 활용이 가능할지는 불확실하다.

6　Roussin, S., Seliger, B., "Challenges for the transport infrastructure in DPRK-Rason and beyond," *Resident Representative*(Hans-Seidel-Foundation, 2014년 6월 12일).

7　권영인 · 김태완, "북한의 도로교통체계 현황과 과제," 『대한교통학회』, 제 2004권 3호, (2004), pp.1~4.

8　서울대학교 건설환경종합연구소, 『연구보고서 1호 통일한반도 국토인프라 통합구축 전략 수립방향 제안』, (서울: 서울대출판문화원, 2016), p. 35.

질적인 측면에서 본다면, 현재 북한의 도로는 '도로[9]'가 아닌 그냥 땅위에 놓인 '길'일 뿐이다. 다만 현재까지 입수된 자료는 질적인 성능에 대한 내용은 제외되어 있기 때문에 양적인 비교에 그칠 수밖에 없는 게 현실이다.

한편, 남한과 북한의 철도 연장 증가 현황 비교는 〈표 2〉와 같다. 2014년 현재 북한의 철도 총연장은 약 5,302km로 남한의 3,590km보다 더 많은 궤간을 보유하고 있으며, 그 중 80%가 전철화 된 것으로 알려져 있다. 한편 대부분 철도노선이 단선노선으로 복선을 포함할 경우 남한이 8,465km로 북한보다 더 많은 철도를 보유한 것으로 나타난다. 1985년 이후 증가율은 북한이 0.55%로 남한의 0.48%보다 높으나 복선을 고려한 운영궤도 연장을 감안 할 경우는 1.02%로 남한이 더 높게 나타난다.

한편, 북한철도는 경제난으로 인해 적시 유지보수의 어려움으로 철도 궤간에 사용하는 자갈의 다수가 돌을 쪼개 공급하거나, 침목은 적절

표 2　남·북한 철도연장 비교

구분	남한	북한
총 연장	3,590km (궤도연장: 8,465km)	5,302km
전철 총 연장	2,456.7km(68.4%)	4,232km(79.8%)
지하철 총 연장	615km	34km
여객 분담율	25.7%	74.1%
화물 분담율	5%	90.7%

출처: 이복남, "통일한반도의 육상교통 인프라 구축 전략 구상,"『통일기반 조성을 위한 서울대학교의 역할과 비전』(2016 통일기반구축 연합 학술대회, 2016년 11월 29일)

9　도로: [명사] 사람, 차 따위가 잘 다닐 수 있도록 만들어 놓은 비교적 넓은 길.

한 화학가공 처리 없이 통나무를 사용하는 사례 등 시설의 노후화가 심각한 상태이다. 또한 철도 화차 등 기본적인 시설부족으로 정상적인 운행이 어려운 실정이며, 북한의 만성적인 전략난으로 인해 전철화율이 높은 북한 철도의 정상적인 운행이 어려운 실정이다.

또한, 현재 북한 열차 운행속도는 대부분 40km/h 이하로 운행되는 등 통계에 나타나지 않은 질적인 부분은 남한에 비해 매우 열악한 실정이며, 운행속도, 복선화율, 수송량 등 운행 지표에서도 남한이 월등하게 높게 나타나고 있다.

（2） 주요 선진국과 남한의 육상교통 격차 현황

남한과 북한은 정치적으로는 개별 국가이면서 휴전 상태이며, 경제력뿐만 아니라 정치와 사회, 경제 전반에 걸쳐 큰 격차를 가지고 있다. 국제시장에서 한국은 곧 남한을 얘기하며, 거의 모든 국제 통계들이 남한을 단일 국가로 취급하고 있다. 만약 통일이 된다면, 그 즉시 국토 인프라에 관한 모든 통계값이 남·북한이 아닌 하나의 국가 통계로 집계될 것이다. 그렇게 될 경우, 국토면적당 도로 보유량이 $1.082km/km^2$에서 $0.609km/km^2$로 현재의 56% 수준으로 급작스럽게 하락하게 되면서 남한이 그동안 공인받아 왔던 인프라 경쟁력의 순위가 크게 하락할 것이다.

한편, 남한 자체의 도로 보유량의 충족도가 소득 수준에 비해 높은 편이지만 소득수준이 높은 국가들의 모임인 세계경제개발기구（OECD） 국가들 평균값과 비교하면 86% 수준[10]이다. 더 나아가 OECD 내 주요 국가들과 국토계수당 육상교통 인프라 보유량을 비교

10　강희업, "국가도로 종합계획과 향후 도로 정책 방향," 국토교통부 제 1차 도로정책 세미나, (2016년 9월 2일).

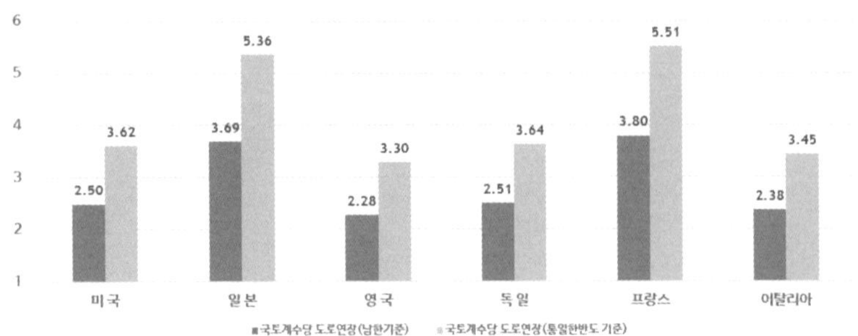

그림 5   선진국 대비 남한 도로 및 철도연장 비교

출처: 이복남, "통일한반도의 육상교통 인프라 구축 전략 구상,"『통일기반 조성을 위한 서울대학교의 역할과 비전』(2016 통일기반구축 연합 학술대회, 2016년 11월 29일)

주: 국토계수= 국토면적과 인구를 모두 고려한 지표, $\sqrt{\text{국토총면적}(km^2) \times \text{인구}(\text{천명})}$

하면, 차이는 더 크게 남을 알 수 있다(그림 5 참조). 남한의 국토계수당 도로연장 및 철도연장 모두 선진국의 절반 수준에도 못 미치고 있다.

　하지만 통일이 될 경우, 국토인프라에 관한 모든 통계값이 남·북한이 하나의 국가로 집계되면서 인프라 경쟁력의 순위가 크게 하락하게 될 것이다. 또한 재원의 한계가 있기 때문에 남한의 부족함을 채우기보다 당장에 시급한 북한 지역에 열악한 인프라 격차 해소에 투자하게 될 가능성이 높기 때문에 통일한반도의 인프라 경쟁력이 하락하게 될 가능성이 높다.

（3） 북한의 육상교통 인프라 구축을 위한 전략 구상

통일한반도, 특히 북한지역의 열악한 교통 인프라 재건은 필요성에도 불구하고 다양한 내적 및 외적 변수가 존재한다. 내·외적 변수 전체를 고려해서는 전략 개발의 시기를 놓칠 위험성이 크다. 따라서 본 원고에서는 외적 변수를 고려하지 않으면서 사전에 전략 수립이 가능한 전략들을 제안하고자 한다. 남한의 도로 건설 및 유지관리 책임이 정부와

공사, 지자체로 분산되어 있는 상황도 현재 시점에서 고려하지 않았다.

현 시점에서 수립 가능한 육상교통 인프라 구축 전략으로 단기적인 전략과 중·장기적인 전략 모두 포함시켰으며, 동시에 경제적 가치를 극대화하기 위해 육상교통 인프라의 양적 구축량을 최소화시키는 방향의 전략을 제안하고자 한다.

• 육상 교통인프라 구축량 최소화를 위한 도시 집적화 전략 구상

소득 수준이 증가하고 나이가 들면 전원생활을 선호하는 사람들이 증가 할 것이라는 기대와는 달리 도시로 인구가 모이고 있다. 일본에서는 산촌(山村)과 어촌(漁村), 그리고 농촌(農村), 이른바 3村에서 소도시로, 소도시에서 중 도시로, 중 도시에서 대도시로 집중되면서 중/소도시의 인구는 줄고 빈 집이 지속해서 늘어나고 있다고 한다. 2014년 기준으로 일본의 총무성이 주택토지통계 조사결과에 따르면, 빈집이 860만 채로 이를 해결하기 위한 방안으로 'Compact city'와 '수직도시화'의 개념을 부상하고 있다.

이러한 현상은 우리나라도 예외가 아니다. 남한의 도시 인구 비중은 93%이상이며 2015년 11월일 기준으로 통계청이 인구주택총조사 결과에 따르면 107만호가 빈 집이다. 통일이 될 경우 인위적으로 거주 이전이나 인구 이동을 막을 수 있는 방법이 없기 때문에 도시 집중화 현상은 더욱 심해질 것으로 예상된다.

한편 현재 북한의 시가화율은 남한과 비교하여 40%[11]에 머물고 있

11　박용석, "북한 경제특구의 개발 동향 및 시사점,"『한국건설산업연구원, 이슈포커스』, (2014); 〈http://www.cerik.re.kr/01/report_view.asp?page=5&idx=1634&pcls=2〉.

으며, 이는 도시 경계선 안에 있는 부지 활용도면에서 60%가 비어있다는 의미이다. 이는 기존의 북한 도시를 집적화시킬 필요가 있음을 시사하고 있다.

북한은 정권과 사회를 유지하는 수단으로 인구를 분산시켜 놓았지만 통일 이후 기존에 있는 도시들 중 인접도시를 통합하여 도시의 개수를 줄인다면, 도시와 도시를 연결하는 간선교통인프라 구축량을 줄일 수 있을 것이다.

도로와 철도는 선(line)이고 도시는 점(spot)의 개념이며, 점의 개수에 따라 선의 길이와 양이 달라지기 때문에 도시 집적화를 통해 점의 개수를 줄인다면 노선 수를 줄여 투자대비 성능을 최대한 높이는 가성비를 사전에 확보할 수 있으리라 판단된다.

• **간선 도로와 철도의 지하공간의 효율화 전략 구상**

간선도로와 철도의 지하공간에 공동구를 개발하여 상수관과 배수관, 통신과 전력, 가스 등 이른 바 생명선(life-line)의 집적화를 통해, 용도별로 건설하는 데 소요되는 비용을 상당히 절약할 수 있을 것으로 예상된다(그림 6 참조).

소요비용 절감 뿐 만 아니라, 남·북한 전역의 산과 들에 펼쳐져 있는 송전탑이나 통신탑을 대부분 제거 할 수 있기 때문에 관광자원 확보 측면에서도 유리하다. 한편, 공동구 건설에 투입된 비용은 공동구 사용자(상수관과 배수관, 통신과 전력, 가스)로부터 임대료 형태로 충분히 보상받을 수 있을 것이라는 판단이다.

• **고속도로 휴게소 스마트화 전략 구상**

북한의 경제 개발에 가장 큰 걸림돌로 예상되는 것이 전력 및 에너지

그림 6   지하 공간 효율화 전략(안)

자료: 서울대학교 건설환경종합연구소,『국토와건설진단 4호 통일한반도 국토 인프라시설 연구 현황분석을 통한 시사점 및 정책 도출』(서울: 서울대학교 건설환경종합연구소, 2015), p. 23.

부족과 물류체계이다. 에너지와 물류 인프라 구축에는 막대한 투자비와 공기를 필요로 하기 때문에 근본적인 해결 방안을 수립하기 전에 한시적으로 문제점 해소하기 위한 단기 전략도 필요하다. 이에 본 연구에서는 북한이 보유하고 있는 고속도로를 최대한 활용하는 전략으로 고속도로의 휴게소를 최대한 많이 건설하고 이를 스마트화시켜 에너지와 물류체계 부족 문제를 한시적으로 해소하는 전략을 제안한다.

신재생 에너지 확보 : 기존에 있는 고속도로는 물론 향후에 건설될 아시안 하이웨이에 휴게소 공간을 최대한 넓게 확보하여 태양전지와 풍력, 그리고 지열발전 설비 등 '에너지 제로 휴게소'를 구상한다. 휴게소에 재생에너지 설비를 설치할 경우, 휴게소 인근에 전천후 농장건물(일종의 vertical farm)을 건설하여 식량을 자체 조달하는 방안까지 고려 해 볼 수 있으며, 이 농장건물에서는 일 년 365일 하루 24시간 전천후로 농사가 가능하기 때문에 식량 해결도 가능하다. 또한 향후 전기자동차가 범용화 될 것으로 예상되면서, 전기 충전소를 설치 할 공간을 충분히 확보 해 두는 것도 고려되어야 하며, 휴게소에서 배출되는 폐기물을 활용한 재생에너지생산 설비를 갖추게 된다면, '에너지 제로, 폐기물 제로'화 목표도 가능하다.

물류체계 확보 : 고속도로 휴게소를 북한지역의 물류 거점화시킬 경우, 당장에 부족한 도로와 철도 보유량 한계를 극복 할 수 있을 것으로 예상된다. 남한 및 외국에서 반입되는 물류를 보관하고 지역으로 분산하는 창고 및 배송기지 역할까지 겸하게 된다면, 물류 인프라 부족 문제를 단기간에 해결 할 수 있을 것이다. 통일이 아니더라도 3통(통행·통관·통신) 만이라도 자유로워 질 경우, 민간에게 스마트화된 휴게소건설과 운영, 그리고 경제적 가치를 극대화시켜 일정 기간 건설과 운영을 임대하는 조건으로 판매한다면, 민간 자본을 끌어들여 재원 조달의 수단으로도 고려 해 볼 수 있을 것이다.

• 도로와 철도 등 육상교통 인프라의 스마트화 전략 구상

제4차 산업혁명의 대표적인 추세는 통합과 연결이며, 여기서 통합은 물리적(physical)공간과 사이버(cyber)공간의 통합을 의미한다. 즉 도로의 스마트화란, 사물인터넷(IoT)을 통해 차량과 도로, 차량과 차량, 도로와 위성통신이 연결되고 통합되는 것을 의미한다(그림 7 참조).

스마트 도로는 자율주행자동차의 개발로 인해 스마트 도로에서는 제한 속도가 필요 없게 되며, 신호등도 사라진 모습이 될 것으로 예상

그림 7　스마트 도로 사례

출처: 서울대학교 건설환경종합연구소, 『토론집 3호 청년들이 그리는 미래한국』, (서울: 서울대출판문화원, 2017), p. 46.

되며, 고속도로는 물론 국도에서 교통량에 따라 차선을 스스로 가변화
시키는 기술도 등장하게 될 것으로 예상된다. 이러한 가변 차선의 자동
화는 도로의 차선 수를 줄이는 효과까지 기대할 수 있다.

• 인구이동 최소화와 건설인력 통합

급작스런 인구 이동 최소화 : 통독 역시 동독의 인구 유출[12]로 인해 동
독의 생산, 소비인력 감소로 동독 지역의 경제력 저하 이는 다시 동독
지역의 성장둔화와 인구 이동 촉진이라는 악순환 구조를 창출했다고
한다. 남·북한 통일 시 예상되는 이주규모는 연구자들이 고려한 요소
들에 따라 다르나, 통독 당시 인구이동규모를 바탕으로 예측한 북한 이
주규모는 약 200만 명(박진, 1996; 성한경, 2014)이다. 이를 최소화할
수 있는 방안으로 북한 지역에 산재된 지선도로 및 철도 정비사업, 도
시 정비사업 등을 북한 전역으로 확대시켜 주민들에게 일자리와 임금
을 제공하여 북한 지역에서도 생활의 안정성 확보 할 수 있음을 보여주
는 방안이 있을 수 있다. 서울대학교 건설환경종합연구소가 마련한 청
년토론회에서 제시된 여러 가지 방안 중 주목 할 만 한 방안으로 북한
주민의 급작스런 이동을 막기 위해서 쿠폰식 바우처를 지급하여 해당
거주지에서만 통용되게 하는 방안이 있다. 바우처 쿠폰이 무료가 아닌
일자리와 연결하여 지급하는 방안을 도입하자는 전략으로 북한 지역에
산재된 지선도로 정비 사업을 북한 전역으로 확대시켜 쿠폰으로 식량
을 지급하고 지선도로 정비 사업을 통해 주민들에게 일자리 제공과 임

---

12 1989~2008년까지 동독에서 서독으로의 누적 순 유출자 수는 약 176
만 명으로 이는 1989년 동독지역 인구의 11.6%에 상응하는 규모임(김창권,
2010).

금을 지급하여 생활의 안정성을 최단기간에 확보 해 주자는 구상이다.

건설인력 통합 : 남·북한 인력이 함께 참여하여 사업을 수행하기 위해서라도 남·북한 기술력과 수행 프로세스 등 지식수준과 문화 차이를 단기간에 해소시키는 것이 필요하다. 건설기술 인력 양성을 위한 단기대책으로 남한의 통일전문가 양성, 북한 건설기술자 재교육 프로그램 제안, 남북한 자격통합 등이 있을 수 있으며, 중장기 대책으로 대학 커리큘럼 등과 같은 기초 기술자 양성 구조에 대한 연구가 필요하다.

• 육상교통 인프라 설계 및 기술 표준 일원화 전략 구상

기술 기준 및 표준 일원화 : 소득 수준이 21배 이상이나 차이를 가진 현실에서 북한 지역의 도로 인프라 설계 기준과 기술 표준을 어떤 품질과 성능에 맞출 것인지는 통일 이전에 결정되어야 한다. 서로 다른 기준을 무시하고 물리적으로 연결하는 것은 향후에 기준과 표준 통일 비용이 훨씬 더 소요될 위험이 있기 때문이다. 또한 통일 이전이라도 경제특구개발 참여나 대륙연결 교통체계 구축에 참여할 때, 통일된 기술기준과 기술표준을 제시하지 못할 경우, 북한이 제시하는 기술기준과 표준을 따를 수밖에 없으며 이로 인해 통일 이후 품질과 성능 개선에 또 다른 비용으로 지불 될 가능성이 높다.

국토인프라 시설 총괄기구(Control Tower) 지정 : 도로와 철도, 노선과 도시 부문 간 경쟁이 아닌 통합과 협력이 절실하게 필요하며, 이를 위해서는 통일한반도의 국토인프라 구축 전략을 총괄하는 정부 차원의 인프라 종합관제탑 역할을 수행할 수 있는 조직 구상이 필요하다. 총괄사령탑 조직구성이 현실적으로 받아들이기 힘들 것이라 예상되지만, 설계 및 기술 표준을 표준화 시키는 것은 통일을 대비하여 사전에 준비해야 할 과제임은 분명하다.

3) 통일한반도 도시집적화 및 도로거점 공간개발을 위한 사업전략 수립 방향 제안

(1) 통일한반도 도시집적화 및 도로거점 공간 개발 제안 배경

북한지역에서 평양직할시와 그 외 지역 도시의 인프라 실태는 격차가 크다. 일례로 평양 등 주요 도시를 제외하고 도로와 주거시설이 양·질적인 수준에서 차이가 있음을 가시적으로 확인할 수 있다(그림 8 참조).

북한지역의 국토계획 원칙(국토계획법 제 11조)에 의하면 도시개발 규모와 인구밀도를 제한하고 있으며, 북한지역 도시계획 원칙(도시계획법 제 12조)에 의하면 건축물의 층수 제한과 건축 밀도 제한을 규정하고 있다. 이로 인하여 단층 위주의 도시계획 결과 확산형태로 도시가 개발되어 국토공간의 활용성이 떨어진다.

북한지역의 시설 분포 현황 〈표 3〉에 의하면 지역별로는 평양직할시가 가장 많은 시설을 보유하고 있으며, 시설유형별로는 농림·어업시설이 가장 많고 광업자원(15건), 환경 방재(17건)시설은 상대적으로 적음. 특히 특정 시설이 특정 지역에 편중되어 있거나 부재하는 등 북한 지역 내에서의 공공시설은 양적으로나 질적으로 격차가 크다.

북한지역 내의 격차뿐만 아니라 남한지역과 북한지역의 인프라 보유 격차는 더 크며 이에 대한 국민인식 조사결과[13]에 의하면, 항만 공항 등 글로벌 교류를 가능하게 하는 인프라보다는 도로, 병원, 통신시설과 같이 생활밀착형 인프라 구축이 보다 시급하고 중요하다고 인식하고 있다.

이러한 인식은 실제 통일한반도 시대의 공간개발과 운영에 대한 국

---

13   서울대학교 건설환경종합연구소, 『VOICE 3호 미래의 주인들이 통일한반도 국토인프라를 말하다』, (서울: 서울대학교 건설환경종합연구소, 2016), p. 3.

그림 8   북한지역 도시 간 인프라 격차 현황

출처: 이복남, 신승우, "통일한반도 도시집적화 및 도로거점 공간개발 전략 제안," 『미래를 준비하는 서울대학교 통일기반구축 사업』(2017 통일기반구축 연합 학술대회, 2017년 11월 28일).

민들의 지불의지 그리고 수요자의 니즈에 따른 투자유치와도 관련이 있다. 즉, 통일한반도의 국토인프라 구축을 위해 가장 선결되어야 하는 비용관점에서 가성비 효과를 획득할 수 있는 방안을 강구할 필요가 있다. 또한 북한지역의 경우 확장형 개발로 인해 국토공간의 활용성이 떨어지는 현안을 고려하여 생활밀착형 인프라 기능들을 통합하여 우선 구축할 수 있는 단기적인 공간개발 방안이 요구된다.

표 3   북한지역 건설 인프라 지역별 시설유형별 분포 현황

구분	계	교통 물류	공장 시설	농림 어업	광업 자원	공급 시설	환경 방재	문화 휴양	교육 복지	도시 생활	지역 개발
평양직할시	27	1	7	5	0	3	2	2	3	4	0
남포특별시	2	0	0	1	0	0	0	1	0	0	0
나선특별시	3	0	1	0	0	0	0	0	2	0	0

구분	계	교통 물류	공장 시설	농림 어업	광업 자원	공급 시설	환경 방재	문화 휴양	교육 복지	도시 생활	지역 개발
평안남도	6	1	0	2	0	2	0	0	0	1	0
평안북도	9	0	2	2	0	0	1	0	0	2	2
자강도	6	0	0	2	0	3	0	0	0	1	0
황해남도	10	0	0	4	1	0	1	0	3	1	0
황해북도	11	1	0	1	0	2	0	0	4	3	0
강원도	6	0	0	2	0	3	0	0	0	1	0
함경남도	4	1	0	1	0	0	0	0	2	0	0
함경북도	8	1	0	2	1	1	0	0	0	1	2
양강도	7	3	1	1	0	0	0	1	0	0	1
기타	2	0	0	1	0	0	0	0	0	0	1
계	101	8	11	24	2	14	4	4	14	14	6

출처: 김미숙 외 공저, 『2017년 1/4분기 북한 건설·개발 동향』(대전: 한국토지주택공사 토지주택연구원, 2017), p. 33.

(2) 통일한반도 도시집적화 및 도로거점 공간 개발 구상

• 통일한반도 도시집적화 구상

인프라 구축의 경제적인 최적화를 위해 〈그림 9〉와 같이 도시를 점이라고 보고, 도시와 도시를 연결하는 노선수를 줄이면 육상 교통 시설 구축을 위한 노력도 그만큼 줄어들 것이라는 가정에서 도시집적화 개념을 제안한다.

또한 계획단계부터 도시의 모든 인프라를 통합하여 설계하고 운영하기 때문에 인프라 부문별로 분리하여 건설하고 운영하는 기존방식에서 탈피함으로써 예산과 인원의 중복투입도 방지할 수 있는 비용 대비 효율성 측면에서 유리한 방안이다.

또한 도시의 기능을 고밀도로 압착하여 통합하면 그만큼 개발이 가능한 공개공지와 녹지 확보할 수 있는 기회가 늘어나 국토 공간 활용성 제고 효과를 기대할 수 있다. 통독의 경우 인구이동과 동독지역에 빈집

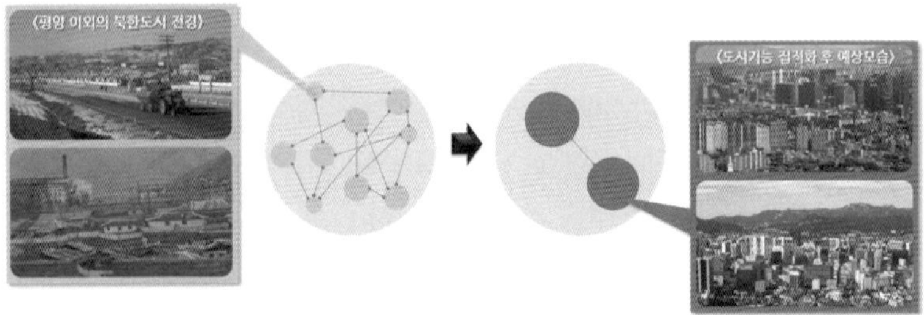

그림 9　　통일한반도 도시 집적화 개념
출처: 서울대학교 건설환경종합연구소, 『토론집 3호 청년들이 그리는 미래한국』(서울: 서울대출판문화원, 2017), p. 45.

이 발생하여 공동화 현상이 나타났는데 통일한반도에서도 북한지역 내 도시 간에 그리고 남한지역으로의 인구이동이 예상되므로 토지와 시설의 수요변화에 대응하여 용도와 기능을 개편하고 보완하면서 유기적으로 연계하여 집적화 개발지역을 중심으로 인구유입효과도 기대할 수 있다.

통일한반도 도시집적화 공간개발 방안을 뒷받침하는 선행연구로서 국토연구원(2011)에서는 북한지역이 체재전환이 되는 과정에서 신설되어야 하거나 기존의 기능을 전환해야하는 사안들을 해결하기 위해 예상되는 도시개발 과제를 다음 〈표 4〉와 같이 제안한바 있다. 아래 표시된 도시 개발 과제는 이전 적지 활용과 같은 기능의 전환이외에는 글로벌 도시 현안 해결을 위한 도시개발 니즈와 크게 다르지 않다.

현재 도시 현안을 해결하는 글로벌 트렌드로서 가성비 측면과 국토의 공간 활용성 제고 측면을 중심으로 한 도시 개발 사례로는 Compact City 개념이 적용된 Toyama city가 있다. 일본에서 빈집이 증가하는 것을 해결하기 위해 제안된 개념이며, 전통적인 도시 구조에서 다핵구조로 바꾸고 사회경제적 활동을 집중시켜 인구를 유인함으로써 지역을 재활성화는 시범케이스였다(그림 10 참조).

표 4 북한지역 체제전환과정의 도시개발 과제

구분	세부항목	도시개발 과제
도시공간 구조	도시공간구조의 새로운 과제	- 단핵중심에서 다핵중심형 구조로 전환 - 지역별 부도심의 등장
토지이용	주거	- 주거용지의 개발밀도 증가
	상업·업무	- 도시 상업·업무중심지 등장
	공업	- 시가지내 공업용지 감소
	녹지 및 여가	- 이전적지, 공업용지 감소 등으로 녹지 및 여가 용지 증가
기반시설	교육관련 시설	- 고등교육시설용지의 증가
	의료관련 시설	- 의료관련 시설용지 증가
	교통관련 시설	- 차량통행 증가로 도로의 확장, 주차장 용지 확대
	에너지/통신관련 시설	- 공동구 건설, 지역난방시설 추가공급
	문화시설	- 영화관, 미술관, 음악당 등 시설 확대
	상하수도 시설	- 상하수도 배관 시설, 취수장, 폐수처리장 신설
	기타 환경정화 시설	- 광역폐기물 처리장 조성
재개발	주거지 재개발	- 철거 중심의 재개발 추진
	공업지대 재개발	- 아파트형 공장 등 복합형 업무지대로 개발 - 일부 문화시설로 기능 전환
	역사문화자원의 보존과 복원	- 역사문화자원 복원, 관리하여 도심의 새로운 문화브랜드로 활용
이전적지 활용	군사용지 활용	- 교육시설로의 전환 추진
	기타 공공기설 활용	- 유휴 행정청사 등을 문화시설로 활용
신개발	교외지역 주거단지 개발	- 고급주택수요 수용을 위한 타운 하우스 개발
	교외지역 물류유통단지 개발	- 대규모 쇼핑센터와 물류단지 복합 개발
	교외지역 신규 공단 개발	- IT등 첨단산업 연구개발 기능을 중심으로 개발
도시개발 행정	행정인력의 확보	- 전문인력의 신규 확보 및 기존 인력 재교육
	새로운 도시개발 체계의 구축	- 제도적 기반 구축
도시개발 재원조달	공공재원의 확보	- 공적재원의 효율적 활용 위한 투자 우선순위 선정
	민간자본의 활용	- 민자유치를 통한 일부 기반시설 재원조달

출처: 이상준 외 공저, 『통일한반도 시대에 대비한 북한 주요거점의 개발 잠재력과 정책과제(Ⅰ)』, (서울: 국토연구원, 2011), p. 168.

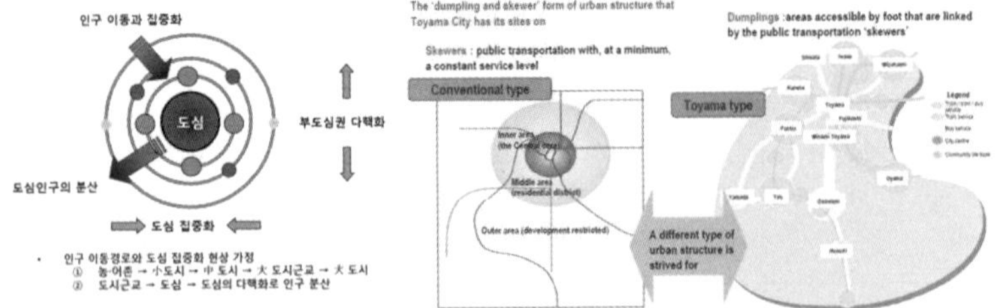

그림 10   콤팩트 시티 개념과 사례

자료 : 1) 서울대학교 건설환경종합연구소,『토론집 3호 청년들이 그리는 미래 한국』(서울: 서울대출판문화원, 2017), p. 45.

2) Junko Inokuma, "FutureCity Initiative," Regional Revitalization Bureau Cabinet Secretariat Government of Japan on line seminar(2013년 5월 22일).

또한 스마트시티는 Compact City에서 통합된 인프라의 물리적인 구현을 가능하게 하는 대표적인 사례이다 즉, 도시 인프라의 계획, 설계, 구축, 운영에 ICT를 적용해 삶의 질과 경제적인 번영을 향상시킨다는 개념의 스마트시티는 기술결합에 의한 도시기능(인프라)의 유기적 연계방안으로서 통일 한반도의 도시 현안을 해결하고 경쟁력을 강화하는데 유리한 방식이다.

• 통일한반도 도로거점공간개발 구상

통일한반도 공간개발 방안으로서 제안한 도로거점 공간 개발 개념은 통독처럼 급작스럽게 통일이 될 경우를 대비하여 전력 및 에너지 부족과 물류체계 구축의 어려움을 해결하기 위해 기존 북한 보유 도로를 최대한 활용하는 emergency plan이며, 도시집적화의 파일럿 테스트 구현을 위한 것이다. 도로거점 공간의 기능은 다음과 같다.

- **물류 조달** : 고속도로의 휴게소를 물류거점화 시킬 경우 북한지역 도로와 철도 보유량의 부족으로 인한 물류 인프라 한계 상황을 한시적으로 극복할 수 있을 것으로 예상된다. 통일한반도의 접경지역인 러시아, 중국을 포함하여 외국으로부터 반입되는 물류를 보관하고 통일한반도의 인프라 격차 해소를 위해 필요한 지역으로 분산하는 창고 및 배송기지 역할까지 겸하게 되면 에너지와 물류체계 부족 문제를 동시에 해소할 수 있을 것이다.

- **건설현장 인력지원** : 도로거점에 통일한반도 국토 인프라 공간개발(신축·전환·개선)에 참여하는 건설 현장 인력들을 위한 임시 거처와 복지시설 그리고 이들의 교육 및 훈련시설을 마련함으로써 이동 효율성을 확보할 수 있다. 즉, 도로거점 스마트화로 통일한반도 국토인프라 구축을 지원하는 요소들을 효율적이고 경제적으로 구비하여 가성비 효과를 획득할 수 있다.

- **임시 숙소 및 지원시설** : 급작스러운 통일시 대규모 인구이동과 사회혼란 발생을 대비한 임시숙소와 대피소 등의 지원시설이 필요할 경우에도 활용 가능하다.

통일이후 한반도 특성을 고려한 도로거점 선정과 기능 구성이 요구된다. 물류반입을 고려하여 접경지역이나 공항·항만·철도 등 교통인프라 연계를 고려한 도로거점 선정이 요구되며, 이러한 자원조달의 용이성뿐만 아니라 고정적인 재원확보방안으로서 도로거점공간의 수익모델을 고려할 필요가 있다.

단기적으로는 인프라 격차해소가 시급한 북한지역 우선개발을 전제하므로 거점도시 주변에 도시집적화 공간개발 지원기지를 배치하는

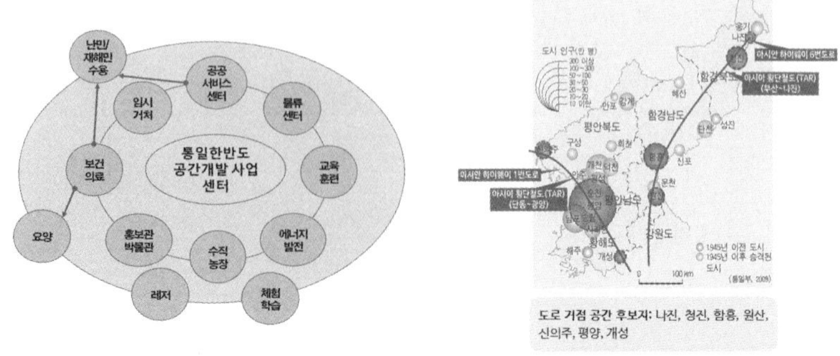

[통일한반도 공간개발사업 지원 인프라로서 도로거점 공간의 기능구상(안)]   [통일한반도 도로거점 선정(안)]

그림 11   도로 거점 공간 개발 개념 및 도로거점 공간 후보지 (안)

자료 : 서울대학교 건설환경종합연구소, 『토론집 3호 청년들이 그리는 미래한국』(서울: 서울대출판문화원, 2017), p. 48

것을 고려할 수 있다(그림 11 참조). 장기적으로는 다양한 기능을 가진 종합적인 교통거점 구성으로 인근지역의 타운 조성 등 개발 사업 장려 효과도 기대할 수 있다.

(3) 통일한반도 도시집적화 및 도로거점 공간 개발 사업화 전략 제안

도로거점 공간개발은 통일한반도의 경제적 인프라 구축방안으로서 앞서 제안한 도시집적화의 구현 가능성을 탐색하고, 도시집적화 구현 및 운영의 단계별 잠재리스크를 도출하기 위한 일종의 파일럿 테스트가 될 수 있다.

실제 파일럿 테스트를 시도하기 위해 도시집적화 및 도로거점 공간 스마트화의 개념설계(conceptual design)를 위한 예비 단계로서 협동 연구계획을 수립하였으며(그림 12 참조), 스마트시티 사업 경험 등 도시집적화 스마트화 개념설계 역량을 보유한 지멘스(Siemens), 도로거점 공간 파일럿 테스트 실행을 주도할 수 있는 한국도로교통연구원 그

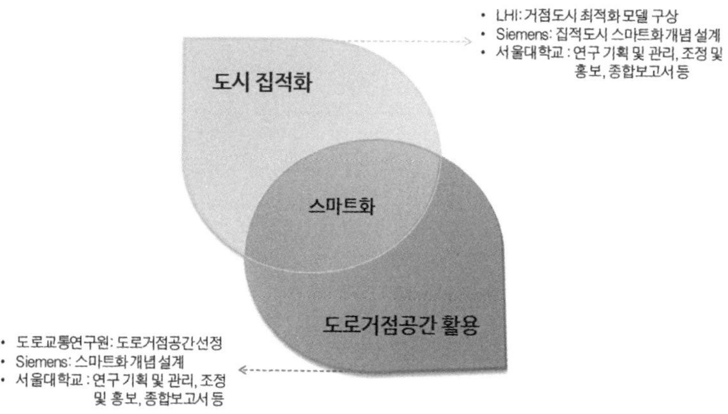

그림 12　도시집적화 및 도로거점 공간개발의 개념설계를 위한 협동연구 구상

리고 한국형 스마트시티 수출 선도자인 LH의 토지주택연구원을 협동연구기관으로 선정하였다.

협동연구의 주제와 기관별 역할을 구상하여 협동연구 참여를 제안한 결과, 기관별로 보유하고 있는 연구역량과 자료들로 기여할 수 있는 부분이 있다고 인정했으며, 지멘스 코리아 대표는 통일한반도 공간개발 파일럿 테스트를 시도하는 것 자체가 전례가 없으니 충분히 의미 있는 시작이라고 동의하였다. 실제로 설계를 수행할 전문가 투입과 소요기간 등 비용문제로 인해 3차년도 중에 협동연구를 착수하지 못하였으나, 개념설계가 건설 비즈니스에서 고부가가치 엔지니어링임을 업계의 의견으로 확인할 수 있었다.

통일한반도 도시집적화 및 도로거점 공간 개발 사업은 대규모 사업이면서 다른 체재 기반의 이해관계자 참여라는 특수성으로 건설 비즈니스 단계별 잠재리스크가 있다. 따라서 사업화 전략 수립을 위해 통일한반도 국토인프라의 양·질적 수요 예측 기반으로 단기적으로 시급하고 중요한 개발 우선순위를 선정하고 중·장기적인 개발 계획을 수립해야한다.

통일한반도 공간개발에 착수하기 위해서는 토지와 시설 소유권 그리고 개발권의 협상 문제, 인프라 시설의 계획·구축·운영 주체가 분리된 현행 제도상에서 이해관계를 조율하는 측면부터 가장 중요한 재원조달까지 선결과제이다. 따라서 관련 법·제도의 부제와 제약, 수익모델의 구체성과 신뢰성 미비, 민원(이해관계)과 여론 대응, 남·북한 인프라 보유 격차와 같은 사업화 장애요소를 해결하기 위해 사업화 지원방안(특별법 신설, 마케팅, 시범지역 선정 및 지원, 단계적 인프라 확충)이 요구된다.

통일한반도 도시집적화 및 도로거점 공간개발은 스마트 도시 등급 적용기반으로 사업화를 고려할 수 있다. 우선 한반도 고유의 도시등급 평가체계를 구축하여 도시등급별 기술디자인 가이드를 제시하고 기술 적용의 타당성을 확보한다면 도시등급별 사업을 구체화(수익모델)하여 민간(developer)의 참여를 유도하는 등 투자유치 전략 수립을 지원할 수 있다.

통일한반도 공간개발 사업화의 가장 큰 걸림돌이자 성공 동인이 될 수 있는 재원확보와 민간의 사업화 제안을 모으기 위해서는 도로거점 파일럿 테스트를 착수하여 작은 성공시리즈를 확장하는 것이 유리하다. 도시현안을 해결하고 지역성장의 가시적인 성과를 공유함으로써 민간의 개발제안을 모으고 투자유치를 확대하여 시범지역을 늘려나갈 수 있을 것이다. 특히 전문가들이 공통적으로 우려하는 재원조달문제는 공공예산의 확보를 위한 대국민 이해도를 제고하면서 국내·외 민간 자본 유치를 위한 홍보와 마케팅을 전담하는 총괄사령탑의 역할 수행하는 조직 구성이 필요하다(그림 13 참조).

도시집적화의 파급효과로는 공개 공지 증가를 통한 공간 활용성 제고와 녹지 확보, 에너지 절감과 유지관리 효율성 제고로 인한 도시경쟁력 강화가 있으며, 공간개발 프로토타입의 수출로 경제적 성취뿐만 아니

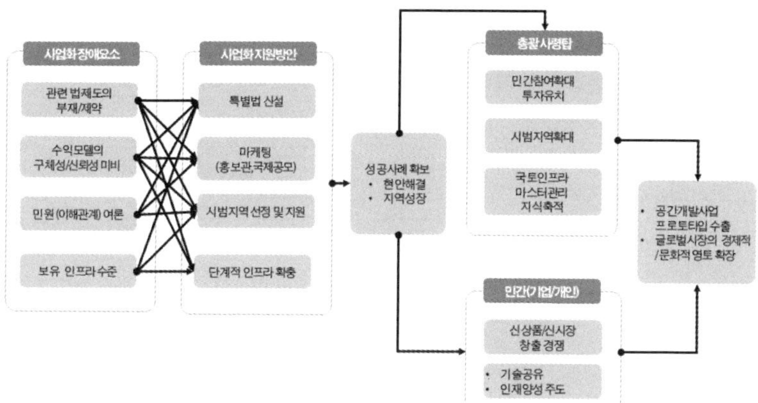

그림 13   통일한반도 도시집적화 및 도로거점 공간개발의 사업화 전략 구상(안)

라 코리안 스탠다드를 글로벌 도시개발의 스탠다드로서 선점이 있다. 통일한반도 공간개발 사업화는 글로벌 건설 비즈니스 전(全)단계 서비스의 역량을 확보하는 기회이자 글로벌 영토 확장의 기회가 될 것이며, 더 나아가 한국의 문화를 전파하고 국가브랜드 가치를 제고할 수 있을 것이다.

III. 결론

본 연구에서는 통일한반도 국토인프라 마스터플랜 수립을 지원하기 위해 현재 남북한의 국토인프라 구축 현황 및 준비정도를 파악하여 통일 이전이라도 갖추어야 하는 기반 들을 제안하고 남북한 국토인프라의 격차해소를 위한 효율·효과적인 방안으로 도시집적화와 도로거점 공간개발을 제안하였다.

이에 본 연구의 기대효과는 다음과 같다.

통일한반도 관련 연구를 위한 국내·외 네트워크 구축 : 국내의 교통부문에서 선도적인 역할을 하는 타 연구기관들과 통일한반도 교통인프라 연구 네트워크를 구축 및 강화시킬 수 있는 기회를 갖게 되었다. 또한 해외 물류기업 및 해외 북한관련 연구자들과의 네트워크를 구축하여 북한 관련 정보 획득 역량을 강화 시켰으며, 도시의 집적화 및 거점휴게소 활용 등 공통적으로 해당되는 키워드는 '스마트화'로 실제 사업으로 이어가기 위해서 집적도시의 스마트화에 대한 개념 설계(conceptual design)와 도로거점 휴게소 스마트화 개념 설계를 담당해 줄 수 있는 지멘스등과 같은 네트워크 설계업체 및 설계 엔지니어링업체와 네트워크를 구축하기 위한 기반을 다졌다.

통일한반도 국토인프라에 대한 종합적이고 체계적인 대책 수립 : 통일한반도 국토인프라에 대한 개인 혹은 기관의 관점에 따라 좌우되었던 기존 연구의 한계를 극복 할 수 있는 계기를 마련할 수 있었다. 통일한반도 국토인프라 구축에 대한 신사업 모델 발굴을 통해 청년들의 신규 일자리 창출이 가능해질 수 있으며, 통일 준비 및 통일 직후 발생 가능한 사안에 대해 준비 부족으로 인한 국가재정 및 시간 낭비를 최소화할 수 있을 것이다. 또한 북한지역 도시의 집적화 구상은 인구 감소와 도시로의 이동으로 인해 빈집과 구도심 공동화 현상이 심화되고 있는 현실을 해결 할 수 있으며, 도로거점 공간 활용 전략은 북한의 열악한 물류인프라와 전력난을 해결할 수 있는 통일 전후 초기 4-5년 이내 예상되는 혼란을 최소화시킬 수 있는 최선의 단기 전략이다.

국토인프라 부문에 대한 리더십 확보 : 국내 공공 및 학교기관들의 연구가 일회성 및 순환보직 등으로 인해 연구의 연속성 및 일관성 상실과 비교하여 서울대학교는 늦게 출발했지만 거대담론 및 기초접근으로 인지도를 높여왔다. 3년간의 연구를 통해 국내 공공기관 및 대학부설

연구소 등으로부터 서울대학교가 국토인프라에 대한 독창성과 지속성을 인정받기 시작했으며, 북한지역의 인프라 수준과 향후 구축 방향성을 제시함으로써 국토인프라 정책 및 전략 수립에 주도적인 역할을 할 수 있는 근거를 마련했다. 국토인프라 부문이 국내 공공기관에 분산되어 파편화된 상태로 방치되었거나 반복적인 연구 등으로 인해 범위와 수준, 그리고 심도 등이 정책과 전략에 반영되기 어려울 것이라는 판단이지만 본 연구는 실효성과 실현가능성, 그리고 현실적인 접근을 했다는 점에서 기타 공공기관 연구와는 상당한 차별성을 가질 수 있게 되었다. 통일에 대한 기대 혹은 환경 급변 시 국토인프라 구축에 대한 정책과 전략 연구 성과는 상당한 비중과 영향력을 미치게 될 것으로 확신한다.

통일한반도 국토인프라에 대한 청년층의 관심 확대 : 제 1회 청년토론회에 이어 제2회 청년토론회까지 개최되었으며 매해 통일한반도 국토인프라에 대한 주제로 개최할 예정이다. 처음에는 청년들만 참여하는 토론회를 개최 한다는 것에 참가하는 학생들도 낯설어 했으나, 청년들이 모여 자유롭게 토론할 수 있는 분위기 조성, 토론 후에 토론자들 간의 투표를 통해 우수토론자 선정, 토론내용을 녹취하여 토론집으로 발간하여 배포하는 등 기존의 토론회와는 다른 형식으로 운영하였다. 그 결과, 참여한 참가자들로부터 통일한반도 국토인프라 구축에 대한 문제가 더 이상 통일 후의 문제가 아닌 통일 전부터 고민해야할 문제이며, 단순히 건축·토목시장이 아닌 대한민국의 국가경쟁력을 향상시킬 수 있는 기회임을 알게 된 기회이자, 국토인프라에 대한 주제를 다양한 전공자들이 모여 토론할 수 있는 유익한 시간이었다는 평가받고 있다.

건설환경종합연구소 산하 통일한반도 국토인프라센터가 2014년 7월 정식으로 출범함에 따라 전담 연구교수와 연구원, 연구 참여 교수진 등을 보강하여 심도 있는 연구를 수행 할 계획이며, 연구주제는 다음과 같이 크게 6가지 과제에 대해 우선순위에 따라 순차적으로 진행 할 계획이다.

- 통일한반도 국토인프라 구축 시나리오 구상
- 통일 대비 Emergency Plan 구상
- 국토인프라 구축 수요 및 투자비 추정
- 통일한반도 건설인력 통합(양성 및 활용체계) 방향 제안
- 건설 표준 및 기술 기준 통합방향 제안
- 건설산업의 생산 구조 및 공급구조 정책 제안

통일 이후보다는 통일 이전에 반드시 준비해야 할 과제들을 우선적으로 선정했으며, 연구의 방향과 심도는 학술적 가치보다는 실용적 가치 제고를 더 중시하고자 한다. 또한 통독 후 서독에서는 동독의 국토인프라 수준에 대한 정보와 지식습득보다는 통독 후 동독과 서독의 수준 격차 문제 해소를 위한 선행 연구가 부족한 것이 가장 아쉬웠던 점으로 꼽은 것에 대해 주목하고자 한다.

아울러 통일한반도 국토인프라센터는 종합적이고 일관된 통일한반도 국토인프라 구축전략 수립을 위한 정책을 정부에 지속적으로 제안하는 것은 물론 산업 및 국민과의 공감대를 형성하기 위한 노력도 계속 수행해 나갈 것이다. 이를 통해 그 동안 개인이나 기관의 관점에 따라 좌우되었던 통일한반도 국토인프라에 대한 기존 연구의 한계를 극복하는 계기를 마련하고자 한다.

::**참고문헌**

김미숙 외 공저.『2017년 1/4분기 북한 건설·개발 동향』. 대전: 한국토
　　지주택공사 토지주택연구원, 2017.

박진.『남북한 경제통합시의 경제·사회안정화 대책』. 서울: 한국개발연
　　구원, 1996.

이상준 외 공저.『통일한반도 시대에 대비한 북한 주요거점의 개발 잠
　　재력과 정책과제(Ⅰ)』. 세종: 국토연구원, 2011.

서울대학교 건설환경종합연구소.『연구보고서 1호 통일한반도 국토인
　　프라 통합구축 전략 수립방향 제안』. 서울: 서울대학교출판
　　문화원, 2016.

서울대학교 건설환경종합연구소.『국토와건설진단 2호 통일한반도 국
　　토인프라 국가전략』. 서울: 서울대학교 건설환경종합연구소,
　　2015.

서울대학교 건설환경종합연구소.『국토와건설진단 3호 국토인프라시
　　설 구축전략의 문제점과 혁신방향』. 서울: 서울대학교 건설
　　환경종합연구소, 2015.

서울대학교 건설환경종합연구소.『국토와건설진단 4호 통일한반도 국
　　토인프라시설 연구 현황분석을 통한 시사점 및 정책 도출』.
　　서울: 서울대학교 건설환경종합연구소, 2015.

서울대학교 건설환경종합연구소.『VOICE 3호 "통일한반도 국토인프라
　　격차해소"에 대한 당신의 생각은?』. 서울: 서울대학교 건설환
　　경종합연구소, 2016.

서울대학교 건설환경종합연구소.『토론집 1호 미래의 주인들이 통일한
　　반도 국토인프라를 말하다.』. 서울: 서울대학교출판문화원,

2016.

서울대학교 건설환경종합연구소.『토론집 3호 청년들이 그리는 미래한
국』. 서울: 서울대학교출판문화원, 2017.

서울대학교 건설환경종합연구소.『서울시 인프라시설 실태평가 최종보
고서』. 서울: 서울대학교 건설환경종합연구소, 2015.

성한경.『남북한 경제통합의 효과』. 서울: 대외경제정책연구원, 2014.

권영인·김태완. “북한의 도로교통체계 현황과 과제.”『대한교통학회』,
제2004권 3호. 2004, pp. 1~4.

김창권. “독일 통일 이후 구동독지역 인구이동 및 인구변화와 한반도
통일에 주는 정책적 시사점.”『경상논총』, 제28권 1호(2010),
pp. 28~35.

신혜원·김의준. “통일 이후 북한 주민의 남한으로의 인구이동 및 지역
분포 예측.”『국토계획』, 제 50권 8호(2015), pp. 5~18.

Boyd. C. Paulson. “Designing to reduce construction costs,” *Journal of the construction division*, vol. 12(December
1976), pp. 587~592.

박용석. “북한 경제특구의 개발 동향 및 시사점.”『한국건설산업연구
원 이슈포커스』. 2014; ⟨http://www.cerik.re.kr/01/report_
view.asp?page=5&idx=1634&pcls=2⟩.

강희업. “국가도로 종합계획과 향후 도로 정책 방향,” 국토교통부 제 1
차 도로정책 세미나(2016년 9월 2일)

이복남. “통일한반도의 육상교통 인프라 구축 전략 구상,”『통일기반 조
성을 위한 서울대학교의 역할과 비전』, 2016 통일기반구축

연합 학술대회(2016년 11월 29일).

이복남·신승우. "통일한반도 도시집적화 및 도로거점 공간개발 전략 제안,"『미래를 준비하는 서울대학교 통일기반구축 사업』, 2017 통일기반구축 연합 학술대회(2017년 11월 28일).

Roussin, S., Seliger, B.. "Challenges for the transport infrastructure in DPRK-Rason and beyond," *Resident Representative*, Hans-Seidel-Foundation(2014년 6월 12일).

Junko Inokuma. "FutureCity Initiative," Regional Revitalization Bureau Cabinet Secretariat Government of Japan on line seminar(2013년 5월 22일).

통일시대를 대비한 한반도 물류산업 예측에 관한 연구__

양홍석 · 남익현 · 박상욱 · 김수욱 · 오정석 · 임재현 · 강희재
손지윤 · 신재호 · 방도형 · 한승희

목차

양홍석　서울대학교 경영학과 교수, 책임　　**남익현**　서울대학교 경영학과 교수

박상욱　서울대학교 경영학과 교수　　**김수욱**　서울대학교 경영학과 교수

오정석　서울대학교 경영학과 교수　　**임재현**　서울대학교 경영학과 교수

강희재　서울대학교 경영학과 박사수료　　**손지윤**　서울대학교 경영학과 박사수료

신재호　서울대학교 경영학과 박사수료　　**방도형**　서울대 경영학과 박사과정

한승희　서울대 경영학과 석사과정

I. 서론

1. 연구배경

1990년 10월 3일 이루어진 독일의 통일 배경을 살펴보면, 통일 이전 서독의 교통시설에 비해 동독의 시설이 매우 낙후되어 있다는 것을 살펴볼 수 있다.

표 1 독일 이전 교통시설 비교(1989년)[1]

항목	단위	동독(A)	서독(B)	대비(B/A)
도로연장	천km	124.9	299.0	4.00
철도연장	천km	14.0	27.0	1.97
내륙수로	km	2,513	4,940	1.97
비행기	대	40	627	15.68

위 표에서 볼 수 있듯이, 크게 도로, 철도, 항만, 그리고 항공의 네 가지로 구성되는 물류 네트워크에서 나타낼 수 있는 모든 지표가 서독에 비해 낙후된 동독의 낙후된 물류 인프라를 나타내고 있다.

그러나 독일은 통일 이후의 물류 인프라의 구축을 위해 통일 이전부터 동독의 SOC 확충을 위해 노력해왔으며, 통일 이후에도 동독의 인프라 구축을 위해 꾸준히 노력했다.

---

1 김경석, "독일의 통일과 교통망 확충 전략,"『국토정보』, (1996), pp, 80~87.

표 2   독일 통일 이후 교통부문 주요 투자내역(1990~1994년)[2]

항목	투자규모(억마르크)
연방철도	261
고속도로	113
연방수로	6
대중교통수단 및 지자체 도로건설	98
신연방주 전체	478
구연방주 전체	564
교통투자 총액	1,042

위 표에서 나타내듯, 독일은 통일 이후에 상당히 많은 규모의 자본을 투입하여 물류 인프라 구축을 위해 힘썼다. 독일은 통일 이전부터 통일 이후에 이르기까지 낙후된 동독의 SOC 확충을 위해 많은 노력을 기울였으며, 이는 통일 비용의 부담을 경감시켰고, 독일 내 교역을 가속화하였으며, 분단 독일의 이분적 사회 및 경제를 통합하는 데 크게 이바지했다.

2. 남북한 물류산업 현황

1) 철도

남북한 철도 현황을 살펴보면, 2015년 기준 북한의 철도 총 연장은 5,304km로, 남한(3,874km)의 1.4배 높다. 비록 북한의 철도 총 연장은 남한보다 더 많은 궤간을 보유하고 있으나, 대부분의 철도노선

---

2   최연혜, "남북철도 연결에 있어서의 동·서독 철도통합의 시사점,"『대한토목학회지』, vol. 49 no.1(2001), pp, 18~22.

표 3   남북한 교통물류 인프라 현황: 철도(2009~2015년)[3]

| 구분 | 철도 | | | | | |
| 연도 | 철도연장 (km) | | 전철연장 (km) | | 전철화율 (%) | |
	남	북	남	북	남	북
2009	3,378	5,242	1,889	4,211	55.9	80.3
2010	3,557	5,265	2,147	4,229	60.4	80.3
2011	3,559	5,298	2,358	4,229	66.2	79.8
2012	3,572	5,299	2,445	4,229	68.5	79.8
2013	3,590	5,299	2,454	4,229	68.3	79.8
2014	3,590	5,302	2,457	4,232	68.4	79.8
2015	3,874	5,304	2,727	4,232	70.4	79.8

표 4   2016 북한의 주요통계 지표: 철도 총연장(2000~2015년)[4]

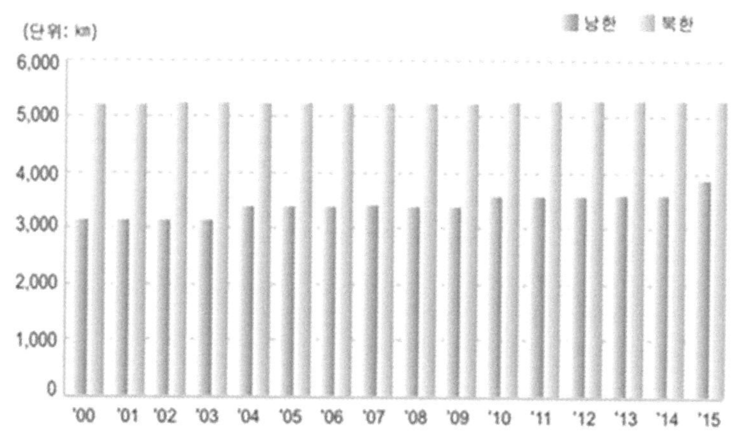

이 단선노선으로, 복선을 포함할 경우 남한이 북한보다 더 많은 철도를 보유하고 있다고 할 수 있다. 북한의 철도망은 대부분 일제 침략기 시절의 노선을 유지하고 있으며, 경제난으로 인해 유지보수가 어려운

---

3   국가통계포털; 〈http://kosis,kr〉(국제·북한 통계). 소숫점 첫째 자리에서 반올림.

4   통계청; 〈2016 북한의 주요통계지표〉, 2016. p. 32.

실정이다. 시설의 노후화 역시 심각한 상태이며, 열차의 운행 속도가 대부분 40km/h 이하로, 질적인 측면을 고려한다면 북한의 철도 인프라는 남한에 비해 매우 열악한 실정이라고 할 수 있다.

2) 도로

표 5　남북한 교통물류 인프라 현황: 도로(2009~2015년)[5]

구분	도로					
	도로연장 (km)		고속도로 길이 (km)		자동차 등록 (천대)	
연도	남	북	남	북	남	북
2009	104,983	25,854	3,776	727	17,325	254
2010	105,565	25,950	3,859	727	17,941	257
2011	105,931	26,110	3,913	727	18,437	262
2012	105,703	26,114	4,044	727	18,871	266
2013	106,414	26,114	4,111	727	19,401	272
2014	105,673	26,114	4,139	729	20,118	276
2015	107,527	26,183	4,193	729	20,990	278

표 6　2016 북한의 주요통계 지표: 도로 총연장(2000~2015년)[6]

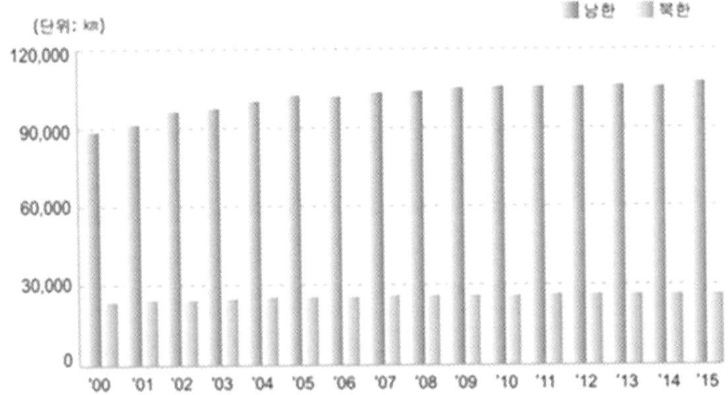

5　국가통계포털; 〈http://kosis,kr〉(국제·북한 통계). 소숫점 첫째 자리에서 반올림.

6　통계청; 〈2016 북한의 주요통계지표〉, 2016. p. 33.

2015년 기준 북한의 도로 총 연장은 26,183km로, 남한(107,527km)의 1/4 수준에 지나지 않는다. 북한의 도로는 고속도로와 1~6등급 도로로 구분되어 있는데, 이 중 5급과 6급 도로는 남한의 기준으로 도로로 보기 힘든 수준으로 알려져있다. 또한 북한의 도로는 약 10% 정도만이 포장된 상태이고 대부분의 도로가 비포장도로이며, 운행 속도도 시속 40km 이하의 수준으로 알려져있다. 고속도로의 경우에도 유지보수가 제때 되지 않아 제 기능을 수행하기 어려우며, 산악지대가 많은 북한의 지형 특성 상 터널과 교량이 존재하고 있지만 노후화로 인해 안전상의 문제 역시 크다. 자동차 보유량 역시 남한의 1/70 수준에 불과한 것으로, 많은 도로 지표가 남한에 비해 열악한 북한 인프라를 나타내고 있다.

3) 항만

2015년 기준 북한의 항만 하역능력은 4,156만 톤으로, 남한(11억

표 7　남북한 교통물류 인프라 현황: 항만(2009~2015년)[7]

구분	항만				
	항만 하역능력 (천톤)		선박 보유톤수 (만 G/T)		
연도	남	북	남	남(등록선)	북
2009	801,479	37,000	2,680	1,392	84
2010	915,430	37,000	3,129	1,427	80
2011	943,900	37,000	3,586	1,367	76
2012	1,017,190	37,000	4,013	1,306	76
2013	1,024,977	37,000	4,371	1,358	73
2014	1,039,373	41,560	4,620	1,392	71
2015	1,140,917	41,560	4,650	1,339	100

7　국가통계포털; 〈http://kosis.kr〉(국제·북한 통계). 소숫점 첫째 자리에서 반올림.

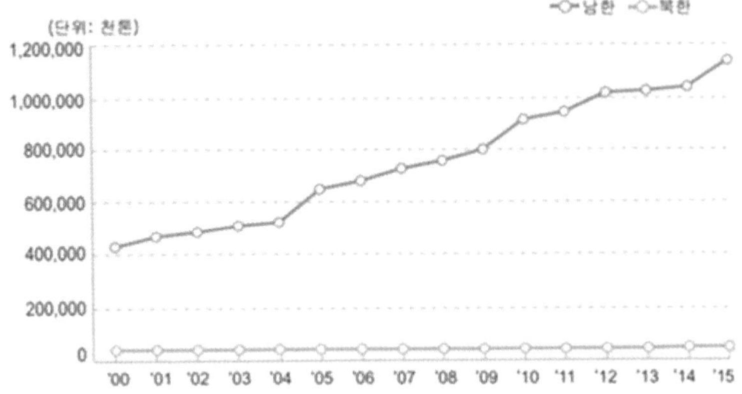

4,092만 톤)의 1/27 수준에 그치고 있다고 나타났다. 선박 보유톤수 역시 100만 톤으로, 남한(1,339만 톤)의 등록선 기준 1/13 수준이다. 북한은 3,000km에 달하는 해안선을 보유하고 있으나, 동서해안이 분리된 한계로 인해 해운운송의 발전이 어려웠고, 항만시설과 선박들이 노후화되어 정상적인 국제무역을 수행하기 어려운 상태이다.

4) 항공

2015년 기준 북한의 항공기 보유량은 남한의 1/30 수준으로 나타났다. 북한에는 약 30개 정도의 민간 공항이 있는 것으로 위성영상 분석을 통해 관측되었는데, 이들의 공항시설 역시 노후화되어 있고 시설도 부족하여 평양의 순안공항만이 일정 규모의 국제선 이착륙이 가능한 것으로 파악되고 있다. 북한의 항공기 역시 노후화되어있어 그 운행에 제약이 많이 따르고 있다.

---

8   통계청; 〈2016 북한의 주요통계지표〉, 2016. p. 34.

철도와 도로, 항만, 그리고 항공에 이르기까지 모든 지표들이 남한에 비해 열악한 북한의 물류 인프라를 나타내고 있으며, 이는 앞서 살펴본 독일의 통일 이전 물류 인프라의 차이보다 더욱 심각한 격차를 보이고 있다. 독일이 물류 통합을 위한 많은 노력을 기울였고 이를 바탕으로 물류 통합을 빠르게 이룰 수 있었음은 물론 통일비용 부담을 경감, 사회 및 경제의 통합을 이루었다는 점을 고려한다면, 독일보다 더 큰 물류 인프라 격차를 보이고 있는 남한과 북한 사이에는 물류 통합을 위한 노력이 더욱 시급한 실정이다.

표 9   남북한 교통물류 인프라 현황: 항공(2009~2015년)[9]

구분	항공	
	민간항공기 보유 (대)	
연도	남	북
2009	476	21
2010	513	22
2011	550	22
2012	590	22
2013	623	23
2014	655	23
2015	724	24

9   국가통계포털; 〈http://kosis,kr〉(국제·북한 통계). 소숫점 첫째 자리에서 반올림.

II. 통일시대 한반도 물류산업 관련 연구

한반도 통일 물류에 대한 문헌들은 다양하게 존재하며 본 연구에서는 기존 문헌들을 세 가지 내용으로 분류해 활용하였다. 첫째, 통일 시대를 대비하거나 통일이 실현되는 경우를 예측해 통일의 필요성을 강조하는 연구. 둘째, 통일 이후 물류 변화 예측에 관한 연구. 셋째, 독일의 사례를 바탕으로 한 한반도 통일에 관한 연구로 분류하였다.

1. 한반도 통일 대비 물류에 관한 연구

기존 한반도 통일과 물류에 대한 연구들 중에서는 통일이 실현되는 경우를 대비하여 현재 북한의 물류시설 상황에 대한 연구가 가장 많았다. 대부분의 연구들은 물류 통합의 필요성을 강조하면서 공통적으로 북한의 항만, 철도, 도로 등 교통 인프라 현황에 대해 소개하고 재구축 필요성을 주장하였다.[10] 더 나아가 발전 방향 또는 활용 방안을 제시하는 형식이다. 북한 물류 체계 통합이 한반도 전체 경제발전에 기여할 수 있다며 한반도 물류 통합 필요성과 방안을 강조하면서도 한반도 항만개발이 남북 경제 활성화에 기여하는데 가장 중요하다고 판단해 북한의 해운항만개발 필요성 및 개발 방향을 제시한 연구가 많았다.[11] 또한 비교적 최근 연구들은 북한의 육상 교통의 현황과

---

10 황진희, "남북경협회원의 자리: 2009년 남북관계에 거는 기대," 『NEWS』, vol. 86 no.0(2009), p, 16.

11 김학소, "남북경협 확대를 위한 북한 항만개발방안과 정책과제," 『한국

육상 교통을 중심으로 한 인프라 구축 필요성 및 방안을 제시하였다.[12]

2. 한반도 통일 이후 동북아 및 유라시아 물류에 관한 연구

한반도 지리적 중요성을 근거로 동북아 또는 유라시아 물류 발전을 예측하는 문헌들도 많았다. 이와 같은 주제를 담고 있는 연구들은 공통적으로 남북한 철도 연계 추진의 필요성을 주장하였다. 수많은 연구들이 한반도가 해양과 대륙을 연결하고 유라시아 경제권 및 아시아태평양 경제권에도 중요한 역할을 할 수 있다며 필요성을 강조하였다. 더 나아가 대부분의 연구들은 기존의 국가 간 철도 사업 또는 물류 사업을 검토하여 남북한 철도 연계를 위한 국가 간 협력을 강조하거나 구체적인 제도적 방안을 제시하였다.

3. 독일의 통일이 한반도 통일 물류에 주는 시사점에 관한 연구

독일의 통일 이후 물류 체계 변화나 경제효과 등을 바탕으로 한반도 통일 물류를 바라본 연구들도 존재하였다. 이와 같은 연구들은 독일

항해항만학회 학술대회논문집』, (2000), pp, 15~34.

12   안병민, "북한교통 인프라 현황 및 통일에 대비한 향후 대응 방향," 『대한토목학회지』, vol. 60 no.3(2012), pp, 11~16; 이백진, "통일시대의 한반도 교통, 물류체계 구축방향," 『국토』, (2015), pp, 20~26.

의 통일 이후 경제 효과 등에 관한 구체적인 수치를 나타낸 연구들은 드물었으나 분단 시절 철도 연계 상황이나 통일 후 물류 체계 변화를 사례로 소개하고, 통일 전 북한 교통 인프라 구축에 대한 필요성을 제시하였다. 공통적으로 독일을 사례로 활용한 연구들은 독일의 사례가 한반도 통일 물류에 시사하는 바가 크다고 강조하였다. 독일의 경우 분단 기간 동안 내독 무역과 동서독의 경제협력 결과를 바탕으로 분단 상황에서의 남북한 경제협력 방향 빗대어 소개한 것이다.[13] 분단 시절 동서독 경제협력은 동부 독일의 지역 개발 및 균형발전에도 도움을 주고 통일 비용마저 감소하게 하는 효과를 가져 온 것으로 보아 남한도 북한의 인프라 구축사업, 경의선 복원과 같은 사업이 활발하게 이루어 져야한다고 주장하였다. 독일 통일의 경우 동독이 서독처제를 전면적으로 흡수한 형식이었으므로 동서독 철도 통합에 있어서 토지소유권분쟁 문제가 있었다는 사실을 이야기 한 연구도 있다.[14] 이 연구에서는 독일의 사례를 통해서 통일 전 분단 상황에서의 남북한의 교류 확대를 강조하며 재원 조달 방법 또는 토지 관련 연구 등 훗날 철도 통합 대비 방안 까지 제시하였다. 독일 철도 통합 당시의 진행 상황을 소개하면서 남북철도 통합을 바라본 연구도 존재한다.[15] 이 연구에서는 남북한의 경우 60년 이상 단절된 기술적 차이, 용어차이 마

13　김태현, "동서독 경제협력의 물류구조와 지역균형 발전의 효과에 관한 연구,"『국제지역연구』, vol. 5 no. 3(2001), pp, 29~58.

14　최연혜, "남북철도 연결에 있어서의 동·서독 철도통합의 시사점," pp, 18~22.

15　권경현, "남북철도 통합에 대비한 동서독 독일철도 통합 사례 고찰,"『철도저널』, vol. 17 no. 5(2014), pp, 29~35.

저 존재할 것으로 예상해 북한철도에 대한 현대화 작업이 필수적이라고 주장하였다.

대부분의 한반도 통일 물류 관련 문헌들 공통적으로 기존의 정책이나 사례들을 토대로 한 문헌 연구 방법으로 진행된 연구들이었다. 또한 내용으로는 남북한 물류 통합의 필요성을 강조하며 낙후된 북한 물류 인프라 구축에 대한 필요성과 제도적 차원의 방안들을 제시하는 형식이 대부분이었다. 그러나 물류 인프라 구축에 대한 비용이나 물류 통합 이후 경제 효과 등에 대한 수치적 결과를 지닌 연구는 미비하다는 것을 알 수 있었다. 따라서 이번 연구에서는 한반도 통일 물류 인프라 구축으로 주변 국가와의 교역 증가로 인한 물류 산업의 변화 및 경제적 효과를 구체적인 수치를 결과로 하여 측정하고자 한다.

III. 초국경 물류 환경 변화

1. 초국경 복합 교통망

1) 철도망 연계 프로젝트

아시아와 유럽을 잇는 유라시아 대륙횡단철도(Eurasian Land Bridge)는 시베리아 횡단철도(Trans-Siberian Railway; TSR), 중국 횡단철도(Trans Chinese Railway; TCR), 만주횡단철도(Trans-Manchurian Railway; TMR), 몽골횡단철도(Trans-Mongolian Railway,

TMGR) 등 4개 노선으로 구성된다. 시베리아 횡단철도(TSR)는 극동 러시아의 나호드카/보스토치니에서 출발하여 모스크바를 거쳐 유럽 주요 도시를 연결하고, 중국횡단철도(TCR)은 중국 동쪽의 항구도시인 롄윈강에서 출발, 카자흐스탄을 경유, 러시아 자우랄리역에서 TSR에 연계되어 유럽의 주요 도시로 연결한다. 세 번째 만주 횡단철도(TMR)는 중국 투멘에서 출발, 만주지역, 중국과 러시아의 국경역인 만줄리역을 경유하여 최종 러시아의 카림스카야역에서 TSR에 연계되고, 마지막 몽골 횡단철도(TMGR)는 중국 투멘에서 출발하여 텐진, 에렌호트를 지나 몽골의 울란바토르, 호이트를 경유하여 러시아의 올란우데에서 TSR에 연계된다. 위 4가지 노선의 배치는 다음에 나온 그림과 같다.[16]

표 10　철도망 연계 프로젝트 구간

구분	경유지	연장
TSR	나호드카/보스토치-카림스카야-울란우데-타이세트-쿠르간-모스크바-스몰렌스크-크라스노예-브레스트	10,300km
TCR	리아눙강-정조우-란조우-아라산쿠-드루즈바-프레노고르코브카-자우랄리에-쿠르간-모스크바-스몰렌스크-크라스노예-브레스트	9,200km
TMR	투멘-하얼빈-만줄리-자바이칼스크-카림스카야-울란우데-타이세트-쿠르간-모스크바-스몰렌스크-크라스노예-브레스트	9,000km
TMGR	투멘-텐진-베이징-에렌호트-자민우드-울란바토르-호이트-나우시키-울란우데-타이세트-쿠르간-모스크바-스몰렌스크-크라스노예-브레스트	8,900km

---

16　이상준 외 공저 "한반도 북방지역 인프라 개발계획과 협력전망,"『수시』, vol. 15 no. 3(국토연구원, 2015).

그림 1 철도망 연계 프로젝트 노선도
출처: 이상준 외 공저 "한반도 북방지역 인프라 개발계획과 협력전망,".

아시아 횡단철도망 계획(The Trans-Asian Railway, TAR)은 아시아 대륙의 28개국을 연결하는 총연장 81,000km의 국제철도노선(총 4개 노선)으로, 1960년대 초 UN ESCAP을 중심으로 시작되었다. 이후 1992년부터 UN ESCAP이 본격적으로 추진한 TAR계획은 당초 동남아시아~인디아~파키스탄~터키를 연결하는 남부노선에 국한되었으나 아시아 북부지역의 긴장완화, 중국의 급속한 경제성장, 북한과의 경제교류 가능성 증가 등으로 인한 경제발전에 대한 기대로 한반도, 중국, 러시아, 중앙아 등을 연결하는 북부노선을 포함한 총 4개 노선으로 확대되었다. 장래 부산을 기점으로 한 한반도 통과철도를 포함하고 있는 아시아횡단철도 북부노선이 완성될 경우, 남한의 부산~대구~서울을 거쳐 북한의 신의주, 두만강역, 남양에서 기존의 아시아횡단철도 북부노선과 연결 가능하다.

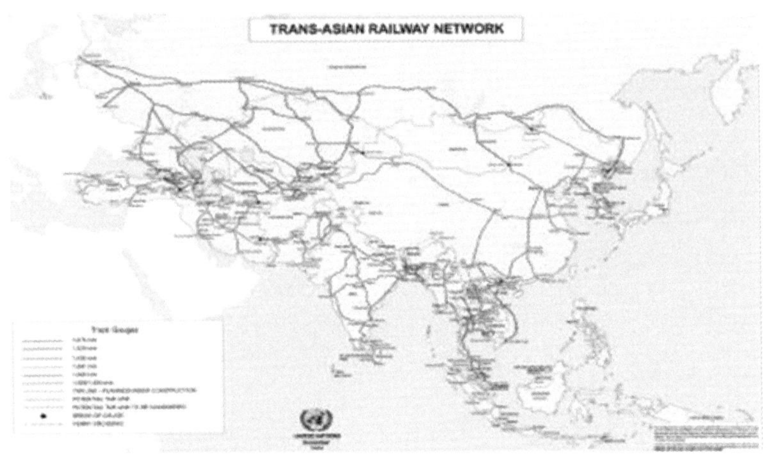

그림 2   아시안 횡단철도망 노선도

출처: 이상준 외 공저 "한반도 북방지역 인프라 개발계획과 협력전망,".

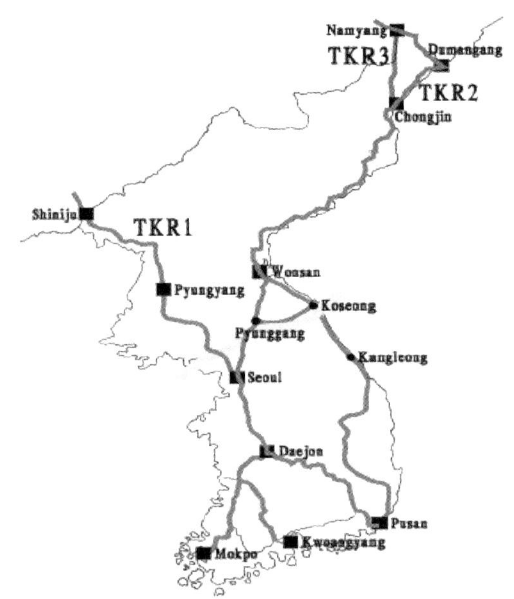

그림 3   아시안 횡단철도망 노선도(한반도 부문)

출처: 이상준 외 공저 "한반도 북방지역 인프라 개발계획과 협력전망,".

2) 도로망 연계 프로젝트

아시안하이웨이(Asian Highway, 이하 AH) 계획은 아시아 국가 상호간 경제 및 사회교류를 증진시켜 지역 소득향상에 기여하고자 하는 것으로 1958년부터 UNESCAP을 중심으로 시작되었다. AH 계획은 초기 16개국 42개 노선(총연장 66,000km)의 현대판 실크로드를 구축하는 것으로 시작되어, '92년 아시아 각국간 육상교통시설 전반을 개발하기 위한 '아시아육상교통인프라개발계획(Asian Land Transport Infrastructure Development Project)'의 핵심과제로 편입되었다. '10년 기준 32개국, 총 연장 142,804km에 달하는 아시안 하이웨이 계획이 추진 중에 있으며, 아시안 하이웨이 구축과 개선 투입재원은 260억달러 규모이다. AH노선은 8개의 간선(AH1~AH8)과 그 밖의 지선으로 구성되어 있으며 모든 노선을 합하면 55개 노선이 존재한다. 한반도와 동북아를 연계하는 간선은(한반도~중앙아시아 경유)

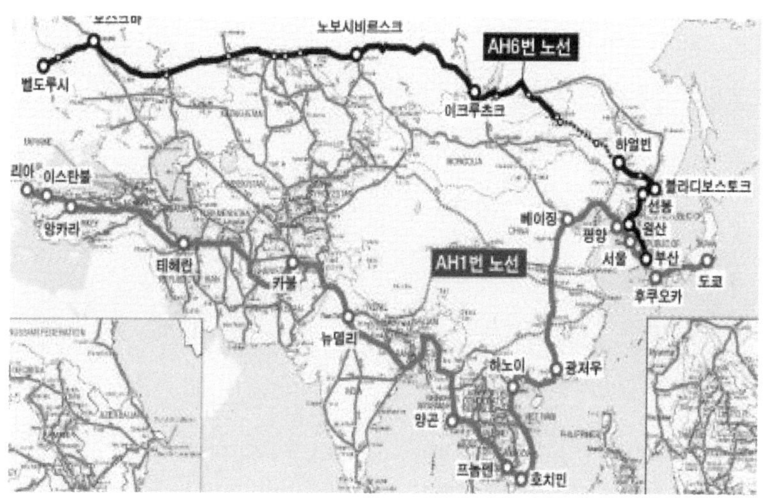

그림 4　아시안하이웨이 도로망 지도
출처: 이상준 외 공저 "한반도 북방지역 인프라 개발계획과 협력전망,".

그림 5   아시안하이웨이 표지판(경부고속도로)

출처: 위키백과

① 석유·가스화학 / 선박·항공기 제작 / 목재, 농수산물 가공, ② 석유화학 / 농업(바이오)/경공업, ③ 물류·운송/소재산업 / 농수산물 가공, ④ 농업(바이오) / 철강, 장비제조 / 석유화학 / 조선산업, ⑤ 경공업 / 소재산업

그림 6   초국경 연계생산네트워크 지역도

출처: 이상준 외 공저 "한반도 북방지역 인프라 개발계획과 협력전망,".

3개 구간(간AH1, AH6, AH32) 노선이다.

제60차 UNESCAP 총회('04년)에서 AH도로의 분류·설계기준에 관한 총 19개 조항(노선망, 설계기준, 협정효력 등)과 3개 부속서 (노선망·경유지, 설계기준,표시·표지)로 구성된 "AH정부 간 협정서"에 23개 국이 서명을 완료하여, AH는 국제도로망으로써의 지위를 획득하였다. 〈그림 6〉은 AH 노선을 나타낸 지도와 대한민국 경부고속도로에 있는 표지판이다.

2. 초국경 연계 생산 네트워크

한반도 통일로 북방지역 내 경제교류 제약요인이 소멸되면 역내 발전산업들에 대한 투자가 유발되고 이러한 투자활성화는 북방지역 내 발전산업들의 지역적 집중화(geographical concentration)를 가져올 것이다. 이에 따라 초국경 연계생산네트워크 형성의 기반이 마련될 것이다. 발전산업의 지역적 집중화로 인해 장기적으로 북방지역에는 대규모 산업벨트가 형성될 전망이다.

1) 광역두만강개발계획(Greater Tumen Initiative, GTI)

동북아 경제개발을 위해 한국, 중국, 몽골, 러시아를 대상으로 교통, 에너지,관광 등 개발과 투자를 위한 정부 간 협력체계로 국제연합 개발계획(United Nations Development Programme, UNDP) 의 지역협력 프로그램이다. 1991년 UNDP지원 하에 두만강개발계획 (TRADP)으로 출범하였으나 그 성과가 비미하여, 사업범위를 확대하고 공동기금을 설립하는 등 추진체계를 강화하며 '05년 광역두만강개발계획(GTI)으로 전환하면서 기존 TRADP의 개발대상인 북한, 중국, 러시아 접경지역에서 한국 강원, 속초, 부산 등 일부 연해안 지역, 몽골, 일본까지 확대하였다.

GTI는 교통, 에너지, 관광, 환경부부문에서 10개의 프로젝트를 'GTI 신규프로젝트로'로 선정('07년 9차회의)하여 중기적 과제로 추진하였다. GTI 신규프로젝트는 '교통·물류 분야의 협력강화 계획'을 반영하여, 과거 TRADP사업 실패요인 중 하나인 '두만강지역의 미비한 교통 및 운송시설'을 염두하여 회원국들 간의 실제 협력을 유도하는 사업들을 제시하였으며 교통인프라를 구축하는 교통분야의 사업은 모두 민간협력을 통해 투자를 유도하였다.

GTI개발지역은 유럽과 아시아-태평양지역 간 무역 및 교통의 교차로 역할을 담당하는 허브로 성장할 수 있는 입지적 조건을 갖춘 지역이므로, 도로, 철도,항만 등 교통인프라를 구축하여 국제수준의 지역교통회랑 및 네트워크를 갖추는 등 연결성을 증진시켰다. 또한 GTI는 이 지역을 글로벌비즈니스 영역에서 더욱 경쟁력 있고 매력적인 지역으로 만들기 위해 투자기회 촉진, 정책환경 조성 등 더욱 투자친화적인 환경을 조성하기 위한 노력을 기울이고 있으며, 그 일환으로 무역촉진위원회(Trade Facilitation Committee)을 설립하였다.

3. 초국경 협력도시권형성

한반도의 북방지역이'동북아의 새로운 성장동력을 품은 초국경 경제협력지역(cross-border economic cooperation region)'으로 발전하게 됨으로써 많은 경제적 편익이 발생하게 될 것이다. 북방지역 개발이 한국, 북한지역, 중국 동북 3성, 극동러시아 등 지역의 경제 성장에 미치는 영향을 분석한 결과는 다음과 같다.[17]

북방지역의 경제 성장 동력은 (1) 아시안 하이웨이 1번 및 6번 노선 개발을 통한 물류비용의 감소, (2) 618억 달러 규모(동북3성 488억 달러, 극동 러시아 49억 달러 및 북한 81억 달러)의 북방지역 개발 투자 확대, (3) 국가 간 교역 규제 완화 및 생산 요소의 이동 등 세 가지로 구분하여 이러한 요인에 따라 교역과 소득이 얼마나 변동하는지를 산정하였다.

한국 16개 광역자치단체, 중국 31개 성 및 러시아 9개 주 등을 대상으로 지역내 총생산(Gross Regional Product) 함수와 지역 간 교역 함수를 추정하여 지역의 교통 시설 개발과 생산 투자 활동이 주변 지역 경제에 어떻게 영향을 미치는 지를 파악하였다.

우선 국내에서 시작하는 고속도로가 개발될 경우, 북한을 경유한 한국-중국 간 교역은 아시안 하이웨이 1번(판문점~신의주)을, 한국-러시아 간 교역은 아시안 하이웨이 6번(고성~블라디보스톡)을 통해 이루어짐. 이러한 육상 수송은 기존의 해상 운송에 비해 이동속도, 운임, 선적 및 하적 시간 비용 등의 측면에서 경쟁력이 있다. 이에 따라 서울과 동북3성 간 운송 시간은 현재 해상운송에 비해 33%-54% 감소하며, 부산과 극동러시아 간 운송시간도 44%-56%을 줄어들 수 있다.

이와 같이 고속도로 개발로 인하여 지역간 운송시간(물류비용)이 줄어들고 접근성이 개선되면서 북방지역의 국내총생산(GDP)은 970

---

17   문승운 외 공저, "한반도 북방지역 개발의 경제적 효과,"『국토계획』, vol. 52 no. 5(2017), pp, 153~177.

억 달러(2010년 국내총생산 대비 6.2%) 늘어날 것으로 예상된다.

우리나라 국내총생산 증가액은 605억 달러(GDP 성장률 6.6%)로서 이는 북방지역 중 가장 큰 비중을 차지한다. 북한지역의 국내총생산도 43억 달러 증가하는데 이는 2010년 경제 규모의 16%에 해당한다.

2개의 아시안 하이웨이 개발과 병행하여 618억 달러의 지역 개발 투자가 이루어질 경우, 한국을 포함한 4개 북방지역 국내총생산은 1,858억 달러(성장률 12%) 증가하는데 이 중에서 동북3성 경제 성장 효과(882억 달러)가 가장 크고 그 다음으로 한국(614억 달러), 북한(221억 달러)과 극동 러시아(141억 달러) 등의 순서로 나타났다.

북방지역이 경제협력을 통해 지역 간 물동량과 노동력 이동에 대한 규제를 완화한다면, 이러한 북방지역 개발 효과는 더욱 늘어나서 북방지역의 전체 국내총생산은 2,360억 달러 증가할 것으로 예상된다. 우리나라 국내총생산도 841억 달러로서 이는 2010년 규모의 9.1%에 해당된다. 경제효과가 가장 큰 지역은 동북3성(1,116억 달러, 증가율 20.2%)이며 북한지역의 국내총생산 증가 규모도 244억 달러로 전망되는데, 성장률은 89.6%에 달한다.

4. 초국경 개발 협력 동향

과거 동북아 개발협력은 상호 이익이 충분하게 확보되지 않은 상태에서 정치안보적 이해관계에 따라 추진되어 왔다. 이에 일방적인 한 나라의 이익을 추구하거나 협력의 내용이 구체적이지 않고 절차가 불투명하여 상호 신뢰가 낮은 편이었다.

향후 2~30년 후 동북아 질서는 기본적으로 미·중 관계에 의해 좌우될 공산이 크고, 다음으로 미·러 관계, 그리고 중·러, 중·일, 일·러, 한·중, 한·러, 미·북 및 남·북 관계가 부차적 변수로 작용할 가능성이 높다. 향후 20년 간 동북아에서 미·중관계가 어떤 방향으로 전개될 것인지, 그리고 주변 4강의 개별적 국가 전략이 어떤 방식으로 추진될 것인지를 주의 깊게 살펴보면서 변동하는 상황에 기민하고 유연하게 대응하는 한반도 및 북방지역 전략 수립할 필요가 있다.

또한 여러 가지 어려움에도 지정학적 흐름에 따라 점진적 경제 교류와 협력의 확대가 이루어 질 것으로 기대하며 그럴 경우 동북아 기반 시설 개발공동체 네트워크 형성에 참여하기 위한 사전 대비가 필요하다.

5. 대중국 물류 변화

한반도와 중국의 육상교통망 연결은 한중간 교역 확대 등을 통해 중국에 큰 경제적 편익을 창출하게 될 것으로 기대된다. 이미 한국의 최대 무역상대국인 중국은 통일한국과의 무역관계를 통해 가장 큰 편익을 보게 되는데, 중국의 대 통일한국 수출증가는 552억 달러, 고용증가는 564만 명에 이를 것으로 추정된다(후카오 쿄지 외).

한반도와 동북아의 철도 및 고속도로 연계로 동북아 "삼각물류망"이 구축될 경우 중국 동북지역이 물류중심지로 부상할 수 있다. 동북아의 "삼각물류망"구축이 가능해지면서 동북 3성은 다롄항과 나진항을 양 날개로 균형발전을 추구할 수 있으며한반도 동해안선을 잇는 부산-나진-투먼 국제철도, 서해안선의 서울-개성-신의주-단동 국제철도가 연결되고 동해안과 서해안축으로 고속도로가 개통 될 경우 동북지역은 유라시아 대륙과 태평양을 연결하는 거점이자 물류 중심으

로 부상하게 될 것이다.[18]

또한 중국 횡단철도(TCR)·한반도종단철도(TKR)연결에 따라 동북 3성의 접근성이 크게 개선될 수 있다. TKR과 TCR이 연결되는 경우 경의선을 통해 한국에서 중국까지 철도 물동량은 2030년 기준 연간 약 3,014.7만 톤으로 예측되고, 동해선을 통해 중국·러시아까지 물동량은 753.7만 톤이 될 것으로 각각 예측되고 있다. 더불어TKR과 TSR, TCR이 연결될 경우 한국과 동북아 지역간 무역규모는 2,569억 달러, 한국과 유럽 지역간 무역규모는 1,118억 달러에 이르러 중국과의 FTA 효과 극대화를 기대할 수 있다.

아시아하이웨이(Asian Highway)가 연결될 경우 동북 3성의 접근성이 크게 개선될 수 있다. 중국 동북지역의 육상 복합수송망 구축(철도-도로 연계)이 가능해짐으로써 물류비용을 절감하고 투자유치에 유리한 환경을 조성할 수 있다. 아시아하이웨이가 연결되는 경우 서울-신의주축을 통해 남한에서 중국까지 물동량은 약 533.4만 톤, 동해선을 통해 중국·러시아까지 물동량은 133.3만 톤이 될 것으로 예측되고 있다.

6. 대러시아 물류 변화

TSR~나진항을 통해 부산~모스크바 컨테이터 운송을 할 경우, 시간 편익은 20일 이상 단축가능하며, 향후 나진항을 이용할 경우 해운운

18　이상준 외 공저 "한반도 북방지역 인프라 개발계획과 협력전망,"『수시』, 15(3), (국토연구원, 2015).

송 대비 가격경쟁력이 있는 물류망 구축이 가능하다. TKR과 TSR 운송노선의 경우 해상 운송에 비해 부산~모스크바를 기준으로 운송일수는 약 7~15일, 운임은 약 50~300달러 절감 가능하다.화차 고속화와 국가간 철도화물 통관 간소화 등 물류 효율화가 가능한 경우, 부산~크리스노예의 운송시간은 21일에서 8일로 단축가능하여 물류비 절감 등 철도 경쟁력 상승에 기여할 수 있다.

두만강 유역(훈춘~투먼) 국제교통수송망을 통한 물동량은 2010년 1,430만 톤에서 2020년 2,720만 톤으로 약 1.9배 증가되고, 이중 러시아 석유, 철광석, 목재 등의 물동량은 2010년 350만 톤에서 650만 톤으로 약 1.9배 증가할 수 있을 것으로 예측된다. 또한 중·러 간 경제교역으로 발생하는 물동량은 2010년 80만 톤에서 2020년 120만 톤으로 증가가 예측된다. TKR과 TSR 연계 프로젝트의 잠정 평가액은 약 25억 달러로 추산되고, 철도연결로 러시아가 받을 수 있는 통과 수수료는 연간 약 5억 5,000만 달러로 예측된다.

7. 대일본 물류 변화

한반도를 거점으로 일본과 유라시아 대륙을 연결하는 물류망 구축이 가능하다. 통일 한반도와 일본간의 해저터널을 포함한 다양한 복합수송체계 구축을 통해 일본의 경제적 이익 확대할 수 있다.

한국과 일본이 해저터널운송이나 열차페리운송이 가능할 경우 일본과 중국간의 운송비용과 운송시간의 절감 가능하며, 해저터널운송의 경우, 오사카~베이징 기준 해상운송 대비 운송비는 2,329달러, 운송시간 17.5시간 절감, 오사카~상하이 기준 운송비 1,639달러, 운송

시간 110.9시간 절감이 가능하다. 열차페리운송의 경우, 오사카~베이징 기준 해상운송 대비 운송비는 39.7달러, 운송시간 116.4시간 절감, 오사카~상하이 기준 운송비 502달러, 운송시간 48.1시간 절감 가능하다.

일본은 북일관계 및 일러관계 개선을 통해 북일러를 연계하는 환동해 경제협력에 많은 관심을 가져왔는데, 한반도와 동북아의 인프라 연결은 이를 위한 최적의 조건을 제공할 수 있다. 한반도와의 물류망 연계는 일본 내에서 상대적으로 발전이 지체된 것으로 평가되는 환동해권 지역의 발전에 좋은 기회가 될 것으로 기대된다.

8. 대한민국 국가 물류 산업 전망

남한의 육상물류는 국내 여객 수송의 97.7%, 국내 화물 운송의 86.6%를 담당하고 있으나, 국제 육상물류는 전무한 실정이다. 고속철도가 한반도 전역과 동북아 지역을 1일 생활권으로 묶고 유럽 철도까지 이어지는 '실크로드익스프레스(SRX)'가 완성되면, 한반도는 유라시아 동쪽 관문을 지키는 물류중심국가로 부상할 수 있을 것으로 기대된다.

물류산업이 GDP에서 차지하는 비중은 2050년 10%에 육박하며 국가 중추 산업으로서의 위상을 확립하게 될 것으로 전망되며, 물류산업의 생산액은 2015년 61조원에서 2050년 677조원으로 증가하고, GDP 대비 비중은 2015년 4.0%에서 2050년 9.2%까지 상승 ·특히, 지금까지 전혀 성장하지 못했던 육상물류가 빠르게 성장하여 GDP에서 차지하는 비중은 2050년 5.5%에 달할 전망된다.

표 11 통일 후 물류 산업 전망[19]　　　　　　　　　(단위: 조 원, %)

구분	2015	2020	2030	2040	2050
전체 물류산업 생산액	61	89	175	344	677
(GDP 대비비중)	(4.0%)	(4.8%)	(5.6%)	(6.9%)	(9.2%)
육상물류 생산액	24	36	87	206	474
(GDP 대비비중)	(1.6%)	(1.9%)	(2.8%)	(4.2%)	(5.5%)

출처: 현대경제연구원, "경제주평 통일한국의 12대 유망 산업," 14(19), (2014).

IV. 통일한반도의 경제변화 유인 도출

한반도 통일 이후 초 국경 연계 프로젝트에 따라 한반도와 내륙의 물류 인프라가 구축될 경우 긍정적인 경제효과가 나타날 것이라는 전문가의 의견이 존재한다. 이러한 초국경 경제협력은 개발 유형 및 단계에 따라 1) 아시안 하이웨이 구축, 2) 북방지역 개발 투자, 3) 북방지역 물동량 및 노동력 이동에 대한 규제 완화의 순으로 이루어질 수 있다. 이러한 3가지의 경제협력 유인이 실현될 경우 높은 경제적 편익을 기대할 수 있다.

국토연구원(2015)에서 발표한 연구 자료에 따르면, 먼저 아시안 하이웨이 구축 시 육상운송을 통해 대륙, 유럽으로 물류망이 생성되

19　현대경제연구원, "경제주평 통일한국의 12대 유망 산업," 14(19), (2014).

20　문승운 외 공저, "한반도 북방지역 개발의 경제적 효과," pp, 153~177.

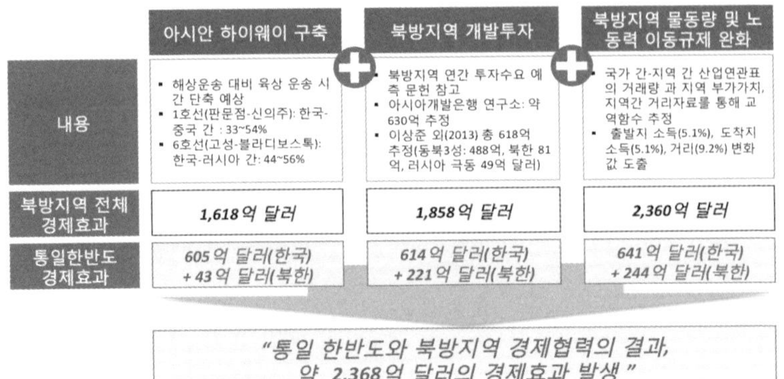

그림 7　통일한반도 경제변화 유인 및 경제효과[21]

어 시간단축이 이루어질 것으로 예측한다. 구체적인 수치를 살펴보면 우선 국내에서 시작하는 고속도로가 개발될 경우, 북한을 경유한 한국-중국 간 교역은 아시안 하이웨이 1번(판문점~신의주)을, 한국-러시아 간 교역은 아시안 하이웨이 6번(고성~블라디보스톡)을 통해 이루어짐. 이러한 육상 수송은 기존의 해상 운송에 비해 이동속도, 운임, 선적 및 하적 시간 비용 등의 측면에서 경쟁력이 있다. 이에 따라 서울과 동북3성 간 운송 시간은 현재 해상운송에 비해 33%-54% 감소하며, 부산과 극동러시아 간 운송시간도 44%-56%을 줄어들 수 있다. 이러한 운송시간 단축은 북방지역의 GDP의 1618억 증가 효과를 가져 오며, 그 가운데 한반도의 경우 남한이 695억 달러, 북한이 45억 달러의 GDP 증가를 예측할 수 있다.

　두 번째 경제 유인인 북방지역 개발 투자의 증가로 인해 외부 자본이 투입되어 개발이 이루어질 경우 북방지역 전체의 GDP가 1,858억 증가할 것으로 예측된다. 2개의 아시안 하이웨이 개발과 병행하여 618억 달러의 지역 개발 투자가 이루어질 경우, 한국을 포함한 4개 북방지역 국내총생산은 1,858억 달러(성장률 12%) 증가하는데 이 중에서 동북3성 경제 성장 효과(882억 달러)가 가장 크고 그 다음으로 한국(614억 달러), 북한(221억 달러)과 극동 러시아(141억 달러) 순으로 경제적 효과가 나타날 것이라는 분석 결과가 있다.

마지막 경제 유인으로 북방지역이 경제협력을 통해 지역 간 물동량과 노동력 이동에 대한 규제를 완화한다면, 이러한 북방지역 개발 효과는 더욱 늘어나서 북방지역의 전체 국내총생산은 2,360억 달러 증가할 것으로 예상된다. 우리나라 국내총생산도 841억 달러로서 이는 2010년 규모의 9.1%에 해당된다. 경제효과가 가장 큰 지역은 동북3성(1,116억 달러, 증가율 20.2%)이며 북한지역의 국내총생산 증가 규모도 244억 달러로 전망되는데, 성장률은 89.6%에 달한다. 북방지역의 경제 협력을 통해서 교통시설을 확충하고 지역개발 투자를 확대할 경우, 그 경제적 효과는 국내보다는 중국의 동북3성이 더 크고 특히 북한지역의 경제 성장률을 크게 증가시킬 수 있다.

이러한 투자 개발이 실현되기 위해서는 투자 재원의 조달 방안, 북방지역의 경제협력 방안, 산업 클러스터의 구축과 개발 계획 등이 검토되어야 한다. 본 연구에서는기존 문헌의 분석 수치를 참고로 하여, 통일한반도의 물류산업 변화를 GDP 증가 예상 금액을 적용하여 경제적인 효과를 수치로 확인하고자 한다.

V. 물류산업 변화규모 산출

한국표준산업분류체계(KSIC) 상 '물류산업'은 별도의 분류체계가 존재하지 않고, 운송서비스업 내 포함되어 있어 운송서비스 내에서 물류산업만 별도로 추출해 분석에 활용할 필요가 있다. 따라서, 본 연구에서는 한국은행과 한국표준산업분류체계(KSIC)의 운송서비스업 분류체계 중 물류운송서비스업만 재정의해 분석에 활용하였다. 한국은행의 분류체계는 여객운송과 물류운송이 구분되지 않아 본 연구에서는 한국표준산업분류체계(KSIC)에 따라 전체 운송산업규모에서 여객운송산업을 제외한 물류운송산업의 비중을 산출하고, 이를 한국은행의 운송서비스업 자료에 적용해 물류산업의 규모를 산출하고자 한다. 먼저, 한국은행의 분류체계를 살펴보면, 운송서비스업은 크게 철도운송서비스, 도로운송서비스, 소화물 전문운송서비스, 수상운송서비스, 항공운송서비스 등 운송수단을 이용한 직접적 운송서비스업과 운송과 관련된 각종 서비스를 제공하는 운송보조서비스, 하역서비스, 보관 및 창고서비스, 기타 운송관련 서비스업으로 분류된다. 여기에 통계청의 한국표준산업분류체계(KSIC) 상 물류운송 관련 산업을 매칭(Matching)하면, 〈표 12〉와 같다.

앞서 통일 한반도의 경제적 환경변화에 따라 국내총생산(GDP)이 어느 정도 증가할 것인지를 도출했다. 거시적 관점에서 국내총생산(GDP) 성장 속에는 물류산업의 성장도 포함되어 있다는 가정 하에 국내총생산(GDP) 변화 대비 물류산업의 성장규모를 산출하고자 한다. 이를 위해 먼저, 운송산업 생산액(투입규모)이 통일한반도의 국내총생산(GDP) 대비 어느 정도 차지하는지를 계산해야한다. 각 운송산업의 투입규모는 〈그림 8〉과 같으며, 2014년 각 운송산업의 투입규모를 바탕으로 2014년 국내총생산(GDP) 대비 비중을 산출하였다. 산출된 GDP 대비 비중(%)을 통일한반도 경제변화에 따라 형성될 예상 국내총생산(GDP)에 곱해 통일 한반도의 각 운송산업 규모를 추정하

표 12　물류관련 산업 범위 정의

한국은행 운송산업 분류		한국표준산업분류체계(KSIC) 운송서비스업 분류 중 물류관련산업
철도운송 서비스	↔	
도로운송 서비스	↔	일반화물자동차운송업, 용달화물자동차운송업, 개별화물자동차운송업, 파이프라인 운송업
소화물전문운송 서비스	↔	택배업, 늘찬배달업
수상운송 서비스	↔	외항 화물운송업, 내항 화물운송업, 항만 내 운송업
항공운송 서비스	↔	정기 항공운송업, 부정기 항공운송업
운송보조 서비스	↔	화물자동차터미널 운영업
하역서비스	↔	항공 및 육상화물 취급업, 수상화물 취급업
보관 및 창고 서비스	↔	일반창고업, 냉장 및 냉동 창고업, 농산물 창고업, 위험물품 보관업, 기타 보관 및 창고업
기타 운송관련 서비스	↔	육상운송 주선업, 복합운송 주선업

였다.

　앞서 언급한 바와 같이 운송산업 내 물류산업 규모가 분리되어 있지 않으므로 통계청의 「운수업조사」에서 〈표 12〉에 재정의한 물류관련 산업의 생산액(매출액) 규모만 별도로 수집하였다. 「운수업 조사」의 매출액을 기준으로 각 운송산업의 전체 규모를 산출하고, 각 운송산업의 전체 규모 대비 물류관련 산업의 생산액 비중을 산출하였다. 이를 〈그림 8〉에서 도출한 통일한반도 예상 운송산업 규모에 적용하여 최종적으로 물류산업 규모를 〈그림 9〉와 같이 도출하였다.

　통일한반도 경제변화에 따라 예상되는 물류산업 규모는 약 97.6조원 규모로 추정되었다. 가장 큰 규모를 나타내는 물류산업은 '도로운송서비스'이며, 약 31.1조원 규모가 형성될 것으로 추정된다. 이어 '수상운송서비스'가 31.0조원, '보관 및 창고서비스'가 11.1조원, '소화물

운송산업 분류	2014년 운송산업 총 투입 규모(백만원)	GDP 대비 비중(%)	통일 한반도 예상 GDP	통일 한반도 운송산업 추정(E)
철도운송서비스	6,057,259	-		7,112,219
도로운송서비스	44,673,012	3.0	17,449,017 억원	52,453,469
소화물 전문운송서비스	6,512,336	0.4		7,646,554
수상운송서비스	27,083,813	1.8		31,800,854
항공운송서비스	17,427,541	1.2	2014년 GDP 14,860,793 억원	20,462,802
운송보조서비스	11,375,835	0.8		13,357,103
하역서비스	3,531,226	0.2	GDP 증가 추정치(E)	4,146,241
보관 및 창고서비스	9,425,839	0.6	2,588,224 억원	11,067,486
기타 운송관련서비스	9,566,706	0.6		11,232,887

그림 8   통일한반도 운송산업 규모 추정(E)

자료출처 : 공공데이터포털; 〈http://data.go.kr〉(2016, 한국은행 산업연관표), 통계청; 〈2016년 기준 운수업조사 잠정결과〉, 2016.

운송산업 분류	운송산업 추정규모(백만원)	물류산업 비중(%)[1]	물류산업 규모(백만원)
철도운송서비스	7,112,219	-	540,500
도로운송서비스	52,453,469	59.2	31,052,454
소화물 전문운송서비스	7,646,554	100.0	7,646,554
수상운송서비스	31,800,854	97.6	31,037,634
항공운송서비스	20,462,802	24.8	5,074,775
운송보조서비스	13,357,103	3.2	427,427
하역서비스	4,146,241	100.0	4,146,241
보관 및 창고서비스	11,067,486	100.0	11,067,486
기타 운송관련서비스	11,232,887	59.2	6,649,869
Total			97,642,940

그림 9   물류산업 직접적 경제효과 추정

전문운송서비스'가 7.6조원으로 추정된다. 물류산업은 직접 운송수단을 활용해 화물을 운송하는 산업의 규모도 크지만 물류산업과 관련된 제반 산업들의 규모 및 경제적 효과도 매우 크다. 한편, '철도운송서비스'는 「운수업조사」에서 자료가 누락되어 전체 철도운송규모 중 철도물류산업의 비중을 별도로 산출하는 것이 어려워 언론에 노출[21]된 2014년 철도화물규모를 GDP 증가율에 비례해 산정하였다.

물류산업 중 가장 규모가 작은 산업은 '철도운송서비스'로 추정되며, 현재 한반도의 지리적 특성 상 철도물류 규모가 작을 수 밖에 없다. 하지만, 통일 한반도는 대륙횡단노선을 활용해 부가적인 상승효과를 기대할 수 있어 실제 추정치보다 더 큰 경제적 효과를 창출할 수 있을 것으로 기대된다.

통일한반도의 경제변화에 따라 예상되는 물류산업 규모는 약 97.6조원 규모이다. 이는 직접적인 기여효과만 고려한 것으로 물류산업의 복잡한 가치사슬(Value chain)을 고려하면, 타 산업에 큰 경제적 파급효과를 미칠 것으로 기대할 수 있다. 본 연구에서는 물류산업이 타 산업에 미치는 경제적 파급효과를 크게 생산유발효과, 부가가치유발효과,[22] 고용 및 취업효과[23]로 살펴보았다. 먼저, 생산유발효과는 약 83.8조원 규모이며, 직접기여효과와 마찬가지로 '도로운송서비스'의 파급효과가 가장 큰 것으로 나타났다. 반면, 상대적으로 '운송보조 서비스' 및 '철도운송서비스'의 타 산업에 대한 생산유발효과는 적은 것으로 나타났다. 물류산업의 부가가치유발효과는 약 51.6조원 규모이

---

21   "철도물류 변화필요"…지속 성장 가능한 친환경 운송수단 구축, 〈국토매일〉(2017.4.4).

22   생산유발효과 및 부가가치유발효과는 한국은행이 제공하는 "2014년 산업연관표 투입산출표 – 통합소분류"를 활용함

23   취업 및 고용효과는 한국은행이 제공하는 "2014년 산업연관표 고용표 – 통합중분류"를 활용함

며 '도로운송서비스'의 부가가치유발효과가 21.2조원으로 압도적으로 높은 것을 알 수 있다. 반면, 부가가치유발효과 역시 '운송보조서비스' 및 '철도운송서비스'가 가장 낮은 것으로 나타났다.

표 13 물류산업 생산유발효과 및 부가가치유발효과

물류산업 구분	생산유발계수	생산유발효과 (백만원)	부가가치 유발계수	부가가치유발효과 (백만원)
철도운송서비스	0.808	436,724	0.844	456,182
도로운송서비스	0.863	26,798,268	0.682	21,177,773
소화물전문운송서비스	1.136	8,686,486	0.608	4,649,105
수상운송서비스	0.658	20,422,763	0.191	5,928,188
항공운송서비스	0.739	3,750,259	0.349	1,771,096
운송보조서비스	0.860	367,587	0.859	367,160
하역서비스	1.041	4,316,236	0.808	3,350,162
보관 및 창고 서비스	1.135	12,561,597	0.750	8,300,615
기타 운송관련 서비스	0.964	6,410,474	0.842	5,599,190
총 계	·	83,750,394	·	51,599,472

물류산업의 규모 성장에 따른 취업 및 고용효과를 살펴보면, 전체 취업효과는 약 100만 명이며, '육상운송서비스'가 82만 명으로 가장 취업효과가 높은 것으로 나타났다. 물류산업은 고용효과는 50만 명이며, '육상운송서비스'가 약 33만 명으로 가장 고용효과가 높은 것으로 나타났다.

표 14 물류산업 고용 및 취업효과

물류산업 구분	취업계수	취업효과	고용계수	고용효과
육상운송서비스	25.2	820,458	8.4	328,381
수상운송서비스	2.6	36,269	1.1	34,208
항공운송서비스	3.1	7,845	1.5	7,822
창고 및 운송보조 서비스	14.6	144,892	5.9	131,248
총 계	·	1,009,465	·	501,659

VI. 결론 및 제언

1. 분석결과 요약

정확한 미래 예측은 어렵겠으나 거시적이 관점에서 나마 경제적인 효과를 정량적으로 예측하고자 시도해보았다. 특히 한반도의 미래 수치를 예측하기 위해 근접 국가들과의 전체적인 경제효과를 바탕으로 활용했다. 초국경 경제협력에 따라 아시안 하이웨이 구축, 북방지역 개발 투자, 북방지역 물동량 및 노동력 이동에 대한 규제 완화 등이 이뤄 졌을 때 경제적 편익을 살펴보았다. 남한의 물류 산업 규모를 산출하기 위해 한국은행에서 정기적으로 발행하는 산업연관표 그리고 한국산업표준분류체계를 분석하여, 여객운송을 제외한 순수 물류 산업군을 구분하여, 이를 초국경제협력을 발생하는 GDP증가분을 대입하였다. 그 결과, 전체적으로는 2,368억 달러의 경제 효과가 발생할 것으로 예상되며 물류산업의 규모는 97.6조원의 규모를 달성할 것으로 예측된다.

전체 경제효과 및 물류산업의 규모 증가 분 아니라 이러한 경제적 편익이 실제 생산에 얼마나 영향을 미치는지, 어느정도의 일자리 창출효과가 발생할지에 대해 한국은행에서 발행하는 생산유발지수 및 고용유발 지수를 통해 세부적으로 살펴본 결과, 생산유발효과는 약 83.8조원에 달하며, 이러한 생산 증가로 인한 부가가치 유발 효과는 51.6조원으로 예측 된다. 또한, 고용유발 지수를 통해 산출한 결과 물류산업 및 그 파생 서비스 산업 등으로 인해 100만명의 취업과 50만명 가량의 고용 유발 효과가 발생할 것으로 분석 되었다. 분단의 상황에서 국제 육상 물류가 전무한 현재 남한의 상태에서 통일이 되어, 육상 물류 인프라가 형성될 경우 유라시아 대륙의 동쪽 관문을 지키는 물류 중심국가로 발돋움 할 수 있을 것으로 예상되며, 물류산업이 GDP에서 차지하는 비중의 증가분을 예측했을 때 2050년 10%에 육박하여 국가 중추 산업으로서의 위상을 확립하게 될 것으로 보인다.

2. 결론 및 제언

본 연구의 목적은 통일 한국의 합리적인 통일비용 산정을 위한 준거(Reference) 마련에 있다. 이를 위해서는 경제변화요인에 의해 통일 후 한반도의 경제성장 규모를 산정하고, 이에 따른 물류산업 성장 규모를 예측했으나 궁극적으로 통일비용에 대한 추정이 필요하다. 먼저 통일을 이룬 독일의 사례를 거울 삼아 보면, 1990년 독일 통일은 낙관적인 전망 하에 제대로 준비를 하지 않은 채 이루어진 탓에 이 후 20년동안 2조 유로(약 3,000조원)에 가까운 천문학적인 통일비용을 쏟아부어야 했다. 또한 이 후에도 매년 150조원 가량 옛 동독지역을 지원하고 있는 것으로 알려져 있다. 따라서 통일 이후 전망되는 경제성장 모델은 결국 막대한 통일 비용 및 투자가 수반되지 않으면 달성되기 어려움을 직시해야한다.

본 연구는 이러한 관점에서 먼저, 산업 성장 규모를 예측하고, 물류산업 성장 규모를 준거로 하여 통일 비용을 합리적으로 산정하기 위한 기준을 제시하는 데 의의가 있다.

::참고문헌

공공데이터포털; 〈http://data.go.kr〉(2016. 한국은행 산업연관표).

국가통계포털; 〈http://kosis.kr〉(국제·북한 통계).

권경현. "남북철도 통합에 대비한 동서독 독일철도 통합 사례 고찰." 『철도저널』. 17(5). (2014), pp. 29~35.

김경석. "독일의 통일과 교통망 확충 전략."『국토정보』. (1996), pp. 80~87.

김경희·이학승. "동북아 물류 중심인 한반도종단철도(TKR)와 시베리아횡단철도(TSR)·중국종단철도(TCR)의 연계추진에 관한 실태분석." 한국무역학회 국제학술대회. 2004, pp. 289~309.

김범중. "한반도 물류체계 전망과 북한항만 개발 방향."『대한토목학회지』. 제49권 6호. (2001), pp. 13~20.

김태현. "동서독 경제협력의 물류구조와 지역균형 발전의 효과에 관한 연구."『국제지역연구』. 제5권 3호. (2001), pp. 29~58.

김홍섭. "한반도의 동북아 육상물류체계 위상과 발전 전략에 관한 연구." 『한국항만경제학회지』. 제32권 2호. (2016), pp. 1~24.

김학소. "남북경협 확대를 위한 북한 항만개발방안과 정책과제."『한국항해항만학회 학술대회논문집』. (2000), pp. 15~34.

나희승. "동북아 극동지역 물류동향과 유라시아철도 협력."『국토』. (2014), pp. 13~19.

문승운 외 공저. "한반도 북방지역 개발의 경제적 효과."『국토계획』. 제52권 5호. (2017), pp. 153~177.

박창호·강상곤. "통일한국의 유통물류체계 구축 연구."『한국항만경제학회지』. 제31권 1호. (2015), pp. 15~36.

박호신·홍승린. "한반도 통합물류인프라 구축에 관한 연구."『관세학회지』. 제15권 3호. (2014), pp. 277~301.

안병민. "북한교통 인프라 현황 및 통일에 대비한 향후 대응 방향."『대한토목학회지』. 제60권 3호. (2012), pp. 11~16.

이백진. "통일시대의 한반도 교통. 물류체계 구축방향."『국토』. (2015), pp. 20~26.

이상준. "[통일국토 시리즈 ①] 통일시대를 향한 북한 주요 도시 발전 방향."『국토정책 Brief』. 526. (2015), pp. 1~6.

이상준 외 공저 "한반도 북방지역 인프라 개발계획과 협력전망. 국토연구원."『수시』. 15-03. (2015).

정봉민 외 공저. "남북한 물류체계 통합 및 활용방안 (Ⅰ)."『연구보고서』. (2017), pp. 1~563.

최연혜. "남북철도 연결에 있어서의 동·서독 철도통합의 시사점."『대한토목학회지』. 제49권 1호. (2001), pp. 18~22.

통계청; 〈2016 북한의 주요통계지표〉. 2016.

통계청; 〈2016년 기준 운수업조사 잠정결과〉. 2016.

현대경제연구원. "경제주평 통일한국의 12대 유망 산업." 14-19호 (2014.05.11). (2014), pp. 1~30

황진희. "남북경협회원의 자리: 2009년 남북관계에 거는 기대."『NEWS』. vol. 86, no. 0. (2009), p. 16.

전망대를 활용한 평화관광을 위한 시론__

조경진 · 김지나

목차

조경진 서울대학교 환경대학원 교수　　　　**김지나** 서울대학교 협동과정 조경학 박사과정

I. 서론

DMZ와 접경지역은 세계 유일의 분단국가로서 외국인관광객들의 관심과 흥미의 대상이 되고 있으며, 남북대치상황을 극명하게 보여주는 군사지역이기 때문에 안보관광지로 활발히 활용되고 있다. DMZ는 분단 후 60년 이상의 세월이 흐르는 동안 외부와 철저히 차단된 상태에서 자연 상태가 잘 보존되어 있어 생태적이고 문화적으로 중요한 가치를 가진다. DMZ접경지대로서 개발이 제한되고 군부대의 통제를 받는 여러 지역들은 생태관광지이나 문화예술공간을 조성하며 접경지역을 경험하는 방식을 다원화하고 있는 추세이다. DMZ와 접경지역은 분단의 아픔과 평화로의 염원을 동시에 내포하고 있는 공간으로서, 한반도의 새로운 미래를 전망할 수 있는 장소로 주목받고 있다.

현재 DMZ 접경지역에는 1979년 조성된 김포 애기봉전망대를 시작으로 총 14개의 전망대가 안보관광의 목적으로 운영되고 있다. 이 전망대들은 군부대가 통제하고 관리하고 있는 공식적인 전망 공간이지만, 민간이 자생적으로 조성한 망향대가 전망대로 전환된 비공식적 전망대 역시 존재한다.

그림 1 DMZ접경지역의 공식 및 비공식 전망대 위치

DMZ와 접경지역의 생태적, 문화적, 역사적 가치의 재발견과 함께, 전망대 역시 새로운 맥락과 의미를 지니는 장소로 재해석할 필요가 있다. 본 연구에서는 전망대가 DMZ접경지역의 고유한 풍경과 문화를 경험하는 매개체가 될 수 있다고 보았다. 단지 DMZ 내의 남북한 초소나 철책선을 견학하며 국가 안보의 의미를 되새기는 고전적인 경험의 방식 이상으로, 우리나라 지형과 지질 등의 자연경관을 감상하고 지역문화를 이해하는 연결고리가 되는 것이다. 즉 전망대는 DMZ, 마을과 도시, 그리고 사람들 간의 관계망을 형성하는 이음매로서 고유한 한국적 풍경문화를 발견할 수 있는 단서를 제공한다.

본 연구는 14개의 전망대와 4개의 유사전망대가 조성된 배경과 공간 문법 등을 분석하여 경관적, 문화적 의미를 발견하고자 한다. 전망대를 매개체로 DMZ접경지역의 풍경을 경험하게 되는 구조적 속성을 밝힘으로써, 역사문화적 자원으로서 전망대의 가치와 의미를 발견하는 것을 목적으로 한다. 나아가 새로운 관점에서 전망대 투어리즘을 제안하면서 안보관광을 넘어서는 평화관광의 새로운 모델을 제시하고자 한다.

그림 2 강화 평화전망대의 야외 전망시설. 이곳에서 북한까지 거리는 약 2km 남짓으로, 북한 개풍군의 평야지대가 보인다.

II. 전망대의 연원과 전개

전망대는 높은 곳에서 주변을 관찰 혹은 감시하는 공간이다. 관찰에 편리한 방어적인 건축으로서 군사적인 목적으로 사용된 것을 최초의 형태로 보기도 하고,[1] 천체, 기후 등을 관측하는 건물[2]로 정의되기도 한다. 일반적으로 전망대는 'observatory'로 번역되며 '멀리 내다볼 수 있도록 높이 만든 대'라는 사전적 의미를 갖는다. 천문학, 기후학과 기상학, 지구 물리학, 해양학, 화상학 등의 학문에서 관찰을 위해 활용하는 전망대가 이 범주에 포함된다. 한편 군사적인 목적으로 설치된 형태는 '적이나 주위의 동정을 살피기 위하여 높이 지은 다락집'을 가리키는 '망루'라는 단어로 표현할 수 있으며 'watchtower'로 번역된다. 본 연구에서 다루는 전망대는 DMZ와 북한지역을 바라보는 안보관광 목적의 전망대도 있지만 군부대에서 감시 목적으로 설치한 망루가 민간인 방문객에게도 공개되는 경우도 다수 포함되어 있다.

전망대(observatory)의 역사적 시초는 천문현상을 관찰하기 위한 건물로서 천체간 거리를 측정하는 육분의 정도를 갖춘 단순한 형태로 시작되었다. 사적으로 만들어진 관측대가 아닌 연구기관으로 특화된 전망대 중 오래된 것으로는 825년 설립된 이라크의 알샤미시야 전망대, 869년 설립된 인도의 마호다야푸람 전망대 등이 있고, 이후에 만들어진 대표적인 전망대로 영국의 왕립 그리니치 천문대, 프랑스의

---

1 왕발부 외 공저, "도시 수변 전망대의 디자인 특성 평가 및 선호도 분석," 『한국과학예술포럼』, 18호(2014), pp. 419~430.

2 Cambridge English Dictionary; 〈dictionary.cambridge.org〉.

파리 천문대, 러시아의 풀코보 천문대 등을 꼽을 수 있다. 그리니치 천문대는 1675년 천문항해술을 연구하기 위한 목적으로 설립되어 경도의 원점이 되었으며 현재도 다양한 분야의 천문학 연구를 하고 있다. 프랑스 파리 천문대는 이보다 앞선 1667년에 천체위치 측정과 천체역학 연구를 위해 세워졌고, 1839년에 만들어진 러시아 풀코보 천문대는 역시 마찬가지로 천체현상의 관측과 연구를 수행하며 다양한 종류의 망원경을 갖추고 있는 러시아 최고(最古) 천문대이다.

망루(Watchtower)는 요새화된 형태로서 높고 안전한 장소에서 주변을 관찰하기에 적합하게 만들어진다. 망루는 일반적으로 군사적인 목적이 강하지만 종교시설의 탑 또한 망루로 사용되기도 한다. 로마인들은 커뮤니케이션을 위한 탑과 등대를 많이 지었고 중세 유럽의 성이나 기타 요새화된 건물들은 망루로서 장비를 갖추고 있었다. 지중해 국가들은 초기 중세부터 해안을 따라 다수의 망루들을 설치했으며 영국은 대포로 무장된 방어적 건물로서 포탑을 건설하였다. 이러한 망루의 군사적 기능은 근대에 이르러 다른 대체적 군사장비들이

그림 3   1680년경의 그리니치 천문대. 좌측 언덕 위에 위치해 런던시내와 먼 거리에 떨어져 있다.
출처: 〈www.royalobservatorygreenwich.org〉.

발달하면서 점차 약화되어 갔다.

이로서 관찰과 감시가 이루어진 공간으로 정의되던 전망대는 풍경을 감상하고 휴식을 취하는 공간으로 개념이 확장되었다. 군사적인 목적으로 설치되는 망루는 주변 환경이나 사회적인 변화로 인해 감시의 기능에서 풍경 감상의 기능으로 변모되기도 한다. 대표적인 사례로 동독과 서독의 접경지역인 '그뤼네스반트(Grünes Band)' 내의 엘베 강가에 설치되었던 감시 망루가 통일 이후 전망대로 재활용되고 있는 것을 들 수 있다. 그뤼네스반트는 독일통일 이전 서독으로 이탈하는 동독주민 수가 증가하자 동독정부에서 접경지역에 설치한 콘크리트 장벽 및 각종 무장 감시시설물로 인해 역설적으로 자연생태계가 보존되고 있는 지역으로서, 우리나라 DMZ와 유사한 특징을 가진다. 통일 전부터 이 지역의 생태적 가치를 인지하고 있던 독일환경자연보전연합(BUND)의 바이에른 사무소가 주도하여 환경 NGO들에 의해 '녹색 띠'라는 뜻의 그뤼네트반트라는 새로운 위상을 갖게 된 것이다. 그뤼네스반트의 중요성은 단지 생태적 가치에만 국한되지 않으며, 분단과 무장의 비극적인 역사가 얽혀있는 장소이기 때문에 독일에서는 '역사의 기억이 있는 자연경관(Erinnerungslandschaft)'라고 불린다.[3]

베를린 도심에 있는 망루들도 역사자원으로 재조명되면서 풍경을 바라보는 전망대로 기능이 전환되었다. 1961년 동서로 분단된 독일의 경우에는 베를린장벽에 300개 이상의 망루가 설치되어 경비병을 배치하고 동서 베를린 사이의 경계를 감시하였다. 베를린장벽이 붕괴되면서 대부분의 망루들도 함께 사라졌지만, 현재 베를린 시내에는 3

---

3 박은진 외 공저, 『DMZ가 말을 걸다』(위즈덤하우스, 2013), pp.197~201.

개의 망루가 역사자원이자 다크투어리즘의 장소로서 보존되고 있다. 내부는 장소의 역사와 관련된 전시를 하는 소규모 박물관이나 지역 예술가들의 전시공간으로 활용되기도 한다.[4]

이러한 전망대의 개념과 기능 변화는 풍경을 바라보는 장소의 이론적 조건들이 전망대의 특성과 부합하기 때문에 더욱 용이하게 진행되었다고 판단된다. 제이 애플톤(Jay Appleton)은 경관에 대한 인간의 미적 경험을 설명하기 위해 '조망'과 '은신'이 동시에 가능한 장소에 대해 설명한 바 있으며 이를 '조망-은신 이론(Prospect-Refuge Theory)'이라고 한다. '조망'의 장소란 시야가 트여있는 곳이며 '은신'의 장소는 자신을 숨길 수 있는 곳을 뜻한다. 이 이론에 따르면 인간의 미적인 경험은 생존을 위한 진화에 기반을 두고 있다. 인간을 비롯한 모든 생물체들은 사냥을 하거나 피난처를 찾는 등의 원시적인

그림 4　독일 그뤼네스반트 중 브란덴부르크주 렌젠시 인근 엘베강에 위치한 전망대(좌) 및 베를린 Ema-Berger거리에 위치한 베를린장벽 망루(우)의 보존 사례

출처: 〈www.monumente-online.de; www.dark-tourism.com〉.

4　Dark Tourism; 〈www.dark-tourism.com〉.

행위에서부터 자신의 모습은 보이지 않은 채 주변 환경을 보고자 하는 욕구가 발달되어 왔으며, 특히 풍경을 감상하기 위해서는 관찰자가 외부의 잠재적인 위협들로부터 안전한 상태에 있어서 심리적으로 편안해야만 가능하다. 그것이 어떤 조건이든 원초적으로는 조망과 은신이 가능한가의 여부에 달려있다. 풍경에 대한 미적인 쾌감은 관찰자의 생물학적 욕구가 충족되는 환경을 더 선호하는 경험에 의한 것이라고 한 '서식지이론(Habitat Theory)과 달리, '조망-은신 이론'은 자신은 감춘 채 주변을 볼 수 있는 상태는 다른 여러 욕구를 만족시키기 위한 중간단계이기 때문에 조망과 은신이 가능한 어떤 환경은 미적 쾌감의 더 즉각적인 원천이 된다고 설명한다.[5]

우리나라의 역사에서는 풍경을 감상하기 위한 장소로 '누정(樓亭)'이 있었다. 이는 높은 데서 머물러 쉬는 사방이 열린 구조물이란 뜻이며 풍광이 빼어난 곳에 위치한다. 누정은 도가적 이상향을 담은 공간이었는데, 선비가 자연 속에 은일하면서 인간의 이로움을 추구하는 역설적인 공간이었다는 점에서 애플톤이 설명한 '조망과 은신의 공간'과 유사한 점이 있다. 누정에서 바라보는 풍경은 감상자가 주체적으로 선택하는 것으로, 누정은 대부분 원경을 바라볼 수 있는 장소에 만들어진다. 우리나라 전통정원에서도 누정은 가장 먼저 조망하기에 유리한 위치에 선정되어 앉혀졌다. 그러므로 전통적인 누정의 입지는 전망대가 만들어지는 장소와 유사하다.

5　Jay Appleton, *The Experience of Landscape*, Revised Edition(Chichester: John Wiley and Sons, 1996), pp. 63~67.

III. 전망대 도큐멘테이션

1. 지리적 위치 및 입지

전망대의 위도 및 고도는 군사분계선의 형태 및 우리나라 동서 지형의 특징을 반영하여 동쪽에서 서쪽으로 갈수록 위도 및 고도가 낮아진다. 군사분계선까지의 거리는 평균 약 1.8km로, 군사분계선으로부터 2km 떨어진 지점에 설정된 남방한계선의 위치를 반영하고 있다. 그러나 부분적으로 북방한계선이 남하한 것에 대응하여 남방한계선 역시 북상한 군사적 상황이 반영된 지점도 있다. 이러한 상황들은 사진촬영이나 방문시간 통제의 정도와 어느 정도 관련성을 보이기도 한다.

전망대로 가는 길은 방문객 편의를 위해 최소한의 정비가 되어 있는 경우도 있지만 좁고 가파른 산악도로나 논길을 그대로 이용해야 하는 곳도 있었다. 고성의 통일전망대, 파주의 도라전망대와 오두산 통일전망대, 강화의 평화전망대, 백령도 국토끝섬전망대는 차량 진입이 상대적으로 수월하고 사진촬영이나 방문시간 통제가 엄격하지 않았다. 반면 양구, 화천, 철원, 연천지역의 전망대들은 네비게이션 검색이 되지 않기도 하고 비포장의 군사도로를 따라 가야하는 경우도 많았으며 정해진 시간에만 방문이 가능하거나 전방 사진촬영을 일체 금지하는 등 통제가 강하게 이루어졌다. 즉 절대적이지는 않지만 해당 지역의 군사적 민감도는 전망대 방문객들의 편의와 어느 정도 반비례하는 상관관계를 발견할 수 있었다. 그러나 백령도, 교동도, 연평도 등 서해5도 지역은 군사적으로 매우 민감한 지역임에도 불구하고 방문객에 대한 통제는 거의 없는데, 주요 군사작전들이 모두 해상에서 이루어지기 때문에 전망대에서의 민간인 활동이 큰 영향을 줄 수 없기 때문인 것으로 추정된다.

표 1 전망대별 지리적 위치

전망대	위도	경도	고도	군사분계선까지 거리
고성 통일전망대	38°35'11.5"N	128°22'30.1"E	70m	4km
양구 을지전망대	38°19'41.8"N	128°07'35.1"E	1,049m	1km
화천 칠성전망대	38°18'42.3"N	127°40'56.5"E	600m	1.5km
철원 승리전망대	38°17'32.8"N	127°30'45.1"E	480m	1.1km
철원 평화전망대	38°18'33.0"N	127°15'04.7"E	330m	2.1km
연천 열쇠전망대	38°14'50.4"N	127°4'9.9"E	350m	1.8km
연천 태풍전망대	38°7'50.02"N	126°58'23.9"E	260m	800m
연천 상승전망대	38°04'00.5"N	126°53'17.6"E	165m	1.9km
연천 승전전망대	37°59'14.4"N	126°50'08.5"E	91m	2.4km
파주 도라전망대	37°54'32.3"N	126°42'17.4"E	127m	1.5km
오두산 통일전망대	37°46'23.3"N	126°40'37.8"E	120m	1.9km
김포 애기봉전망대	37°45'18.7"N	126°35'44.3"E	125m	0.9km
강화 평화전망대	37°49'35.2"N	126°25'59.4"E	70m	1.6km
백령도 국토끝섬전망대	37°57'33.3"N	124°44'38"E	115m	–

표 2 유사전망대별 지리적 위치

전망대	위도	경도	고도	군사분계선까지 거리
철원 십자탑전망대	38°18'05"N	127°25'41.9"E	500m	2.3km
교동도 망향대	37°48'45.8"N	126°14'53.0"E	20m	1.5km
연평도 망향대	37°40'48.67"N	125°42'50.64"E	38m	890m
백령도 심청각	37°58'48.7"N	124°42'48.7"E	81m	–

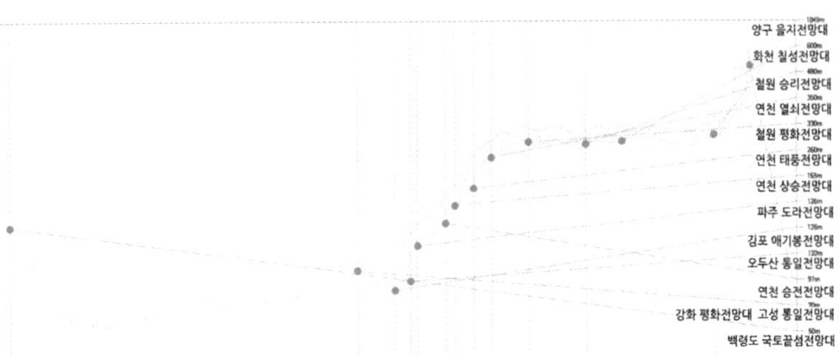

그림 5   전망대 고도별 종축배치

표 3   전망대 가는 길과 전망대에서의 군사적 민감도

전망대	전망대 가는길	군사적 민감도
고성 통일전망대	평탄한 대로	사진촬영 통제 없음, 방문시간 제한 없음
양구 을지전망대	좁고 경사가 심한 산악도로	전방 사진촬영 일체 금지
화천 칠성전망대	경사가 심한 산악도로	전방 사진촬영 원칙적으로 금지이나 통제 심하지 않음, 초소에서 카메라 압수, 방문시간 제한
철원 승리전망대	좁고 경사가 심한 산악도로	아군 군사시설 외 촬영가능, 방문시간 제한
철원 평화전망대	평탄한 2차선도로	전방 촬영금지, 통제 심하지 않음, 휴일, 성수기에는 개별방문 불가, 방문시간 제한
연천 열쇠전망대	좁고 경사가 심한 산악도로	전방 촬영금지, 통제엄격, 방문시간 제한
연천 태풍전망대	보통의 경사, 2차선도로	전방 촬영금지, 통제 엄격, 방문시간 제한
연천 상승전망대	좁고 평탄한 논길, 출입초고 통과후 산악도로	초소 통과 이후 촬영 일체금지, 통제 엄격, 방문시간 제한, 25명 이상 단체 사전신청 필수
연천 승전전망대	보통의 경사, 2차선도로	전방 촬영금지, 통제 엄격, 방문시간 제한, 25명 이상 단체 사전신청 필수
파주 도라전망대	대로를 통해 출입통제지점 통과, 대형버스가 다닐 수 있을 정도로 정비된 차도	사진촬영 통제 거의 없음(통일대교 건널때 촬영불가), 개인방문 불가

전망대	전망대 가는길	군사적 민감도
오두산 통일전망대	대형버스가 다닐 수 있는 정비된 차도, 경사 가파름	사진촬영 통제 없음, 민간인 통제구역 아님
김포 애기봉전망대	좁은 도로, 농촌마을 풍경	민간인 통제구역 아님
강화 평화전망대	가파르지만 정비된 2차선도로	사진촬영 통제 없음, 방문시간 제한 없음
백령도 국토끝섬전망대	좁고 평탄한 논길, 해안철조망 풍경	사진촬영 통제 없음, 방문시간 제한 없음

그림 6　연천 태풍전망대 가는 길에 보이는 풍경

2. 경관자원

전망대들은 각기 다양한 지형적 특징과 경관자원을 보유하고 있었다. 전망대들은 일반적으로 주변 지형보다 고도가 높은 지점에 위치하고 있어 주변을 살피기에 적절한 입지적 특징을 가진다. 대부분의 전망대는 북쪽방향의 고도가 낮지만 철원의 평화전망대, 연천의 상승전망대와 승전전망대는 북쪽으로 고도가 높아졌으며, 파주의 도라전망대

그림 7   철원 승리전망대에서 보이는 금강산전철길의 흔적

와 오두산 통일전망대는 전망대의 고도만 높고 북쪽과 남쪽방향으로 모두 지형이 낮아지는 특징이 있었다.

지역별 지리적 특징에 따라 DMZ일대를 서부 도서지역, 서부 평야지역, 내륙지역, 산악지역, 동부 해안지역으로 구분해볼 수 있다. 태백산맥을 기준으로 동쪽은 급하고 서쪽은 완만한 고도 분포를 나타내는 지형을 따라, 전망대에서는 우리나라 국토의 다양한 경관들이 보인다. 동부 해안지역에 해당하는 고성 통일전망대에서는 동해안의 풍경과 함께 금강산 봉우리들을 볼 수 있을 뿐만 아니라 금강산 가는 철길의 흔적을 통해 금강산을 향하는 여정도 함께 상상할 수 있다. 금강산 봉우리들은 산악지역인 양구 을지전망대에서도 일부 희미하게 보이며, 철원 승리전망대에 오르면 금강산전기철도의 여정을 계속 이어서 발견하게 된다. 그런 한편, 승리전망대에서 보이는 한탄강의 지류인 화강, 마찬가지로 산악지역에 해당되는 화천 칠성전망대에서 보이는 북한강의 지류인 금성천의 풍경은 큰 강을 이루기 전 험준한 산지에서 발원하는 물줄기의 태생에 대해 생각해보게 한다. 내륙지역인 철원과 연천으로 오면 치열했던 전투들이 자연에 남긴 흔적들과, 지금까지도 이어지는 남북간의 민감한 군사대치상황으로 인해 끊임없이 불태워졌던 벌판을 볼 수 있다. 내륙지역의 전망대에서 상대적으로 출입이나 사진촬영을 강하게 통제 당하게 되는 경험은 전망대 풍경에서 느껴지는 군사적 긴장감과 무관하지 않다. 내륙지역에서부터는 임진강의 풍경을 보게 된다는 점도 특징이다. 임진강은 서부 평야지역으로 이어져 한강과 만나 서해바다로 흘러들어가는데, 서부 평야지역에 있는 김포와 파주의 전망대에서 그 흐름을 계속 따라갈 수 있다. 특히 파주 오두산 통일전망대에서는 임진강이 한강과 만나는 풍경이 펼쳐지며, 그렇게 합쳐져 탄생한 '조강'을 김포 애기봉전망대에서 볼 수 있다. 한편 파주 도라전망대에서는 개성시와 개성공단의 모습이 보여 전망대 중에서는 유일하게 북한도시가 조망된다는 특이점이 있다. 강화 평화전망대와 백령도 국토끝섬전망대, 그리고 교동도, 연평도, 백령도의 유사전망대들이 있는 서부 도서지역에 이르면 비로소 강이 바다로 흘러 들어가는 과정을 온전히 보게 된다. 서부 도서지역에서는 북한지역의 섬과 평야가 한눈에 들어온다는 점도 특징이다.

　대부분의 전망대 풍경은 북쪽방향으로 풍부한 경관자원을 갖고 있지만, 남쪽방향의 경관이 인상적인 경우도 있다. 우리나라를 대표하는 침식분지인 양구의 해안분지를 볼 수 있는 을지전망대, 농업활동을 위해 만들어진 저수지 풍경이 있는 철원 평화전망대, 남쪽방향으로 임진강이 흐르는 연천 승전전망대, 그리고 섬의 끝자락에 위치한 전망대의 특성상 여러 방향으로 전망이 가능한 백령도 국토끝섬전

그림 8　고성 통일전망대에서 보이는 동해바다 풍경. 좌측으로 금강산 가는 육로길과 철길, 멀리 뒤편으로 금강산의 마지막 봉우리인 구선봉이 보인다.

그림 9　오두산 통일전망대에서는 한강과 임진강이 합쳐지는 풍경을 볼 수 있다.

그림 10   승전전망대에서 남쪽방향으로 보이는 임진강 풍경. 이곳에서 보이는 임진강변에는 현재는 사라진 '고랑포마을'이 있었던 기록이 남아 있다.

망대가 이에 해당된다. 철새가 오는 시기의 철원 평화전망대, 가는 도중 임진강을 볼 수 있는 연천 태풍전망대와 파주 도라전망대는 전망대로 가는 길에서도 독특한 경관을 감상할 수 있는 곳들이다.

표 4   전망대별 지형적 특징과 경관자원

전망대	지형적 특징	경관자원
고성 통일전망대	북쪽방향 해안가는 낮은 고도, 더 멀리 북쪽으로 다시 산악지형	북쪽: 동해바다, 금강산, 금강산 철길
양구 을지전망대	북쪽방향도 산지이지만 전망대 고도보다는 낮음 남쪽으로 펀치볼 분지	북쪽: 금강산, 선녀폭포, 가칠봉 남쪽: 펀치볼
화천 칠성전망대	북쪽방향으로 고도 낮아짐 남쪽으로는 전망대와 비슷한 고도 유지	북쪽: 금성천
철원 승리전망대	북쪽방향으로 급격히 고도 낮아짐	북쪽: 화강, 금강산전기철도
철원 평화전망대	남쪽방향으로 고도 점차 낮아짐 북쪽방향으로 고도 점차 높아짐	북쪽: 낙타고지, 궁예도성터, 평강고원, 북한 선전마을 남쪽: 동송저수지 가는길: 철원평야, 철새, 동송저수지

전망대	지형적 특징	경관자원
연천 열쇠전망대	북쪽방향으로 고도 낮아짐	북쪽: 역곡천
연천 태풍전망대	북쪽방향으로 고도 낮아짐	북쪽: 임진강, 베티고지, 노리고지, 반달연못 가는길: 임진강, 연강갤러리
연천 상승전망대	군사분계선만 고도 낮고 북쪽, 남쪽 모두 전망대와 비슷한 고도의 산악지형	구릉지가 펼쳐진 경관
연천 승전전망대	북쪽방향으로 고도가 높아짐. 경관이 막혀있는 느낌	북쪽보다 남쪽경관이 더 좋음. 남쪽: 임진강
파주 도라전망대	전망대만 고도 높고 북쪽, 남쪽 모두 낮은 지형	북쪽: 개성시내, 개성공단 가는길: 통일대교를 건너면서 양옆으로 보이는 임진강 풍경
오두산 통일전망대	전망대만 고도 높고 북쪽, 남쪽 모두 낮은 지형	북쪽: 한강과 임진강이 만나는 지점, 북한지역 평야
김포 애기봉전망대	전망대 주변은 고지대, 북쪽으로 전망되는 지역은 낮은 지형	북쪽: 조강, 북한위장마을 동쪽: 조강을 사이에 두고 북한지역과 남한지역을 동시에 볼 수 있음 서쪽: 유도
강화 평화전망대	전망대 주변은 고지대, 북쪽으로 전망되는 지역은 낮은 지형	북쪽: 황해도 평야, 한강하구
백령도 국토끝섬전망대	섬의 동쪽 끝 봉우리에 위치하여 주변 지형 모두 낮음	북쪽: 월래도 남쪽: 사곶해변, 대청도

표 5 　유사전망대별 지형적 특징과 경관자원

전망대	지형적 특징	경관자원
철원 십자탑전망대	북쪽방향으로 낮은 고도의 분지가 나타나며 더 멀리 북쪽으로 다시 산악지형	북쪽: 오성산
교동도 망향대	전망대만 고도 높고 북쪽, 남쪽 모두 낮은 지형	북쪽: 연백평야
연평도 망향비	섬의 동북쪽 끝 봉우리에 위치하여 주변 지형 모두 낮음	북쪽: 옹진반도
백령도 심청각	북쪽으로는 바다이며 남쪽으로 고도 점차 낮아짐	북쪽: 장산곶, 월래도

3. 출입방법

대부분의 전망대들은 민간인 출입통제 지역에 위치하고 있기 때문에 초소나 별도로 조성된 매표소 등에서 출입신고를 한 후 방문하도록 되어 있다. 신고지점의 위치는 전망대별로 제각각이었으며, 인솔자유무 및 인솔방식도 다양했다. 출입 시 도보로 이동하는 것은 절대 불가하고 차량에 탑승해서 움직이도록 되어 있는데, 출입신고시 받은 임시출입증을 차량에 비치해야 한다. 군사적으로 민감한 일부 전망대의 경우 남한의 민간인임을 증명하는 표식을 부착해야 했을 뿐만 아니라 블랙박스를 가리도록 요구하기도 했다. 한편 서해5도에 해당하는 백령도 국토끝섬전망대와 심청각, 교동도과 연평도의 망향대는 북한과의 거리가 가까움에도 불구하고 차량에 부착해야 하는 물품이 일체 없고 인솔자의 통제도 받지 않았다. 심지어 섬 전체가 민간인 출입통제구역인 교동도를 제외하고는 출입신고도 하지 않는다.

신고지점은 방문객 관리와 통제를 위해 별도로 시설을 운영하고

그림 11　연천 승전전망대 방문시에는 차량에 태극기를 부착해야 한다. 연천지역의 전망대들은 모두 태극기 부착을 요구한다는 공통점이 있었다.

있는 경우와 관할 군부대의 초소에서 담당하는 경우로 구분된다. 특히 고성 통일전망대와 양구 을지전망대는 출입신고를 하는 시설의 규모가 상대적으로 크고 지역특산품, 기념품 등을 팔기도 한다.

표 6   전망대별 출입신고 특징

전망대	신고지점	인솔자유무	차량부착물품
고성 통일전망대	직선거리 약 9km	인솔차량	"통일전망대 관광"
양구 을지전망대	직선거리 약 5km	없음	"통제"
화천 칠성전망대	직선거리 약 11km	군인동승	임시출입증
철원 승리전망대	직선거리 약 2.5km	인솔차량	차량 조수석쪽 지붕 위에 주황색 표시등 부착
철원 평화전망대	직선거리 약 14km	인솔차량	임시출입증
연천 열쇠전망대	직선거리 약 0.3km	없음	태극기 부착, "견학-9"
연천 태풍전망대	직선거리 약 4km	없음	태극기 부착, 민통선 임시 출입증, 블랙박스가리개
연천 상승전망대	직선거리 약 2km	군인동승	태극기 부착, 블랙박스가리개
연천 승전전망대	직선거리 약 570m	군인동승	태극기 부착, "안보관광", 본넷 위에 파란색 표식
파주 도라전망대	직선거리 약 4km	인솔자동행	태극기 부착
오두산 통일전망대	없음	없음	–
강화 평화전망대	직선거리 약 4km	없음	강화지역 임시출입증
백령도 국토끝섬전망대	없음	없음	–

4. 시설특징

전망대 조성시기는 70년대 말, 80년대 초부터 시작하여 최근에 이르기까지 꾸준히 신축 및 개축이 되고 있다. 점차 다양한 편의시설이 함께 조성되는 방식을 보이며 건물구조도 복잡하고 대형화되는 추세이다. 대부분 관람석과 망원경, 전망풍경을 설명하는 안내판 등을 구비하고 있으며, 건물구조는 일반인 출입이 통제되는 군시설, 관람실, 전시설 등으로 구성되는 것이 일반적이다. 전망대 건물 앞에는 유엔기, 태극기, 부대상징기 등이 있으나 일부 예외적으로 새마을운동기나 시설관리공단기가 있는 독특한 경우도 있었다. 전망대 이름은 '평화', '통일'과 같은 염원을 담기도 하지만 군부대 이름을 사용하는 곳이 절반을 차지하였다. 그 외에 파주와 김포는 '도라산', '오두산', '애기봉'과 같은 지역이름을 따르고 있고 백령도는 서해 최북단에 위치한다는 지역특성을 반영하여 '국토끝섬'이라는 명칭을 사용하고 있다. 몇몇 전망대에는 불교, 기독교, 천주교의 여러 종교들과 관련된 상징물이나 시설이 조성되어 있는데, 남한 종교의 다양성을 보여주기 위함이라고 해석되기도 한다.

유사전망대는 망원경 정도만 설치되어 있는 등 대부분 단순하게 시설이 구성돼있다. 실향민들이 자발적으로 만든 교동도의 망향대는 2017년에서야 망원경이 설치되었으며 그 이전에는 제사를 지내기 위한 망배단만으로 이루어져 있었다. 백령도 심청각만 예외적으로 독립적인 건물을 두고 전시시설로서 활용되고 있고 야외에 탱크와 함포가

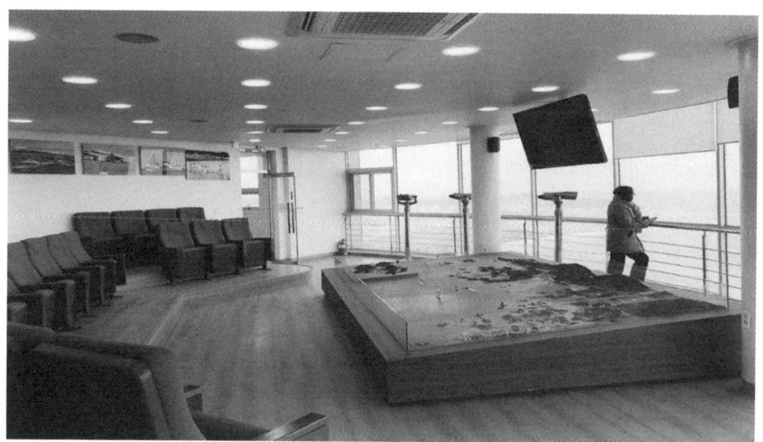

그림 12　백령도 국토끝섬전망대의 관람실. 관람석과 망원경, 지형모형으로 구성된 전형적인 전망대 관람실의 모습을 갖추고 있다.

그림 13　　화천 칠성전망대는 2013년 리모델링되면서 'DMZ 갤러리카페'라는 이름으로 방문객들의 관람 및 휴식공간을 마련해놓고 있다.

전시되어 있는 등 일반적인 전망대들과 유사한 특징을 보이고 있었다. 그 외에는 특별한 방문객 편의시설이나 전시시설이 전무했다. 또한 유사전망대들의 명칭은 일반 전망대와 달리 군부대 이름을 사용하는 경우가 없었다. 철원의 십자탑전망대의 이름은 전망대가 위치한 성재산 정상에 십자탑이 설치돼 있는 것에서 유래되었고 교동도와 연평도는 전망대가 아닌 '망향대'로 불린다.

전망대	조성시기	깃발종류	건물구조	방문객편의시설	상업시설	전망대이름특징	종교시설물
고성 통일 전망대	1983	태극기	1층: 상업시설 2층: 관람석 야외테라스	관람석, 망원경, 풍경설명판, 전망대가는길 안내, 기념촬영서비스	-	평화통일염원	통일기원기도회 및 교육장, 통일기원 범종, 통일미륵불, 성모마리아상, 통일전망대교회
양구 을지 전망대	1988	유엔기 태극기 12보병사단	1층: 작전실 2층: 관람실 야외전망공간-펀치볼방향	관람석, 망원경, 지형모형, 제4땅굴/전망대가는길 안내	지역특산품, 잡화 등(매표소)	군부대 이름	광린교회 비석
화천 칠성 전망대	1991	-	1층: 병영생활관 2층: DMZ갤러리 3층: 전망대 야외테라스	관람석, 망원경, 테이블/의자(면회객 이용많음)	PX	군부대 이름	-
철원 승리 전망대	2001	-	2층: 관람실	관람석, 망원경, 지형모형	-	군부대 이름	-
철원 평화 전망대	2007	새마을운동 태극기 철원군	1층: 전시실 2층: 관람실 야외테라스	관람석, 망원경, 지형모형, 전망대가는길 안내, 모노레일 탑승장	지역특산품, 농산물, 북한술 전투식량 (평화문화광장 매점)	평화통일염원	법당, 불상, 평화의 성모상, 필승교회
연천 열쇠 전망대	1998	태극기	2층: 관람실	관람석, 망원경, 지형모형	-	군부대 이름	상승교회, 불상, 마리아상
연천 태풍 전망대	1991	유엔기, 태극기	2층: 관람실	관람석, 망원경, 지형모형	-	군부대 이름	교회, 성당, 성모상, 법당, 종각
연천 상승 전망대	2012	유엔기, 태극기	1층: 근무실(일반인 출입금지) 2층: 테라스(관람실 없음)	망원경, 풍경설명판	-	군부대 이름	-
연천 승전 전망대	2003	-	1층: 관람실 2층: 전망공간	관람석, 망원경, 지형모형, 풍경설명판(남북방향 둘다)	-	군부대 이름	-

전망대	조성시기	깃발종류	건물구조	방문객편의시설	상업시설	전망대 이름특징	종교시설물
파주 도라 전망대	1986	깃발은 아니지만 태극기, 유엔상징, 부대상징이 전망대 건물에 새겨져있음	상황실, VIP실, 관람실 1층 남쪽방향 출입구는 일반인 출입통제	관람석, 망원경, 풍경설명판, 지형모형, 동전교환소	기념품점	지역이름	법당, 석탑
오두산 통일 전망대	1992	태극기	지하1층: 어린이 체험관 1층: 전시실 2층:극장 3-4층: 전망대	관람석, 망원경, 지형모형, 풍경설명판	–	지역이름	–
김포 애기봉 전망대	1979	태극기, 해병대기	2층: 관람실	관람석, 망원경 (현재는 공사중으로 철거), 장애인용 망원경 별도 설치	식당운영 기념품점, 노점(주차장)에서 지역특산물, 북한 특산물 판매	지역이름	–
강화 평화 전망대	2008	강화군, 태극기, 강화군시설관리공단	지하1층: 군부대시설(일반인 출입금지) 1층: 관리사무실, 게스트룸, 식당, 통일염원소, 특산품판매장 2층: 전시관, 전망실 3층: 전망실, 옥상휴게실 4층: 군부대시설 (일반인 출입금지)	관람석, 망원경, 지형모형, 풍경설명판	–	평화 통일 염원	–
백령도 국토 끝섬 전망대	2013	–	1층: 안내실(미활용), 해병대사무실 2층: 전시실, 관람실	관람석, 망원경, 지형모형		지역특성	십자탑

표 8　유사전망대별 시설특징

전망대	조성 시기	깃발 종류	건물구조	방문객편의시설	전망대 이름특징	종교 시설물
철원 십자탑전망대	1979	-	-	망원경	지역특성	십자탑
교동도 망향대	미상	-	-	망원경	이용특성	-
연평도 망향대	미상	-	-	망원경	이용특성	-
백령도 심청각	1999	-	1층: 전시실 2층: 전시실, 관람실	망원경, 지형모형	지역특성	-

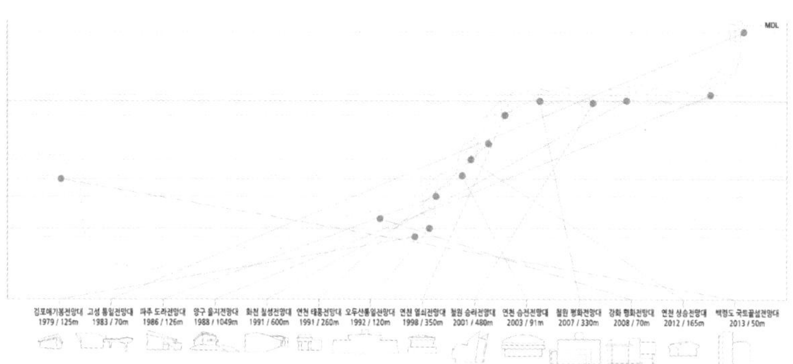

그림 14　전망대 조성년도별 횡축 배치

5. 전시내용의 특징

전망대 일대에는 전투기념비, 통일염원을 상징하는 전시물, 관할 군 부대 및 해당 지역 소개, 한국전쟁 기록, 북한의 생활상이나 군사력에 대한 정보, 북한 도발사태 등 다양한 내용의 전시가 이루어지고 있다. 평화통일을 은유하는 예술작품이 전시된 경우도 있다. 화천의 칠성전 망대, 철원의 평화전망대, 연천의 열쇠전망대, 강화의 평화전망대 등 비교적 최근에 만들어졌거나 개축된 전망대들이 전시내용의 종류가 다양하게 나타났다. 오두산 통일전망대는 전시시설의 규모는 크지만 한국전쟁에 대한 기록보다는 통일을 위한 준비와 염원을 담은 전시내용이 많았으며, 백령도의 국토끝섬전망대와 심청각은 지역의 역사와 유래에 대한 콘텐츠가 많다는 특징이 있었다. 한편 철원 십자탑전망대, 교동도와 연평도의 망향대는 전시를 위한 건물이 없고 대표시설물의 건립기념비 정도만 있다.

그림 15　강화 평화전망대의 전시실 내부. 북한의 현 실태, 북한도발사건, 남북한 통일정책, 북한의 예술 등 다른 전망대보다 상대적으로 북한에 대한 전시내용이 많다.

표 9　전망대별 전시내용 특징

전망대	전투기념비	통일염원	부대소개	북한소개	지역소개	한국전쟁 기록	외부전시
고성 통일 전망대	고성지역 전투 충혼탑, 351고지 전투전적비	조국통일 선언문, 민족의 웅비, 통일숲길, 통일에 대한 비전	-	-	DMZ박물관 /6·25전쟁체험 정시관 홍보, 전망대소개, 고성 관광안내도, 화진포 홍보, 동해안 국토종주 자전거길 종합안내도	분단 이야기	전투기, 탱크

전망대	전투기념비	통일염원	부대소개	북한소개	지역소개	한국전쟁 기록	외부전시
양구 을지 전망대	해병대 김일성 고지 작전 전몰영령 진혼제 기념비	평화통일 기원문 (1998)	북한 지뢰, 포격도발 대응작전	-	양구군 관광안내도	6·25 전쟁시 사용한 장비/물자	-
화천 칠성 전망대	각종 전투기념비 다수	통일 희망에 대한 조형물과 시	칠성부대 전투	북한 군사 장비	산천어축제 홍보	전쟁과 비무장지대 설명	조형물, 조각작품, DMZ벤치
철원 승리 전망대	1982년 전즉필승 기념비 준공 기념석	-	6·15 귀순자 유도 완전 작전, 373 고지 전투 5대 전투 영웅, 명예의 장	-	-	-	-
철원 평화 전망대	평화문화광장에 전투기념비 다수	-	있음	북한 생활상 북한도발 사건(천안함 등)	철원 관광지안내, 태봉국 도성 모형	철원 전투사	통일 우체통, 탱크
연천 열쇠 전망대	충혼탑, T-Bone능선전투기념비	통일소망 엽서	있음 주요전사	남침땅굴, 북한도발 사건(1.21 무장공비 침투 등) 남북한 교류, 지원내용, 이산가족, 화합의 역사 북한술, 신문, 화폐, 북한의 생활상	연천군 캐릭터, 특산품, 타 지자체와 비교되는 연천군의 '중심성' 비무장지대 소개, DMZ생태관	6·25전쟁 진행과정	-
연천 태풍 전망대	유엔미국군전사자 충혼비, 6·25참전 소년전차병 기념비, 유엔태국군참전충혼비, 육군용사충용탑, 호주군 참전기념비 등 다수	-	-	-	-	6·25전쟁 사용 장비/물자	-

전망대	전투기념비	통일염원	부대소개	북한소개	지역소개	한국전쟁 기록	외부전시
연천 상승 전망대	"찾고 잡자!" 5.5.5 비석	-	제1땅굴발견한 부대임을 강조	-	개성, 서울, 원산, 평양, 대전까지 거리표시	-	이성옥 "희망의 빛", 제1땅굴 모형
연천 승전 전망대	-	평화와 통일 염원 식수	-	-	1930년대 고랑포마을 사진	-	-
파주 도라 전망대	건립취지문 임진각 일대에 기념비 다수	평화의 범종, 망향수	있음	-	DMZ소개	-	-
오두산 통일 전망대	-	통일기원 북통일준비와 과정 염원실	-	북한도시 남북관계사	전망대 건립배경 및 연혁	-	고당조만식선생상, 망배단
강화 평화 전망대	제적봉	통일염원 시비, 통일 이후의 사회상, 통일의 필요성, 통일염원소	-	북한에서 제작한 지도, 북한의 현 실태, 남북한 군사력 비교, 북한도발사건, 남북한 통일정책, 북한의 예술	강화 전쟁사, 강화군 관광안내도	전쟁의 참상, 호주군 참전사	해병대 상륙돌격장 갑차
백령도 국토 끝섬 전망대	-	-	-	연평해전 관련 기록	백령면 관광안내도, 전망대 소개, 백령도 소개,	-	-

6. 기타

전망대는 DMZ 내 군사적 상황을 관측하거나 안보관광을 위한 목적으로 조성된 것이 일반적이지만, 북한땅 조망이 좋은 지점에 실향민들을 위한 망향대를 조성한 것이 시발점인 곳도 있다. 오두산 통일전망대와 강화 평화전망대, 교동도와 연평도의 망향대가 대표적이며, 한강하구 중립지역으로서 DMZ 없이 한강 너머 북한땅이 보인다는 지역적 특징이 반영된 것으로 보인다. 특히 교동도와 연평도의 망향대는 본래 전망대라기보다는 망배의 장소로서 시작되었으나 지역관광이 활성화 되면서 망원경을 설치하는 등 시설을 보완하는 경향이 나타나고 있다.

이렇듯 유사전망대의 경우 지역홍보를 목적으로 한 사업들을 통해 주목을 받게 되기도 한다. 철원의 십자탑전망대는 군부대의 종교시설로서 산 위에 설치된 십자탑을 'DMZ생태평화공원' 개장을 계기로 전망시설로 활용하게 된 사례이고, 백령도의 심청각은 백령도 북쪽의 황해도 장연 앞바다가 심청전에 등장하는 인당수인 것에 착안하여 백령도를 '효의 고장'으로 홍보하기 위해 건립된 것이다. 철원 십자탑전망대와 백령도 심청각은 당초 조성목적은 상이하지만 북한지역이 조망되는 특징으로 인해 유사전망대로 분류할 수 있다.

고성 통일전망대, 파주 도라전망대, 김포 애기봉전망대는 관광수요를 반영해 전망대 건물의 신축이 진행되고 있다. 고성 통일전망대

그림 16　　교동도의 망향대. 좌측에 실향민들이 고향을 향해 제사를 지내는 단이 있고 우측으로 북한의 연백평야가 보인다. 실향민뿐만 아니라 교동도를 찾는 관광객들도 많이 방문한다.

그림 17　신축공사가 진행 중인 고성 통일전망대. 좌측의 옛 전망대 건물과 비교해 압도적인 규모이다.

의 기존 건물은 리모델링한 후 재활용될 예정이나 그 외 부대시설들을 철거된다. 파주 도라전망대의 경우 기존 건물이 군부대 소유로 지역자치단체에서 특별한 활용계획을 가지고 있지 않았으며 김포 애기봉전망대 역시 기존 건물은 철거될 예정이다. 연천 열쇠전망대와 태풍전망대는 2013년에 함께 개축되면서 외형이 유사해졌다.

7. 전망대 비교분석

전망대 건물이 조성된 배경과 방식, 건물형태, 구성내용은 지역의 군사적 상황과 지형적 특징이 반영된 결과물이다. 남북한의 관계는 화해와 긴장상황의 반복이 이어져오고 있지만 70년대부터 공식적인 남북대화가 시작되고, 1972년 7·4 남북공동성명이 이루어지는 등 긴장이 와해되는 분위기가 조성되기 시작했다. 고성 통일전망대가 만들어진 1983년을 전후해서는 남한정부가 최초의 통일방안인 '민족화합 민주통일 방안'을 발표했고, 북미 평화협정과 남북 간 불가침선언이 성립되면서 남북한 교류와 대화의 분위기가 형성되던 시기였다. 금강산 육로여행의 길목에 위치한 통일전망대는 당시 시대적 분위기를 반영해 조성되었을 것으로 추정된다. 한국전쟁 당시의 치열했던 군사대치상황이 현재까지도 이어지며 군사분계선까지의 거리가 짧고 군사적으로 민감한 양구, 화천, 연천지역의 전망대는 실질적으로 북한을 감시하기 위해 조성되었으며 고전적인 '망루'의 기능에 충실하고 있다. 안보관광의 목적으로 일반인에게 공개되고 있지만 방문객 편의시설은 최소화되어 있으며 위장과 감시에 적합하게 설계된 군사시설 특유의 구조와 색을 가지고 있다. 파주 도라전망대는 지리적으로 개성시와 매우 가까워 전망이 좋으며, 북한의 도시가 보이는 유일한 장소이다. 애초 관측소(Observation Post)로서 세워진 군부대 소유시설을 지자체에서 위탁운영하여 관광객에게 공개하고 있다. 때문에 기념품점이나 대형버스주차장 등 관광객 편의시설이 구비되어 있으면서

그림 18   파주 도라전망대에서는 개성시, 개성공단, 기정동마을 등 전망대 중유일하게 북한의 도시경관이 보인다.

도 군사시설만의 분위기가 공존하고 있었다. 한강하구 중립지역에 위치해 북한 땅이 가깝게 조망되는 파주 오두산, 김포, 강화지역의 전망대는 실향민을 위한 망향의 장소로서 시작되어 망배단과 같은 공간이 있는 것이 특징이며, 북한을 소개하는 전시내용이 다른 전망대보다 풍부한 경향이 있었다. 따라서 각 전망대는 시대적 배경 및 입지환경 등 주변 맥락에 가장 적합한 형태로 만들어진 장소로서 군사시설이나 관광편의시설의 의미뿐만 아니라 역사문화 자원으로서 보존해야 하는 가치를 가진다.

IV. 전망대 관광의 의미와 평화관광의 가능성

1. 전망대 관광의 문화적 의미

전망대로의 관광은 어떤 문화적 의미를 지닌 것일까? 전망대 관광의 보다 근원적인 의미와 구조를 탐색해 볼 필요가 있다. 사람들은 왜 전망대를 찾을까? 방문객들은 전망대에서 무엇을 경험하고 인식할까? 사람마다 다른 이유로 전망대를 찾을 것이다. 망향, 분단상황의 인식과 경험 등이 주요한 방문동기이다. 전망대를 찾은 체험 방식은 대부분 사전 예약을 하거나 현지 방문하여 통제소에서 방문증을 받고 전망대를 방문하게 된다. 즉 전망대 관광 경험의 심층 구조는 리미널 경관(liminal landscape) 체험의 특성을 지닌다. 리미널 경관은 일상에서 벗어나서 존재하게 되고, 해안가나 해변 등 대부분 주변이나 경계

에 존재한다.[6] 전망대는 남북이 대치한 군사분계선을 기점으로 남방
한계선 인근에 위치하며 심리적이고 실질적인 경계에 위치하게 된다.
남방한계선, 군사분계선, 북방한계선의 여러 층위의 경계를 조망하는
경험은 지극히 비일상적 경험인 동시에 군사적 긴장을 체험하는 일이
된다. 리미널리티의 개념은 빅터 터너(Victor Turner)가 제의 통과의
례를 설명하면서 사용하였는데, 현재 현 위치를 버리고 다른 위치를
취하기 이전의 중간상태, 즉 문턱이나 사회적 규범은 중지된다. 왜나
하면 그 집단은 새로운 행위를 규정하는 다른 지위를 아직 채택하지
는 않았어도 그 기존의 지위를 이미 포기했기 때문이다.[7]

전망대로의 경험 역시 유사한 구조를 이룬다. 일상 공간에서 잠시
벗어나 통제된 공간으로 이동하게 되고, 이곳에서는 분단상황을 강렬
하게 경험하게 된다. 다시 통제소를 지나 일상적 공간으로 귀환했을
때는 이전과는 다른 분단이나 평화에 관한 새로운 인식을 가지게 된
다. 분단 국가의 일원으로서는 전망대 관광은 마치 통과의례와 같은
여정이 되는 것이다. 리미널리티를 경험하는 유형도 여러 가지이다.
개인에서 사회집단, 혹은 문명 전체가 특정한 사건, 기간, 혹은 시기
동안 경험하게 된다. 공간적으로 특정 경계선, 경계지역, 특정 국가나

---

6   Bjorn Thomassen, "Revisiting Liminality: The Danger of Empty Spac-
es" in Hazel Andrews and Les Roberts ed., *Liminal Landscapes*(Abing-
don: Routledge, 2012), p. 21.

7   Victor Turner, The Ritual Process: Structure and Anti-Structure(New
York: Aldine de Gruyter, 1982), pp.94~96. 빅터 터너는 주어진 자극이 의식
되는 한계를 뜻하는 리멘(limen)이라는 개념을 빌어 리미널을 "한 사회집단이
하나의 사회적 지위에서 다른 사회적 지위로 옮겨갈 때 겪는 통과의례"라고 설
명하고 있다.

지역 전체 등으로 존재할 수 있다.[8] 전망대 관광은 개인적인 경험이고 지극히 짧게 특정 경계 지역에서 리미널리티를 체험하게 된다. 전망대 관광은 다른 유사한 리미널 공간보다 군사적 긴장 상황을 몸소 체험 할 수 있기에 경험의 강도가 극대화되는 동시에 유일무이한 경험이 된다.

2. 전망대 관광의 특성과 가능성

DMZ와 접경지역은 강원도와 경기도 북부 지역에 걸쳐있다. 일반적으로 이 지역은 분단상황 속에서 지역 개발에서 소외되어 왔고, 지역의 자원과 문화도 상대적으로 덜 알려져 왔다. 민통선의 존재 등으로 지역관광 역시 여타 지역에 비해 발전하지 못한 실정이다. 최근 화천 산천어 축제 등 지역축제로서 관광객을 끄는 성공사례도 존재한다. 그러나 전반적으로 외지인의 관광 유입은 타지역에 비해 낙후한 편이다. 최근에는 파주 DMZ관광이 많은 외국인에게 인기를 끌고 있는 상황이다. 일반시민의 연천, 철원, 고성 등의 안보관광도 점차 늘어나고 있지만, 안보라는 프레임에서 지역의 다양한 역사, 문화, 생태자원은 잘 포착되지 않는다.

이런 환경에서 전망대 관광은 단지 DMZ의 풍경을 감상하고 안보 의식을 고취시키는 성격이 아니라, DMZ접경지역을 포함한 우리나라 국토를 폭넓게 이해하는 새로운 방식의 관광이다. 전망대로 가는 과정에서 접경지역 일대의 풍경, 문화예술공간, 생태환경 등을 함께 경

8　Bjorn Thomassen, "Revisiting Liminality," p. 24~26.

험하게 되면서 전망대가 지역 내 자원들을 연결하는 일종의 매개체로 기능한다. 전망대는 국토의 최전방에 위치하고 있으며 전망대로 가는 길은 대부분 대로로 개발되기보다는 기존의 소로를 활용하고 있다. 전망대와 전망대 사이 역시 일직선으로 연결될 수 없기 때문에 주변 지역으로 돌아가게 된다. 그 과정에서 잘 알려지지 않은 지역명소나 관광지로 주목받지 않는 일상공간을 자연스럽게 거쳐 가는 여정이 만들어진다. 예를 들어 고성 통일전망대를 가면서 화진포의 수려한 경관과 DMZ박물관, 양구 을지전망대를 가는 여정에서 박수근미술관이나 양구 펀치볼 마을, 철원 평화전망대를 가는 도중에 구철원 시가지 폐허, 연천 태풍전망대를 가는 길에 연강갤러리를 만나게 된다. 이렇게 지역의 오래된 역사, 문화, 자연자원들은 자연스럽게 전망대와 연계되어 관광경험을 더욱 풍부하게 한다. 즉 전망대는 DMZ 내를 조망하는 목적뿐만 아니라, 주변 지역의 매력요소들을 연결해주는 중요한 거점이 되는 것이다. 이는 방문객으로 하여금 DMZ 및 접경지역을 안보관광을 위한 군사지역으로서만 인식하는 것이 아니라, 이 일대의 생태적, 문화적 가치를 복합적으로 경험하도록 하는 데 기여한다.

또한 전망대를 중간 거점들로 삼으며 국토를 동에서 서로 횡단하는 여정은 산악지대에서 낮은 구릉지, 평야, 강, 바다로 이어지는 국토의 지형을 이해할 수 있게 한다. 서울양양고속도로를 따라 일직선으로 매끄럽게 지나는 길에서는 이러한 땅의 '주름'과 지형을 온전히 느낄 수 없다. 또한 철원에서 시작되는 금강산 전기철도 노선의 흔적을 따라 비로소 금강산의 봉우리들까지 이어지는 풍경을 연속적으로 경험함으로써 한국전쟁 이전 금강산여행을 떠나던 사람들의 삶을 상상할 수 있었다. 한국전쟁 당시의 격전지들 역시 지역마다 발견할 수 있었는데, 역사적 사실에 대한 드라마틱한 상상과 이해가 가능하도록

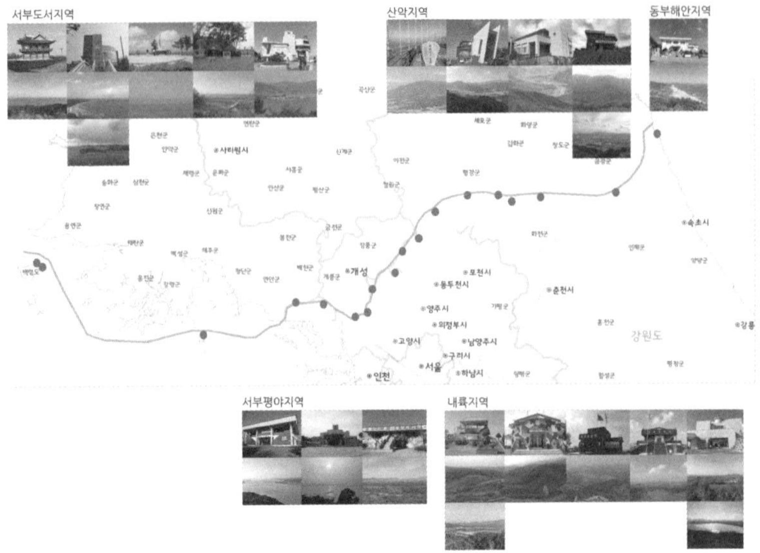

그림 19   전망대 건물과 풍경 종합

한다. 이렇듯 전망대에서 바라보는 DMZ 및 접경지역의 풍경은 우리나라 자연환경과 역사를 생생하고 면밀하게 들여다보게 하는 계기가 되고 있다.

3. 평화관광으로서 전망대 관광

안보프레임을 극복하고자 하는 태도는 많은 학자들에 의해 공감대가 형성되고 있는 상황이다. 박영균 외(2016)는 "인간 대 자연의 대립이 아니라 양자 모두를 함께 보듬고 있는 생명의 패러다임으로, 단순히 적을 제압하는 관점의 안보가 아니라 보다 더 적극적으로 양자 간의 관계를 회복함으로써 궁극적인 안보를 실현하는 평화의 패러다임으로, 도려내야 할 병적 대상의 출발하는 상처가 아니라 자연과 인간의

공존 속에서 서로에게 남겨진 상처를 같이 아파하고 어루만질 수 있
는 치유의 패러다임으로 DMZ를 재상징화하여야 한다"고 하였다.[9] 이
를 위한 실천적인 전략으로 등장한 것이 '평화관광' 담론이다.

평화관광은 관광이 평화를 실현하는 매개라는 생각을 기저에 깔
고 있다. 정치 환경의 심각한 갈등과 긴장에 직면하여, 관광을 통하여
국제 정치에 긍정적인 영향을 끼칠 수 있고 사람들 간에 문화적, 심리
적 간극을 해소함으로써 평화인식을 증진시킬 수 있다는 것이다.[10] 평
화관광은 관광을 통한 군사적 안전보장을 의미하지 않고, 문화적 안
전보장까지도 포괄한다. 평화관광으로 통하여 관광객들은 분단 상황
을 인식하고 체험하게 되며, 이를 넘어서 DMZ 지역의 생태, 역사문
화 자원 등을 새로운 시각으로 바라봄으로써 소외되었던 지역의 문
화적인 다양성, 즉 DMZ지역 삶과 주민에 관한 이해의 지평을 넓히게
된다. DMZ와 접경지역의 현재의 모습은 자연환경과 주민들의 생활
력이 어우러진 결과이며, 생명의 가치를 발견할 수 있는 풍부한 자연
환경과 역사문화 자원을 지니고 있다. 안보관광에서 평화관광으로 전
환할 때 풍부한 지역자원은 가치를 더욱 잘 드러낼 수 있다. 즉 관광
이라는 실천 행위를 통하여 상호 호혜의 평화 가치를 체득하게 되는
것이다.[11]

9 　박영균 외 공저, 『생명·평화·치유의 DMZ 디지털 스토리텔링』(서울: 한
국문화사, 2016), p. 71.

10 　Gyan P. Nyaupane and Victor Teye., eds., "Innocent Abroad: At-
titude Change Toward Hosts," *Annals of Tourism Research*, vol. 35
no.3(2008), p. 650.

11 　위의 책, p. 71.

전망대를 활용한 평화자원의 가능성을 열려있다. 지금까지는 전망대는 안보관광의 핵심장소로 활용되어 왔다. 철원의 경우 안보관광 코스는 고석정-제2땅꿀-철원평화전망대-철원두루미관, 월정역-노동당사, 파주의 경우는 도라산역-도라전망대-제3땅굴-통일촌으로 구성되어 있다. 두 코스 모두 정해진 루트를 단체로 관람하고 해설사가 안보관광의 관점에서 해설을 하는 경우가 대부분이다. 안보관광의 관점으로 DMZ관광을 접근하게 되면 이 지역의 생태, 역사, 문화자원의 두터운 층위에 놓치는 결과를 초래하게 된다. 여러 지역 자원의 재구성을 통하여 평화관광 체제로 전환하면, 경험의 폭이 훨씬 풍부해질 수 있을 것이다. 기존의 연구도 철원을 사례로 지역 자원은 생명, 평화, 치유의 개념 아래 재편하고, 하나의 장소에서 여러 지역 자원을 연계하는 다양한 길(생명의 길, 평화의 길, 치유의 길)을 제안하고 있다. 평화관광으로 위한 철원 지역 자원을 재구성한 실질적인 제안의 하나의 사례이다.[12]

DMZ 평화관광을 위한 지역 자원의 재구성을 보다 장기적이고, 종합적인 관점에서 추진되어야 할 것이다. 본고에서는 전망대를 활용한 평화관광으로 지역자원을 재구성하는 제안한다. 14개 전망대(유사 전망대까지 포함하면 18개)는 고성에서 백령도까지 DMZ접경지역에 고르게 분포하여 있고, 각기 다른 특성을 지닌다. 전망대는 북한을 바라보는 풍경을 체험할 수 있다는 점에서 고성, 양구, 화천, 철원, 연천, 파주, 강화도, 교동도, 연평도, 백령도 등의 지역 관광의 거점이 된다. 전망대에 가는 여정과 보는 풍경과 해설을 관점을 분단의 상황

12 　박영균 외 공저, 『생명 · 평화 · 치유의 DMZ 디지털 스토리텔링』, pp. 82~85.

뿐만 아니라, 역사문화와 지형, 지질, 생태, 경관 등의 다양한 스펙트럼으로 전환하게 되면 평화관광으로 한 걸음 다가갈 수 있을 것이다.

다시 철원의 사례로 돌아와 전망대를 중심으로 평화관광 루트를 재구성해보자. 철원의 관광자원을 평화와 생명의 주제로 장소 이미지를 재상징화하고 재구성하는 것에서 시작해야 할 것이다. 평화전망대를 중심으로 사라진 노동당사 등 많은 폐허유적이 있는 구철원 시가지, 소이산전망대, 월정리역과 DMZ평화문화광장, 전망대에서 보이는 DMZ내의 옛 태봉국 도성지, 탐조관광의 거점인 양지리 철새평화타운, 토교저수지, 리얼디엠지 프로젝트 아트워크 사이트, 고석정과 한탄강 지질공원 등의 거점이 연계되거나 스토리텔링이 재구축될 수 있을 것이다. 각 장소별로 풍부한 스토리를 잘 전달하고 다양한 맞춤형 프로그램을 개발하는 것도 필요하다. 전망대에서 바라보는 풍경도 군사 시설 이외에 태봉국, 용암지대의 시발지인 오리산, 평강고원 등 역사와 생태자원의 해설이 강화되는 것도 요구된다. 철원 승리전망대를 중심으로도 지역 역사 및 생태 문화 유적지와 생활공간을 연계할

그림 20　철원 평화전망대 가는 길의 철원평야와 두루미. 11월부터 2월말경까지 철원에서는 두루미를 비롯한 겨울철새들이 추수가 끝난 철원평야에서 먹이활동을 하는 모습을 볼 수 있다.

수 있다. 예를 들어 승리전망대에서 바라보이는 금강산 철로 흔적, 생창리 생태평화공원의 십자탑 탐방로와 용양보탐방로, 암정교, 금강산 철교 노반, 사라진마을 김화이야기관 인근 유곡리 등의 민북마을 등을 중심으로 지역 스토리텔링이 재구성될 수 있을 것이다.

V. 결론

전망대는 그 자체로 역사적 의의가 있는 문화재이며 DMZ 및 접경지역의 생태적, 경관적 가치를 체험하게 하는 매개체이다. 여러 전망대 찾는 여정 속에서 우리나라의 다양한 풍광과 역동적 지형을 면밀하게 들여다볼 수 있게 하는 경험을 한다. 국토를 횡단하며 전망대를 향해 가는 과정은 자연지형을 거스르지 않는 구조의 경험으로서 터널을 뚫어 곧게 뻗은 도로를 달리면서는 경험할 수 없는 것이다. 전망대를 찾는 경험은 일상의 공간에서 분단의 긴장을 경험하는 공간으로 전환되었다가, 다시 일상의 공간으로 되돌아오는 과정으로 겪는다. 전망대 투어는 리미널리티를 경험하는 과정이다. 이러한 과정으로 통하여 새로운 감각을 체득하게 되는데, 이는 정치, 문화적 평화 감각이다. 전망대 투어리즘은 지역의 역사와 문화, 남북의 분단과 통일이라는 다차원적인 의미의 평화관광으로 전환할 수 있는 가능성이 존재함으로 확인할 수 있었다. 추후 안보관광 및 개별관광의 방식으로 전망대를 방문하는 사람들의 경험과 인식의 변화를 실증적으로 조사함으로써 전망대를 통한 평화관광의 가능성을 판단할 수 있을 것이다.

　　최근 전망대의 신축 및 개축 추세가 이어지면서 전망대 건물이 대형화, 현대화됨에 따라 개별 건물의 스케일이 과도해지고 지역적 맥락과 어울리지 않게 되며 고유한 매력이 사라지고 있다. 뿐만 아니라 자연지형을 무시하고 일직선으로 건설된 도로와 터널을 통해 이동의 속도를 높이는 데만 몰두한 투어리즘은 우리나라 풍경의 파노라마를 보지 못하고 특정 관광거점에만 집중하게 하는 결과를 초래한다. 따라서 전망대 건물의 문화재적 가치를 존중하여 주변 맥락에서 벗어난 새로운 건축물을 무분별하게 양산하는 것을 지양해야 하며, 우리나라 국토 지형의 자연스러운 흐름에 따라 느린 속도로 접경지역 일대의 풍경을 감상하도록 유도하는 전망대의 활용에 주목할 필요가 있다.

　　전망대 투어리즘으로 통하여 양구 펀치볼, 연천에서부터 파주로 이어지는 임진강, 전쟁 전 구철원 시가지 폐허 등 분단으로 인해 역설적으로 개발되지 않은 채 자연적인 모습으로 보존되고 있는 접경지역의 지역 자원들에 대한 가치를 재발견할 수 있다. 이러한 인식의 전환은 DMZ 내 생태환경의 보존뿐만 아니라 접경지역 전체의 풍경과 생태 및 문화자원을 보존해야 하는 당위성으로 이어진다. 이를 달성하기 위해서는 DMZ 및 접경지역의 생태적, 문화적 가치를 활용하는 방식에 있어서 특정 지역에 평화공원을 조성하는 계획 등의 면적인 접근이 아니라, 접경지역 전체를 경험하기 위한 여정을 강조하는 선적인 접근이 필요하다. 기존 안보관광루트와는 별개로 지역의 역사, 문화, 생태자원과 전망대를 연결하는 루트를 개발하고, 전망대 해설내용에 이와 관련된 풍부한 스토리를 추가하는 방안을 제안한다. 특히 지질자원과 역사·문화자원이 풍부한 양구, 연천, 철원에서는 이러한 스토리텔링 전략을 도입할 필요성과 파급력이 매우 크다고 판단된다. 한편 파주와 철원의 경우에는 안보관광 운영주체에 의해 계획된 동선으로만 이동하도록 돼 있는 민통선 출입시스템도 개선되어야 한다. 지역 전망대를 활용한 관광이 지역자원에서 DMZ 지역까지 중층적 차원의 경험으로 확장될 때, 진정한 평화관광으로 자리 잡을 수 있을 것이다.

::**참고문헌**

김영민·소현수. "누정의 역설: 무위의 경계에서 인위를 얻다." 송하엽 외. 『파빌리온, 도시에 감정을 채우다』. 서울: 홍시커뮤니케이션, 2015, pp. 82~99.

김창환. 『김창환 교수의 DMZ 지리이야기』. 서울: 살림터, 2011.

박언곤. 『한국의 정자』. 서울: 대원사, 2014.

박영균 외 공저. 『생명·평화·치유의 DMZ 디지털 스토리텔링』. 서울: 한국문화사, 2016.

박은진 외 공저. 『DMZ가 말을 걸다』. 위즈덤하우스, 2013.

서재철. 『지구상의 마지막 비무장지대를 걷다』. 서울: 휴머니스트 출판그룹, 2015.

손인성 외 공저. "국내 타워전망대 현황에 관한 분석 및 조사연구." 『대한건축학회 논문집 계획계』, 제30호 12호 (2014), pp. 21~30.

왕발부 외 공저. "도시 수변 전망대의 디자인 특성 평가 및 선호도 분석," 『한국과학예술포럼』, 18호(2014), pp. 419~430.

윤정순·박정훈. 『DMZ는 평화지대』. 서울: 성민관광문화사·예성, 2016.

허균. 『한국의 누와 정』. 서울: 다른세상, 2009.

허균. 『한국의 정원 선비가 거닐던 세계』. 서울: 다른세상, 2002.

Andrews, Hazel and Les Roberts. "Re-mapping Liminality." in Hazel Andrews and Les Roberts ed., *Liminal Landscapes*. Abingdon: Routledge, 2012, pp. 1~17.

Appleton, Jay. *The Experience of Landscape*, Revised Edition.

Chichester: John Wiley and Sons, 1996, pp. 63~67.

Nyaupane, G.P., Victor Teye and Cody Paris, "Innocent Abroad: Attitude Change Toward Hosts." *Annals of Tourism Research*, vol. 35 no. 3(2008), pp. 650~667.

Thomassen, Bjorn. "Revisiting Liminality: The Danger of Empty Spaces." in Hazel Andrews and Les Roberts ed., *Liminal Landscapes*. Abingdon: Routledge, 2012, pp. 21~35.

Turner, Victor. *The Ritual Process: Structure and Anti-Structure*. New York: Aldine de Gruyter, 1982.

:: 에필로그

오늘 우리가 지향해야 할 통일연구는 무엇인가? 이 질문에 답을 하기에 앞서 우리에게 놓인 현실을 먼저 살피는 것이 필요해 보인다. 70년 넘는 분단은 한국전쟁 이후 국가 형성 및 민주주의와 시장, 시민사회의 발전과 성숙을 이뤄낸 시기임과 동시에 평화부재, 민족대립, 전쟁 위협이 지속된 시간이기도 하였다. 우리 역사에서 남과 북이 갈라져 있던 기간은 더불어 살아왔던 시간에 비해서는 매우 일부이지만, 그 분단은 오늘 날 우리의 많은 것들을 규정하고 영향을 미치고 있다. 지구상에서 가장 군사화 된 땅에서 살아가는 것이 일상화되었고, 핵보유국에 한층 더 다가간 북한 체제는 국제 사회의 불안을 가중시키고 있으며, 정부 차원의 다각적인 노력에도 한반도 비핵화 및 평화정착이 더욱 난망해진 것이 우리가 대면하고 있는 '불편한' 현실이다. 눈을 내부로 돌린다 해도 민족적 당위적 통일의 필요성은 젊은 세대들에게 설득력을 읽고 있으며, 보편적 인권이 지켜지지 않는 상황에서 공포 정치, 핵 개발을 지속하는 북한 정권은 우리의 '피로'를 더욱 가중시키고 있다. 한반도의 통일과 평화는 단순히 관심, 무관심의 문제가 아니라 사회의 갈등을 유발하는 내적, 실체적 요인이 된다는 점에서 우리 삶과 일상에 깊이 들어와 있다.

분단의 역사를 읽는 방법과 북한을 이해하는 태도는 각자의 경험과 인식의 차이에서 비롯된 다양하고 과학적인 논의를 허용함에도 불구하고 실체적 북한을 보는 우리의 시각은 종종 이념과 색깔로 덧입혀져 나 아닌 타자를 규정하는 잣대로, 세력을 규합하며 갈등을 유발하는 동인이 되기도 한다. 이러한 점에서 해체되지 않는 냉전, 정전의 지속은 세계사적으로 특이한 사례가 아닌 비평화가 일상화된 한반도를 살아가는 사람의 일상을 지배하며, 언제든 전쟁이 다시 일어날 수 있다는 불안한 미래를 그리게 하는 힘이 되고 있는 것이다.

그간 분단의 인과와 영향을 분석하고, 남북한의 관계와 북한의 체제를 설명하며, 통일의 방법과 조건을 파악하기 위해 다양한 이론, 방법, 사례 연구들이 각 분야에서 이루어져 왔다. 남북관계와 한반도를 둘러싼 국제정세의 기본 구조가 강대국의 개입과 세력 논리가 강하게 작용해왔다는 점에서 기존 연구들이 사회과학의 주된 관심과 대상이 되어 왔던 것이 사실이다. 지난 기간 동안 축적된 학술 성과들이 우리의 지식의 지평과 안목을 넓혀주는데 유의미한 기여를 한 것이 사실이지만 분단과 통합, 통일과 평화의 문제는 특정 영역에 국한된 것이 아니라 인간과 사회, 국가, 자연을 다루는 전 영역에서 함께 진단하고 탐구해야 하는, 다시 말해 총체적 지적 역량이 동원되어야 하는 난제임이 분명히 드러나고 있다.

서울대학교에서도 남북한의 분단극복, 민족공동체 신뢰조성, 평화구축, 통일의 실현이 가장 시급하면서도 종합적 대응 능력을 갖추어야 할 문제로 인식하고 특별히 네 가지 영역에서의 연구를 지원하고 성과들을 축적해 왔다. 첫 번째는 남북한관계이다. 통일학·평화학 연구에 있어 남북한의 두 정치적 행위자들의 관계는 가장 본질적인 문제이다. '잠정적 특수관계' 혹은 '비대칭적 분단국체제' 구조에서 이루어지는 공존, 대립, 갈등의 양상은 '비평화(unfrieden; peacelessness)' 혹은 평화부재의 한반도 현실을 단적으로 보여주는 것일 뿐 아니라 한반도의 분단의 특수성을 이해하는 데 있어서도 중요한 영역으로 간주해왔다.

두 번째는 북한연구이다. 연구 대상과 방법으로써의 북한연구는 많은 영역에서의 기초자료 확보를 필요로 한다. 지금까지 학계에서 이루어진 지적 자산을 바탕으로 서울대학교는 북한 사상, 조직, 제도, 경제, 시장, 언어, 젠더, 기후, 자원, 환경, 문학, 보건 등 기존연구가 상대적으로 부족한 영역들을 적극적으로 발굴하여 지원하였다. 또한 한국인과 북한이탈주민들을 대상으로 통일에 대한 의식을 10년 넘게 분석하고 남북통합의 지수를 개발함으로 국민들의 인식과 태도에 대한 기초자료를 축적하고 있다. 이러한 기획은 다양한 전공 분야에서의 연구 참여로 이어졌으며 실체적 존재로써의 북한, 지역 범주에서의 북한을 이해하는 목적으로 행하여지는 북한연구의 토대를 마련한다는 점에서 앞으로도 집중해야 할 영역이다.

세 번째 주제는 남북한 비교 및 통합이다. 분단상태, 분단구조로써 갖는 남북관계의 특수성과 국가공동체로서의 보편성을 규명하기 위한 노력은 통일과 평화의 중요한 연구 주제임에도 기존연구가 상대적으로 부족했던 것이 사실이다. 남과 북, 두 행위자의 다양한 차원에서의 특징을 비교하고 남과 북의 언어와 사람, 제도, 공간의 통합, 그리고 평화체제 영역은 지난 지원사업에서 중요하게 고려되었다. 통합의 실천적 측면으로 고려될 수 있는 북한이탈주민에 대한 연구 역시 여러 차례 이루어졌다.

마지막은 국제관계 및 환경이다. 북한문제와 한반도 통일과 관련된 주변 환경 연구 역시 지속적으로 심화될 필요가 있다. 남북한의 통합 및 통합 이후 각 영역에서의 쟁점들은 국제적 비교와 주제 연구를 필요로 한다. 체제전환을 어느 정도 완료 하였거나 진행 중인 국가들을 연구하면서 한반도 문제의 함의를 찾고, 한국적 상황에 적용 가능한 갈등 관리 및 평화 구축의 경험 사례는 더욱 축적 할 필요가 있다. 이런 맥락에서 한반도 통일과 통합이 국제 차원의 다층적 네트워크와 주변국의 우호적인 협력이 없이는 이루어 질 수 없음에 주목하고 국제관계, 국제법, 네트워크, 통일과 통합 관련 해외사례 연구를 지원해 온 것이다.

서울대학교가 통일과 평화 연구 및 관련 사업을 다각도로 지원하였음에도 이러한 노력이 통일학·평화학 연구의 종합적, 학제적 정립에 얼마나 기여 하고 있는지는 냉정한 평가와 진단이 필요하다. 통일학·평화학은 총체적 영역에서의 광범위한 접근, 체계적인 이론과 적용 가능한 개념틀, 구체적인 사례 연구가 뒷받침되어야 하는 점을 고려할 때 학문으로써 충분히 정립되지 못한 측면이 있다. 실제로 냉전과 전쟁 이후 한국에서의 통일담론은 권력정치를 기반으로하는 안보적 측면이 기저를 이루었고, 정전을 통해 얻어진 불안정한 평화는 세력균형과 현실주의 논리가 부각되는 반면 평화지향적 통일 담론은 현실성을 잃은 것으로 치부되었다. 통일연구, 평화연구의 비대칭성을 극복하고 평화적 방법에 의한 한반도 통일을 실현하기 위해서 연구의 학제화는 매우 중요한 과제이다. 「통일기반구축사업」을 총괄한 통일평화연구원은 통일과정과 이후 통합의 과정에서 제기될 제반 문제점을 진단, 예측하고 해결방안을 마련하기 위한 전 영역에서의 지적 토대의 필요성에 주목하였다. 지금의 북한의 실태를 반영하며 보다 심도 있고 정책적으로도 활용 가능한 연구가 나오기 위해서는 보다 긴 호흡이 필요로 하다는 점을 전제로 하면서 두 가지 방향성에 주목한다.

첫째, 통일연구의 학제화이다. 통일학, 평화학의 연구 토대 구축은 사실상 개별 분과학 단위별의 심층적인 연구가 없이는 불가능하다. 지난 기간의 연구와 사업을 통해 한반도의 분단극복과 통합증진을 위한 학문적 관심이 사회과학을 넘어 인문학, 교육학, 농업생명과학, 의학, 생활과학, 공학 등 서울대학 내의 다양한 분과학 단위에서 활발히 이루어졌다. 이러한 성과는 분단, 북한, 통일, 평화문제가 사회과학의 독점된 영역이 아닌 사실상 모든 분과학문이 참여 할 수 있는 확장성을 보여 준 것이다. 한반도에서의 분단, 통일, 통합 나아가 평화의 문제가 사회, 정치, 경제, 환경, 공간, 보건, 의료 등 다양한 쟁점과 긴밀히 결합되어 있음을 보여주면서 각 분과학 단위의 연구가 종합되고 연계될 수 있는 방법 또한 함께 모색할 필요가 있다.

둘째, 통일학과 평화학의 융합이다. 통일학 연구는 전 지구적 평화문제와 융합하는 보편적 연구로 확장할 필요가 있다. 비대칭적 탈냉전을 한반도에서 종식시키며 지속 가능한 평화를 정착시키기 위해서는 갈등에서 협력으로의 전환, 이 과정에서의 발생 될 차이를 조정하는 지난한 노력과 복잡한 과정을 필요로 할 것이다. '평화지향적 통일담론'은 응당 학문적 이론과 경험 연구가 뒷받침 되어야 가능할 것이다. 평화학과 통일학을 접목하여 통일을 통한 평화실현, 평화적 수단으로 통일실현을 유기적으로 발전시켜 나갈 필요가 있다. 통일의 목적은 한반도의 공고한 평화를 실현하려는 일이므로 통일이 가져올 평화의 가치와 효과, 통일을 이룩할 수 있는 평화적 방법들을 심도 있게 연구함으로써 통일연구와 평화연구의 시너지 효과를 낼 수 있도록 해야 한다.

E. H. Carr는 오래 전 '평화의 조건(The Conditions of Peace)'이라는 책에서 "미래는 과거로부터 결연히 돌아서 이해와 용기, 상상력을 가지고 새로운 세상을 직면하고자 하는 사람에게 놓여 있다"고 하였다. 분단 극복과 항구적 평화는 궁극적으로 우리의 노력과 손에 달려 있다. 지난 70년의 분단의 현실과 역사를 거울삼아 성공적 통일을 위한 창의적이고 미래지향적인 대안과 방법을 제시하는 것은 연구자들의 몫일 것이다. 서울대학교의 연구 기획이 분단의 아픔과 갈등을

치유하고 통일과 통합역량을 제고하는 수준 높은 연구로 평화지향의
통일시대를 여는데 기여할 수 있기를 희망한다. 끝으로 어려운 여건
속에서도 책의 취지에 공감하여 주시고 원고를 집필해주신 「서울대학
교 통일연구 네트워크」의 참여기관 및 저자 분들께 깊은 감사의 말씀
을 전하며 편집을 도운 임수진 연구원에게도 고마움을 전한다.

2018년 2월 9일
서울대학교 통일평화연구원장 정근식